EMILIO SALGARI

Fantasia e verità

Piano dell'opera:

EMILIO SALGARI

Una mitologia moderna
tra letteratura, politica, società

Volume I

FINE SECOLO
1883-1915
Le verità di una vita letteraria

Volume II

FASCISMO
1916-1943
Lo sfruttamento personale e politico

Volume III

DOPOGUERRA
1943-1999
Il patrimonio del passato e le sorprese del presente

Volume IV

BIBLIOGRAFIA STORICA GENERALE
Bibliografie ragionate delle opere,
della critica e delle pubblicazioni contestuali
1883-2012

BIBLIOTECA DELL' «ARCHIVUM ROMANICUM»
Serie I: Storia, Letteratura, Paleografia

—————— 459 ——————

Ann Lawson Lucas

EMILIO SALGARI

Una mitologia moderna
tra letteratura, politica, società

Volume IV

BIBLIOGRAFIA STORICA GENERALE

Bibliografie ragionate delle opere,
della critica e delle pubblicazioni contestuali

1883-2012

LEO S. OLSCHKI EDITORE
MMXXI

CASA EDITRICE LEO S. OLSCHKI
Viuzzo del Pozzetto, 8
50126 Firenze
www.olschki.it

ISBN 978 88 222 6724 5

Remembering my parents
AUDREY LAWSON LUCAS and JOHN LUCAS
and my grandparents
ELIZABETH LAWSON and JOHN ALFRED LAWSON
(pioneers all, with whom everything of value began)

with gratitude for their remarkable lives.

Sie heisst – die Sehnsucht! Kennt ihr sie?
Die Botin treuen Sinns.

(F. SCHUBERT / J.G. SEIDL,
Schwanengesang: Die Taubenpost)

INDICE

Volume IV

BIBLIOGRAFIA STORICA GENERALE

Bibliografie ragionate delle opere, della critica e delle pubblicazioni contestuali

BIBLIOGRAFIA STORICA GENERALE

Bibliografie ragionate delle opere, della critica e delle pubblicazioni contestuali

1883-2012

CATALOGO RAGIONATO
DELLA FORTUNA SALGARIANA NEL NUOVO SECOLO

CASI SPARSI, DALL'ANNO ZERO AL 2012
Preludio alla fortuna futura di Emilio Salgari

Il primo ventennio di questo millennio è quasi il più ricco di tutti nella fortuna straordinaria e imprevedibile di Emilio Salgari; è anche il più favorevole per instaurare la giusta fama dello scrittore, fondata sempre più sull'esattezza: i progressi recenti in questo campo di ricerca sono stati notevoli. È importante quindi non escludere dal nostro resoconto i primi anni di questo secolo per poter riconoscere gli sviluppi e anche gli sforzi innovatori dei molti studiosi salgariani di oggi: il centocinquantesimo anniversario della nascita di Salgari nell'anno 2012 è stato scelto come punto finale di questa storia, ricorrenza – come anche il cinquantesimo anniversario della morte nel 2011 – che ha provocato una ricca gamma di commemorazioni e di tributi. Nello stesso tempo (come per la Rivoluzione francese secondo Mao Zedong) sarebbe forse troppo presto per darne un giudizio veramente equilibrato. Qui in una cornice più storica che di critica letteraria, è opportuna una certa reticenza, tanto più che tra colleghi salgariani ci conosciamo quasi tutti; è preferibile inoltre evitare troppi commenti sui propri ultimi contributi. Sono le ragioni per cui si presenta questa parte del libro sotto forma di catalogo cronologico delle svariate manifestazioni, con un breve riassunto di ognuna. Anche se l'elenco è abbreviato e forzatamente non completo, la quantità stessa delle voci riflette un periodo non solo di entusiasmo, ma di grande perseveranza negli studi.

Raramente un elemento di una tale cronologia esplode in uno stellato fuoco d'artificio o si trasforma in un mazzo di fiori invece di finire in una nuvola di polvere. Come è appropriato per festeggiare uno scrittore che sapeva creare la magia con l'immaginazione, fra i 'casi sparsi' si ammira la scia di un cometa, quella di Umberto Eco: niente di più adatto a Salgari all'epoca delle sue ricorrenze che la rimembranza dei tempi passati, tema nostalgico di un protagonista di Eco, personaggio colto che ha perso la memoria della sua gioventù. Da vecchi ricordi a percorsi nuovi: ultimamente

Salgari – già argomento di tante strane specie di finzione – per la seconda volta ha fatto un passo in una nuova direzione come protagonista lui stesso di un romanzo, frutto dell'immaginazione altrui, anche questo una serie di variazioni sul tema della memoria. La tristezza mortale dello scrittore figura poi in una suggestiva biografia grafica (una vita nuova per il nuovo secolo) che fa rivivere le sue città – Verona, Venezia, Genova, Torino – di Fine Secolo.

L'inizio del ventunesimo secolo è stato inoltre un periodo di rifioritura di grandi imprese editoriali, con tendenze enciclopediche e ambizioni di classicità. Così si cataloga qui l'espansione editoriale salgariana in modo altrettanto esteso anche per le pubblicazioni popolari ma 'serie' destinate al grande pubblico nazionale. Il nuovo *boom* editoriale si è verificato in tutto il decennio dal 2002 al 2012. Nel grafico delle edizioni, questo periodo è fra i quattro più notevoli, in senso numerico, della storia editoriale di Emilio Salgari; non è quello da cui emerge il singolo anno più straordinario, né il periodo più lungo di produzione eccezionale, tuttavia eclissa quella del Ventennio fascista. Secondo un calcolo approssimativo, negli undici anni dal 1920 al 1930 inclusi uscirono 316 edizioni e ristampe autentiche: in sei di questi anni il totale fu di più di trenta ciascuno mentre i due anni più fertili ne videro ciascuno 39; negli undici anni dal 2002 al 2012 inclusi, il totale approssimativo è di 356 edizioni e ristampe, e il picco si riscontra nell'anno 2003 con 67, mentre tre anni (2002, 2006, 2011) ne producono ciascuno più di 40, e altri tre (2004, 2005, 2010) contano totali di almeno 30: il profilo è più accidentato che negli Anni Venti, con un calo nel 2008 a 13 pubblicazioni e nel 2009 a sole 3. Negli ultimi anni non si contende il primato della strabiliante rinascita del 1947, e per le cifre alte e la sua durata non c'è confronto con il periodo più salgariano di tutti, un ventennio appunto – ma quello cominciato nel 1958 e terminato nel 1977 – in cui gli anni improduttivi videro tra le 18 e le 40 uscite, mentre fu caratterizzato da quattro massimi assoluti (negli anni 1968, 1973, 1974, 1976) con totali tra le 96 e le 114 edizioni. Dopo il crollo del mercato e la mancanza di entusiasmo da parte del pubblico iniziati nel 1978 e durati più o meno per il resto del secolo, la fase più recente del 'fenomeno Salgari' colpisce per la capacità dello scrittore di reinventarsi, di risorgere.

Poiché la fortuna consiste in manifestazioni che hanno potenzialmente un impatto sul pubblico, nel catalogo che segue i periodici come i libri sono elencati nell'anno della pubblicazione (che non è sempre quello della copertina); in un paio di casi l'articolo in questione è stato menzionato anche nel Volume III per rispecchiare la data di composizione. Per ogni anno del periodo 2000-2012 i diversi tipi di manifestazione sono raggruppati con titoli come «Pubblicazioni» (oppure «Convegni», o «Mostre») e con sottotitoli come «*Edizioni*» (cioè delle opere salgariane), «*Monografie*» (o volumi dedicati interamente ad argomenti salgariani), e «*Articoli*» (di giornalisti come di studiosi); la «Mitologia» comprende le manifestazioni che creano o rafforzano i miti inventati intorno a Salgari e alle opere, soprattutto nel settore commerciale-giornalistico che tende a innalzare un'architettura fantasiosa, non attendibile nel senso letterale. Talvolta anche il prezzo di un volume è stato citato come indizio socio-culturale dello stato della fama del Nostro.

2000 Pubblicazioni

Edizioni

Emilio Salgari, *Il Corsaro Nero*, a cura di Emanuele Trevi, "Einaudi Tascabili": Letteratura 747, Torino, Einaudi, 2000.

Il testo è basato sull'edizione Mondadori del 1970, con un'introduzione del curatore e scritti di Claudio Magris e Goffredo Parise.

Emilio Salgari (Cap. Guido Altieri), *I racconti della Bibliotechina Aurea Illustrata dell'Editore Biondo di Palermo*, a cura di Mario Tropea, Vol. I, "Salgari & Co." n. 8, Torino, Viglongo, 2000.

Il primo di tre volumi che raccolgono i 69 racconti pseudonimi scritti da Salgari per i volumetti periodici pubblicati dall'editore siciliano per lettori giovani. Contiene 25 racconti insieme a illustrazioni d'epoca, con l'introduzione e la postfazione del curatore.

Libri di consultazione

Dizionario delle Opere della Letteratura italiana, diretto da Alberto Asor Rosa, "Piccole Grandi Opere", Torino, Einaudi, 2000.

Il volume comincia con un'Introduzione di Alberto Asor Rosa e una Nota introduttiva di Giorgio Inglese. È forse una sorpresa trovare inclusa una voce su un romanzo di Salgari, fra i molti segni della sua nuova classicità; è interessante quindi scoprire quale risulta scelto (giustamente) come il migliore o il più importante per la storia letteraria: *I misteri della Jungla Nera*, il cui efficiente riassunto è firmato Paolo Canottieri. Il volume verrà ristampato nel 2006.

Monografie

Claudio Gallo, *La penna e la spada: Il furioso Giannelli e la libera brigata de «La Nuova Arena» (1882-1886)*, Verona, Gemma Editco, 2000.

Nel quadro dell'attività giornalistica di fine Ottocento, inclusa quella degli altri giornali veronesi, il volume presenta uno studio del quotidiano sul quale Salgari pubblicò i primi tre racconti in appendice, con ritratti del fondatore e direttore, Ruggero Giannelli, dei principali collaboratori come G.A. Belcredi, e della concorrente «Arena», diretta da Dario Papa e da G.A. Aymo. Un capitolo indaga la cultura dei romanzi d'appendice stampati a Verona.

Ann Lawson Lucas, *La ricerca dell'ignoto: I romanzi d'avventura di Emilio Salgari*, Firenze, Olschki, 2000.

Monografia critica, storica, comparatistica su Salgari romanziere: il primo capitolo narra lo sviluppo cronologico della sua opera; nella seconda parte ogni capitolo è dedicato a un concetto o un argomento importante per tutta l'opera: la natura, l'uomo, la morale, la cultura, moda e mito; l'ultimo capitolo cerca di reinterpretare *Il Corsaro Nero* nel contesto della cultura di Fine Secolo. Termina con bibliografie dei romanzi e delle fonti secondarie, e indice.

Recensioni: Antonio Palermo, in «Rassegna europea di Letteratura italiana», n. 18, Franco Cesati Editore, pp. 163-65; Claudia Marin, in «La Scrittura», n. 14/15, 2001, p. 69; *Sandokan è meglio di Conrad*, in «L'INDICE dei libri del mese», Anno XVIII, N. 7/8, Luglio/Agosto 2001.

Gian Paolo Marchi, *La spada di sambuco: Cinque percorsi salgariani*, Verona, Edizioni Fiorini, 2000.

Un volume di brevi indagini dettagliate dello studioso veronese che mette al microscopio certi particolari salgariani per rivelare l'ambiente dell'epoca prima dimenticato. Qui il lettore trova informazioni su Charles Davillier, una fonte di Salgari sulla scherma spagnola, che può anche spiegare un momento verghiano del duello in *Cavalleria rusticana*; sul «salgarismo» di Pier Paolo Pasolini; su Salgari e il melodramma; sui giovani africani educati dalla contessa Miniscalchi di Verona; sulla tragica fine di Salgari.

Elsa Müller, *A pranzo con Salgari: Cibo e banchetti nei romanzi salgariani*, Zevio (Verona), Perosini, 2000.

Breve libro con capitoli sulla «cucina esotica», sui «grandi banchetti», sulle «abbuffate dei cacciatori», sui «vini, liquori e tè», e sulla «cucina del futuro» che sono ispirati ai racconti salgariani e hanno come epilogo un pugno di ricette – come «Prosciutto di orso al forno» – che non si trovano nell'opera ma che lo scrittore avrebbe potuto immaginare.

FELICE POZZO, *Emilio Salgari e dintorni*, Napoli, Liguori, 2000.

Volume di 339 pagine, con una premessa di Antonio Palermo. La prima parte consiste in brevi capitoli su aspetti particolareggiati della vita e dell'opera salgariane; la seconda parte presenta una quindicina di scrittori d'avventura, alcuni epigoni, altri falsificatori, con qualche biografo e curatore. Termina con la bibliografia delle opere e quella generale.

Articoli, Saggi, Capitoli

VITTORIO CAVAZZOCCA MAZZANTI, *Notizie biografiche su Emilio Salgari. Lettera a Umberto Bertuccioli*, in «Bollettino della Biblioteca Civica di Verona», n. 4, Inverno 1998 – Primavera 1999, Verona, 2000, pp. 241-47.

Importante lettera biografica scritta negli Anni Venti da un amico di gioventù dello scrittore.

CATERINA LOMBARDO, *Da* Duemila leghe sotto l'America *a* Il tesoro misterioso, in «Bollettino della Biblioteca Civica di Verona», n. 4, Inverno 1998 – Primavera 1999, Verona, 2000, pp. 227-39.

Studio dell'evoluzione di un romanzo salgariano.

FELICE POZZO, *Emilio Salgari, la geografia e le esplorazioni*, in «Bollettino della Società Geografica Italiana», Serie XI, vol. XI, n. 1-2, gennaio-giugno, Roma, 2000, pp. 225-36.

Articolo che esplora il modo in cui Salgari è ispirato alla geografia.

2000   MITOLOGIA

«Sandokan: Il mensile dei liberi viaggiatori», (www.sandokan.net), Anno IV, N. 6, Nuova Serie, € 2.58 – Giugno 2000, pp. 1-48.

Il periodico nella nuova serie era stato rilanciato, pare, nel 1996. Questo esempio scelto a caso riporta sulla copertina le parole *MALI, BENEVENTO, CORSICA, IRLANDA – Viaggi stregati*, e in rosso «In regalo Africa, la nona mappa del Mercatore». Altre rubriche regolari: "Mompracem" (Dialoghi, scambi, rotte e indicazioni), "Piccoli Arrembaggi" (Un giorno, un fine settimana...), "Il Riposo del Guerriero" (Mangiare, bere...), "Arcipelaghi"

(Sei isole…), "In Difesa" (Spazio aperto a chi lavora per i diritti umani…), "Il Tempo Ritrovato" (storia), "James Brooke" (Pirati nella rete). Generalmente i contenuti sono articoli normali di viaggio, ma alla pagina 22 si reclamizza il «Premio letterario Bravo Emilio!», e sull'ultima pagina sono i nomi dei collaboratori: «Direttore responsabile, Luciano Del Sette, Direttore spirituale, Emilio Salgari», la cui foto appare tra le altre di colleghi viventi. Tutto il fascicolo illustra il modo in cui il linguaggio salgariano e la mitologia creata da Salgari hanno permeato la lingua e la vita italiane.

2001 PUBBLICAZIONI

Edizioni

EMILIO SALGARI, *Avventure di montagna*, a cura di Felice Pozzo, "I Licheni", Torino, Vivalda Editori, 2001.

Una raccolta di 15 racconti e altri scritti ambientati nelle montagne di più continenti e anche nella regione artica. Sono in tre gruppi: racconti scelti, articoletti istruttivi insieme a una prefazione, e brani pubblicati sul settimanale diretto da Salgari «Per Terra e per Mare». Con una premessa a cura della Redazione di ALP e un'introduzione di F. Pozzo, il volume è corredato da belle illustrazioni d'epoca.

EMILIO SALGARI, *Cartagine in fiamme: nell'edizione pubblicata in rivista nel 1906*, a cura di Luciano Curreri, Roma, Quiritta, 2001.

Il testo è quello della prima pubblicazione a puntate apparsa sul settimanale diretto da Salgari «Per Terra e per Mare», Genova, Donath, 1906.

EMILIO SALGARI (CAP. GUIDO ALTIERI), *I racconti della Bibliotechina Aurea Illustrata dell'Editore Biondo di Palermo*, a cura di Mario Tropea, Vol. II, "Salgari & Co." n. 10, Torino, Viglongo, 2001.

Il secondo di tre volumi che raccolgono i molti racconti pseudonimi scritti da Salgari per i volumetti periodici pubblicati per lettori giovani dall'editore siciliano. Questo volume contiene 26 racconti insieme a illustrazioni d'epoca, con l'introduzione e la postfazione del curatore.

EMILIO SALGARI, *Romanzi di giungla e di mare*, con Introduzione, Note e illustrazioni, a cura di Ann Lawson Lucas, e con uno scritto di Michele Mari, "I millenni", in cofanetto, Torino, Einaudi, 2001: €61,97.

Il volume comprende tre romanzi del Borneo, dell'India e dell'Oceano Pacifico: *La Tigre della Malesia, I misteri della Jungla Nera, Un dramma nell'Oceano*

Pacifico. Hanno in comune la presenza di tigri e di personaggi anglosassoni; illustrano inoltre lo sviluppo del personaggio femminile salgariano: nel terzo romanzo compare la prima eroina forte e indipendente dello scrittore. Le illustrazioni a colori riproducono una scelta di copertine apparse durante la vita dello scrittore. L'edizione nella collana "I millenni" simboleggia l'approdo di Salgari fra i classici italiani.

Presentazione: *Sandokan la tigre di Allah* – estratti dall'Introduzione della curatrice, in "Tuttolibri", «La Stampa», Torino, Anno XXV, N. 1286, 17 novembre 2001, p. 1.

Recensioni: Andrea Casalegno, *Avventuriero per sempre*, in «Il Sole-24 Ore», 13 gennaio 2002, p. 37.
Carlo Lauro, *Salgari nell'empireo dei classici: Era tempo! Era tempo!*, in «L'INDICE dei libri del mese», Anno XIX, N. 2, febbraio 2002, p. 15.

EMILIO SALGARI, *La Stella Polare ed il suo viaggio avventuroso*, "Salgari & Co." 9, Torino, Viglongo, 2001.

Contiene la riproduzione facsimile dell'edizione del 1901, con saggi introduttivi e finali di Aldo Audisio e altri.

2001   CONVEGNI

"Novità sul fronte salgariano": giornata di studio coordinata da Antonio Palermo presso l'Istituto Universitario Suor Orsola Benincasa dell'Università degli Studi Federico II di Napoli; per la presentazione di tre nuove pubblicazioni su Salgari parlarono i relatori Claudio Gallo, Ann Lawson Lucas e Felice Pozzo, 19 gennaio 2001.

Primo raduno internazionale, Biblioteca Civica, Verona, 4-5 maggio 2001: Assemblea della Società Salgariana, 4 maggio; Convegno "Aggiornamenti salgariani", 5 maggio.

Sulla stampa: «Il Gazzettino», 18 aprile 2001; *Salgari alla riscossa e le tigri della critica*, in «Avvenire», 22 aprile 2001; «La Repubblica», 4 maggio 2001.

2001   MITOLOGIA

Momo alla conquista del tempo, film di Enzo d'Alò, réclame su «La Nazione» di Firenze, dicembre 2001.

Il titolo, basato sul salgariano *Alla conquista di un impero*, fornisce uno fra mille esempi degli effetti linguistici dello stile di Salgari, creatore di molte locuzioni permanenti nella lingua italiana, utili soprattutto nella cultura di massa e nella pubblicità.

2002   PUBBLICAZIONI

Edizioni

EMILIO SALGARI, *Avventure al Polo*, a cura di Vittorio Sarti, con un'introduzione di Silvino Gonzato, "Oscar Classici" 575, Milano, Mondadori, 2002.

Il volume contiene tre romanzi: *Al Polo australe in velocipede*, *Al Polo Nord*, *Una sfida al Polo*, insieme all'Introduzione, alla Cronologia, ecc.

EMILIO SALGARI, *La battaglia nel Tonkino*, a cura di Claudio Gallo, Verona, Della Scala, 2002.

Una seconda edizione del volume di 95 pagine del 1997. Riproduce il testo di articoli di Salgari, scritti da giovane giornalista de «La Nuova Arena» di Verona (1883-85), con introduzione.

EMILIO SALGARI, *La caverna dei diamanti*, Roma, Arion, 2002.

Un'edizione del romanzo plagiato e adattato da quello famoso di Henry Rider Haggard, *King Solomon's Mines* [Le miniere del Re Salomone, NdA]. Le 799 copie stampate sono numerate.

EMILIO SALGARI, *Il mistero della foresta e altri racconti*, "Einaudi Tascabili", Torino, Einaudi, 2002.

Il volume è la ristampa della scelta di racconti pubblicata dalla Einaudi nel 1971 a cura di Daniele Ponchiroli con il titolo *Avventure di prateria, di giungla e di mare*. La nuova Introduzione, *La letteratura come gioco: sui racconti di Salgari*, è di Emanuele Trevi, e inserito come postfazione è il saggio di Luciano Tamburini *Una «tigre» in casa*. I bei diagrammi della «Velatura e alberatura di un trealberi» rimangono, ma purtroppo in dimensioni ridotte. Sono rimasti anche i brevi pezzi nell'Appendice, trovati da Ponchiroli sul periodico per bambini «L'Innocenza», ma l'Avvertenza che spiegava questa origine è stata tolta. Il nuovo volume ha lo stesso difetto del vecchio: le fonti dei racconti, come dei brevi scritti, non sono identificate. Invece nel volume nuovo appare una lunga *Nota biobibliografica* ben ricercata e organizzata.

EMILIO SALGARI (CAP. GUIDO ALTIERI), *I racconti della Bibliotechina Aurea Illustrata dell'Editore Biondo di Palermo*, a cura di Mario Tropea, Vol. III, "Salgari & Co." 11, Torino, Viglongo, 2002.

Il terzo di tre volumi che raccolgono i molti racconti pseudonimi scritti da Salgari per gli opuscoletti periodici pubblicati per lettori giovani dall'editore siciliano. Questo volume contiene 18 del totale di 69 racconti, insieme a illustrazioni d'epoca, con l'introduzione e la postfazione del curatore e altri materiali scientifici, più uno scritto di Claudio Gallo e Caterina Lombardo su *La Bibliotechina Aurea Illustrata: Lo sviluppo editoriale, gli autori e i generi*.

Articoli, Saggi, Capitoli

ERMANNO DETTI, *Senza parole: Dieci lezioni di storia dell'illustrazione*, a cura di Virginia Villari, "La Biblioteca dell'Insegnante" 9, Roma, Valore Scuola, 2002.

In questa storia che va da Enrico Mazzanti a Roberto Innocenti, la *Terza Lezione* è dedicata al periodo *Tra Ottocento e Novecento*. I sottotitoli cominciano con *Il Liberty – Due illustratori salgariani: Pipein Gamba e Alberto Della Valle*. Il testo è accompagnato da illustrazioni in bianco e nero, incluse due che dimostrano la tecnica di Della Valle, che usava modelli fotografati nella posa richiesta per un disegno più esotico, dettagliato e paesaggistico.

CLAUDIO GALLO, *I compagni segreti di Emilio Salgari*, in «Yorick Fantasy Magazine», n. 32/33, Dicembre 2001-Gennaio 2002, 2002, pp. 113-118.

L'articolo parla dell'uso degli pseudonimi da parte di Salgari.

ANN LAWSON LUCAS, *Regine e re dei Caraibi: "la sindrome di Honorata"*, in «Yorick Fantasy Magazine», n. 32/33, Dicembre 2001-Gennaio 2002, 2002, pp. 119-126.

La sindrome in questione è quella frequente nei romanzi esotici salgariani in cui, secondo la volontà di una tribù caraibica, amerindiana o polinesiana, un personaggio bianco viene adottato come re, regina, o capo.

PUBBLICAZIONE PARTICOLARE

Mompracem, a cura di Antonio Franchini, Ferruccio Parazzoli, Milano, Mondadori, 2002.
Racconti brevi di Silvia Ballestra *et al.*, ispirati alle avventure di Sandokan.

2002 CONVEGNI

"Culture, Censorship and the State in 20th-century Italy" [Cultura, censura e lo Stato nell'Italia novecentesca, NdA], Gran Bretagna: Università di Londra, 25-26 ottobre 2002: intervento di Ann Lawson Lucas, *Emilio Salgari: Fascist Patronage and the Distortion of Reputation* [E. S.: il patrocinio fascista e la distorsione della reputazione, NdA].

Sugli effetti nocivi dei rapporti tra il fascismo e l'opera di Salgari.

2002 PUBBLICAZIONI

Edizioni

EMILIO SALGARI, *L'Opera Completa*, Milano, Fabbri Editori, 2002-2006. Direttore Responsabile Gianni Vallardi; Collana a cura di Luciano Del Sette e Claudio Gallo.

Pubblicazione settimanale, uscita in edicola ogni sabato, iniziata nel settembre 2002: €5,90 al volume, più €1 al mese per l'abbonamento postale. Ogni volume rilegato contiene un romanzo – o una raccolta di racconti – insieme alla breve introduzione di uno studioso o entusiasta, con un gruppo di illustrazioni scelte fra quelle originali eseguite da notevoli disegnatori salgariani. La collana fu lanciata in edicola con una campagna pubblicitaria eccezionale e il dono di uno o più volumi con i primi in vendita. Con il sottotitolo della collana "I grandi classici dell'avventura", il primo volume, uscito «con splendide illustrazioni d'epoca», era offerto a «solo €2,50».

Dall'imballaggio-réclame: «C'è tutto in Salgari: avventura e romanticismo, realismo e sogno, azione e fantasia.... Uno straordinario narratore d'avventure, un grande classico dell'Ottocento italiano»; le motivazioni dell'edizione sono identificate: «**Un'edizione accurata e preziosa**. Una preziosa edizione, curata da specialisti e veri cultori dell'opera di Salgari, che ne riporta finalmente a dignità filologica l'intera opera narrativa: tutti i testi sono in versione integrale come voluti dall'autore nelle prime edizioni dell'epoca». Altri vantaggi: «**Con le splendide illustrazioni dell'epoca**. [....] Sono le tavole di veri maestri dell'Ottocento e del primo Novecento, quali Alberto Della Valle, Gennaro Amato e il celebre Pipein Gamba.... **Volumi di gran pregio**. Una veste editoriale preziosa che riproduce […] il gusto dell'epoca». Come sommario dell'attrattiva e del significato della collana: «Un grande classico del nostro Ottocento letterario, epigono del Romanticismo, iniziatore e fondatore di un genere che ha fatto storia, amato da ragazzi e adulti, da chiunque ami sognare, alimentare la propria fantasia e immedesimarsi in avventure che ancora oggi viaggiano tra finzione e realtà....».

«**Il piano dell'Opera**. Salgari scrisse nella sua vita oltre ottanta romanzi, molti dei quali sono riconducibili a "cicli"». Qui si vede come gli studi hanno ormai corretto il vecchio mito dei 'cento romanzi', ma esiste sempre la tendenza a esagerare il ruolo e il numero dei cicli, concetto utile soprattutto per gli editori, per le réclame, e per il collezionismo. Questa edizione seguirà l'ordine imposto dai cicli, a uno a uno, cioè abbandonerà la cronologia salgariana: quello «Indo-Malese» sarà seguito dagli altri – «dei Corsari», «del Far West», «delle Bermude» (due racconti però non fanno un ciclo), «dei Due Marinai» (con il tipo di avventure e con ambienti diversi, non un ciclo genuino), «delle Filippine» di solo due racconti come anche il cosiddetto ciclo «del Leone di Damasco» (chi pensava di vivere nell'epoca dell'egualitarismo o del femminismo doveva ripensarci osservando la sostituzione della protagonista ben più importante, Capitan Tempesta, con il soprannome del marito), e verso la fine della collana «Il ciclo Russo» – per Salgari una novità. Dopo i «cicli» dovevano uscire (grazie ancora una volta agli studi degli ultimi decenni) «Tutti i romanzi singoli di sicura attribuzione» e «Le raccolte di racconti». Era divertente osservare che la cultura del nuovo millennio necessitava una spiegazione del concetto di 'ciclo' (anche se non combaciava con alcuni 'cicli' inventati in questa collana): «storie aventi gli stessi personaggi e gli stessi ambienti scenografici, un po' come sono oggi i "serial" televisivi di successo».

Riassumendo: «Ecco, finalmente rendiamo giustizia a Emilio Salgari! Finalmente una collana esauriente degna di un autentico classico della letteratura italiana tra la fine dell'Ottocento e i primi del Novecento. Tutta l'opera, ma proprio tutta, e in una bella edizione filologica, curata da esperti, che riproduce le versioni volute dall'autore, integrali, tipograficamente perfette». Tutta la pubblicità era corredata da bellissime illustrazioni d'epoca a colori, e per completare il lancio c'era un «Supplemento» o opuscoletto introduttivo, *Emilio Salgari: Una vita per l'avventura*, con testi di Luciano Del Sette, Claudio Gallo, Caterina Lombardo, e Vittorio Sarti, con alla fine una bibliografia di libri, articoli e siti Internet «per chi volesse soddisfare ulteriori curiosità»; tuttavia il titolo della bibliografia non era forse del tutto soddisfacente (in origine un insulto – ma essendo cinese e contro l'Occidente, forse non del tutto inopportuno) – *Tigri di carta*.

2003 PUBBLICAZIONI

Edizioni

EMILIO SALGARI, *Storie con la maschera*, a cura di Felice Pozzo, Atripalda (AV), Mephite, 2003.

Una nuova raccolta di racconti brevi, prima pubblicati con lo pseudonimo E. Bertolini, con introduzione di F. Pozzo.

EMILIO SALGARI, *Le Tigri di Mompracem*, con Introduzione e Note a cura di Ann Lawson Lucas, e con uno scritto di Michele Mari, "Einaudi Tascabili", Torino, Einaudi, 2003.

L'edizione tascabile di uno dei romanzi inclusi nel volume del 2001 uscito nella collana "I millenni" della Einaudi: Emilio Salgari, *Romanzi di giungla e di mare*.

EMILIO SALGARI, *L'uomo di fuoco*, "Salgari & Co." 12, Torino, Viglongo, 2003.

Con prefazione di Cristiano Daglio e tavole originali di Alberto Della Valle e di Luigi Togliatto.

Monografie

FEDERICO BURANI, *Sir James Brooke: personaggio storico e letterario nelle opere di Salgari e Conrad*, Cagli (Pesaro), E. Peleani, 2003.

Articoli, Saggi, Capitoli

Dossier: Emilio Salgari et Luigi Motta, in «Le Rocambole», Bulletin des Amis du Roman Populaire, n. 21, Hiver 2002, Francia: Amiens, 2003.

Nelle pagine 11-142 questo fascicolo del periodico è dominato dall'argomento annunciato sulla copertina (illustrata dal disegno della copertina di un racconto di Motta, *I misteri del Mare Indiano*, abbellito da prestiti salgariani, incluse due tigri). Due articoli di Felice Pozzo presentano Salgari come «le Capitaine de l'imaginaire» [il capitano dell'immaginario], e Motta «le Géant de l'impossible, ou un Pirate en Salgarie» [il gigante dell'impossibile, ossia un pirata in Salgaria]. Paola I. Galli Mastrodonato scrive su Salgari e «les études paralittéraires en Italie» [gli studi paraletterari in Italia] mentre l'articolo *L'aventure dans la littérature populaire italienne, de Mastriani aux "petits-neveux" de Salgari* [l'avventura nella letteratura popolare italiana, da Mastriani ai 'nipotini' di Salgari] è di Riccardo N. Barbagallo. Molto utili sono la bibliografia francese di Jean-Luc Buard e la filmografia salgariana di Marc Georges.

CLAUDIO GALLO e CATERINA LOMBARDO, *Emilio Salgari ed Enrico Bemporad: Appunti e documenti riguardanti il carteggio storico della casa editrice fiorentina*, in «Bollettino della Biblioteca Civica di Verona», n. 5, Primavera 2000-Autunno 2001, Verona, 2003, pp. 203-291.

Introduzione alle raccolte di lettere, contratti e altri documenti relativi agli anni di lavoro dello scrittore per la Casa Editrice Bemporad di Firenze, 1906-1911, e informazioni sul carteggio degli eredi Salgari dopo la morte dello scrittore. La maggioranza dei documenti è conservata presso l'Archivio storico Giunti a Firenze, mentre alcuni sono nel Fondo Turcato presso la Biblioteca Civica di Verona.

ANN LAWSON LUCAS, *Decadence for Kids: Salgari's Corsaro Nero in Context* [Decadentismo per bambini: il *C. N.* nel contesto culturale], in *Children's Literature and the Fin de Siècle* [La letteratura infantile e il Fine Secolo] a cura di Roderick McGillis, "Contributions to the Study of World Literature" 113, Westport (Stati Uniti), Greenwood Group: Praeger, 2003, pp. 81-90.

Il Corsaro Nero, capolavoro del 1898, interpretato nel contesto letterario del periodo, con riferimento al Verismo e soprattutto al Decadentismo.

LUISA VILLA, La Tigre della Malesia. *Emilio Salgari, 1883-1884*, in *Storia del romanzo*, a cura di F. Moretti, vol. IV, Torino, Einaudi, 2003, pp. 327-32. (Tradotto in inglese: The Tiger of Malaysia *by Emilio Salgari*, in *The Novel: Volume 2: Forms and Themes*, ed. Franco Moretti, Princeton, NJ, Princeton University Press, 2006, pp. 463-68.)

Nel contesto della storia del genere letterario, una voce su *La Tigre della Malesia*, prima versione de *Le Tigri di Mompracem*, stampato in appendice al giornale veronese «La Nuova Arena».

2003   CONVEGNI

"Gli Oceani della fantasia", giornate di studio dedicate alla vita e alle opere di Salgari, Genova, ottobre 2003.

"«I miei volumi corrono trionfanti...»", primo convegno internazionale sulla fortuna di Salgari all'estero, con mostra bibliografica sulle traduzioni storiche (edizioni straniere e cimeli): il tutto organizzato dal direttore, Pompeo Vagliani, della Fondazione Tancredi di Barolo, Museo della Scuola e del Libro per l'Infanzia, Palazzo Barolo, Torino, 11 novembre 2003.

2004 PUBBLICAZIONI

Edizioni

EMILIO SALGARI, *Avventure nel West*, a cura di Vittorio Sarti, "Oscar Classici" 608, Milano, Mondadori, 2004.

Il volume contiene tre romanzi: *Il Re della Prateria* con introduzione di Silvino Gonzato, *I minatori dell'Alaska*, *La sovrana del Campo d'Oro*.

EMILIO SALGARI, *I misteri della Jungla Nera*, con Introduzione e Note a cura di Ann Lawson Lucas, e con Prefazione di Ernesto Ferrero, "Einaudi Tascabili", Torino, Einaudi, 2004.

L'edizione tascabile, con prefazione nuova, di uno dei romanzi inclusi nel volume del 2001 uscito nella collana "I millenni" della Einaudi: Emilio Salgari, *Romanzi di giungla e di mare*.

EMILIO SALGARI, *Un naufragio nella Florida*, a cura di Felice Pozzo, Atripalda (AV), Mephite, 2004.

Una novella salgariana con saggio introduttivo di F. Pozzo, *Ai confini tra Storia e fantasia*.

EMILIO SALGARI, *Per Terra e per Mare*, a cura di Claudio Gallo, Torino, Nino Aragno Editore, 2004.

Una scelta dei racconti e degli articoli di Salgari stampati sul settimanale «Per Terra e per Mare» creato per lui dall'editore Donath di Genova e che lo scrittore diresse dal 1904 al 1906. Molti suoi brani non sono firmati o sono firmati con una grande varietà di pseudonimi: l'identificazione di alcuni di essi è quindi controversa, ma quelli ristampati nel volume non sono problematici, anche se un articolo è identificato erroneamente come racconto. L'introduzione è di Claudio Gallo mentre la *Bibliografia del periodico* è stata curata da Vittoriano Bellati insieme a Gallo.

Romanzo (semi-autobiografico)

UMBERTO ECO, *La misteriosa fiamma della Regina Loana*, Milano, RCS Libri, 2004; tradotto in inglese nel 2005; "Tascabili Bompiani", 2007.

Un «romanzo illustrato» che contiene abbondanti memorie della gioventù di Eco, ovvero del narratore soprannominato «Yambo» il quale ha letteralmente perduto la memoria; questo specialista di libri antichi, tornato alla vecchia casa paterna, fruga negli scatoloni di giornali, riviste, libri del suo passato per ricostruirlo. È un'evocazione delle memorie letterarie, della cultura giovanile di una dotta vita novecentesca italiana, una vita in cui Poe, Melville, Pavese, *Le Mille e una Notte*, *Orlando Furioso*, *I promessi sposi*, Balzac sono sempre presenti. Essendo le illustrazioni una parte importante di quella vecchia cultura perduta, anche questo volume è illustrato, cominciando da *Il tesoro di Clarabella* e da Topolino. Il ragazzo comincia a rivivere quando l'uomo ritrova il *Nuovissimo Melzi* nell'edizione del 1905, enciclopedia con 4.260 tavole uscita presso Antonio Vallardi, e le opere complete di Verne, pubblicate dall'editore parigino Hetzel e appartenenti una volta al nonno del protagonista, insieme ad altri racconti avventurosi francesi (Dumas, Jacolliot, «Fantômas», «Rocambole»); ripensa inoltre alle edizioni istruttive de "La Scala d'Oro".

L'autore dedica un'intera pagina (e tre pagine di bellissimi disegni) ai ricordi delle avventure di Pinocchio illustrate meravigliosamente nel 1911 da Mussino e a quelle di Ciuffettino scritte da Yambo (Enrico Novelli), e al settimanale «Il Giornale Illustrato dei Viaggi e delle Avventure di Terra e di Mare» (tanto importante anche per Salgari): di questo sono le crudeltà atroci e affascinanti incontrate in paesi lontani che soprattutto ricorda. I titoli della "Biblioteca dei miei ragazzi" della Salani, usciti fra le due guerre, tornano alla mente. Osserva che nei racconti del periodo tutti gli eroi dovevano essere italiani; anche Buffalo Bill era «in realtà» Domenico Tombini, romagnolo come Mussolini.

La rilettura della vecchia copia de *L'isola del tesoro*, capolavoro di Stevenson, funziona da preludio alla riscoperta di Salgari, e ormai il lettore capisce che Salgari e la letteratura avventurosa hanno un ruolo del tutto centrale nel volume e nelle memorie dell'autore stesso. Un giorno l'io-protagonista trova in un vecchio armadio tutti i romanzi dello scrittore con le meravigliose copertine Stile Liberty, e la descrizione rende perfettamente chiaro quale edizione ha in mano: *Le due Tigri* – due felini con testa di uomo – di Alberto della Valle e *Il Corsaro Nero* nerissimo ma con la bocca rossa di Pipein Gamba («cupo e spietato il Corsaro Nero, dalla chioma corvina e la bella bocca rossa finemente disegnata sul suo viso malinconico», p. 148). Una pagina a colori riproducente quattro copertine fondamentali accompagna il testo e le memorie. A pensarci bene, il narratore non può essere sicuro se ricordi davvero le sue letture giovanili o invece la cultura più recente che rende Salgari di nuovo attuale: pensa al fatto che la gente ne parla sempre e critici sofisticati gli dedicano opere sature di nostalgia; anche i suoi nipoti cantano «Sandokan, Sandokan» avendo visto l'eroe alla televisione. Secondo quest'io-protagonista, egli stesso avrebbe potuto scrivere una voce su Salgari per qualche enciclopedia per ragazzi.

In gioventù aveva divorato quei volumi, e ora che è nonno si mette a rileggerli nel vigneto e a letto: rivive le praterie, i deserti, i mari tropicali con i pescatori di trepang. Sulla collina piemontese vede i baobab, i pombos, i palmizi, i paletuvieri, e un solo banyan sacro della Jungla Nera dove suona il ramsinga. Considera le complessità della morale salgariana e gli eroi spesso di pelle scura mentre i cattivi erano bianchi, e in uno stato confusionale pensa alla confusione fascista intorno ai romanzi. Constata che i suoi primi passi nell'antropologia culturale dovevano essere stati resi più difficili dai misteri salgariani, tanto più che li aveva incontrati nel Ventennio. Eco stesso non sembra essere sicuro se Salgari fosse stato prefascista o meno. Dopo un po' di tempo passato con Sherlock Holmes, il narratore torna a rileggere *Le Tigri di Mompracem*, rivive la prima scena nella stanza della Tigre durante la notte di uragano, e si chiede quale era stato il suo eroe, Holmes tranquillo e civilizzato o Sandokan passionale, tempestoso?

Chiama un amico al telefono e si divertono a farsi domande l'uno all'altro sull'opera salgariana, tipo «*trivial games*, come in un programma televisivo». Cerca di capire quale effetto il fascismo aveva avuto sulla cultura infantile e anche su quella adulta; ritrova copie di una rivista fondata nel 1938 intitolata «La Difesa della Razza» e contempla il razzismo visivo della propaganda illustrata di allora. La moglie è convinta che i giovani sappiano perfettamente distinguere fra il reale e l'immaginario, ma «Yambo» ne identifica la difficoltà per un ragazzo cresciuto durante il fascismo: si chiede se fosse stato possibile sapere qual era l'immaginario fra Sandokan e il Duce che voleva ispirare i Figli della Lupa. Quando ritrova una collezione de «Il Corriere dei Piccoli» che va dal 1936 al 1945 il paradosso è confermato: anche lì si leggeva delle glorie fasciste e insieme degli universi della fantasia abitati da grottesche figure fiabesche.

Nel cuore del libro, all'undicesimo capitolo, il narratore ritrova un vecchio albo di fumetti con la copertina multicolore intitolato *La misteriosa fiamma della regina Loana* (Firenze, Nerbini, 1935), la storia illustrata delle avventure nell'Africa centrale di «Gino e Franco» (italianizzati, di origine americana), i quali scoprono un regno misterioso dove la regina custodisce il segreto dell'immortalità; un intreccio amoroso connette il presente con la gioventù della regina duemila anni prima. Per la ricostruzione della psiche giovanile di «Yambo», insomma per il suo *Bildungsroman*, la scoperta è cruciale. Però anche da ragazzo l'autore aveva notato la stranezza che in tutta la letteratura avventurosa l'obiettivo dei personaggi forti e perfino di quelli satanici non era altro che il matrimonio. Si chiede se la ragione fosse l'ipocrisia del protestantesimo americano o la censura cattolica italiana. In realtà, è utile aggiungere, nessuna delle due era quella giusta: semmai la fonte era la potente moralità vittoriana della Gran Bretagna di Fine Secolo – anch'essa capace d'ipocrisia insieme ad idealismo – perché in verità Loana si chiamava «She», ossia «She who must be obeyed» [Lei che dev'essere obbedita]. Il racconto americano-italianizzato di Loana era stato modellato su un successo di massa, *She* [Lei], di uno scrittore inglese contemporaneo a Salgari, il noto Henry Rider Haggard, che era sempre stato vittima della pirateria letteraria internazionale, tanto da aver condotto lunghe campagne per i diritti degli autori. Con un bellissimo paradosso, in Italia era stato Salgari che (ne *Le caverne dei diamanti*) aveva plagiato il romanzo più rinomato di Haggard, *King Solomon's Mines* [Le miniere del re Salomone].

Poco dopo il narratore esamina la sua vecchia collezione di francobolli e quelli indiani e indonesiani lo fanno naturalmente ripensare a Salgari, automatico punto di riferimento, soprattutto quando guarda un rettangolo verdognolo con sopra il timbro nero «LABUAN». Sta passando ad altre memorie quando però il pensiero dell'introvabile folio del 1623 delle opere di Shakespeare lo fa esclamare molto salgarianamente «Saccaroa!». Più tardi ricorda che l'amico Gragnola gli aveva sempre detto che Verne era migliore di Salgari, più scientifico; alla domanda sul motivo per cui non amava Sandokan, Gragnola aveva risposto che gli era sembrato un po' fascista. Ma dalla lettura di *Cuore* anche il socialista De Amicis gli era sembrato fascista, e Dio pure. Ovviamente nel Ventennio c'erano miti a Destra e miti a Sinistra; sfortunatamente per Salgari scrittore, creare miti è un dovere della propaganda. «Yambo» ricorda che ogni sera con il nonno ascoltava la voce simpatica del Colonnello Stevens su Radio Londra; un'altra voce radiofonica era quella del giornalista e viaggiatore Mario Appelius che concludeva sempre con l'esortazione a Dio di maledire gli Inglesi.

Nella parte finale del libro, «Yambo» si ricorda dell'episodio di guerra quando lui, ancora ragazzo, era stato chiamato a partecipare a un'azione pericolosa da partigiano, e lo aveva fatto ispirato interamente all'audacia e all'intelligenza degli eroi delle avventure letterarie, comprese quelle salgariane: era sicuro che sarebbe stata una vicenda diversa da tutte quelle vissute da Tremal-Naik nella Jungla Nera, ma questo protagonista moderno sapeva benissimo come penetrare nella jungla piemontese e evitare i Thugs di Suyodhana (ossia i soldati tedeschi). Proprio come nelle avventure salgariane, il giovane eroe sopravvive, mentre l'amico muore tragicamente a impresa compiuta.

Commentando sulla fortuna di Salgari, attraverso le memorie di una vita moderna rivisitate dal suo protagonista, Eco vi aggiunge sia un nuovo capitolo impressionante che la conferma della potenza immaginativa dello scrittore veronese.

Roberto Fioraso, *Sandokan amore e sangue: Stesure, temi, metafore e ossessioni nell'opera del Salgari 'veronese'*, Zevio (Verona), Perosini, 2004.

Uno studio del primo Salgari, soprattutto dell'appendicista che scriveva per un pubblico adulto, fino all'esordio come scrittore per l'infanzia. L'autore fa un confronto dettagliato fra diverse versioni di singoli episodi secondo come erano presentati sui giornali di Verona, Treviso, Livorno, Vicenza, Piacenza.

Atti di Convegno

Paola I. Galli Mastrodonato, *Lo spazio caraibico: Conflitti, schiavitù, avventura*, in *Lo spazio della scrittura: Letterature comparate al femminile*, a cura di Tiziana Agostini *et al.*, Padova, Il Poligrafo, 2004, pp. 479-485.

L'intervento considera insieme le esperienze di personaggi femminili nelle Indie Occidentali descritte da tre scrittori nel corso del secolo 1898-1998. Sono le protagoniste de *Il Corsaro Nero* e de *La Regina dei Caraibi* di Salgari, quella di *Wide Sargasso Sea* di Jean Rhys e quella di *The Farming of Bones* di Edwidge Danticat.

2005   Pubblicazioni

Edizioni

Emilio Salgari, *Al Polo australe in velocipede*, con nota introduttiva di Sergio Giuntini, Arezzo, Limina, 2005.

Contiene la riproduzione facsimile dell'edizione del 1895, insieme a corrispondenze di viaggio di Raffaele Gatti.

Emilio Salgari, *Avventure in India*, a cura di Vittorio Sarti, "Gli Oscar", Milano, Mondadori, 2005.

In custodia, sono tre romanzi 'minori' – in realtà gioielli trascurati – di Salgari: *Il capitano della Djumna*, *La Montagna di Luce*, *La perla sanguinosa*, una scelta lodevole dell'editore e del curatore.

Emilio Salgari, *La Vergine della pagoda d'Oriente*, a cura di Roberto Fioraso, Torino, Nino Aragno, 2005.

Con la sua introduzione intitolata *L'ultimo romanzo d'appendice di Salgari* e una *Nota al testo* sulle modifiche eseguite dall'autore, Fioraso continua la pubblicazione delle versioni originali di romanzi famosi di Salgari, create per essere stampate in appendice a giornali di provincia e lette da adulti. Questo notevole lavoro illustra la tecnica versatile dello scrittore e come e quanto aveva deciso di cambiare il testo originale per creare l'edizione in volume per un pubblico soprattutto giovane. Stampato su «La Gazzetta di Treviso» negli anni 1891-92, il romanzo definitivo in volume fu *I pirati della Malesia* del 1896.

Monografie

Mariella Colin, *L'âge d'or de la littérature d'enfance et de jeunesse italienne: Des origines au fascisme*, Francia: Caen, Presses Universitaires, 2005.

Una storia ambiziosa, ricca e bene organizzata in 375 pagine, illustrata con due gruppi di 113 e 58 illustrazioni a colori. Cominciando dall'epoca dell'Illuminismo, ci sono sezioni sugli effetti del Risorgimento e dell'Unità per quanto riguardava l'infanzia, l'istruzione e i libri per la gioventù. Seguono studi dettagliati su Collodi e *Pinocchio*, Capuana e Emma Perodi, De Amicis e *Cuore*, e su Salgari e il romanzo d'avventure; fra le tendenze nuove del Novecento figurano «Il Giornalino della Domenica» e il ruolo di Vamba e di Gian Burrasca, per terminare con lo sviluppo dell'umorismo e de «Il Corriere dei Piccoli». Pompeo Vagliani contribuisce al volume con una sezione sull'evoluzione dell'illustrazione nei libri per l'infanzia. Quasi 50 pagine sono dedicate a Salgari e coprono la nuova cultura di massa, i *romans-feuilletons* dello scrittore, gli scritti per l'infanzia, il nuovo tipo di romanzo e di eroe creati da Salgari, il suo esotismo e anticolonialismo, lo sviluppo dei miti, gli epigoni, e altro.

Umberto Eco, *The Mysterious Flame of Queen Loana*, London, Secker & Warburg, 2005.

La versione inglese del romanzo con tanti risvolti salgariani e di cultura popolare italiana. (Vedi 2004)

Claudio Gallo (a cura di), *Viva Salgari! Testimonianze e memorie raccolte da Giuseppe Turcato*, Reggio Emilia, Aliberti, 2005.

Negli Anni Sessanta l'entusiasta e collezionista salgariano Giuseppe Turcato scrisse a moltissime persone note di generazioni diverse a cui rivolse alcune domande sul loro atteggiamento verso Salgari. Voleva pubblicare un volume di testimonianze ma non ci riuscì; dopo la morte di Turcato e l'acquisto da parte della Biblioteca Civica di Verona della sua raccolta, fu il bibliotecario responsabile a creare questo libro affascinante, aggiungendovi altri documenti o 'memorie' e un'introduzione.

Libri di consultazione

Storia della Letteratura Italiana, a cura di E. Cecchi e N. Sapegno, Vol. XIV: *Dizionario della Letteratura Italiana*, a cura di Sergio Blazina, Milano, Garzanti, 2005.

Mentre nel volume del 1969 che va dall'Ottocento al Novecento non si fa menzione di Salgari, nel *Dizionario* del 2005 è stata inclusa una voce di oltre una pagina: la vita dello scrittore ha richiesto il terzo di una colonna, mentre alla bibliografia sono state dedicate due colonne e mezzo. Elencate sono le prime edizioni seguite da edizioni moderne insieme ai nomi dei curatori, più informazioni sulle premesse e le introduzioni. Nella vita abbozzata in poche righe rimangono alcuni errori tradizionali: «Navigò prima su una nave scuola, poi venne imbarcato in servizio regolare» e «Le tirature dei suoi libri furono eccezionali, fino a 80.000 copie in pochi anni» (cioè al massimo di dispense, non certo di volumi).

Atti di Convegno

Il Corsaro Nero: immaginazione e immagine, a cura di Ima Ganora, ed. Comune di Ventimiglia, 2005.

Il volume di 122 pagine fu preparato in occasione della mostra allestita a Ventimiglia, 16 luglio – 15 agosto 2005. Su letteratura, cinema, storia, comprende il contributo di Matteo Lo Presti, *Il Corsaro Nero e i mass media*.

I miei volumi corrono trionfanti…, Atti del primo convegno internazionale sulla fortuna di Salgari all'estero (Torino, Palazzo Barolo, 11 novembre 2003), a cura di Eliana Pollone, Simona Re Fiorentin, Pompeo Vagliani; Alessandria, Edizioni dell'Orso, 2005.

Con relatori italiani, francesi e inglesi e argomenti di origine francese, britannica, tedesca, indonesiana, russa e sudamericana, il convegno aveva aderito pienamente al titolo. Gli interventi vertevano sulla fortuna dei libri di Salgari tradotti all'estero – per esempio, in Francia e in Russia – e inoltre sui confronti con scrittori stranieri, quali G.A. Henty, Karl May, Luis Sepúlveda e altri nel mondo latino-americano. Tre contributi sul ruolo della traduzione, cioè su Salgari traduttore, sulla traduttrice francese Madame de Gencé, e sulle traduzioni in italiano di Verne, concludono il volume, insieme a un'utile guida alla mostra sulla stessa tematica.

Pubblicazione particolare

Massimo Popolizio, *Il caso Salgari*, Roma, luca sossella, 2005.

Audiobook descritto con le parole «Plurale immaginario», cioè un cd più un fascicolo di 21 pagine, di alcune lettere alla moglie, ai figli, agli editori di Salgari. Tra le ultime lettere sembra essere assente, come quasi sempre, quella ai direttori di giornale di Torino. Non si tratta del 'caso' fascista, ma piuttosto della «vita intima» di Salgari.

2005   CONVEGNI

"La grande tradizione del romanzo d'avventura ed Emilio Salgari", Convegno Internazionale, Biblioteca Berio, Genova, 17-18 febbraio 2005.

Organizzato da Luisa Villa, il grande convegno, dominato da studi comparati, spaziò attraverso le letterature di parecchi continenti e lingue.

Sulla stampa: Giorgio Bertone, *Salgari, l'avventura dalla parte degli oppressi*, in «Il Secolo XIX», 17 febbraio, p. 12. Pino Boero, *Ma i ragazzi non lo leggono più – il loro pirata è Johnny Depp*, ivi, p. 12.

Gli eroi di Salgari – la grande avventura a una tradizione [*sic*], in «La Repubblica», Genova, 17 febbraio, "Giorno e Notte", p. XII. M. Bompani, *Genova, la Malesia – Il mare di Mompracem nacque a S. Benigno*, in «La Repubblica», Genova, 18 febbraio, "Giorno e Notte", pp. X-XI.

Alla TV: intervista della RAI ad Ann Lawson Lucas, 18 febbraio.

2005   MOSTRE, MANIFESTAZIONI

Ventimiglia – Corsaro Nero, giugnoluglioagosto2005, Ventimiglia; convegno "Il Corsaro Nero: immaginazione e immagine" (letteratura, cinema e storia), 16 luglio 2005, e mostra presso il Forte dell'Annunziata, 16 luglio – 15 agosto 2005.

Un convegno nella zona della quale il famoso corsaro era oriundo. Nella mostra erano inclusi bozzetti e costumi della serie TV realizzata da Sergio Sollima nel 1975.

2006   PUBBLICAZIONI

Edizioni

EMILIO SALGARI, *La caduta di un impero*, con postfazione di Antonio Faeti, "I Delfini", Milano, Fabbri, 2006.

Un esempio della ventina di edizioni salgariane uscite negli anni 2000-08 fra i volumi numerati da 118 a 397 della collana "I Delfini" della Fabbri; la collana si concentra sui tre grandi cicli dei pirati malesi, dei corsari e dei 'pellirosse'. Al prezzo di €8,50 e presentato per i lettori dai 10 anni e oltre, è un tascabile di 296 pagine, senza illustrazioni, con la numerazione dei soli 12 capitoli tolta, ma – in comune con gli altri volumi simili – con l'aggiunta di una postfazione di Faeti (pp. 289-93). Lo studioso lo definisce diverso dagli altri romanzi di Sandokan e Yanez, un «romanzo di passaggio» tra *Il bramino dell'Assam* e *La rivincita di Yanez*, ma non precisa che Bemporad aveva diviso in due il troppo lungo *Bramino* (prima pubblicato, come *La caduta*, nel 1911). Vi coglie il «senso della fine», la fine cioè «dell'Avventura, di un'epoca, di una vita, di un mondo». Pensando alla grande esposizione di Torino, alla guerra in Libia, a automobili, aerei, cinema, Faeti commenta che sembra quasi che «il Padre degli Eroi senta l'assoluta necessità di scomparire, proprio mentre tanti accadimenti rendono reali i suoi sogni».

EMILIO SALGARI, *Jolanda la figlia del Corsaro Nero*, Mantova, M. Corraini, 2006 [€ 45].

Volume rilegato con disegni di Gianluigi Toccafondo.

EMILIO SALGARI, *I racconti del capitano*, a cura di Felice Pozzo, Milano, Magenes, 2006.

Una nuova raccolta di racconti brevi, con introduzione di F. Pozzo.

Epigoni

Sangue corsaro nelle vene: Avventurose riscritture dalla Jolanda di Emilio Salgari, a cura di Paolo Agaraff *et al.*, Bologna, Bacchilega Editore, 2006.

Questi brevi racconti delle nuove avventure di Jolanda figlia del Corsaro Nero, mai immaginate dal suo creatore, sono l'esito di un programma locale bolognese di esercizi nello scrivere finzioni anche femministe. Sul controfrontespizio si legge: «*Scrivi di … Jolanda* è un progetto di Associazione Libri e Dintorni, Biblioteca di Borgo Panigale, Bacchilega Editore, Daemon, El-Ghibli, Mompracem (Radio Città del capo)».

Monografie

BERTO BERTÙ (UMBERTO BERTUCCIOLI), *Salgàri*, "I Prefascisti" XII, Roma – Milano, Edizioni «Augustea», 1928; ristampa a cura di G.P. Marchi, QuiEdit, 2006.

Tav. I. Il volume di Felice Pozzo *Emilio Salgari e dintorni* (2000), oltre a diversi aspetti della vita e dell'opera salgariana, dedica un capitolo ciascuno a epigoni, colleghi, scrittori fantasma.

EMILIO SALGARI
ROMANZI DI GIUNGLA
E DI MARE

LE TIGRI DI MOMPRACEM
I MISTERI DELLA JUNGLA NERA
UN DRAMMA NELL'OCEANO PACIFICO

EINAUDI

Tav. II. Nel 2001 la casa editrice Einaudi di Torino pubblica tre romanzi salgariani nell'edizione di lusso (a cura di Ann Lawson Lucas) nella collana "I millenni". Il disegno del cofanetto è tratto dalla copertina creata dal pittore Luigi Dalmonte per la 3ª edizione de *Le Tigri di Mompracem* (Genova, Donath, 1911).

Tav. III. *Il Corsaro Nero* in un'edizione moderna settimanale: pubblicata nel 2002 da Fabbri Editori, Milano, la Collana "Emilio Salgari – L'Opera Completa", direttore responsabile Gianni Vallardi, fu curata da Luciano Del Sette e Claudio Gallo. Il volume è corredato di alcune illustrazioni di Pipein Gamba, del quale il disegno in copertina è quello della prima edizione del 1898.

Tav. IV. Gli Atti del convegno allestito nel 2003 presso la Fondazione Tancredi di Barolo di Torino (Centro Studi e Museo sulla storia della Scuola e del Libro per l'infanzia, MUSLI). La copertina del volume, uscito nel 2005, era stata ispirata ad un disegno di Alberto Della Valle per le copertine editoriali Donath.

Tav. V. Un'immagine tratta dal volume omonimo – *La misteriosa fiamma della Regina Loana* – del 2004 di Umberto Eco: illustra l'italianizzazione e la fascistizzazione di avventure africane prima narrate negli Stati Uniti (ma in origine quelle del romanzo *She* dello scrittore inglese di Fine Ottocento Henry Rider Haggard, conosciuto – e plagiato – da Salgari).

Tav. VI. La copertina del volume *Viva Salgari!* del 2005, curato da Claudio Gallo: raccoglie le opinioni dei 'famosi' espresse negli Anni Sessanta in risposta al sondaggio di Giuseppe Turcato.

VII

VIII

Tav. VII. Alcuni numeri de «Ilcorsaronero, Rivista salgariana di letteratura popolare»; lanciata nel febbraio 2006, pubblica molti articoli sullo scrittore veronese insieme a qualche documento dagli archivi.   Tav. VIII. Manifesto per lo spettacolo
SANDOKAN o la fine dell'avventura, messo in scena a Genova nel marzo 2011 e a
Torino nell'ottobre 2011 dalla compagnia "Sacchi di Sabbia".

Tav. IX. *Ritornano le Tigri della Malesia (più antimperialiste che mai)*, scritto dal messicano Paco Ignacio Taibo II, «con l'involontaria collaborazione di Emilio Salgari», uno dei nuovi romanzi ispirati alle ricorrenze salgariane del 2011-12: sopra, la copertina dell'edizione italiana uscita presso Marco Tropea nel 2011. Era apparso prima in Messico nel 2010.

Tav. X. Un ritratto moderno, immaginoso dello scrittore: Franco Bruna, *I gatti di Salgari*, 2011, nella brillante serie "I gatti dei famosi" del pittore e caricaturista piemontese (dalla raccolta dell'autrice).

Tav. XI. Volantino pubblicitario per il romanzo di Ernesto Ferrero *Disegnare il vento*, Einaudi, Torino, 2011. Il bellissimo disegno sembra essere ispirato a un quadro del Doganiere (Henri) Rousseau che mostra un uomo dei primi del Novecento che cavalca una tigre – più pacifica però di questa belva salgariana.

XIIa

XIIb

Tav. XII. Per il centenario della morte di Emilio Salgari, il 25 aprile 2011, lo Stato Italiano ha emesso un francobollo commemorativo, il cui giorno di emissione fu il 23 aprile 2011. Si mise in vendita anche uno speciale folder filatelico realizzato da Poste Italiane contenente un francobollo, una tessera, una cartolina (XIIa, sopra), una busta cavallino (particolare sotto, XIIb) e un DVD biografico.

Claudio Gallo
Giuseppe Bonomi

BUR
rizzoli

**EMILIO SALGARI
LA MACCHINA DEI SOGNI**

BIOGRAFIE

Tav. XIII. Una nuova biografia dello scrittore, uscita per le ricorrenze: *Emilio Salgari, la macchina dei sogni* di Claudio Gallo e Giuseppe Bonomi (2011); in copertina la sempre bellissima immagine creata da Giuseppe Gamba per *I pirati della Malesia* nel 1896 e modificata nel 1902.

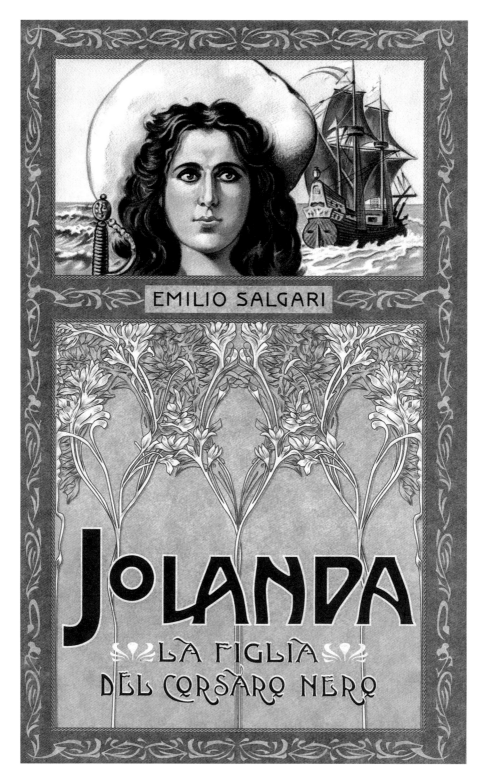

EMILIO SALGARI

JOLANDA
LA FIGLIA
DEL CORSARO NERO

Tav. XIV. Un'edizione moderna del romanzo pubblicato nel 1905 da A. Donath di Genova; ritiene l'immagine della copertina originale disegnata dal pittore Alberto Della Valle. Il volume fa parte di una delle parecchie serie settimanali create per le edicole, in questo caso in vendita nel 2012 con «La Stampa» di Torino.

«LA PENNA CHE NON SI SPEZZA»
Emilio Salgari a cent'anni dalla morte

CONVEGNO INTERNAZIONALE DI STUDI
(TORINO, 11-13 MAGGIO 2011)

A cura di
Clara Allasia e Laura Nay

Edizioni dell'Orso

Tav. XV. Copertina del volume *«La penna che non si spezza»* (2012) curato da Clara Allasia e Laura Nay: sono gli Atti del convegno commemorativo organizzato per il centenario della morte di Salgari e tenutosi nel 2011 nell'Università di Torino e presso la Fondazione Tancredi di Barolo di Torino. (© 2012 Edizioni dell'Orso, Alessandria)

La geografia immaginaria di Salgari

a cura di Arnaldo Di Benedetto

il Mulino

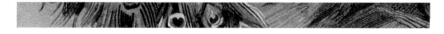

Tav. XVI. Curato da Arnaldo Di Benedetto, *La geografia immaginaria di Salgari* (2012) è il volume degli Atti del convegno dell'Accademia delle Scienze di Torino, allestito nel 2011 per il centenario con il titolo «Emilio Salgari e l'immaginario degli Italiani» che alludeva anche alla celebrazione dell'Unità italiana di 150 anni prima.

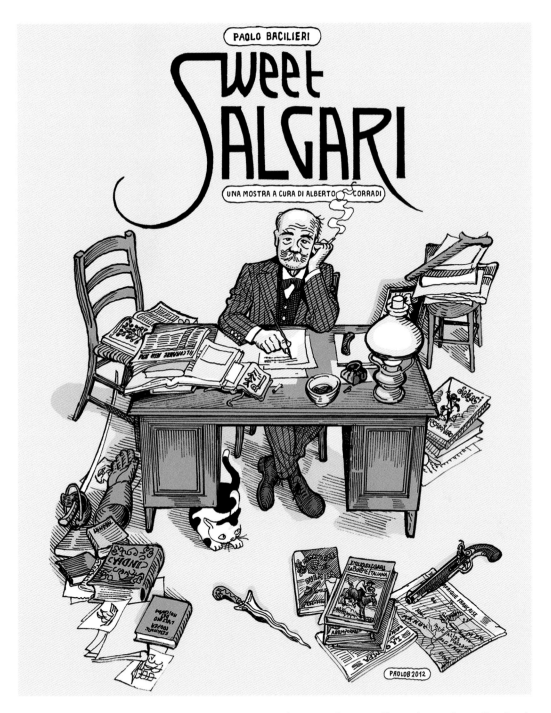

Tav. XVII. Volantino disegnato da Paolo Bacilieri per la mostra basata sulla sua biografia grafica di Salgari, allestita a Verona nell'ottobre 2012. (© 2012 Paolo Bacilieri)

CITTÀ DI TORINO

Fondazione per la cultura Torino

TORINO INCONTRA BERLINO
DUEMILAQUINDICI

ottobre > dicembre

Tav. XVIII. Opuscoletto del 2015 per le manifestazioni della stagione culturale «Torino incontra Berlino»: sulla copertina i mustacchi di Salgari si impongono tra il naso di Marlene Dietrich e quello di Einstein.

Ad opera di Gian Paolo Marchi, il rarissimo volumetto di Bertù, pubblicato contemporaneamente al 'caso Salgari' fascista, è ristampato nella forma originale. Sono aggiunti una *Nota bio-bibliografica* sull'autore, una *Bibliografia di riferimento*, la poesia del 1961 intitolata *Salgàri* di Bertù e la fotografia del Comandante Bertuccioli.

FELICE POZZO, *L'officina segreta di Emilio Salgari*, Vercelli, Mercurio, 2006.

Ancora una miscellanea dalla penna di Pozzo: 15 capitoli su molti diversi aspetti dell'opera e del *folklore* salgariani.

Periodici

«Ilcorsaronero: Rivista salgariana di letteratura popolare», n. 1 (periodico in supplemento a «Yorick»), Reggio Emilia, 2006; direttore responsabile Massimo Tassi.

Un nuovo periodico su Salgari e altro, fondato dal gruppo di salgaristi veronesi e colleghi, che nel primo numero presenta *Testimonianze, Laboratorio, Studi, Notizie* di convegni, conferenze, mostre, e *Segnalazioni bibliografiche*: un «centro studi» cartaceo, utile e vivace.

Articoli, Saggi, Capitoli

ANN LAWSON LUCAS, *The Pirate Chief in Salgari, Stevenson and Calvino* [Il capo dei pirati in S., S., e C.], in *Robert Louis Stevenson: Writer of Boundaries* [RLS: scrittore di confini], a cura di Richard Ambrosini e Richard Dury, Madison, Stati Uniti, University of Wisconsin Press, 2006.

Un confronto fra tre versioni della figura archetipica del capo di pirati; due sono quelle tradizionali che fissarono l'immagine per sempre: l'aristocratico Corsaro Nero di Salgari e il plebeo Long John Silver di Stevenson, il primo 'buono', il secondo 'cattivo', entrambi creati sul finire dell'Ottocento e entrambi paradossali. Quasi postmoderno è Mancino, il cuoco dei partigiani ne *Il sentiero dei nidi di ragno* di Calvino, romanzo che si presta ad essere letto sia come tributo che come reinterpretazione de *L'isola del tesoro* dello scrittore scozzese.

La regina e il capitano: Messaggi di Sua Maestà la Regina Margherita relativi a Emilio Salgari (1896-1900), a cura di Gian Paolo Marchi, opuscoletto stampato in 99 copie, Università di Verona, Dipartimento di Romanistica, 2006.

Otto lettere di cortigiani della regina a Salgari o relative alla sua onorificenza.

Renzo Rabboni, *Salgari e Pietro Savorgnan di Brazzà*, in *Pietro Savorgnan di Brazzà dal Friuli al Congo Brazzaville*, Atti del Convegno Internazionale [del 2005], a cura di Fabiana Savorgnan di Brazzà, Firenze, Olschki, 2006.

Per il suo intervento lo studioso di letteratura dell'Università di Udine aveva cercato allusioni e riflessi nelle opere salgariane ambientate in Africa pertinenti ai viaggi dell'esploratore friulano-francese Pietro Savorgnan di Brazzà, suo contemporaneo, scandagliando due romanzi, qualche racconto breve, e soprattutto i trafiletti del giovane giornalista veronese. Dagli appunti si sa che Salgari conosceva le attività di Brazzà e il loro significato, ma – in conformità con la sua prassi normale di romanziere – non sfruttò direttamente quelle informazioni: per lui l'avventura, l'eroismo, l'esotismo dei romanzi, dovevano essere di preferenza lontani, anche nel tempo, dalla vita vissuta. Solo il cronista esordiente s'interessava alle novità, alla politica attuale; possiamo concludere che in realtà il Salgari maturo era due scrittori diversi, avendo una fine comprensione dei ruoli, delle aree di competenza differenti della fantasia letteraria e del reportage dei fatti veri.

Emilio Salgari, Numero speciale del periodico internet «Belphégor», 2006, diretto da Vittorio Frigerio, Dalhousie University, Canada.

2006   Convegni

"Emilio Salgari tra sport e avventura", Convegno Internazionale del Dipartimento di Romanistica dell'Università di Verona, Verona 5-6 maggio 2006.

"Il profumo della prateria: Il Far West in Emilio Salgari e dintorni", Convegno dell'Associazione Friuli Emilio Salgari, tenuto a Udine.

2007   Pubblicazioni

Edizioni

Emilio Salgari, *L'Innocenza: Gli articoli di Emilio Salgari per il settimanale per bambini «L'Innocenza»*, a cura di Roberto Fioraso, Verona, Biblioteca Civica di Verona e «Ilcorsaronero», 2007.

Con l'introduzione del curatore e il saggio *Salgari divulgatore per bambini* di Silvia Blezza Picherle, il volume contiene 44 brevi passi di Salgari rintracciati in questo «giornale illustrato per i bambini» che usciva ogni domenica ed era uno dei molti periodici pubblicati a Torino da Giulio Speirani e Figli.

Gli articoletti vanno dal dicembre 1893 al gennaio 1897, cioè appartengono al primo periodo torinese dello scrittore. Generalmente sono di meno di una pagina, con in faccia l'illustrazione che Salgari doveva commentare. Il volume rivela la tecnica versatile dello scrittore, modificata per il pubblico molto giovane con tono personale e spiegazioni vivaci.

Henry de Brisay (1862-1919), *Spada al vento*, romanzo tradotto dal francese da Emilio Salgari, con le illustrazioni originali di Job, e nota introduttiva di Giovanna Viglongo; Torino, Viglongo, 2007.

Monografie

Il mare di Salgari: gli oceani, i porti, le navi e gli eroi, a cura di C. Gallo, M. Lo Presti, P. Tiloca; Roma, Ministero degli affari esteri, 2007.

Atti di Convegno

Emilio Salgari e la grande tradizione del romanzo d'avventura, a cura di Luisa Villa, Genova, ECIG, 2007.

Un volume ricco ed elegante di quasi 300 pagine e con 20 saggi di studiosi italiani, francesi, inglesi, tedeschi; si incentra sugli studi comparati del romanzo d'avventura in diverse culture e lingue e sul contesto internazionale dell'opera salgariana. Fra gli argomenti: le vecchie tradizioni avventurose nelle letterature inglese e francese, lo sviluppo di un giornalismo popolare che si entusiasmava per i viaggi e i luoghi lontani ed esotici, gli spunti storici dei romanzi d'avventura: le guerre del Mahdi a fine Ottocento, l'insurrezione anti-britannica nell'India del 1857, la lotta contro i Thug indiani, il colonialismo commerciale in Africa e Sudamerica e quello espansionistico del West, insomma tutto il contesto imperialista dell'Ottocento. Alcuni saggi si addentrano in particolari anche ricercati dell'interpretazione letteraria: la religione in Salgari, in un epigono italiano e in un contemporaneo tedesco, l'esoterismo in Salgari, paragonato all'opera di un francese e di un inglese, il «desiderio di morte» interpretato da Salgari e da tre romanzieri britannici, gli «incubi» del futuro immaginato da Salgari e da Verne.

Storia culturale

Santo Alligo, *Pittori di carta: Libri illustrati tra Otto e Novecento*, Volume III, con uno scritto di Giuliano Ercoli su *Varietà e vitalità di una formula*, Torino, Little Nemo, 2007.

Un bellissimo volume illustrato a colori, con sezioni notevoli sulla triade degli illustratori per eccellenza di Salgari vivo: Pipein Gamba, Alberto Della Valle e Gennaro D'Amato.

Voce

Indice Biografico Italiano, 4ª edizione, München, Saur, 2007.

Questi volumi importanti sono accessibili nella prima stanza delle Sale di Consultazione riservate agli studiosi della Biblioteca Nazionale Centrale di Firenze. Per il Nostro, il lettore deluso legge: *Salgari, Emilio (1862-1911) romanziere, capitano di marina, giornalista.*

2007   CONVEGNI

"Il tesoro di Emilio: Omaggio a Salgari", Biblioteca Comunale Elsa Morante, Ostia, 2-3 aprile 2007.

Convegno sull'opera e sui film salgariani, organizzato da Paola Galli Mastrodonato, con un'intervista di Corrado Farina al regista Umberto Lenzi.

Sulla stampa: *Sandokan e i tigrotti di Salgari? "Eroi terzomondisti"*, in «Il Corriere della Sera», 3 aprile 2007, p. 9.

2007   MOSTRE

Il mare di Salgari, 23 ottobre – 9 novembre 2007, nella stagione "La lingua italiana e il mare". Mostra allestita presso l'Istituto Italiano di Cultura, Edimburgo, Scozia, consistente in un'ampia scelta di riproduzioni delle copertine dei volumi salgariani.

All'apertura della mostra una presentazione sullo scrittore di Davide Messina, docente dell'Università di Edimburgo: *A New Canon for Salgari* [Un nuovo canone per Salgari], 23 ottobre. L'intervento si opponeva alle principali correnti critiche, cercando di ribattezzare Salgari autore di «*kitsch*», di «*pulp fiction*», di «*Trivialliteratur*».

2008   PUBBLICAZIONI

Atti di Convegno

Il tesoro di Emilio: Omaggio a Salgari, a cura di Paola I. Galli Mastrodonato, Imola (Bologna): Bacchilega, 2008.

Il volume di Atti del convegno di Ostia è diviso in tre sezioni su *L'immaginario salgariano* (dal Borneo al Paraguay alla fantascienza del Duemila), su

I Caraibi nel ciclo dei Corsari, e su *Mitografie salgariane* che comprende anche contributi su alcune interpretazioni cinematografiche.

Periodici

CARLO CRESTI, *Architetture raccontate da Emilio Salgari e Sem Benelli*, in «Architettura & Arte» (quaderni semestrali), 3/4, Firenze, A. Pontecorboli, 2008 (pp. 76, € 20).

Cresti, Direttore Editoriale della serie di quaderni su argomenti architettonici, all'inizio propone un utile elenco delle fonti sull'architettura esotica che lo scrittore avrebbe potuto consultare. In seguito rivolge l'attenzione ad esempi di descrizioni architettoniche trovate prima nei romanzi indiani (templi e pagode con sculture di elefanti giganteschi), poi nell'Egitto Antico de *Le figlie dei Faraoni*, passando all'Algeria musulmana, e in seguito alle cupole e piramidi del vecchio Siam. Dopo un salto nei villaggi sudanesi e in quelli asiatici, vengono brevemente considerate Calcutta, Manila, Angkor, prima di un'esplorazione dei luoghi sudamericani (Manoa, Maracaibo, Merida, Santiago di Cuba). L'autore riprende il suo viaggio intorno al globo per considerare l'arredamento degli interni salgariani. Lo scrittore aveva fatto vivere il tutto con «le sue capacità affabulanti», e invece Cresti condanna gli illustratori normalmente ammirati, «che con i loro prodotti di "maniera" non hanno saputo adeguatamente interpretare le disponibili potenzialità delle allora suggestive descrizioni salgariane» (p. 49). I bei disegni ristampati nel 'quaderno' non sono però rappresentativi, né della gamma dei pittori, né delle topografie salgariane.

Per lettori giovani

GERONIMO STILTON, *Quattro topi nella giungla nera*, "Le avventure di Geronimo Stilton", 3; *Quattro topi nel far west*; *Il mistero del tesoro scomparso*; *Il galeone dei gatti pirati*, Milano, RBA Italia, c. 2008.

Sono quattro esempi non solo del 'fenomeno Salgari', ma anche del fenomeno Geronimo Stilton, topolino straordinario che da anni visita spavaldo i molti luoghi comuni della cultura adulta, classica. Per i lettori di 10-13 anni, nella illustre Biblioteca Nazionale Centrale di Firenze se ne trovano non meno di 252 esempi; altri titoli di varia data, indebitati in qualche modo a Salgari (o anche ai 'falsi'), sono: *Il mistero dell'occhio di smeraldo*, Milano, Dami, 1997 e n. 9 nella "Geronimo Stilton collection" del «Corriere della Sera», c. 2005; *Il tempio del rubino di fuoco*, RCS Quotidiani, 2005. L'animaletto continua impavido negli anni seguenti.

2009 PUBBLICAZIONI

Atti di Convegno

Il profumo della prateria: Il Far West in Emilio Salgari e dintorni, Atti del convegno allestito a Udine nel 2006, supplemento a «Prahos», periodico dell'Associazione Friulana Emilio Salgari, Udine, luglio 2009.

Il volume di 70 pagine, che continua con stile la tradizione della fedele Associazione Friulana, comprende 5 saggi e alcune illustrazioni a colori.

LUCIANO CURRERI E FABRIZIO FONI (a cura di), *Un po' prima della fine? Ultimi romanzi di Salgari tra novità e ripetizione (1908-1915)*, Atti del Convegno internazionale di Liège, Belgio (18-19 febbraio 2009); [Roma], luca sossella editore, 2009.

Contrariamente alla norma, il convegno di Liegi era stato organizzato in modo di fornire un volume coordinato intorno ad un unico tema. Ogni capitolo del volume è dedicato a uno degli ultimi romanzi di Salgari, cominciando da quelli del 1908 e terminando con i primi racconti postumi, una quindicina di capitoli in tutto con, in appendice, altri tre contributi incluso un racconto disegnato di Giuseppe Palumbo. L'argomento è l'opera sempre più anormale della fine della vita dello scrittore e gli ultimi cinque capitoli si riferiscono a volumi apparsi dopo il suicidio nell'aprile 1911: come ormai si sa, dopo la morte l'anormalità si intensificò siccome nelle prime pubblicazioni postume altri scrittori erano intervenuti in modi diversi e con la mano più o meno pesante.

Questi saggi sono dedicati necessariamente alla fine (consapevole) dei famosi cicli: gli ultimi filibustieri, le ultime tigri della Malesia, gli ultimi corsari atlantici, gli ultimi 'pellirosse' e immigrati in America; ci sono inoltre gli ultimi viaggi al Polo Nord, nel Marocco, nel Levante cinquecentesco, insieme ad una passeggiata atipica (e certamente immaginata prima della fine) nella Scapigliatura piemontese.

Antologia

CLAUDIO GALLO E FABRIZIO FONI (a cura di), *Ottocento Nero Italiano: Narrativa fantastica e crudele*, Milano, Nino Aragno, 2009.

Con una Premessa di Luca Crovi, il volume contiene brani di quasi una trentina di scrittori e scrittrici italiani, compreso Salgari, qui rappresentato da due scritti, *I fuochi misteriosi* e *Inghiottiti dal Maëlstrom!*, con breve postfazione.

Pubblicazioni particolari

GIORGIA GALANTI – GIOVANNI GUERRIERI, *Cartoline da Mompracem*, Milano, Nuages, 2009.

Liberamente tratto da *Le Tigri di Mompracem* di Emilio Salgari, consiste soprattutto in illustrazioni a colori.

HUGO PRATT – MINO MILANI, *Sandokan: I pirati della Malesia*, Milano, Rizzoli, 2009.

Romanzo disegnato di 79 pagine, creato nel 1969 e pubblicato per la prima volta: consiste soprattutto in illustrazioni.

2009   CONVEGNI

"Salgari-Spezia: oltre l'avventura", giornata di studio promossa dall'Amministrazione comunale di La Spezia, 17 maggio 2009.

2010   IN LIBRERIA

Verso la fine dell'anno le librerie rispecchiano la longevità del fascino di Salgari e l'interessamento suscitato dal centenario imminente. A Genova nella grande Libreria Bozzi, sugli scaffali del reparto per i giovani lettori, sono evidenti le edizioni dei romanzi della Mursia, mentre per il lettore adulto è proposto un buon gruppo di almeno sei volumi sullo scrittore già esistenti da tempo, che fra poco verrà arricchito dai molti nuovi libri dedicati alla commemorazione dello scrittore nel centenario della morte (2011) e nel centocinquantesimo anniversario della nascita (2012). Sempre in vendita sono l'attendibile e letteraria *Introduzione a Salgari* di Bruno Traversetti del 1989 e gli Atti dell'importante convegno tenuto a Napoli *Il 'Caso Salgari'* del 1997, libro che contiene una grande varietà di contributi, alcuni notevolissimi, rappresentanti pensiero e studio approfonditi. Sempre degli Anni Novanta e ancora in commercio sono *Nelle giungle di Salgari* (1992) di Leonardo Ruggeri e due biografie: *Emilio Salgari il padre degli eroi* ("Oscar biografie", Mondadori, 1991) di Giovanni Arpino e Roberto Antonetto (della quale era attesa una nuova edizione) e *Emilio Salgari: demoni, amori e tragedie di un capitano che navigò solo con la fantasia* (1995) di Silvino Gonzato; intanto una biografia completamente nuova è promessa per la ricorrenza. A quasi dieci anni dalla pubblicazione, *Emilio Salgari e dintorni*

(2001) di Felice Pozzo, utile geografia dettagliata della rete salgariana, è il libro più recente su questi scaffali.

2010   PUBBLICAZIONI

Edizioni

EMILIO SALGARI, *Le Aquile della Steppa*, a cura di Luciano Curreri, Milano, Greco & Greco, 2010.

Il romanzo di Salgari con postfazione del curatore.

EMILIO SALGARI, *2000 leghe sotto l'America*, Roma, Robin, 2010.

In origine un romanzo verniano per adulti, questa edizione è presentata come fantascienza per i giovani lettori (di 10 anni) de "La biblioteca dei figli".

EMILIO SALGARI, *Le novelle marinaresche di Mastro Catrame*, postfazione di Giovanna Viglongo, "La biblioteca dei figli", Roma, Robin, 2010.

Nuova edizione della raccolta di leggende di mare presentata con 'cornice', prima pubblicata durante la vita dello scrittore.

EMILIO SALGARI, *Le Tigri di Mompracem*, "BUR ragazzi" 40, Milano, Rizzoli, 2010.

Insieme alle parecchie collane del primo decennio del secolo che si dedicano esclusivamente a Salgari, altre più ampie – come "I Delfini Fabbri" e la "BUR ragazzi" – accolgono lo scrittore fra molti altri. *Le Tigri di Mompracem* era già apparso nel 1981 al numero 406 della "BUR ragazzi", ma negli anni 2010-12 viene aggiunto un pugno di altri romanzi: *Il Re del Mare* esce nel 2010 (al n. 41), e *Il Corsaro Nero* (n. 44) seguirà nel 2011 al prezzo di €9.90, insieme a *Le due Tigri* (n. 43, pp. 446), *I pirati della Malesia* (n. 42, pp. 452, €9.50), *Sandokan alla riscossa* (n. 53, pp. 474), *Jolanda, la figlia del Corsaro Nero* (n. 52, pp. 471). Tipicamente i volumi terminano con la postfazione di Antonio Faeti, e sono notevoli per le copertine nuove con disegno spiritoso.

EMILIO SALGARI, *Tutte le avventure di Sandokan. I cicli completi della jungla e dei pirati della Malesia*, a cura di Sergio Campailla, Edizioni integrali, "Grandi Tascabili Economici", "I Mammut" 88, Roma, Newton Compton, 2010.

Il volume di 2207 pagine contiene anche una premessa del curatore, *Il caso Salgari*, e delle utili pagine introduttive su «la vita e le opere», con bibliografie delle opere e di studi recenti, seguite da una breve enciclopedia di *Personaggi e luoghi dei romanzi*.

Edizione digitale

EMILIO SALGARI, *Le Tigri di Mompracem*, 1 cd audio (MP3), adattamento di Maria Luigia Cafiero, letto da Mauro Machelli, Roma, Biancoenero, 2010.

Monografie

GIOVANNI ARPINO e ROBERTO ANTONETTO, *Emilio Salgari, il padre degli eroi*, Torino, Viglongo, 2010.

È la nuova edizione di *Vita, tempeste, sciagure di Emilio Salgari il padre degli eroi* del 1991, uscita presso la Mondadori, con una Nota introduttiva di Roberto Antonetto e una cronologia/bibliografia a cura di Felice Pozzo e Franca Viglongo.

PIERFRANCO BRUNI e MARILENA CAVALLO, *Sandokan, le tigri e il Corsaro Nero. Il sogno e la maledizione in Emilio Salgari*, Taranto, Istituto di Ricerca per l'Arte e la Letteratura IRAL, 2010.

PAOLO CIAMPI, *I due viaggiatori. Alla scoperta del mondo con Odoardo Beccari ed Emilio Salgari*, Firenze, Mauro Pagliai Editore, Edizioni Polistampa, 2010.

In questo volume di taglio poliedrico, Ciampi ricorda le letture giovanili per cui i protagonisti salgariani diventarono i suoi amici. Con questo in mente visita il Borneo e nel libro racconta in uno stile informale, colloquiale, le impressioni di un viaggio guidato e «accompagnato» da Salgari e da Beccari. Fra i protagonisti sono James Brooke, suo nipote Charles Brooke e la moglie Margaret la quale convinse Beccari a scrivere *Nelle foreste del Borneo* (1902). La sempre presente mitologia salgariana spicca nei titoli dei capitoli dello scrittore-viaggiatore. Il libro è stato presentato al Melbookstore, Firenze, 20 aprile 2011.

FELICE POZZO, *Nella giungla di carta: Itinerari toscani di Emilio Salgari*, Pontedera (Pisa), Bibliografia e Informazione, 2010.

Saggistica su aspetti toscani della storia editoriale e iconografica salgariana.

Articoli

EMILIO SALGARI, *L'Italia a Tripoli*, tre articoli (uno sulla Turchia) di Ammiragliador (uno degli pseudonimi del giovane giornalista), ristampati in «Almanacco Piemontese 2011», n. XXXVII, Torino, Viglongo, 2010.

Sulla morte di Emilio Salgari: Tre articoli dal quotidiano «Il Momento», in «Almanacco Piemontese 2011», n. XXXVII, Torino, Viglongo, 2010.

Allusioni

Gli arabismi nella letteratura esotica, sezione 3 della voce *Arabismi* di Marco Mancini, nell'*Enciclopedia dell'Italiano* (2010) dell'*Enciclopedia italiana* della Treccani, letta su internet. La voce cita Salgari come una fra poche fonti importanti di «arabismi» nella lingua italiana, riferendosi ai romanzi nord-africani, a partire da *La favorita del Mahdi*.

Atti di Convegno

Emilio Salgari tra sport e avventura, a cura di Cristina Cappelletti, Atti del Convegno Internazionale del Dipartimento di Romanistica dell'Università di Verona, Verona 5-6 maggio 2006, «Quaderni Salgariani», Torino, Viglongo, 2010.

Con la consueta prefazione *L'Editore al Lettore* di Giovanna Viglongo e la premessa di Gian Paolo Marchi, il volume – nell'inconfondibile stile visivo della collana – contiene undici contributi. Fra gli autori sono i salgariani fedelissimi Roberto Fioraso, Claudio Gallo, Felice Pozzo e Mario Tropea, insieme allo stesso Marchi, e fra gli argomenti duelli, caccia, velocipedi, alpinismo, tematiche narrative e anche biografiche, mentre della curatrice si legge uno studio letterario di Berto Bertù.

2010   Mostre

Liberty, la donna al centro dell'universo, mostra allestita a Cuorgnè, Piemonte.

Il paese preferito dello scrittore ospita le immagini nello stile che cent'anni prima aveva caratterizzato le copertine salgariane e fissato i lineamenti delle eroine dei romanzi.

2010   Convegni

"La donna nella vita e nell'opera di Emilio Salgari", convegno tenuto al Palazzo della Gran Guardia, Verona, a cura dell'Assessorato Pari Opportunità del comune di Verona e dell'associazione culturale Vivi la Valpolicella, 22 ottobre 2010.

2010-11   PUBBLICAZIONI

Edizioni

EMILIO SALGARI, *L'edizione del centenario*, Milano, Mondadori. Direttore responsabile: Gianni Vallardi; consulente editoriale: Claudio Gallo. I primi esempi:

EMILIO SALGARI, *Il Corsaro Nero*, "Fantasia e Avventura: I Grandi Romanzi di Emilio Salgari", N. 1, Edizione integrale annotata a cura di Mario Spagnol, ristampa dell'edizione del 1970 per il centenario della morte dello scrittore, 1911-2011, Milano, Mondadori, 2010.
EMILIO SALGARI, *I Misteri della Jungla Nera*, "Fantasia e Avventura: I Grandi Romanzi di Emilio Salgari", N. 2, Edizione integrale annotata a cura di Mario Spagnol, ristampa dell'edizione del 1969 per il centenario della morte dello scrittore, 1911-2011, Milano, Mondadori, 2010.
Dalla pubblicità: «Per la prima volta la collezione completa dei capolavori di Emilio Salgari» (ma la casa editrice Fabbri aveva già pubblicato tutte le opere, mentre l'Edizione Annotata della Mondadori degli Anni Settanta rappresentava solo una selezione). Per il lancio della collana sono previsti i primi nove volumi: 3 *Le Tigri di Mompracem*, 4 *La regina dei Caraibi*, 5 *I pirati della Malesia*, 6 *Jolanda, la figlia del Corsaro Nero*, 7 *Le due Tigri*, 8 *Il Re del Mare*, 9 *Alla conquista di un impero* – e «tante altre splendide avventure!»
Il titolo del dépliant-réclame è **Salgari lo scrittore delle meraviglie**, con la spiegazione in lettere maiuscole: «I grandi romanzi che ti hanno fatto sognare per la prima volta in una magnifica collezione». È «Nuova» questa «Edizione del centenario», è «da collezione», ed è di «Grande formato» (non però rilegato). Il pubblico può ordinare la collezione per posta, al telefono o su Internet. Ogni volume costa €12,90, con uno sconto di 20% per tutta la collezione. È da notare che la descrizione pubblicitaria sceglie senza problemi la parola «classico»: «Classici della letteratura per la prima volta in un'edizione deluxe, per immergersi con tutta la famiglia in un mondo esotico e ricco di avventure. Da Sandokan al Corsaro Nero alle Tigri di Mompracem: duelli, battaglie, misteri e leggendari eroi ti stupiranno di nuovo!» Questa pubblicazione settimanale si comprava in edicola insieme a «Panorama».

2011   COMMEMORAZIONI

Si commemora il centenario della morte di Emilio Salgari con molte pubblicazioni, mostre, convegni, manifestazioni sia per il grande pubblico che per studiosi, per adulti e per giovani. Ormai è dato per scontato che lo straordinario scrittore d'avventure va festeggiato – come gli altri grandi fenomeni della cultura – in modo svariato, immaginoso, incondizionato e con impegno. Un secolo è passato tra entusiasmi stravaganti e esitazioni scettiche, tra sopravvalutazioni e sottovalutazione. Il giudizio letterario e culturale sul romanziere è stato infinitamente cambiato e migliorato negli ultimi cinquant'anni; questo sarà il dono speciale cent'anni dopo: un apprezzamento che Salgari non si sarebbe mai aspettato.

Cerimonia solenne

Il 25 aprile, giorno del centenario della morte: «Studiosi e appassionati si danno appuntamento […] sulla sua tomba al Monumentale di Verona […] per la commemorazione solenne» («Corriere della Sera», 21 aprile, Terzapagina Anniversario).

Francobollo

Le Poste italiane fanno uscire un francobollo commemorativo di Emilio Salgari, disponibile il 23 aprile anche su busta del primo giorno di emissione e in un folder speciale. È in vendita, tra l'altro, presso il Salone del Libro di Torino.

2011   IN LIBRERIA NELL'ANNO COMMEMORATIVO

Il Salone del Libro, Torino

Al Salone internazionale del Libro di Torino, nel maggio 2011, molti stands delle case editrici, molti interventi e discussioni di scrittori contribuiscono alle commemorazioni salgariane: presso l'Einaudi si vende il romanzo biografico del direttore del Salone, Ernesto Ferrero, insieme ai tascabili curati e annotati di parecchi classici salgariani. Un gruppo di scrittori veneti presenta commenti personali e una discussione sull'autore veronese. Il messicano Paco Ignacio Taibo II parla del suo nuovo romanzo scritto da epigono salgariano.

Firenze

Casalinilibri di Fiesole, stampa un catalogo speciale per l'anno commemorativo, da mandare a enti interessati compresi dipartimenti d'italianistica nelle università all'estero. La versione in inglese s'intitola: *Salgariana: A selection of works to mark the centenary of Salgari's death* [opere scelte per la commemorazione del centenario della morte di Salgari]. Il catalogo di 17 pagine elenca 50 titoli scelti: alcuni romanzi salgariani in edizioni moderne, biografie e saggistica.

Torino

Le direttrici della Casa Editrice Viglongo di Torino, che si specializza in materiale piemontese e in edizioni e critica salgariane, fanno il calcolo delle nuove pubblicazioni salgariane del 2011: nel mese di ottobre hanno già rintracciato non meno di 38 nuovi titoli.

2011   Pubblicazioni

Edizioni

Emilio Salgari (E. Giordano), *La vendetta d'uno schiavo*, a cura di Felice Pozzo, Torino, Viglongo, 2011.

Con prefazione di Pozzo, che cerca di confermare l'identificazione salgariana di questo racconto pubblicato pseudonimo nel 1900 da Donath di Genova, rintracciandone la storia. Era stato Vittorio Sarti a rivelare l'identità di E. Giordano nell'edizione del romanzo salgariano *Il Re della Prateria* della Mondadori, 2004.

Sulla stampa: Mario Baudino, *Elementare, Sandokan: questo libro è di Salgari. Un detective letterario sulle tracce dello scrittore riscopre un romanzo uscito nel 1900 sotto pseudonimo.* L'articolo era accompagnato da una fotografia della copertina originale del racconto pseudonimo, illustrato da G.G. Bruno e pubblicato da Donath di Genova nella "Biblioteca economica illustrata per la gioventù, diretta dal Cav. Salgari" (collana creata per nascondere le opere pubblicate pseudonime perché plagiate), in «La Stampa», 15 novembre 2011.

Monografie: Biografia, Saggistica

Pino Boero – Walter Fochesato – Felice Pozzo, *Il Corsaro Nero: nel mondo di Emilio Salgari*, Milano, FrancoAngeli, 2011. [€ 17]

I tre autori contribuiscono ognuno con un capitolo specialistico: Pozzo su *Il tempo perduto dei corsari gentiluomini*, Boero su *Le rotte dell'avventura*, e Fochesato su *Avventure di pennini e pennelli*. Il libro termina con una sezione su *Chi era Salgari* e una bibliografia a cura di Felice Pozzo.

CLAUDIO GALLO e GIUSEPPE BONOMI, *Emilio Salgari: La macchina dei sogni*, con presentazione di Mino Milani, "BUR Biografie", Milano, RCS Rizzoli, 2011; pp. 488. [€ 12]

Una nuova biografia «non speculativa», né «fantastica», che nel corso di una narrazione scorrevole – ma non cronologica – cerca di attenersi ai documenti; comprende molte citazioni anche lunghissime tratte dalle svariate fonti documentarie. Le conoscenze già pubblicate sono state ampliate e vi si trovano delle scoperte, soprattutto sulla critica all'opera durante la vita dello scrittore. Il libro termina con 100 pagine di note utili.

Intervista a Claudio Gallo sulla nuova biografia:

Alberto Pezzotta, *"Scapigliato" e di successo: vi svelo un altro Salgari*, in «Corriere della Sera», 12 aprile: «C. G. ha studiato per 20 anni il suo autore più amato e in un saggio smentisce tanti luoghi comuni».

Secondo Gallo, la Scapigliatura aveva dato a Salgari la «libertà di scrittura extra tradizione»; è anche «un positivista, ha fiducia nel progresso e nella ragione». I compensi dello scrittore «erano doppi rispetto a scrittori famosi come Luigi Capuana». Il biografo vede i film western di Sergio Leone come debitori nei confronti di Salgari.

MICHELE GIOCONDI, *I best seller italiani, 1861-1946*, Firenze, Mauro Pagliai, 2011.

Nella Parte I del libro, sugli anni 1861-1915, l'autore dedica un capitolo a Salgari e sceglie come *best seller* esemplare *Le Tigri di Mompracem*. Quattro pagine di introduzione sono seguite da un lungo brano, citato dal romanzo, che termina con le parole simboliche ed esilaranti: «— Tigrotti, a Labuan! A Labuan!»

SILVINO GONZATO, *La tempestosa vita di capitan Salgari*, "I colibri", Vicenza, Neri Pozza, 2011.

Una nuova versione riveduta della biografia pubblicata nel 1995 dal giornalista de «L'Arena» di Verona. Sfortunatamente il nuovo titolo perpetua due dei miti longevi su Salgari. Contiene una bibliografia a cura di Vittorio Sarti.

OLTSEN GRIPSHI, *Emilio Salgari e i suoi romanzi illustrati da Alberto Della Valle*, Verona, aemme edizioni, 2011.

Volume illustrato di 115 pagine.

Simonetta Satragni Petruzzi, *Salgari e il melodramma: Gli echi dell'Opera nell'opera di Salgari*, Roma, Il Cubo, 2011.

Accompagnato da una prefazione di Felice Pozzo intitolata *Il laboratorio magico del "capitano"*, il testo in 6 capitoli esplora diversi aspetti dell'influenza sui romanzi della passione di Salgari per il teatro e soprattutto per l'opera lirica. È considerata anche la possibile influenza, a sua volta, dello scrittore su alcuni compositori. L'argomento preminente è l'esotismo condiviso, ma figura anche il tema della *bohème*.

Franco Spiritelli (a cura di), *Salgari, Salgariani e falsi Salgari: Pirati, Corsari e Uomini del West*, con un saggio di Massimo Carloni, Senigallia, Fondazione Rosellini per la Letteratura Popolare, 2011.

Un volume ricco di informazioni anche nuove che chiarisce molti aspetti della storia degli epigoni e degli scrittori fantasma che in passato imitavano gli argomenti e lo stile salgariani; tra questi si dedica uno studio notevole a Luigi Motta. Il testo si specializza su tre temi preminenti dell'opera salgariana: i pirati della Malesia, i corsari delle Antille, e le guerre del Far West. Il libro è abbellito da moltissime immagini tratte dalle edizioni uscite nel corso di quasi un secolo, e fornisce informazioni sui principali illustratori.

Mario Tropea, *Emilio Salgari*, "le bandiere" n. 2, Cuneo, Nerosubianco, 2011.

Una raccolta di saggi del noto studioso di letteratura ottocentesca, con temi quali Salgari e la storia, l'esotismo, lo sfondo coloniale, il mondo latino-americano.

Atti di Convegno

La donna nella vita e nell'opera di Emilio Salgari: nel centenario della morte del romanziere veronese 1862-1911, a cura di Silvino Gonzato, Verona, [s.n.], 2011.

Di 57 pagine, sono gli Atti del convegno tenuto a Verona nell'ottobre 2010.

La Tigre è arrivata: Emilio Salgari a cento anni dalla sua scomparsa, a cura di Donatella Lombello, Lecce, Pensa Multimedia, 2011.

Sono gli Atti del convegno tenuto a Padova nello stesso anno 2011. È un bel volume di 17 interventi su molti diversi aspetti dell'opera salgariana, parecchi di noti studiosi di letteratura e iconografia, comprese quelle destinate ai giovani – fra cui Faeti, Marcheschi, Beseghi, Tropea, Frigerio,

Detti, Pallottino – con un'Introduzione della curatrice: un'aggiunta utile e stimolante allo studio dello scrittore. Strana la scelta della copertina, benché accattivante, basata su quella di un racconto di Luigi Motta, epigono e falsificatore di Salgari.

Romanzi

ERNESTO FERRERO, *Disegnare il vento: L'ultimo viaggio del Capitano Salgari*, Torino, Einaudi, 2011.

Sullo sfondo della Torino di primo Novecento, questo elegante romanzo lirico-biografico si ispira con sensibilità all'ultima fase della vita di Salgari e alle sfumature tra immaginazione e realtà.

Recensioni: Paolo Mauri, *Salgari, il capitano che non sapeva navigare*, in «La Repubblica», 16 aprile, "Cultura".

Nel romanzo Ferrero immagina «uno scrittore proiettato nell'altrove delle sue avventure esotiche e incapace di gestire la propria quotidianità»; la recensione segue nella tradizione di esagerare grossolanamente gli aspetti penosi nella vita dello scrittore («sfruttato da editori iniqui»), fino alla conclusione che non valorizza né la fantasia di Salgari né quella di Ferrero: «quel che conta è tutto vero e gronda pena e sangue».

CESARE SEGRE, *Salgari, il bestseller in miseria: Una vita segnata dalla follia della moglie e dalla mancanza di soldi*, in «Corriere della Sera», 21 aprile, Terzapagina Miti.
Se troppo presa dalla mitologia e dallo scandalo, la recensione riassume però felicemente le qualità del nuovo romanzo: «un'abile costruzione polifonica» (un giornalista, una vicina, medici, figli, la ragazza Angelina – «felice invenzione») e finisce in modo perspicace: «occorrerebbe forse qualche approfondimento sull'industria editoriale del tempo»; è possibile che lo scrittore fosse «anche incapace di farsi valere. Forse ci sfugge qualcosa.»

PACO IGNACIO TAIBO II («con l'involontaria collaborazione di Emilio Salgari»), *Ritornano le Tigri della Malesia (più antimperialiste che mai)*, Milano, Mario Tropea, 2011. (Traduzione italiana di Pino Cacucci de *El Retorno de Los Tigres de la Malasía*, Città del Messico, 2010.)

Una continuazione delle avventure di Sandokan e di Yanez, il romanzo vince il Premio *Ilcorsaronero*.

Interviste: *Ritorno a Mompracem*, in «La Repubblica», 23 gennaio, "Sezione Domenicale", pp. 29-31.

Il nuovo romanzo di stirpe salgariana è descritto dall'autore come un onesto pastiche. Lo scrittore messicano, «adolescente attivo nelle lotte politiche e sociali degli anni Sessanta», spiega come aveva ricostruito il mondo salgariano per il suo romanzo.

Alessandro Beretta, in «Corriere della Sera», 31 gennaio.

Lo scrittore messicano diceva di ammirare la «mentalità progressista di Salgari». Aveva letto 63 libri salgariani, uno in più del totale del giovane Ernesto Guevara (il futuro 'Che') il quale – come Pavese – aveva preso appunti sulle sue letture.

Per lettori giovani

EMILIO SALGARI, *L'isola di fuoco* (racconto), riduzione e adattamento a cura di Orecchio Acerbo, con illustrazioni di Luca Caimmi; postfazione di Paola Pallottino, Roma, Orecchio Acerbo ("I Libri col Poster"), 2011. [€12.50]

In formato molto grande, il libro contiene un rifacimento aggiornato di un racconto salgariano prima pubblicato pseudonimo nella "Bibliotechina Aurea" dell'editore Biondo di Palermo. Mentre l'originale era stato ambientato nella Nuova Zelanda, Paola Pallottino spiega la storia dell'effimera isola sorta tra Sciacca e Pantelleria nel 1831 e scomparsa nel 1832; nella versione moderna il fuoco è quello di una piattaforma per trivellazioni subacquee che esplode con gravi danni ambientali. Quindi il pensiero del lettore è diretto alla conservazione del mondo naturale.

EMILIO SALGARI, *Le Tigri di Mompracem*, a cura di R. Fioraso e C. Gallo, collezione "Nuovi Acquarelli", Firenze, Giunti Demetra, 2011.

Con l'Introduzione di Roberto Fioraso, è una nuova edizione di 416 pagine dell'edizione originale in volume del 1900. La stessa collana di "Classici della Narrativa" comprende anche opere di Foscolo, Verga, Svevo, e di Jane Austen e A. Conan Doyle.

FABIAN NEGRIN, *Chiamatemi Sandokan! (un omaggio a Emilio Salgari)*, Milano, Adriano Salani, 2011. [€ 13]

Con un evidente omaggio anche al *Moby-Dick* di Herman Melville («Chiamatemi Ishmael…»), Negrin ha creato un volume di grande eleganza, dominato dalle belle illustrazioni suggestive. Dopo i risguardi che ricordano le giungle voluttuose del Doganiere Rousseau, la storia delle vacanze di due giovani cugini comincia con semplici disegni lineari con poco colore, sviluppandosi poi in un'eco giovanile di Eco: «Dentro un armadio ho trovato dei libri. Uno aveva una tigre in copertina». Da quel momento le immagini sono colorite e romantiche, animali tropicali invadono la cucina e nella notte la camera, i ragazzi diventano Sandokan e Yanez e si muovono con entusiasmo tra realtà e fantasia. Le citazioni dal ciclo delle Tigri sono in corsivo.

SERENA PIAZZA e PAOLO D'ALTAN, *Emilio Salgari, navigatore di sogni*, Milano, Rizzoli, 2011; Milano, RCS Libri, 2011.

È soprattutto un libro di illustrazioni a colori, per lettori di 5-7 anni. Oltre ad essere un racconto originale, equivale nello stesso tempo ad una breve biografia elegante di Salgari, composta soprattutto di bellissime immagini fantasiose che sottilmente evocano l'opera dello scrittore e insieme i metodi creativi della sua immaginazione; comprende anche citazioni dai romanzi in corsivo.

GERONIMO STILTON, *Sandokan: Le Tigri di Mompracem*, "Grandi storie", Milano, Piemme junior, 2011.

Per lettori di 10-13 anni, si tratta del testo originale di Emilio Salgari «liberamente adattato da Geronimo Stilton» in tempo per la pubblicazione nell'anno della ricorrenza.

Pubblicazioni particolari

EMILIO SALGARI, *Sandokan*, lo sceneggiato televisivo del 1976, interpretato da Kabir Bedi e Carole André, regia di Sergio Sollima, "BUR Senzafiltro", Milano, Rizzoli, 2011. [€ 24,90]

Il volume illustrato a fotogrammi a colori è accompagnato da 2 DVD.

URSO SANTI (a cura di), *Suppliziario salgariano*, Introduzione di A. Bozzo, Rovereto, Zandonai, 2011.

Un piccolo repertorio, preparato con eleganza paradossale, delle scene di tortura e simili nei romanzi di Salgari.

Capitan Salgari: In viaggio con l'immaginazione, a cura di Silvino Gonzato, regia di Marco Serrecchia, libro+DVD, Roma, minimum fax, 2011.

Una ristampa del libro *Una Tigre in redazione* – una scelta degli articoli di Salgari stampati su «L'Arena» di Verona – con una nuova prefazione di Gonzato, accompagna il documentario *Capitan Salgari*, presentato da Daniele di Gennaro, in cui alcuni entusiasti commentano l'opera e la vita dello scrittore d'avventura, con letture di brani salgariani autentici e anche postumi.

Periodici: Articoli, Interviste

«Ilcorsaronero: Rivista salgariana di letteratura popolare», Direttore responsabile Claudio Gallo, n. 13, marzo 2011.

Come celebrazione del centenario, il fascicolo contiene un gruppo di articoli su Salgari o ispirati a Salgari e all'avventura.

PINO BOERO intervistato da CARLA IDA SALVIATI: *Salgari cent'anni dopo*, in «La Vita scolastica», 1° aprile 2011, pp. 20-21.

Dato il periodico che ospita l'articolo e gli studi del professore, qui ci si concentra sullo scrittore «per ragazzi». Ciò nonostante è forse sorprendente che nell'introduzione si pensi sempre nei termini: «Cattivo scrittore? Scaldatore di teste? Oppure scrittore vulcanico», creatore di «un mondo immaginario vorticoso». Boero ha dei dubbi: «Consigliare oggi ai ragazzi la lettura dei romanzi salgariani mi sembra un azzardo: troppo lontani ambienti e linguaggio, troppo "concorrenziale" il richiamo di media più "moderni"». Suggerisce che nella scuola primaria l'insegnante presenti un'antologia personale, scegliendo gli episodi più teatrali, cinematografici, e le stupende illustrazioni dei maggiori illustratori. Dello scrittore è citata anche l'ultima lettera agli editori, quella meno rappresentativa, più tormentata, che ha fuorviato giornalisti, critici, pubblico durante tutto un secolo, con il commento che nel caso di Salgari il biografico rischia di dominare la critica.

Nelle stesse pagine un preannuncio de *Le iniziative per l'anniversario*, firmato Felice Pozzo.

LUCA INDEMINI, *Un viaggio fantastico per il mondo con le avventure di Emilio Salgari: Da oggi in mostra sessanta libri dello scrittore per ragazzi*, in «La Stampa», 20 aprile 2011.

Accompagnato da due illustrazioni di copertine salgariane – quella famosa di Della Valle de *Gli ultimi filibustieri*, con la figura cavalleresca tutta in rosso del noto corsaro, e quella sconosciuta spagnola de *Las piratas de la Malasia*, pubblicata a Barcellona, che mostra una Marianna modesta in versione *Belle Époque* – l'articolo preannuncia la mostra alla Biblioteca Civica Centrale di Torino e l'incontro in programma per l'apertura. Presenta lo scrittore che andava «raccontando mondi mai visti, inventando eroi immortali, ricostruendo luoghi esotici, documentandosi con lunghe e estenuanti ricerche», e che si era informato appunto presso la Civica (ma quella di Fine Ottocento e primo Novecento). Con tatto il giornalista spiega che «La scrittura fu per lui croce e delizia: inchiodato alla sedia per rispettare le scadenze imposte dagli editori, dovette affrontare la carenza di denaro e l'abbondanza di travagli e disgrazie personali», così perpetuando, con una parte della verità, le eterne impressioni imprecise; contro la nuova e attenta corrente critica, l'articolo presenta Salgari con la vecchia etichetta di «scrittore per ragazzi», anche questa una verità solo parziale.

MATTEO LO PRESTI, *Salgari a Genova*, in «La Casana», periodico della Banca Carige di Genova, ottobre 2011.

Articolo di giornale

ERNESTO FERRERO, *Gli antieroi ribelli del capitano triste*, in «La Repubblica», 23 gennaio 2011, Sezione Domenicale.

Il romanziere ricorda il concetto di Claudio Magris delle letture che «ci segnano per la vita» quando asserisce che i racconti di Salgari avevano lasciato «in generazioni di italiani un imprinting indelebile: il big bang di un'emozione che verrà ricordata nell'età adulta con commossa gratitudine da scrittori come Pavese, Pontiggia, Citati, Eco, Magris». Lo scrittore usava «un linguaggio convenzionale, [...] quello enfatico dei libretti d'opera, perfetto per esprimere sentimenti stilizzati». Ferrero a ragione nota molte caratteristiche di Salgari già studiate da altri: l'azione quasi futurista, la «scorrettezza politica», l'importanza della Natura, l'assenza di un Creatore, il rifiuto del perbenismo borghese deamicisiano, il darwinismo, l'anticolonialismo e lo scetticismo verso i ricchi capitalisti (ma anche verso il socialismo), le sue società multirazziali – malgrado i tempi razzisti. Pensando ai «tigrotti letterari» Sepúlveda e Taibo, Ferrero ricorda come il vecchio Borges «si intenerisce al ricordo di un Corsaro Nero avuto in regalo a cinque anni». Come ci si aspetta dal Direttore del Salone del Libro di Torino, è un articolo molto più sofisticato di quelli giornalistici abituali.

2011   CONVEGNI

"Odoardo Beccari, Paolo Mantegazza, Emilio Salgari: scienziati, esploratori e sognatori italiani della seconda metà dell'Ottocento": programmato dal Dipartimento di Biologia evoluzionistica e dal Museo di Storia Naturale dell'Università di Firenze, convegno organizzato nell'anniversario della nascita di Darwin, 23-24 febbraio 2011.

"La Tigre è arrivata! – Emilio Salgari a 100 anni dalla sua scomparsa", Università degli Studi di Padova, convegno organizzato da Donatella Lombello, 7-8 aprile 2011.

"La penna che non si spezza: Emilio Salgari a cent'anni dalla morte", Università degli Studi di Torino e Fondazione Tancredi di Barolo di Torino, convegno organizzato da Clara Allasia, Laura Nay e Pompeo Vagliani, 11-13 maggio 2011.

Il convegno prende il via nell'Aula Magna dell'Università con un pomeriggio dedicato ad aspetti letterari salgariani e alla ricezione rispecchiata nei necrologi, mentre la seconda giornata viene dominata dall'interpretazione dei racconti nei mezzi di comunicazione moderni, dal cinema muto ai fumetti e alla televisione. Si presenta una proiezione del film di Mario Soldati *Jolanda, la figlia del Corsaro Nero*, e in anteprima quella del documentario *Emilio Salgari: Il Corsaro della penna*, dei registi Igor Mendolia e Davide Valentini (realizzato per RAI Educational, "La storia siamo noi", e in questa data non ancora trasmesso alla TV). Il filmato unisce i commenti di scrittori, giornalisti, editori intervistati alla ricostruzione senza parole dell'ultimo periodo della vita dello scrittore, resa in modo commovente da un suo sosia torinese. Nell'ultima giornata del convegno, tenutasi presso il Museo della Scuola e del Libro per l'infanzia, gli argomenti sono le illustrazioni, il futuro previsto da Salgari e lo scrittore scapigliato.

"Emilio Salgari e l'immaginario degli Italiani", Accademia delle Scienze di Torino, convegno promosso dal Presidente Pietro Rossi e coordinato dal socio Arnaldo Di Benedetto, 14-15 ottobre 2011.

Il programma di nove interventi presentati da studiosi specialisti era stato ideato per offrire un panorama dei maggiori aspetti dell'opera e della fortuna di Salgari. Con lo sfondo del romanzo «esotico-popolare» del secondo Ottocento, spiegato da Piero Boitani, gli interventi di Gian Paolo Marchi e Claudio Marazzini prendono per argomento la geografia immaginaria e la lingua salgariane; Felice Pozzo, Luciano Curreri e Laura Nay analizzano i grandi cicli indo-malese, caraibico e del Far-West; Mario Tropea parla sull'ideologia anticoloniale dello scrittore, Ann Lawson Lucas sulla fortuna politica e popolare, e Paola Trivero su cinema e televisione.

"Riletture Salgariane", Università degli Studi della Tuscia, Viterbo, convegno organizzato da Paola I. Galli Mastrodonato, 19-20 ottobre 2011.

Il convegno voleva sottolineare i metodi e le idee di Salgari presenti mentre riscriveva «parti del mondo e della storia a lui contemporanea». Nel programma svariato partecipavano relatori salgariani affermati e principianti. Le prime sessioni si concentrano sulla rilettura dei romanzi indiani con un notevole accento sull'esotico e su aspetti politico-ideologici. Dal tema del ruolo e dello stile delle donne nei racconti e nell'iconografia salgariani, si passa all'esotismo del Sudamerica e poi a questioni più ampie di genere letterario, di influenze, di cinema, terminando con «nostalgia, parodia e ironia» discusse da Corrado Farina.

2011   SALONE DEL LIBRO DI TORINO

"Emilio Salgari, la macchina dei sogni dalla Valpolicella alla Malesia", Sala delle Regioni: Veneto; presentazioni e discussione con Claudio Gallo, Giuseppe Bonomi, Luca Crovi, Darwin Pastorin e altri, 14 maggio 2011.

"W Salgari! Omaggio al 'padre degli eroi' a 100 anni dalla scomparsa", Sale Convegni: Sala Gialla, con A. Bozzo, Silvino Gonzato, Pompeo Vagliani e altri, 15 maggio 2011.

2011   INCONTRI

Vincenzo Zingaro presenta l'audiolibro da lui curato *Il Corsaro Nero*, Palazzo Firenze, Roma, 2 febbraio 2011.

"Con Salgari da Torino nel mondo", presso la Biblioteca Civica di Torino, incontro organizzato in collaborazione con la Fondazione Tancredi di Barolo: interventi di Felice Pozzo e di Pompeo Vagliani, con un ricordo dello studioso salgariano Luciano Tamburini, già Direttore della Civica, e con letture a cura di Maria Rosaria Buonaiuto, 21 aprile.

"Momenti salgariani", Torino: Evento organizzato dalle associazioni Alma Star e Fuoricasa, con il sostegno di Salone Internazionale del Libro ed il contributo di Circoscrizione7-Torino. Un'elegante cartolina firmata «freecards» annuncia l'evento, maggio 2011.

"Emilio Salgari 1862-1911": serie di appuntamenti nelle Biblioteche civiche torinesi in collaborazione con la Fondazione Tancredi di Barolo di Torino, coordinati da Pompeo Vagliani. Intervengono:

Ernesto Ferrero sul suo romanzo *Disegnare il vento*, «che esplora il margine tra vita e scrittura», 21 novembre 2011;

Roberto Antonetto, sulla biografia *Emilio Salgari, il padre degli eroi*, 28 novembre 2011;
Igor Mendolia che presenta la proiezione del documentario su Salgari *Il Corsaro della penna*, di Igor Mendolia e Davide Valentini (RAI Educational, "La storia siamo noi"), 3 dicembre 2011;
Simonetta Satragni Petruzzi sul volume *Salgari e il melodramma: Gli echi dell'Opera nell'opera di Salgari*, 1° dicembre 2011.

2011   TEATRO

Sandokan o la fine dell'avventura. Liberamente tratto da Le tigri di Mompracem *di Salgari*, spettacolo presentato il 17 marzo al Teatro della Tosse di Genova, e il 14 ottobre alla Casa del Teatro di Torino dalla compagnia Sacchi di Sabbia (nata a Pisa nel 1995).

La pubblicità spiega che è uno dei loro spettacoli «più apprezzati per la vivace e appassionata ricerca stilistica»: «Sopperite alla nostra insufficienza con la vostra immaginazione. Fate d'un uomo mille uomini...».

2011   CINEMA

La zattera della fantasia, Cinema Gnomo, Milano, 12-17 aprile 2011: «17 titoli per raccontare il rapporto tra Salgari e il cinema italiano dal '42 al '76», rassegna annunciata sul «Corriere della Sera», 12 aprile, come anche la partecipazione di Carole André, la Marianna televisiva di Sergio Sollima e «ospite speciale» alla Terrazza Martini.

2011   MUSICA

Canzoni commemorative

Totò Zingaro, *Salgari privato*, album di due cd, Metatron.

2011   MOSTRE, MERCATI

I libri di Emilio Salgari, Biblioteca Civica di Torino, 21 aprile-30 maggio 2011, mostra bibliografica commemorativa: «una sessantina di titoli selezionati tra i 200 di e su Salgari, presenti in biblioteca» (L. Indemini, in «La Stampa», 20 aprile 2011).

I volti del Capitano, interpretati dal Primo Liceo Artistico di Torino, Biblioteca di Lettere e Filosofia, Università degli Studi, Torino, maggio 2011.

Le immagini dell'avventura: tavole e illustrazioni originali degli illustratori delle edizioni Viglongo del Secondo Dopoguerra, mostra a cura di Pompeo Vagliani, Museo della Scuola e del Libro per l'Infanzia (MUSLI), Fondazione Tancredi di Barolo, Torino, maggio 2011. Catalogo della mostra: *Le immagini dell'avventura: Gli illustratori salgariani delle edizioni Viglongo*, a cura di P. Vagliani.

Illustrazioni di Mario D'Antona, Luigi Togliatto, Nico Rosso, Germana Tini (rara pittrice salgariana), Gastone Regosa, Corrado Vero, Franco Paludetti, Felice Asselle: piene di scene di folla e d'azione, alcune rivelano l'influenza di Hollywood. Era disponibile anche la bella raccolta di Segnalibri raffiguranti 13 copertine delle edizioni salgariane Viglongo.

Franco Bruna: *I gatti dei Famosi*, Galleria D'Arte Davico, Torino, 20 ottobre – 19 novembre 2011.

Ritratti di scrittori e artisti italiani e internazionali, dipinti in compagnia dei loro gatti teorici, simbolici; insieme a dipinti di Manzoni, Lewis Carroll, R.L. Stevenson, Alexandre Dumas, Giulio Verne, Proust, D'Annunzio, Joyce, Kafka, Pavese, e molti altri, un'immagine di Salgari con le sue 'Due Tigri' accoglie il pubblico all'entrata della mostra. Fra i magneti basati sui quadri, si proponeva un Salgari bonario e molto credibile. Catalogo illustrato con un testo di Bruno Quaranta. L'artista e caricaturista, da anni collaboratore de «La Stampa» e altri giornali, amava i gatti e ne osservava minutamente le caratteristiche; asseriva che, anche se riflettono l'essenziale del personaggio illustre di ogni immagine, sono loro i protagonisti dei quadri. Grande lettore dei classici letterari, Bruna da ragazzo aveva scoperto la letteratura proprio tramite Salgari.

Lucca Comics & Games, Mostra-mercato annuale («il principale festival nazionale dedicato al fumetto e al gioco»), 28 ottobre – 1° novembre 2011.

Fumetti, albi, games: manifestazione dedicata nel 2011 «alla grande avventura e al mito» di Salgari; è anche argomento di una pagina della rivista dei treni di alta velocità: *Il gioco si fa a Lucca* di Alessio Giobbi, in «La Freccia», ottobre 2011.

2011   Feste e il Mito Salgari

Grande Festa Marinara

"Festa della Marineria nel Golfo dei Poeti", La Spezia e tutto il Golfo, 16-19 giugno, per il 2011 nel segno di Salgari.

Annunciata su «La Repubblica», 7 aprile, Sezione Genova, p. 12: «La festa aprirà […] con un evento che prenderà spunto dagli scritti di Emilio Salgari […]. [P]er milioni di lettori ha rappresentato l'essenza stessa dell'avventura sul mare». Lo spettacolo sul Molo doveva essere «dedicato all'ultimo viaggio del Corsaro Nero».

Cerimonia

M. Novelli, *Salgari, il sogno si avvera: è capitano cent'anni dopo*, in «La Repubblica», 4 novembre 2011: l'Istituto Nautico San Giorgio di Genova conferisce postumo a Salgari il diploma *ad honorem* di Capitano di lungo corso, il 10 novembre.

Finalmente i desideri degli entusiasti del Ventennio sono stati esauditi.

2012   Celebrazioni

Dopo il centenario della morte di Salgari del 2011, nel 2012 si festeggia il 150° anniversario della nascita. Per un secondo anno ci sono convegni e conferenze, mostre, nuove pubblicazioni e altro.

2012   Pubblicazioni

Edizioni

Per celebrare lo scrittore «torinese d'adozione», «La Stampa» di Torino si attiene alla moda giornalistica-editoriale di far uscire una collana di edizioni salgariane settimanali; "La grande biblioteca di Salgari" inizia con *I misteri della Jungla Nera*: «Si tratta di fedeli riproduzioni dei libri dell'epoca, realizzati con materiale di pregio, con le tavole originali e le splendide copertine liberty dei più celebri illustratori». Sono volumi a copertina rigida in vendita presso le edicole a meno di €10 più la copia del quotidiano:

Pubblicità: «A 150 anni dalla nascita, La Stampa ripropone una scelta dei suoi romanzi più popolari. Schiere di fan, da Pavese a Bobbio, da Eco a

Borges, Sepúlveda e perfino il "Che"». Ad accompagnare l'immagine fantasiosa di Salgari che cavalca una tigre, la didascalia parla vagamente di «circa duecento tra romanzi e racconti». («La Stampa», sezione "Cultura", 20 agosto 2012).

Monografie

Luciano Curreri, *Il* peplum *di Emilio: Storie e fonti antiche e moderne dell'immaginario salgariano (1862-2012)*, Piombino, Edizioni Il Foglio, 2012.

In questo volume di quattro saggi, l'autore considera il mondo antico nelle interpretazioni salgariane, soprattutto in *Cartagine in fiamme* e ne *Le figlie dei Faraoni*. Seguono altre pagine dedicate al ruolo e all'influenza dell'antichità nella cultura di massa moderna, cioè nel cinema e nei romanzi popolari.

Ferdinando Savater, *Pirati e altri avventurieri. L'arte di raccontare e altre storie*, Firenze, Passigli, 2012.

«Il libro è una cavalcata attraverso i personaggi più cari all'infanzia: Sandokan, il Corsaro Nero, Robinson Crusoe, Ivanhoe, Oliver Twist, ma anche Tintin e lo Humphrey Bogart de «Il falcone maltese» o il James Stewart di «Nodo alla gola» o de «La donna che visse due volte». Personaggi che, per citare le parole dello stesso Savater, «ci portano dentro "l'avventura, il mistero, l'emozione, il rischio" purché alla base ci siano polmoni grandi per raccontare una storia grande. Eroi e antieroi amatissimi non solo da chi ha dedicato loro le prime ore trascorse tra i libri, ma anche dallo stesso scrittore.» (R.C., *Riscoprire Sandokan, Robinson Crusoe e il Corsaro nero. Con Savater*, in «La Nazione»: "Corriere Fiorentino", 15 novembre 2012.)

Presentazione: Alle Oblate di Firenze, 15 novembre, a cura di Piero Gelli, per il ciclo "Leggere per non dimenticare" curato da Anna Benedetti.

Pubblicazione particolare

Paolo Bacilieri, *Sweet Salgari*, Bologna, Coconino Press – Fandango, 2012. [€ 17,50]

L'apoteosi del fumetto salgariano nella forma di un *graphic novel* o meglio biografia disegnata del romanziere: episodi cruciali vengono narrati come *flashback* inseriti nelle vicende dell'ultimo giorno di vita dello scrittore. Insieme all'empatica realizzazione caricaturale del personaggio centrale, Bacilieri comunica la realtà del panorama e della vita nelle città di Verona, Venezia, Genova, Torino di Fine Ottocento/primo Novecento; sono evidenti la sua osservazione attenta, la viva immaginazione e la tecnica molto raffinata. Purtroppo – come sempre – l'editore Bemporad è rappresentato ingiustamente, ma non vi si trovano troppi miti; invece alcuni dettagli e intuizioni valgono più delle tradizionali biografie fallibili. Un libro penoso e insieme bellissimo.

Recensione: L. Curreri, *"Sweet Salgari": viaggio intorno alla maturità del "capitano" Emilio*, "Luogo Comune", «Le reti di Dedalus» (Rivista letteraria su Internet del Sindacato Nazionale Scrittori).

Alludendo allo «stile tardo», categoria critica di Edward Said, lo studioso riconosce negli ultimi romanzi d'avventure di Salgari – e nell'interpretazione di Bacilieri – il contrario della resa: «una sorta di magnifica resistenza e una certo non pacifica, non armonica risoluzione delle contraddizioni dell'età e dell'uomo che la vive».

Atti di Convegno

Da due convegni importanti del 2011 scaturiscono due volumi:

La penna che non si spezza: Emilio Salgari a cent'anni dalla morte, a cura di Clara Allasia e Laura Nay, Alessandria, Edizioni dell'Orso, 2012.

Il programma del convegno, allestito a Torino nel maggio 2011 presso l'Università e presso la Fondazione Tancredi di Barolo, per fare del volume di Atti un'entità coerente ed eloquente al massimo, è stato riorganizzato e diviso in cinque parti: *Letteratura*, *La tela e lo schermo*, *Illustrazioni e illustratori*, *Fra libri e biblioteche*, e *Cent'anni fa*. Nella prima parte gli aspetti letterari considerati, che sono ricchi e vari, vanno dal Mompracem delle Tigri all'identità del Corsaro Nero, dai romanzi storici ambientati nel Medio Oriente cinquecentesco a quelli futuristici fantastici, dalla Scapigliatura piemontese ai tropici meravigliosi e alle violenze della frontiera del Far-West. Il volume abbonda di contributi sul cinema salgariano, dai film muti a quelli del Ventennio e del Secondo Dopoguerra, con una storia del ruolo di Sandokan sullo schermo. Dalle fonti degli illustratori e dalla storia dell'illustrazione salgariana presso la Viglongo si passa ad argomenti bibliografici, documentari ed enciclopedici, per finire con un esame dei necrologi del 1911 e degli ultimi giorni dello scrittore nel contesto dell'ambiente culturale del tempo.

Al volume degli Atti è allegato un cd che contiene – sviluppo notevole – gli Atti in formato elettronico dello storico convegno di Torino del 1980: *Scrivere l'avventura: Emilio Salgari*, prima non in commercio: un'aggiunta utilissima agli studi.

Presentazione: Programma di presentazioni, interventi e tavola rotonda, con presenti giornalisti e un cameraman della TV, a Torino presso la

Fondazione Tancredi di Barolo, Palazzo Barolo, sede del Museo della Scuola e del Libro per l'Infanzia, 22 novembre 2012.

La geografia immaginaria di Salgari, a cura di Arnaldo Di Benedetto, Bologna, il Mulino, 2012.

Più che un volume di Atti – del convegno dell'Accademia delle Scienze di Torino, tenuto nell'ottobre 2011 – questo è un libro organico con struttura precisa: i nove saggi con la premessa del curatore rappresentano, logicamente ordinati, gli aspetti principali dell'opera e della fortuna dello scrittore commemorato. La Premessa del curatore traccia il duplice – o triplice – ruolo dello scrittore nei confronti del pubblico, prima adulto, poi giovane, e oggi di nuovo adulto, insieme alle grandi linee, nel corso degli anni, della critica ambivalente.

Con l'ampio sfondo internazionale del romanzo esotico-popolare del secondo Ottocento, indagato da Piero Boitani, lo studioso letterario Gian Paolo Marchi spazia nella fantasia topografica salgariana intorno al punto centrale, Mompracem, mentre il linguista Claudio Marazzini considera gli appunti enciclopedici dello scrittore e l'effetto permanente delle sue opere sulla lingua italiana. Seguono tre saggi sui tre cosiddetti 'cicli' principali: per quello indomalese Felice Pozzo pensa soprattutto al lungo sviluppo della storia di Sandokan; per quello «caraibico» Luciano Curreri allude alla famosa conclusione de *Il Corsaro Nero*, alle sfumature manzoniane implicanti la Provvidenza, e allo sviluppo dei romanzi tragici verso «l'epica picaresca» non senza momenti umoristici; quanto ai racconti del *West*, Laura Nay sottolinea le contraddizioni e i conflitti letterari incontrati in questi romanzi per lo più tardivi e anomali. Mario Tropea passa all'ideologia salgariana – se anti-coloniale o meno – e si concentra sui racconti dell'impero spagnolo, mentre ideologia e anzi politica fanno parte, insieme alla moda culturale, del tema degli ultimi due capitoli: di Ann Lawson Lucas su aspetti del 'fenomeno Salgari' tra Ventennio e Secondo Dopoguerra e di Paola Trivero sugli adattamenti per il cinema e per la TV, dai film muti al sempre ricordato Sandokan di Kabir Bedi.

Recensione: Mariolina Bertini nella sezione "Saggistica letteraria", in «L'INDICE dei libri del mese», Anno XXX, N. 5, Maggio 2013.

Periodico specializzato

«Ilcorsaronero» 15, Rivista salgariana di letteratura popolare, Autunno/Inverno 2011 (periodico semestrale), Direttore responsabile: Claudio Gallo. Esce nel maggio 2012 il numero speciale dedicato a Salgari e il cinema.

Questo fascicolo di un'ottantina di pagine contiene una raccolta di materiale enciclopedico sul cinema salgariano, inclusi articoli nuovi e altri storici di scrittori registi sceneggiatori delle prime fasi della fortuna cinematografica del romanziere. Fra le figure a contribuire in passato alla produzione di questi film, e citate o commentate qui, sono Omar Salgari, Luciano De Nardis, Alessandro de Stefani, Umberto Lenzi, Sergio Sollima, Corrado Farina, Tonino Guerra, mentre a studiare l'argomento oggi sono, tra gli altri, Fabio Francione, Gianfranco Manfredi e Alessandro Tedeschi Turco. Il numero si conclude con una nuova e utile filmografia salgariana.

Articoli e Interviste

ERNESTO FERRERO, *Capitan Salgari facci sognare*, in «La Stampa», sezione "Cultura", 20 agosto 2012.

L'articolo accompagna la pubblicità per il lancio della "grande biblioteca" di 30 romanzi di Salgari, edizioni settimanali del quotidiano torinese. L'autore del romanzo biografico *Disegnare il vento* (2011) osserva che «[p]ochi scrittori sono stati amati d'una passione così assoluta, esclusiva, totalizzante» come era stato quello che aveva «esaltato per quasi un secolo generazioni di italiani». Dopo la rinascita televisiva degli Anni Settanta «anche chi non lo ha letto lo conosce, lo sente parte integrante delle proprie mitologie più care». Ferrero elenca i molti grandi scrittori italiani e internazionali che hanno dato «testimonianze affettuose» delle «emozioni indelebili delle letture adolescenziali», e commenta che Salgari «rimane escluso dalle storie letterarie, che [...] lo liquidano con fastidio perché "scrive male"», generalizzazione critica forse ormai superata. Giustamente il Direttore del Salone del Libro di Torino applaude la capacità di Salgari di «andare ben oltre la ristretta élite dei colti per appagare direttamente la fame d'evasione del vasto pubblico popolare», ma vi si potrebbe aggiungere anche la «fame di conoscenze». Per la locuzione «sedicente capitano» è sempre necessario aggiungere: 'ma non tanto quanto gli editori e i pubblicisti lo dicevano capitano per ragioni commerciali'.

Ferrero sembra ricordare solo un particolare stereotipo femminile, quello meno affascinante: le «fanciulle bionde [...] dalla pelle immacolata, labbra di corallo e denti bianchissimi, il massimo della tipologia erotica» dello scrittore. E le donne forti e indipendenti come Capitan Tempesta? È un poco esagerato il giudizio che tutto in Salgari è «fuori scala», ma è verissimo che «l'aspetto figurativo è in lui forte ed esplicito». Mentre le sue osservazioni su «l'eterno precario veronese» tendono a essere più negative che positive, Ferrero conclude con rara generosità che «è riuscito a offrirci nientemeno che il senso della vita». Anzi, a un secolo di distanza, «Salgari è vivo, e corre ancora con vigore». Per riassumere, è «un piccolo gigante degno della nostra ammirazione e della nostra gratitudine».

Felice Pozzo, La follia di Almayer *fra Conrad e Salgari*, in «Anglistica Pisana», VIII, 2, 2011, uscito nel 2012.

Luis Sepúlveda intervistato per il «Corriere della Sera», Sezione "Eventi" dedicata a "La tre Giorni del Libro a Milano", 15 novembre 2012.
Nell'occasione del nuovo libro di Sepúlveda, *Storia di un gatto e del topo che diventò suo amico* (Guanda), «Corriere della Sera» pubblica un'intervista di Alessandro Beretta allo scrittore, *"Una biblioteca sull'amicizia? Salgari e Maalouf"; L'intervista: Dalla letteratura ai contrasti religiosi: Luis Sepúlveda parla del sentimento che ha ispirato la sua nuova "favola".*
Beretta: «Quali titoli consiglierebbe per una piccola biblioteca sull'argomento?»
Sepúlveda: «La lista è lunga. Penso, prima di tutto, a Salgari, perché non c'è un'amicizia più leale di quella che lega Sandokan a Yanez de Gomera.»
Lo scrittore pensava anche a Michael Ende, ai tre moschettieri di Dumas, e all'amico Maalouf, *Les Désorientés*: nessun compromesso tra letterature (popolare / colta) o tra pubblici (adulto / infantile).

2012   Convegni

"Emilio Salgari, un capitano di 150 anni", convegno di studi organizzato da Alberto Carli a Lodi, ITCG "A. Bassi", 13 aprile 2012.
Giornata di studi con i presidenti delle sessioni: Pino Boero e Renata Lollo; fra i relatori: Claudio Gallo, Roberto Fioraso, Luciano Curreri, Pompeo Vagliani, Walter Fochesato.

"Pirati e Corsari di carta. Dal mito salgariano all'antropologia criminale", breve convegno tenuto per l'inaugurazione di una mostra salgariana allestita presso la Biblioteca Nazionale Universitaria di Torino, 5 dicembre 2012.

2012   Conferenze e Incontri

Tra Firenze, Genova e Torino, Felice Pozzo parla delle sue ultime pubblicazioni e altro:

Nella giungla di carta: itinerari toscani di Emilio Salgari, Conversazione con Paolo Ciampi, Firenze, 16 febbraio 2012;

"Il magico mondo di Emilio Salgari", Conferenza presso l'Associazione Mazziniana Italiana, Torino, 21 febbraio;

"Pirati della Malesia sugli scogli di Bogliasco?", Conferenza presso il Centro studi Storie di Ieri, Bogliasco (GE), 24 febbraio.

A Torino il 21 febbraio parla anche Simonetta Satragni Petruzzi, su "Salgari e la musica".

Il Museo della Scuola e del Libro per l'Infanzia della Fondazione Tancredi di Barolo di Torino ospita la presentazione del nuovo libro di Luciano Curreri, *Il peplum di Emilio: Storie e fonti antiche e moderne dell'immaginario salgariano*. Oltre all'autore, intervengono Silvio Alovisio, Felice Pozzo e Pompeo Vagliani, 11 aprile 2012.

Al Salone del Libro, Torino, presso la casa editrice Nerosubianco, Felice Pozzo e Mario Tropea parlano ciascuno di un suo libro salgariano recente, 11 maggio 2012.

2012   Teatro

Il Capitano e i suoi eroi: Vita, avventure e disavventure di Emilio Salgari, ideato e messo in scena da Luisella Suberni Piccoli. Il Teatro degli Strilloni di Torino presenta "Teatrolingua", un gruppo di 18 attori di 12 nazionalità diverse che porta lo spettacolo in tournée dal Lussemburgo: Torino, Teatro Vittoria, 23 giugno 2012.

La pubblicità racconta: «Il protagonista è lui, il Capitano Salgari, un uomo che non distingueva tra la realtà e la fantasia, che è vissuto per le sue opere, o meglio nelle sue opere, un uomo che ha conosciuto la felicità e la passione, ma anche il dolore e la tragedia. E sarà attorniato dai suoi eroi: pirati, maragià, tuareg, esploratori, geishe, faraoni, tigri, leoni, coccodrilli ...».

2012   Programma culturale

Autunno salgariano: un programma di mostre e di incontri incentrati su Verona è annunciato nella *newsletter* n. 21 dell'Associazione e rivista «Ilcorsaronero».

Nella seconda metà di ottobre due mostre – sulla storia del fumetto e sui disegni creati per la biografia grafica *Sweet Salgari* di Paolo Bacilieri – sono accompagnate dalla presentazione del concorso "Emilio Salgari Short Stories", e da quella di un nuovo volume di Pablo dell'Osa su *Il Principe esploratore: Luigi Amedeo di Savoia, duca degli Abruzzi*, le cui avventure vissute affascinavano lo scrittore veronese.

2012   Mostra

Il reale fantastico di Emilio Salgari. Un cronista della fantasia, una mostra allestita presso la Biblioteca Nazionale Universitaria di Torino, 5 dicembre 2012 – 5 gennaio 2013.

Dal 2012 in poi Salgari letterario – senza riserve

Finalmente, nel nuovo millennio, negli anni delle ricorrenze salgariane, lo scrittore è diventato un normale e disinvolto punto di riferimento nelle colonne letterarie dei giornali, nella saggistica erudita, nelle autobiografie e nei romanzi del nuovo secolo:

Giovanni Tesio, scrivendo una recensione sul nuovo romanzo di Giorgio Ballario, *Le rose di Axum*, spiega che l'autore «torna con Morosini nell'Africa Orientale ai tempi della conquista coloniale italiana, tra ambe e berberé, tra burnùs e sciarmutte, tra zighinì e zaptié. Morosini è un maggiore dei Carabinieri, ma è soprattutto un uomo di buon senso. [....] Tra agguati e assalti che ricordano Salgari, vipere e scorpioni che evocano Indiana Jones, morti ammazzati nei modi più brutali […] questa volta è in ballo una spedizione […] alla ricerca del tesoro delle tombe Axum» (in "Tuttolibri", «La Stampa», 26 maggio 2012). Si può aggiungere che è stato Salgari a dimostrare il fascino dei vocaboli esotici, anche disposti in elenchi, quali 'berberé', 'zaptié', e così via.

Tullio Regge, «tra i maggiori scienziati nel campo della fisica teorica» e Premio Einstein nel 1979, scrive il suo "Diario di lettura" per "Tuttolibri", rubrica che occupa sempre una pagina intera. Le tre opere prescelte della sua vita di lettore sono le *Finzioni* di Borges, il suo stesso *Dialogo* con Primo Levi, e di Nievo *Le confessioni di un Italiano*. Da giovane non apprezzava né *I promessi sposi*, né Carducci; alla domanda «Altri libri dell'infanzia e dell'adolescenza?», risponde: «Non *Pinocchio*, ma tanto Salgari. *Alice nel paese delle meraviglie* di Carroll, che fu anche matematico». (In "Tuttolibri", «La Stampa», 9 giugno 2012, p. XI.)

JOYCE LUSSU (1912-1998), letterata e politica, moglie del politico e scrittore Emilio Lussu, nell'autobiografia appena uscita, adoperava il nome e i romanzi di Salgari come misura culturale negativa; sebbene l'allusione sia riduttiva, è pur sempre la prova del 'fenomeno', il sigillo sul ruolo dello scrittore in quanto protagonista delle grandi categorie della cultura e del folklore nazionali, ruolo capito da tutti. Del nonno ricco e fannullone, l'autrice scriveva: «Soltanto dopo la sua morte si scoprì che non faceva assolutamente nulla, e che probabilmente non ricordava nemmeno come si facesse una moltiplicazione; la sua massima attività intellettuale consisteva nella lettura dei libri di Salgari». (J. Lussu, *Portrait*, Roma, L'Asino d'Oro, 2012.)

ARNALDO DI BENEDETTO, direttore responsabile de «Il Giornale storico della letteratura italiana», premio «Corrado Alvaro» per la critica letteraria, nel saggio scritto per riflettere sul ruolo storico-politico della letteratura nel 150° anniversario dell'unità dello stato italiano, allude a Emilio Salgari nel contesto dei suoi illustri rivali e pari internazionali; perfino in questa sede la presenza dei nomi dei due protagonisti celeberrimi, tanto mitologizzati, elimina la necessità di menzionare il nome del creatore: «i ragazzi che si appassionarono alle avventure di Sandokan e del Corsaro Nero leggevano con uguale trasporto Jules Verne, Mark Twain, Oscar Wilde, Jules Renard o Ferenc Molnár». (A. Di Benedetto, *I libri che hanno fatto (e disfatto) gli italiani*, Torino, Nino Aragno, 2012.)

LUCA CROVI e CLAUDIO GALLO, 'tigrotti' fedeli, curano una raccolta di nuovi racconti brevi ispirati a Salgari: *Cuore di Tigre: Quattordici tigrotti sulle tracce di Emilio Salgari* (Milano, Edizioni Piemme, 2013), volume che ripresenta anche la prima pubblicazione del romanziere, una novella a quattro puntate stampate sul periodico «La Valigia» nel 1883; aveva il titolo tipicamente salgariano *I selvaggi della Papuasia* e la prima riga ormai riconoscibile come classica: «In sul finir del giugno del 1864, il brigantino olandese l'*Haarlem* era partito da porto Selangau nell'isola Mindanao…». Quasi tutti gli scrittori moderni si servono di 'salgarismi', spesso nei titoli, ben sapendo che verranno riconosciuti e apprezzati dal lettore: «L'ombra di Suyodhana», «Il re dei maya», «La Perla di Sichuan», «I pirati di Negroponte»; alcuni modernizzano in modo evidente, alle volte scioccante, i luoghi comuni della fonte: «I pirati delle Twin Towers», «Gli occhiali di Tremal-Naik», «La begum di Novara», «Le meraviglie del 2011». Notiamo che sono tutti ti-grotti: nessuna tigrotta in vista. C'è qui la familiare nostalgia di ex scolari degli Anni Sessanta e così via, e – proprio da birichini – quando un gruppo di stempiati scrittori moderni visita la tomba di Salgari a Verona, vi pone sopra una rosa rubata alla chetichella ad una tomba vicina. È la magia che il Nostro esercita sui seguaci maschili e, almeno in qualche loro scritto da epi-goni, forse ormai c'è chi passa dalla nostalgia a un certo sentimentalismo. Oggi i torti del passato sembrano tramutati in una specie di 'clubismo' che si organizza intorno alla memoria. L'intenzione è buona, ma l'effetto? (L. Crovi e C. Gallo, a cura di, *Cuore di Tigre: Quattordici tigrotti sulle tracce di Emilio Salgari*, Milano, Edizioni Piemme, 2013.)

Hans Tuzzi (Adriano Bon), che celebra ricorrenze diverse nel nuovo romanzo *Morte di un magnate americano* su John Pierpont Morgan, miliarda-rio, proprietario del *Titanic*, collezionista d'arte, mette in bocca al segreta-rio americano di «JPM» una bellissima battuta su *La capitana del "Yucatan"*, racconto ambientato a Cuba nella guerra ispano-americana del 1898. È un commento che rivela non solo la longevità di Salgari, ma anche l'attuali-tà dei suoi argomenti, validi per oggi e per domani: il potere politico nel mondo, il conflitto, lo sfruttamento internazionale, la libertà: «"Un autore italiano di *feuilletons*, tal Salgari, ha addirittura scritto per l'occasione un romanzo dove l'eroina, nobile spagnola, combatte sul mare i *cattivi* ameri-cani! Strana gente davvero, questi europei! Ci guardano come se fossimo noi gli – come dice, quell'esule russo? ah, sì – imperialisti. Loro, che hanno colonie e si inchinano ai re!"». (H. Tuzzi, *Morte di un magnate americano*, Milano, Skira, 2013.)

2012   Un secolo e mezzo

21 agosto 1862 – 21 agosto 2012:

150° anniversario della nascita di Emilio Salgari, giornalista e scrittore dalla fama sempreverde.

EMILIO SALGARI – BIBLIOGRAFIA DELLE PRIME EDIZIONI DEI ROMANZI E DI ALTRI VOLUMI IN ORDINE CRONOLOGICO

Oltre ai romanzi (che sono 82), sono inclusi i cinque volumi di novelle (due dei quali di novelle lunghe) e di racconti brevi pubblicati durante la vita dello scrittore. L'anno della prima edizione in volume è evidenziato in grassetto. Nei casi in cui delle versioni preliminari (in appendice a quotidiani, a puntate su periodici) sono state pubblicate prima, l'inizio della preistoria è segnalato, in generale tralasciando però le edizioni a dispense piuttosto effimere soprattutto perché esistono notevoli lacune nelle prove documentarie. Nell'elenco si legge quindi la primissima comparsa di un'opera, talvolta in una versione embrionica, seguita dalla prima edizione in volume; è questa la data che determina l'ordine cronologico (ma l'anno dell'uscita di alcuni volumi non è certo). In alcuni casi l'anno convenzionale della prima edizione dev'essere sostituito, per esattezza, da quello precedente [vedi la data in parentesi quadra per i casi accertati da prove documentate], poiché l'uscita prima di Natale di almeno un romanzo all'anno dipendeva dal mercato delle strenne nei mesi di novembre e dicembre; spesso tali libri venivano registrati ufficialmente solo nelle prime settimane dell'anno nuovo. Quest'elenco si interessa solo alle prime edizioni; fra quella embrionica a puntate e quella definitiva in volume, non di rado esistevano anche altre versioni intermediarie: per tutta l'evoluzione di un testo, vedi la bibliografia completa alfabetica.

La favorita del Mahdi

1884	Verona, «La Nuova Arena», a puntate in appendice
1887	Milano, Guigoni. Copertina di Quinto Cenni

Duemila leghe sotto l'America

1888	Milano, Guigoni (2 volumi). Copertina di Quinto Cenni

La Scimitarra di Budda

| 1891 | Verona, Treves, a puntate in «Il Giornale dei Fanciulli» |
| **1892** | Milano, Fratelli Treves. Illustrato da G. Colantoni |

Il continente misterioso: Avventure nell'Australia

| **1894** | Torino, Paravia. Illustrato da G.B. Carpanetto |

Un dramma nell'Oceano Pacifico

| 1895 [**1894**] | Firenze, Bemporad. Illustrato da G.G. Bruno |

Le novelle marinaresche di Mastro Catrame (una storia introduttiva e 12 racconti)

| **1894** | Torino, Speirani. Illustrato da G.B. Carpanetto |

I pescatori di balene

| 1893 | Verona, Treves, a puntate in «Il Giornale dei Fanciulli» |
| **1894** | Milano, Treves. Illustrato da G. Amato [D'Amato] |

Il tesoro del Presidente del Paraguay

| 1894 | Torino, Speirani, a puntate in «Il Novelliere Illustrato» |
| **1894** | Torino, Speirani. Illustrato da G.B. Carpanetto |

Al Polo Australe in velocipede

| **1895** | Torino, Paravia. Illustrato da G.G. Bruno |

I naufraghi del Poplador

| 1894 | Milano, Treves, a puntate in «Il Giornale dei Fanciulli» |
| **1895** | Milano, Treves. Illustrato da A. Ferraguti |

I misteri della Jungla Nera

	(*Gli strangolatori del Gange*)
1887	Livorno, in appendice a «Il Telefono»
	(*Gli amori di un selvaggio*)
1893-94	Vicenza, in appendice a «La Provincia di Vicenza»
	I misteri della Jungla Nera
1895	Genova, Donath. Illustrato da G. Gamba

Il Re della Montagna

1895   Torino, Speirani. Illustrato da L. Berlia

Attraverso l'Atlantico in pallone

1895-96   Torino, Speirani, a puntate in «Biblioteca per l'Infanzia e per l'Ado-
              lescenza»
1896   Torino, Speirani. Illustrato da G.G. Bruno

I naufragatori dell'«Oregon»

1896   Torino, Speirani. Illustrato da L. Berlia

Nel paese dei ghiacci (2 novelle)

1896   Torino, Paravia. Illustrato da G.G. Bruno e altri

I pescatori di trepang

1896   Milano, Cogliati. Illustrato da C. Linzaghi

I pirati della Malesia

              (*La vergine della Pagoda d'Oriente*)
1891-92   Treviso, in appendice a «La Gazzetta di Treviso»
              (*Gli amori di un selvaggio*)
1893-94   Vicenza, in appendice a «La Provincia di Vicenza»
              I pirati della Malesia
1896   Genova, Donath. Illustrato da G. Gamba

Il Re della Prateria

1896 [1895?]   Firenze, Bemporad. Illustrato da G.G. Bruno

I Robinson italiani

1896   Genova, Donath. Illustrato da G. Gamba

Il capitano della Djumna

1897   Genova, Donath. Illustrato da G. Gamba

I drammi della schiavitù

1897 [1896]   Roma, Voghera (dispense rilegate, seguite dal volume). Illustrato
              da G.G. Bruno

La Rosa del Dong-Giang (lunga novella)

	(*Tay-See*)
1883	Verona, in appendice a «La Nuova Arena» *La Rosa del Dong-Giang*
1897	Livorno, Belforte. Illustrato da G.G. Bruno

Le stragi delle Filippine

1897	Genova, Donath. Illustrato da G. Gamba

Al Polo Nord

1898	Genova, Donath. Illustrato da G. Gamba

La città dell'oro

1896	Verona, Treves, a puntate in «Il Giornale dei Fanciulli»
1898	Milano, Treves. Illustrato da A. Bonamore e G. De Bini

La Costa d'Avorio

1898	Genova, Donath. Illustrato da G. Gamba

Avventure straordinarie di un marinaio in Africa

1899	Genova, Donath (pseudonimo: E. Bertolini) Illustrato da G.G. Bruno

La capitana del «Yucatan»

1899	Genova, Donath. Illustrato da G. Gamba

Le caverne dei diamanti
[Romanzo plagiato e adattato da *King Solomon's Mines* (1885, Le miniere del Re Salomone) di Henry Rider Haggard]

1899	Genova, Donath (pseudonimo: E. Bertolini). Illustrato da G. Gamba

Il Corsaro Nero

1899 [1898?]	Genova, Donath. Illustrato da G. Gamba

Il figlio del cacciatore d'orsi
[Romanzo plagiato e adattato dai racconti sul personaggio eponimo *Winnetou* dello scrittore tedesco Karl May]

1899   Genova, Donath (pseudonimo: A. Permini). Illustrato da G.G. Bruno

Avventure fra le pelli-rosse
[Romanzo plagiato e adattato da *Nick of the Woods* (1837) di Robert Montgomery Bird, scrittore americano]

1900   Torino, Paravia (pseudonimo: Guido Landucci). Illustrato da G.G. Bruno

I minatori dell'Alaska

1900   Genova, Donath. Illustrato da A. Craffonara

La «Stella Polare» ed il suo viaggio avventuroso

1900   Genova, Donath (prefazione di E.S. datata Dicembre 1900). Illustrato da G. Gamba: *La «Stella Polare» ed il suo viaggio avventuroso* («narrato da E. Salgari») [Finito di stampare nel novembre 1900]. Illustrato da G. Gamba
1901   Genova, Donath: *Notizie sul viaggio della «Stella Polare»* («Raccolte da E. Salgari»). [Titolo definitivo]

Gli orrori della Siberia

1900   Genova, Donath. Illustrato da E. Zanetti

Gli scorridori del mare

1900   Genova, Donath (pseudonimo: Romero). Illustrato da G.G. Bruno

Le Tigri di Mompracem

        (*La Tigre della Malesia*)
1883-84   Verona, in appendice a «La Nuova Arena»
        Le Tigri di Mompracem
1900   Genova, Donath. Illustrato da G. Gamba e C. Linzaghi

La vendetta d'uno schiavo

1900   Genova, Donath (pseudonimo: E. Giordano). Illustrato da G.G. Bruno

Il Fiore delle Perle

1901   Genova, Donath. Illustrato da G. Gamba

La Montagna d'Oro: avventure nell'Africa centrale

1901   Palermo, Biondo (pseudonimo: Guido Altieri). Illustrato da C. Sarri

La Regina dei Caraibi

1901   Genova, Donath. Illustrato da G. Gamba

Le stragi della China

1901   Palermo, Biondo (pseudonimo: Guido Altieri). Illustrato da C. Sarri

La giraffa bianca: Avventure nell'Africa meridionale

1902   Livorno, Belforte (pseudonimo: G. Landucci). Illustrato da G.G. Bruno

La Montagna di Luce

1902   Genova, Donath. Illustrato da G. Amato

I naviganti della Meloria

1902   Genova, Donath (pseudonimo: E. Bertolini). Illustrato da L. Fornari

I predoni del Sahara

1903 [**1902**]   Genova, Donath. Illustrato da A. Della Valle

Le Pantere di Algeri [d'Algeri]

1903   Genova, Donath. Illustrato da G. Amato

Sul mare delle perle: Il Marajah di Jafnapatam

1903   Livorno, Belforte (pseudonimo: Guido Landucci). Illustrato da G.G. Bruno

La città del re lebbroso

1904   Genova, Donath. Illustrato da G. Amato

Le due Tigri

1904   Genova, Donath. Illustrato da A. Della Valle

L'eroina di Port-Arthur: Avventure russo-giapponesi

1904   Torino, Speirani (pseudonimo: Guido Altieri). Illustrato da E. Canova

I Figli dell'Aria

1904   Genova, Donath. Illustrato da R. Paoletti

La Gemma del Fiume Rosso

1904   Livorno, Belforte (pseudonimo: Guido Landucci). Illustrato da G.G. Bruno

Le grandi pesche dei Mari Australi (4 racconti)

1904   Torino, Speirani. Illustrato da E. Canova e L. Berlia

I solitari dell'oceano

1904 [1903?]   Genova, Donath. Illustrato da C. Linzaghi

L'Uomo di Fuoco

1904   Genova, Donath. Illustrato da A. Della Valle

Il Capitan Tempesta (sulle ristampe *Capitan Tempesta*)

1905   Genova, Donath. Illustrato da A. Della Valle

Le figlie dei Faraoni

1905   Genova, Donath. Illustrato da A. Della Valle

Jolanda, la figlia del Corsaro Nero

1904   Genova, Donath, a puntate in «Per Terra e per Mare»
1905   Genova, Donath. Illustrato da A. Della Valle

La perla sanguinosa

1905   Genova, Donath. Illustrato da A. Della Valle

La Sovrana del Campo d'Oro

1904   Genova, Donath, a puntate in «Per Terra e per Mare»
1905   Genova, Donath. Illustrato da A. Della Valle

Il Re del Mare (Il figlio di Suyodhana)

1904-05   Genova, Donath, a puntate in «Per Terra e per Mare»
1906   Genova, Donath. Illustrato da A. Della Valle

La Stella dell'Araucania

1906   Firenze, Bemporad. Illustrato da A. Della Valle e C. Chiostri

Alla conquista di un impero

1907   Genova, Donath. Illustrato da A. Della Valle

Le Aquile della Steppa

1905-06   Genova, Donath, a puntate in «Per Terra e per Mare»
1907   Genova, Donath. Copertina di A. Della Valle; illustrato da A. Tanghetti

Le meraviglie del Duemila

1907 [1906?]   Firenze, Bemporad. Illustrato da C. Chiostri

Il Re dell'Aria

1907   Firenze, Bemporad. Illustrato da A. Della Valle e G. D'Amato

Sandokan alla riscossa

1907   Firenze, Bemporad. Illustrato da A. Della Valle e G. D'Amato

Il tesoro della Montagna Azzurra

1907   Firenze, Bemporad. Illustrato da A. Della Valle

Cartagine in fiamme

1906   Genova, Donath, a puntate in «Per Terra e per Mare»
1908   Genova, Donath. Illustrato da A. Della Valle

Il figlio del Corsaro Rosso

1906-07   Firenze, Bemporad, a puntate in «Il Giornalino della Domenica»
1908 [1907?]   Firenze, Bemporad. Illustrato da A. Della Valle

La riconquista del Mompracem

1908   Firenze, Bemporad, a puntate in «Il Giornalino della Domenica»
1908   Firenze, Bemporad. Illustrato da A. Della Valle

Sull'Atlante

1907-08   Milano, Treves, a puntate nel mensile «Il Secolo XX»
1908 [1907?]   Firenze, Bemporad. Illustrato da A. Della Valle e G. D'Amato

Sulle frontiere del Far-West

1908   Firenze, Bemporad. Illustrato da A. Della Valle e G. D'Amato

Gli ultimi filibustieri

1908   Firenze, Bemporad. Illustrato da A. Della Valle

La Bohème italiana (romanzo breve)

1909   Firenze, Bemporad. Illustrato da G. D'Amato e A. Tanghetti

I corsari delle Bermude

1909   Firenze, Bemporad: *I pirati* [poi *corsari*] *delle Bermude*, a puntate
            [solo 1-23] in «Il Giornalino della Domenica»
1909   Firenze, Bemporad. Illustrato da A. Della Valle e G. D'Amato
1910   Firenze, Bemporad: *I corsari delle Bermude*, completamento a pun-
            tate [24-35] in «Il Giornalino della Domenica»

La scotennatrice

1909   Firenze, Bemporad. Illustrato da A. Della Valle

Una sfida al Polo

1909   Firenze, Bemporad. Illustrato da A. Della Valle e G. D'Amato

Il vascello maledetto (17 racconti)
(Comprende *Le novelle marinaresche di Mastro Catrame* più *Le grandi pesche dei mari australi*)

1909   Milano, Casa Ed. Italiana (con prefazione di A. Quattrini)

La crociera della Tuonante

1910   Firenze, Bemporad. Illustrato da A. Della Valle e G. D'Amato

Il Leone di Damasco

1910   Firenze, Bemporad. Illustrato da A. Della Valle

Le Selve Ardenti

1910   Firenze, Bemporad. Illustrato da A. Della Valle e G. D'Amato

Il bramino dell'Assam (pubblicato postumo)
[è solo la prima parte del manoscritto fornito dall'autore]

1911   Firenze, Bemporad. Illustrato da G. D'Amato

I briganti del Riff (pubblicato postumo)

1911   Firenze, Bemporad. Illustrato da A. Della Valle

La caduta di un impero (pubblicato postumo)
[in realtà la seconda parte del romanzo *Il bramino dell'Assam*, come proget-
tato dallo scrittore]

1911   Firenze, Bemporad. Illustrato da G. D'Amato

I predoni del gran deserto (novella lunga)

1896   Torino, Speirani (a puntate in «Il Novelliere Illustrato»)
[1911?]   Napoli, Soc. Tip. Ed. Urania (raccolta rilegata di dispense). Illustrato da R. Ciolfi

I PRIMI ROMANZI PUBBLICATI DOPO L'ANNO 1911,
firmati Salgari ma corretti o completati da altri

La rivincita di Yanez
[completato da Salgari prima della morte, ma riveduto e corretto da Lorenzo Chiosso]

1913   Firenze, Bemporad. Illustrato da A. Della Valle

Straordinarie avventure di Testa di Pietra
[lasciato incompiuto da Salgari, ma completato da Aristide Marino Gianella su richiesta dell'editore]

1915   Firenze, Bemporad. Illustrato da A. Della Valle

CRONOLOGIA DELLE PRIME STESURE, 1883-1900

Per mostrare l'ordine (approssimativo) delle prime stesure e della loro prima comparsa, spesso a puntate su giornali, l'elenco dei primi anni fino al 1900 è stato riordinato qua sotto. Il confronto con l'ordine di uscita dei volumi rivela quanto la sequenza sia stata diversa e talvolta strana per il grande pubblico nazionale in confronto con quella per i primi lettori dei quotidiani locali. Qui sono stati omessi i racconti pubblicati pseudonimi perché non riconoscibili come salgariani dal pubblico: quest'elenco si interessa soprattutto alla potenziale ricezione dell'opera di Salgari. L'aspetto più singolare è l'arrivo in apparenza molto tardivo di Sandokan e l'inversione dell'ordine delle sue due prime storie, narrate nei romanzi definitivi *Le Tigri di Mompracem* e *I pirati della Malesia*. Ogni voce ha in testa il titolo definitivo, e quello delle versioni embrioniche anteriori, se diverso, segue i particolari editoriali della prima comparsa.

La Rosa del Dong-Giang (lunga novella) [vol. 1897]

| 1883 | Verona, in appendice a «La Nuova Arena» (*Tay-See*) |

Le Tigri di Mompracem [vol. 1900]

| 1883-84 | Verona, in appendice a «La Nuova Arena» (*La Tigre della Malesia*) |

La favorita del Mahdi [vol. 1887]

| 1884 | Verona, «La Nuova Arena», a puntate in appendice |

I misteri della Jungla Nera [vol. 1895]

| 1887 | Livorno, in appendice a «Il Telefono» (*Gli strangolatori del Gange*) |
| 1893-94 | Vicenza, in appendice a «La Provincia di Vicenza» (*Gli amori di un selvaggio*) |

Duemila leghe sotto l'America

| **1888** | Milano, Guigoni (2 volumi) |

La Scimitarra di Budda [vol. 1892]

| 1891 | Verona, Treves, a puntate in «Il Giornale dei Fanciulli» |

I pirati della Malesia [vol. 1896]

1891-92   Treviso, in appendice a «La Gazzetta di Treviso» (*La vergine della Pagoda d'Oriente*)

1893-94   Vicenza, in appendice a «La Provincia di Vicenza» (*Gli amori di un selvaggio*)

I pescatori di balene [vol. 1894]

1893   Verona, Treves, a puntate in «Il Giornale dei Fanciulli»

Il continente misterioso: Avventure nell'Australia

1894   Torino, Paravia.

I naufraghi del Poplador [vol. 1895]

1894   Milano, Treves, a puntate in «Il Giornale dei Fanciulli»

Le novelle marinaresche di Mastro Catrame

1894   Torino, Speirani

Il tesoro del Presidente del Paraguay [vol. 1894]

1894   Torino, Speirani, a puntate in «Il Novelliere Illustrato»

Un dramma nell'Oceano Pacifico

1895 [**1894**]   Firenze, Bemporad

Al Polo Australe in velocipede

1895   Torino, Paravia

Il Re della Montagna

1895   Torino, Speirani

Attraverso l'Atlantico in pallone [vol. 1896]

1895-96   Torino, Speirani, a puntate in «Biblioteca per l'Infanzia e per l'Adolescenza»

La città dell'oro [vol. 1898]

1896   Verona, Treves, a puntate in «Il Giornale dei Fanciulli»

Il Re della Prateria

1896 [1895?]   Firenze, Bemporad

I naufragatori dell'«Oregon»

1896   Torino, Speirani

Nel paese dei ghiacci (2 novelle)

1896   Torino, Paravia

I pescatori di trepang

1896   Milano, Cogliati

I Robinson italiani

1896   Genova, Donath

I drammi della schiavitù

1897 [1896]   Roma, Voghera (dispense, seguite dal volume)

Il capitano della Djumna

1897   Genova, Donath

Le stragi delle Filippine

1897   Genova, Donath

Al Polo Nord

1898   Genova, Donath

La Costa d'Avorio

1898   Genova, Donath

Il Corsaro Nero

1899 [1898?]   Genova, Donath

La capitana del «Yucatan»

1899   Genova, Donath

I minatori dell'Alaska

1900   Genova, Donath

Notizie sul viaggio della «Stella Polare» [Titolo definitivo 1901]

1900   Genova, Donath: *La «Stella Polare» ed il suo viaggio avventuroso*
1901   Genova, Donath.

Gli orrori della Siberia

1900   Genova, Donath

«L'INNOCENZA», TORINO, SPEIRANI
(periodico lanciato il 2 gennaio 1892)

Negli anni del Fine Secolo ottocentesco la casa editrice torinese fondata da Giulio Speirani, e ormai diretta dai tre figli in ruoli diversi, oltre a pubblicare volumi si era sviluppata nel campo dei periodici, arrivando a creare un catalogo imponente e diversificato. Il movente di questa scelta era religioso, sociale e pedagogico: con la serietà e l'impegno tipici dell'epoca, la famiglia Speirani ambiva all'istruzione e al miglioramento della società. Ogni testata della mezza dozzina di periodici della ditta si specializzava nell'attirare un pubblico ben definito e diverso da quello delle altre: famiglie, signore, maestre, bambini, giovani lettori. «L'Innocenza», creata per affascinare i bambini all'inizio del loro percorso educativo nella scuola elementare, apparve per la prima volta nel gennaio 1892.

Verso la fine del 1893 o ai primi del 1894, invitato dai fratelli Speirani, il trentenne Emilio Salgari lasciò la natìa Verona e si stabilì a Torino con la famigliola, anch'essa agli inizi. Già nel 1894 i suoi primi volumi ad uscire presso la Speirani saranno *Le novelle marinaresche di Mastro Catrame*, una raccolta di racconti brevi, e il romanzo *Il tesoro del Presidente del Paraguay*. Altri due romanzi arriveranno nelle librerie nel 1895 e nel 1896, ma prima che in volume ciascuno fu stampato a puntate su uno dei periodici della Speirani, «Il Novelliere Illustrato» o la «Biblioteca per l'Infanzia e per l'Adolescenza». Nello stesso periodo il giovane scrittore stava diventando una ricca fonte di brevi racconti e di articoletti per i settimanali e mensili della Speirani. Solo per i bambini lettori de «L'Innocenza», scrisse non meno di 44 articoletti informativi nello spazio di tre anni. Per questo foglio l'editore seguiva una tecnica alla moda, fornendo allo scrittore un'immagine, generalmente un'incisione o talvolta perfino una fotografia; Salgari doveva spiegarne il contenuto, accendendo la curiosità del bambino sull'argomento, istruendo tramite i dati essenziali, e entusiasmando con la sua narrazione vivace. Fu un aspetto unico della sua carriera in cui si indirizzava ai bambini coi toni di un buon papà, amorevole, incoraggiante e divertente: spesso cominciava quasi parlando, con parole introduttive come «Voi, piccoli lettori…», oppure «Vedete tutti quei bambini…» (cioè nella figura), o «Quantunque siate piccini…». A casa aveva i suoi due piccini e questi articoletti di pochi brevi paragrafi avevano un tono del tutto naturale.

Durante tutta la vita, l'arte del racconto breve, dell'articoletto, del giornalismo culturale sarà importante per Salgari, un professionista efficace e simpatico in questo campo così variegato. Presso la Speirani i suoi contributi brevi verranno stampati sui diversi periodici della casa editrice, un apprendistato per il lavoro come Direttore di «Per Terra e per Mare» (1904-06), il settimanale inventato per lui dall'editore Donath di Genova. Purtroppo questo suo ruolo di scrittore in miniatura viene troppo spesso dimenticato a causa del fascino dominante dei romanzi e inoltre a causa della complessità bibliografica. Nonostante un cinquantennio e più di studi dettagliati, non è ancora possibile elencare tutti i suoi pezzi brevi, né calcolare il vero totale, sebbene alcuni studiosi abbiano pubblicato notevoli contributi alle informazioni bibliografiche, oltre a curare il testo di decine di essi, all'origine usciti sia in giornali e periodici che in opuscoletti singoli, spesso sotto pseudonimo.

Nel Secondo Dopoguerra, con l'avvento di un periodo di polemica e di entusiasmo salgariani, si cominciarono a raccogliere alcuni dei moltissimi racconti brevi, per esempio in *Storie rosse* (1954) curato dal giovanissimo Mario Morini, e in *100 avventure sugli oceani* (1959), un'antologia rara per l'ampiezza, curata da G. Calendoli, ma come sempre senza informazioni adeguate sulle fonti. Già mezzo secolo fa, la Casa Editrice Einaudi col curatore Daniele Ponchiroli prepararono un volume di racconti brevi scelti, dal titolo *Avventure di prateria, di giungla e di mare* (1971), un progetto anch'esso pionieristico; nell'Appendice apparvero anche 6 dei pezzi prima stampati su «L'Innocenza», eppure i 17 racconti principali mancavano delle indicazioni bibliografiche. Diverse altre raccolte parziali esistono, in alcuni casi grazie a Felice Pozzo, e Mario Tropea, nei suoi tre bei volumi (Viglongo, 1999-2002), ha fatto ristampare tutti i racconti brevi del primo Novecento, firmati Cap. Guido Altieri, e usciti negli opuscoletti della «Bibliotechina Aurea Illustrata» presso Salvatore Biondo di Palermo (sono 67). Nel 1994 Silvino Gonzato aveva raccolto alcune delle «pagine sconosciute di un cronista» dell'«Arena» di Verona, mentre nel 2004 Claudio Gallo – già curatore dei trafiletti politici apparsi sulla «Nuova Arena» veronese (1994) – pubblicò un volume di brani scelti dal settimanale diretto da Salgari «Per Terra e per Mare» (Genova, 1904-06). Invece per un chiarimento sullo sviluppo iniziale di questa competenza culturale (non politica) salgariana, unicamente indirizzata ai lettori giovanissimi, dobbiamo ringraziare Roberto Fioraso, fonte delle informazioni bibliografiche fornite qua sotto (vedi il suo saggio del 2007).

GLI ARTICOLETTI INFORMATIVI
DI EMILIO SALGARI IN «L'INNOCENZA», 1893-1897

Anno II
n. 52, 30 dicembre 1893 – *Un mostro... nemico dei pescatori.*

Anno III
n. 9, 3 marzo 1894 – *Beniamino Franklin.*

Anno IV
n. 6, 10 febbraio 1895 – *Il tricheco.*
n. 19, 12 maggio 1895 – *La ginnastica in America*
n. 21, 26 maggio 1895 – *Nel centro dell'Africa*
n. 23, 9 giugno 1895 – *I fiori giganti*
n. 24, 16 giugno 1895 – *I Maori della Nuova Zelanda*
n. 26, 30 giugno 1895 – *I Giapponesi*
n. 28, 14 luglio 1895 – *Le vittime del mare*
n. 31, 4 agosto 1895 – *I coralli*
n. 34, 25 agosto 1895 – *I Bambarras*
n. 35, 1° settembre 1895 – *Gli stambecchi*
n. 36, 8 settembre 1895 – *I montanari albanesi*
n. 38, 22 settembre 1895 – *I corrieri americani*
n. 39, 29 settembre 1895 – *Costumi indiani*
n. 40, 6 ottobre 1895 – *I pescatori d'aringhe*
n. 41, 13 ottobre 1895 – *Il cane dei naufraghi*
n. 43, 27 ottobre 1895 – *Le vetture elettriche*
n. 44, 3 novembre 1895 – *Le rondini marine*
n. 45, 10 novembre 1895 – *Gli emigranti*
n. 47, 24 novembre 1895 – *Un porto di mare*
n. 48, 1° dicembre 1895 – *Nel paese dei ghiacci*
n. 49, 8 dicembre 1895 – *La statua della Libertà*
n. 50, 15 dicembre 1895 – *I cani esquimesi*

Anno V
n. 51, 22 dicembre 1895 – *I giornali ferroviari*
n. 52, 29 dicembre 1895 – *Fra i ghiacci*
n. 1, 5 gennaio 1896 – *Le slitte russe*
n. 7, 15 febbraio 1896 – *La grande ferrovia americana*

n. 11, 15 marzo 1896 – *Gli avoltoi dell'oceano* [sic]
n. 14, 5 aprile 1896 – *La pesca delle spugne*
n. 18, 3 maggio 1896 – *Gli alberghi americani*
n. 19, 10 maggio 1896 – *La grande ferrovia americana*
n. 22, 31 maggio 1896 – *Un saladero argentino*
n. 24, 14 giugno 1896 – *I bisonti delle praterie americane*
n. 26, 28 giugno 1896 – *I giganti del Patagonia*
n. 28, 12 luglio 1896 – *Le navi sulle ferrovie*
n. 30, 26 luglio 1896 – *Le foche rimorchiatrici*
n. 35, 3 agosto 1896 – *Il mondo di Chicago*
n. 39, 27 settembre 1896 – *Le case americane*
n. 47, 22 novembre 1896 – *Al polo in pallone*
n. 49, 6 dicembre 1896 – *Il ponte gigantesco di Cuyahoga*
n. 51, 20 dicembre 1896 – *Nel paese delle dighe*
n. 52, 27 dicembre 1896 – *Il monumento dell'indipendenza americana*

Anno VI
n. 2, 10 gennaio 1897 – *Le slitte canadesi*

«PER TERRA E PER MARE», GENOVA, DONATH, 1904-06

Il settimanale fu creato dall'editore Antonio Donath come veicolo per l'opera salgariana. Diretto da Emilio Salgari, vi si stampavano molti suoi contributi, sia racconti immaginari che articoli informativi. Per la grande varietà dei contributi, degli argomenti, dei contribuenti, e per lo slancio eclettico del direttore oltre alla sua efficienza, questo periodico, pubblicato nel corso di oltre due anni, fornisce spunti importanti sulla vita professionale di Salgari e sulle sue notevoli capacità come scrittore immaginoso, come bravo organizzatore e divulgatore. Il settimanale voleva rivolgersi a «tutta la famiglia», e l'intelligenza e l'impegno del direttore nel realizzare questo intento sono ovvi, come anche la sua solerzia nell'informare i lettori specialmente sul mondo della natura in cui rimanevano tanti 'misteri' da rivelare, e sul mondo dell'uomo in cui le scoperte e i progressi si susseguivano a ritmo incalzante. L'esito era un periodico divertente e nutrito di informazioni, che abbracciava sia la fantasia che la scienza. Stampato a Genova, mentre molti suoi racconti e articoli hanno per argomento o ambiente la vita dell'uomo, degli animali e delle piante terrestri, «Per Terra e per Mare» dimostra una notevole propensione per il mare e gli argomenti marittimi. Ciò nonostante solo due dei romanzi del direttore apparsi qui a puntate sono veramente racconti di mare.

Normalmente ogni fascicolo conteneva una puntata – che dopo i primi tempi appariva in inserto da staccare – di un romanzo nuovo dello scrittore. Ad uscire a puntate su «Per Terra e per Mare» furono i seguenti romanzi (i primi due essendo stampati come parte intrinseca di ogni fascicolo, gli altri come pagine degli inserti):

Jolanda, la figlia del Corsaro Nero
La Sovrana del Campo d'Oro
Il Re del Mare
Le Aquile della Steppa
Cartagine in fiamme.
(Per ulteriori dettagli vedi la Bibliografia principale alfabetica dei romanzi.)

Gli altri romanzi e novelle stampati a puntate nell'inserto sono di 4 scrittori diversi: Gino Alessandrini, Ottavio Baratti, Mario Contarini, Col. Gaspare Freddi. Nelle pagine normali di ogni fascicolo comparivano diversi altri scritti a puntate, alcuni consistenti in episodi a sé stanti collegati solo da un protagonista o da un concetto comune.

Lo stesso Salgari contribuiva al settimanale con molti brevi racconti fantasiosi e soprattutto con articoletti informativi e aneddoti che venivano firmati in diversi modi per nascondere il gran numero dei suoi contributi, creando l'effetto di una maggiore varietà di collaboratori. Oltre alle firme Emilio Salgari, E. Salgari, S e E.S., lo scrittore si servì di diversi pseudonimi noti anche in altri contesti: E. Bertolini, Romero S., S. Romero.

In più ci sono in «Per Terra e per Mare» degli esempi unici di pseudonimi che quasi certamente, per l'argomento e per lo stile dei brani, devono essere attribuiti a Salgari. Nel caso di «John Staar», l'identità di Salgari è confermata anche da una pubblicazione futura. Fra queste firme rare sono: H. Barry [?], Capitano W. Churchill, John Staar, Capitano Weill, Cap. J. Wilson, Cap. G. Wattlig / Wattling.

Come prassi utile, è legittimo dubitare sull'autenticità dei molti nomi stranieri, dei quali esistono altri in francese e in tedesco; alcuni naturalmente sono genuini ed è necessario studiare il testo in questione per un'attribuzione probabile o possibile.

Sono potenzialmente attribuibili a Salgari anche molti brani non firmati, spesso brevi trafiletti su argomenti di cui lo scrittore era entusiasta, soprattutto relativi al mondo naturale. Era necessario che il direttore del settimanale fornisse molti brani brevissimi per riempire vuoti e per diversificare la materia trattata. Nello stesso tempo, si può presumere che normalmente i collaboratori volessero vedere la loro firma presentata al pubblico. Si può supporre dunque che la grande maggioranza dei brani non firmati fosse stata scritta dal direttore, e sembra molto probabile che rubriche come *Spigolature e forbiciate* siano di origine salgariana o talvolta anche collaborativa. Sembra inoltre che Salgari scegliesse di non firmare, e di non utilizzare nessuno pseudonimo, nei casi di contributi su argomenti per lui atipici.

I diversi livelli di certezza o meno nelle attribuzioni incluse nell'analisi che segue sono indicati dalla presenza o assenza di un punto interrogativo. Di tanto in tanto altri scrittori firmavano con le sole iniziali, specialmente nei casi di trafiletti informativi. Siccome spesso la loro identità non è sicura, tali esempi sono elencati qui come possibili (anche se non probabili) maschere del direttore, insieme ad altre identificazioni forse più plausibili:

A. de S.   – Alessandro de Stefani [?]
C.   – Mario Contarini [?] o G.B. Comello [?] o Ettore Colombo [?]
E.F.G. / E.G. – Edgardo Giaccone [?]

F.G.	– Col. Gaspare Freddi [?]
I.G.	– I. Guillot [?]
G.M.	– Giorgio Molli
L.C.	– [?]
R.G.	– Ruggero Gianelli [?]
V.B.	– Virgilio Burti [?]

Fra le firme non abbreviate, il collega del direttore più spesso e rego-larmente presente, e il primo a contribuire al periodico, fu Aristide Marino Gianella: è probabile che Donath l'avesse assunto contrattualmente come secondo scrittore del settimanale. Dal n. 9 (primo fascicolo 'maturo') al n. 42 (fine del primo Anno del settimanale), la firma di Gianella è assente solo due volte (mentre in tre fascicoli aveva contribuito con due pezzi; nei 52 numeri dell'Anno II, Gianella è presente in 30 fascicoli, e per cinque di essi aveva fornito più di un brano; nei 31 fascicoli dell'Anno III, Gianella lanciò un suo romanzo a puntate nei primi quattro, poi – saltando 7 nu-meri – riapparve dal n. 12 fino al. n. 27 (conclusione del racconto a puntate *Avventure del buon brigante Cartouche*). Gianella aveva contribuito con rac-conti brevi e anche lunghi in almeno 84 dei 125 fascicoli di «Per Terra e per Mare». Per 13 fascicoli del periodico Gianella aveva offerto non uno ma due brani, e nell'intera esistenza del settimanale aveva contribuito con almeno 97 scritti. (Le cifre sono state tratte dagli appunti presi dall'autrice sulla rac-colta completa consultata nel 1965-66 ma, essendo le raccolte odierne – e le scansioni – in parte lacunose, il nuovo controllo del 2020 non ha potuto es-sere interamente completo.) Dopo la morte imprevista di Salgari nel 1911, Gianella venne invitato dall'editore fiorentino Enrico Bemporad (a cui lo scrittore era passato nel 1906) a portare a termine un romanzo incompiuto del maestro per l'edizione postuma: dalle pagine di «Per Terra e per Mare» si capisce il motivo di questa decisione.

Di quasi uguale importanza numerica era Athos Gastone Banti con le sue «memorie di un delegato di Pubblica Sicurezza». (Émile Gaboriau essen-do morto nel 1872 ed essendo quindi diminuito l'impatto del suo detective Lecoq, questo era invece il periodo di Sherlock Holmes, apparso nei raccon-ti di Conan Doyle negli anni 1887-1927; dunque il delegato di Banti apparte-neva ad un genere letterario abbastanza nuovo, ma tuttora di gran moda).

In «Per Terra e per Mare» i collaboratori di Salgari più frequenti erano: Aristide Marino Gianella, Athos Gastone Banti, Guglielmo Lucidi, Umberto Cei, Yambo (Enrico Novelli), Mario Contarini, Guido Petrai, Giorgio Molli (ex marinaio), Manfredo Baccini, Maria Savi Lopez, Maria Spada, Col. Ga-spare Freddi, Ettore Veo, Alberto Enrico Puccio, Edgardo Giaccone, Ame-rigo Greco, Luigi Motta, Ercole Pacchiarotti, Francesco Puccio, G. Battista

Comello, E. Nyhius, Amedeo Grehan, G. Guido Molinari, Armando Negri, Ettore Colombo, Ottavio Baratti, Roberto Malta, Gustavo Gennari.

Anche Salvatore Di Giacomo fornì alcuni pezzi e Ida Baccini un paio.

Alcuni contribuenti, come Amerigo Greco, erano giovanissimi, davvero alle prime armi, essendo a quel tempo scolari adolescenti.

Mentre per ogni fascicolo sono ricordati tutti i nomi dei collaboratori con i titoli dei loro scritti, questo elenco vuole soprattutto illustrare l'opera di Salgari; perciò, sono inclusi talvolta particolari più ampi per i contributi salgariani e anche altri elementi della produzione del settimanale che illustrano il suo lavoro, come per esempio alcune réclame. Si mette anche in evidenza la lotta continua contro la pirateria letteraria.

Il testo del settimanale era disposto su due larghe colonne per pagina. In generale gli articoli e i racconti normali occupavano ognuno dalle 2 alle 4 pagine. Verso la fine dell'Anno I, si cominciavano a riempire spazi di pochi centimetri in fondo a una colonna con brevi aneddoti umoristici o anche storici, sul mondo naturale, sulla scienza popolare o di cronaca.

L'intero periodico era presentato in bianco e nero, incluse le illustrazioni. Ogni fascicolo veniva ampiamente illustrato con fotografie (spesso notevoli per il periodo), oltre a disegni e acquarelli originali. Nei primi numeri predomina il testo, ma dal fascicolo 19 dell'Anno I l'illustrazione diventa più ricca. Alberto Della Valle, uno dei principali illustratori dei romanzi di Salgari in volume, forniva regolarmente l'immagine che accompagnava la puntata di ogni nuovo racconto del Direttore apparso prima sul settimanale; spesso era l'immagine che dominava la prima pagina. Quanto all'aspetto visivo degli altri contributi di prima pagina, di solito era Arnaldo Tanghetti che creava l'immagine più grande e attraente del fascicolo: è probabile che Donath lo avesse assunto come contributore fisso. Anche negli inserti i disegni di questi due pittori predominavano.

È possibile dedurre il fatto che il settimanale «Per Terra e per Mare», frutto del vigore commerciale dell'editore Antonio Donath e del vigore culturale del direttore e scrittore Emilio Salgari, ottenne un grande successo. Era destinato a continuare a lungo e si interruppe la pubblicazione solo perché, nel giugno 1906, Salgari accettò l'offerta di passare all'editore fiorentino Enrico Bemporad; è una circostanza interessante che a quel tempo Donath scelse di smettere l'edizione del periodico: per lui nessuno avrebbe potuto prendere il posto di Salgari.

[*Nota*: la storia della raccolta rilegata – ossia delle tre raccolte – di tutti i fascicoli studiati nel corso degli anni è già di per sé alquanto avventurosa. La raccolta completa esaminata presso la Biblioteca Nazionale Centrale di Firenze negli anni 1965-66 fece una fine drammatica un paio di mesi dopo,

quando le onde dell'Arno la portarono alla rovina nel Tirreno, quel mare
che aveva portato via i manoscritti dello stesso Salgari mentre abitava a
Sampierdarena. Le raccolte di «Per Terra e per Mare» sono rare e per molti
anni la BNCF ne rimase priva; poi, alcuni anni fa, la Biblioteca acquistò di
nuovo una copia dei tre volumi rilegati che però, benché utilissimi, hanno
grosse lacune: ad un certo punto mancano non meno di 11 fascicoli (Anno
I, nn. 32-42). Secondo una firma in inchiostro sull'ultima pagina di alcuni
fascicoli, questa raccolta sembra essere stata quella di Mario Licini, 'ge-
rente responsabile' dell'editore Antonio Donath di Genova. Oggi, grazie
alle meraviglie dell'OPAC, una studiosa disperata può facilmente sincerarsi
dell'esistenza o meno di altre raccolte e rendersi conto del fatto che la sola
in apparenza completa esiste presso la Biblioteca Berio di Genova, una raccolta che cent'anni fa apparteneva a un tale Marcello Consigliere residente
in Corso Gastaldo a Genova. Questa brillante soluzione a diversi problemi
ha dovuto però fare i conti, anch'essa, con una nuova catastrofe naturale –
il Coronavirus Covid-19 – che ha impedito una visita a Genova. In fretta,
prima della chiusura, una gentile bibliotecaria ha creato un pdf sulla base
del già esistente microfilm. Ma lo spirito di Sherlock Holmes ha dovuto
persistere perché la macchina usata era riuscita a fare una scansione delle
sole pagine dispari. Così la bibliografia che segue è l'esito di 54 anni di studi
avventurosi (a lungo e spesso interrotti) su non meno di tre esemplari di
quel periodico evanescente creato per il divertimento e il *relax* dei lettori.]

Testata (prima versione):

PER TERRA E PER MARE
Giornale di avventure e di viaggi
diretto dal
Capitano Cavaliere EMILIO SALGARI
1904. Anno I. - N.° 1   Esce ogni settimana   Centesimi 10

[Nessun numero è datato, ma da prove interne si può calcolare che il primo
uscì nei primi mesi del 1904, intorno al 1° febbraio 1904.]

Bibliografia dei contributi, in particolare quelli di Emilio Salgari, al
settimanale «Per Terra e per Mare»:

Sono elencati qui i brani firmati col nome del direttore, con le sue iniziali o con pseudonimi sia accertati che potenziali: le firme non identificate,
parecchie delle quali senz'altro non salgariane, sono segnalate.

I dettagli dei molti altri contributi di scrittori riconoscibili, che crearono sotto la tutela del direttore un insieme ricco e interessante, sono stati inclusi anch'essi nell'elenco per dare un indizio della varietà dei contenuti e per mostrare l'intenso lavoro del direttore, tutt'altro che una sinecura: ci sono perfino delle prove di incontri con colleghi presso l'ufficio di Genova. Per ogni fascicolo i contributi sono elencati nell'ordine di apparizione sul periodico, il primo elemento essendo quello della prima pagina che serviva anche da copertina, sempre abbellita da una grande illustrazione, un dipinto originale oppure una fotografia spesso di qualità notevole per l'epoca. Con il passare del tempo i collaboratori si moltiplicarono e i contributi si diversificarono per abbracciare anche scritti e disegni umoristici, brevi aneddoti e alcuni proto-fumetti, fra i primi in Italia.

Nell'elenco che segue, sono ricordati esempi di réclame e di pubblicità anche indiretta, oltre ad «Avvisi» indirizzati ai lettori: anche questi elementi servono a illuminare il carattere della fortuna salgariana durante la vita dello scrittore. Il nome degli illustratori non è sempre leggibile ma ne è elencata una scelta.

Fino ai fascicoli 17 e 18 il settimanale fu dominato da puntate di scritti lunghi; solo dopo si iniziarono a stampare ogni volta alcuni brani brevi, creando la norma di una mescolanza di generi diversi, sia di narrativa che di informazioni. Dall'elenco bibliografico si capisce che lo stesso Salgari (talvolta nascosto sotto pseudonimo) amava scrivere articoli di divulgazione puramente su fatti storici o naturali; questa propensione gli era abituale avendo fornito anni prima una grande varietà di brevi pezzi per i periodici dei fratelli Speirani di Torino, almeno uno dei quali ristampato nel suo settimanale genovese (*I giardini dei mari*). Fin dal titolo *Per Terra e per Mare* trapelava il fascino per tutta la natura intorno al globo, ponendo un'enfasi notevole sul mare.

ANNO I:

I primi fascicoli sono composti interamente di due romanzi stampati a puntate:

1-7 – E. SALGARI, *Jolanda, la Figlia del Corsaro Nero*, ill. A. Della Valle. (Proprietà letteraria ed artistica riservata). Romanzo stampato al lancio del settimanale in prima pagina con una grande illustrazione in bianco e nero, più altre 5 pagine per completare una lunga puntata.

Le due pagine alla fine dei primi fascicoli erano dedicate ad una traduzione («del Prof. Tonini») del vecchio romanzo dell'americano James Fenimore Cooper, *La Rosa della Prateria*: nel n. 7 occupava invece 6 pagine; l'ultima parte apparve sul n. 15. Il nome dell'autore è sempre ridotto a «F. Cooper». Nell'intero corso del settimanale, è da notare che le puntate del direttore venivano stampate con una misura dei caratteri più grande, più appariscente di quelle usate per gli altri autori.

6 e 7 – pubblicità apparsa sull'ultima pagina: «Di prossima pubblicazione: *Un'Avventura del Capitano Salgari al Borneo*. Novella. *Il Gran Coltello*. Racconto Emozionante di Aristide Marino Gianella».

8 – E. SALGARI, *Jolanda, la Figlia del Corsaro Nero: Romanzo d'avventure*, puntata del romanzo, con grande ill. di A. Della Valle in prima pagina. (Proprietà letteraria ed artistica riservata).

[E. SALGARI], *Un'Avventura del Capitano Salgari al Borneo*. Novella – prima parte di 2 pagine, con un ritratto di Salgari [di Della Valle] in un'ambientazione di navi e di marinai. [Diversamente dal mito comune, nel ritratto non porta la divisa, ma abiti normali, borghesi.] ★

F. COOPER, *La Rosa della Prateria*, puntata del romanzo.

9 – Primo fascicolo con quattro elementi (la norma rimane di 3 elementi).

E. SALGARI, *Jolanda, la Figlia del Corsaro Nero*, puntata del romanzo con una grande ill. di Della Valle in prima pagina. (Proprietà letteraria ed artistica riservata).

A.M. GIANELLA, *Il Gran Coltello: Avventure di mare e di terra*, Libro primo, parte prima: prima comparsa dello scrittore Aristide Marino Gianella, il più importante fra i colleghi del direttore.

E. SALGARI, *Un'Avventura del Capitano Salgari al Borneo*. Novella – seconda parte. ★

F. COOPER, *La Rosa della Prateria*, puntata del romanzo.

10 – E. SALGARI, *Jolanda, la Figlia del Corsaro Nero*, puntata del romanzo con una grande ill. di Della Valle in prima pagina. (Proprietà letteraria ed artistica riservata).

A.M. GIANELLA, *Il Gran Coltello: Avventure di mare e di terra*, puntata del romanzo. (Proprietà Letteraria).

F. COOPER, *La Rosa della Prateria*, puntata del romanzo.

11 – E. BERTOLINI [E. SALGARI], *La Pesca dei Tonni*, (Proprietà riservata). Racconto breve in prima pagina con 9 fotografie (una in prima pagina) del Signor A. Bensa.★

E. SALGARI, *Jolanda, la Figlia del Corsaro Nero*, puntata del romanzo. (Proprietà letteraria ed artistica riservata).

A.M. Gianella, *Il Gran Coltello: Avventure di mare e di terra*, puntata del romanzo.

12 – E. Salgari, *Jolanda, la Figlia del Corsaro Nero*, puntata del romanzo con una grande ill. di Della Valle in prima pagina. (Proprietà letteraria ed artistica riservata).
A.M. Gianella, *Il Gran Coltello: Avventure di mare e di terra*, puntata del romanzo. (Proprietà letteraria).
F. Cooper, *La Rosa della Prateria*, puntata del romanzo.

13 – E. Salgari, *Jolanda, la Figlia del Corsaro Nero*, puntata del romanzo con una grande ill. di Della Valle in prima pagina. (Proprietà letteraria ed artistica riservata).
Emilio Salgari, *Sull'Oceano indiano*. Racconto di 3 pagine con un disegno.*
A.M. Gianella, *Il Gran Coltello: Avventure di mare e di terra*, puntata del romanzo. (Proprietà letteraria).
F. Cooper, *La Rosa della Prateria*, puntata del romanzo.

14 – E. Salgari, *Jolanda, la Figlia del Corsaro Nero*, puntata del romanzo con una grande ill. di Della Valle in prima pagina. (Proprietà letteraria ed artistica riservata).
A.M. Gianella, *Il Gran Coltello: Avventure di mare e di terra*, puntata del romanzo. (Proprietà letteraria).
F. Cooper, *La Rosa della Prateria*, puntata del romanzo.

15 – E. Salgari, *Jolanda, la Figlia del Corsaro Nero*, puntata del romanzo con una grande ill. di Della Valle in prima pagina. (Proprietà letteraria ed artistica riservata).
F. Cooper, *La Rosa della Prateria*, puntata del romanzo. *Conclusione.*
A.M. Gianella, *Il Gran Coltello: Avventure di mare e di terra*, puntata del romanzo. (Proprietà letteraria).

16 – E. Bertolini [E. Salgari], *In mezzo all'Atlantico*. (Proprietà letteraria.) Racconto breve con un disegno realistico di A. Tanghetti in prima pagina. *
E. Salgari, *Jolanda, la Figlia del Corsaro Nero*, puntata del romanzo con ill. (Proprietà letteraria ed artistica riservata).
A.M. Gianella, *Il Gran Coltello: Avventure di mare e di terra*, puntata del romanzo. (Proprietà artistica e letteraria riservata).

Réclame: «GRATIS. 150 premi di assiduità». I volumi offerti comprendono romanzi di Scott, Hugo, Sienkiewicz, Mayne-Reid, Verne, Capuana, Fogazzaro, Verne e Salgari (alcuni pseudonimi).

17 – E. Salgari, *Jolanda, la Figlia del Corsaro Nero*, puntata del romanzo con una grande ill. di Della Valle in prima pagina. (Proprietà letteraria ed artistica riservata).

A.M. Gianella, *Il Gran Coltello: Avventure di mare e di terra*, puntata del romanzo. (Proprietà artistica e letteraria riservata).

A.G. Banti, *L'uomo misterioso*, racconto con ill. di Della Valle: prima comparsa di Athos Gastone Banti.

Copertina: due pagine allegate, col titolo sulla prima: «"Per TERRA e per MARE"/ Giornale per tutti – diretto da E. Salgari/ ANNO 1°». Sotto: una grande illustrazione in bianco e nero di un gruppo di cavallerizzi firmata A. Della Valle e circondata da una cornice elaborata. Verticalmente lungo l'immagine: «Annesso al N. 17 del Giornale per "TERRA e per MARE" [*sic*]». In fondo: A. Donath, Editore – Genova/ 1904/ Lire 4. – Estero Lire 6.

Copertina di retro: «INDICE DELLE MATERIE». I nomi degli scrittori, con i titoli dei contributi, sono raggruppati a seconda dei sottotitoli: ROMANZI D'AVVENTURE, RACCONTI, CACCIA – PESCA, MARINA, STORIA NATURALE, VIAGGI – ETNOGRAFIA, SPIGOLATURA.

18 – E. Salgari, *Jolanda, la Figlia del Corsaro Nero*, puntata del romanzo con una grande ill. di Della Valle in prima pagina. (Proprietà letteraria ed artistica riservata).

Romero S. [E. Salgari], *Un tragico naufragio*. Racconto breve con disegno di A. Tanghetti.*

A.M. Gianella, *Il Capitano dei "Montoneros": Novella Americana*.

A.M. Gianella, *Il Gran Coltello: Avventure di mare e di terra*, puntata del romanzo. (Proprietà artistica e letteraria riservata).

Dal n. 19 si comincia a variare la Testata, qui diventata nella seconda versione:

PER TERRA E PER MARE
Avventure e viaggi illustrati   Scienza popolare e letture amene
GIORNALE PER TUTTI
Diretto dal **Capitano Cav. EMILIO SALGARI**

19 – A.G. Banti, *Quarantasette (Dalle memorie di un Delegato di Pubblica Sicurezza)*, racconto, con 2 ill. di A. Tanghetti.

A.M. GIANELLA, *Il Capitano dei "Montoneros": Novella Americana*, (Seguito), con ill.

E. SALGARI, *Jolanda, la Figlia del Corsaro Nero*, puntata del romanzo, con ill. di Della Valle. (Proprietà letteraria ed artistica riservata).

Avviso: si annuncia la *1ª Estrazione* dei premi di assiduità, eseguita l'11 Giugno 1904. Sono 150 libri ai quali «il Direttore Cav. Salgari» aveva voluto aggiungere altri 40 scelti fra i suoi.

20 – E. SALGARI, *Jolanda, la Figlia del Corsaro Nero*, puntata del romanzo, con 2 ill. di Della Valle, una grande in prima pagina. (Proprietà letteraria ed artistica riservata).

A.G. BANTI, *L'uomo misterioso: Racconto* (Seguito).

H. BARRY (TENENTE DEGLI SPAHIS) [E.S.??], *Una caccia ai Leoni sull'Atlante*. Racconto breve scritto in prima persona, con 2 disegni.

G. LUCIDI, *Oltre il mare!...: Racconto*, prima comparsa di Guglielmo Lucidi. *(Continua)*

A.M. GIANELLA, *Il gran coltello: Avventure di mare e di terra*, puntata del romanzo. (Proprietà artistica e letteraria riservata).

Réclame: si offre l'«Abbonamento Straordinario per la Campagna», per i mesi di Luglio, Agosto, Settembre: «L'importanza di questo abbonamento è costituita dal fatto che nei primi di Luglio si incomincia la pubblicazione del nuovo romanzo di E. Salgari».

21 – E. SALGARI, *Jolanda, la Figlia del Corsaro Nero*, puntata del romanzo, con 2 ill. di Della Valle, una grande in prima pagina. (Proprietà letteraria ed artistica riservata).

G. LUCIDI, *Oltre il mare!..: Racconto* (Seguito).

F.G. [Gaspare Freddi?], *Lo sterminio dei Bisonti in America*. Articolo con ill.

Capitano W. CHURCHILL [E. SALGARI], *L'orang-utan di Celebes*. Racconto breve narrato in prima persona, anche al plurale, con molto dialogo. ★★

A.M. GIANELLA, *Il gran coltello: Avventure di mare e di terra*, puntata del romanzo. *(Continua)* (Proprietà artistica e letteraria riservata).

22 – U. CECI (TENENTE DI VASCELLO), *Torpedini e Torpediniere*, con numerose fotografie.

SALVATORE DI GIACOMO, *Addio!...*, breve racconto.

F.G., *L'appetito di un "Boa constrictor"*. Trafiletto informativo.

G. LUCIDI, *Oltre il mare!...*, *Racconto* (Seguito). *(Continua)*

E. SALGARI, *Jolanda, la Figlia del Corsaro Nero: Romanzo di Avventure*. Ultima puntata del romanzo. *Fine*. (Proprietà letteraria ed artistica riservata).

Réclame: «A. DONATH – EDITORE, Genova: Biblioteca Illustrata per la Gioventù». L'elenco di volumi contiene 20 esempi di Salgari (più alcuni pseudonimi), e altri di Yambo, Mioni, Cei, Fata Nix, Ida Baccini, Motta, ecc.. I libri di Salgari erano a due prezzi: Lit. 3.50 o 5.-, oppure a Lit. 2 o 3.50, mentre generalmente quelli di altri autori costavano meno.

Avviso ai Lettori: Si annuncia che in futuro i romanzi «del Cap. Cav. Emilio Salgari» verranno stampati in un inserto di 4 pagine da staccarsi per poter «formarsene un volume» dell'opera intera con tutte le puntate. Si lanciano gli inserti con questo numero del settimanale.

[Primo inserto – gli inserti sono tutti ricordati qui fra parentesi quadre:]
[E. SALGARI, *La Sovrana del Campo d'Oro*: *Romanzo d'Avventure* con grande ill. di A. Della Valle. Prima puntata nell'inserto, pp. I-IV.]

Dal n. 23 in poi, il settimanale è:

Diretto dal **Capitano EMILIO SALGARI**

23 – U. CECI (Tenente di Vascello), *Torpedini e Torpediniere*, *(Continuazione)*, articolo con fotografie.

ROMERO S. [E. SALGARI], *I banditi della Manciuria*. Articolo storico. *

G. LUCIDI, *Oltre il mare!...*: *Racconto (Seguito)*.

A.M. GIANELLA, *Il Gran Coltello*: *Avventure di mare e di terra*, II, puntata del romanzo. (Proprietà artistica e letteraria riservata).

[E. SALGARI, *La Sovrana del Campo d'Oro*: *Romanzo d'Avventure* con grande ill. di A. Della Valle. (Proprietà letteraria ed artistica riservata) Puntata nell'inserto, pp. V-VIII.]

24 – S. ROMERO [E. SALGARI], *I pescatori dello Stretto di Behering*. Racconto con una grande ill. di A. Tanghetti in prima pagina. (Proprietà letteraria riservata).*

G. LUCIDI, *Oltre il mare!...*: *Racconto (Seguito)*.

G. LUCIDI, *La pioggia d'oro*: *Novella*, con ill. di Tanghetti.

A.M. GIANELLA, *Il Gran Coltello*: *Avventure di mare e di terra*, puntata del romanzo. (Proprietà artistica e letteraria riservata).

[E. SALGARI, *La Sovrana del Campo d'Oro*: *Romanzo d'Avventure* con grande ill. di A. Della Valle. (Proprietà letteraria ed artistica riservata) Puntata nell'inserto, pp. IX-XII.]

25 – YAMBO [ENRICO NOVELLI], *I miracoli del Professor Walton*, racconto, «Testo e disegni di Yambo». Prima comparsa di Yambo.

G. LUCIDI, *La pioggia d'oro*: *Novella (Continuazione)*.

A.M. GIANELLA, *Il Gran Coltello: Avventure di mare e di terra*, puntata del romanzo. (Proprietà artistica e letteraria riservata).

[E. SALGARI, *La Sovrana del Campo d'Oro: Romanzo d'Avventure* con grande ill. di A. Della Valle. (Proprietà letteraria ed artistica riservata) Puntata nell'inserto, pp. XIII-XVI.]

26 – YAMBO, *I miracoli del Professor Walton*, racconto, «Testo e disegni di Yambo», *(Continuazione)*. (Proprietà artistica e letteraria riservata).

G. LUCIDI, *Oltre il mare!...: Racconto (Seguito)*.

E. BERTOLINI [E. SALGARI], *Gli orrori della fame nell'India*. Articolo sulla grave carestia. *

A.M. GIANELLA, *Il Gran Coltello: Avventure di mare e di terra*, puntata del romanzo. (Proprietà artistica e letteraria riservata).

[E. SALGARI, *La Sovrana del Campo d'Oro: Romanzo d'Avventure* con grande ill. di A. Della Valle. (Proprietà letteraria ed artistica riservata) Puntata nell'inserto, pp. XVII-XX.]

27 – [E. BERTOLINI, cioè E. SALGARI], *Nella pampa*. Articolo, prima di due parti, con una grande foto in prima pagina. (Proprietà artistica e letteraria riservata). *(Continua)* [Articolo firmato solo nel n. 28.] *

G. LUCIDI, *Oltre il mare!...: Racconto. (Continua)* (Proprietà letteraria riservata).

E.G., *Una prodigiosa evasione*, articolo.

A.M. GIANELLA, *Il Gran Coltello: Avventure di mare e di terra*, puntata del romanzo. (Proprietà artistica e letteraria riservata).

Non firmato [E. SALGARI?], *Spigolature e forbiciate* (4 brevi paragrafi su argomenti diversi).

[E. SALGARI, *La Sovrana del Campo d'Oro: Romanzo d'Avventure* con grande ill. di A. Della Valle. (Proprietà letteraria ed artistica riservata) Puntata nell'inserto, pp. XXI-XXIV.]

28 – E. BERTOLINI [E. SALGARI], *Nella pampa*. Articolo, la seconda di due parti, con una grande foto in prima pagina. (Proprietà artistica e letteraria riservata).*

JOHN STAAR [E. SALGARI], *Meravigliose avventure di caccia*. Racconto anche umoristico a episodi in 12 puntate, narrato in prima persona adoperando il passato remoto. Prima parte. **

U. CEI, *L'assedio di Nhé-Ló*, racconto. Prima comparsa di Umberto Cei.

G. LUCIDI, *Oltre il mare!...: Racconto. (Continua)*

[E. SALGARI, *La Sovrana del Campo d'Oro: Romanzo d'Avventure* con grande ill. di A. Della Valle. (Proprietà letteraria ed artistica riservata) Puntata nell'inserto, pp. XXV-XXVIII.]

29 – JOHN STAAR [E. SALGARI], *Meravigliose avventure di caccia, (Continuazione)*: Parte 2, con un disegno di A. Tanghetti in prima pagina. ★★

U. CEI, *I pirati del Fiume Azzurro*, racconto. (Proprietà letteraria riservata).

G. LUCIDI, *Oltre il mare!...: Racconto (Seguito)*.

A.M. GIANELLA, *Il Gran Coltello: Avventure di Mare e di Terra, (Continuazione)*. (Proprietà artistica e letteraria riservata).

[E. SALGARI, *La Sovrana del Campo d'Oro: Romanzo d'Avventure* con grande ill. di A. Della Valle. (Proprietà letteraria ed artistica riservata) Puntata nell'inserto, pp. XXIX-XXXII.]

30 – A.M. GIANELLA, *L'ippopotamo bianco*, racconto, *(Continua)*.

F.G., *La pesca della balena sulle coste della Norvegia*. Articolo.

JOHN STAAR [E. SALGARI], *Meravigliose avventure di caccia. (Continuazione)*. Racconto a puntate, parte 3. (Proprietà artistica e letteraria riservata). ★★

G. LUCIDI, *Oltre il mare!...*, fine del racconto. (Proprietà letteraria riservata).

Non firmato [E. SALGARI?], *Longevità dei pesci*. Breve pezzetto.

A.M. GIANELLA, *Il Gran Coltello: Avventure di Mare e di Terra, (Continuazione)*. (Proprietà letteraria riservata). *(Continua)*.

[E. SALGARI, *La Sovrana del Campo d'Oro: Romanzo d'Avventure* con grande ill. di A. Della Valle. (Proprietà letteraria ed artistica riservata) Puntata nell'inserto, pp. XXXIII-XXXVI.]

31 – A.M. GIANELLA, *L'ippopotamo bianco*, racconto, seconda parte e fine.

S. [E. SALGARI], *Le grandi emigrazioni delle Cavallette*. Articolo.★

G. LUCIDI, *L'incendiario*. Racconto, puntata. (Proprietà letteraria riservata).

JOHN STAAR [E. SALGARI], *Meravigliose avventure di caccia. (Continuazione)*. Racconto a puntate, parte 4. (Proprietà artistica e letteraria riservata). ★★

NON FIRMATI, 2 brevissimi paragrafi informativi.

A.M. GIANELLA, *Il Gran Coltello: Avventure di Mare e di Terra, (Continuazione)*. (Proprietà letteraria riservata).

[E. SALGARI, *La Sovrana del Campo d'Oro: Romanzo d'Avventure* con grande ill. di A. Della Valle. (Proprietà letteraria ed artistica riservata) Puntata nell'inserto, pp. XXXVII-XL.]

32 – JOHN STAAR [E. SALGARI], *Meravigliose avventure di caccia. (Continuazione)*. Racconto, parte 5. (Proprietà letteraria ed artistica riservata). *(Continua)*. ★★

E.F.G., *Collane di occhi umani.* Articoletto.

U. CEI, *Uno scherzo atroce*, racconto. (Proprietà letteraria riservata)

G. LUCIDI, *L'incendiario.* Racconto, parte 2. (Proprietà letteraria riservata).

A.G. BANTI, *Quel caro Olimpio!... (Dalle memorie di un Delegato di Pubblica Sicurezza).* Puntata. (Proprietà letteraria riservata)

A.M. GIANELLA, *Il Gran Coltello: Avventure di Mare e di Terra.* Continuazione del romanzo a puntate. (Proprietà letteraria riservata) *(Continua).*

[E. SALGARI, *La Sovrana del Campo d'Oro: Romanzo d'Avventure* con grande ill. di A. Della Valle. (Proprietà letteraria ed artistica riservata) Puntata nell'inserto, pp. XLI-XLIV.]

33 – JOHN STAAR [E. SALGARI], *Meravigliose avventure di caccia. (Continuazione).* Racconto, parte 6 (Proprietà letteraria ed artistica riservata). *(Continua).* ★★

M. CONTARINI, *Vendetta indiana: Novella.* Prima comparsa di Mario Contarini.

A.G. BANTI, *L'Orologio di San Pasquale. (Dalle memorie di un Delegato di Pubblica Sicurezza).* Racconto a episodi.

U. CEI, *Il tesoro.* Raccontino narrato in prima persona.

A.M. GIANELLA, *Il Gran Coltello: Avventure di Mare e di Terra*, Continuazione del romanzo. (Proprietà letteraria riservata) *(Continua).*

«*Ai lettori*: Stante il grande numero di lavori che da tempo aspettano il loro turno, la Direzione ha risoluto di affrettare la pubblicazione del romanzo: Il Gran Coltello, a mezzo di numeri doppi come quello odierno, e come altri che in seguito si pubblicheranno.»

[E. SALGARI, *La Sovrana del Campo d'Oro: Romanzo d'Avventure* con grande ill. di A. Della Valle. (Proprietà letteraria ed artistica riservata) Puntata nell'inserto, pp. XLV-XLVIII.]

34 – JOHN STAAR [E. SALGARI], *Meravigliose avventure di caccia.* Continuazione del racconto, parte 7. Ill. di A. Tanghetti. (Proprietà letteraria ed artistica riservata). *(Continua).* ★★

G. PETRAI, *Le avventure del Capitano Trepignon: Alla ricerca di un pelo della barba del Profeta.* Racconto con disegni. (Proprietà letteraria ed artistica riservata). *(Continua).* Prima comparsa di Guido Petrai.

G. LUCIDI, *Il Gigante e il Pigmeo.* Raccontino di una colonna. (Proprietà letteraria riservata).

A.M. GIANELLA, *Il Gran Coltello.* Continuazione del romanzo a puntate. «Fine del primo libro», seguito dal «Libro Secondo: *La figlia del Kouang Bianco*». (Proprietà letteraria riservata) *(Continua).*

E.F.G., *I Raggi Verdi dell'Oceano Indiano.* Trafiletto informativo su un fenomeno descritto da Salgari ne *Il Re del Mare,* romanzo annunciato nel n. 41.

[E. Salgari, *La Sovrana del Campo d'Oro: Romanzo d'Avventure* con grande ill. di A. Della Valle. (Proprietà letteraria ed artistica riservata) Puntata nell'inserto, pp. xlix-lii.]

35 – G. Molli, *La fine delle vecchie navi.* Articolo con 5 fotografie. Prima comparsa di Giorgio Molli.

G. Petrai, *Le avventure del Capitano Trepignon: Alla ricerca di un pelo della barba del Profeta.* Continuazione del racconto con disegni. (Proprietà letteraria e artistica riservata).

John Staar [E. Salgari], *Meravigliose avventure di caccia.* Continuazione del racconto, parte 8. (Proprietà letteraria e artistica riservata). *(Continua).* ★★

A.M. Gianella, *Il Gran Coltello. (Continuazione).* (Proprietà letteraria riservata). *(Continua).*

[E. Salgari, *La Sovrana del Campo d'Oro: Romanzo d'Avventure* con grande ill. di A. Della Valle. (Proprietà letteraria ed artistica riservata) Puntata nell'inserto, pp. liii-lvi.]

36 – V.B., *L'Esposizione Universale di Saint-Louis (Stati Uniti dell'America del Nord).* Resoconto con grande fotografia in prima pagina.

John Staar [E. Salgari], *Meravigliose avventure di caccia.* Continuazione del racconto, parte 9. *(Continua).* (Proprietà letteraria riservata). ★★

U. Cei, *Maledetta filantropia!* Raccontino.

M. Baccini, *Un anno nella luna.* Prima puntata del racconto. *(Continua).* Prima comparsa di Manfredo Baccini.

E.F.G., *Bevitori d'etere.* Trafiletto.

A.M. Gianella, *Il Gran Coltello: Avventure di Mare e di Terra.* Continuazione del romanzo a puntate. (Proprietà letteraria riservata). *(Continua).*

[E. Salgari, *La Sovrana del Campo d'Oro: Romanzo d'Avventure* con grande ill. di A. Della Valle. (Proprietà letteraria ed artistica riservata) Puntata nell'inserto, pp. lvii-lx.]

37 – G. Molli, *Marina Italiana – R. Nave "Regina Margherita".* Articolo con due fotografie, una grande in prima pagina.

John Staar [E. Salgari], *Meravigliose avventure di caccia.* Continuazione del racconto a episodi, parte 10. (Proprietà letteraria e artistica riservata). *(Continua).* ★★

M. BACCINI, *Un anno nella luna*. Racconto a puntate. (Proprietà letteraria).

Réclame: «Chiedere a tutti i Rivenditori d'Italia la 1ª dispensa del romanzo di SALGARI – LA REGINA DEI CARAIBI – C.^{mi} 10.»

U. CEI, *Gli Sciacalli del Sor Polibio*. Racconto.

A.M. GIANELLA, *Il Gran Coltello: Avventure di Mare e di Terra*. Continuazione del romanzo a puntate: «Fine della prima parte»; inizio della Parte Seconda. (Proprietà letteraria riservata). *(Continua)*.

[E. SALGARI, *La Sovrana del Campo d'Oro: Romanzo d'Avventure* con grande ill. di A. Della Valle. (Proprietà letteraria ed artistica riservata) Puntata nell'inserto, pp. LXI-LXIV.]

38 – JOHN STAAR [E. SALGARI], *Meravigliose avventure di caccia. (Continuazione)*. Puntata del racconto, parte 11, con grande ill. di Tanghetti in prima pagina. (Proprietà letteraria e artistica riservata). *(Continua)*. ★★

U. CEI, *I Beduini delle Piramidi*. Racconto.

G. LUCIDI, *Il sangue*. Breve racconto.

E.F.G., *I curdi*. Articoletto.

A.M. GIANELLA, *Il Gran Coltello: Avventure di Mare e di Terra*. Continuazione del romanzo a puntate. (Proprietà letteraria riservata). *(Continua)*.

[E. SALGARI, *La Sovrana del Campo d'Oro: Romanzo d'Avventure* con grande ill. di A. Della Valle. (Proprietà letteraria ed artistica riservata) Puntata nell'inserto, pp. LXV-LXVIII.]

39 – V. BURTI, *Come si ciba il pitone*. Articolo con 3 foto. (Proprietà letteraria ed artistica riservata)

R.G. [E. SALGARI?], *Il misterioso Tibet*. Articolo storico-geografico. Per «maggiori ragguagli», una nota rivolge l'attenzione del lettore verso il «bellissimo volume del nostro direttore», *I figli dell'aria*. [L'articolo potrebbe essere di Ruggero Gianelli, direttore de «La Nuova Arena» di Verona ai tempi di Salgari, ma invece è quasi certamente di Salgari stesso.] ★★

A.G. BANTI, *Senza fili (Dalle memorie di un Delegato di P. S.* [sic]. Episodio del racconto a puntate. (Proprietà letteraria riservata).

M. CONTARINI, *La musmè: Storiella giapponese*. Racconto.

E. VEO, *Laghi singolari (curiosità)*. Brevissimi paragrafi di informazioni aneddotiche.

A.M. GIANELLA, *Il Gran Coltello: Avventure di Mare e di Terra*. Continuazione del romanzo a puntate. *(Continua)*.

Réclame: «Chiedere presso tutte le edicole le prime dispense del romanzo di E. SALGARI: **La Regina dei Caraibi**».

[E. SALGARI, *La Sovrana del Campo d'Oro: Romanzo d'Avventure* con grande ill. di A. Della Valle. (Proprietà letteraria ed artistica riservata) Puntata nell'inserto, pp. LXIX-LXXII.]

40 – JOHN STAAR [E. SALGARI], *Meravigliose avventure di caccia (Continuazione)*. Parte 12 del racconto: ultima puntata, con grande ill. in prima pagina. (Proprietà letteraria e artistica riservata). *(Fine)* ★★

A.E. PUCCIO (BIZZARRO), *Pagina di sangue (dalle memorie d'un detective dilettante)*, racconto. (Proprietà letteraria riservata).

G. LUCIDI, *I pescatori di Aalesund*, racconto, prima parte. (Proprietà letteraria riservata). *(Continua)*.

E.F.G., *Il sentimento dell'arte presso i cani*. Aneddoto.

E.F.G., *Il coraggio degli animali piccoli*. Aneddoto.

A.M. GIANELLA, *Il Gran Coltello: Avventure di Mare e di Terra*. Continuazione del romanzo a puntate. (Proprietà letteraria riservata). *(Continua)*.

Réclame: «Chiedere presso tutte le edicole le prime dispense del romanzo di E. SALGARI: **La Regina dei Caraibi**».

[E. SALGARI, *La Sovrana del Campo d'Oro: Romanzo d'Avventure* con grande ill. di A. Della Valle. (Proprietà letteraria ed artistica riservata) Puntata nell'inserto, pp. LXXIII-LXXVI.]

41 – G. PETRAI, *Il pittore di topi: Testo e disegni di Guido Petrai*, racconto con disegni umoristici. (Proprietà letteraria ed artistica riservata).

Non firmato [E. SALGARI?], *Spigolature e forbiciate: Furberia canina*. Brevissimo aneddoto.

FEDERICO MORICE, *Sandorf, l'evaso*. Racconto breve. (Proprietà letteraria riservata).

Réclame: «Nel N. 43 comincia la pubblicazione del grande ed emozionante Romanzo d'Avventure: E. SALGARI – IL RE DEL MARE»

G. LUCIDI, *I pescatori di Aalesund*, racconto, *(Continuazione)*. (Proprietà letteraria riservata). *(Continua)*.

EMILIO SALGARI, *Lo scheletro della foresta*. Racconto ambientato nella Florida, Parte 1. *(Continua)*. ★

A.M. GIANELLA, *Il Gran Coltello: Avventure di Mare e di Terra*. Continuazione del romanzo a puntate. (Proprietà letteraria riservata). *(Continua)*.

[E. SALGARI, *La Sovrana del Campo d'Oro: Romanzo d'Avventure* con grande ill. di A. Della Valle. (Proprietà letteraria ed artistica riservata) Puntata nell'inserto, pp. LXXVII-LXXVIII.]

42 – M. BRUZZONE, *Gara podistica a Genova*, articolo con 3 fotografie, una grande in prima pagina. (Proprietà letteraria ed artistica riservata).

EMILIO SALGARI, *Lo scheletro della foresta*. Racconto, parte 2. (Proprietà letteraria riservata). ★

DOTT. RE., *Note di medicina pratica: Veleni animali – Vipera comune*. Articoletto.

E.F.G., *Saziati!* Aneddoto storico.

G. Lucidi, *I pescatori di Aalesund*, continuazione del racconto, con una foto di Aalesund, Norvegia. (Proprietà letteraria ed artistica riservata).

Non firmato [E. Salgari?], *Uno strano assalto!* Breve aneddoto storico.

A.G. Banti, *Vecchia storia (In cui si vede quello che può sapere un vecchio granchio, paralitico e tabaccone).* Racconto.

V.B., *L'unica lucertola velenosa.* Trafiletto informativo con 2 foto.

A.M. Gianella, *Il Gran Coltello: Avventure di Mare e di Terra* (Continuazione e fine del romanzo a puntate). *Fine.*

Non firmato [E. Salgari?], *Spigolature e forbiciate.* Due brevissimi aneddoti/dialoghi: *Un odio Indiano; Acqua nel vino!*

Réclame: «Nel N.º 43 comincia la pubblicazione del grande ed emozionante Romanzo d'Avventure di E. SALGARI: IL RE DEL MARE».

Ultimo fascicolo del primo anno (del 21 novembre 1904 circa).

ANNO II
(cominciando dal 28 novembre 1904 circa)

1 – Maria Savi-Lopez, *Verso l'esilio – racconto patriottico.* Una puntata con grande ill. in prima pagina. *(Continua)* (Proprietà letteraria ed artistica riservata).

Non firmato [E. Salgari], *L'oro nelle piante?!* Brevissimo aneddoto.

F.G., *La leggenda del caffè.* Articolo di 1 colonna.

Maria Spada, *Il bandito*, prima parte del racconto.

Non firmato [E. Salgari], *Una strana scommessa.* Brevissimo aneddoto.

M. Contarini, *El-Temin: costumi marocchini*, racconto, *(continua).* (Proprietà letteraria riservata).

U. Cei, *Un'avvocatura andata in fumo*, breve brano.

Non firmato [E. Salgari], Gruppo di tre brevissimi aneddoti: *Mezzi di trasporto a Nuova York; I passeri a spasso; Il saluto di sangue.*

[Emilio Salgari, *Il Re del Mare: Il figlio di Suyodhana*, prima puntata del nuovo romanzo, con grande ill. di Della Valle, nell'inserto, pp. I-IV. (Proprietà letteraria ed artistica riservata).]

2 – Guido Petrai, *I cavalieri moderni*: la copertina/prima pagina porta un'innovazione: è una prima versione della striscia a fumetti (ma senza nuvolette), cioè 4 vignette che raccontano un'aneddoto ironico tramite immagini, ciascuna con una didascalia di poche parole. [Il «Corriere dei Piccoli», lanciato nel 1908, è generalmente considerato come il primo divulgatore in Italia della striscia (originaria degli Stati Uniti), facendone

un'attrazione settimanale. Gli esempi stampati su «Per Terra e per Mare», apparsi negli anni 1904-06, sono una novità pionieristica e notevole.]

Maria Savi-Lopez, *Verso l'esilio – racconto patriottico. (Continuazione)* (Proprietà letteraria ed artistica riservata).

Non firmato [E. Salgari], *Spigolature e forbiciate – 2 aneddoti.*

E.B. [E. Bertolini / E. Salgari] *I giardini dei mari.* Articolo informativo. Già pubblicato con la firma di Salgari sul settimanale dei fratelli Speirani di Torino «Biblioteca dell'infanzia e dell'adolescenza» (1895). **

Maria Spada, *Il bandito, (Continuazione)*, parte 2 del racconto.

G. Lucidi, *Il loto d'argento*, racconto.

M. Contarini, *El-Temin: Costumi marocchini, (Continuazione)*, puntata del racconto.

E.F.G., *Sigari di carta.* Aneddoto.

E. Salgari, *Il Re del Mare*, puntata nell'inserto, pp. v-viii. Ill. Della Valle. (Proprietà letteraria ed artistica riservata).

3 – Salvatore Di Giacomo, *La civetta: Racconto fantastico.* Ill. di Tanghetti in prima pagina.

Non firmato [E. Salgari], *L'acajù.* Aneddotto.

M. Contarini, *El-Temin: Costumi marocchini, (Continuazione)*, puntata del racconto.

E.F.G., *Le scimmie con tre occhi.* Breve trafiletto.

V. Burti, *Un serpente che distrugge i topi.* Breve articolo con 2 foto.

Non firmato [E. Salgari], *Gli uccelli guardiani.* Articoletto.

A.M. Gianella, *I misteri della storia: L'uomo dalla maschera di ferro*, articolo storico. (Proprietà letteraria riservata).

U. Cei, *Tre romanzieri affamati!* Racconto.

Non firmato [E. Salgari], *I pesci che volano.* Trafiletto.

E.F.G., *Le ferrovie a rotaie di legno nel Canadà.* Breve trafiletto.

E. Salgari, *Il Re del Mare*, puntata nell'inserto, pp. ix-xii. Ill. Della Valle. (Proprietà letteraria ed artistica riservata).

4 – R. Hornill [E. Salgari?], *La pecora bianca d'Ibrahim.* Racconto con illustrazione di A. Della Valle in prima pagina. (Proprietà letteraria ed artistica riservata).

G. Lucidi, *"Il Minuetto"*, racconto.

U. Cei, *La figlia del Baniano*, racconto. (Proprietà letteraria riservata).

A.M. Gianella, *Come Garibaldi soffrì la fame.* Racconto storico.

G. Petrai, *Le distrazioni di Sempliciotti,* striscia di 3 vignette con didascalie.

E. SALGARI, *Il Re del Mare*, puntata nell'inserto, pp. XIII-XVI. Ill. Della Valle. (Proprietà letteraria ed artistica riservata).

5 – MAURIZIO BASSO, *Il "fatto" di Francescuzzo De Pietri*, racconto, *(continua)*. (Proprietà letteraria ed artistica riservata).
A.M. GIANELLA, *Un'avventura a Panama*, racconto.
Non firmato [E. SALGARI], *Il Gran Formichiere (Myrmecophaga jubata)*. Articolo di 2 pagine con illustrazione.
A.M. GIANELLA, *Come Garibaldi soffrì la fame*. Racconto storico. *(Continuazione e fine)*.
Non firmato [E. SALGARI?], *Spigolature e forbiciate*: 3 aneddoti.
[E. SALGARI, *Il Re del Mare*, puntata nell'inserto, pp. XVII-XX. Ill. Della Valle. (Proprietà letteraria ed artistica riservata).]

6 – VIRGILIO BURTI, *Alberi millenarii*, articolo, con una grande foto in prima pagina de *Il "Grizzly Giant" nel bosco di Mariposa*.
M. BASSO, *Il "fatto" di Francescuzzo De Pietri*, racconto *(continuazione e fine)*. (Proprietà letteraria ed artistica riservata).
S. DI GIACOMO, *Cronaca della vecchia Norimberga*, racconto, *(Continua)*. (Proprietà letteraria ed artistica riservata).
Non firmato [E. SALGARI], *Migrazioni di "lemning"* [*sic*]. Breve aneddoto.
E.F.G., *Gli elefanti marini*. Articolo di una colonna.
U. CEI, *Una raccomandazione*, breve pezzo.
Non firmato [E. SALGARI], *Spigolature e forbiciate*. 3 aneddoti.
[E. SALGARI, *Il Re del Mare*, puntata nell'inserto, pp. XXI-XXIV. Ill. Della Valle. (Proprietà letteraria ed artistica riservata).]

7 – S. DI GIACOMO, *Cronaca della vecchia Norimberga*, seconda puntata del racconto, con ill. in prima pagina. (Proprietà letteraria ed artistica riservata).
A.G. BANTI, *Quella volta!... (Dalle memorie di un Delegato di Pubblica Sicurezza)*. Episodio del racconto a puntate. (Proprietà letteraria riservata).
A.M. GIANELLA, *Medaglioni di viaggiatori italiani: Gustavo Bianchi*, articolo. (Proprietà letteraria).
Non firmato [E. SALGARI], *Un saluto pericoloso*. Brevissimo aneddoto.
G. PETRAI, *Il compleanno di Tranquilletti*. Rudimentale striscia di 6 immagini, con dialoghi al di sotto.
[E. SALGARI, *Il Re del Mare*, puntata nell'inserto, pp. XXV-XXVIII. Ill. Della Valle. (Proprietà letteraria ed artistica riservata).]

8 – G. PETRAI, *Viaggio eterno: Manoscritto trovato in una bottiglia*. «Testo e disegno di Guido Petrai», con ill. in prima pagina. Firmato «Roma 20 Agosto 1904», racconto ambientato in Norvegia. (Proprietà letteraria ed artistica).

M. BACCINI, *Il ragazzo risplendente: Seguito a «Un anno nella luna»*. Racconto.

A.M. GIANELLA, *I misteri della storia: II. Il trovatello di Norimberga*. Racconto storico. (Proprietà letteraria riservata).

Non firmato [E. SALGARI?], *Nomi propri*. Trafiletto informativo.

E.F.G., *Il fondo degli oceani*. Articoletto.

DOTT. SPAK. [A.M. GIANELLA], *La natura meravigliosa: Il pesce cacciatore; Il nido-montagna; A vista d'occhi!* – 3 articoletti informativi.

[E. SALGARI, *Il Re del Mare*, puntata nell'inserto, pp. XXIX-XXXII. Ill. Della Valle. (Proprietà letteraria ed artistica riservata).]

9 – V.B., *Il tempio di Nikko e la campana di Corea*. Articolo con una grandissima foto in prima pagina.

IDA BACCINI, *Il fidanzato del mare*, racconto.

Non firmato [E. SALGARI], *La corda e il chiodo*. Aneddoto.

Non firmato [E. SALGARI], *L'acumate*. Brevissimo aneddoto.

A.M. GIANELLA, *Medaglioni di viaggiatori italiani. II. Giacomo Bove*. Articolo con foto.

A.G. BANTI, *Un arresto. (Dalle memorie di un Delegato di Pubblica Sicurezza)*. Episodio dei racconti. (Proprietà letteraria riservata).

[E. SALGARI, *Il Re del Mare*, puntata nell'inserto, pp. XXXIII-XXXVI. Ill. Della Valle. (Proprietà letteraria ed artistica riservata).]

10 – G. LUCIDI, *La Patria (Novella)*, con grande ill. di Tanghetti in prima pagina.

A.M. GIANELLA, *Uno strano naufragio d'altri tempi: Episodio storico*. Racconto.

YAMBO, *Perché il capitano Bombax non fu mangiato dai cannibali*, racconto con i disegni dell'autore.

E.F.G., *La mosca tsè-tsè*. Pezzo brevissimo.

[G. ALESSANDRINI, *Gli schiavi italiani al Brasile*. Puntata del racconto, con grande ill., nell'inserto pp. I-II. (Proprietà letteraria ed artistica riservata)]

[E. SALGARI, *Il Re del Mare*, puntata nell'inserto, pp. XXXVII-XXXVIII. Ill. Della Valle. (Proprietà letteraria ed artistica riservata).]

Ultimo fascicolo del 1904

1905. ANNO II. – N. 11: **primo fascicolo del** 1905

11 – FLAVIA STENO, *Troppo bella: Novella*, con grande ill. di Tanghetti in prima pagina. (Proprietà letteraria ed artistica riservata).

B. BONSAC [E. SALGARI?], *I cacciatori di piume*. Lungo articolo.

A.M. Gianella, *I misteri della storia, III. L'Uomo dal segreto dell'Oro*. Racconto storico. (Proprietà letteraria riservata).

U. Cei, *L'intermezzo della tesi di laurea*, breve racconto.

M. Contarini, *Il Segreto di Sandy Smithson*, Racconto, prima puntata.

[E. Salgari, *Il Re del Mare*, puntata nell'inserto, pp. xxxix-xl. Ill. Della Valle. (Proprietà letteraria ed artistica riservata).]

[G. Alessandrini, *Gli schiavi italiani al Brasile*. Puntata del racconto nell'inserto, pp. III-IV. (Proprietà letteraria ed artistica riservata).]

12 – A.M. Gianella, *Un duello aereo*, racconto con ill. di Tanghetti in prima pagina. (Proprietà letteraria ed artistica riservata).

A.M. Gianella, *La pietra vivente: Novella,* con il dottore Spak come personaggio.

Dott. Re., *Igiene pratica. Il bacio*. Articoletto.

Non firmato [E. Salgari], *La pesca delle aringhe*. Articoletto.

Ettore Veo, *Varietas*. 6 brevi aneddoti informativi. (Contro la norma del settimanale, Veo firma il contributo col cognome al primo posto.)

M. Contarini, *Il Segreto di Sandy Smithson*, puntata del racconto.

[G. Alessandrini, *Gli schiavi italiani al Brasile*. Puntata del racconto nell'inserto, pp. v-vi. (Proprietà letteraria ed artistica riservata).]

[E. Salgari, *Il Re del Mare*, puntata nell'inserto, pp. xli-xlii. Ill. Della Valle. (Proprietà letteraria ed artistica riservata).]

13 – A.M. Gianella, *The Cow-Boys: I cavalerizzi [sic] delle praterie*. Articolo con, in prima pagina, tre immagini di *cowboy* in groppa ad un cavallo che si impenna.

A.M. Gianella, *La pietra vivente: Novella*, seconda parte.

U. Cei, *La sparizione di Budda*, racconto.

M. Contarini, *Il Segreto di Sandy Smithson*, puntata del racconto.

Non firmato [E. Salgari], *La natura meravigliosa. Il pesce candela*. Articoletto.

[E. Salgari, *Il Re del Mare*, puntata nell'inserto, pp. xliii-xliv. Ill. Della Valle. (Proprietà letteraria ed artistica riservata).]

[G. Alessandrini, *Gli schiavi italiani al Brasile*. Puntata del racconto, nell'inserto pp. vii-viii. (Proprietà letteraria ed artistica riservata).]

14 – Non firmato [E. Salgari?], *Chinatown (La Città dei Cinesi) a San Francisco (Stati Uniti)*. Articolo con grandissima foto in prima pagina.

A.M. Gianella, *Il "Virginius"*, racconto.

Non firmato [E. Salgari], *Il canto dell'usignolo*. Brevissimo pezzo.

MARIA SPADA, *Il ladro*, racconto.

Non firmato [E. SALGARI], *Un pegno curioso*. Brevissimo aneddoto.

Non firmato [E. SALGARI], *L'edelweiss*. Breve articolo.

M. CONTARINI, *Il Segreto di Sandy Smithson*, puntata del racconto.

E. VEO, *Varietas*. 4 brevissimi paragrafi e un dialogo.

[G. ALESSANDRINI, *Gli schiavi italiani al Brasile*. Puntata del racconto, nell'inserto pp. IX-X, con illustrazione. (Proprietà letteraria ed artistica riservata).]

[E. SALGARI, *Il Re del Mare*, puntata nell'inserto, pp. XLV-XLVI. Ill. (Proprietà letteraria ed artistica riservata).]

15 – A.G. BANTI, *H² S. O⁴ (Dalle memorie di un delegato di pubblica sicurezza)*. Episodio della serie di racconti, con grande ill. di A. Tanghetti in prima pagina.

Non firmato [E. SALGARI], *I carabaos delle Filippine*. Articoletto.

Non firmato [E. SALGARI], *Giona, la balena… e il Capo di Buona Speranza.* Aneddoto.

Non firmato [E. SALGARI], *La divisione degli applausi!* Breve aneddoto.

MASSA, *Una strana avventura di caccia*. Racconto.

M. CONTARINI, *Il Segreto di Sandy Smithson*, puntata del racconto: *(continua)*.

Non firmato [E. SALGARI], *La vipera nasicorne*. Articoletto.

Non firmato [E. SALGARI], *Spigolature e forbiciate*. 8 brevissimi aneddoti.

[E. SALGARI, *Il Re del Mare*, puntata nell'inserto, pp. XLVII-XLVIII. Grande ill. di Della Valle. (Proprietà letteraria ed artistica riservata).]

[G. ALESSANDRINI, *Gli schiavi italiani al Brasile*. Puntata del racconto, nell'inserto pp. XI-XII. (Proprietà letteraria ed artistica riservata).]

16 – R. ROSCBERRAS, *Il pellegrinaggio alla Mecca*. Articolo con grande foto in prima pagina di tre arabi e un cammello agghindato.

A.M. GIANELLA, *I fucilati del "Santiago": seguito del "Virginius"*. Racconto.

EMILIO CHIORANDO, *La coda del diavolo. (Novella)*. Racconto ambientato in Spagna.

M. CONTARINI, *Il Segreto di Sandy Smithson, (Continuazione)*: puntata del racconto.

GUIDO PETRAI, *Novella medioevale*. Su tutta l'ultima pagina un contributo visivo fra le prime striscie a fumetti in Italia (ma senza 'fumo'): 4 disegni con dialoghi sotto. Datato: «Roma, 15 Gennaio 1905».

[G. ALESSANDRINI, *Gli schiavi italiani al Brasile*. Puntata del racconto, nell'inserto pp. XIII-XIV, con ill. (Proprietà letteraria ed artistica riservata).]

[E. SALGARI, *Il Re del Mare*, puntata nell'inserto, pp. XLIX-L. (Proprietà letteraria ed artistica riservata).]

17 – S. Romero [E. Salgari], *I Giganti dell'America del Sud*. Articolo informativo sui patagoni con una grande fotografia di 7 persone in prima pagina; parla delle scoperte storiche di Pigafetta, Drake, Bougainville, Darwin, *et al*. ⋆

Non firmato [E. Salgari], *Stratagemma di… guerra*. Breve aneddoto.

A.M. Gianella, *Le Eroine dell'Esplorazione: I. Margherita di Roberval*, articolo-racconto storico.

A.E. Puccio, *L'anemia della terra*, articolo.

Edgardo Giaccone, *Il carico d'ebano*, racconto. Prima comparsa di Edgardo Giaccone.

Capitano Weill [E. Salgari], *I nidi che si mangiano*. Articoletto. ⋆⋆

M. Contarini, *Il Segreto di Sandy Smithson, (Continuazione)*: puntata del racconto.

[E. Salgari, *Il Re del Mare: Romanzo*, puntata nell'inserto, pp. li-lii. Con grande ill. di Della Valle. (Proprietà letteraria ed artistica riservata).]

[G. Alessandrini, *Gli schiavi italiani al Brasile*. Puntata del racconto nell'inserto, pp. xv-xvi. (Proprietà letteraria ed artistica riservata).]

18 – I. Stores, *I piantatori di cotone*. Articolo in 2 puntate, prima parte con grande foto in prima pagina. *(Continua)*. (Proprietà letteraria ed artistica riservata).]

Amerigo Greco, *Tra i canneti (Dalle memorie d'un carabiniere)*. Episodio. Prima comparsa di Amerigo Greco.

U. Cei, *Le miniere di Morro-Velho,* puntata del racconto. *(Continua)*.

Non firmato [E. Salgari], *Un critico spiritoso*. Breve aneddoto.

M. Contarini, *Il Segreto di Sandy Smithson, (continuazione)*: puntata del racconto.

F.G., *I cani in guerra*. Articoletto.

[G. Alessandrini, *Gli schiavi italiani al Brasile*. Puntata del racconto nell'inserto, con ill., pp. xvii-xviii. (Proprietà letteraria ed artistica riservata).]

[E. Salgari, *Il Re del Mare: Romanzo*, puntata nell'inserto, pp. liii-liv. (Proprietà letteraria ed artistica riservata).]

19 – I. Stores, *I piantatori di cotone. (Continuazione e fine)*. Articolo in 2 puntate, seconda parte con grande foto in prima pagina.

Emilio Salgari, *Il brik del diavolo*. Racconto di oltre 2 pagine. ⋆

Cap. J. Wilson [E. Salgari], *Mahur l'incantatore dei serpenti*. Racconto scritto in prima persona, con un'illustrazione.

U. Cei, *Le miniere di Morro-Velho, (Continuazione)*, puntata del racconto a capitoli.

M. CONTARINI, *Il Segreto di Sandy Smithson, (continuazione)*: racconto a puntate.

[E. SALGARI, *Il Re del Mare: Romanzo*, puntata nell'inserto con ill. di Della Valle, pp. LV-LVI. (Proprietà letteraria ed artistica riservata).]

[G. ALESSANDRINI, *Gli schiavi italiani al Brasile*. Puntata del racconto nell'inserto, con ill., pp. XIX-XX. (Proprietà letteraria ed artistica riservata).]

20 – YORIK, *I cani da tiro*, articolo.

EMILIO SALGARI, *L'isola delle sette città*. Racconto ispirato a una leggenda. *

E. GIACCONE, *Amore di madre*, breve racconto.

U. CEI, *Le miniere di Morro-Velho, (Continuazione)*, puntata del racconto a capitoli.

Non firmato [E. SALGARI], *Assassino o hasciascin*. Brevissimo pezzo.

M. CONTARINI, *Il Segreto di Sandy Smithson, (continuazione e fine)*: racconto a 10 puntate.

Non firmato [MA G. PETRAI], *Un duello coi maccheroni*. 6 immagini senza testo raccontano la storiella comica.

[G. ALESSANDRINI, *Gli schiavi italiani al Brasile*. Puntata del racconto nell'inserto, con ill. di Tanghetti, pp. XXI-XXII. (Proprietà letteraria ed artistica riservata).]

[E. SALGARI, *Il Re del Mare: Romanzo*, puntata nell'inserto con ill. di Della Valle, pp. LVII-LVIII. (Proprietà letteraria ed artistica riservata).]

21 – GIORGIO MOLLI, *Marina Nord Americana – LA CONNECTICUT*, articolo con grande foto della nave moderna in prima pagina.

A.M. GIANELLA, *Un viaggio di terrore*, racconto scritto in prima persona.

MANFREDO BACCINI, *La profezia (Novella amena)*, racconto.

Non firmato [E. SALGARI], *La natura meravigliosa*. 2 brevi brani informativi: *Il calao-rinoceronte*; e *Le piante-Bussola*.

ROBERTO MALTA, *Di guardia alla polveriera. Bozzetto militare*, racconto scritto in prima persona.

U. CEI, *L'amico del dottore*. Breve pezzo.

[E. SALGARI, *Il Re del Mare: Romanzo*, puntata nell'inserto con ill. di Della Valle, pp. LIX-LX. (Proprietà letteraria ed artistica riservata).]

[G. ALESSANDRINI, *Gli schiavi italiani al Brasile*. Puntata del racconto, nell'inserto pp. XXIII-XXIV. (Proprietà letteraria ed artistica riservata).]

22 – G.M. [Giorgio Molli], *Una locomotiva colossale*. Breve articolo su un argomento inglese, con grande fotografia in prima pagina.

A.M. GIANELLA, *Tre aneddoti napoleonici*, brevi pezzi.

G. BATTISTA COMELLO, *Una terribile ascensione: Avventura nel Caucaso*, racconto.

G. Lucidi, *I fiori rossi: Novella*, a capitoletti.

E. Giaccone, *Piccolo eroe*, racconto sulla guerra anglo-boera.

Non firmato [E. Salgari], *Spigolature e forbiciate.* 5 brevi pezzi informativi.

[G. Alessandrini, *Gli schiavi italiani al Brasile.* Puntata del racconto nell'inserto, con ill., pp. xxv-xxvi. (Proprietà letteraria ed artistica riservata).]

[E. Salgari, *Il Re del Mare: Romanzo*, puntata nell'inserto con ill. di Della Valle, pp. lxi-lxii. (Proprietà letteraria ed artistica riservata).]

23 – G. Molli, *I sottomarini*, articolo con grande foto in prima pagina.

Yanri, *Le maschere nere. Racconto d'avventure.* Racconto.

Il dottore Spak. [*sic*, A.M. Gianella], *L'olio domatore del mare.* Articoletto.

Non firmato [E. Salgari], *Varietas.* 3 brevi pezzi storici.

Luigi Motta, *La linea di fiamma: Racconto d'avventure russo-giapponesi.* Racconto a puntate. Prima comparsa di Luigi Motta.

[E. Salgari, *Il Re del Mare: Romanzo*, puntata nell'inserto con ill. di Della Valle, pp. lxiii-lxiv. (Proprietà letteraria ed artistica riservata).]

[G. Alessandrini, *Gli schiavi italiani al Brasile.* Puntata del racconto nell'inserto, pp. xxvii-xxviii. (Proprietà letteraria ed artistica riservata).]

24 – A.M. Gianella, *Il Bucaniere mascherato. Novella americana*, racconto a puntate, con grande ill. di Tanghetti in prima pagina.

A.E. Puccio, *Il sonnambulo*, racconto.

G. Lucidi, *La Mousmée: Novella*, racconto con elementi giapponesi.

Luigi Motta, *La linea di fiamma: Racconto d'avventure russo-giapponesi.* Racconto a puntate.

[G. Alessandrini, *Gli schiavi italiani al Brasile.* Puntata del racconto nell'inserto con ill., pp. xxix-xxx. (Proprietà letteraria ed artistica riservata).]

[E. Salgari, *Il Re del Mare: Romanzo*, puntata nell'inserto, pp. lxv-lxvi. (Proprietà letteraria ed artistica riservata).]

25 – Bertolini E. [*sic*, E. Salgari], *Il castello degli spiriti.* Racconto ispirato a una leggenda della Bretagna, narrato in prima persona; con grande ill. in prima pagina. *

A.M. Gianella, *Il Bucaniere mascherato. Novella americana*, seconda puntata del racconto.

G. Molli, *I grandi velieri*, articolo.

L. Motta, *La linea di fiamma: Racconto d'Avventure russo-giapponesi*, terza puntata del racconto.

[E. Salgari, *Il Re del Mare: Romanzo*, puntata nell'inserto con grande ill. di Della Valle, pp. lxvii-lxviii. (Proprietà letteraria ed artistica riservata).]

[G. Alessandrini, *Gli schiavi italiani al Brasile*. Puntata del racconto nell'inserto, pp. xxxi-xxxii. (Proprietà letteraria ed artistica riservata).]

26 – G. Molli, *Un destroyer*. Articolo con foto della nave in prima pagina.

G. Petrai, *I nani*. Articoletto storico.

Non firmato [E. Salgari], *Il vascello della morte*. Racconto breve (una leggenda di mare). **

A.M. Gianella, *Il bucaniere mascherato: Novella americana*. Continuazione del racconto a puntate. *(continua)* [*sic*].

L. Motta, *La linea di fiamma: Racconto d'Avventure Russo-Giapponesi*. Continuazione del racconto a puntate. *(continua)* [*sic*].

Non firmato [E. Salgari?], *I fiori dell'inchiostro*. Articoletto.

[G. Alessandrini, *Gli schiavi italiani al Brasile*. Romanzo a puntate, con ill., nell'inserto, pp. xxxiii-xxxiv (Proprietà letteraria ed artistica riservata).]

[E. Salgari, *Il Re del Mare*, Romanzo a puntate nell'inserto, pp. lxix-lxx. (Proprietà letteraria ed artistica riservata).]

27 – Emilio Salgari, *La tigre di Laparam*. Racconto pseudo-autobiografico, anti-eroico, auto-ironico, narrato in prima persona, con una grande ill. in prima pagina. La prima di due parti.*

Non firmato [E. Salgari?], *Forza d'animo*. Brevissimo aneddoto.

G. Lucidi, *Il pinnacolo sacro*. Racconto a puntate. *(Continua)*

A.M. Gianella, *Il bucaniere mascherato: Novella Americana*. Racconto a puntate. *(Continuazione e fine.)*

L. Motta, *La linea di fiamma: Racconto d'Avventure Russo-Giapponesi*. Continuazione del racconto a puntate. *(Continua)*

Non firmato [E. Salgari?], *Spigolature e forbiciate*. Due brevissimi aneddoti: *La pesca delle aringhe*, e *Moclas!*

Non firmato [E. Salgari], *Il serpente dagli occhiali*. Articolo con foto.

[E. Salgari, *Il Re del Mare*, Romanzo a puntate, nell'inserto pp. lxxi-lxxii, ill. A. Della Valle. (Proprietà letteraria ed artistica riservata).]

[G. Alessandrini, *Gli schiavi italiani al Brasile*. Romanzo a puntate, nell'inserto, pp. xxxv-xxxvi. (Proprietà letteraria ed artistica riservata).]

28 – A. Greco, *Un cosacco. (Novella)*, con grande ill. in prima pagina.

Emilio Salgari, *La tigre di Laparam*. Racconto pseudo-autobiografico, anti-eroico, auto-ironico, narrato in prima persona. Seconda parte: la tigre si rivela solo un «dosal» (o gatto marmorizzato). *

G. Lucidi, *Il pinnacolo sacro*, seconda puntata del racconto.

L. MOTTA, *La linea di fiamma: Racconto d'Avventure Russo-Giapponesi*. Continuazione del racconto a puntate.

Non firmato [E. SALGARI], *Le vespe*. Breve articolo con un disegno.

[G. ALESSANDRINI, *Gli schiavi italiani al Brasile*. Romanzo a puntate, con ill. di Alessandrini, nell'inserto pp. XXXVII-XXXVIII. (Proprietà letteraria ed artistica riservata).]

[E. SALGARI, *Il Re del Mare*, Romanzo a puntate, nell'inserto pp. LXXXIII-LXXXIV [*sic*], ill. A. Della Valle. (Proprietà letteraria ed artistica riservata).]

29 – A.M. GIANELLA, *La campana del deserto d'acqua. Novella*, con grande ill. di Tanghetti in prima pagina.

Non firmato [E. SALGARI], *Le gheshe giapponesi*. Breve articolo.

A.M. GIANELLA, *Medaglioni di viaggiatori italiani: Giuseppe Giulietti*, articolo.

Non firmato [E. SALGARI], *L'origine di certe parole*. Breve pezzo.

L. MOTTA, *La linea di fiamma: Racconto d'Avventure Russo-Giapponesi*. Continuazione del racconto a puntate.

Non firmato [E. SALGARI], *La vipera cozzante*. Articolo con un disegno.

[E. SALGARI, *Il Re del Mare*, Romanzo a puntate, nell'inserto pp. LXXXV-LXXXVI [*sic*], ill. A. Della Valle. (Proprietà letteraria ed artistica riservata).]

[G. ALESSANDRINI, *Gli schiavi italiani al Brasile*. Romanzo a puntate, nell'inserto pp. XXXIX-XL. (Proprietà letteraria ed artistica riservata).]

30 – Non firmato, *I cannoni moderni*. Solo due foto (articolo nel n. 31).

A.M. GIANELLA, *Il zaffiro di Ceylan* [*sic*], nuovo racconto a puntate. *(Continua)*.

ARTURO CALLEGARI, *Una condanna a Chicago*, breve racconto.

U. CEI, *Le seccature di un uomo pacifico*, breve racconto.

M. BACCINI, *Il sole dell'avvenire*, racconto.

Non firmato [E. SALGARI], *La carestia nell'India*. Breve articolo informativo più disegno. **

Non firmato [E. SALGARI], *Il livello degli oceani*. Articoletto informativo.

[G. ALESSANDRINI, *Gli schiavi italiani al Brasile*. Romanzo a puntate, nell'inserto pp. XLI-XLII, con ill. di Alessandrini. (Proprietà letteraria ed artistica riservata).]

[E. SALGARI, *Il Re del Mare*, Romanzo a puntate, nell'inserto pp. LXXXVII-LXXXVIII [*sic*], ill. A. Della Valle. (Proprietà letteraria ed artistica riservata).]

31 – G.M. [GIORGIO MOLLI], *I cannoni moderni*, due foto in prima pagina con un pezzo informativo.

A.M. GIANELLA, *Il zaffiro di Ceylan* [*sic*], racconto a puntate. *(Continua)*.

E.S. [E. Salgari], *I lottatori giapponesi*. Articolo informativo. *

U. Cei, *I ribelli del "Yokohama"*, racconto.

Ercole Pacchiarotti, *Sentinella polacca: Bozzetto*, breve racconto.

Non firmato [E. Salgari], *Il nutrimento dei cetacei*. Articolo più disegno.

Ai lettori: «Il Sig. Cav. Salgari sta scrivendo un emozionante romanzo [....]. Ci duole di non poterne preannunciare il titolo, come facevamo pel passato; ma l'esperienza ci ha fatto constatare che altri ne approfittava per lanciare suoi lavori consimili, danneggiando così l'egregio nostro Signor Direttore nella sua priorità.»

[E. Salgari, *Il Re del Mare*, Romanzo a puntate, nell'inserto pp. LXXXIX-XC [*sic*], ill. A. Della Valle. (Proprietà letteraria ed artistica riservata).]

[G. Alessandrini, *Gli schiavi italiani al Brasile*. Romanzo a puntate, nell'inserto pp. XLIII-XLIV. (Proprietà letteraria ed artistica riservata).]

32 – M. Savi Lopez, *In Islanda*, racconto con grande ill. in prima pagina.

Vèrusmor, *L'audacia di un corsaro: Un saluto... di cinquanta cannoni!* Racconto storico.

Non firmato [E. Salgari], *I soprannomi*. Breve pezzo.

Non firmato [E. Salgari], *Un poligono*. Articoletto con foto.

M. Baccini, *Prima dell'alba*, racconto.

M. Contarini, *Il nostromo*, racconto.

Non firmato [E. Salgari], *La guerra ai marsovini*. Breve articolo più disegno.

Non firmato [E. Salgari?], *Tutti morti!* Aneddoto.

[G. Alessandrini, *Gli schiavi italiani al Brasile*. Romanzo a puntate con ill. di Alessandrini, nell'inserto pp. XLV-XLVI. (Proprietà letteraria ed artistica riservata).]

[E. Salgari, *Il Re del Mare*, Romanzo a puntate, nell'inserto pp. XCI-XCII [*sic*]. Fine. (Proprietà letteraria ed artistica riservata).]

33 – A.M. Gianella, *La testa naufragata: Novella*, racconto con grande ill. in prima pagina.

Avv. Francesco Puccio, *L'antiquario*, prima puntata con fotografie di armature.

E. Pacchiarotti, *Satsumé!* Breve racconto.

Non firmato [E. Salgari], *La chelidra*. Breve articolo con disegno.

Non firmato [E. Salgari], *Per la birra!* Aneddoto.

[E. Salgari, *Le Aquile della Steppa*, Romanzo a puntate, nell'inserto pp. I-II. Capitolo I. (Proprietà letteraria).]

[G. Alessandrini, *Gli schiavi italiani al Brasile*. Romanzo a puntate, nell'inserto pp. XLVII-XLVIII. (Proprietà letteraria ed artistica riservata).]

34 – Avv. F. Puccio, *L'antiquario, (Continuazione e fine)*, una grandissima foto in prima pagina, con un'altra nel testo.

E.S. [*sic*] [E. Salgari], *L'intelligenza dei pappagalli*. Lungo articolo basato su un'autentica esperienza personale narrato in prima persona. *

Luigi Tonetti, *Le locomotive inglesi*, breve articolo.

E. Pacchiarotti, *Diepo Nikoro: Racconto*, prima parte.

A.G. Banti, *Otorinolaringojatria: (Dalle memorie di un delegato di Pubblica Sicurezza)*, episodio dei racconti.

Non firmato [E. Salgari], *La farfalla gigante (Papilio antimachus)*. Articoletto con disegno.

[G. Alessandrini, *Gli schiavi italiani al Brasile*. Romanzo a puntate, con ill. di Alessandrini, nell'inserto pp. XLIX-L. (Proprietà letteraria ed artistica riservata).]

[E. Salgari, *Le Aquile della Steppa*, Romanzo a puntate, nell'inserto pp. III-IV. (Proprietà letteraria).]

35 – E. Pacchiarotti, *Diepo Nikoro: (continuazione e fine)*, seconda di due parti con grande ill. in prima pagina.

Non firmato [E. Salgari], *Il mercato delle belve*. Articoletto.

G.M., *Il vapore Grangelberg*. Articoletto con foto.

Enrico De Kesler, *I cannibali del mare: Il naufragio della "Medusa"*, articolo storico.

A.M. Gianella, *Le Eroine dell'Esplorazione: Alessandrina Tinnè*, articolo.

Non firmato [E. Salgari], *La longevità degli uccelli*. Articoletto.

Non firmato [E. Salgari], *Il clamidosauro*. Articoletto con disegno.

[E. Salgari, *Le Aquile della Steppa*, Romanzo a puntate, nell'inserto pp. V-VI. (Proprietà letteraria).]

[G. Alessandrini, *Gli schiavi italiani al Brasile*. Romanzo a puntate, nell'inserto pp. LI-LII. (Proprietà letteraria ed artistica riservata).]

36 – G. Battista Comello, *Il muto feroce*, racconto.

A. de S., *La battaglia navale di Trafalgar: 21 Ottobre 1805*. Lungo articolo storico.

A. Lardier, *Una strana avventura di mare. Comandante... suo malgrado!* Breve racconto.

L.C., *Un corsaro di genio*. Breve articolo.

Non firmato [E. Salgari], *Il mal di montagna*. Breve articolo.

Non firmato [E. Salgari], *La migale bicolore*. Articoletto con 2 figure.

E. Giaccone, *La giunca maledetta: Leggenda chinese*, breve racconto.

[G. Alessandrini, *Gli schiavi italiani al Brasile*. Romanzo a puntate con ill., nell'inserto pp. LIII-LIV. (Proprietà letteraria ed artistica riservata).]

[E. Salgari, *Le Aquile della Steppa*, Romanzo a puntate, nell'inserto pp. VII-VIII. (Proprietà letteraria).]

37 – Non firmato, *Corazzata in costruzione*. Solo 2 foto senza testo in prima pagina.

A.G. Banti, *A Mirmidonia*, racconto.

C., *L'elefante*. Articolo con disegno.

De Pontaumont [*sic*], *Alberto di Monterosso o la Guardia marina. Novella normanna*, racconto.

G. Simonin, *Sardine, ostriche ed anguille*, articolo.

I.G., *Fluorescenza*. Articoletto con disegno.

F.G., *L'inventore della gomma da masticare*. Breve pezzo.

[E. Salgari, *Le Aquile della Steppa*, Romanzo a puntate, nell'inserto pp. IX-X. (Proprietà letteraria).]

[G. Alessandrini, *Gli schiavi italiani al Brasile*. Romanzo a puntate con ill., nell'inserto pp. LV-LVI. (Proprietà letteraria ed artistica riservata).]

38 – A.M. Gianella, *Avventure del buon Brigante Cartouche*, prima puntata del racconto, con grande ill. in prima pagina.

Cap. G. Vallairol [E. Salgari], *Un naufragio al capo Finisterra*. Racconto breve.

M. Contarini, *Fiore di Loto: Novella*, prima puntata di un racconto indiano, *(Continua)*.

C., *Ciò che pensano gli uccelli*. Articolo.

Non firmato [E. Salgari], *Sacrifizi Indiani*. Articolo con 2 disegni.

[G. Alessandrini, *Gli schiavi italiani al Brasile*. Romanzo a puntate con ill. di Alessandrini, nell'inserto pp. LVII-LVIII. (Proprietà letteraria ed artistica riservata).]

[E. Salgari, *Le Aquile della Steppa*, Romanzo a puntate, nell'inserto pp. XI-XII. (Proprietà letteraria).]

39 – A.M. Gianella, *Avventure del buon Brigante Cartouche*, *(continuazione)*, seconda puntata del racconto, con grande ill. in prima pagina, *(Continua)*.

R. Cabryol [E. Salgari?], *Un naufragio sulle coste del Sahara*. Racconto.

M. Contarini, *Fiore di Loto*, *(continuazione e fine)*, racconto.

Non firmato [E. Salgari?], *Una visita alla banca d'Inghilterra*. Articolo informativo.

Non firmato [E. Salgari], *Invasione di pulci*. Breve pezzo.

Non firmato [E. Salgari], *Longevità degli animali*. Breve pezzo.

Non firmato [E. Salgari], *L'Arciere ed il Chelmone*. Articolo con 2 disegni.

[E. SALGARI, *Le Aquile della Steppa*, Romanzo a puntate, nell'inserto pp. XIII-XIV. (Proprietà letteraria).]

[G. ALESSANDRINI, *Gli schiavi italiani al Brasile*. Romanzo a puntate con ill., nell'inserto pp. LIX-LX. (Proprietà letteraria ed artistica riservata).]

40 – Non firmato [E. SALGARI], *I fumatori d'oppio*. Articolo con 2 disegni in prima pagina.

G. BATTISTA COMELLO, *Una caccia in barca finita male*. Racconto scritto in prima persona.

A.M. GIANELLA, *Avventure del buon Brigante Cartouche*, puntata del racconto.

E.S. [E. SALGARI], *Un dramma nell'arcipelago greco*. Articolo storico. *

Non firmato [E. SALGARI], *Un cavallo meraviglioso*. Articoletto con figura.

Non firmato [E. SALGARI], *Esperienze sull'elasticità*. Articoletto con disegno.

[G. ALESSANDRINI, *Gli schiavi italiani al Brasile*. Romanzo a puntate con ill. di Alessandrini, nell'inserto pp. LXI-LXII. (Proprietà letteraria ed artistica riservata).]

[E. SALGARI, *Le Aquile della Steppa*, Romanzo a puntate, nell'inserto pp. XV-XVI. (Proprietà letteraria).]

41 – CAP. G. WATTLIG [*sic*, per Wattling] [E. SALGARI], *I filibustieri del Golfo del Messico*. Articolo storico, prima parte, con ill. di A. Tanghetti in prima pagina. *(continua)* ★★

EUGENIO SUE [E. SALGARI], *Un grande ammiraglio-Corsaro: Barbarossa*. Articolo storico aneddotico. [Notiamo che questo scrittore, da tempo scomparso, aveva le iniziali E.S.] ★★

EMILIO REDAELLI, *L'aeronave "Italia" del co. Almerico da Schio*, articoletto con foto.

A.M. GIANELLA, *Le Eroine dell'Esplorazione: III, Anna d'Arfet*, articolo storico romanzato.

A.M. GIANELLA, *Avventure del buon Brigante Cartouche, (continuazione e fine)*, racconto a puntate.

Non firmato [E. SALGARI], *Un Fuoco d'Artificio in Miniatura*. Breve pezzo con disegno.

[E. SALGARI, Le *Aquile della Steppa*, Romanzo a puntate, nell'inserto pp. XVII-XVII. (Proprietà letteraria).]

[G. ALESSANDRINI, *Gli schiavi italiani al Brasile*. Romanzo a puntate, nell'inserto pp. LXIII-LXIV. (Proprietà letteraria ed artistica riservata).]

42 – Cap. G. Wattling [E. Salgari], *I filibustieri del Golfo del Messico, (continuazione e fine)*. Articolo storico, parte seconda, con un grande disegno di A. Tanghetti in prima pagina. **

G. Massa, *Fu un sogno?!!*, racconto.

Non firmato [E. Salgari], *La pesca delle balene*. Articolo.

Ettore Colombo, *Gli indiani del "Gran Chaco" (Indios Chinipis del Chaco)*, breve articolo.

[G. Alessandrini, *Gli schiavi italiani al Brasile*. Romanzo a puntate, con ill., nell'inserto pp. lxv-lxvi. (Proprietà letteraria ed artistica riservata).]

[E. Salgari, *Le Aquile della Steppa*, Romanzo a puntate, nell'inserto pp. xviii-xix. (Proprietà letteraria).]

43 – A. Yalon [E. Salgari?], *Il re dei mendicanti*. Articolo di prima pagina con grande foto eseguita in Cina.

H. Aubin, *Una rivolta a bordo di un negriero*, racconto.

Y. Hobson, *Un piccolo chinese senza braccia*, breve pezzo.

Edoardo Pujol, *I rivoltosi della "Silfide": Racconto di mare.*

A.M. Gianella, *Le Eroine dell'Esplorazione: IV, La Signora Baker*. Articolo storico.

Non firmato [E. Salgari], *La prestidigitazione svelata*. Breve pezzetto con disegno.

[E. Salgari, *Le Aquile della Steppa*, Romanzo a puntate, nell'inserto pp. xx-xxi. (Proprietà letteraria).]

[G. Alessandrini, *Gli schiavi italiani al Brasile*. Romanzo a puntate, con ill., nell'inserto pp. lxvii-lxviii. (Proprietà letteraria ed artistica riservata).]

44 – A.G. Banti, *A. B. 124 (Dalle memorie di un delegato di Pubblica Sicurezza)*, episodio dei racconti con grande ill. in prima pagina *(continua)*.

F. Milliot [E. Salgari?], *I misteriosi templi indù: Le grotte di Elefanta*. Articolo descrittivo.

Non firmato [E. Salgari], *La ricchezza del mondo sotterraneo*. Articoletto.

F.R., *Gli ultimi antropofagi*. Articolo con 2 ill.

E. Pacchiarotti, *La conquista dell'aria: Novella Fantastica*, racconto.

R. Lecomte, *La cattura di un famoso pirata*, racconto storico.

Non firmato [E. Salgari], *La Màntide diabolica*. Articoletto con figura.

[G. Alessandrini, *Gli schiavi italiani al Brasile*. Romanzo a puntate, con ill., nell'inserto pp. lxix-lxx. (Proprietà letteraria ed artistica riservata).]

[E. Salgari, *Le Aquile della Steppa*, Romanzo a puntate, nell'inserto pp. xxii-xxiii. (Proprietà letteraria).]

45 – Paolo Feval, *La sposa dell'eterno: Racconto di mare*, con grande ill. in prima pagina, *(continua)*.

A.G. Banti, *A. B. 124, (Continuazione e fine)*, seconda parte dell'episodio, (*Dalle memorie di un delegato di Pubblica Sicurezza*).

Non firmato [E. Salgari], *Una lampreda molto strana*. Articoletto con ill.

Non firmato [E. Salgari], *L'origine del petrolio*. Articoletto.

Jules Lecomte, *La pesca del pesce-cane*, articolo.

Non firmato [E. Salgari?], *La prestidigitazione svelata. La magia nera*. Articoletto.

[E. Salgari, *Le Aquile della Steppa*, Romanzo a puntate, nell'inserto pp. xxv-xxvi. (Proprietà letteraria).]

[G. Alessandrini, *Gli schiavi italiani al Brasile*. Romanzo a puntate, con ill., nell'inserto pp. lxxi-lxxii. (Proprietà letteraria ed artistica riservata).]

46 – Non firmato, *R. Nave "Sardegna"*. Articolo con grande foto in prima pagina.

P. Feval, *La sposa dell'eterno: Racconto di mare*, seconda parte del racconto storico.

I. Guillot, *Un grande marinaio*, articolo storico.

Non firmato [E. Salgari?], *Un pesce camminatore*. Articolo con figura.

M. Contarini, *La vendetta del Pitra*, racconto.

Non firmato [E. Salgari], *Le simpatie d'un... fagiuolo*. Breve brano.

Non firmato [E. Salgari], *La pianta delle nevi*. Breve brano.

Non firmato [E. Salgari], *Fenomeni curiosi*. Breve brano.

[G. Alessandrini, *Gli schiavi italiani al Brasile*. Romanzo a puntate, con ill. di Alessandrini, nell'inserto pp. lxxiii-lxxiv. (Proprietà letteraria ed artistica riservata).]

[E. Salgari, *Le Aquile della Steppa*, Romanzo a puntate, nell'inserto pp. xxvii-xxviii. (Proprietà letteraria).]

47 – Non firmato [E. Salgari], *Indigeni di Queensland (Australia)*. Articolo con grande foto in prima pagina.

Emilio Salgari, *Sulla frontiera albanese*. Racconto breve di amore e eroismo. ⋆

Non firmato [E. Salgari], *Un cefalopode luminoso*. Breve articolo con figura.

Ettore F. Veo, *Dolori... Novella*, racconto.

Non firmato [E. Salgari], *Gigantesca testuggine terrestre dell'Isola Maurizio*. Articoletto con figura.

Arturo Callegari, *I reporters*, breve pezzo.

AMEDEO GRÈHAN [sic], *Battaglia navale d'Aboukir: L'eroica difesa del vascello "Il Tonante"*, articolo storico.

Non firmato [E. SALGARI?], *Il fuoco disegnatore*. Articoletto con ill.

Non firmato [E. SALGARI], *Un verme gigantesco*. Articolo con ill.

[E. SALGARI, *Le Aquile della Steppa*, Romanzo a puntate, nell'inserto pp. XXIX-XXX. (Proprietà letteraria).]

[G. ALESSANDRINI, *Gli schiavi italiani al Brasile*. Romanzo a puntate, con ill., nell'inserto pp. LXXV-LXXVI. (Proprietà letteraria ed artistica riservata).]

48 – E. NYHUIS, *Il Norddeutscher Lloyd di Brema*, articolo con grande foto in prima pagina.

EMILIO SALGARI, *I moderni Robinson*. Resoconto storico romanzato, scritto in prima persona. ⋆

ARMANDO NEGRI, *Gli eroi del mare: Novella*.

Non firmato [E. SALGARI?], *Fenomeni curiosi: Separazione del salnitro entrante nella composizione della polvere pirica*. Articoletto.

PITRE CHEVALIER, *Un'avventura di Giovanni Bart a Bergues*, racconto.

G.B. COMELLO, *L'entomologo in escursione: Caccia d'insetti*, articolo con 2 ill.

[E. SALGARI, *Le Aquile della Steppa*, Romanzo a puntate, nell'inserto pp. XXXI-XXXII. (Proprietà letteraria).]

[G. ALESSANDRINI, *Gli schiavi italiani al Brasile*. Romanzo a puntate, con ill., nell'inserto pp. LXXVII-LXXVIII. (Proprietà letteraria ed artistica riservata).]

49 – E. NYHUIS, *Il Norddeutscher Lloyd di Brema*, articolo, seconda parte.

G.B. COMELLO, *Il diadema del duca: Novella*.

YAMBO [ENRICO NOVELLI], *Un po' di storia del velocipedismo*, articolo.

E. PACCHIAROTTI, *Howel Dawis* [sic, per Davis], racconto sulle «avventure autentiche dell'ultimo pirata Inglese».

Non firmato [E. SALGARI], *Un animale che piange sangue. Il frinosomo*. Articoletto con figura.

[G. ALESSANDRINI, *Gli schiavi italiani al Brasile*. Romanzo a puntate, con ill., nell'inserto pp. LXXIX-LXXX, con Epilogo e fine. (Proprietà letteraria ed artistica riservata).]

[E. SALGARI, *Le Aquile della Steppa*, Romanzo a puntate, nell'inserto pp. XXXIII-XXXIV. (Proprietà letteraria).]

50 – EMILIO SALGARI, *Solano Lopez*. Articolo storico stampato in prima pagina con grande disegno di C. Tallone. ⋆

E. PACCHIAROTTI, *Howel Dawis* [sic, per Davis], *(Continuazione)*, racconto. *(Continua)*.

G. Molli, *Le "caravelle"*, articolo.

Non firmato [E. Salgari], *Il Serpente Pitone delle isole Fiippine*. Articoletto.

G. Lucidi, *I tre cavalli*: Racconto.

C., *Un verme commensale del Bernardo l'eremita*. Articolo con disegno.

[E. Salgari, *Le Aquile della Steppa*, Romanzo a puntate, nell'inserto pp. xxxv-xxxvi. (Proprietà letteraria).]

[Col. Gaspare Freddi, *Gli abitanti di Marte: Racconto*, prima delle nuove puntate, nell'inserto pp. i-ii. (Proprietà letteraria)]

51 – W. Hill [E. Salgari], *I "mèriahs" del Khondistan*. Racconto con, in prima pagina, grande disegno di C. Tallone. ★★

L. Mery, *Una cattura in porto*, racconto.

E. Pacchiarotti, *Howel Dawis* [sic, per Davis], *(Continuazione)*, racconto con ill.

G. Lucidi, *I tre cavalli*, seconda parte del racconto, *(continua)*.

Ferdinando Simeotti, *Vita egiziana: (Il caffè greco)*. Articolo.

Non firmato [E. Salgari], *La balena d'acqua dolce*. Articoletto con disegno.

Réclame verticale nel margine: «Sono uscite le prime dispense del nuovo grandioso romanzo egiziano di Emilio Salgari *"Le Figlie dei Faraoni"*. Ogni dispensa Centesimi 10.»

[Col. Gaspare Freddi, *Gli abitanti di Marte: Racconto*, nell'inserto pp. ii-iii. (Proprietà letteraria)]

[E. Salgari, *Le Aquile della Steppa*, Romanzo a puntate, nell'inserto pp. xxxvii-xxxviii. (Proprietà letteraria).]

52 – G. Molli, *Il "Deutschland"*, articolo con grande foto in prima pagina.

E. Pacchiarotti, *Howel Dawis* [sic, per Davis], continuazione del racconto.

Emilio Salgari, *Una terribile tragedia di mare*. Racconto breve. ★

Réclame: «NOVITÀ: È pubblicato il nuovo ed interessante romanzo del Cap. E. Salgari: CAPITAN TEMPESTA. Splendido volume [… ecc.].»

G. Lucidi, *I tre cavalli*, continuazione del racconto.

Un ufficiale di mare [E. Salgari?], *La crociera della "Cesarina"*. Breve racconto storico.

Riccardo di Roccabianca, *Sangue d'eroe*, racconto.

Non firmato [E. Salgari], *I divertimenti della fisica. La sparizione dei clowns*. Articoletto con 2 disegni.

Non firmato [E. Salgari?], *Esperimenti sul centro di gravità con il dominò*. Breve pezzetto con 2 disegni.

[E. Salgari, *Le Aquile della Steppa*, Romanzo a puntate, nell'inserto pp. xxxix-xl. (Proprietà letteraria).]

[Col. Gaspare Freddi, *Gli abitanti di Marte: Racconto*, nell'inserto pp. v-vi. (Proprietà letteraria)]

[Copertina inclusa per la raccolta dell'Anno II, 1905, con illustrazione in bianco e nero.]

Anno III
(cominciando dalla fine di novembre 1905)

1 – A.M. Gianella, *Avventure del buon Brigante Cartouche: Serie seconda.* Racconto a puntate, con grande ill. in prima pagina.

A.G. Banti, *Un fiasco: (Dalle memorie di un delegato di Pubblica Sicurezza)*, episodio del racconto a puntate.

G. Molli, *Nomenclatura di una nave a palo di costruzione italiana*, con diagramma.

G. Lucidi, *I tre cavalli*, racconto a puntate, *(Continua)*.

Non firmato [E. Salgari?], *L'avorio in Africa*. Articolo con disegno.

[Col. Gaspare Freddi, *Gli abitanti di Marte: Racconto*, nell'inserto pp. vii-viii. (Proprietà letteraria)]

[E. Salgari, *Le Aquile della Steppa*, Romanzo a puntate, nell'inserto pp. xli-xlii. (Proprietà letteraria).]

2 – A.G. Banti, *Un fiasco* [*(Dalle memorie di un delegato di Pubblica Sicurezza)*], episodio del racconto a puntate, *(continuazione e fine)*, con grande ill. in prima pagina.

A.M. Gianella, *Avventure del buon Brigante Cartouche*, puntata *(continuazione)*.

Non firmato [E. Salgari??], *L'ombromanìa*. Lungo articolo con foto.

G. Lucidi, *I tre cavalli*, racconto a puntate, *(Continuazione)*.

Non firmato [E. Salgari?], *Un giuoco Scientifico. La mugnaia*. Articoletto con figura.

Réclame: «Sono pubblicate le prime dispense del racconto del Cap. EMILIO SALGARI – *I Robinson italiani*. Ogni dispensa illustrata da G. Gamba – Cent. 10.»

Réclame: «I migliori libri per regalo e strenna sono quelli della *Biblioteca illustrata per la Gioventù*.» Nell'elenco primeggiano 24 titoli di Salgari; seguono altri 15 di diversi scrittori, inclusi alcuni salgariani pseudonimi: sono tutti a due prezzi, uno per «broch.», l'altro per «legato».

[E. SALGARI, *Le Aquile della Steppa*, Romanzo a puntate, nell'inserto pp. XLIII-XLIV. (Proprietà letteraria).]

[COL. GASPARE FREDDI, *Gli abitanti di Marte: Racconto*, nell'inserto pp. IX-X. (Proprietà letteraria)]

3 – E.S. [E. SALGARI], *La Costruzione delle Piramidi*. Articolo storico, con grande ill. (dal quadro di A. Richter) in prima pagina. In realtà pubblicità per il nuovo romanzo di Salgari *Le figlie dei Faraoni*: «un genere assolutamente nuovo…. la più stupefacente civiltà vi è descritta in tutti i suoi minuti particolari». *

ROBERTO ENRICO NAPOLI, *Il distruttore del mondo*, racconto scritto in prima persona.

A.M. GIANELLA, *Avventure del buon Brigante Cartouche*, puntata con grande ill. *(continuazione)*.

U. CEI, *Una selvaggina inattesa*, breve pezzo.

AMERIGO GRECO, *I fuochi eterni*, articoletto.

G. LUCIDI, *I tre cavalli*, racconto a puntate, *(Continuazione)*.

Non firmato [E. SALGARI?], *Un divertimento col centro di gravità*. Articoletto.

[COL. GASPARE FREDDI, *Gli abitanti di Marte: Racconto*, nell'inserto pp. XI-XII. (Proprietà letteraria)]

[E. SALGARI, *Le Aquile della Steppa*, Romanzo a puntate, nell'inserto pp. XLV-XLVI. (Proprietà letteraria).]

4 – A.M. GIANELLA, *Avventure del buon Brigante Cartouche*, *(continuazione e fine)*, puntata con grande ill. di Tanghetti in prima pagina.

G. MOLLI, *Vita di bordo*, articolo con diverse foto.

G. LUCIDI, *I tre cavalli*, racconto a puntate, *(Continua)*.

Non firmato [E. SALGARI?], *I divertimenti della fisica: Le carte che mutano*. Articoletto con figura.

Non firmato [E. SALGARI], *Gatta e pulcini*. Articoletto con figura.

[E. SALGARI, *Le Aquile della Steppa*, Romanzo a puntate, nell'inserto pp. XLVII-XLVIII. (Proprietà letteraria).]

[COL. GASPARE FREDDI, *Gli abitanti di Marte: Racconto*, nell'inserto pp. XIII-XIV. (Proprietà letteraria)]

Ultimo fascicolo del 1905

Primo fascicolo del 1906

5 – G. MOLLI, *L'allestimento di una grande corazzata*, breve pezzo con grande foto in prima pagina.

GUSTAVO GENNARI, *I figli del marinaio: Novella*. Breve racconto.

U. CEI, *Il pranzo del Cavaliere*, breve racconto umoristico.

A. GREHAN [*sic*], *Uno strano viaggio d'esplorazione*, racconto scritto in prima persona.

G. LUCIDI, *I tre cavalli*, racconto a puntate.

Non firmato [E. SALGARI??], *Pene e supplizi dei Persiani*. Articolo informativo dell'ultima pagina con disegno.

[COL. GASPARE FREDDI, *Gli abitanti di Marte: Racconto*, nell'inserto pp. XV-XVI. (Proprietà letteraria)]

[E. SALGARI, *Le Aquile della Steppa*, Romanzo a puntate, nell'inserto pp. XLIX-L. (Proprietà letteraria).]

6 – G. GUIDO MOLINARI, *Il segreto dei Wahash: racconto*, prima parte, *(Continua)*.

E. GIACCONE, *L'eroe dello Scia-Ho*, racconto.

G. MOLLI, *A proposito della costruzione delle piramidi*, articolo informativo che costituisce anche pubblicità indiretta per il nuovo romanzo salgariano *Le figlie dei Faraoni*.

U. CEI, *Le autorità in convulsioni*, racconto.

G. LUCIDI, *I tre cavalli*, racconto a puntate, *(Continua)*.

Non firmato [E. SALGARI?], *I domatori di leoni*. Lungo articolo con 2 disegni.

Réclame: si annunciano le puntate di un nuovo romanzo di Salgari (dal fascicolo n. 11 in poi): «possiamo assicurare i nostri cortesi lettori, che li interesserà moltissimo, essendo il seguito dei notissimi romanzi, *Il Corsaro Nero* [… ecc.]», ma era un trucco contro i pirati letterari, trattandosi di *Cartagine in fiamme*.

[E. SALGARI, *Le Aquile della Steppa*, Romanzo a puntate, nell'inserto pp. LI-LII. (Proprietà letteraria).]

[COL. GASPARE FREDDI, *Gli abitanti di Marte: Racconto*, nell'inserto pp. XVII-XVIII. (Proprietà letteraria)]

7 – G. MOLLI, *La Marina austriaca*, articolo con grande foto in prima pagina.

G.G. MOLINARI, *Il segreto dei Wahash: racconto*, seconda parte.

GUSTAVO GENNARI, *Vita per vita*, racconto.

Non firmato [E. SALGARI], *La pantera delle nevi*. Articolo con disegno. **

G. LUCIDI, *I tre cavalli*, racconto a puntate.

Non firmato [E. SALGARI?], *I divertimenti della fisica. La donna… fatta sparire*. Articoletto con 2 disegni.

[COL. GASPARE FREDDI, *Gli abitanti di Marte: Racconto*, nell'inserto pp. XIX-XX. (Proprietà letteraria)]

[E. Salgari, *Le Aquile della Steppa*, Romanzo a puntate, nell'inserto pp. LIII-LIV. (Proprietà letteraria).]

8 – G.G. Molinari, *Il segreto dei Wahash, (Continuazione)*, racconto a puntate.

Non firmato [E. Salgari], *Un armadillo nano. Il clamidoforo troncato*. Articoletto con figura.

M. Contarini, *La figlia del Kapala*, racconto.

A. Grehan [sic], *Il naufragio dell'"Aventure" e della "Silene"*, articolo.

G. Lucidi, *I tre cavalli, (continuazione)*. Racconto a puntate.

Non firmato, *Dall'album del nostro illustratore*. [7 caricature di teste grottesche]

[E. Salgari, *Le Aquile della Steppa*, Romanzo a puntate, nell'inserto pp. LV-LVI. (Proprietà letteraria).]

[Col. Gaspare Freddi, *Gli abitanti di Marte: Racconto*, Fine, nell'inserto pp. XXI-XXII. (Proprietà letteraria)]

9 – G.G. Molinari, *Il segreto dei Wahash, Racconto*, con ill. di Tanghetti in prima pagina *(continuazione)*.

Armando Negri, *Potenza occulta, Novella*, racconto scritto in prima persona.

Non firmato [E. Salgari], *Un curioso carico di legname*. Brevissimo pezzo con figura.

E. Giaccone, *Nel ventre di Budda*, racconto.

G. Lucidi, *I tre cavalli, (Continuazione e fine)*, racconto a puntate.

Non firmato [E. Salgari?], *I divertimenti della fisica. Il bersaglio umano*. Breve articolo con disegno.

[E. Salgari, *Le Aquile della Steppa*, Romanzo a puntate (il doppio del normale), nell'inserto pp. LVII-LX. (Proprietà letteraria).]

10 – G.G. Molinari, *Il segreto dei Wahash, Racconto, (continuazione e fine)*, puntata con grande ill. in prima pagina.

Non firmato [E. Salgari?], *La rete di carta*. Breve pezzo con disegno.

Armando Negri, *Un idea* [sic], *Novella*, racconto.

[G. Molli], *R. Marina italiana, e Marina francese*, [2 foto di navi moderne con didascalia ma senza testo].

Pubblicità [verticale nel margine]: «Nel prossimo numero comincia il nuovo romanzo del Cap. E. SALGARI»

E. Giaccone, *La figlia del Deportato*, racconto.

Non firmato [E. Salgari], *Come si nutrono nel deserto di Sahara*. Breve pezzo.

E. Colombo, *Il "Bucintoro"*.

[M. Contarini, *Il Rackchasa, Racconto*, (Proprietà letteraria). Racconto a 3 puntate nell'inserto, pp. I-II. (Proprietà letteraria)]

[E. Salgari, *Le Aquile della Steppa, Romanzo,* ultima puntata nell'inserto pp. LXI-LXII. (Proprietà letteraria)]

11 – G. Molli, *Il Canale di Suez*, articolo con grande foto in prima pagina.

Armando Negri, *Un manoscritto: Novella*, racconto.

[G. Molli], *R. Marina italiana*, e *Marina francese*, [2 foto di navi moderne con didascalia ma senza testo].

Non firmato [E. Salgari], *Si può comunicare coi pianeti?* Articoletto.

Amerigo Greco, *Una guerra nel 2750 (racconto fantastico)*, prima parte.

Non firmato [E. Salgari], *I "Veddas" di Ceylan*. Articoletto con 2 disegni.

Non firmato [E. Salgari], *Il cane di Terranuova*. Breve pezzo.

Ai lettori: «I nostri cortesi lettori non siano sorpresi se […]» le nuove puntate non appartengono a un seguito de *Il Corsaro Nero*: l'avviso era stato «un ripiego innocente […] perché altri non ne potesse approfittare, lanciando qualche nuovo lavoro consimile, come si è avverato precedentemente».

[E. Salgari, *Cartagine in fiamme: Romanzo,* prima puntata nell'inserto pp. I-II. (Proprietà letteraria)]

[M. Contarini, *Il Rackchasa, Racconto*, (Proprietà letteraria). Racconto a 3 puntate nell'inserto, pp. III-IV. (Proprietà letteraria)]

12 – Max de Rével, *Il Cappello del signor Lambert: Novella di mare*. Racconto con grande ill. in prima pagina.

[G. Molli], *R. Marina italiana*, e *Marina francese*, [2 foto di navi moderne, con didascalia ma senza testo].

Pubblicità [verticale nel margine]: «Sono pubblicate le prime dispense dell'opera di Emilio Salgari – GLI ORRORI DELLA SIBERIA – »

Amerigo Greco, *Una guerra nel 2750 (racconto fantastico)*, seconda parte. Firmata Livorno, 1905.

A.M. Gianella, *L'uomo sottomarino, I*, resoconto di diversi aspetti dell'argomento, storici, geografici, antropologici.

Non firmato [E. Salgari], *Quale colore preferite?* Breve pezzo in prima persona.

Non firmato [E. Salgari?], *La prestidigitazione svelata. Il vino e l'acqua*. Articoletto con disegno.

[M. Contarini, *Il Rackchasa, Racconto*, (Proprietà letteraria). Racconto a 3 puntate nell'inserto pp. V-VI. Fine. (Proprietà letteraria)]

[OTTAVIO BARATTI, *La Manca: Novella argentina*. Racconto a 5 puntate nell'inserto pp. VI.]

[E. SALGARI, *Cartagine in fiamme: Romanzo,* puntata nell'inserto pp. III-IV. (Proprietà letteraria)]

13 – A.M. GIANELLA, *Avventure del buon Brigante Cartouche. Serie terza.* Prima parte della serie del racconto a puntate, con grande ill. in prima pagina.

[G. MOLLI], R. *Marina italiana,* e *Marina francese,* [2 foto di navi moderne, con didascalia ma senza testo].

G. BANTI [*sic*], *MI (Dalle memorie di un delegato di Pubblica Sicurezza),* episodio del racconto a puntate.

A.M. GIANELLA, *L'uomo sottomarino, (continuazione), II,* resoconto storico-geografico.

Non firmato [E. SALGARI], *L'arte di un popolo moribondo.* Articoletto con foto.

Non firmato [E. SALGARI], *Foglie colossali.* Brevissimo pezzo.

[E. SALGARI, *Cartagine in fiamme: Romanzo,* puntata nell'inserto pp. V-VI. (Proprietà letteraria)]

[O. BARATTI, *La Manca: Novella argentina.* Racconto a 5 puntate nell'inserto pp. VII-VIII.]

14 – A.M. GIANELLA, *Avventure del buon Brigante Cartouche: Serie terza: (Continuazione).* Racconto a puntate, con grande ill. in prima pagina.

EDGARDO GAMERRA, *Lo spettro del precipizio: Novella.*

[G. MOLLI], R. *Marina italiana,* e *Marina francese,* [2 foto di navi moderne, con didascalia ma senza testo].

ETTORE COLOMBO, *L'ultimo dei Montefoschi,* racconto.

E. GIACCONE, *Il reduce d'Africa: Bozzetto.* Raccontino.

Non firmato [E. SALGARI?], *Storia del paracadute.* Articolo con 6 disegni.

Non firmato [E. SALGARI], *L'infezione da ferite.* Breve pezzo.

Non firmato [E. SALGARI], *Gli alligatori… in paradiso.* Breve pezzo.

Dichiarazione: «Noi chiediamo vive scuse…», siccome la novella *Un'idea* era stata un plagio eseguito da chi «sorprese la nostra buona fede».

[O. BARATTI, *La Manca: Novella argentina.* Racconto a 5 puntate nell'inserto pp. IX-X.]

[E. SALGARI, *Cartagine in fiamme: Romanzo,* puntata nell'inserto pp. VII-VIII. (Proprietà letteraria)]

15 – A.M. GIANELLA, *L'uomo sottomarino, (continuazione),* resoconto storico-geografico. Con grandissima foto in prima pagina e altre in seguito.

RODOLFO SAVARIANO, *Il fantasma di Shiva: leggenda indiana*. Racconto.

E. GIACCONE, *La corsa alla morte*, racconto.

[G. MOLLI], *R. Marina italiana*, e *Marina francese*, [2 foto di navi moderne, con didascalia ma senza testo].

A. GRECO, *La banda di Tonio (Dalle memorie di un carabiniere)*. Racconto a puntate.

[E. SALGARI, *Cartagine in fiamme: Romanzo*, puntata nell'inserto pp. IX-X. (Proprietà letteraria)]

[O. BARATTI, *La Manca: Novella argentina*. Racconto a 5 puntate nell'inserto pp. XI-XII.]

16 – A.M. GIANELLA, *Avventure del buon Brigante Cartouche: Serie terza: (Continuazione)*. Racconto a puntate, con grande ill. di Tanghetti in prima pagina.

A. GRECO, *La banda di Tonio (Dalle memorie di un carabiniere)*, *(continuazione)*. Racconto a puntate.

A.M. GIANELLA, *L'uomo sottomarino*, *(continuazione)*, resoconto storico-geografico.

[O. BARATTI, *La Manca: Novella argentina*. Racconto a 5 puntate nell'inserto p. XIII. Fine.]

[M. CONTARINI, *L'uali bianco: Racconto*, prima puntata, nell'inserto p. XIV.]

[E. SALGARI, *Cartagine in fiamme: Romanzo*, puntata nell'inserto pp. XI-XII. (Proprietà letteraria)]

17 – A.M. GIANELLA, *Avventure del buon Brigante Cartouche: Serie terza: (Continuazione)*. Racconto a puntate, con grande ill. in prima pagina *(continua)*.

A.M. GIANELLA, *L'uomo sottomarino*, *(continuazione)*, resoconto storico-geografico.

A.G. BANTI, *Il cav. Gioacchino Quilici (Dalle memorie di un delegato di Pubblica Sicurezza)*, episodio del racconto a puntate.

A. GRECO, *Gli ascari al servizio della R. Marina*, breve articolo.

[E. SALGARI, *Cartagine in fiamme: Romanzo*, puntata nell'inserto pp. XIII-XIV. (Proprietà letteraria)]

[M. CONTARINI, *L'uali bianco: Racconto*, puntata nell'inserto pp. XV-XVI.]

18 – A.M. GIANELLA, *Avventure del buon Brigante Cartouche: Serie terza: (Continuazione)*. Racconto a puntate, con grande ill. in prima pagina *(continua)*.

A.M. GIANELLA, *L'uomo sottomarino*, *(Continuazione)*, resoconto storico-geografico.

Non firmato [E. SALGARI], *L'intelligenza degli elefanti*. Breve pezzo.

[M. CONTARINI, *L'uali bianco: Racconto*, puntata nell'inserto pp. XVII-XVIII.]

[E. SALGARI, *Cartagine in fiamme: Romanzo*, puntata nell'inserto pp. XV-XVI. (Proprietà letteraria)]

19 – A.M. GIANELLA, *Avventure del buon Brigante Cartouche: Serie terza: (Continuazione)*. Racconto a puntate, con grande ill. in prima pagina *(continua)*.

Non firmato [E. SALGARI?], *Un nuovo transatlantico gigante*. Articolo con 4 immagini, una a piena pagina [sezione verticale dell'"Amerika"].

A.M. GIANELLA, *L'uomo sottomarino, (Continuazione e fine)*, resoconto storico-geografico.

Non firmato [E. SALGARI], *Le foche del mare di Behring*. Breve pezzo.

[E. SALGARI, *Cartagine in fiamme: Romanzo*, puntata nell'inserto pp. XVII-XVIII. (Proprietà letteraria)]

[M. CONTARINI, *L'uali bianco: Racconto*, puntata nell'inserto pp. XIX-XX.]

20 – A.G. BANTI, *Come fu... (Dalle memorie di un delegato di pubblica sicurezza) [sic]*, episodio del racconto a puntate.

A.M. GIANELLA, *Avventure del buon Brigante Cartouche: (Continuazione)*. Racconto a puntate. *(continua)*.

Non firmato [E. SALGARI], *Un mostro di ferro*. Breve pezzo con disegno.

Non firmato [E. SALGARI], *Non uccidete... i vermi della terra!* Breve pezzo.

Réclame: «Sono in vendita le prime dispense della *Capitana del Yukatan...*» [sic].

[M. CONTARINI, *L'uali bianco: Racconto*, puntata nell'inserto pp. XXI-XXII.]

[E. SALGARI, *Cartagine in fiamme: Romanzo*, puntata nell'inserto pp. XIX-XX. (Proprietà letteraria)]

21 – R. MALTA, *La zattera degli scheletri*, racconto con grande ill. in prima pagina. Datato «Napoli, 12 Ottobre 1905».

A.G. BANTI, *Come fu... [(Dalle memorie di un delegato di pubblica sicurezza)]*, racconto episodico a puntate. *(Continuazione e fine)*.

A.M. GIANELLA, *Avventure del buon Brigante Cartouche, (Continuazione)*. Racconto a puntate, *(Fine della serie quarta)*.

EMILIO FIRPO, *La musica presso i negri dell'Africa*, articolo. [Prima comparsa di Firpo, futuro collezionista salgariano.]

GUSTAVO GENNARI, *Un patrimonio in un libro*, prima parte.

Non firmato [E. SALGARI], *Il gatto senza coda*. Breve pezzo sui gatti Manx dell'isola di Man (Inghilterra), con disegno.

Non firmato [E. SALGARI], *Le lettere di buon augurio in Cina.* Breve pezzo con disegno.

[E. SALGARI, *Cartagine in fiamme: Romanzo,* puntata nell'inserto pp. XXI-XXII. (Proprietà letteraria)]

[M. CONTARINI, *L'uali bianco: Racconto*, puntata nell'inserto pp. XXIII-XXIV.]

22 – A.M. GIANELLA, *Avventure del buon Brigante Cartouche, (Continuazione). Serie quinta.* Racconto a puntate, con grande ill. in prima pagina.

GUSTAVO GENNARI, *Un patrimonio in un libro,* seconda parte.

Non firmato [E. SALGARI?], *Maurizio e Max. Breve storia di due orang-outang.* Articoletto con 2 foto.

[M. CONTARINI, *L'uali bianco: Racconto,* puntata nell'inserto pp. XXV-XXVI.]

[E. SALGARI, *Cartagine in fiamme: Romanzo,* puntata nell'inserto pp. XXIII-XXIV. (Proprietà letteraria)]

23 – A.M. GIANELLA, *Avventure del buon Brigante Cartouche, (Continuazione).* Racconto a puntate, con grande ill. in prima pagina.

G. GENNARI, *Il violino salvatore: Novella,* racconto.

Non firmato [E. SALGARI], *Pescatori d'aringhe.* Brevissimo pezzo.

ANTONINO LANZA, *Il rimedio di Morte,* racconto.

Non firmato [E. SALGARI?], *La donna che sparisce.* Articoletto con disegno.

[E. SALGARI, *Cartagine in fiamme: Romanzo,* puntata nell'inserto pp. XXV-XXVII. *(Continua)* (Proprietà letteraria)]

[M. CONTARINI, *L'uali bianco: Racconto,* puntata nell'inserto p. XXVII.]

24 – A.M. GIANELLA, *Avventure del buon Brigante Cartouche, (Continuazione).* Racconto a puntate, con grande ill. in prima pagina.

Non firmato [E. SALGARI], *Il "puro sangue".* Breve pezzo.

Non firmato [E. SALGARI], *I cinocefali amadriadi.* Articoletto con 3 foto.

[E. SALGARI, *Cartagine in fiamme: Romanzo,* puntata nell'inserto pp. XXVIII-XXX. *(Continua)* (Proprietà letteraria)]

25 – A.M. GIANELLA, *Avventure del buon Brigante Cartouche, (Continuazione): Serie sesta: Ultime e straordinarie avventure di Cartouche. La sua morte.* Racconto a puntate, con grande ill. in prima pagina.

Non firmato [E. SALGARI?], *I cigni.* Breve articolo.

Non firmato [E. SALGARI], *I thugs avvelenatori.* Breve articolo.

E. GIACCONE, *Ni-Simi: Episodio della guerra russo-giapponese.* Datato «Firenze, 7 marzo 1906». Breve racconto.

Non firmato [E. SALGARI], *Ciarlatani e medici falsi.* Articolo con 2 disegni.

Non firmato [E. SALGARI], *Una strana ferrovia per trasportare il legname.* Breve pezzo con disegno.

[E. Salgari, *Cartagine in fiamme: Romanzo,* puntata nell'inserto pp. xxxi-xxxvi. *(Continua)* (Proprietà letteraria)]

Nota a pié di pagina [p. xxxi]: «La Direzione avverte i lettori che, per far posto ad un nuovo romanzo del Capitano Emilio Salgari, è costretta a pubblicare in maggiore quantità quello in corso. Essi certamente saranno contenti». In realtà il Direttore stava per lasciare l'incarico coll'editore Donath.

26 – A.M. Gianella, *Avventure del buon Brigante Cartouche, (Continuazione).* Racconto a puntate, con grande ill. di Tanghetti in prima pagina.

Non firmato [E. Salgari], *I grandi caccia-neve a vapore dell'America del Nord.* Articoletto con 2 immagini.

Non firmato [E. Salgari], *Il pappagallo assassino.* Breve pezzo.

Non firmato [E. Giaccone? Vedi n. 27], *Noterelle in margine….* Aneddoti.

[E. Salgari, *Cartagine in fiamme: Romanzo,* puntata nell'inserto pp. xxxvii-xli. *(Continua)* (Proprietà letteraria)]

27 – A.M. Gianella, *Avventure del buon Brigante Cartouche, (Continuazione e fine):* Racconto a puntate, con grande ill. in prima pagina.

E. Giaccone, *Quadretto domestico,* breve racconto.

Non firmato [E. Salgari], *Il tapiro dal dorso bianco e la fantasia degli antichi.* Articoletto con disegno.

E. Giaccone, *Noterelle in margine….* Aneddoti.

[E. Salgari, *Cartagine in fiamme: Romanzo,* puntata nell'inserto pp. xlii-xlv. *(Continua)* (Proprietà letteraria)]

28 – G. Molli, *Le vecchie navi,* articolo storico con una grande stampa antica di galeone in prima pagina e un secondo disegno.

E. Giaccone, *Sulla barricata… Bozzetto patriottico….* Breve pezzo.

Pubblicità: grande réclame della Casa Editrice A. Donath – Genova, per il libro di «Giorgio Molli (L'ex-marinaio), *La Marina Antica e Moderna,* con 320 illustrazioni ed una tavola», (1906).

[E. Salgari, *Cartagine in fiamme: Romanzo,* puntata nell'inserto pp. xlvi-l. *(Continua)* (Proprietà letteraria)]

29 – G. Molli, *Il rostro,* articolo con grande foto in prima pagina.

Corrado Archibugi, *Come feci la mia fortuna tra i cannibali dell'Africa… centrale. Avventure incredibili ma vere.* Racconto narrato in prima persona, datato «Roma, 20 2, 06.».

E. Giaccone, *La scuola di ladri (Scene della malavita americana),* racconto.

[E. Salgari, *Cartagine in fiamme: Romanzo,* puntata iniziata nel fascicolo, poi nell'inserto: pp. 305, più li-lvi. *(Continua)* (Proprietà letteraria)]

30 – Non firmato, *Corsari algerini nel Mediterraneo*. In prima pagina, solo grande disegno storico con didascalia e annuncio dell'articolo «nel numero 32», mai stampato.

E. GIACCONE, *La mummia della caverna: Novella fantastica*, racconto.

[E. SALGARI, *Cartagine in fiamme: Romanzo*, puntata iniziata nel fascicolo, poi nell'inserto: pp. 307, più LVII-LXII. *(Continua)* (Proprietà letteraria).]

31 – G. MOLLI, *Torpediniere e* Destroyers, articolo con grande foto in prima pagina.

[E. SALGARI, *Cartagine in fiamme: Romanzo*, puntata iniziata nel fascicolo, poi nell'inserto: pp. 309, più LXIII-LXXIV. *Fine*. (Proprietà letteraria)]

Un inserto di oltre 11 pagine portò il romanzo di Salgari, *Cartagine in fiamme*, alla fine. Sulla p. 310 seguono l'Indice dei capitoli del romanzo e la pubblicità dell'editore Donath, con l'elenco dei 27 romanzi salgariani da lui editi in volume, più 5 usciti pseudonimi, e altri di scrittori come Yambo, Cei, Mioni, Motta, ecc.

L'edizione del settimanale «Per Terra e per Mare» cessò frettolosamente nel 1906 quando Salgari passò dalla casa editrice genovese di Antonio Donath a quella fiorentina di Enrico Bemporad.

Ultimo fascicolo del settimanale. Fine Giugno/inizio Luglio 1906.

---

* I racconti immaginari e gli articoli informativi individuati con l'asterisco singolo sono stati ristampati in una scelta apparsa nel volume: Emilio Salgari, *Per terra e per mare: Avventure immaginarie*, a cura di Claudio Gallo, Torino, Nino Aragno editore, 2004.

** I contributi non firmati col nome di Salgari, né con un suo pseudonimo conosciuto, ma identificati dall'autrice come scritti in ogni probabilità dal maestro sono individuati col doppio asterisco; l'aggiunta di un punto interrogativo dimostra ovviamente un elemento di incertezza.

BIBLIOGRAFIA SCELTA DELLE ANTOLOGIE
DI SCRITTI BREVI DI EMILIO SALGARI
in ordine cronologico di edizione

Le prime antologie di racconti e di brani brevi furono concepite e pubblicate durante la vita di Salgari, spesso dallo scrittore stesso con i suoi editori, ma verso la fine della sua vita dei curatori diversi cominciarono a interessarsi. Quanto alle antologie uscite nei decenni successivi, sono quasi sempre necessarie delle verifiche per controllare l'autenticità degli scritti. L'elenco che segue comincia solo nel Secondo Dopoguerra. Negli ultimi anni, in generale, si riscontrano esempi di un maggiore impegno per l'esattezza bibliografica. (Per ulteriori informazioni, vedi anche la Bibliografia Alfabetica dei volumi.)

ANTOLOGIE MODERNE SCELTE:

E. SALGARI, *Storie rosse*, una scelta di racconti brevi a cura di M. Morini, Milano, Marvimo, 1954.

E. SALGARI, *100 avventure sugli oceani*, a cura di G. Calendoli, 2 voll., Napoli-Roma, V. Bianco, 1959.

E. SALGARI, *Avventure di prateria, di giungla e di mare*, a cura di D. Ponchiroli, Torino, Einaudi, 1971.

E. SALGARI, *Tutti i racconti e le novelle di avventure*, [raccolta non però completa], Milano, Mursia, 1977.

E. SALGARI (AMMIRAGLIADOR), *A Tripoli!! Il Mahdi, Gordon e gli Italiani di Assab nelle 'corrispondenze' per la Nuova Arena (1883-1885)*, a cura di C. Gallo, Zevio, Perosini Editore, 1994.

E. SALGARI, *Una tigre in redazione: le pagine sconosciute di un cronista…*, a cura di S. Gonzato, Venezia, Marsilio Editori, 1994.

E. SALGARI, *Gli antropofaghi del Mare del Corallo: racconti ritrovati*, a cura di F. Pozzo, Milano, Mondadori, 1995.

E. SALGARI, *Avventure ai poli*, a cura di F. Pozzo, Fermo, 1995.

E. Salgari, *I racconti della Bibliotechina Aurea Illustrata*, a cura di M. Tropea, 3 voll., Torino, Viglongo, 1999-2002.

E. Salgari, *Il mistero della foresta e altri racconti*, Introduzione di E. Trevi e con un saggio di L. Tamburini, (nuova ed. della raccolta: *Avventure di prateria, di giungla e di mare* del 1971), Torino, Einaudi, 2002.

E, Salgari, *Storie con la maschera*, a cura di F. Pozzo, Atripalda, Mephite, 2003.

E. Salgari, *Per Terra e per Mare*, una scelta a cura di C. Gallo, Torino, Nino Aragno, 2004.

E. Salgari, *I racconti del capitano*, a cura di F. Pozzo, Milano, Magenes, 2006.

E. Salgari, *L'Innocenza: Gli articoli di Emilio Salgari per il settimanale per bambini L'Innocenza*, a cura di R. Fioraso, Verona, Biblioteca Civica di Verona, «Ilcorsaronero», 2007.

E Salgari, *Avventure di montagna*, a cura di F. Pozzo, Torino, Vivalda, 2011.

E. Salgari, *Alla conquista della luna: Racconti fantastici e fantascientifici*, a cura di F. Pozzo, Roma, Cliquot, 2016.

EMILIO SALGARI – BIBLIOGRAFIA ALFABETICA
DELLE EDIZIONI DEI ROMANZI E DI ALTRI VOLUMI
1883-2012

Segue la Bibliografia alfabetica dei romanzi di Emilio Salgari, con in ordine cronologico tutte le edizioni e ristampe italiane rintracciate fino ad oggi, e con esempi di traduzioni eseguite all'estero. Le pubblicazioni a puntate su quotidiani e periodici sono incluse, come anche quelle a dispense; essendo però evanescenti i particolari di queste forme di edizione non possono considerarsi completi. In questa bibliografia normalmente il nome dell'illustratore è ricordato unicamente per la prima edizione in volume. (È da notare che il pittore Gennaro D'Amato spesso si firmava G. Amato.) Sono inclusi anche i pochi volumi di racconti brevi, e simili, usciti durante la vita dello scrittore.

Non è possibile fidarsi completamente di nessuna fonte per i dati bibliografici salgariani. Nello stesso tempo nessuna fonte è stata respinta nella compilazione di questa bibliografia. Per ogni singola edizione una numerosa raccolta di fonti in accordo le une con le altre certamente conferma l'esattezza della voce in questione. Ugualmente una sola fonte può suggerire un dubbio. Per queste ragioni – e diversamente dalla norma – le fonti sono sempre citate in questa bibliografia. Tuttavia è anche utile ricordarsi che, fra le fonti secondarie, alcune bibliografie sono state derivate direttamente da altre già esistenti, quindi qualsiasi errore può essere stato ripetuto. Neanche i cataloghi delle biblioteche possono considerarsi perfetti e completi in ogni dettaglio. Per arrivare vicino alla certezza, è quindi necessario lo scrutinio di ogni volume in questione, cosa purtroppo impossibile.

LA DATA DI EDIZIONE

Nei casi in cui la data viene espressa con un'alternativa anteriore, come 1908 [1907], significa che, per cogliere la stagione delle strenne, la data 1908, documentata per esempio presso la Biblioteca Nazionale Centrale di Firenze, in pratica era stata anticipata con una pubblicazione nel mese di novembre o dicembre del 1907. Le prove si trovano tipicamente nella pubblicità o negli scritti giornalistici dell'epoca. Anche nel caso di edizioni moderne del Secondo Dopoguerra ci sono alle volte divergenze vistose: un anno di differenza – o perfino due – esiste abbastanza spesso fra la data di pubblicazione registrata presso la stessa casa editrice (la Viglongo di Torino, ad esempio) e la data accordata in seguito alla ricevuta delle copie d'obbligo presso la BNCF o altra biblioteca.

Per quanto riguarda alcuni volumi pubblicati dalla Casa Editrice Bemporad, esiste tuttora la documentazione della richiesta fatta presso la Prefettura di Firenze per la registrazione del diritto d'autore a nome dell'editore. Tale informazione è aggiunta qui nella forma '[dda 1921]', cioè il diritto d'autore era stato richiesto nell'anno identificato, normalmente lo stesso anno di quello di edizione; qualche volta però la richiesta dimostra una pubblicazione anteriore alla data normalmente accettata.

Pseudonimi e 'falsi'

Fin dagli esordi come giovane giornalista, Salgari sviluppò l'abitudine di adottare pseudonimi, vezzo allora molto di moda sui quotidiani. Naturalmente quei suoi romanzi pubblicati per la prima volta sotto pseudonimo sono stati inclusi con i molti altri nell'elenco delle opere autentiche; questo vale anche per quelli riconosciuti fermamente come plagiati da altro scrittore. Nei pochi esempi accertati, la fonte è sempre un lavoro straniero in una lingua diversa, non un testo italiano; inoltre, invece di eseguire una semplice traduzione, Salgari vi portava delle modifiche personali spesso considerevoli e non di rado vantaggiose. Insomma questi romanzi, anche se sulla base di altri, sono stati ripensati e riscritti dal Nostro: sono inequivocabilmente fra le opere sue, benché nel senso di diritti e di morale non legittimi. Sebbene la ragione per l'uso di uno pseudonimo fosse spesso un'altra (economica e contrattuale), è certo che fra i romanzi salgariani pubblicati con un nome diverso (Guido Altieri, E. Bertolini, Guido Landucci, Romero) rimangono degli esempi di plagio non ancora identificati.

Al contrario, i famosi 'falsi' – le opere apocrife create e pubblicate postume nel corso di un cinquantennio e, ciò nonostante, firmate con il nome di Emilio Salgari – non sono suoi, anche se scritti sulla base di qualche suo bozzetto, racconto breve o cosiddetta 'trama'; salvo qualche idea schematica o qualche riga embrionica, alle volte giovanili, questi testi sono stati elaborati, effettivamente inventati, da un pugno di scrittori diversi, 'fantasmi', per lo più commissionati dagli eredi dello scrittore. Spesso questo sistema veniva nascosto con la dicitura «pubblicato sotto la direzione di Nadir Salgari» o «a cura di Omar Salgari» o equivalente, anche questa abusata, non significando l'esistenza di un vero curatore ma solo di un patrono: eccetto nel caso di Luigi Motta che si diceva 'collaboratore' del romanziere, il nome del vero autore non apparve mai su tali volumi. Fra i fantasmi più significativi erano Lorenzo (Renzo) Chiosso, Luigi Motta, Giovanni Bertinetti (autore di un grosso gruppo di 'falsi', all'inizio legati all'iniziativa di Nadir Salgari), Americo Greco (anch'egli prolifico ma alle dipendenze problematiche di Omar Salgari), Sandro Cassone e i fiorentini Riccardo Chiarelli e Paolo Lorenzini (Collodi Nipote). Alla fine l'uso di scrittori fantasma venne esteso ai volumi sui quali un erede Salgari firmò se stesso i nuovi racconti avventurosi: in realtà gli eredi non scrissero mai nessun racconto, biografia, o altro di pugno proprio.

I romanzi apocrifi furono creati a decine per far fruttare e per sfruttare il nome di Salgari e contengono, per così dire, due livelli di falsità: non sono di Salgari e il vero autore era nascosto dietro un curatore inesistente, il cui nome però sembrava dare legittimità all'impresa. Non essendo genuini, ovviamente non sono inclusi qui nell'elenco delle opere autentiche, bensì in un secondo elenco interessante solo per lo sviluppo postumo della fortuna dello scrittore. Le stesse considerazioni riguardano i racconti in apparenza scritti da un autore (di solito Luigi Motta) in collaborazione con Emilio Salgari, che portano sulla copertina i due nomi abbinati. Sono tutti postumi e fasulli; nessuna collaborazione è mai esistita. Oggi si capisce quanto lo scrittore era oppresso dal troppo lavoro: nel passato bisognava essere infinitamente creduli per poter pensare che avesse anche avuto il tempo e l'energia per scrivere insieme ad un altro o per fornire ad un altro il materiale che negli ultimi anni mancava al suo stesso ingegno stanco e quasi esaurito.

Fra i primi testi consultati negli anni Sessanta, ci fu un piccolo gruppo di volumi misteriosi, sebbene in apparenza fondamentali – e anzi per capire la fortuna salgariana davvero fondamentali: due opere sedicenti autobiografiche e una biografia scritta, sembrava, da un figlio dello scrittore, (e si può aggiungere un volume di documenti male organizzato e contraddittorio). Era facile capire però che in questi casi un certo scetticismo era necessario e che non era possibile fidarsi dei 'fatti' ivi contenuti. Tuttavia si è dovuto aspettare fino agli Anni Ottanta per poter finalmente leggere le rivelazioni dell'editore torinese Andrea Viglongo, in uno scritto davvero essenziale, la chiave che apriva la via a una conoscenza esatta di una serie di inganni nel cuore della bibliografia salgariana.

Negli Anni Sessanta la bibliografia salgariana faceva anch'essa parte della florida mitologia ramificatasi intorno al nome dello scrittore, con quasi niente di sicuro nel lungo elenco, neanche quali titoli fossero quelli autentici e quali fasulli. In quell'epoca il primo obiettivo era quello di distinguere tra i due e di separarli, un progetto notevole ma in gran parte non difficile: un ostacolo – ostinatamente presente fino a decenni abbastanza recenti – era l'abitudine di certe case editrici popolari di dividere in due i lunghi romanzi salgariani e di ribattezzare il secondo volume (e qualche volta anche il primo) con un titolo del tutto nuovo che non mostrava la parentela con il testo originale, ancora una tecnica arrogante e irrispettosa verso l'autore. Non solo: questo ha l'effetto di far sembrare 'falso' un volume col titolo nuovo che contiene in realtà la seconda metà di un romanzo autentico. Qualsiasi sia la ragione per la modifica, il lettore di questa bibliografia viene informato delle varianti nel corso della cronologia delle edizioni; tuttavia non risulta sempre possibile identificare quei volumi che contengono solo la *prima* parte di un romanzo con, cioè, il titolo originale. Siccome i testi dimezzati sono stati scritti nel complesso dal maestro, i particolari sono elencati dettagliatamente nella bibliografia delle opere autentiche; ma dato che rappresentano ancora una tecnica che rende inautentiche quelle pubblicazioni salgariane che, inoltre, non esitano a trarre in inganno il pubblico, le informazioni sulla prima edizione di ognuna sono riportate qui anche nelle bibliografie dei diversi tipi di 'falsi': non sono autentici neanche loro, sebbene in un senso diverso dal testo contraffatto. I molti volumi dimezzati sono rappresentativi, nel Secondo Dopoguerra, di uno dei metodi ingannevoli di aumentare lo smercio dell'opera salgariana e pseudo-salgariana.

Dal momento in cui cominciarono a emergere dubbi e pettegolezzi letterari, certe case editrici usarono adottare la dicitura «Edizione integrale», locuzione citata anche qui nei particolari bibliografici. Purtroppo spesso non è affatto una garanzia di autenticità e non è possibile fidarsi della sua esattezza, né nel contesto dei romanzi dimezzati, né per quanto riguarda testi emendati e ridotti. Anzi le case editrici che sfruttarono l'opera salgariana senza scrupoli si servirono di questa dicitura in modo cinico per convincere il pubblico a comprare le edizioni inferiori.

All'inizio delle ricerche, negli Anni Sessanta, quasi non esisteva traccia ovvia dei romanzi pseudonimi ma autentici e quindi, per capire la loro origine salgariana, era necessario fare delle indagini alla maniera di Sherlock Holmes per desumere la loro storia, per non dire la loro ragione di essere. Tuttavia quello che risultò veramente non facile da chiarire era la questione dei dettagli precisi di tutte le edizioni dei romanzi autentici, soprattutto perché le fonti ufficiali, basate sulle copie d'obbligo ricevute nelle biblioteche nazionali per diritto di stampa, non erano affatto complete, e anche perché, nella storia editoriale di Salgari, si sono verificate delle situazioni ormai impossibili per via della stretta applicazione delle leggi del diritto d'autore: fu così perfino durante la sua vita quando, per esempio, alcune case editrici che non possedevano i diritti pubblicarono anch'esse diversi volumi già in vendita nell'edizione legittima.

LE FONTI

Nelle bibliografie salgariane precedenti non è stato abituale palesare le fonti delle informazioni, ma la storia bibliografica dello scrittore è sempre stata così complicata e confusa che tale chiarezza è opportuna e – per dimostrare la relativa affidabilità dei dati – necessaria. Per questo libro, nel corso degli anni, sono state consultate moltissime fonti, cominciando dalle ricerche degli Anni Sessanta nelle singole biblioteche soprattutto a Firenze, Milano, Londra, e più tardi a Roma, Genova, Verona, Parigi. Quindi, nelle pagine che seguono, un sistema di sigle e simboli dimostra quali sono state le fonti per ogni edizione; spesso sono fonti numerose e altre volte, soprattutto per quanto riguarda le ricerche degli ultimi anni, un volume può essere attestato (adeguatamente) da solo una o due fonti. La grande innovazione recente, che deriva dalle funzioni sbalorditive di internet, è il catalogo unitario – che rappresenta la consistenza di oltre 450 biblioteche italiane – fornito online dall'OPAC SBN (che qui ha la sigla O): però anche queste voci utilissime spesso necessitano un processo di interpretazione.

In questa bibliografia la disposizione delle sigle riflette l'ordine cronologico in cui le diverse fonti sono state usate. Fondamentali per la prima versione creata negli Anni Sessanta erano le fonti presenti nella Biblioteca Nazionale Centrale di Firenze (BNCF) e, equivalendo unitamente alla prima pietra della struttura, queste tre primissime fonti sono presentate con le sigle unite insieme: CBP (Catalogo della BNCF + *Bollettino delle pubblicazioni* + *Catalogo generale* di Pagliaini). All'origine naturalmente il Catalogo della BNCF è stato unicamente quello cartaceo; negli ultimi anni, con grande utilità, è stato sviluppato quello online (accessibile quindi anche in Inghilterra), ma è importante capire che tuttora il Catalogo cartaceo fiorentino contiene migliaia di titoli non ancora presenti nella versione su internet. Nelle visite per ricerche in altre biblioteche c'è sempre stato nel corso del lavoro un elemento bibliografico, con alcune scoperte uniche in ogni luogo. Dal 1980 in poi, quando sono apparse le bibliografie serie di altri scrittori moderni su Salgari, anche i loro saggi e volumi hanno contribuito al presente studio. L'ultima fonte consultata, per concludere le ricerche bibliografiche, è stata proprio quella più moderna, più aggiornata, e cioè il catalogo OPAC del

Servizio Bibliotecario Nazionale, che spesso confermava le informazioni già ricordate e talvolta ne aggiungeva delle nuove, soprattutto per gli anni recenti, non coperti dalle bibliografie altrui. Mentre ormai è importante avere buone ragioni per inserire un'edizione non elencata su OPAC, è anche notevole che OPAC non è in sè affatto esauriente, e così non rende superflue le altre fonti. Non c'è dubbio che edizioni ulteriori – e perfino testi pseudonimi non riconosciuti come salgariani – emergeranno negli anni futuri.

SIGLE E SIMBOLI PER LE FONTI DI INFORMAZIONI BIBLIOGRAFICHE

Fonti istituzionali

ab	ABLIT Verlag (Abenteuer-Literatur), sito web
am	Amazon, sito web
B	*Bollettino delle pubblicazioni italiane, ricevute per diritto di stampa*, Biblioteca Nazionale Centrale di Firenze (BNCF)
bm/bl	*British Museum/British Library General Catalogue of Printed Books*, Catalogo del British Museum/British Library, Londra, GB
C	Catologo generale della Biblioteca Nazionale Centrale di Firenze (BNCF)
ch	Biblioteca Civica Francone, Chieri [TO]
cm	Biblioteca Comunale di Milano, Palazzo Sormani
ct	Biblioteca Civica centrale di Torino
D	Deutsches Bücherverzeichnis, Leipzig, Germania
F	Catalogo della Bibliothèque Nationale, Parigi, Francia
G	Guida alla mostra, *Emilio Salgari 1862-1911*, Biblioteca Comunale di Milano, 8-29 aprile 1961
gr	Biblioteca per ragazzi 'E. de Amicis', Genova
L	Cataloghi di librerie antiquarie e libri reperiti nelle stesse
lc	Catalogo della Library of Congress, Stati Uniti
M	Catalogo della Biblioteca Nazionale Braidense, Milano
O	OPAC: Catalogo online del Servizio Bibliotecario Nazionale d'Italia
P	A. Pagliaini, *Catalogo generale della Libreria Italiana, 1847-1940*
po	Catalogo della Biblioteca Nazionale, Polonia
pt	Biblioteca storica della Provincia di Torino
R	Catalogo della Biblioteca Nazionale Centrale di Roma (BNCR)
S	Biblioteca Nacional de Chile, Santiago

sb	Svenska barnboksinstitutet (SBI, Istituto svedese per la letteratura infantile, Stoccolma)
T	Catalogo della Biblioteca Nazionale Universitaria di Torino (BNUT)
tb	Raccolta della Fondazione Tancredi di Barolo, Torino
tr	*Repertorio bibliografico delle traduzioni*, Roma, Presidenza del Consiglio dei Ministri, 1960
U	*Index translationum*, UNESCO
V	Catalogo della Biblioteca Civica di Verona
vt	Elenchi dattilografati cronologici e alfabetici della produzione della Casa Editrice Andrea Viglongo, Torino

Fonti individuali

Agn	Tiziano Agnelli, collezionista e ricercatore
Bia	ALESSANDRA BIAGIANTI, *Casa Editrice Italiana di Attilio Quattrini (1909-1931)*, a cura di Carlo Maria Simonetti, Reggello, FirenzeLibri, 2007
Bit	GIOVANNI BITELLI, *Emilio Salgari* in «L'Indice d'Oro» (Rivista mensile per gli educatori), Roma, Editrice Il Maestro, Anno I, n. 11-12, novembre-dicembre 1950, pp. 36-41; *Emilio Salgari* in *Scrittori e libri per i nostri ragazzi: Esposizione e critica*, (Collana "Il Maestro"), Torino, Paravia, 1952, pp. 108-120, bibliografia alle pp. 121-124; 1958, pp. 108-120, bibliografia alle pp. 121-27.
Boe	PINO BOERO e WALTER FOCHESATO, *Catalogo provvisorio delle edizioni Donath (1887-1914)*, in P. Boero, *Scuola Educazione Immaginario: Progetto per una storia di Genova (1870-1914) attraverso scuola, editoria, educatori, autori per ragazzi*, Genova, Brigati, 1999.
Cap	LUCIA CAPPELLI, «Casa editrice R. Bemporad e Figlio: Catalogo delle edizioni (1889-1938)», 3 volumi (tesi di laurea in Lettere, Università degli Studi di Firenze); in seguito volume pubblicato con il titolo, *Le edizioni Bemporad: Catalogo 1889-1938*, Milano, FrancoAngeli, 2008, con introduzione di Gabriele Turi.
Col	Biblioteca della Fondazione Colonnetti, Torino.
Fio	ROBERTO FIORASO, *Sandokan amore e sangue*, Zevio, Perosini, 2004.
Gal	CLAUDIO GALLO, *La penna e la spada*, Verona, Gemma Editco, 2000.
Gal/Bon	C. GALLO e G. BONOMI, *Renzo e Riccardo Chiarelli tra romanzi, sceneggiature, riduzioni radiofoniche, commemorazioni ispirate all'opera di Emilio Salgari*, in *Renzo Chiarelli, una vita per l'arte tra Toscana e Veneto*, a cura di V. Senatore Gondola e M. Bolla, Verona, 2017
Lab	*La Perla di Labuan*, sito web su Salgari allestito da Corinne D'Angelo.
Mof	MARIO MORINI e LUIGI FIRPO, *Con Emilio Salgari tra pirati e corsari*, ricostruzione biografica, Milano, S.A.D.E.L., 1946.

Nie   ALESSANDRO NIERO, *Materiali per una storia della "fortuna" salgaria-na in Russia*, in *Salgari: L'ombra lunga dei paletuvieri*, Atti del Conve-gno Nazionale, tenuto a Udine, 2-4 maggio 1997, pubblicati a cura dell'Associazione Friulana 'Emilio Salgari', Udine, 1998.
— *Bibliografia di e su Emilio Salgari in lingua russa*, in *Atti dell'Accade-mia Roveretana degli Agiati*, Anno 255 (2005), serie VIII, vol. V, A, fasc. I, Rovereto, 2005, pp. 201-216.

Poz   FELICE POZZO, *La bibliografia delle opere salgariane*, in *Scrivere l'avventu-ra: Emilio Salgari*, Atti del Convegno Nazionale Torino, marzo 1980, Torino, Quaderni dell'Assessorato per la Cultura, [1982], pp. 106-23.
— *Giovanni Bertinetti: Autore di Meo e di tante altre cose...*, «Almanacco Piemontese» 1988, Torino, Viglongo, 1987, pp. 95-109.
— *Nella giungla di carta: Itinerari toscani di Emilio Salgari*, Pontedera, Bibliografia e informazione, 2010.

Ros   MASSIMO CARLONI et al., *Salgari, Salgariani e falsi Salgari: Pirati, Corsa-ri e Uomini del West nella grande avventura salgariana*, a cura di Franco Spiritelli (con contributi di Tiziano Agnelli), "I Libri della Fondazio-ne", 16: I grandi cataloghi e saggi, 4, Senigallia, Fondazione Rosellini per la letteratura popolare, 2011.

Sar   VITTORIO SARTI, *Nuova bibliografia salgariana*, Torino, Sergio Pignato-ne Editore, 1994.

Spa   MARIO SPAGNOL, Introduzione in E. SALGARI, *Edizione Annotata*, *Il Pri-mo Ciclo della Jungla*, Milano, Mondadori 1969.

Tra   BRUNO TRAVERSETTI, *Introduzione a Salgari* ("Gli scrittori" 13), Bari, Laterza, 1989. (Bibliografia fondata sostanzialmente su quella di Pozzo e quindi citata solo in casi speciali.)

Vig   Informazioni acquisite tramite la Casa Editrice Viglongo, soprattutto nella Cronologia salgariana pubblicata in G. ARPINO e R. ANTONETTO, *Emilio Salgari: il padre degli eroi*, Torino, Viglongo, 2010, pp. 178-207.

VigA   ANDREA VIGLONGO, *Amare verità sul "caso letterario" Salgari: Settant'anni dopo*, «Almanacco Piemontese», Torino, Voglongo, 1981, pp. 113-34;
— *Chi ha veramente scritto "Le mie memorie": L'origine dei falsi salga-riani*, «Almanacco Piemontese», Torino, Voglongo, 1982, pp. 150-52.

VigG   GIOVANNA SPAGARINO VIGLONGO, *Testimonianza di un editore su fatti e misfatti editoriali*, in *Il 'caso Salgari'*, Napoli, CUEN, 1997, pp. 243-58.

★   Questa sigla denota la presenza di informazioni nuove e supplemen-tari (talvolta l'esistenza di un'edizione non altrimenti conosciuta, oppure alcuni particolari come, per esempio, la dicitura 'finito di stampare' più la data), tratte da indizi nei volumi salgariani stessi, nella pubblicità o sulla stampa, indizi trovati nel corso delle ricerche personali, cioè non provenienti dalle normali fonti 'ufficiali' biblio-tecarie ma da altre sicure.

I caratteri singoli in maiuscolo (B, M) e quelli doppi in minuscolo (bl, lc) sono per fonti primarie, soprattutto cataloghi di biblioteca o di mostra o simili, consultate personalmente. Tre caratteri il primo dei quali è maiuscolo (Boe, Cap) sono abbreviazioni di cognomi, autori di bibliografie o simili, cioè fonti secondarie.

Le sigle CBP per le tre fonti fondamentali vengono raggruppate senza spazi come base originale di questa bibliografia, sviluppata nella prima fase del lavoro nell'anno 1965-66. Poco dopo, nella seconda fase sono state aggiunte le informazioni colte nelle biblioteche milanesi (M e cm) e più tardi anche quelle trovate a Roma e a Torino; alla fine soggiorni a Parigi, a Genova e a Verona hanno reso dati ulteriori. Trattandosi di pubblicazioni popolari, una volta considerate di poco valore ed effimere, le fonti 'ufficiali' per Salgari sono sempre state vistosamente incomplete. Nei primi tempi, fra gli studi eseguiti da singoli individui, solo la bibliografia di Giovanni Bitelli (Bit, Anni Cinquanta) – anche se spesso erronea (con errori talvolta bizzarri, stravaganti, che incuriosiscono ancor oggi la lettrice) – è stata un vero aiuto, essendo più estesa e più affidabile di qualsiasi altra rintracciata fino a quel periodo; nel presente libro sono stati aboliti i suoi errori, ma è invece un piacere rendergli un piccolo tributo ritenendo un accenno al suo ruolo riguardo ad alcune informazioni, soprattutto su certe prime edizioni, dopo convalidate da altre fonti.

Solo nei decenni più recenti, a partire dall'importante Congresso nazionale di Torino del 1980, quando Felice Pozzo presentò la sua bibliografia, è stato possibile aggiungere il frutto delle ricerche salgariane di altri studiosi moderni, soprattutto i dati contenuti nel volume di Vittorio Sarti (che negli elenchi bibliografici arriva però solo agli Anni Quaranta o per alcuni romanzi non oltre gli Anni Trenta, e che non include le edizioni Viglongo). Ultimamente le cognizioni in questo campo sono state arricchite dalla bella bibliografia della Casa Editrice Bemporad di Lucia Cappelli, fortunatamente esaminata presso l'Archivio storico Giunti di Firenze prima della sua pubblicazione. Questa ricercatrice informa il lettore pienamente ma, negli altri saggi bibliografici in cui le fonti precise non sono rivelate, il lettore non può giudicare quanto solide o meno siano le informazioni.

Le sigle compaiono nell'ordine della consultazione delle diverse fonti.

La presente bibliografia e quella futura

Anche se molto dettagliata e preparata con molta cura, questa nuova bibliografia – seppure esito di tanti anni di ricerche – non è definitiva. Non è sempre possibile fidarsi neanche delle fonti 'ufficiali': uno scrutinio attento dei particolari forniti nelle pagine che seguono suggerirà che qualche volta due edizioni o ristampe della stessa data o anche di due date diverse – reperite cioè in due fonti differenti – debbano essere in verità la stessa cosa. Inoltre l'editoria italiana non ha sempre fatto una chiara distinzione fra una nuova edizione e una ristampa, anche questo un problema per il bibliografo: quando dunque le prove 'ufficiali' per un volume salgariano mancano, spesso si tratta solo di una ristampa. È necessario ammettere che non è stato possibile sradicare ogni dubbio su certi elementi della nuova bibliografia, e nello stesso tempo non si è voluto respingere il frutto del lavoro altrui, anche se qualche volta senza conferme.

Ora sarà il compito di una generazione futura di studiosi salgariani rintracciare e esaminare un esemplare di ciascun'edizione di ogni romanzo (non un compito invidiabile!) per assicurarsi della data unica ed esatta (però non in tutti i casi riscontrabile) e degli altri dettagli. Purtroppo neanche tali informazioni sono completamente affidabili: probabilmente non sapremo mai nella totalità quali edizioni erano in realtà uscite qualche settimana o qualche mese prima dell'anno stampato sul controfrontespizio o altrove, né sapremo con certezza il totale delle opere pseudonime. Forse Salgari tiene di riserva qualche sorpresa per gli studiosi del futuro.

Dettagli, cifre, nomenclatura

Come tutti sanno, i testi salgariani sono stati pubblicati, nel corso degli anni, in molte diverse vesti editoriali e in molti formati piccoli e grandi. Tale varietà è straordinaria, oltre il normale, dovuta alla strepitosa popolarità dello scrittore in ogni strato e ceto sociale; non solo, una delle ragioni per la diversità di presentazione è il fatto che revisori editori eredi non hanno esitato a cambiare quello che Salgari aveva scritto. Tra, da una parte, romanzi dimezzati e pubblicati in due volumi, il secondo con un titolo nuovo non identificabile col racconto originale e, dall'altra, la riduzione violenta dei testi originali in racconti sprovvisti di descrizioni, di episodi non centrali, di elaborazioni, insomma di tutto ciò che li caratterizzava come letteratura, durante molti decenni il mercato è stato inondato di edizioni che si possono dire salgariane solo secondo la copertina. Il maestro da buon artigiano ottocentesco, nonostante il troppo lavoro, non era spilorcio: scriveva con generosità, e le prime edizioni, normalmente in-8°, avevano dalle 250 alle 450 pagine ciascuna. Per dare un'idea più esatta della mole dei romanzi autentici, si cita qui il numero delle pagine per ogni prima edizione e, per illustrare il confronto con altre edizioni di diverse case editrici e diversi periodi, si citano gli stessi dati per una scelta dei volumi successivi. Beninteso, siccome la misura della pagina e la scelta di corpo cambiano molto, non può essere un confronto esatto ma solo indicativo.

Per ogni singolo elemento della bibliografia che segue, oltre alle sigle per le fonti e le informazioni editoriali, in alcuni casi sono stati aggiunti – non sistematicamente, ma con opportunità casuale – alcuni dettagli in più. Qualche volta si sa il prezzo originale di un volume, o il numero di dispense in cui un romanzo era stato diviso, e per le edizioni Bemporad ci sono dei documenti in esistenza che ricordano il numero di copie stampate (la tiratura) in certi anni specifici. Se queste cifre sorprendono per la loro modesta entità, il contrario è vero per i prezzi di volumi salgariani nelle librerie antiquarie di oggi: vi si osserva infatti un'inflazione esorbitante.

Per le dispense, alla fine spesso rilegate in volume, è utile notare due caratteristiche: ogni dispensa aveva come copertina un'illustrazione a tutta pagina in bianco e nero o più tardi a colori, con a pié di pagina il numero della dispensa; nel testo delle dispense ogni nuovo capitolo seguiva al precedente con uno spazio vuoto minimo (non su una nuova pagina) e la dispensa non finiva alla fine di un capitolo ma lo interrompeva.

Le cifre – spesso inventate immaginosamente – sono sempre state un ingrediente importante della mitologia fiorita intorno allo scrittore ma, sebbene con qualche riserva, la nuova bibliografia permette la deduzione di nuove cifre davvero interessanti. Quello che subito colpisce il lettore è l'enorme differenza fra il successo di un romanzo famosissimo quale *Il Corsaro Nero* e la fortuna di altri accolti meno favorevolmente o nuociuti da un contenuto dettato da una moda passeggera: in realtà ci sono molti volumi da sempre poco letti e quasi assenti nei decenni recenti, e altri per cui l'entusiasmo sembra inesauribile. La vecchia fantascienza non resiste bene al passaggio del tempo: pare che, negli anni 1929-2001, il racconto *Al Polo Australe in velocipede* sia stato ristampato solo quattro volte e nei cinquantacinque anni dopo il 1947 sembra essere apparso solo un paio di volte. *Alla conquista di un impero*, invece, anche se legato ad un concetto – si può supporre – sorpassato, negli anni 1927-2004, sembra aver avuto quasi una sessantina di edizioni (comprese quelle dimezzate). Nello stesso periodo, secondo i dati trovati, *Capitan Tempesta*, racconto storico, colto, femminista, ebbe 29 ristampe. La bibliografia è piena di materiale abbastanza sorprendente, pronto ad essere interpretato in modi nuovi e affascinanti.

Un dettaglio del tutto assente da questa bibliografia (salvo in certi casi moderni) è qualsiasi riferimento ai cosiddetti 'Cicli' salgariani, identificati dai diversi nomi abituali e allettanti. La ragione è che non fu Salgari a inventarli. (Il Nostro invece scriveva séguiti.) I 'Cicli' erano una bella trovata degli editori per fare una pubblicità sempre più persuasiva: il concetto incoraggia l'impulso collezionista. Insomma sono un trucco commerciale e per questa ragione fanno parte senz'altro della storia della fortuna salgariana, discussa nel testo del libro. Ma non fanno parte dell'apparato autentico dello scrittore, sempre tanto bene organizzato e curato nelle preparazioni; perché non originali, i titoli dei 'cicli' – e l'esistenza stessa di alcuni di essi – sono mutevoli. Anzi, tramite l'uso del concetto si aggiungevano (e si aggiungono) molti nuovi elementi di confusione mentre si manifestava (e si manifesta tutt'oggi) la tendenza a crearne dei nuovi. Nella distinta delle edizioni è necessario citare il titolo di un 'Ciclo' quando funziona da titolo di un volume ma, a parte tali casi, poiché non sono intrinseci all'arte salgariana, i 'Cicli' sono stati omessi.

Le collane delle case editrici, invece, raggruppano insieme tutti i volumi salgariani da loro pubblicati e rappresentano una tecnica legittima del lavoro editoriale e del commercio dei libri popolari; con titoli come "Bibliotechina Aurea", "I Romanzi dell'ardimento", "Collana dell'Orso", "Nord-Ovest", *Edizione Annotata* (che è anche il titolo dei volumi), "I giovani bibliofili", "Tigri e corsari", suggeriscono la moda culturale del tempo, e in un loro senso speciale illustrano la duttilità e l'universalità delle opere di Emilio Salgari. Nell'elenco che segue si identificano le collane editoriali tramite l'uso di virgolette doppie tonde (come sopra); quelle 'a sergente' invece segnalano i giornali e periodici («Corriere della Sera», «Il Giornalino della Domenica»), come anche le citazioni (prese per esempio dal frontespizio); invece le virgolette singole tonde, come nel testo di questi volumi, significano un luogo comune o delle parole citate che hanno un senso poco affidabile (come 'ed. integrale').

La pubblicità è sempre stata uno strumento importante nel progresso della fortuna salgariana, strumento che il giovane giornalista capiva benissimo e che gli editori in seguito svilupparono con cura e fantasia. Nella maturità lo scrittore continuava ad alimentarlo tramite diverse strategie, e poiché esso contribuiva sostanzialmente al suo successo – e al carattere del suo successo – sono stati inclusi qui riferimenti ad alcuni esempi applicati ai singoli romanzi. Come le réclame, le traduzioni funzionano come indizio del successo dell'autore; ma le fonti sono notevolmente più problematiche di quelle per le edizioni originali, quindi nessun tentativo di arrivare alla completezza è possibile. I volumi tradotti in altre lingue qui elencati sono quindi solo indicativi delle regioni del globo conquistate da Salgari e della durata della sua egemonia.

In tutto l'elenco le parentesi sono state utilizzate in modi particolari per diverse categorie di informazioni. Le parentesi tonde identificano informazioni letterarie e bibliografiche normali, fondamentali (come il nome di una collana), mentre tra quelle quadre sono informazioni inconsuete, aggiunte, facoltative [come il prezzo di un volume di seconda mano visto su una bancarella].

I ROMANZI DI EMILIO SALGARI
in ordine alfabetico

Al Polo Australe in velocipede

* L Sar	1895	Torino, Paravia. Illustrato da G.G. Bruno Con una carta geografica fuori testo
CBP Bit Poz Sar O	1896	Torino, Paravia (pp. 264) [Lit. 5]
Sar	1897	Torino, Paravia
Sar	1899	Torino, Paravia
Sar	1902	Torino, Paravia
O	1905	Torino, Paravia
Sar	1908	Torino, Paravia (5ª ristampa)
Sar	1911	Torino, Paravia
Sar	1916	Torino, Paravia
Sar	1919	Torino, Paravia (7ª ristampa)
P Sar	1920	Torino, Paravia (7ª ristampa)
P Sar	1921	Torino, Paravia (8ª ristampa)
ch Sar	[1924]	Torino, Paravia (9ª ristampa)
CP M Sar O	1928	Milano, Sonzogno
P Sar O	1940	Milano, Sonzogno
* M O	1947	Milano, Carroccio ("Collana pop. S.", 48)
CB	1960	Bologna, Carroccio ("Collana Nord-Ovest", 77: *Al Polo Australe*)
O	1970	Milano, Fabbri
C O	2002	Milano, Mondadori ("Oscar")
C O	2002	Milano, Fabbri
C O	2005	Arezzo, Limina (Ripr. facs. dell'ed.: Torino, Paravia, 1895)
C O	2006	Milano, Fabbri

Alcune traduzioni

F	1906	*Au pôle sud à bicylette*: FRANCIA Paris, Delagrave
tb	1924	*Au pôle Sud à bicyclette*: FRANCIA Paris, Delagrave
U	1949	*Al Polo Austral*: SPAGNA Madrid, Calleja
U	1955	*El Polo Austral*: SPAGNA Barcelona, Molino

Al Polo Nord

CBP Bit Poz Sar Boe O	1898	Genova, Donath. Illustrato da G. Gamba (con prefazione e appendice storica) (pp. 256) [Lit. 3.20]
cm G Sar Boe O	1899	Genova, Donath (ristampa)
CBP O	1902-03	Genova, Donath (2ª ed., a dispense)
C L Poz Sar Boe O	1903	Genova, Donath (2ª ed., con 4 capitoli nuovi, XXIV-XXVII, e altre modifiche; prefazione e appendice eliminate. Nuova copertina di P. Gamba) ("Biblioteca illustrata per la gioventù")
CP M Sar O	1923	Milano, Vallardi
Sar O	1926	Milano, Vallardi
Sar O	1930	Milano, Vallardi
Sar	1935	Milano, Vallardi
* cm Sar O	1946	Milano, Vallardi (ristampa stereotipica dell'edizione Donath, illustrata da Gamba)
vt tb	1948	Torino, Viglongo
C O	1949	Torino, Viglongo [Lit. 500]
C	1959	[Bologna?], Carroccio-Aldebaran (Nord-Ovest, 26)
C	1960	Bologna, Carroccio (Nord-Ovest)
O	1969	Milano, Fabbri
O	1975	Roma, Edizioni Paoline
C O	2002	Milano, Mondadori (Oscar)
O	2002	Milano, Fabbri
O	[2012]	San Pietro Capofiume, Gingko

Qualche esempio di pubblicità:

*	1905-06	«Per Terra e per Mare» (2 edizioni a 2 prezzi)

Alcune traduzioni:

F	1901	*Au Pôle Nord* : FRANCIA Paris, Delagrave
ab	1931	*Im Unterseeboot zum Nordpol*: GERMANIA Berlin, Phönix
U	1949	*A bordo del Taimyr*: SPAGNA Madrid, Calleja
tr U	1957	*A bordo del 'Taymir'*: SPAGNA Barcelona, Molino
U	1959	*A bordo del Taymir*: SPAGNA Barcelona, Molino
U	1960?	*Mistérios do Polo Norte*: PORTOGALLO Lisbona, Torres (4ª ed.)

Alla conquista di un impero

Dal 1947 in poi, talvolta pubblicato dimezzato: cioè in due volumi con un titolo inventato per il secondo.

Sar Boe	1906-07	Genova, Donath: '...di un trono' (a dispense)
CBP M cm	1907	Genova, Donath. Illustrato da A. Della Valle
G L Bit P		("Biblioteca illustrata per la gioventù") (pp. 358)
Sar Boe	1912	Genova, Donath
Sar Boe	1914	Genova, Donath (2ª ed.)
Sar	1919	Milano, Vallardi
CP M Sar	1921	Milano, Vallardi
L Sar	1922	Milano, Vallardi
C Sar	1927	Milano, Vallardi
★	1930	Milano, Vallardi [2012: €120]
Sar	1935	Milano, Vallardi
★ CP M Sar ch	1936	Milano, Sonzogno (pp. 320/pp. 352) [a due vesti editoriali: Lit. 7 e Lit. 8,50]
tb Sar	1938	Milano, Vallardi
Sar	1941	Milano, Vallardi
Sar	1942	Milano, Vallardi
★ L Sar	1943	Milano, Vallardi
Sar	1946	Milano, Vallardi
★ M	1947	Milano, Carroccio («1° episodio», cioè solo la prima metà del romanzo) ("Collana pop. S.", 15)
C vt	1947	Torino, Viglongo [Lit. 300]
★ O	1949	Milano, Carroccio: Il Rajah dell'Assam [2ª metà del romanzo originale]
vt	1949	Torino, Viglongo (ristampa)
O	195?	Bologna, Carroccio Aldebaran
★ C M O	1951	Milano, Carroccio: Il Rajah dell'Assam ("Collana Salgari", 57) (pp. 239) [2ª metà del romanzo originale: solo 16 capitoli]
★ C M O	1951	Milano, Vallardi ("Biblioteca dell'Orso. Orso bruno") (pp. 296) [capitoli XXX]
vt	1951	Torino, Viglongo (ristampa)
vt	1952	Torino, Viglongo (ristampa)
vt	1953	Torino, Viglongo (ristampa)
vt	1955	Torino, Viglongo (ristampa)
O	1956	Milano, Vallardi
vt	1957	Torino, Viglongo (ristampa)
★ O	1959	Bologna, Carroccio: Il Rajah dell'Assam ("Nord-Ovest", 53) (pp. 158) [2ª metà del romanzo originale]

O	1959	Milano, Vallardi
★ O	[1960]	S. Lazzaro di Savena, Carroccio: *Il Rajah dell'Assam* ("Nord-Ovest", 53) (pp. 158) [2ª metà del romanzo originale]
vt	1960	Torino, Viglongo (ristampa)
★ O	c1961	S. Lazzaro di Savena, Carroccio: *Il Rajah dell'Assam* ("Nord-Ovest", 53) (pp. 158) [2ª metà del romanzo originale]
vt	1963[2?]	Torino, Viglongo (ristampa)
★ O	1963	Milano, Vallardi (Collana dell'Orso)
★ O ch	1964	Bologna, Carroccio: *Il Rajah dell'Assam* ("Nord-Ovest", 53) (pp. 162, cap. 16) [2ª metà del romanzo originale: gli originali Capitoli XV-XXX]
O	1964	Milano, Vallardi
★ O	1964	S. Lazzaro di Savena, Carroccio: *Il Rajah dell'Assam* ("Collana Salgariana", 27) (pp. 162) [2ª metà del romanzo originale]
O	1966	Milano, Vallardi
vt	1967	Torino, Viglongo (ristampa)
★	1968	Milano, Boschi ("Collana Capolavori", 37)
C	1968	Milano, Lucchi
C	1968	Milano, Vallardi [Lit. 1800]
O	1969	Milano, Lucchi
O	1969	Milano, Vallardi
O	1971	Milano, Vallardi
Tra	1971	Milano, Mondadori: *Edizione Annotata: Il Secondo Ciclo della Jungla* (con altri 2 romanzi, a c. di M. Spagnol)
C	1971	Milano, Mursia ("I libri d'avventure di E.S.", 11)
C	1973	Milano, Fabbri (2ª ed.) [Lit. 1000]
C	1973	Milano, Garzanti ("I Garzanti", 418)
C	1973	Milano, Vallardi
O	1974	Milano, Vallardi
O	[1974]	Roma, Edizioni Paoline
O	1975	[Roma?], Campironi
O	1975	Milano, Rizzoli Mailing
C	1975	Milano, Vallardi (Ed. integrale) [Lit. 1200]
C O	1976	Roma, Edizioni Paoline (2ª ed.) ("Tutto Salgari", 20)
C O	1976	Milano, Fratelli Fabbri (Il ciclo della Malesia) (Appendice di G. Raiola) [Lit. 2500]
O	1976	Milano, Vallardi
C	1991	Milano, Mursia ("Salgariana". Ed. integrale)

C O	1991	Milano, Editoriale Del Drago ("Forever")
O	1992	Milano, Mursia
C	1994	Roma, Newton Compton ("BEN ragazzi", 15) (a c. di S. Campailla)
*	2002	Milano, RCS Collezionabili
* C ch	2004	Milano, Fabbri ("I Delfini Fabbri", 268) (Postfazione: A. Faeti) [Classici da 10 anni. Edizione integrale]
C	2005	Torino, Valerio (In corpo 18 per i povedenti)
*	2012	Roma, A. Curcio ("Aurea")

Alcune traduzioni:

tb	[1911/12?]	*La conquista de un imperio*: Spagna Barcelona, Maucci [s.d.]
tr	1939	*Yañez el Maharaja blanco* (?):Cile Santiago, Zig-Zag
U	1954	*Kibbusha shel mamlakha*: Israele Tel-Aviv, Niv
U	1954	*A la conquista de un imperio*: Argentina Buenos Aires, Acme
tr	1956	*La conquista de un imperio*: Cile Santiago, Pacífico

Le Aquile della Steppa

* Poz Sar	1905-06	Genova, Donath, a puntate in «Per Terra e per Mare», Anno II, n. 33 – Anno III, n. 10
Sar Boe	1906-07	Genova, Donath: *L'Aquila...* (a 17 dispense)
* Mof Poz Sar Boe O tb	1907	Genova, Donath. Copertina di A. Della Valle. Illustrato da A. Tanghetti (pp. 272) [2012: €120]
Poz Sar	1907	Genova, Donath (a dispense)
P Bit Sar Boe	1908	Genova, Donath
* CB O	1908	Rocca S. Casciano, L. Cappelli [?] [una tipografia impiegata da Donath, ma nella copia del volume esaminata non esiste nessuna indicazione del luogo, della tipografia, dell'editore; il 'frontespizio' è stato perfino scritto a mano] (a 17 dispense): *L'Aquila della Steppa* (dispense 1-9); *Le Aquile della Steppa* (dispense 10-17) (Parte Prima, capitoli I-XVII, Parte Seconda, capitoli I-XII; pp. 274) [siccome su O la copia del 1908 della BNCF è unica, si tratterebbe in realtà delle dispense del 1906-07?]

Sar O	1922	Milano, Vallardi
cm Sar O	1926	Milano, Vallardi
Sar O	1930	Milano, Vallardi
Sar	1943	Milano, Vallardi
cm G Sar O	1946	Milano, Vallardi
C vt O	1947	Torino, Viglongo ("I capolavori di E.S.") [Lit. 250]
C M O	1955	Milano, Vallardi ("Collana dell'Orso")
O	1958	Milano, Vallardi
O	1959	Milano, Vallardi
O	1963	Milano, Vallardi
C O	1966	Roma, Le Edizioni del Gabbiano (settima- nale) ("Avventure di terra e di mare", 29) [Lit. 300]
*	196?	Milano, Vallardi
O	1966	Milano, Vallardi
O	c1968	Milano, Fabbri
C O	1972	Milano, Vallardi [Lit. 2200]
C O	1973	Torino, Einaudi ("Romanzi d'avventure / E. Salgari") (Edizione integrale)
C T O	1973	Torino, Caula (Ed. integrale) ("Romanzi d'avventure di E. Salgari")
O	1974	Milano, Vallardi
O	1975	Vicenza, Edizioni Paoline
O	2003	Milano, Fabbri
C O	2010	Milano, Greco & Greco ("Le Melusine", 73) (A cura di Luciano Curreri)

Alcune traduzioni:

F	1929	*Les Aigles de la Steppe*: FRANCIA Paris, Tallan- dier
U	1958	*Las águilas de la estepa*: SPAGNA Barcelona, G.P

Attraverso l'Atlantico in pallone

* C Sar T	1895-96	Torino, Speirani, a puntate in «Biblioteca per l'Infanzia e per l'Adolescenza: Pubblicazione quindicinale illustrata dedicata alle scuole ed alle famiglie» [Abbonamento annuo Lire 3], Vol. II, n. 1, pp. 1-8 – Vol. II, n. 24, pp. 417-428 (5 novembre 1895- 20 ottobre 1896)
P Bit Poz Sar	1896	Torino, Speirani. Illustrato da G.G. Bruno. Con una cartina geografica fuori testo del «viaggio compiuto dal *Washington*»

* cm T G Sar O	1897	Torino, Speirani (2ª ed.) (pp. 256) Con una cartina geografica fuori testo
* Sar tb	[s.d.] [1897/8?]	Milano, Casa Editrice Giacomo Agnelli (3ª ed.) ("Biblioteca Agnelli per Ragazzi Italiani") (pp. 244)
* M	1925	Milano, Agnelli (3ª ed.)
CP Sar O	1926	Milano, Agnelli (3ª ed., "Biblioteca Agnelli per i ragazzi Italiani")
CP M Sar O	1927	Milano, Sonzogno [Lit. 4.50]
cm Sar	1929	Milano, Sonzogno
P Sar	1940	Milano, Sonzogno
C M Sar O	1941	Milano, Sonzogno («Il romanziere illustrato», n. 96. Pubblicazione mensile) (Con 5 racconti di diversi autori) [Lit. 2.70]
C vt O	1947	Torino, Viglongo ("I capolavori di E.S.")
C	1949	Torino, Viglongo
O	c1970	Milano, Fabbri
C O	1976	Roma, Edizioni Paoline ("Tutto Salgari", 22)
O	1994	Milano, Olivares
C O	2002	Milano, Fabbri ("Emilio Salgari")
C O	2005	Milano, Fabbri ("Emilio Salgari")

Un esempio di pubblicità:

*	1896	«Biblioteca per l'infanzia e per l'adolescenza», Vol. II, n. 24, 20 ottobre 1896, réclame nella seconda copertina: «È uscito lo splendido volume di EMILIO SALGARI, ATTRAVERSO L'ATLANTICO IN PALLONE *Curiosissime avventure di viaggio dell'aeronauta Kelly e del suo coraggioso compagno* O'Donnell. È un elegantissimo volume in formato grande, molto interessante e assai istruttivo. Il libro è splendidamente illustrato con disegni originali di G. G. Bruno e arricchito d'una carta del viaggio compiuto dagli aeronauti. Lire TRE».

Una traduzione:

U	1955	*A través del Atlántico en globo*: SPAGNA Barcelona, Toray

Avventure fra le Pelli-Rosse

Romanzo pseudonimo, plagiato e adattato da *Nick of the Woods* (1837) di Robert Montgomery Bird, scrittore americano.

CBP Poz O Sar tb	1900	Torino, Paravia (pseudonimo: G. Landucci) Illustrato da G. G. Bruno (pp. 330) [L. 3.50]
cm	1909	Torino, Paravia (firmato G. Landucci)
Sar	1916	Torino, Paravia (firmato G. Landucci)
C O	1920	Torino, Paravia
Bit	1920	Roma, Maglione e Strini
P Sar	1921	Roma, Maglione e Strini (2ª ristampa)
Sar	1924	Torino, Paravia (3ª ristampa)
Sar	[s.d.]	Milano, Sonzogno
M cm Sar O	1927	Milano, Sonzogno
Sar	1928	Milano, Sonzogno
CP M Sar O	1932	Milano, Sonzogno [Lit. 6]
Sar O	1934	Milano, Sonzogno
M O	1947	Milano, Carroccio ("Collana popolare S.", 47)
C vt O	1954	Torino, Viglongo ("Il romanzo di avventure") [Lit. 500]
O	1959	Bologna, Carroccio
CB	1959	Modena, Carroccio-Aldebaran ("Nord-Ovest", 4)
vt O	1961	Torino, Viglongo (ristampa)
O	1963	[?], Carroccio
*	1966	Roma, Le Edizioni del Gabbiano: *Avventure tra i pellirossa* ("Avventure di Terra e di Mare", Anno I, n. 23) (settimanale) [Lit. 300]
C	1976	Roma, Edizioni Paoline (2ª ed.) ("Tutto Salgari", 9): *Avventure tra i pellirossa.*
C O	2004	Milano, Fabbri ("Emilio Salgari")

Una traduzione:

F	1930	*Au milieu des Peaux-Rouges* [?]:FRANCIA Paris, Tallandier

Avventure straordinarie di un marinaio in Africa

Racconto pseudonimo, probabilmente plagiato da un romanzo *feuilleton* francese. Altri volumi pseudonimi della stessa "Biblioteca economica" erano stati anch'essi plagiati. Dal 1947 in poi il titolo è spesso abbreviato.

C Poz Sar Boe tb	1899	Genova, Donath (pseudonimo: E. Bertolini). Illustrato da G.G. Bruno. ("Biblioteca economica illustrata per la gioventù, diretta dal Cav. Salgari") (pp. 240)
Mof Sar Boe	1901	Genova, Donath: *Le straordinarie avventure...* (firmato E. Bertolini)
★ CP M Bit Sar O	1930	Milano, Sonzogno (pp. 192) [a due vesti editoriali: Lit. 5 e Lit. 6,50]
★ M	1947	Milano, Carroccio ("Collana popolare S.", 4): *Un marinaio in Africa*
CB	1959	Modena, Carroccio-Aldebaran ("Collana Nord- Ovest", 19): *Un marinaio in Africa*
ch	1969	Milano, Fabbri: *Avventure di un marinaio in Africa* ("Tigri e Corsari", 65) (pp. 158)
O	2004	Milano, Fabbri

Una traduzione:

F	1932	*La fortune de Jean Finfin*: FRANCIA Paris, Tallandier

Il Capitan Tempesta (sulle ristampe *Capitan Tempesta*)

CBP Bit L Poz Sar Boe O	1905	Genova, Donath. Illustrato da A. Della Valle (anche in brossura) (pp. 280)
Sar	1905	Genova, Donath (a dispense)
CBP M Sar O	1915	Milano, Vallardi ("Letture amene illustrate per la gioventù") [Lit. 2]
Sar	1916	Milano, Vallardi
cm G Sar O	1918	Milano, Vallardi
Sar	1920	Milano, Vallardi
Sar	1922	Milano, Vallardi
Sar O	1926	Milano, Vallardi
Sar O tb	1936	Milano, Vallardi
Sar	1940	Milano, Vallardi
Sar	1941	Milano, Vallardi
Sar	1942	Milano, Vallardi
Sar O	1943	Milano, Vallardi
O	1946	Milano, Vallardi
C vt O	1946	Torino, Viglongo
vt	1947	Torino, Viglongo (ristampa)
Sar	1947	Milano, Vallardi
M Sar O	1949	Milano, Vallardi
vt	1949	Torino, Viglongo (ristampa)
vt	1952	Torino, Viglongo (ristampa)

vt	1953	Torino, Viglongo (ristampa)
C O	1955	Milano, Vallardi ("Collana dell'Orso")
vt O	1956	Torino, Viglongo (ristampa)
O	1957	Milano, Vallardi
vt	1959	Torino, Viglongo (ristampa)
vt	1960	Torino, Viglongo (ristampa)
* O	1963	Milano, Vallardi ("Collana dell'Orso")
vt O	1963	Torino, Viglongo (ristampa)
O	1965	Milano, Vallardi
O	1966	Roma, Le Edizioni del Gabbiano (settimanale) ("Avventure di Terra e di Mare")
O	1967	Milano, Vallardi
O	c1968	Milano, Fabbri
O	1973	Torino, Caula
C O	1975	Alba, Edizioni Paoline ("Tutto Salgari", 40) [Lit. 1300]
O	c1976	Torino, Produzioni Editoriali Aprile
C O	1990	Milano, Mursia ("Salgariana")
O	2002	Milano, Fabbri
O	2005	Milano, Fabbri
C	2006	Milano, Fabbri ("Emilio Salgari")
*	2008	Milano, Edimarketing ("Classici di ogni tempo e paese", pubblicazione periodica settimanale. Comprende 3 volumi di Salgari, «Opere», tutti intitolati però *I pirati della Malesia*: 2 capitoli di *Capitan Tempesta* sono stampati in Vol. II, e capitoli III-XXIX nel Vol. III)
C O	2011	Firenze, Edit.it. ("Tempolibero", 4)
O	2011	[Milano], RBA
O	2012	Milano, Garzanti

Qualche esempio di pubblicità:

*	1905	«Per Terra e per Mare», Anno II, n. 52; Anno III, n. 2: volumi a due prezzi, Lit. 5 o Lit. 3.50

Alcune traduzioni:

Nie	1910	*Kapitan Tempesta* (in *Sobranie sočinenij* [Raccolta di opere], supplemento alla rivista «Vokrug sveta» [Intorno al mondo], voll. 1-12): RUSSIA Moskva, [Tipografia] I.D. Sytina
D lc	1930	*Hauptmann Tempesta*: GERMANIA Berlin, Phönix

F	1938	*Éléonora la capitaine*: Francia Paris, Tallandier
tr	1945	*El Capitán Tormenta*: Cile Santiago, Zig-Zag
tr U	1958	*O Capitão Tormenta* [1ª parte?]: Portogallo Lisbona, Torres (2ª ed.)
tr U	1958	*O leão de Damasco* (2ª parte): Portogallo Lisbona, Torres (2ª ed.)
U	1958	*El Capitán Tormenta*: Argentina Buenos Aires, Acme
Nie	1991	*Kapitan Tempesta*: Russia Taškent, Firma «Fond»
Nie	1993	*Kapitan Tempesta* (in *Sobranie sočinenij* [Raccolta di opere], voll. 6: ogni vol. comprende 4 o 5 romanzi di E.S.): Russia Moskva, Izdatel'skij centr «Terra»

La capitana del «Yucatan»

CBP Bit Poz Sar Boe O	1899	Genova, Donath. Illustrato da G. Gamba ("Biblioteca illustrata per la gioventù") (pp. 376)
C L Sar O	1899	Genova, Donath (Stab. Tip. Armanino) (a 24 dispense) [Cent. 15 la dispensa]
⋆ CBP Sar Boe O	1906	Genova, Donath (2ª ed. Nuova copertina di A. Della Valle) (anche a dispense)
CP M Sar O	1920	Milano, Vallardi
Sar am	1923	Milano, Vallardi [2019: £31 sterline]
Sar O	1928	Milano, Vallardi
Sar	1929	Milano, Vallardi
L Sar O	1932	Milano, Vallardi
Sar	1942	Milano, Vallardi
Sar O	1945	Milano, Vallardi
M Sar O	1947	Milano, Vallardi: *La capitana del Jucatan*
C vt O	1947	Torino, Viglongo
C M O	1952	Milano, Vallardi: *La capitana del Jucatan* ("Biblioteca dell'Orso. Orso bruno")
vt	1953	Torino, Viglongo (ristampa)
O	1955	Milano, Vallardi
vt O	1961	Torino, Viglongo (ristampa)
O	1962	Milano, Vallardi
C O	1966	Roma, Le Edizioni del Gabbiano (settimanale) ("Avventure di terra e di mare", 16)
⋆ O	1966	Milano, Vallardi
C	1973	Milano, Fabbri (2ª ed.) [Lit. 1000]

* O ch	1973	Roma, Edizioni Paoline ("Tutto Salgari", 10) [Testo basato su quello di un'edizione Viglongo]
Tra	1974	Milano, Mondadori: *Edizione Annotata: Romanzi di guerriglia* (con altri 2 romanzi, a c. di M. Spagnol)
C O	1974	Milano, Vallardi (Ed. integrale) [Lit. 1000]
C O	1975	Milano, Vallardi (Ed. integrale) ("Avventure in Russia e in America") [Lit. 3500]
C O	1994	Milano, Rothmans, Portoria ("Il mare e l'avventura")
C O	2003	Milano, Fabbri ("Emilio Salgari")
C O	2005	Milano, Fabbri ("Emilio Salgari") (Nuova ed.)
O	2011	[Milano], RBA Italia

Un esempio di pubblicità:

*	1906	«Per Terra e per Mare» [c. maggio 1906]: «sono in vendita le prime dispense della *Capitana del Yukatan*» [sic]

Alcune traduzioni:

F	1902	*La Capitaine du 'Yucatan'*: Francia Paris, Delagrave
lc	1903	*La capitaine du 'Yucatan'*: Francia Paris, Delagrave
gr tb	[1905]	*La capitaine du 'Yucatan'*. Traduzione di J. Fargeau. Illustrato da P. Gamba: Francia Paris, Delagrave (2ª ed.)
U	1951	*La capitana del Yucatán*: Argentina Buenos Aires, Difusión
U	1953	*La capitana del 'Yucatan'*: Spagna Madrid, Calleja
U	1958	*La capitana del Yucatán*: Spagna Barcelona, G.P.

Il capitano della Djumna

CBP cm G Bit Poz Sar Boe O	1897	Genova, Donath. Illustrato da G. Gamba (pp. 238) [Lit. 3.50]
CB	1904	Genova, Donath (a 20 dispense)
* P Poz Sar Boe O	1905	Genova, Donath (2ª ed., con 3 capitoli nuovi, VIII-X) [Ed. a rilegatura editoriale di lusso, 2012: €120]

CP M Sar O	1918	Milano, Vallardi ("Letture amene illustrate per la gioventù")
Sar O	1921	Milano, Vallardi
Sar	1924	Milano, Vallardi
Sar O	1929	Milano, Vallardi
Sar	1944	Milano, Vallardi
C vt O	1946	Torino, Viglongo ("Opere di E.S.") [Lit. 250]
vt	1947	Torino, Viglongo (ristampa)
M cm Sar O	1947	Milano, Vallardi
vt	1951	Torino, Viglongo (ristampa)
C M O	1955	Milano, Vallardi ("Collana dell'Orso") [Lit. 380]
vt O	1957	Torino, Viglongo (ristampa)
O	1958	Milano, Vallardi
⋆	196?	Milano, Vallardi
O	1964	Milano, Vallardi
O	1967	Milano, Vallardi
O	c1968	Milano, Fabbri
C O	1976	Alba, Edizioni Paoline ("Tutto Salgari", 44) [Lit. 1300]
O	2004	Milano, Fabbri
C O	2005	Milano, Mondadori ("Oscar") (Introduzione di S. Gonzato)
O	2007	Milano, Fabbri
O	2011	Milano, RBA Italia

Qualche esempio di pubblicità:

⋆	1905	«Per Terra e per Mare», Anno III, n. 2 [c. dicembre 1905]

Alcune traduzioni:

F	1902	*Les Naufragés de la 'Djumna'*: FRANCIA Paris, Delagrave
U	1948	*El capitán de la D'Jumma*: SPAGNA Madrid, Calleja
U	1956	*El capitán de Djunna*: ARGENTINA Buenos Aires, Acme
U	1956	*El Capitán de la D'Jumma*: SPAGNA Barcelona, Molino
U	1959	*El Capitán de la Djumna*: SPAGNA Barcelona, Molino

Cartagine in fiamme

* Poz Sar	1906	Genova, Donath, a puntate in «Per Terra e per Mare», Anno III, n. 11 – n. 31
CBP Bit Poz Sar Boe O	1908	Genova, Donath. Illustrato da A. Della Valle (Romanzo storico) ("Biblioteca illustrata per la gioventù") (pp. 286) [Lit. 2]
Sar	1908	Genova, Donath (a dispense)
CP M cm Sar O	1921	Milano, Vallardi (Romanzo storico)
Sar O	1923	Milano, Vallardi
cm Sar O	1927	Milano, Vallardi
Sar O	1931	Milano, Vallardi
O	1940	Milano, Vallardi
Sar	1942	Milano, Vallardi
Sar	1943	Milano, Vallardi
M cm G O	1947	Milano, Vallardi
C tb vt O	1947	Torino, Viglongo [Lit. 250]
vt	1951	Torino, Viglongo (ristampa)
vt	1956	Torino, Viglongo (ristampa)
C O	1957	Milano, Vallardi ("Collana dell'Orso")
O	1959	Milano, Vallardi
CB T vt O	1959	Torino, Viglongo ("Il romanzo d'avventure") (ristampa) [Lit. 1350]
vt	1959	Torino, Viglongo (legatura di lusso)
★	196?	Milano, Vallardi
O	c1961	Milano, Vallardi
vt	1961	Torino, Viglongo (ristampa)
O	1963	Milano, Vallardi
O	1964	Milano, Vallardi
O	1966	Roma, Le Edizioni del Gabbiano (settimanale) ("Avventure di Terra e di Mare")
O	c1968	Milano, Fabbri
C O	1973	Milano, Vallardi [Lit. 900]
C O	1975	Alba, Edizioni Paoline ("Tutto Salgari", 41) [Lit. 1300]
O	1986	Taranto, Mandese
O	2001	Roma, Quiritta [testo della prima versione stampata su «Per Terra e per Mare», a cura di L. Curreri]
O	c2002	Milano, Fabbri Video [regia di Carmine Gallone]
C O	2003	Milano, Fabbri ("Emilio Salgari")
C O	2006	Milano, Fabbri ("Emilio Salgari") (Nuova ed.)

C O	2011	Milano, Greco & Greco ("Le Melusine", 78) (a c. di L. Curreri)
O	2011	Milano, RBA Italia

Alcune traduzioni:

Nie	1910	*Gibel' Karfagena* (in «Priroda i ljudi», nn. 14-31): RUSSIA
tb	[dopo 1913]	*La destrucciòn de Cartago*: SPAGNA Barcelona, Maucci [s.d.]
ab	1931	*Karthago in Flammen*: GERMANIA Berlin, Phönix
tr	1946	(titolo tradotto non citato): BULGARIA Sofia
U	1954	*La destrucción de Cartago*: SPAGNA Barcelona, Toray
* G	[s.d.] [ma 1955]	*Karthago in Flammen*: GERMANIA Tauberbischofsheim, Blaustern-Verlag
U	1956	*Cartago en llamas*: ARGENTINA Buenos Aires, Acme
U	1959	*Uma aventura em Cartago* [1ª parte?]: PORTOGALLO Lisboa, Torres
U	1959	*A destruição de Cartago* (2ª parte): PORTOGALLO Lisboa, Torres (2ª ed.)
Nie	1993	*Gibel' Karfagena* (in *Sobranie sočinenij* [Raccolta di opere], voll. 6: ogni vol. comprende 4 o 5 romanzi di E.S.): RUSSIA Moskva, Izdatel'skij centr «Terra»

Le caverne dei diamanti

Romanzo pseudonimo, plagiato e adattato da *King Solomon's Mines* (1885, Le miniere del Re Salomone) di Henry Rider Haggard, scrittore inglese.

Sar Boe O tb	1899	Genova, Donath (pseudonimo: E. Bertolini) Ill. G. Gamba ("Biblioteca economica illustrata per la gioventù, diretta dal Cav. Salgari") (pp. 265)
* Mof Poz Sar Boe	1903	Genova, Donath (firmato E. Bertolini)
Sar	1922	Milano, Vallardi (firmato E. Bertolini)
CP Bit Sar O	1930	Milano, Sonzogno [Lit. 5]
Sar	1944	Milano, Casa Editrice Impero: *La caverna dei diamanti*
* C R Sar	1945	Milano, Pagani [già Casa Editrice Impero] ("I romanzi dell'ardimento". Collana diretta da U. Pagani, n. 3): *La caverna dei diamanti*

* C vt O	1959	Torino, Viglongo (In testa al frontespizio: «E. Salgari e H. Rider Haggard». Libera riduzione di E.S.)
O	2003	Milano, Fabbri

Qualche esempio di pubblicità:

*	1905	«Per Terra e per Mare», Anno III, n. 2, fine 1905, réclame per i volumi editi da Donath, incluso questo e altri due pseudonimi di «E. Bertolini».

Alcune traduzioni:

D lc	1930	*Die Diamantenhöhlen*: GERMANIA Berlin, Phönix
tr	1947	(*Le grotte dei tesori*) (?):BULGARIA Sofia
tr	1950	*A caverna dos diamantes*: PORTOGALLO Porto, Imp. Port. (2ª ed.)
tr U	1960	*A caverna dos Diamantes*: PORTOGALLO Lisboa, Torres (3ª ed.)

La città del re lebbroso

L Sar	1903-04	Genova, Donath (a dispense)
CBP R Bit	1904	Genova, Donath. Illustrato da G. Amato
Poz Sar Boe O		("Biblioteca illustrata per la gioventù") (pp. 366)
CBP M Sar O	1916	Milano, Vallardi [Lit. 2]
Sar	1918	Milano, Vallardi
Sar	1920	Milano, Vallardi
Sar O	1923	Milano, Vallardi
Sar O	1928	Milano, Vallardi
Sar O	1932	Milano, Vallardi
Sar	1943	Milano, Vallardi
M cm Sar O	1947	Milano, Vallardi
C vt O	1947	Torino, Viglongo [Lit. 350]
C M O	1956	Milano, Vallardi ("Collana dell'Orso") [Lit. 380]
vt O	1956	Torino, Viglongo (ristampa)
O	1959	Milano, Vallardi
*	196?	Milano, Vallardi
O	1963	Milano, Vallardi
O	1966	Milano, Vallardi
O	1966	Roma, Le Edizioni del Gabbiano (settimanale) ("Avventure di Terra e di Mare")

O	1970	Milano, Fabbri
O	[1972?]	Rho (Milano), Cartoon Museum ["Albi", n. 16 – n. 19]
C O	1973	Milano, Vallardi [Lit. 2500]
O	1974	Milano, Vallardi
C O	1976	Alba, Edizioni Paoline ("Tutto Salgari", 46) [Lit. 1300]
C O	1976	Torino, Caula ("Biblioteca di Emilio Salgari", 1) (Edizione integrale con illustrazioni dell'epoca)
C O	1998	Milano, Rizzoli (BUR) ("Superclassici", 186)
O	[2002?]	Cagliari, Coop. sociale "A prima vista" [Edizione in braille]
O	2003	Milano, Fabbri
O	2006	Milano, Fabbri

Un esempio di pubblicità:

★	1905	«Per Terra e per Mare», Anno III, n. 2 (fine 1905): volumi salgariani a due prezzi, Lit. 5 e Lit. 3.50

Alcune traduzioni:

Nie	1910	*Gorod prokažennogo korolja* (in *Sobranie sočinenij* [Raccolta di opere], supplemento alla rivista «Vokrug sveta» [Intorno al mondo], voll. 1-12): Russia Moskva, [Tipografia] I.D. Sytina
F	1929	*La Cité du roi lépreux*: Francia Paris, Tallandier
D lc	1929	*Die Stadt des Königs Lebroso*: Germania Berlin, Phönix
U	1952	*O cidade do rei leproso*: Portogallo Lisboa, Torres (3ª ed.) (2 volumi: 1. *O último elefante branco* 2. *A conquista do talismã*)
U	1953	*La ciudad del rey lebbroso*: Spagna Madrid, Calleja
tr U	1957	*A citade do rei leproso: O último elefante branco*: Portogallo Lisboa, Torres (4ª ed.)
tr U	1957	*A citade do rei leproso: A conquista do talismã*: Portogallo Lisboa, Torres
tr U	1957	*La ciudad del rey leproso*: Spagna Barcelona, G.P.

Nie	1993	*Gorod prokažennogo korolja* (in *Sobranie sočinenij* [Raccolta di opere], voll. 6: ogni vol. comprende 4 o 5 romanzi di E.S.): RUSSIA Moskva, Izdatel'skij centr «Terra»

La città dell'oro

Poz Sar	1896	Verona, Treves, a puntate in «Il Giornale dei Fanciulli», 2 luglio – 10 dicembre 1896
★ Sar tb	1897	Milano, Treves, a puntate nell'antologia *Le Gaje Giornate: Letture illustrate per i Fanciulli raccolte da Cordelia e A. Tedeschi*, la prima puntata inizia alla p. 1, l'ultima termina alla p. 379. Disegni di Gino De Bini
CBP M cm G Bit Poz Sar O	1898	Milano, Treves. Illustrato da A. Bonamore e G. De Bini (pp. 363) [Lit. 3]
Sar	1898	Milano, Treves (ristampa)
Sar	1898	Milano, Treves (ristampa)
Poz	1901	Milano, Treves, a puntate ne «Il Corriere Illustrato della Domenica»
O	1914	Milano, Treves
Sar O	1923	Milano, Treves
CP lc L Sar O	1929	Milano-Verona, Mondadori (Nuova ed.) [Lit. 10]
CP M tb Sar O	1934	Milano, Sonzogno
Sar	1935	Milano, Sonzogno
O	1941	Milano, Sonzogno
M O	1947	Milano, Carroccio ("Collana pop. S.", 38)
C vt O	1951	Torino, Viglongo ("Il romanzo di avv.") [Lit. 500]
O	1957	Bologna, Carroccio Aldebaran
O	[1961]	San Lazzaro di Savena, Carroccio
★ O	1964	Bologna, Carroccio ("Collana Nord-Ovest")
O	c1968	Milano, Fabbri
O	[1972]	Rho (Milano), Cartoon Museum ["Albi", 1-3]
O	[1974]	Roma, Edizioni Paoline
O	1977	Torino, Produzioni Editoriali Aprile
C O	2003	Milano, Fabbri ("Emilio Salgari")
O	2006	Milano, Fabbri

Alcune traduzioni:

F	1931	*La Cité de l'Or*: FRANCIA Paris, Tallandier
po	1934	*Miasto złota, wyprawa do legendarnego; Eldorada. Powieść podróżnicza dla młodzieży*: POLONIA Warszawa, Nowe Wydawnictwo

U	1949	*La Ciudad del Oro*: SPAGNA Madrid, Calleja
U	1952	*Ē polis tou khrusou*: GRECIA Atene, Dēmētrakos
U	1957	*La ciudad de oro*: ARGENTINA Buenos Aires, Acme
U	1959	*La ciudad del oro*: SPAGNA Barcelona, G.P.
tr U	1960	*A citade do ouro*: PORTOGALLO Lisboa, Torres (2ª ed.)

Il continente misterioso: Avventure nell'Australia

* C Bit Poz Sar O tb	1894	Torino, Paravia. Illustrato da G. B. Carpanetto (più una cartina geografica e alcuni disegni supplementari didattici) (pp. 222)
Sar	1895	Torino, Paravia (2ª ed.)
P cm G Sar O	1899	Torino, Paravia (3ª ed.)
O	1901	Torino, Paravia
C Sar O	1903	Torino, Paravia (5ª ristampa) [Lit. 3]
CBP Sar O	1906	Torino, Paravia (6ª ristampa) [Lit. 3]
Sar O	1913	Torino, Paravia (8ª ristampa)
Sar	1916	Torino, Paravia
C Sar O	1918	Torino, Paravia (10ª ristampa) [Lit. 6]
P Sar	1920	Torino, Paravia (10ª ristampa)?
P Sar	1923	Torino, Paravia (ristampa)
Sar O	1924	Torino, Paravia (13ª ristampa)
* CP M Sar O	1927	Milano, Sonzogno (in 16 dispense) [ognuna Cent. 50, o il volume delle dispense, in formato grande, Lit. 4.50] [«Finito di stampare il 15 ottobre 927»] (pp. 124)
Sar	1928	Milano, Sonzogno
CP M Sar O tb	1937	Milano, Sonzogno [Lit. 4.50]
vt	1946	Torino, Viglongo
C O	1947	Torino, Viglongo ("Opere di E.S.") [Lit. 250]
O	1949	Torino, Viglongo
vt	1952	Torino, Viglongo (ristampa)
vt	1953	Torino, Viglongo (ristampa)
vt	1960	Torino, Viglongo (ristampa)
C O	1966	Roma, Le Edizioni del Gabbiano (settimanale) ("Avventure di terra e di mare", 15)
vt O	[1967?]	Torino, Viglongo (ristampa)
O	c1969	Milano, Fabbri
C O	1973	Roma, Edizioni Paoline ("Tutto Salgari", 11)
C O	1976	Milano, Vallardi [Lit. 3500]
C O	1976	Roma, Edizioni Paoline ("Tutto Salgari", 11)

O	c2002	Milano, Fabbri
O	2011	Milano, RBA Italia

Un esempio di pubblicità:

*	1937	Milano, Sonzogno [Elenco di 59 "Opere di Emilio Salgari"pubblicate dalla Casa Editrice Sonzogno, inclusi alcuni 'falsi', per esempio, *Sandokan nel labirinto infernale*].

Alcune traduzioni:

Nie	1896	*Strana čudes*: Russia Sankt-Peterburg, Izdanie žurnala «Domašnjaja biblioteka»
U	1949	*El continente misterioso*: Spagna Madrid, Calleja
tr	1956	*El Continente misterioso*: Cile Santiago, Pacífico
tr	1957	*El continente misterioso*: Spagna Barcelona, Molino
U	1958	*O Continente misterioso*: Portogallo Lisboa, Torres
U	1958	*El continente misterioso*: Argentina Buenos Aires, Acme
tr	1959	*O continente misterioso*: Portogallo Lisboa, Torres (2ª ed.)
U	1959	*El continente misterioso*: Spagna Barcelona, Molino
Nie	1993	*Strana čudes* (in *Sobranie sočinenij* [Raccolta di opere], voll. 6: ogni vol. comprende 4 o 5 romanzi di E.S.): Russia Moskva, Izdatel'skij centr «Terra»

I corsari delle Bermude

*	1909	Firenze: *I pirati/corsari delle Bermude*, a inserte ne «Il Giornalino della Domenica» (ma solo puntate 1-23), 10 gennaio – 29 agosto 1909 (interrotto)[1]
L Sar	1909	Firenze, Bemporad (a 20 dispense)

---

[1] Le dispense del 1909 non erano state iniziate nel 1908 (come asserito in passato), e invece – non per colpa dell'autore – ci fu una pausa di quasi un anno prima del completamento del racconto nel 1910.

* P gr Bit Poz Sar Cap O ch tb	1909	Firenze, Bemporad. Copertina di A. Della Valle; 20 disegni di G. Amato. (In appendice 4 racconti già stampati su «Il Giornalino della Domenica», illustrati da Craffonara, Amato, Gamba e altri, come per «Il Giornalino»)[2] [Romanzo, pp. 236; volume, pp. 280.] [dda 1909]
* Sar	1910	Firenze: *I corsari delle Bermude*, completamento a inserte ne «Il Giornalino della Domenica» (puntate 24-35), 17 luglio – 23 ottobre 1910
Sar Cap	1910	Firenze, Bemporad
* Sar Cap	1918	Firenze, Bemporad [3.300 copie]
Sar	[s.d.]	Firenze, Bemporad
P cm Sar Cap O	1920	Firenze, Bemporad ("Nuova edizione dei Romanzi Straordinari di Emilio Salgari. Ciclo dei Corsari") (pp. 276)
* Sar O	1921	Firenze, Bemporad [5.000 copie]
P Sar	1922	Firenze, Bemporad
Sar	1925	Firenze, Bemporad
Sar	1928	Firenze, Bemporad
CP Sar O tb	1929	Milano, Sonzogno (pp. 282) [Lit 6.50]
Sar	1931	Firenze, Bemporad
Sar	1933	Milano, Sonzogno
P Sar O	1938	Milano, Sonzogno
O	1945	Milano, Carroccio
* M O	1947	Milano, Carroccio ("Collana pop. S.", 5)
* C O	1954	Milano, Carroccio-Aldebaran ("Nord-Ovest", 21) (Sul verso del frontespizio: «Traduzione [*sic*] a cura di PRA», cioè Roberto A. Pozzi) (pp. 136) ['Traduzione' in questo caso significa testo semplificato e ridotto]
O	1958	Bologna, Grafica salesiana
O	[1961?]	S. Lazzaro di Savena, Carroccio
O	1964	S. Lazzaro di Savena, Carroccio
[O	1964	Bologna, Carroccio]
C	1966	S. Lazzaro di Savena, Carroccio ("Collana Nord- Ovest", 21)
C O	1967	Bologna, Carroccio (voll. 2: con *Gli ultimi Filibustieri*)

---

[2] I quattro racconti aggiunti nel 1909 per completare la misura normale del volume furono *Il calcio del pescecane, Il pazzo del faro, Mastro Cannone,* e *Re David primo,* tutti stampati su «Il Giornalino della Domenica» nel corso del 1906.

* O	1968	Milano, Boschi ("Collana Capolavori", 34)
* O ch	1969	Milano, Fabbri ("Tigri e Corsari", 48) [manca un capitolo: XVIII *Il carnefice di Boston*]
O	1970	Milano, Boschi
C O	1974	Milano, Mursia ("I libri d'avventure di Emilio Salgari", 22) [Lit. 3500]
C O	1975	Milano, Vallardi ("Ciclo delle Bermude") [Lit. 3500]
O	1993	Milano, Mursia
O	2002	Milano, Fabbri
O	2003	Milano, BUR
O	2011	Milano, RBA Italia

Alcune traduzioni:

ab	1932	*Die Braut des Korsaren*: GERMANIA Berlin, Phönix
F	1932	*Les Corsaires des Bermudes*: FRANCIA Paris, Tallandier
C	1992	*A Bermudai kalózok*: UNGHERIA Budapest, Totem

Il Corsaro Nero

Dal 1972, se non prima, talvolta dimezzato e pubblicato in due volumi a titoli diversi.

Sar Boe O	[1898?]	Genova, Donath. Illustrato da G. Gamba (pp. 366)
CBP Sar	1898-99	Genova, Donath (in 23 dispense) (voll. 3 + 1 disp.) (pp. 366) [Cent. 15 la dispensa]
Bit Poz Sar Boe O	1899	Genova, Donath (pp. 366)
cm G Sar Boe O	1901	Genova, Donath (2ª ed.) (pp. 328)
CB Sar O	1903-04	Genova, Donath (a 21 dispense)
Boe O	1904	Genova, Donath (ristampa)
Sar Boe	1904	Genova, Donath (3ª ed. Nuova copertina di A. Della Valle)
P M Sar Boe O	1908	Genova, Donath (4ª ed.)
Sar Boe	1913	Genova, Donath
O	1914	Genova, Donath
CBP M Sar O	1917	Milano, Vallardi [Lit. 2.50]
Sar	1918	Milano, Vallardi
* Sar O	1919	Milano, Vallardi [copertina di Della Valle 1904; illustrazioni di Gamba 1898] [2012: €70]

Sar O	1921	Milano, Vallardi
O	[1923]	Milano, Vallardi
Sar O	1925	Milano, Vallardi
O	1926	Milano, Vallardi
Sar O	1930	Milano, Vallardi
C	[1930]	Torino, Casa Editrice Subalpina ("Le letture della gioventù") (pp. 63)
Sar O	1931	Milano, Vallardi
Sar	1936	Milano, Vallardi
Sar O	1937	Milano, Vallardi
Sar O ch	1938	Milano, Vallardi
Sar O	1939	Milano, Vallardi
Sar O	1940	Milano, Vallardi
Sar	1941	Milano, Vallardi
Sar	1942	Milano, Vallardi
vt	1945	Torino, Viglongo
C vt	1946	Torino, Viglongo (ristampa)
vt	1947	Torino, Viglongo (ristampa)
cm Sar	1949	Milano, Vallardi
vt	1949	Torino, Viglongo (ristampa)
vt	1950	Torino, Viglongo (ristampa)
C M O	1951	Milano, Vallardi ("Biblioteca dell'Orso. Orso bruno")
vt	1951	Torino, Viglongo (ristampa)
vt O	1952	Torino, Viglongo (ristampa)
* C vt	1952	Torino, Viglongo (edizione integrale con copertina ed illustrazioni fuori testo tratte dalle scene del film messicano del 1944, diretto da C. Urueta e con Pedro Armendariz nel ruolo del Corsaro Nero) [Lit. 500]
* tb	1953	Milano, «Albi Salgari», n. 13 (a fumetti)
vt	1953	Torino, Viglongo (ristampa)
vt	1954	Torino, Viglongo (ristampa)
O	1955	Milano, Vallardi ("Collana dell'Orso")
vt	1955	Torino, Viglongo (ristampa)
vt O	1956	Torino, Viglongo (ristampa)
O	1957	Milano, Vallardi ("Collana dell'Orso")
vt	1957	Torino, Viglongo (ristampa)
CB T vt O	1959	Torino, Viglongo ("Il romanzo di avventure") (ristampa) [Lit. 1350]
vt	1959	Torino, Viglongo (edizione di lusso)
vt O	1961	Torino, Viglongo (ristampa)
O	1961	Milano, Vallardi ("Collana dell'Orso")
O	1962	Milano, Vallardi ("Collana dell'Orso")
vt	1962	Torino, Viglongo (ristampa)

O	1963	Milano, Vallardi ("Collana dell'Orso")
L O	1964	Milano, Vallardi ("Collana dell'Orso")
vt	1964	Torino, Viglongo (ristampa)
O	1966	Roma, Le Edizioni del Gabbiano (settimanale) ("Avventure di Terra e di Mare")
⋆ O	1967	Milano, Vallardi ("Collana dell'Orso")
O	1968	Bergamo, Janus
⋆ O	1968	Milano, Boschi ("Collana Capolavori", 35)
O	1968	Milano, Fabbri
O	c1968	Milano, Fabbri
O	c1968	Milano, La Sorgente [riduzione]
C O	1968	Milano, Lucchi
C O	1968	Milano, Mursia ("I libri di avventure di E.S.", 1) [Lit. 2000]
O	c1969[?]	Bologna, Malipiero: *Il giuramento del Corsaro Nero* [2ª parte del romanzo, che prende come titolo quello del capitolo finale del libro intero]
O	1969	Milano, AMZ
O	197?	Rho (Milano), Cartoon Museum
C L Tra O	1970	Milano, Mondadori: *Edizione Annotata: Il ciclo dei corsari* (con altri 2 romanzi, a c. di M. Spagnol)
O	1970	Milano, Boschi
O	1970	Milano, Mursia
C O	1970	Roma, Lupa Press
O	1971	Milano, La Sorgente
O	1971	Milano, Mondadori: *Edizione Annotata* (2ª ed.)
O	1971	Milano, Vallardi ("Collana dell'Orso")
O	c1972	Bologna, Malipiero ("I giganti", 31) (pp. 154) [solo la 1ª Parte del romanzo]
O	1972	Milano, Lucchi
O	1972	Milano, Mursia
C O	1972	Ozzano Emilia, Malipiero: *Il Corsaro Nero* ("Giovani capolavori", 49) (pp. 122) [solo la 1ª parte del romanzo]
C O	1972	Ozzano Emilia, Malipiero ("Racconti e avventure", 31) (pp. 154) (a c. di G. Marchesini) [solo la 1ª parte]
C O	1972	Ozzano Emilia, Malipiero ("I talenti", 49) [solo la 1ª parte]
⋆ C O	1972	Ozzano Emilia: Malipiero: *Il giuramento del Corsaro Nero* ("Giovani capolavori", 50) (pp. 124) [Titolo originale: *Il Corsaro Nero*, di cui è solo la 2ª Parte: 19 capitoli, cominciando dal Capitolo XVIII del romanzo originale]

C O	1972	Ozzano Emilia: Malipiero: *Il giuramento del Corsaro Nero*, a cura di G. Marchesini ("Racconti e avventure", 32) (pp. 153) [Titolo originale: *Il Corsaro Nero*, di cui è la 2ª parte]
C	1972	Ozzano Emilia: Malipiero: *Il giuramento del Corsaro Nero* ("I talenti", 50) (pp. 121) [2ª parte de *Il Corsaro Nero*]
C O	c1972	Ozzano Emilia: Malipiero: *Il giuramento del Corsaro Nero* ("I giganti", 32) (pp. 153) [2ª parte de *Il Corsaro Nero*]
vt O	1972	Torino, Viglongo (ristampa)
O	1973	Milano, AMZ
C O	1973	Milano, Fabbri (2ª ed.) [Lit. 1000]
C O	1973	Milano, Garzanti ("I Garzanti", 429) [Lit. 700]
O	1973	Milano, Vallardi
O	1973	Ozzano Emilia, Malipiero ("Classici Malipiero", 42) (pp. 156) (a c. di G. Marchesini) [solo la 1ª parte de *Il Corsaro Nero*]
O	1973	Ozzano Emilia, Malipiero (*Il giuramento del Corsaro Nero*) [solo la 2ª parte de *Il Corsaro Nero*]
O	1973	Ozzano Emilia, Malipiero (*Il giuramento del Corsaro Nero*) ("Racconti e avventure", 32) [la 2ª parte de *Il Corsaro Nero*]
O	1973	Roma, Edizioni Paoline
O	1973	Torino, Caula
* C O	1974	Ozzano Emilia: Malipiero ("Classici Malipiero", 42) (a cura di G. Marchesini) (cartonata con sopracopertina) (pp. 156) [solo la 1ª parte de *Il Corsaro Nero*: capitoli I - XVII]
O	1974	Milano, Accademia
O	1974	Milano, La Sorgente (pp. 137)
O	1974	Milano, Lucchi (pp. 171)
O	1974	Milano, Mondadori
O	1974	Milano, Vallardi
C O	[1976]	Milano, Fabbri ("Il ciclo dei corsari") [Lit. 3000]
O	1976	Milano, Boschi (pp. 157)
O	1976	Milano, Garzanti ("I Garzanti", 429)
C O	1976	Milano, Longanesi (Sceneggiato e illustrato da Franco Chiletto) ("I libri pocket", 587)
O	1976	Milano, Lucchi (adattamento, pp. 171)
O	[1976]	Milano, Mursia
C O	1976	Milano, Mursia: più *La regina dei Caraibi* ("Capolavori a fumetti", disegni di F. Chiletto) [Lit. 3000]

C O	1976	Milano, Piccoli ("Sempre verdi", 40) (adattamento: G. Calanchi) [Lit. 2000]
C O	1976	Milano, Rusconi ("Biblioteca Rusconi", 30) [Lit. 2000]
C O	1976	Milano, Le Stelle ("I libri d'oro") [Lit. 4500]
O	1976	Milano, Vallardi
C	1976	Ozzano Emilia: Malipiero: *Il giuramento del Corsaro Nero*, a cura di G. Marchesini ("Classici Malipiero", 44) ('Ed. integrale') (pp. 153) [Titolo originale: *Il Corsaro Nero*, di cui è solo la 2ª parte]
C O	1976	Roma, Edizioni Paoline ("Tutto S.", 5) [Lit. 1800]
O	1976	Roma, Newton ragazzi ("L'avventura", 10)
O	1976	Torino, Aprile
C O	1977	Firenze, L. Pugliese ("Libri per la gioventù")
O	c1977	Ginevra, Ferni
C O	[1977]	Milano, Arcobaleno (pp. 124)
C O	[c1977]	Milano, Arcobaleno: *Il giuramento del Corsaro Nero* (pp. 121) [solo la 2ª parte del romanzo originale]
O	1977	Milano, AMZ (pp. 157)
C O	1977	Milano, Bietti ("Fantasia", 78)
O	c1977	Milano, Epipress ("I sempreverdi") (pp. 60)
C	1977	Milano, Fabbri ('Il ciclo dei corsari') (ristampa)
O	1977	Milano, Le Stelle (pp. 29)
O	1977	Milano, Vallardi ("Collana dell'Orso")
O	[1977?]	Roma, Edierre
O	1977	[Roma], Edizioni Paoline
O	c1979	Bologna, Capitol ("I grandi classici a fumetti", 5) (pp. 32)
C	[1979?]	Milano, Arcobaleno: *Il giuramento del Corsaro Nero* [solo la 2ª parte de *Il Corsaro Nero*] [Lit. 1700]
C O	c1979	Milano, Dami ("Classici Dami per la gioventù")
O	1980	Napoli, SO.GRA.ME ("I giovanissimi", 7)
O	c1980	Novara, Madis editrice
O	1980	Roma, Comic Art [voll. 2]
O	1982	Bergamo, Euroclub
O	c1982	Milano, Mursia
O	1982	[Roma, Esedra] ("La biblioteca del Giornale d'Italia")
O	1982	[Roma], Vito Bianco ("Avventure del mare") [pp. 171]

C	1984	Milano, Mondadori (adattamento: G. Padoan)
C O	1985	Milano, Mondadori ("La biblioteca dei ragazzi") (adattamento: G. Padoan)
O	1986	Milano, Vallardi
O	1986	Cinisello Balsamo, Edizioni Paoline ("I grandi narratori", 35)
O	1987	Arezzo, Alberti ("L'altalena", 7)
O	1987	La Spezia, Melita ("I classici")
O	1988	La Spezia, Melita
O	1988	Milano, Casini ("I classici")
O	1988	Milano, Piccoli ("Sempre verdi", 40) (pp. 126)
O	1989	Milano, Editoriale Del Drago ("Forever") (pp. 211)
O	1989	Milano, Mursia
C O	1990	Cinisello Balsamo, Edizioni Paoline ("I grandi narratori", 35)
O	[1990]	Milano, Editoriale Del Drago ("Pocket series", 9)
* C T O	1990	Torino, Loescher ("Narrativa scuola: Feltrinelli/Loescher", 35) (Con l'Introduzione, pp. IX-XIV, una cartina geografica, e schede didattiche, pp. 379-400) (pp. 400) [Lit. 16.500]
O	1992	Milano, Mursia
O	1992	Verona, Papiro (riscritto da G. Padoan) (pp. 222)
C O	1993	Gorle, Velar ("Grandi racconti")
C O	1994	Milano, Rothmans, Portoria ("Il mare e l'avventura")
O	1994	Monte Cremasco, Cartedit
C O	[1994]	La Spezia, Fratelli Melita ("Classici ragazzi") (Versione integrale)
C O	[1994]	La Spezia, Polaris ("Classici ragazzi") (Versione integrale)
C O	1995	Milano, Mondadori ("Leggere i classici", 41)
O	c1995	Milano, Mursia ("Beccogiallo", versione per bambini)
C O	1996	Roma, Newton Compton ("BEN ragazzi", 37) (a c. di S. Campailla)
C T O	1996	Torino, SEI ("La pratica della lettura") (a c. di L. Della Bianca)
O	1998	Milano, Mursia
C T vt O	1998	Torino, Viglongo (Edizione del Centenario, in cofanetto: reprint dell'edizione Donath del 1898, con le 22 illustrazioni originali di P. Gamba)

C O	1998	Milano, Euroclub
C O	[1999]	Milano, Nord (Edizione del centenario delle avventure del Corsaro Nero, 1899-1999: ciclo completo) (Edizioni integrali) ("Narrativa Nord", 123)
C O	2000	Perugia, Guerra ("Classici italiani Otto-Novecento")
C T O	2000	Torino, Einaudi ("Einaudi tascabili", 747) (a c. di E. Trevi)
O	[2002]	Milano, Fabbri ("E.S. l'opera completa") (pp. 257)
O	[2002]	Milano, Fabbri ("I grandi classici della letteratura italiana") (pp. 335)
O	2002	Milano, Rizzoli (BUR)
O	2003	Bologna, Euromeeting italiana/Mediasat ("Biblioteca dei ragazzi", 4)
O	2003	Cinisello Balsamo, Edizioni San Paolo
O	2003	Firenze, Giunti
O	2003	Milano, Fabbri
O	c2004	[?], Euromeeting italiana/Mediasat
O	c2004	Milano, Mondo junior (pp. 30 + video)
C O	2004	Milano, Mursia (Edizione integrale)
C O	2004	Milano, Rizzoli (BUR, "I classici blu", 209)
O	c2005	Bresso, Hobby and work (DVD)
O	[2005]	Cinisello Balsamo, San Paolo ("I classici biblioteca ragazzi")
★ C O	2005	Milano, Fabbri (con postfazione di A. Faeti) ("I Delfini", 281)
O	[2005]	Milano, Mondo home entertainment (DVD)
O	2005	Torino, La Stampa
O	2006	Milano, Fabbri
O	c2006	Milano, Mondo home entertainment (video/dvd)
C O	2007	Firenze-Milano, Giunti kids ("Classici per ragazzi")
C O	2007	Milano, Fabbri ("I classici illustrati")
O	2007	Milano, Fabbri ("I Delfini")
O	2007	Milano, Rizzoli (BUR)
O	2007	Torino, Einaudi
O	2008	Milano, Il Giornale
O	2008	Milano, Master (dvd del film del 1976 di S. Sollima)
O	c2008	[Milano], Mondo Tv (dvd, c. 90 min.)
O	c2009	Campi Biseglio, Cecchi Gori home video (dvd)

O	2009	Milano, Scuola del fumetto
O	[2010]	Milano, Fabbri
O	2010	Milano, Mondadori
O	2011	Milano, Angeli
O	2011	Milano, «Corriere della Sera»
O	2011	Milano, Mondadori ("I classici", 14)
O	2011	Milano, Mondolibri
O	2011	Milano, RBA Italia
* O ch	2011	Milano, Rizzoli ("BUR Ragazzi", 44) [€9.90]
O	2011	Santarcangelo di Romagna, JoyBook ("Classici junior")
C O	2011	Torino, Einaudi, in *Il ciclo del Corsaro Nero* (Introduzione di L. Curreri)
O	2012	Milano, BCDe ("Classici tascabili")
O	2012	Milano, Rizzoli ("BUR ragazzi", 44)
O	2012	[Perugia], Recitar Leggendo Audiolibri (cd)
O	2012	Roma, Newton Compton ("Grandi tascabili economici", 706)
O	2012	Roma, Newton Compton: *Tutte le avventure dei corsari: il ciclo completo.* ("Grandi tascabili economici: I mammut", 122)

Un esempio di pubblicità:

*	1905-06	«Per Terra e per Mare», verso la fine del 1905, due volumi annunciati a due prezzi diversi

Alcune traduzioni:

F gr	1902	*Le Corsaire noir*: FRANCIA Paris, Delagrave
D lc	1929	*Der schwarze Korsar*: GERMANIA Berlin, Phönix
tr	1945	[titolo tradotto non citato]: BULGARIA Sofia
U	1948	*El Corsario Negro* [1ª parte?]: ARGENTINA Buenos Aires, Difusión
U	1948	*La venganza del Corsario Negro* [2ª parte?]: ARGENTINA Buenos Aires, Difusión
tr	1950	*El Corsaro Negro*: CILE Santiago, Zig-Zag
U	1955	*O Corsário Negro* [1ª parte?]: PORTOGALLO Lisboa, Torres (2ª ed.)
tr U	1955	*O juramento do Corsário Negro* [2ª parte?]: PORTOGALLO Lisboa, Torres (2ª ed.)
U	1955	*El Corsario Negro*: ARGENTINA Buenos Aires, Acme
U	1955	*El Corsario Negro*: SPAGNA Barcelona, Molino

U	1957	*El Corsario Negro*: Argentina Buenos Aires, Acme
G U	1959	*Crni gusar*: Jugoslavia Zagreb, Novinarsko izdavačko poduzeće
Nie	1976	*Černyj korsar*: Russia Moskva, Detskaya Literatura
C	1988	*Černý korzár*: Cecoslovacchia, Praha, Albatros
Nie	1991	*Černyj korsar*: Russia Char'kov, SP «Inart»
Nie	1992	*Černyj korsar* (in *Sobranie sočinenij* [Raccolta di opere], voll. 6: ogni vol. comprende 4 o 5 romanzi di E.S.): Russia Moskva, Izdatel'skij centr «Terra»
tb	2002	*Le Corsaire noir et autres romans exotiques*: Francia Paris, Laffont (présenté par M. Letourneux)
am	2011	*The Black Corsair*: Stati Uniti Kindle Direct Publishing (KDP)
ab	2011	*Der Schwarze Korsar*: Germania München, ABLIT Verlag

La Costa d'Avorio

CBP bm cm L Bit Poz Sar Boe O	1898	Genova, Donath. Illustrato da G. Gamba (pp. 250) [Lit. 3.50]
CB Sar Boe O	1903	Genova, Donath (2ª ed. Nuova copertina di A. Della Valle)
Sar Boe	1907	Genova, Donath (3ª ed.)
Sar Boe O	1908	Genova, Donath (a dispense)
P Sar Boe	1909	Genova, Donath (4ª ed.)
C M Sar O	1920	Milano, Vallardi
P Sar	1921	Milano, Vallardi
Sar O	1923	Milano, Vallardi
Sar O	1928	Milano, Vallardi
Sar O	1931	Milano, Vallardi
[*	194?	Milano, Vallardi][3]
O	1941	Milano, Sonzogno: *Sulla Costa d'Avorio*
M cm Sar O	1949	Milano, Vallardi (ristampa)
C vt O	1949	Torino, Viglongo ("Opere di Emilio Salgari")
vt	1954	Torino, Viglongo (ristampa)

---

[3] Edizione elencata in una réclame del 1946 della Vallardi, che non può alludere verosimilmente all'edizione del 1931.

C O	1956	Milano, Vallardi ("Collana dell'Orso")
O	[1960?]	Torino, Viglongo
O	1961	Milano, Vallardi
O	1964	Milano, Vallardi
O	1967	Milano, Vallardi
O	c1968	Milano, Fabbri
C O	1973	Milano, Vallardi [Lit. 900]
C O	1975	Alba, Edizioni Paoline ("Tutto Salgari", 36) [Lit. 1300]
C O	1975	Milano, Mursia ("I libri d'avventure di E.S.", 25) (Ed. integrale) [Lit. 4500]
O	1993	Milano, Mursia
O	2003	Milano, Fabbri
O	2003	Milano, Mondadori ("Oscar")
C O	2005	Milano, Fabbri ("Emilio Salgari") (Nuova ed.)
O	2011	Milano, RBA Italia

Alcune traduzioni:

F	1903	*A la Côte d'Ivoire*: FRANCIA Paris, Delagrave. Illustrato da Charles Fouqueray
gr	1909(?)	*A la Côte d'Ivoire*: FRANCIA Paris, Delagrave (Edizione di lusso)
U	1949	*La Costa de Marfil*: SPAGNA Madrid, Calleja
U	1949	*La Costa de Marfil*: SPAGNA Madrid, Diana
U	1956	*La Costa de Marfil*: SPAGNA Barcelona, Molino

La crociera della Tuonante

* CBP Bit Poz Sar Cap O	1910	Firenze, Bemporad. Illustrato da A. Della Valle e G. D'Amato (pp. 364) [Lit. 3.50] [dda 1910]
L Sar	1910	Firenze, Bemporad (a 23 dispense)
Sar Cap	1911	Firenze, Bemporad
Sar	1918	Firenze, Bemporad
* Cap	1919 [1918]	Firenze, Bemporad ("Nuova collana di Romanzi Straordinari di Emilio Salgari". Ciclo dei Corsari) [3.300 copie]
* P O	1920	Firenze, Bemporad [2012: €50]
* CP G Sar Cap	1922	Firenze, Bemporad [5.500 copie] [Lit. 9]
Sar Cap	1925	Firenze, Bemporad
* C Sar Cap O	1928	Firenze, Bemporad: ... *Tonante* (ristampa) ("Nuova collana di avventure per la gioventù. Opere di Emilio Salgari")

Sar	[s.d.]	Milano, Sonzogno
★ CP cm Sar	1929	Milano, Sonzogno: ... *Tonante* [Lit. 6]
Sar	1930	Milano, Sonzogno
C O	1947	Milano, Carroccio ("Collana pop. S.", 22)
C M O	1954	Milano, Carroccio ("Collana Nord-Ovest", 22)
★ C	1954	Milano, Carroccio-Aldebaran ("Nord-Ovest", 22) (Sul verso del frontespizio: «Traduzione [*sic*] a cura di PRA», cioè Roberto A. Pozzi) ['Traduzione' in questo caso significa testo semplificato e ridotto]
O	[1961]	S. Lazzaro di Savena, Carroccio
O	1964	S. Lazzaro di Savena, Carroccio
O	c1965	S. Lazzaro di Savena, Carroccio
★	1965	Milano, Carroccio ("Collana Salgariana", 31)
O	1969	Milano, Fabbri
C O	1974	Milano, Mursia ("I libri d'avventure di E.S.", 23) [Lit. 3750]
C O	1975	Milano, Vallardi (Ciclo delle Bermude) (Edizione integrale) [Lit. 3500]
O	2002?	Milano, Fabbri
O	2003	Milano, Rizzoli (BUR, "Superbur", 258): con *I corsari delle Bermude* e *Le avventure di Testa di Pietra*
O	[2011]	Milano, RBA Italia

Un esempio di pubblicità:

★	1928	«Il Raduno», 3 marzo 1928: nuova serie dei romanzi editi dalla Bemporad da pubblicarsi ogni due settimane, *La Crociera della Tuonante* uscito il 1° marzo

Una traduzione:

ab	1932	*Die Kreuzfahrt des Skorpion*: GERMANIA Berlin, Phönix

Un dramma nell'Oceano Pacifico

★ CBP cm R G Bit Poz Sar Cap O	1895 [1894]	Firenze, Bemporad. Illustrato da G.G. Bruno (pp. 252) [Lit. 3] [dda 1895]
★ Sar Cap	1900	Firenze, Bemporad (2ª ed.)
CBP Sar Cap O	1908	Firenze, Bemporad (3ª ed.)
★ C L R Sar Cap	1921	Firenze, Bemporad: *Un dramma sull'Oceano Pacifico* (50° migliaio) [5.000 copie] [Lit. 9] [2010: € 200]

* Sar Cap	1923	Firenze, Bemporad [3.280 copie]
P	1924	Firenze, Bemporad
CP R Sar	1930	Milano, Sonzogno: *Un dramma sull'Oceano Pacifico* [Lit. 5 e Lit. 6,50]
vt	1946	Torino, Viglongo
C R	1947	Torino, Viglongo: *Un dramma sull'Oceano Pacifico* [Lit. 250]
T vt	1956	Torino, Viglongo (ristampa) (pp. 164)
O	c1968	Milano, Fabbri
C	1976	Vicenza, Edizioni Paoline ("Tutto Salgari", 29) (Lit. 1300)
C	2001	Torino, Einaudi, con altri 2 romanzi in E. Salgari, *Romanzi di giungla e di mare*, a c. di A. Lawson Lucas ("I Millenni")
O	c2002	Milano, Fabbri

Un esempio di pubblicità:

*	1907-08	Supplemento a «Il Giornalino della Domenica» (Catalogo Illustrato): «Nuovissima edizione» (la terza del 1908, illustrata sul catalogo da P. Gamba), in vendita a Lire 2 e a Lire 3.50.

Alcune traduzioni:

F	1929	*Un drame sur l'océan Pacifique*: Francia Paris, Tallandier
U	1949	*Un drama en el Océano Pacifico*: Spagna Madrid, Calleja
tr U	1959	*Um drama no Oceano Pacifico*: Portogallo Lisboa, Torres (2ª ed.)
po	1991	*Dramat na Oceanie Spokojnym*: Polonia Gdańsk, Wydawnictwo Morskie

I drammi della schiavitù

P Bit Poz Sar	1896	Roma, Voghera (a dispense, anche raccolte in volume) Illustrato da G. G. Bruno
* Sar O	1897	Roma, Voghera (pp. 294)
G	1898	Roma, Voghera
L	192-	Milano, Celli
Sar	1923	Milano, Celli (testo modificato)
cm Sar O	1928	Milano, Sonzogno (testo di Celli 1923) ("Romanzi di avventure di terra e di mare")

* M O	1947	Milano, Carroccio ("Collana pop. S.", 40)
C vt O	1954	Torino, Viglongo ("Il romanzo d'avventure") [Lit. 500]
CB O	1958	Modena, Carroccio-Aldebaran ("Nord-Ovest", 59)
* O	1961	[Milano/Bologna], Carroccio
O	c1962	Bologna, Carroccio
O	1964	[Bologna], Carroccio
O	1969	Milano, Fabbri
C T vt O	1992	Torino, Viglongo ("Salgari & Co.", 4) (prefazione di F. Pozzo)
C O	2003	Milano, Fabbri ("Emilio Salgari")

Alcune traduzioni:

* tb	1932	*Das Sklavenschiff* ("Salgari: Abenteuer-Romane für Alt und Jung", 28): GERMANIA Berlin, Phönix-Verlag Carl Siwinna
U	1949	*Los dramas de la esclavidud*: SPAGNA Madrid, Calleja
tr	1950	*Dramas da escravatura*: PORTOGALLO Lisboa, Torres (4ª ed.)
U	1952	*Dramas da escravatura*: PORTOGALLO Lisboa, Torres (4ª ed.)
tr U	1957	*Los dramas de la esclavitud*: SPAGNA Barcelona, Molino
U	[1960?]	*Dramas da escravatura*: PORTOGALLO Lisboa, Torres (5ª ed.)

Le due Tigri

Dal 1968 in poi, talvolta dimezzato e pubblicato in due volumi con titolo inventato per il secondo.

CB cm G Spa Bit Poz Sar Boe O	1904	Genova, Donath. Illustrato da A. Della Valle (pp. 364)
C O	1904	Genova, Donath (in 22 dispense)
P Sar Boe	1907	Genova, Donath (2ª ed. a dispense)
cm Sar	1908	Genova, Donath (2ª ed. a dispense)
Boe O	1908	Genova, Donath (2ª ed.)
O	1915	Genova, Donath
Sar	1919	Milano, Vallardi
Sar	1921	Milano, Vallardi
Sar O	1923	Milano, Vallardi
Sar O	1926	Milano, Vallardi

cm O	1928	Milano, Vallardi
Sar O	1931	Milano, Vallardi
Sar	1934	Milano, Vallardi
Sar	1936	Milano, Vallardi
* CP M Sar O	1936	Milano, Sonzogno (pp. 304) [a due vesti editoriali: Lit. 7 e Lit. 8,50]
Sar O	1939	Milano, Vallardi
Sar O	1940	Milano, Vallardi
L	1941	Milano, Sonzogno
O	[1942]	Milano, Vallardi
vt	1945	Torino, Viglongo
vt O	1946	Torino, Viglongo (ristampa)
M Sar O	1947	Milano, Vallardi
C O	1947	Torino, Viglongo [Lit. 250]
M O	1947	Milano, Carroccio ("Collana pop. S.", 20)
vt	1949	Torino, Viglongo (ristampa)
vt	1951	Torino, Viglongo (ristampa)
O	1952	Milano, Carroccio
C M O	1952	Milano, Vallardi ("Biblioteca dell'Orso. Orso bruno")
vt	1952	Torino, Viglongo (ristampa)
vt	1953	Torino, Viglongo (ristampa)
vt	1953	Torino, Viglongo (ristampa)
* L O	1954	Milano, Vallardi ("Collana dell'Orso")
vt	1955	Torino, Viglongo (ristampa)
O	1957	[Bologna], Carroccio-Aldebaran
vt	1957	Torino, Viglongo (ristampa)
O	1958	[Bologna], Carroccio-Aldebaran
O	1958	Milano, Vallardi
vt	1959	Torino, Viglongo (ristampa)
vt	1960 [1961?]	Torino, Viglongo (ristampa)
O	1961	Milano, Vallardi
O	c1961	S. Lazzaro di Savena, Carroccio ("Nord-O-vest", 41)
O	1961	Torino, Viglongo
O	1962	Milano, Vallardi
T vt O	1962	Torino, Viglongo (ristampa)
O	1963	Milano, Vallardi
O	1964	Milano, Vallardi
vt	1964	Torino, Viglongo (ristampa)
O	[1964?]	Bologna, Carroccio
* O	1966	Roma, Le Edizioni del Gabbiano (settimanale) ("Avventure di Terra e di Mare", Anno I, n. 4)

O	1967	Bologna, Carroccio
C O	1967	Milano, Vallardi [Lit. 1800]
C O	1968	Bologna, Malipiero (a c. di C. Galli) ("Classici Malipiero", 19) [Lit. 1500] [solo la 1ª parte del romanzo originale]
C O	1968	Bologna, Malipiero (a c. di C. Galli) ("Racconti e Avventure", 19) [solo la 1ª parte del romanzo originale]
C O	1968	Bologna, Malipiero: *Sandokan contro la Tigre dell'India* (a c. di C. Galli) (pp. 167) [solo la 2ª parte de *Le due Tigri*]
C O	1968	Bologna, Malipiero: *Sandokan contro la Tigre dell'India* (a c. di C. Galli) ('Ed. integrale') ("Classici Malipiero", 20) (pp. 167) [Lit. 1500] [solo la 2ª parte de *Le due Tigri*]
C O	1968	Bologna, Malipiero: *Sandokan contro la Tigre dell'India* (a c. di C. Galli) ('Ed. integrale') ("Racconti e avventure", 20) (pp. 167) [solo la 2ª parte de *Le due Tigri*]
* O	1968	Milano, Boschi ("Collana Capolavori", 38)
O	c1968	Milano, Fabbri
C O	1968	Milano, Lucchi
O	1969	Bologna, Malipiero ("I giganti")
O	[1969?]	Bologna, Malipiero: *Sandokan contro la Tigre dell'India* (a c. di C. Galli) ("I giganti") ('Ed. integrale') (pp.153) [solo la 2ª parte de *Le due Tigri*]
C O	1969	Milano, Mondadori: *Edizione Annotata: Primo Ciclo della Jungla* (voll. 2, con altri 3 romanzi, a cura di M. Spagnol)
O	1969	Ozzano Emilia, Malipiero ("Racconti e Avventure", 19) [solo la 1ª parte del romanzo originale]
*	1969	Bologna, Malipiero: *Sandokan contro la Tigre dell'India* (a c. di C. Galli) ("Racconti e Avventure", 20) ('Ed. integrale') [solo la 2ª parte del romanzo originale, dal capitolo XVIII al capitolo XXXIII, con il titolo degli ultimi due capitoli cambiato] (pp.172) [Lit. 1400]
O	1969	Ozzano Emilia, Malipiero ("Gli aristolibri") [solo la 1ª parte del romanzo originale]
O	1970	Milano, Boschi
O	c1970	Milano, Mursia ("Corticelli-Salgariana")
C O	1970	Milano, Mursia ("I libri d'avventure di E.S.", 9) [Lit. 2000]

O	1971	Bologna, Malipiero ("Classici Malipiero", 19) [solo la 1ª parte del romanzo originale]
O	1971	Bologna, Malipiero: *Sandokan contro la Tigre dell'India* ("Racconti e avventure") [solo la 2ª parte de *Le due tigri*]
O	1971	Milano, Vallardi
O	1971	Ozzano Emilia, Malipiero: *Sandokan contro la Tigre dell'India* (a c. di C. Galli) ("Classici Malipiero", 20) ('Ed. integrale') (pp. 153) [solo la 2ª parte de *Le due Tigri*]
O	1971	Ozzano Emilia, Malipiero: *Sandokan contro la Tigre dell'India* (a c. di C. Galli) ("Racconti e avventure") ('Ed. integrale') (pp.153) [solo la 2ª parte de *Le due Tigri*]
C O	1972	Milano, Garzanti ("I Garzanti", 404) [Lit. 600]
O	1972	Milano, Mondadori: *Edizione annotata* (più *I pirati della Malesia*, a c. di M. Spagnol) (2ª ed.)
O	1972	Milano, Mursia
O	[1972]	Milano, Vallardi
O	1972	Ozzano Emilia, Malipiero ("Racconti e avventure", 19) [1ª parte del romanzo originale]
O	1972	Ozzano Emilia, Malipiero: *Sandokan contro la Tigre dell'India* (a c. di C. Galli) ('Ed. integrale') ("Racconti e avventure", 20) (pp. 153) [solo la 2ª parte de *Le due Tigri*]
O	1973	Bologna, Malipiero: *Sandokan contro la Tigre dell'India* (pp. 122) [solo la 2ª parte de *Le due Tigri*]
O	1973	Milano, Vallardi
O	1973	Ozzano Emilia, Malipiero ("Racconti e avventure", 19) [solo la 1ª parte del romanzo originale]
C O	1973	Ozzano Emilia, Malipiero ("Giovani capolavori", 53) (pp. 122) [solo la 1ª parte del romanzo originale]
* C O	1973	Ozzano Emilia, Malipiero (a cura di C. Galli) ("I talenti", 53) [in copertina 'edizione integrale'] (pp. 124) [con i capitoli 1-17, solo la 1ª parte del romanzo originale; in 4ª copertina: «Questa vicenda continua e si conclude nel volume: *Sandokan contro la Tigre dell'India*»]
O	1973	Ozzano Emilia, Malipiero ("Salgari", 5) [solo la 1ª parte del romanzo originale]
O	1973	Ozzano Emilia, Malipiero ("Gli aristolibri. Avventure", 5) [solo la 1ª parte del romanzo originale]

C O	1973	Ozzano Emilia, Malipiero: *Sandokan contro la Tigre dell'India* (a c. di C. Galli) ("Giovani capolavori", 54) (pp. 122) [solo la 2ª parte del romanzo originale]
O	1973	Ozzano Emilia, Malipiero: *Sandokan contro la Tigre dell'India* (a c. di C. Galli) ('Ed. integrale') ("Salgari", 6) (pp. 122) [solo la 2ª parte del romanzo originale]
C	1973	Ozzano Emilia, Malipiero: *Sandokan contro la Tigre dell'India* (a c. di C. Galli) ("I talenti", 54) ('Ed. integrale') (pp. 122) [solo la 2ª parte del romanzo originale]
O	1973	Roma, Edizioni Paoline
O	1974	Milano, Mondadori: *Edizione annotata* (più *I pirati della Malesia*, a c. di M. Spagnol) (3ª ed.)
C O	1974	Milano, Vallardi (Edizione integrale)
O	1974	Ozzano Emilia, Malipiero ("I talenti", 53) [solo la 1ª parte del romanzo originale]
C O	1975	Milano, Campironi [Lit. 3500]
C O	1975	Milano, Le Stelle ("I libri d'oro") [Lit. 4500]
O	[1975]	Milano, Rizzoli Mailing
O	[1975]	Roma, Comic Art
C O	1976	Milano, Fabbri ("Il ciclo della Malesia") (Appendice di E. de Boccard e R. Jotti) (Lit. 2000)
O	1976	Milano, Lucchi
O	1976	Milano, Mursia
O	1976	Milano, Vallardi
C O	1976	Roma, Edizioni Paoline ("Tutto Salgari", 7) [Lit. 1800]
O	1976	Roma, Newton ragazzi: *Sandokan: le due Tigri*
O	1976	Torino, Aprile
vt	1976	Torino, Viglongo (ristampa)
C	[1977]	Milano, Arcobaleno: *Sandokan contro la Tigre dell'India* (pp. 125) [Lit. 1500] [solo la 2ª parte del romanzo originale]
O	1977	Milano, Le Stelle
O	1977	Milano, Vallardi
C O	[1978?]	Milano, Piccoli (Adattamento di M. Lazzara Pittoni) ("Sempre verdi", 35) (pp. 126) [Lit. 2000]
O	c1978	Novara, Madis
T O	1979	Torino, Piccoli
C O	1985	Milano, Mondadori (adattamento: G. Padoan)

O	c1985	Milano, Mursia
O	1988	Milano, Piccoli ("Sempre verdi", 35) (pp. 126)
O	1991	Milano, Mursia
O	1992	Milano, Del Drago Ragazzi
O	1992	Roma, Comic Art (pp. 38)
O	1992	Verona, Papiro (riscritto da G. Padoan)
O	1993	Milano, Editoriale Del Drago
C O	1994	Milano, Rothmans, Portoria ("Il mare e l'avventura")
C O	1994	Roma, Newton ("BEN ragazzi", 13; Edizione integrale) (a c. di S. Campailla)
C O	[1996]	Milano, Tascabili La Spiga: *Sandokan: le due Tigri* ("Libreria dei ragazzi", 21)
O	1998	Milano, Mursia
O	2001	Milano, Fabbri (postfazione: A. Faeti)
O	[2002]	Milano, Fabbri
C O	2005	Milano, Fabbri (postfazione: A. Faeti) ("I Delfini", 155)
O	2010	Milano, Mondadori (Ed. annotata a c. di M. Spagnol)
O	2011	Firenze, Club degli Audiolettori (audiolibro, 2 cd)
C	2011	Milano, Mondadori: *Sandokan* ("Oscar varia", 1979) (con altri tre racconti)
O	2011	Milano, Mursia
O	2011	Milano, RBA Italia
ch O	2011	Milano, Rizzoli ("BUR ragazzi") (postfazione: A. Faeti) (Edizione integrale) (pp. 446) [€9.90]
O	2012	Milano, RCS Mediagroup

Qualche esempio di pubblicità:

*	1905	«Per Terra e per Mare», Anno III, n. 2, due tipi di volume a due prezzi, Lit. 5 e Lit. 3.50.
*	1969	Catalogo della Mondadori, novembre 1969, annuncio dell'edizione.

Alcune traduzioni:

F gr	1907	*Les deux Tigres* : FRANCIA Paris, Delagrave
tr	1939	*Los dos rivales* [?]:CILE Santiago, Zig-Zag
U	1952	*Sandokan vence o tigre da India*: PORTOGALLO Lisboa, Torres (3ª ed.)

tr	1952	*Sandokan vence o tigre da India*: Portogallo Lisboa, Torres (4ª ed.)
U	1954	*Los dos tigres*: Argentina Buenos Aires, Acme
U	1954	*Los dos tigres*: Argentina Buenos Aires, Sopena
U	1954	*Ha-namer ha-shahut*: Israele Tel-Aviv, Tevel
tb	1955	*Los dos Tigres*: Argentina Buenos Aires, Peuser
U	1956	*Los dos rivales* [?]: Spagna Barcelona, Molino
U	1958	*Sandokan vence o tigre da India*: Portogallo Lisboa, Torres (3ª ed.)
U	1959	*Los dos rivales* [?]: Spagna Barcelona, Molino (2ª ed.)
Nie	1994	*Dva tigra* (in *Sobranie sočinenij* [Raccolta di opere], voll. 6: ogni vol. comprende 4 o 5 romanzi di E.S.): Russia Moskva, Izdatel'skij centr «Terra»
Nie	1996	*Dva tigra* (in *Sočinenija v trech tomach* [Opere in tre volumi]): Russia Moskva, Izdatel'skij centr «Terra»
am	2010	*The Two Tigers*: Canada London, ROH Press e Kindle Direct Publishing

Duemila leghe sotto l'America

Dal 1907 in poi, grazie ai fratelli Quattrini, spesso intitolato *Il tesoro misterioso*.

* CBP M G Bit Poz Sar O tb	1888	Milano, Guigoni (voll. 2) Copertina: Quinto Cenni ("Biblioteca illustrata dei viaggi", n. 260- n. 261) (pp. 109 + 111) [Lit. 1]
CBP Sar O	1901	Milano, Guigoni
C L O tb	1904	Milano, Bietti
P Sar	1905	Milano, Bietti
* Poz Sar L tb O	1907	Como, Società Editrice Roma (titolo cambiato in: *Il tesoro misterioso*, con aggiunti 3 capitoli nuovi). [Firmato Cap. Emilio Salgari sulla copertina cartonata e sul frontespizio.] (Segue *La gloria di Oceana* di C. Merlini)
Sar O	1911	Milano, Bietti
* CP Bit Sar Bia	1922	Firenze, Casa Editrice Italiana A. Quattrini: *Il tesoro misterioso* [Sul frontespizio: Cap. Emilio Salgari) [Lit. 9]
M Sar	[s.d.]	Milano, Bietti

Sar	1925	Firenze, Casa Editrice Italiana Quattrini: *Il tesoro misterioso*
O	1928	Milano, Sonzogno
Sar am	1931	Milano, Barion: *Il tesoro misterioso*
CP M Sar O	1931	Milano, Sonzogno
C gr vt O	1946	Torino, Viglongo [Lit. 250]
vt O	1956	Torino, Viglongo (ristampa)
C O	1971	Milano, Bietti ("Zaffiri", 29) [Lit. 700]
O	1971	Milano, Sonzogno
O	1974	Milano, Bietti
O	[1974]	Roma, Edizioni Paoline
C O	2003	Milano, Fabbri: *Il tesoro misterioso* ("Collana E. S.")
O	2006	Milano, Fabbri: *Il tesoro misterioso* ("Collana E. S.")

Alcune traduzioni:

C	1931	*Ergow hazar mghou amarigahi narkhj*: ITALIA Venezia, bifrogr. armena
tr S	1935	*El tesoro de los Incas* [?] (1ª ed.) [romanzo dimezzato?]: CILE Santiago, Osiris
tr	1936	*Dos mil leguas por debajo de la América*: CILE Santiago, Condor
S	1936	*Dos mil leguas por debajo de América* [romanzo dimezzato?]: CILE Santiago, Osiris
U	1956	*El tesoro de los Incas*: SPAGNA Barcelona, Molino
U tb	1957	*2.000 leguas por debajo de América*: ARGENTINA Buenos Aires, Acme
S	c1985	*El tesoro de los Incas*: CILE Santiago, LO Castillo

L'eroina di Port-Arthur: Avventure russo-giapponesi

Romanzo pseudonimo, dal 1924 in poi, per opera della Sonzogno, spesso intitolato *La Naufragatrice*.

Poz Sar O	1904	Torino, Speirani (pseudonimo: Cap. Guido Altieri) Illustrato da E. Canova ("In giro pel mondo") (pp. 210)
Sar	[s.d.]	Torino, Speirani (firmato: G. Altieri)
★ CP Sar O	1905	Torino, Speirani (firmato: G. Altieri) (3ª ed.) ("In giro pel mondo: Biblioteca illustrata di Viaggi ed Avventure per la Gioventù", 25) [Lit. 1]

Sar	1911	Firenze, Casa editrice Italiana Quattrini (firmato: E. Salgari) (album de «Il Romanzo d'Avventure», n. 20, numero straordinario a beneficio degli orfani Salgari)
C O	1920	Roma, Mondadori (firmato: G.Altieri)
* CP Bit Sar	1924	Milano, Sonzogno: *La naufragatrice* («Il Romanzo d'Avventure», mensile diretto da G. Stocco, A. I, n. 6: testo molto abbreviato)
Sar	1931	Milano, Sonzogno
M	1947	Milano, Carroccio: *La naufragatrice* (Romanzo d'avventure. Testo completo) ("Collana popolare Salgari", 52)
CB	1960	Bologna, Carroccio ("Nord-Ovest", 76): *La naufragatrice*
R	1969	Milano, Fratelli Fabbri: *La naufragatrice*
* C T O	1990	Torino, Viglongo ("Salgari & Co.", 1) (prefazione di F. Pozzo)
O	2003	Milano, Fabbri
O	2006	Milano, Fabbri

Alcune traduzioni:

U	1949	*La Heroína de Puerto Arturo*: SPAGNA Madrid, Calleja
U	1957	*La heroína de Puerto Arturo*: SPAGNA Barcelona, G.P.
tr U	1960	*A Heroína de Porto-Artur*: PORTOGALLO Lisboa, Torres (2ª ed.)

La favorita del Mahdi

Dal 1947 in poi, talvolta dimezzato e pubblicato in due volumi, entrambi con titolo nuovo.

* Poz Sar	1884	Verona, «La Nuova Arena», a puntate in appendice, 31 marzo – 7 agosto 1884
Gal Fio	1886	Bologna, «La Gazzetta dell'Emilia», a puntate in appendice, 24 aprile – 26 settembre 1886
* CBP M Bit Poz Sar O	1887	Milano, Guigoni (copertina di Quinto Cenni) (pp. 300) [Lit. 2]
CBP Sar O	1900	Milano, Guigoni [Lit. 1.20]
* CBP M Sar O tb	1904	Milano, Bietti (41 capitoli, pp. 412) [Lit. 2]
Sar	1905	Milano, Bietti
L cm G Sar O	190[?]	Como, Casa Editrice Roma (Nuova edizione di lusso)

Sar	1906	Como, Casa Ed. Roma
Sar	1909	Como, Casa Ed. Roma
Sar	1909	Milano, Casa Editrice Italiana
Sar O	1911	Firenze, Casa Ed. Italiana A. Quattrini, in «Il Romanzo d'Avventure» (puntate settimanali)
* CBP M Sar O	1911	Milano, Bietti (pp. 410) [in-16°] [Lit. 2]
Sar	1920	Milano, Sonzogno
Sar	1921	Milano, Gloriosa
Sar	1922	Milano, Quattrini
Bia	1922	Firenze, Casa Editrice Italiana A. Quattrini
CP Sar	1923	Firenze, Casa Editrice Italiana A. Quattrini [Lit. 9]
CP Sar O	1928	Firenze, Quattrini
CP M Sar O	1930	Milano, Sonzogno [Lit. 7]
Sar	1931	Milano, Bietti
O	1931	Sesto San Giovanni, Barion
* Sar	1937	Milano, Sonzogno (pp. 320) [a due vesti editoriali: Lit. 7 e Lit. 8,50]
O	1945	Milano, Carroccio
*	1947	Milano, Carroccio ("Collana popolare S.", 11)
* O tb	1947	Milano, Carroccio: *Lo sceicco del Kordofan* ("Collana popolare S.", 55) (21 capitoli, pp. 72) [solo la 2ª parte de *La favorita del Mahdi*]
* CB	1959	Modena, Carroccio-Aldebaran (sottotitolo nuovo quasi sostituito a quello originale: *La vendetta del Mahdi*) ("Nord-Ovest", 67 o 15) (pp. 164) [solo la 1ª parte del romanzo originale]
* CB O	1959	Modena, Carroccio-Aldebaran: *Lo sceicco del Kordofan*, «seguito de *La vendetta del Mahdi*» ("Nord-Ovest", 68 o 17) (pp. 162) [in realtà la 2ª parte del romanzo originale *La favorita del Mahdi*]
O	1961	S. Lazzaro di Savena, Carroccio
L	1962	Bologna, Carroccio ("Nord-Ovest", 15)
* O ch	1964	Bologna, Carroccio: *Lo sceicco del Kordofan* ("Nord-Ovest", 17) (pp. 164) [in realtà la 2ª parte del romanzo *La favorita del Mahdi*, cominciando dal capitolo IX dell'originale Parte II: ha solo 19 capitoli]
O	1964	S. Lazzaro di Savena, Carroccio
O	1968	Milano, Fabbri (parte prima)

O	1968	Milano, Fabbri (parte seconda)
C O	1968	Milano, Mursia ("I libri d'avventure di E. S.", 3) [Lit. 2000]
O	1971	Milano, Mursia
C O	1973	Milano, Fabbri (2ª ed.) [Lit. 1000]
C Tra O	1973	Milano, Mondadori: *Edizione Annotata: Romanzi d'Africa* (con altri 2 romanzi a c. di M. Spagnol)
O	1974	Milano, Mondadori: *Edizione Annotata: Romanzi d'Africa* (con altri 2 romanzi a c. di M. Spagnol) (2ª ed.)
C O	1974	Milano, Vallardi ("Avventure in Africa e in Oriente") [Lit. 3000]
C O	1990	Milano, Mursia ("Salgariana")
O	1992	Milano, Mursia (5ª ed.)
C O	2003	Milano, Fabbri ("Collana Emilio Salgari")
O	2011	Milano, Mondadori (Ed. annotata, a c. di M. Spagnol) ("Fantasia e avventura. I grandi romanzi di E. S.", 14) (pp. 381)

Alcune traduzioni:

U	1949	*La favorita del Mahdi*: SPAGNA Madrid, Calleja
U	1949	*El profeta del Sudán* [?] [2ª parte?]: SPAGNA Madrid, Calleja
tr U	1957	*La favorita del Mahdi*: SPAGNA Barcelona, G.P.

I Figli dell'Aria

CBP Bit Poz Sar Boe O	1904	Genova, Donath. Illustrato da R. Paoletti (pp. 335)
L Sar Boe	1904	Genova, Donath (a 21 dispense: *I Figli del Cielo*)
CP M Sar O	1926	Milano, Vallardi
cm Sar	1927	Milano, Vallardi
Sar O	1930	Milano, Vallardi
Sar O	1940	Milano, Vallardi
Sar	1944	Milano, Vallardi
vt	1948	Torino, Viglongo
C O	1949	Torino, Viglongo
vt	1952	Torino, Viglongo (ristampa)
vt	1953	Torino, Viglongo (ristampa)
C O	1962	Milano, Vallardi ("Collana dell'Orso")
O	1965	Milano, Vallardi
O	1967	Milano, Vallardi

O	1968	Milano, Fabbri (voll. 2)
C O	1973	Milano, Fabbri (2ª ed.) [Lit. 1000]
O	[1973]	Roma, Edizioni Paoline
C O	1974	Milano, Vallardi (Ed. integrale) [Lit. 1000]
C O	1974	Milano, Vallardi (Ed. integrale) [Lit. 3000]
O	2003	Milano, Fabbri
O	2005	Milano, Fabbri
O	2011	Milano, RBA Italia

Qualche esempio di pubblicità:

★	1904	«Per Terra e per Mare», autunno 1904, nominato in un articolo sul Tibet.
★	1905	«Per Terra e per Mare», fine 1905, due tipi di volume a due prezzi, Lit. 5 e Lit. 3.50.

Alcune traduzioni:

lc	1947	*Los hijos del aire* [1ª parte?]: CILE Santiago, Zig-Zag
tr	1947	*Ultimas aventuras de los hijos del aire* [2ª parte?]: CILE Santiago, Zig-Zag
U	1949	*Los hijos del aire*: SPAGNA Madrid, Calleja
tr U	1957	*Los hijos del aire*: SPAGNA Barcelona, Molino

Le figlie dei Faraoni

★ L Sar	1905	Genova, Donath. Illustrato da A. Della Valle
★	1905-06	Genova, Donath (a dispense)
★ CBP Bit Poz Sar Boe O tb	1906 [1905]	Genova, Donath (pp. 328) (Ed. di lusso, stampata nel 1905)
Sar Boe	1906	Genova, Donath (a dispense)
CP M cm G Sar O	1918	Milano, Vallardi
★ Sar	1921	Milano, Vallardi [2012: €90]
O	1923	Milano, Vallardi
Sar O	1927	Milano, Vallardi
tb Sar O	1930	Milano, Vallardi
Sar	1940	Milano, Vallardi
Sar	1942	Milano, Vallardi
L Sar O	1943	Milano, Vallardi
Sar O	1946	Milano, Vallardi
vt tb	1946	Torino, Viglongo
M cm Sar O	1947	Milano, Vallardi
C T O	1947	Torino, Viglongo
vt	1949	Torino, Viglongo (ristampa)

C M O	1952	Milano, Vallardi ("Biblioteca dell'Orso. Orso bruno")
M O	1955	Milano, Vallardi ("Collana dell'Orso")
vt	1955	Torino, Viglongo (ristampa)
vt	1960	Torino, Viglongo (ristampa)
⋆ O	1961	Milano, Vallardi ("Collana dell'Orso")
O	1964	Milano, Vallardi
O	1966	Milano, Vallardi
O	1968	Milano, Fabbri
C O	1968	Milano, Vallardi (Nell'occhio: "Avventure in Africa e in Oriente") [Lit. 1800]
C	1970	Roma, Lupa Press (Nell'occhio: "Avventure in Africa e in Oriente")
O	[1972]	Milano, Vallardi
C O	1973	Milano, Vallardi [Lit. 900]
O	1974	Milano, Vallardi
C O	1975	Alba, Edizioni Paoline ("Tutto Salgari", 39) [Lit. 1300]
C O	1983	Taranto, Mandese (riduzione, commento ed apparato didattico di M. Romandini)
C T vt O	1991	Torino, Viglongo ("Salgari & Co.", 3) (con saggio introduttivo di C. Daglio)
O	c1998	Ortona, Vestigium scuola
O	2003	Milano, Fabbri
C O	[2006]	Milano, Fabbri ("Emilio Salgari") (Nuova ed.)

Un esempio di pubblicità:

⋆	1905	«Per Terra e per Mare», Anno II, n. 51 e 52; Anno III, n. 1, annunciate le dispense. Anno III, n. 2, annunciato il volume in due vesti editoriali, a Lit. 5 e a Lit. 3.50.

Alcune traduzioni:

Nie	1909	*Tron faraona* (in «Priroda i ljudi», nn. 30-46): RUSSIA
D lc	1929	*Pharaonentöchter*: GERMANIA Berlin, Phönix
tr lc	1946	*Las hijas de los Faraones*: CILE Santiago, Zig-Zag
tr	1951	*As filhas dos faraos* [1ª parte] [U: 1952]: PORTOGALLO Lisboa, Torres (2ª ed.)
tr	1951	*Um filho do Sol* (2ª parte) [U: 1952]: PORTOGALLO Lisboa, Torres (2ª ed.)
U	1955	*Los hijos del Faraón*: ARGENTINA Buenos Aires, Acme

tr U	1957	*La hija de los Faraones* [1ª parte?]: Spagna Barcelona, G.P.
U	1957	*El sacerdote de Phtath* [2ª parte?]: Spagna Barcelona, G.P.
U	1957	*Los hijos del Faraón* : Argentina Buenos Aires, Acme
tr U G	1958	*Im Zeichen der Sonne. Der Sohn des Pharaos*: Austria Vienna, Ueberreuter
tr U D G	1958	*Im Zeichen der Sonne. Der Sohn des Pharaos*: Germania Heidelberg, Ueberreuter
tr U	1960	*As filhas dos faraós* [1ª parte]: Portogallo Lisboa, Torres (3ª ed.)
tr U	1960	*Um filho do sol* [2ª parte]: Portogallo Lisboa, Torres (3ª ed.)
Nie	1993	*Tron faraona* (in *Sobranie sočinenij* [Raccolta di opere], voll. 6: ogni vol. comprende 4 o 5 romanzi di E.S.): Russia Moskva, Izdatel'skij centr «Terra»

Il figlio del cacciatore d'orsi

Racconto pseudonimo, plagiato e adattato dai noti romanzi del Far West di Karl May, nella tetralogia di *Winnetou*; presenta i personaggi creati dallo scrittore tedesco Old Shatterhand (qui 'Shatterhaud') e l'eponimo Winnetou, destinati a diventare figure classiche della cultura di massa. Solo 17 capitoli.

⋆ C O	1899	Genova, Donath (pseudonimo: A. Permini) Ill. G.G. Bruno ("Biblioteca economica illustrata per la gioventù", diretta dal Cav. Salgari) (pp. 215) [Lit. 1.50]

Il figlio del Corsaro Rosso

Romanzo strutturato da Salgari in due Parti, pubblicate dalla Sonzogno in due volumi separati nel 1929 e nel 1934; dal 1945 presso la Carroccio i due volumi apparvero con due titoli diversi.

⋆ Poz Sar	1906-07	Firenze, Bemporad, a inserte ne «Il Giornalino della Domenica», Anno I, n. 26 – Anno II, n. 52 (16 dicembre 1906 – 29 dicembre 1907)
⋆	1907	Firenze, Bemporad [dda 1907]
Mof Poz Tra Sar Cap O	1908	Firenze, Bemporad. Illustrato da A. Della Valle (pp. 381)

Sar	1908	Firenze, Bemporad (a dispense)
P gr Bit L Sar Cap	1910	Firenze, Bemporad
*	1919	Firenze, Bemporad [3.300 copie]
P Sar Cap	1920	Firenze, Bemporad
* Sar Cap O	1921	Firenze, Bemporad ("Romanzi Straordinari di Emilio Salgari. Ciclo dei Corsari") [5.500 copie]
* Sar Cap	1923	Firenze, Bemporad [3.260 copie]
Sar Cap	1924	Firenze, Bemporad
* CP Sar O Cap	1928	Firenze, Bemporad (ristampa) («Opere di Emilio Salgari. Ciclo dei Corsari») [romanzo in due parti: capitoli I-XII + I-XIV] (pp. 282) [Lit. 6]
Sar	1929	Firenze, Bemporad
* CP Sar O	1929	Milano, Sonzogno (pp. 320) [romanzo in due parti: capitoli I-XII + I-XIV e Conclusione] [Lit. 7] [2012: €30]
* Sar O tb	1934	Milano, Sonzogno (Capitoli I-XIV, più Conclusione: solo la Parte Seconda del romanzo originale) (pp. 320) [a due vesti editoriali: Lit. 7 e Lit. 8,50]
Sar	1938	Milano, Sonzogno
Sar O	1942	Milano, Sonzogno (pp. 320)
O	c1945	Milano, Sonzogno
* L L O	1945	Milano, Carroccio ("Collana Salgari", 9) Ill. Della Valle [Con solo i capitoli I-XII, è la Parte Prima del romanzo originale]
* O Col	[1947]	Milano, Carroccio: *La marchesa di Montelimar* ("Collana popolare Salgari", testo completo) [è solo la Parte Seconda, di 14 capitoli, del romanzo originale] (pp. 64)
O	1949	Milano, Carroccio
vt	1950	Torino, Viglongo (ristampa)
vt	1954	Torino, Viglongo (ristampa)
* C T O	1955	Milano, Carroccio ("Collana Nord-Ovest") (pp. 136) [con i capitoli I-XII è solo la Parte Prima del romanzo originale che ne aveva 26 capitoli in tutto]
* O	1957	[Bologna], Carroccio Aldebaran: *La marchesa di Montelimar* ("Nord-Ovest", 36) [è solo la Parte Seconda del romanzo originale] (pp. 164)
O	1958	[Bologna], Carroccio Aldebaran
* O	1958	S. Lazzaro di Savena, Carroccio: *La marchesa di Montelimar* ("Nord-Ovest", 36) [è solo la Parte Seconda del romanzo originale] (pp. 164)

O	c1961	S. Lazzaro di Savena, Carroccio
* O	c1961	S. Lazzaro di Savena, Carroccio: *La marchesa di Montelimar* ("Nord-Ovest") [è solo la Parte Seconda del romanzo originale]
vt	1961	Torino, Viglongo (ristampa)
O	c1964	Bologna, Carroccio
* O	1964	S. Lazzaro di Savena, Carroccio: *La marchesa di Montelimar* ("Collana salgariana") [è solo la Parte Seconda del romanzo originale] (pp. 170)
C O	1967	Bologna, Carroccio ('Ed. integrale') [Lit. 3500] (voll. 2)
C O	1967	Milano, Boschi ("Capolavori", 32) [Lit. 300]
*	1968	Milano, Boschi ("Collana Capolavori", 32)
O	1970	Milano, Fabbri (voll. 2)
C O	1972	Milano, Mursia ("I libri d'avventure di E. S.", 15) (Ed. integrale) [Lit. 2800]
O	1973	Milano, Mursia
C O	1977	Milano, Fabbri ("Il ciclo dei corsari") (Appendice di E. de Boccard e R. Jotti) [Lit. 3000]
O	1977	Milano, Mursia
C O	1977	Milano, Le Stelle ("I libri d'oro") [Lit. 5500]
O	c1978	Ginevra, Ferni
O	1983	Bergamo, Euroclub
O	1987	Milano, Mursia
O	1992	Milano, Mursia
C T vt O	1993	Torino, Viglongo ("Salgari & Co.", 5) (prefazione di L. Tamburini) (pp. 376) [Lit. 40.000]
C O	1996	Roma, Newton Compton ("BEN ragazzi", 40) (a cura di S. Campailla)
C O	2001	Roma, Datanews (Biblioteca Datanews)
O	[2002]	Milano, Fabbri
O	2005	Torino, M. Valerio
C O	2007	Milano, Fabbri ("I Delfini", 316)
C O	2007	Milano, Mursia ("Corticelli-Salgariana". Ed. integrale)
O	2011	Milano, RBA Italia
O	2012	Roma, Newton Compton ("Grandi tascabili economici")

Qualche esempio di pubblicità:

*	1906	«Il Giornalino della Domenica», Anno I, n. 28, 30 dicembre, «Questo numero contiene [...] la terza puntata del romanzo».

★	1907	«Il Giornalino della Domenica», Anno II, n. 6, 10 febbraio, «A questo numero va unita la dispensa 9 del *FIGLIO DEL CORSARO ROSSO* di Emilio Salgari» (ormai stampata in modo da essere staccata da «Il Giornalino»).
★	1907	«Il Giornalino della Domenica», la pubblicità inclusa in più fascicoli dimostra che *Il figlio del Corsaro Rosso* uscì in volume nel 1907: due vesti editoriali, a Lit. 3.50 e Lit. 5.
★	1928	«Il Raduno», edizione prevista per il 28 febbraio 1928, facendo parte delle ristampe Bemporad quindicinali.

Alcune traduzioni:

D	1930	*Der Sohn des Roten Korsaren*: GERMANIA Berlin, Phönix
tr	1946	[? Titolo tradotto non documentato]: BULGARIA Sofia
tr U	1957	*O filho do corsário vermelho*: PORTOGALLO Lisboa, Torres (2ª ed.)
am	2006	*The Son of the Red Corsair*: STATI UNITI iUniverse/Kindle Direct Publishing

Il Fiore delle Perle

CB cm gr G Poz Sar Boe O	1901	Genova, Donath. Illustrato da G. Gamba (pp. 288)
Bit Sar Boe	1903	Genova, Donath
CB Sar Boe O	1907	Genova, Donath (2ª ed.)
Sar	1907	Genova, Donath (a dispense)
P Sar	1908	Genova, Donath (nuova edizione)
Sar	1917	Milano, Vallardi
CP M Sar O	1921	Milano, Vallardi
Sar O	1924	Milano, Vallardi
Sar	1928	Milano, Vallardi
Sar O	1935	Milano, Vallardi
Sar	1940	Milano, Vallardi
Sar O	1945	Milano, Vallardi
O	1946	Milano, Vallardi
C tb vt O	1946	Torino, Viglongo ("Opere di E. S.")
vt	1948	Torino, Viglongo (ristampa)
M cm Sar O	1950	Milano, Vallardi (ristampa)
vt	1951	Torino, Viglongo (ristampa)
vt	1953	Torino, Viglongo (ristampa)

CB O	1959	Milano, Vallardi ("Collana dell'Orso")
vt O	1961	Torino, Viglongo (ristampa)
O	1964	Milano, Vallardi
O	1966	Roma, Le Edizioni del Gabbiano (settimanale) ("Avventure di Terra e di Mare")
⋆ O	1967	Milano, Vallardi ("Collana dell'Orso")
O	1968	Milano, Fabbri (voll. 2)
O	1972	Roma, Edizioni Paoline
C O	1973	Milano, Fabbri (2ª ed.) [Lit. 1000]
C Tra O	1974	Milano, Mondadori: *Edizione Annotata: Romanzi di guerriglia* (con altri 2 romanzi a c. di M. Spagnol)
C O	1974	Milano, Vallardi (Edizione integrale) [Lit. 1000]
C O	1976	Roma, Edizioni Paoline (2ª ed.) ("Tutto Salgari", 6) [Lit. 1800]
O	1976	Milano, Mursia
C O	1978	Milano, Mursia ("I libri d'avventure", 31) (Edizione integrale) [Lit. 5000]
O	2003	Milano, Fabbri
O	2010	Milano, Mondadori (Ed. annotata a c. di M. Spagnol) ("Fantasia e avventura. I grandi romanzi di E. S.", 12) (pp. 352)
O	2011	Milano, Mondadori (Ed. annotata a c. di M. Spagnol)
O	2011	Milano, RBA Italia

Nota: Presso gr si trova un solo volume contenente i tre romanzi, *Il Fiore delle Perle* nell'edizione del 1901, insieme a *Il Corsaro Nero* e *La capitana del «Yucatan»*, editi tutti da Donath, con la bellissima copertina di Gamba per *Il Fiore delle Perle*. [Legati insieme privatamente?]

Un esempio di pubblicità:

⋆	1905	«Per Terra e per Mare», annunciato il volume a Lit. 5.

Alcune traduzioni:

F	1926	*Fleur-des-Perles* [1ª parte?]: FRANCIA Paris, Tallandier
F	1926	*Le chef du lys d'eau* [2ª parte?]: FRANCIA Paris, Tallandier
F	1938	*Le chef du lys d'eau*: FRANCIA Paris, Tallandier [2ª ed.?]

U	1958	*Flor de las Perlas* [1ª parte?]: SPAGNA Barcelona, [G.P.?]
U	1958	*Los misterios de Than-Kiu* [2ª parte?]: SPAGNA Barcelona, G.P.

La Gemma del Fiume Rosso

Romanzo pseudonimo.

CP Poz Sar O	1904	Livorno, Belforte (pseudonimo: Guido Landucci) Illustrato da G. G. Bruno (pp. 245) [Lit. 3.50]
* L	1904	Livorno, Belforte (anche copie ampliate)
Sar	[s.d.]	Livorno, Belforte (firmato G. Landucci)
G Sar O	[s.d.]	Livorno, Belforte (sul controfrontespizio riferimento all'uso dello pseudonimo «nelle prime edizioni») (pp. 172)
P Sar	1922	Livorno, Belforte
Sar	1922	Milano, Sonzogno
cm Sar	[s.d.]	Milano, Sonzogno
Sar	1928	Milano, Sonzogno
Sar O	1941	Milano, Sonzogno (pp. 192)
M O	1947	Milano, Carroccio ("Collana pop. S.", 45)
C vt O	1951	Torino, Viglongo ("Il romanzo di avventure") ("I capolavori di E. S.") [Lit. 500]
O	1959	Bologna, Carroccio-Aldebaran
CB O	1959	Modena, Carroccio-Aldebaran ("Nord-Ovest", 28)
* O	1964	Bologna, Carroccio ("Nord-Ovest", 28)
O	c1969	Milano, Fabbri
O	[1972?]	Rho, Cartoon Museum (Albi n. 5 - n. 9)
O	[1974]	Roma, Edizioni Paoline
C O	2004	Milano, Fabbri ("Emilio Salgari")
O	c2005	Milano, Fabbri
O	2007	Jesolo, Edizioni del Vento
O	2011	Milano, RBA Italia

Alcune traduzioni:

F	1928	*La femme du Fleuve Rouge*: FRANCIA Paris, Tallandier
tr U	1960	*A pérola do Rio Vermelho*: PORTOGALLO Lisboa, Torres (2ª ed.)

La giraffa bianca: Avventure nell'Africa meridionale

Romanzo pseudonimo, forse plagiato da una fonte tedesca.

CP Poz Sar L O tb	1902	Livorno, Belforte (pseudonimo: G. Landucci in copertina e sul frontespizio) Illustrato da G. G. Bruno (pp. 228)
Sar	[s.d.]	Livorno, Belforte (firmato G. Landucci)
G Sar tb	[s.d.]	Livorno, Belforte (firmato Emilio Salgari)
P Sar O	1922	Livorno, Belforte
⋆ CP Sar	1925	Milano, Sonzogno (firmato: G. Landucci) («Il Romanzo d'Avventure», Anno II, n. 9, Febbraio 1925. Pubblicazione mensile. Direttore responsabile del periodico: G. Stocco) (58 pp. più una puntata di un romanzo di Stocco, e altro, 64 pp. in tutto.) [Lit. 1]
cm Sar	[s.d.]	Milano, Sonzogno
L Sar O	1928	Milano, Sonzogno
Sar	1929	Milano, Sonzogno
M O	1947	Milano, Carroccio ("Collana pop. S.", 42)
CB	1960	Bologna, Carroccio ("Nord-Ovest", 78)
⋆ O	1961	Bologna, Carroccio ("Nord-Ovest", 78)
O	1962	S. Lazzaro di Savena, Carroccio
O	c1969	Milano, Fabbri
O	2003	Milano, Fabbri (pp. 101)
O	2007	Milano, Fabbri

Alcune traduzioni:

lc	191-	*La jirafa blanca*: SPAGNA Barcelona, Maucci
tb	[dopo 1913]	*La jirafa blanca*: SPAGNA Barcelona, Maucci [s.d.]
U	1958	*La jirafa blanca*: SPAGNA Barcelona, G.P.

Jolanda la figlia del Corsaro Nero

Romanzo dal 1974 talvolta dimezzato e pubblicato col titolo inventato *Il rapimento di Jolanda* per il secondo volume.

⋆ Poz Sar	1904	Genova, Donath, a puntate in «Per Terra e per Mare», Anno I, n. 1 – n. 22
CBP Bit L Poz Sar Boe O	1905	Genova, Donath. Illustrato da A. Della Valle (pp. 334) [Lit. 3.50]
Sar Boe	1909	Genova, Donath
Sar Boe O	1912	Genova, Donath (2ª ed.)

CP M Sar O	1918	Milano, Vallardi
Sar O	1919	Milano, Vallardi
Sar	1920	Milano, Vallardi
Sar	1921	Milano, Vallardi
Sar	1922	Milano, Vallardi
Sar O	1925	Milano, Vallardi
Sar	1927	Milano, Vallardi
Sar O	1932	Milano, Vallardi
Sar	1935	Milano, Vallardi
Sar	1937	Milano, Vallardi
Sar	1940	Milano, Vallardi
Sar O	1942	Milano, Vallardi
Sar O	1943	Milano, Vallardi
Sar	1944	Milano, Vallardi
Sar	1946	Milano, Vallardi
C T vt O	1946	Torino, Viglongo
vt O	1948	Torino, Viglongo (ristampa)
vt	1949	Torino, Viglongo (ristampa)
C M cm O	1950	Milano, Vallardi ("Biblioteca dell'Orso. Orso bruno") [16°]
vt	1950	Torino, Viglongo (ristampa)
vt	1952	Torino, Viglongo (ristampa)
M O	1953	Milano, Vallardi
vt	1953	Torino, Viglongo (ristampa)
O	1955	Milano, Vallardi
vt	1955	Torino, Viglongo (ristampa)
vt	1956	Torino, Viglongo (ristampa)
vt	1957	Torino, Viglongo (ristampa)
O	1958	Milano, Vallardi
vt	1959	Torino, Viglongo (ristampa)
vt	1959	Torino, Viglongo (ristampa) (ed. di lusso)
C vt O	1960	Torino, Viglongo ("I capolavori di Emilio Salgari") (ristampa) [Lit. 1350]
O	1961	Milano, Vallardi
vt	1962	Torino, Viglongo (ristampa)
O	1963	Milano, Vallardi
O	1964	Milano, Vallardi
C cm O	1965	Milano, Vallardi ("Collana dell'Orso")
O	1966	Roma, Le Edizioni del Gabbiano (settimanale) ("Avventure di Terra e di Mare")
* O	1967	Milano, Vallardi
* O	1968	Milano, Boschi ("Collana Capolavori", 36)
C O	1968	Milano, Lucchi
C O	1968	Milano, Mursia ("I libri d'avventure di E. S.", 4) [Lit. 2000]

C O		c1968	Milano, Mursia ("Corticelli-Salgariana") (Edizione integrale)
O		1970	Bergamo, Janus
O		1970	Milano, Boschi
C Tra O		1970	Milano, Mondadori: *Edizione Annotata: Il ciclo dei corsari* (con altri 2 romanzi a cura di M. Spagnol)
O		1970	Milano, Mursia
C O		1970	Roma, Lupa Press (Nell'occhio: "Ciclo dei corsari")
O		1971	Milano, Mondadori (ed. annotata a c. di M. Spagnol) (2ª ed.)
O		1971	Milano, Vallardi
O		1972	Milano, Vallardi
vt		1972	Torino, Viglongo (ristampa)
C O		1973	Milano, Garzanti ("I Garzanti", 441) [Lit. 700]
O		1973	Milano, Mursia
O		1973	Milano, Vallardi
O		1974	Milano, Accademia
O		1974	Milano, Lucchi
O		1974	Milano, Mondadori (Ed. annotata a c. di M. Spagnol) (3ª ed.)
O		1974	Milano, Vallardi
★ C O		1974	Ozzano Emilia, Malipiero ("I giganti", 35) (pp. 156) ('Ed. integrale') [solo la 1ª parte del romanzo originale, dal capitolo I al capitolo XVIII, con omesso il cap. XII]
C O		1974	Ozzano Emilia, Malipiero ("Racconti e Avventure", 35) ('Ed. integrale') (pp. 156) [solo la 1ª parte del romanzo originale]
C O		c1974	Ozzano Emilia, Malipiero: *Il rapimento di Jolanda* ("I giganti", 36) ('Ed. integrale') (pp. 154) [solo la 2ª parte di *Jolanda, la figlia del Corsaro Nero*]
C		[1976]	[Alba?], Edizioni Paoline ("Tutto Salgari")
O		1976	Milano, Garzanti (2ª ed.)
C O		1976	Milano, Le Stelle ("I libri d'oro") [Lit. 4500]
C O		1976	Ozzano Emilia, Malipiero ("I giovani", 71) (pp. 120) ('Ed. integrale') [solo la 1ª parte del romanzo originale]
C O		1976	Ozzano Emilia, Malipiero: *Il rapimento di Jolanda* ("I giovani", 72) ('Ed. integrale') (pp. 120) [solo la 2ª parte del romanzo originale]

C O	1976	Ozzano Emilia, Malipiero ("I talenti", 71) (pp. 120) ('Ed. integrale') [solo la 1ª parte del romanzo originale]
C	1976	Ozzano Emilia, Malipiero: *Il rapimento di Jolanda* ("I talenti", 72) ('Ed. integrale') (pp. 120) [solo la 2ª parte del romanzo originale]
C O	1976	Ozzano Emilia, Malipiero ("Classici Malipiero", 45) ('Ed. integrale') (pp. 152) [solo la 1ª parte del romanzo originale]
C	1976	Ozzano Emilia, Malipiero: *Il rapimento di Jolanda* ("Classici Malipiero", 46) ('Ed. integrale') (pp. 154) [solo la 2ª parte del romanzo originale]
O	1976	Roma, Newton Compton (sezione ragazzi)
O	c1976	Torino, P. E. A. ("Grandi avventure", n. 9)
C O	1976	Vicenza, Edizioni Paoline ("Tutto Salgari", 30) [Lit. 1300]
C O	1977	Milano, Fabbri: Appendice di E. de Boccard e R. Jotti (Il ciclo dei corsari) [Lit. 3000]
O	[1977]	Milano, Le Stelle
O	1977	Milano, Vallardi
O	1977	Torino, Aprile
O	1980	Napoli, SO.GRA.ME.
O	1983	Bergamo, Euroclub
O	c1983	Milano, Mursia
O	1983	Roma, Comic Art (voll. 2)
C O	1990	Milano, Mursia ("Salgariana")
C O	1994	Milano, Rothmans, Portoria ("Il mare e l'avventura")
O	1995	Milano, Mursia (2ª ed.)
C O	1996	Roma, Newton Compton ("BEN ragazzi", 39)
C O	1999	Milano, Mondadori ("Leggere i classici", 79)
O	2000	[Roma], Liber liber, 2000 (E-disk)
O	2001	Milano, Mondadori ("Oscar")
O	2002	Milano, Fabbri
O	c2003	Bologna, Euromeeting Italiana-Mediasat group ("Biblioteca dei ragazzi", 43)
O	2005	Milano, Fabbri
C O	2005	Torino, Valerio ("Liberi") (In corpo 18 per ipovedenti)
O	2006	Feltre, Centro internazionale del libro parlato (1 cd)
O	2006	Milano, Fabbri

C O	2006	Mantova, Corraini
O	2007	Milano, Fabbri (2ª ed.)
C O	2008	Milano, «Il Giornale» ("Biblioteca dei ragazzi", 25)
O	2010	Milano, Mondadori
O	2011	Milano, RBA Italia
O ch	2011	Milano, Rizzoli ("BUR ragazzi", 52) [€9.90]
C O	2011	Torino, Einaudi, in *Il ciclo del Corsaro Nero* ("ET, Biblioteca", 56) (Introduzione di L. Curreri) (più *Il Corsaro Nero* e *La Regina dei Caraibi*)
O	2012	Milano, «Corriere della Sera»
O	2012	Roma, Newton Compton (Grandi tascabili economici, "I mammut", 122) (più altri 4 romanzi del ciclo dei corsari)
⋆	2012	Torino, «La Stampa» (pubblicazione settimanale)
O	2013	Milano, Piemme (adattato da Geronimo Stilton)

Qualche esempio di pubblicità:

⋆	1905	«Per Terra e per Mare», Anno III, n. 2, fine 1905, annunciate due vesti editoriali del volume, a Lit. 5 e a Lit. 3.50.
⋆	1966	«La Nazione», Firenze, febbraio 1966: *Libri ricevuti*, 3ª pagina, annuncio della nuova edizione della Vallardi (pp. 350, Lit. 1800).

Alcune traduzioni:

F	1930	*La fille du Corsaire Noir*: FRANCIA Paris, Tallandier
D lc	1930	*Die Tochter des schwarzen Korsaren*: GERMANIA Berlin, Phönix
U	1948	*Dcéra čiereneho piráta* [in lingua slovacca]: CECOSLOVACCHIA Žilina
U	1954	*La hija del Corsario Negro*: ARGENTINA Buenos Aires, Acme
tr	1955	*A filha do Corsário Negro* (1ª parte): PORTOGALLO Lisboa, Torres (2ª ed.)
tr U	1955	*O Capitão Morgan* (2ª parte): PORTOGALLO Lisboa, Torres (2ª ed.)
U	1955	*La hija del Corsario Negro*: ARGENTINA Buenos Aires, Acme

U	1956	*Morgan* [1ª o 2ª parte?]: SPAGNA Barcelona, Molino
U	1957	*La hija del Corsario Negro*: ARGENTINA Buenos Aires, Acme
U	1959	*Yolanda* [1ª o 2ª parte?]: SPAGNA Barcelona, Molino (2ª ed.)
Nie	1993	*Iolanda – doč Černogo korsara*: RUSSIA Saratov, in «Volga»

Il Leone di Damasco

* CBP Bit Poz Sar Cap O	1910	Firenze, Bemporad. Illustrato da A. Della Valle (pp. 432) [dda 1911]
Sar	1910	Firenze, Bemporad (a dispense)
bm gr Sar Cap O	1911	Firenze, Bemporad (nuova ed.)
* CP Sar Cap O	1920	Firenze, Bemporad [3.300 copie] [Lit. 6]
Sar Cap	1921	Firenze, Bemporad
* Sar Cap O	1922	Firenze, Bemporad [3.800 copie]
Sar Cap	1925	Firenze, Bemporad
Sar	[s.d.]	Milano, Sonzogno
P Sar O	1930	Milano, Sonzogno
* Sar	1937	Milano, Sonzogno (pp. 320) [a due vesti editoriali: Lit. 7 e Lit. 8,50]
Sar	1942	Milano, Sonzogno
O	1945	Milano, Carroccio
* M O	1947	Milano, Carroccio ("Collana pop. S.", 3)
C O	1954	Milano, Carroccio ("Nord-Ovest", 1)
O	1958	Bologna, Carroccio-Aldebaran
O	c1961	Bologna, Carroccio
O	1964	[Bologna], Carroccio
O	c1966	Bologna, Carroccio ("Nord-Ovest", 1)
O	c1968	Milano, Fabbri
O	197?	Milano, Cartoon Museum
C O tb	1976	Milano, Vallardi ("Avventure in Africa e in Oriente") (Ed. integrale) [Lit. 3500]
C O	1990	Milano, Mursia ("Salgariana") (Ed. integrale) (pp. 253)
O	2003	Milano, Fabbri
C O	2006	ilano, Fabbri ("Emilio Salgari") (Nuova ed.)
O	2011	[Milano], RBA ("La grande biblioteca di E. S.")
O	2012	[Milano], Garzanti ("I grandi libri Garzanti", 882) (più *Capitan Tempesta*)

Alcune traduzioni:

F	1931	*Le Lion de Damas*: FRANCIA Paris, Tallandier
ab	1931	*Der Löwe von Damaskus*: GERMANIA Berlin, Phönix
tr lc	1945	*El León de Damasco*: CILE Santiago, Zig-Zag
U	1948	*El León de Damasco*: ARGENTINA Buenos Aires, Sopena
U	1956	*El León de Damasco* [1ª parte?]: SPAGNA Barcelona, Molino
U	1956	*El hijo del León de Damasco* [2ª parte?]: SPAGNA Barcelona, Molino
tr U	1958	*O filho do leão de Damasco* [1ª parte?]: PORTOGALLO Lisboa, Torres (2ª ed.)
tr U	1958	*A vitória de Lepanto* (2ª parte): PORTOGALLO Lisboa, Torres (2ª ed.)
G	[s.d.]	*Leul din Damasc*: ROMANIA Bucuresti, Editura Contemporana

Le meraviglie del Duemila

★	1906	Firenze, Bemporad [dda 1906]
★ CBP cm L Bit G Poz Sar Cap O	1907	Firenze, Bemporad. Illustrato da C. Chiostri (in appendice il racconto breve, *I drammi del mare*, illustrato da G. Gamba) (pp. 247)
Sar Cap	1912	Firenze, Bemporad
★ P Sar Cap O	1920	Firenze, Bemporad (Nuova ed. dei "Romanzi Straordinari di Emilio Salgari") [5.320 copie]
★ P cm Sar Cap O	1922	Firenze, Bemporad (nuova impressione dell'ed. del 1920) [5.475 copie]
Sar Cap	1925	Firenze, Bemporad
★ P Sar O	1930	Milano, Sonzogno [a due vesti editoriali]
C vt O	1954	Torino, Viglongo ("Il romanzo d'avventure")
vt	[1965?]	Torino, Viglongo (ristampa)
vt	1970	Torino, Viglongo (ristampa)
O	1973	Roma, Edizioni Paoline ("Tutto Salgari", 12)
C O	1976	Milano, Il Formichiere ("Il solaio", 1) (con due scritti di G. Dossena) [Lit. 4500]
C T O	1995	Torino, Viglongo ("Salgari & Co", 7) (più 3 racconti brevi, con pref. di F. Pozzo e scritti di P.L. Bassignana e di P. Gondolo della Riva)
C O	1996	Napoli, Edizioni scolastiche Simone ("L'isola del lettore", 251) (a c. di S. Brancato)
O	2000	Taranto, Mandese (a c. di M. Romandini)
C O	2003	Milano, Fabbri (Emilio Salgari)

T	2005	[?], Derva ("Letture per la Scuola")
O	2006	Milano, Fabbri (Nuova ed.)
O	2010	Torino, Marco Valerio ("Liberi") (Ed. speciale in corpo 18 per ipovedenti)
O	2011	Massa, Transeuropa (pref. di E. Ferrero)

Qualche esempio di pubblicità:

*	1906	«Il Giornalino della Domenica», Anno I, n. 4, 15 luglio, la pubblicazione prevista «fra breve».
*	1906	«Il Giornalino della Domenica», Anno I, n. 24, 2 dicembre, «Recentissime pubblicazioni», Lit. 2 al volume.
*	1907-08	Supplemento a «Il Giornalino della Domenica» (Catalogo Illustrato), due formati in vendita a Lit. 2 e Lit. 3.50.

Alcune traduzioni:

Nie	1908	*Čudesa XXI veka* (in «Priroda i ljudi», nn. 10-23): RUSSIA
tr U	1958	*As maravilhas do año 2000*: PORTOGALLO Lisboa, Torres (3ª ed.)

I minatori dell'Alaska

CB Bit Poz Sar Boe O	1900	Genova, Donath. Illustrato da A. Craffonara (pp. 360) [Lit. 3.50]
L	1900	Genova, Donath (in 22 dispense)
CBP M G Sar Boe O	1905	Genova, Donath (2ª ed. Nuova copertina di A. Della Valle)
CBP Sar O	1905	Genova, Donath (in 19 dispense)
Sar	1918	Milano, Vallardi
O	1919	Milano, Vallardi ("Letture amene illustrate per la gioventù")
CP M Sar O	1921	Milano, Vallardi
Sar	1924	Milano, Vallardi
Sar O	1928	Milano, Vallardi ("Letture amene illustrate per la gioventù")
Sar O tb	1933	Milano, Vallardi (pp. 262)
Sar	1941	Milano, Vallardi
O	1942	Milano, Vallardi
Sar	1944	Milano, Vallardi
vt	1948	Torino, Viglongo [Lit. 500]

C O	1949	Torino, Viglongo
C cm Sar O	1950	Milano, Vallardi
vt	1953	Torino, Viglongo (ristampa)
O	1958	Milano, Vallardi ("Collana dell'Orso")
O	1959	Milano, Vallardi ("Collana dell'Orso")
* O	1963	Milano, Vallardi ("Collana dell'Orso")
O	1965	Milano, Vallardi ("Collana dell'Orso")
O	1966	Milano, Vallardi ("Collana dell'Orso")
O	1966	Roma, Le Edizioni del Gabbiano (settimanale) ("Avventure di terra e di mare", 28)
O	1968	Milano, Fabbri ("Tigri e corsari", 20 e 21) (voll. 2)
O	1974	Milano, Fabbri (2ª ed.)
C O	1974	Milano, Vallardi [Lit. 1000]
O	2003	Milano, Fabbri
C O	2004	Milano, Mondadori ("Oscar classici", 608)
C O	2006	Milano, Fabbri ("Emilio Salgari", nuova ed.)
O	2011	[Milano], RBA Italia ("La grande biblioteca di E. S.")

Qualche esempio di pubblicità:

*	1905	«Per Terra e per Mare», fine 1905, annuncio del volume in due vesti editoriali e a due prezzi.
*	1967-68	Messaggerie Italiane, annuncio dell'ultima edizione Vallardi.

Alcune traduzioni:

F	1930	Vers l'Alaska… pays de l'or: FRANCIA Paris, Tallandier
ab	1934	Die Goldgräber von Alaska: GERMANIA Berlin, Phönix
tr U	1957	Los mineros de Alaska: SPAGNA Barcelona, Molino
U	1958	Os mineiros de Alaska (1ª parte): PORTOGALLO Lisboa, Torres (2ª ed.)
tr U	1958	A febre do ouro (2ª parte): PORTOGALLO Lisboa, Torres
tr	1959	Os mineiros de Alaska: PORTOGALLO Lisboa, Torres (2ª ed.)

I misteri della Jungla Nera

Romanzo sviluppato da più versioni embrioniche scritte in gioventù.

Gli strangolatori del Gange

Spa Poz Sar Fio	1887	Livorno, in appendice a «Il Telefono», 10 gennaio – 14-15 aprile 1887
C T O	1994	Torino, Viglongo: *Gli strangolatori del Gange* ("Salgari & Co.", 6), più due brevi racconti, pref. di R. Fioraso

Gli amori di un selvaggio

Spa Poz Sar Fio	1893-94	Vicenza, in appendice a «La Provincia di Vicenza», 21 agosto – 8 dicembre 1893 e 2 agosto – 13 novembre 1894. (Collega le trame de *Gli strangolatori del Gange* e de *La vergine della Pagoda d'Oriente*, versione primitiva de *I pirati della Malesia*)

I misteri della Jungla Nera

Romanzo strutturato da Salgari in due Parti: *I misteri delle Sunderbunds* e *La rivincita di Tremal-Naik*, di XVI + XIII capitoli. Almeno dal 1959 talvolta dimezzato e pubblicato in due volumi col titolo della Parte Seconda come titolo del secondo volume.

CBP Bit G Spa Poz Sar Boe O	1895	Genova, Donath. Illustrato da G. Gamba (pp. 378) [Lit. 3]
Boe	1895	Genova, Donath (2ª ed.)
Sar Boe O	1896	Genova, Donath
Spa Sar	1896	Genova, Donath (2ª ed.)
CB Sar Boe O	1902	Genova, Donath (3ª ed.)
tb Spa Poz Sar Boe O	1903	Genova, Donath (3ª ed., accresciuta da 8 nuovi capitoli. Nuova copertina di Della Valle)
Sar Boe	1905	Genova, Donath
CBP Sar Boe O	1907	Genova, Donath (4ª ed.) [Lit. 5]
* C	1907	Genova, Donath (4ª ed.) (a dispense) [Cent. 10]
Sar Boe O	1913 [1912]	Genova, Donath (5ª ed.)
CP M Sar O	1919	Milano, Vallardi
Sar	1922	Milano, Vallardi
Sar O	1925	Milano, Vallardi
Sar O	1927	Milano, Vallardi
cm Sar O	1929	Milano, Vallardi
Sar	1931	Milano, Vallardi

Sar O	1936	Milano, Vallardi
* CP M Sar O	1936	Milano, Sonzogno (pp. 288) [a due vesti editoriali: Lit. 7 e Lit. 8,50]
Sar	1938	Milano, Vallardi
Sar	1940	Milano, Vallardi
Sar	1942	Milano, Vallardi
Sar	1942	Milano, Sonzogno (Ed. fuori commercio. "Bibliotechina della G.I.L.")
O	1943	Milano, Vallardi
O	1944	Milano, Vallardi
vt	1946	Torino, Viglongo [Lit. 250]
C O	1947	Torino, Viglongo
* C O	1947	Milano, Carroccio ("Collana pop. S.", 27) (pp. 120) [2 parti: *Le gesta degli Strangolatori* e *La rivincita di Tremal-Naik*, di XVI + XXI capitoli]
vt	1949	Torino, Viglongo (ristampa)
O	1950	Milano, Carroccio
M O	1950	Milano, Vallardi
vt	1951	Torino, Viglongo (ristampa)
vt	1952	Torino, Viglongo (ristampa)
vt	1953	Torino, Viglongo (ristampa)
vt	1954	Torino, Viglongo (ristampa)
C M O	1955	Milano, Vallardi ("Collana dell'Orso")
vt	1956	Torino, Viglongo (ristampa)
O	1957	Milano, Vallardi ("Collana dell'Orso")
vt	1958	Torino, Viglongo (ristampa)
O	[1958?]	[Bologna], Carroccio Aldebaran ("Nord-Ovest") [solo la 1ª parte del romanzo originale?]
CB O	1959	Modena, Carroccio-Aldebaran: *La rivincita di Tremal-Naik* ("Nord-Ovest", 72) (pp. 162) [solo la 2ª parte de *I misteri*]
vt	1959	Torino, Viglongo (ristampa)
vt O	1960	Torino, Viglongo (ristampa)
O	1961	Milano, Vallardi ("Collana dell'Orso")
O	[1961]	S. Lazzaro di Savena, Carroccio: *La rivincita di Tremal-Naik* ("Nord-Ovest", 72) (pp. 162) [solo la 2ª parte de *I misteri*]
vt	1962	Torino, Viglongo (ristampa)
O	[1963]	Bologna, Carroccio ("Nord-Ovest")
O	c1963	Bologna, Carroccio: *La rivincita di Tremal-Naik* ("Nord-Ovest", 72) (pp. 162) [solo la 2ª parte de *I misteri*]

* O ch	1964	Bologna, Carroccio ("Nord-Ovest", 39) (pp. 164) [senza spiegazioni, il volume contiene solo la Parte Prima del romanzo originale, cioè i capitoli I – XVI]
* O	1964	Milano, Vallardi ("Collana dell'Orso")
O	c1964	S. Lazzaro di Savena, Carroccio ("Collana Salgariana", 9) [solo la 1ª parte del romanzo originale?]
O	1964	S. Lazzaro di Savena, [Carroccio]: *La rivincita di Tremal-Naik* ("Collana Salgariana", 25) (pp. 170) [solo la 2ª parte de *I misteri*]
O	1964	S. Lazzaro di Savena, Carroccio: *La rivincita di Tremal-Naik* ("Nord-Ovest", 72) (pp. 170) [solo la 2ª parte de *I misteri*]
*	[1965?]	Modena, Carroccio-Aldebaran: *La rivincita di Tremal-Naik* ("Nord-Ovest", 72) [Copyright: «Ricca Margherita, ved. Salgari»] [solo la 2ª parte de *I misteri*]
C L O	1966	Milano, Vallardi ("Collana dell'Orso") (Ciclo dei pirati, 1)
O	1966	Roma, Le Edizioni del Gabbiano (settimanale) ("Avventure di terra e di mare", 1)
C O	1967	Milano, Boschi ("Capolavori", 27) [Lit. 300]
vt	1967	Torino, Viglongo (ristampa)
* O	1968	Milano, Boschi ("Capolavori", 27)
L	1968	Milano, Fabbri ("Tigri e Corsari", 2) (testo ridotto)
C O	1968	Milano, Lucchi (pp. 174)
C O	1969	Milano, Mondadori: *Edizione Annotata: Il Primo Ciclo della Jungla* (voll. 2, con altri 3 romanzi, a cura di M. Spagnol)
O	c1969	Milano, Mursia ("Corticelli-Salgariana")
C O	1969	Milano, Mursia ("I libri d'avventure di E. S.", 5) [Lit. 2000]
O	1969	Milano, Vallardi ("Collana dell'Orso")
O	1969	Ozzano Emilia, Malipiero ("Racconti e avventure", 29) (pp. 154) [solo la 1ª parte del romanzo originale]
O	197?	Milano, Accademia ("I grandi classici per la gioventù")
O	197?	Milano, Cartoon Museum
* C O	1970	Bologna, Malipiero: *La rivincita di Tremal-Naik* ("Racconti e avventure", 30) (pp. 156) [Sul frontespizio, a caratteri minuscoli: «(tit. op. or. «*I misteri della jungle nera*»)» [in realtà solo la 2ª parte de *I misteri*]

*C O	1970	Ozzano Emilia, Malipiero ("Classici Malipiero", 37) (pp.156) [Lit. 1800] [con 16 capitoli, solo la 1ª parte de *I Misteri*, con qualche modifica del testo, inclusi alcuni titoli dei capitoli cambiati]
C O	1970	Ozzano Emilia, Malipiero: *La rivincita di Tremal-Naik* ("Classici Malipiero", 38) (pp. 152) (Titolo originale: *I misteri della jungla nera*) [ma solo la 2ª parte] [Lit. 1800]
C O	1970	Ozzano Emilia, Malipiero ("Racconti e avventure", 29) (pp. 154) [solo la 1ª parte de *I misteri della Jungla Nera*]
C	1970	Ozzano Emilia, Malipiero: *La rivincita di Tremal-Naik* ("Racconti e avventure", 30) (pp. 152) («Titolo op. orig.»: *I misteri della jungla nera*) [ma ne è solo la 2ª parte]
O	1971	Bologna, Malipiero: *La rivincita di Tremal-Naik* (pp. 106) [solo la 2ª parte de *I misteri*]
O	1971	Milano, Mursia ("I libri d'avventure di E. S.", 5)
O	[1971]	Milano, Vallardi
C L O	1972	Milano, Garzanti ("I Garzanti", 369. Ed. integrale) [Tascabili settimanali, Lit. 600]
O	1972	Milano, Lucchi (pp. 174)
O	1972	Milano, Mondadori: *Edizione Annotata: Il Primo Ciclo della Jungla* (voll. 2, con altri 3 romanzi, a c. di M. Spagnol) (2ª ed.)
O	[1972]	Milano, Vallardi
O	1972	Torino, Viglongo
O	1973	Milano, Mursia ("I libri d'avventure di E. S.", 5)
O	1973	Milano, Vallardi
O	1973	Ozzano Emilia, Malipiero: *La rivincita di Tremal-Naik* ("Classici", 10) (pp. 122) (Titolo originale: *I misteri della jungla nera*) [ma ne è solo la 2ª parte]
O	c1973	Ozzano Emilia, [Malipiero] ("I giovani", 59) (pp. 119) [solo la 1ª parte de *I misteri*]
C O	1973	Ozzano Emilia, Malipiero ("Giovani capolavori", 59) (pp. 119) [solo la 1ª parte de *I misteri*]
O	1973	Ozzano Emilia, Malipiero: *La rivincita di Tremal-Naik* ("Salgari", 9) (pp. 122) [solo la 2ª parte de *I misteri*]

C O	1973	Ozzano Emilia, Malipiero (2 volumi: *I misteri della jungle nera* e *La rivincita di Tremal-Naik* (Titolo op. orig.: *I misteri della jungla nera*) ("I talenti", 59 e 60) ('Ed. integrale', pp. 119 e 122)
O	1974	Milano, Accademia
O	1974	Milano, Lucchi
O	1974	Milano, Mondadori: *Edizione Annotata: Il Primo Ciclo della Jungla* (voll. 2, con altri 3 romanzi a c. di M. Spagnol) (3ª ed.)
O	1974	Milano, Vallardi
C O	1974	Ozzano Emilia, Malipiero: *La rivincita di Tremal-Naik* ("Giovani capolavori", 60) (pp. 122) («Titolo op. orig.»: *I misteri della jungla nera*) [ma ne è solo la 2ª parte]
* C O	1974	Ozzano Emilia, Malipiero ("I talenti", 59) (pp. 124) [con 16 capitoli è solo la 1ª parte de *I misteri*; sul frontespizio in corpo minuscolo: «(tit. op. or. «I misteri della Jungla Nera»)», dicitura convenzionale della casa editrice per entrambe le parti di romanzi dimezzati]
C O	1975	Milano, Campironi (Ed. integrale) [Lit. 3500]
O	1975	Milano, Fabbri (Il ciclo della Malesia)
O	[1975]	[Milano], Rizzoli Mailing
C O	1975	Milano, Le Stelle ("I libri d'oro") [Lit. 4500]
C O	1975	Milano, Vallardi ("I primi romanzi". Ed. integrale)
O	[1975]	Roma, Comic Art (Autori, 1 e 2) (voll. 2: Primo episodio, pp. 38; secondo episodio, pp. 40)
C O	1975	Roma, Edizioni Paoline ("Tutto Salgari", 19)
O	1976	Milano, Lucchi (pp. 174)
O	1976	Milano, Mursia ("I libri d'avventure di E. S.", 5)
O	1976	Milano, Vallardi
O	1976	Napoli, Mario Rubino ("Gli avventurosi", collana per ragazzi)
O	1976	Roma, Newton Compton ("Junior paperbacks", 2)
O	1976	Roma, Newton Ragazzi ("L'avventura", 2)
C O	1977	Bergamo, Roma, Minerva italica (pp. 173) [Lit. 6500]
C O	c1977	Milano, Arcobaleno (pp. 124)
O	1977?	Milano, Le Stelle ("I libri d'oro")

O	1977	Milano, Vallardi
O	1979	Napoli, SO.GRA.ME (voll. 2) (pp. 136 e 292)
O	c1983	Milano, Mursia ("I libri d'avventure di E. S.", 5)
O	1983	Ozzano Emilia, Malipiero ("Bestseller per i ragazzi") [solo la 1ª parte de *I misteri*?]
O	1985	Bologna, Malipiero ("I superclassici") (pp. 138) [solo la 1ª parte de *I misteri*?]
C O	1985	Milano, Rizzoli (BUR, 600)
O	c1985	Ozzano Emilia, Malipiero ("Nuovi bestseller") (pp. 13) [solo la 1ª parte de *I misteri*?]
O	1986	Milano, Mondadori ("I grandi romanzi", 12)
O	1986	Milano, Vallardi
O	c1987	Milano, Mursia ("I libri d'avventure di E. S.", 5)
O	1990	Milano, Editoriale del Drago (pref. di Giovanni Spadolini) (efc esclusivamente per i clienti di CRAI) (pp. 256)
C O	1990	Milano, Fabbri ("I cristalli". Ed. integrale)
C O	1990	Milano, Mursia ("Salgariana". Edizione integrale)
O	1990	Milano, Rizzoli (ed. ridotta a c. di V. Rovereto) ("Libri illustrati Rizzoli") (pp. 125)
O	c1990	Ozzano Emilia, Malipiero [solo la 1ª parte de *I misteri*?]
O	1991	[Cernusco, Rotolito lombarda] (Supplemento a «Gente», n. 8, 1991)
C O	1991	Firenze, Salani (Ed. annotata, a. c. di M. Spagnol, prefazione di P. Citati) (pp. 221)
T	1991	Bologna, Thema; Verona, Papiro (riscritto da Gianni Padoan)
O	1991	Milano, Mursia ("Salgariana") (2ª ed.)
* ch	1992	Milano, Epipress: *I misteri della giungla nera* (supplemento a «Il Giornalino», n. 33, 12 agosto 1992) (a fumetti con sceneggiatura di R. Gelardini e disegni di Nadir Quinto) (pp. 61)
O	1992	Roma, Comic Art ("Letteratura illustrata") (voll. 2: primo episodio, pp. 39; secondo episodio, pp. 40)
O	1993	Milano, Editoriale del Drago ("Top green", 1) (pp. 239)
C O	1994	Milano, Rothmans, Portoria ("Il mare e l'avventura")
C O	1994	Roma, Newton Compton ("BEN ragazzi", 11) (a c. di S. Campailla)

O	c1995	Ozzano Emilia, Malipiero ("VerdEtà") (pp. 124) [solo la 1ª parte de *I misteri*?]
O	1995	Santarcangelo di Romagna, Opportunity books ("I capolavori di Gulliver")
O	1996	Roma, Editalia ("La mia prima biblioteca. L'avventura", 6)
O	2000	Milano, Fabbri ("I Delfini", 119) (postfazione: A. Faeti)
O	2001	Milano, Fabbri ("I Delfini", 119)
C O	2001	Torino, Einaudi, con altri due romanzi, in E. Salgari, *Romanzi di giungla e di mare* ("I millenni") (a cura di A. Lawson Lucas, con uno scritto di M. Mari)
O	[2002?]	Cagliari, Coop. sociale 'A prima vista' (voll. 2) (prodotto in braille)
O	2002	Milano, Fabbri
C O	[2002]	Perugia, Guerra ("Classici italiani Otto- Novecento")
O	2003	Milano, Mondolibri (a c. S. Campailla)
C T O	2004	Torino, Einaudi ("Einaudi tascabili", 1255) (a cura di A. Lawson Lucas, con prefazione di E. Ferrero)
C O	2005	Torino, M. Valerio ("Liberi". In corpo 18 per ipovedenti)
O	2007	Torino, Einaudi ("E. T.", 1255) (a cura di A. Lawson Lucas, con prefazione di E. Ferrero (2ª ed.)
O	[2010]	Milano, Fabbri ("E. S.: la grande biblioteca dell'avventura")
O	2010	Milano, Mondadori (ed. annotata, a c. di M. Spagnol) ("Fantasia e avventura. I grandi romanzi di E. S.", 2)
O	2011	Milano, RBA Italia
O	2012	Milano, BCDe ("Classici tascabili", 72)
O	2012	Milano, Mondadori ("Classici tascabili", 72)

Un esempio di pubblicità:

★	1969	Catalogo della Mondadori, novembre 1969, annuncio dell'edizione.

Alcune traduzioni:

F tb	1899	*Les mystères de la jungle noire*: FRANCIA Paris, Montgrédien [tb s.d.]

D lc	1929	*Die Geheimnisse des schwarzen Dschungel*: GERMANIA Berlin, Phönix
F	1935	*Les Mystères de la Jungle Noire*: FRANCIA Paris, Tallandier
po	1938	*Tajemnice czarnej dżungli*: POLONIA Warszawa, Nowe Wydawnictwo
tr S	1939	*Los estranguladores* [?]: CILE Santiago, Zig-Zag
U	1948	*Los estranguladores* [?]: ARGENTINA Buenos Aires, Abril
U	1949	*En los junglàres de la India*: SPAGNA Madrid, Calleja
U	1953	*Los misterios de la India*: SPAGNA Barcelona, Toray
U	1954	*Los misterios de la jungla negra*: ARGENTINA Buenos Aires, Acme
S	1955	*Los estranguladores* [?] [presumibilmente solo la 1ª parte de *I misteri*]: CILE Santiago, Ed. del Pacífico
R	1955	*La venganza de Tremal-Naik* [presumibilmente solo la 2ª parte de *I misteri*]: CILE Santiago, Ed. del Pacífico
U	1956	*Los estranguladores* [?]: SPAGNA Barcelona, Molino
tr U	1957	*En los junglares de la India*: SPAGNA Barcelona, G.P.
U	1959	*Los estranguladores* [?]: SPAGNA Barcelona, Molino (2ª ed.)
Nie	1996	*Tajny černych džungley* (in *Sočinenija v trech tomach* [Opere in tre volumi]): RUSSIA Moskva, Izdatel'skij centr «Terra»
O	c2007	*Misteret e Xhungles se Zeze*: ALBANIA Tirana, Dritan
am	2011	*The mysteries of the dark jungle*: STATI UNITI Kindle Direct Publishing (KDP)

La Montagna di Luce

CBP cm Bit G Poz Sar Boe O	1902	Genova, Donath. Illustrato da G. Amato ("Biblioteca illustrata per la gioventù") (pp. 350) [Lit. 3.50]
Sar	1902	Genova, Donath (a dispense)
CBP M O Sar	1915	Milano, Vallardi
Sar	1917	Milano, Vallardi
Sar O	1918	Milano, Vallardi
Sar	1921	Milano, Vallardi

Sar	1923	Milano, Vallardi
Sar O	1926	Milano, Vallardi
Sar	1930	Milano, Vallardi
Sar O	1936	Milano, Vallardi
Sar	1940	Milano, Vallardi
L Sar O	1943	Milano, Vallardi
vt	1946	Torino, Viglongo
M cm Sar O	1947	Milano, Vallardi
C T O	1947	Torino, Viglongo [Lit. 250]
vt	1949	Torino, Viglongo (ristampa)
O	1950	Torino, Viglongo
C M O	1952	Milano, Vallardi ("Biblioteca dell'Orso. Orso bruno")
vt	1953	Torino, Viglongo (ristampa)
O	1955	Milano, Vallardi
O	1958	Milano, Vallardi ("Collana dell'orso")
*	196-	Milano, Vallardi
vt	1960	Torino, Viglongo (ristampa)
O	1961	Milano, Vallardi ("Collana dell'orso")
O	1964	Milano, Vallardi ("Collana dell'orso")
O	1966	Roma, Le Edizioni del Gabbiano (settimanale) ("Avventure di terra e di mare", 26)
O	1967	Milano, Vallardi ("Collana dell'orso")
O	c1969	Milano, Fabbri ("Tigri e corsari", 55)
C L O	1972	Milano, Garzanti ("I Garzanti", 354, tascabili settimanali) (Ed. integrale) [Lit. 500]
O	1973	Torino, G. Caula ("Romanzi d'avventure, E. S.")
C	1974	Milano, Vallardi [Lit. 3000]
C O	1975	[?], Edizioni Paoline ("Tutto Salgari", 37) [Lit. 1300]
O	1976	Roma, Spada ("I classici dell'avventura") (pp. 157)
C O	[2004]	Milano, Fabbri ("Emilio Salgari")
C O	2005	Milano, Mondadori ("Oscar") (Avventure in India) (a c. di V. Sarti, con Intro. S. Gonzato)
O	2007	Campi Bisenzio, Cecchi Gori: *Sandok: la montagna di luce*, regia di U. Lenzi (1965) (video, 1 DVD)
O	2011	Milano, Mondadori ("Fantasia e avventura. I grandi romanzi di E. S.", 20)
O	2011	Milano, RBA Italia ("La grande biblioteca di E. S.")

Qualche esempio di pubblicità:

| ★ | 1905 | «Per Terra e per Mare», fine 1905, annuncio del volume in due vesti editoriali e a due prezzi. |

Alcune traduzioni:

F	1905	*Le Ko-hi-noor, ou le Diamant du Rajah*: FRANCIA Paris, Delagrave
Po G	1927	*Góra Światła*: POLONIA Poznań, Księgarnia św. Wojciecha
D lc	1929	*Der Lichtberg*: GERMANIA Berlin, Phönix
tr	1933	*La Montaña de Luz*: CILE Santiago
U	1949	*La montaña de luz*: SPAGNA Madrid, Calleja
U	1955	*La 'Montaña de Luz'*: SPAGNA Barcelona, Molino
U	1956	*La montaña de luz*: ARGENTINA Buenos Aires, Acme
po	1987	*Góra Światła*: POLONIA Katowice, Śląsk

La Montagna d'Oro: avventure nell'Africa centrale

Romanzo pseudonimo, forse plagiato da un racconto popolare tedesco; dal 1926 spesso uscito col titolo *Il treno volante*.

P Poz Sar L O	1901	Palermo, Biondo (pseudonimo: Guido Altieri) Illustrato da C. Sarri (pp. 261)
Sar	1901	Palermo, Biondo (firmato G. Altieri) (a dispense)
O	1902	Palermo, Biondo (firmato G. Altieri) (a 34 dispense)
O	1903	Palermo, Biondo (firmato G. Altieri)
Sar O	[s.d.]	Palermo, IRES
CP M Bit Sar O	1926	Milano, Sonzogno: *Il treno volante* ("Biblioteca romantica illustrata") (pp. 140) [Lit. 6]
Sar	[s.d.]	Milano, Sonzogno
Sar	1928	Milano, Sonzogno
Sar	1929	Milano, Sonzogno
CP M Sar	1940	Milano, Sonzogno: *Il treno volante* ("Il romanziere illustrato", mensile, 95) [Lit. 2.70]
Sar O	1941	Milano, Sonzogno (pp. 252)
C T vt O	1947	Torino, Viglongo: *Il treno volante (La Montagna d'Oro)*(pp. 254) [Lit. 350]
vt O	1948	Torino, Viglongo: *Il treno volante (La montagna d'oro)*

O	1953	Torino, Viglongo: *Il treno volante (La monta-gna d'oro)* ("I capolavori di E. S.")
O	1961	Torino, Viglongo: *Il treno volante* ("I capolavori di E. S.") (pp. 216)
C O	1966	Roma, Le Edizioni del Gabbiano: *Il treno volante (La montagna d'oro)* ("Avventure di terra e di mare", 21, settimanale) (pp. 156)
O	c1969	Milano, Fabbri ("Tigri e corsari", 64) (pp. 158)
C O	1972	Roma, Edizioni Paoline: *Il treno volante: La montagna d'oro* ("Tutto Salgari", 1) (pp. 183) [Lit. 600]
C O	1973	Novara, Epidem ("Il narratore") (pp. 221)
O	1975	Roma, Edizioni Paoline: *Il treno volante* ("Tutto Salgari", 1) (2ª ed.) (pp. 165)
C O	[2002]	Milano, Fabbri ("Emilio Salgari") (pp. 163)
C O	2005	Milano, Fabbri ("Emilio Salgari") (Nuova ed.)

Alcune traduzioni:

D lc	1930	*Im Luftschiff durch Afrika*: GERMANIA Berlin, Phönix
U	1958	*La montaña de oro*: SPAGNA Barcelona, G.P.

I naufragatori dell'«Oregon»

CBP R Bit Poz Sar O	1896	Torino, Speirani. Illustrato da L. Berlia ("Biblioteca romantica") (pp. 279) [Lit. 1]
G Sar	1898	Torino, Speirani
Sar	1903	Torino, Speirani (3ª ed.)
Sar	[s.d.]	Torino, Speirani (9ª ed.)
* Poz Sar	1906-07	Milano, Società Editoriale Milanese, a puntate ne «L'Oceano», direttore L. Motta, 29 luglio 1906 – 30 giugno 1907
CB M O	1907	Milano, S.E.M. (10ª ed.) ("Biblioteca romantica illustrata") [Lit. 3]
CB Sar O	1909	Milano, S.E.M. (10ª ed., ristampa)
Sar	[s.d.]	Milano, S.E.M. (12ª ed.)
Sar	[s.d.]	Milano, Bietti
CP M R O Sar	1922	Milano, Bietti (pp. 171)
CP M R Sar O	1931	Milano, Sonzogno (pp. 187) [Lit. 5]
C O	1947	Milano, Carroccio ("Collana pop. S.", 25)
CB R O	1959	Modena, Carroccio-Aldebaran ("Nord-Ovest", 12) (pp. 162)
O	[1961]	S. Lazzaro di Savena, Carroccio ("Nord-Ovest", 12) (pp. 162)

O	c1962	Bologna, Carroccio ("Nord-Ovest", 12) (pp. 162)
R O	1968	Milano, Fabbri ("Tigri e corsari", 5) (pp. 154)
O	2003	Milano, Fabbri (pp. 141)
O	2006	Milano, Fabbri (nuova ed.)

Alcune traduzioni:

U	1955	*Los náufragos del 'Oregón'*: SPAGNA Barcelona, Molino
Nie	1992	*V debrjach Borneo* (in *Sobranie sočinenij* [Raccolta di opere], voll. 6: ogni vol. comprende 4 o 5 romanzi di E.S.): RUSSIA Moskva, Izdatel'skij centr «Terra»

I naufraghi del Poplador

* Poz Sar	1894	Milano, Treves, a puntate su «Il Giornale dei Fanciulli», 5 luglio – 27 dicembre 1894
CBP M Bit Poz Sar O	1895	Milano, Fratelli Treves. Illustrato da A. Ferraguti (pp. 346)
Sar	1895	Milano, Treves, a dispense
[Sar	1895	Milano, Treves (2ª ed.)]
cm G Sar O	1901	Milano, Treves
gr O	1908	Milano, Treves (ottavo migliaio)
Sar O	1922	Milano, Treves
C R Sar O	1922	Milano, Barion
M O	1923	Milano, Sonzogno
M Sar	1927	Milano, Sonzogno ("Il romanziere illustrato", n. 98)
Sar	[s.d.]	Milano, Sonzogno
Sar	1930	Milano, Sonzogno
CP Sar O	1941	Milano, Sonzogno ("Il romanziere illustrato", 98; mensile, marzo 1941) (Con altri 4 racconti di diversi scrittori) [Lit. 2.70]
R O	1945	Milano, Carroccio
M O	1947	Milano, Carroccio ("Collana pop. S.", 7)
CB R	1959	Modena, Carroccio-Aldebaran ("Nord-Ovest", 68)
O	1959	Bologna, Carroccio-Aldebaran ("Nord-Ovest", 72) (pp. 158)
O	[1961]	S. Lazzaro di Savena, Carroccio ("Nord-Ovest", 68) (pp. 158)
O	1964	[?], Carroccio ("Nord-Ovest", 68) (pp. 158)
O	2003	Milano, Fabbri (pp. 144)
O	2006	Milano, Fabbri (pp. 144)

Una traduzione:

* sb	1912	*De Skeppsbrutna fran Poplador* (tr. A. Frunck): SVEZIA Stoccolma, Wilhelm Balles

I naviganti della Meloria

Romanzo pseudonimo, forse plagiato

O cm Sar Boe	1902	Genova, Donath (pseudonimo: E. Bertolini). Illustrato da L. Fornari (pp. 233)
Sar	1922	Milano, Vallardi (firmato E. Bertolini)
* CP R Bit Sar O	1930	Milano, Sonzogno (pp. 190) [a due vesti editoriali: Lit. 5 e Lit. 6,50]
* M O ch	1947	Milano, Carroccio ("Collana pop. S.", 50) (pp. 78)
C vt O	1954	Torino, Viglongo ("Il romanzo d'avventure") [Lit. 500]
C O	1959	Bologna, Carroccio ("Nord-Ovest")
CB	1959	Modena, Carroccio-Aldebaran ("Nord-Ovest", 3)
O	c1961	Bologna, Carroccio
* O	1965	Milano, Carroccio ("Nord-Ovest")
R O	1970	Milano, Fratelli Fabbri ("Tigri e corsari", 84)
O	1975	Alba, Edizioni Paoline ("Tutto Salgari", 38)
C O	2003	Milano, Fabbri ("Emilio Salgari")
O	2006	Milano, Fabbri (pp. 174)

Un esempio di pubblicità:

*	1905	«Per Terra e per Mare», Anno III, n. 2, fine 1905, réclame per l'opera edita, sotto lo pseudonimo E. Bertolini, nella collana "Biblioteca illustrata per la Gioventù".

Alcune traduzioni:

F	1930	*Le canal souterrain du capitaine Génois*: FRANCIA Paris, Tallandier
tr U	1957	*Los exploradores del Meloria*: SPAGNA Barcelona, G.P.

La «Stella Polare» ed il suo viaggio avventuroso (1);

Notizie sul viaggio della «Stella Polare» (2)[4]

Resoconto romanzato della contemporanea spedizione del Duca degli Abruzzi nell'Artico; per rispondere alla suscettibilità del Duca e del capitano Cagni, Salgari e Donath dovettero cambiare il titolo e altri particolari della copertina; più tardi apparve con una serie di titoli diversi.

* CBP Bit Poz Sar Boe V O	[1901, *sic*] 1900	Genova, Donath: *La «Stella Polare» ed il suo viaggio avventuroso*, «narrato da Emilio Salgari». Con una breve prefazione di E.S. datata Dicembre 1900. ("Biblioteca illustrata per la gioventù", 64) (pp. 318) [«Opera illustrata da ritratti, vedute, dieci disegni di G. Gamba e da due carte geografiche». Volume stampato nella Tipografia di Salvadore Landi, Firenze, nel novembre 1900 e uscito come strenna nello stesso mese. Il disegno di copertina comprende due volte lo stemma dei Savoia e sulla nave il nome *Stella Polare*.]
* cm gr G Poz Boe O	1901	Genova, Donath: *Notizie sul viaggio della «Stella Polare»*, «Raccolte da E. Salgari». Con prefazione di E. S. «Ai miei Giovani Lettori», datata «Dicembre 1900» ("Biblioteca illustrata per la gioventù") (pp. 318) [Sul frontespizio: «Opera llustrata da ritratti, vedute, dieci disegni di G. Gamba e da due carte geografiche»]. [Lungo il margine della copertina: «Il racconto non è la relazione ufficiale che sta preparando S.A.R. il Duca degli Abruzzi e non emana da alcuno dei membri della spedizione.»][4] [Sulla copertina la nave è senza nome e senza lo stemma dei Savoia.]
CP M Sar O	1929	Milano, Vallardi: *Verso l'Artide con la «Stella Polare»* (con ritratto, illustrazioni e fotografie) (pp. 278)
Sar O tb	1932	Milano, Vallardi: *Verso l'Artide...*

---

[4] Ove occorre è necessario togliere il seguente titolo dalla bibliografia salgariana:
* O   1903   Milano, Hoepli: *La «Stella Polare» nel mare Artico*,
        firmato Luigi Amedeo di Savoia (pp. 596)
Questo volume è il resoconto ufficiale della spedizione, a quanto pare confuso qualche volta con la versione romanzata salgariana. Anzi per un errore misterioso anche la presente opera è caduta nella trappola con un'allusione sbagliata a un'edizione del 1903 del libro salgariano, in realtà inesistente; va corretta nel Vol. I, alla p. 194.

Sar O	1941	Milano, Vallardi: *Verso l'Artide...*(in antiporta foto del 1900 di S.A.R. Luigi Amedeo di Savoia)
⋆ C gr T O [vt	1951 1950]	Torino, Viglongo: *Verso l'Artide colla «Stella Polare»: avventure tra i ghiacci* (Con la «Prefazione dell'Editore» datata «dicembre 1950», pp. 5-6)[5] ("Il romanzo di avventure. I capolavori di E.S.") (pp. 224) [«Nuova edizione annotata ed aggiornata. Con un capitolo sulle esplorazioni polari del mezzo secolo. A cura di Emilio Salgari jr.», pp. 209-23) [Lit. 500]
O	c1968	Milano, Fabbri: *Verso l'Artide con la «Stella Polare»* ("Tigri e corsari", 26) (pp. 157)
C O	1976	Vicenza, Edizioni Paoline ("Tutto S.", 35) (pp. 223)
C T vt O	2001	Torino, Viglongo: *La «Stella Polare» ed il suo viaggio avventuroso* ("Salgari & Co.", 9) [Ristampa anastatica dell'edizione del 1901, con nuovi saggi introduttivi dell'editore, di F. Pozzo e altri.]
O	2003	Milano, Fabbri: *La «Stella Polare» ed il suo viaggio avventuroso* (con le illustrazioni di Gamba) (pp. 195)

Gli orrori della Siberia

cm G Poz Sar Boe O	1900	Genova, Donath. Illustrato da E. Zanetti (pp. 346)
Bit Sar Boe	1902	Genova, Donath
⋆ CBP Sar Boe O	1906	Genova, Donath (2ª ed.) (pp. 304)
⋆	1906	Genova, Donath (a dispense)
Sar Boe	1909	Genova, Donath
Sar	1916	Milano, Vallardi
C M Sar O	1919	Milano, Vallardi (pp. 276)
P Sar	1921	Milano, Vallardi
Sar	1924	Milano, Vallardi
Sar	1928	Milano, Vallardi
Sar O	1932	Milano, Vallardi (pp. 276)
Sar	1944	Milano, Vallardi
vt	1948	Torino, Viglongo [Lit. 500]
C O	1949	Torino, Viglongo

---

[5] Secondo l'editore Andrea Viglongo nella prefazione dell'edizione del 1950/1951, la prima edizione uscì nel mese di novembre 1900, data confermata da altre infomazioni dell'epoca.

cm Sar O	1950	Milano, Vallardi (pp. 276)
vt	1954	Torino, Viglongo (ristampa)
O	1958	Milano, Vallardi ("Collana dell'Orso") (pp. 274)
⋆ O	1962	Milano, Vallardi ("Collana dell'Orso")
O	1966	Milano, Vallardi ("Collana dell'Orso")
C O	1973	Milano, Vallardi [Lit. 2500]
O	1973	Torino, Caula
O	1974	Milano, Vallardi
C O	1976	Vicenza, Edizioni Paoline ("Tutto Salgari", 31) [Lit. 1300]
C O	2003	Milano, Fabbri ("Emilio Salgari")
C O	[2006]	Milano, Fabbri (Nuova ed.) ("Emilio Salgari: l'opera Completa")

Un esempio di pubblicità:

⋆	1906	«Per Terra e per Mare», Anno III, n. 12, réclame: «Sono pubblicate le prime dispense»; in vendita il volume a Lit. 5.

Alcune traduzioni:

D lc	1930	*Die Schrecken Sibiriens*: GERMANIA Berlin, Phönix
U	1949	*Los horrores de la Siberia*: SPAGNA Madrid, Calleja
tr	1957	*Los horrores de la Siberia*: SPAGNA Barcelona, G.P.
tr U	1958	*Um drama na Sibéria* [1ª parte]: PORTOGALLO Lisboa, Torres (3ª ed.)
tr U	1958	*Os vencedores da morte* (2ª parte): PORTOGALLO Lisboa, Torres (3ª ed.)

Le Pantere di Algeri (copertina) ... *d'Algeri* (frontespizio)

⋆ CB cm G Poz Sar L L Boe O	1903	Genova, Donath. Illustrato da G. Amato (pp. 357) [in legatura editoriale di lusso, 2010: €500] [copia sciupata, 2012: €80]
Sar	1903	Genova, Donath (a dispense)
Sar Boe	1904	Genova, Donath
Bit Sar Boe	1905	Genova, Donath
P L Sar Boe O	1909	Genova, Donath (2ª ed.)
CP M Sar O	1921	Milano, Vallardi
Sar O	1924	Milano, Vallardi

Sar O	1927	Milano, Vallardi
Sar O	1930	Milano, Vallardi
Sar	1938	Milano, Vallardi
Sar O	1942	Milano, Vallardi
* Sar O ch	1944	Milano, Vallardi: … *d'Algeri* (pp. 272)
Gal/Bon	1944	Milano, Impero ("Avventure", riduzione grafica in 18 albi)
vt	1946	Torino, Viglongo [Lit. 250]
M cm Sar O	1947	Milano, Vallardi
* C	1947	Torino, Viglongo (pp. 296) [il bollo della BNCF reca la data 24 aprile 1947 e l'editore indicava l'anno sul frontespizio]
vt	1949	Torino, Viglongo
C O	1952	Milano, Vallardi ("Biblioteca dell'Orso. Orso bruno") (pp. 286)
C M O	1955	Milano, Vallardi ("Collana dell'Orso")
O	1956	Milano, Vallardi ("Collana dell'Orso")
O	1959	Milano, Vallardi ("Collana dell'Orso")
O	1962	Milano, Vallardi ("Collana dell'Orso")
O	1963	Milano, Fabbri
O	1965	Milano, Vallardi ("Collana dell'Orso")
O	1966	Roma, Le Edizioni del Gabbiano (settimanale) ("Avventure di terra e di mare", 12) (pp. 231)
* O	1967	Milano, Vallardi
C O	1968	Milano, Vallardi (Nell'occhio: "Avventure in Africa e in Oriente") [Lit. 1800]
O	c1969	Milano, Fabbri (2 vol.) ("Tigri e corsari", 49 e 50) (pp. 157 e 154)
C O	1970	Roma, Lupa Press (Nell'occhio: "Avventure in Africa e in Oriente")
O	1971	Milano, Vallardi ("Avventure in Africa e in Oriente")
O	1972	Milano, Vallardi ("Avventure in Africa e in Oriente")
C O	1973	Milano, Fabbri (2ª ed.) [Lit. 1000]
C O	1973	Milano, Vallardi [Lit. 900]
O	1974	Milano, Vallardi ("Avventure in Africa e in Oriente")
C O	1975	[Alba], Edizioni Paoline ("Tutto Salgari", 45)
O	c1976	Alba, Edizioni Paoline ("Tutto Salgari", 45)
C O	2003	Milano, Fabbri ("Emilio Salgari")
O	2003	Milano, Mondadori ("Oscar") (*Avventure in Africa*, a c. di V. Sarti)
O	2006	Milano, Fabbri (Nuova ed.)

O	[2007]	[?], IV Golfo ("Reprint")
O	2011	Roma, Robin ("La biblioteca dei figli")

Un esempio di pubblicità:

*	1905	«Per Terra e per Mare», fine 1905, il volume in vesti editoriali in vendita a due prezzi diversi.

Alcune traduzioni:

D lc	1929	*Die algerischen panther*: GERMANIA Berlin, Phönix
tr	1947	[? Titolo tradotto non citato]: BULGARIA Sofia
U	1948	*El filtro de los Califas*: MESSICO Mexico City
tr	1951	*As panteras de Argel* [1ª parte] [U: 1952]: PORTOGALLO Lisboa, Torres (2ª ed.)
tr U	1952	*O filtro dos califas* (2ª parte): PORTOGALLO Lisboa, Torres (2ª ed.)
U	1955	*Las pantaras de Argel*: ARGENTINA Buenos Aires, Acme
tr	1956	*El filtro de los Califas* [2ª parte?]: CILE Santiago, Pacífico
tr U	1957	*El filtro de los Califas* [2ª parte?]: SPAGNA Barcelona, G.P.
tr U	1960	*As panteras de Argel* [1ª parte]: PORTOGALLO Lisboa, Torres (3ª ed.)
tr U	1960	*O filtro dos califas* (2ª parte): PORTOGALLO Lisboa, Torres (3ª ed.)

La perla sanguinosa

* CBP cm Bit Poz Sar Boe O	1905	Genova, Donath. Illustrato da A. Della Valle ("Biblioteca illustrata per la gioventù") (pp. 342)
CBP O	1905	Genova, Donath (in 22 dispense) [Cent. 10]
CBP M Sar O	1916	Milano, Vallardi [Lit. 2]
O	1918	Milano, Vallardi
* cm G Sar O	1919	Milano, Vallardi (2012: €100)
Sar O	1920	Milano, Vallardi
Sar	1923	Milano, Vallardi
Sar	1927	Milano, Vallardi
cm Sar	1930	Milano, Vallardi
Sar O	1939	Milano, Vallardi

Sar O ch	1943	Milano, Vallardi
vt O	1945	Torino, Viglongo
Sar	1946	Milano, Vallardi
Sar	1947	Milano, Vallardi
C vt O	1947	Torino, Viglongo (ristampa) [Lit. 300]
vt	1949	Torino, Viglongo
vt O	1953	Torino, Viglongo (ristampa)
vt	1953	Torino, Viglongo (ristampa)
C M O	1954	Milano, Vallardi ("Biblioteca dell'Orso. Orso bruno")
O	1956	Milano, Vallardi
O	1958	Milano, Vallardi ("Collana dell'Orso")
O	1961	Milano, Vallardi
vt O	1961	Torino, Viglongo (ristampa)
O	1964	Milano, Vallardi
* O	1967	Milano, Vallardi ("Collana dell'Orso")
O	c1968	Milano, Fabbri ("Tigri e corsari", 13) (pp. 158)
C O	1973	Milano, Vallardi [Lit. 2500]
O	1974	Milano, Vallardi ("Avventure in Africa e in Oriente")
C O	1976	Vicenza, Edizioni Paoline ("Tutto Salgari", 32) [Lit. 1300]
O	2003	Milano, Fabbri
* C O ch	2005	Milano, Mondadori ("Oscar classici", 621, *Avventure in India*, a c. di V. Sarti: Premessa, pp. V-IX) (pp. 336)
O	2011	[Milano], RBA Italia ("La grande biblioteca di E. S.")

Un esempio di pubblicità:

*	1905	«Per Terra e per Mare», Anno III, n. 2, fine 1905, il volume in due vesti editoriali annunciate a due prezzi diversi.

Alcune traduzioni:

F	1909	*La Perle de sang*: FRANCIA Paris, Delagrave
gr	[1910?]	*La Perle de sang*. Illustrato da A. Della Valle: FRANCIA Paris, Delagrave (Edizione di lusso)
U	1950	*La perla roja*: MESSICO Mexico City
U	1952	*A pérola vermelha* (1ª parte): PORTOGALLO Lisboa, Torres (2ª ed.)
U	1952	*Os pescadores de pérolas* (2ª parte): PORTOGALLO Lisboa, Torres (2ª ed.)

U	1955	*La perla del Río Abajo*: SPAGNA Barcelona, Molino
tr U	1957	*A pérola vermelha* [1ª parte?]: PORTOGALLO Lisboa, Torres (3ª ed.)
tr U	1957	*Os pescadores de pérolas* [2ª parte?]: PORTOGALLO Lisboa, Torres (3ª ed.)
tr U	1957	*La perla roja* [1ª parte?]: SPAGNA Barcelona, Molino
tr U lc	1957	*Los pescadores de perlas* [2ª parte?]: SPAGNA Barcelona, Molino
am	2012	*The Bleeding Pearl*: STATI UNITI Kindle Direct Publishing (KDP)

I pescatori di balene

*Poz Sar	1893	Verona, Treves, a puntate ne «Il Giornale dei Fanciulli», 6 luglio – 28 dicembre 1893
*	1893	Milano, Treves (a dispense)
[Fio	1893	Milano, Treves]
* CBP M cm Bit G Poz Sar O tb	1894	Milano, Treves.[6] Illustrato da G. Amato. Con alcuni disegni supplementari didattici (pp. 310) [«Seconda edizione»: *sic*] [Capitoli I-XXVIII + Conclusione] [in grande formato] [Lit. 4.50]
[Sar	1894	Milano, Treves (2ª ed.)]
Sar	1894	Milano, Treves (3ª ed.)
cm G	1899	Milano, Treves
O	1924	ilano, Treves
Sar	1925	Milano, Treves
P Sar O	1930	Milano, Mondadori
CP M Sar O	1934	Milano, Sonzogno
M O	1947	Milano, Carroccio ("Collana pop. S.", 49)
vt	1950	Torino, Viglongo [Lit. 500]
C O	1951	Torino, Viglongo ("Il romanzo di avventure")
CB	1960	Bologna, Carroccio: *Il pescatore di balene* ("Nord-Ovest", 74)
O	[1961]	S. Lazzaro di Savena, Carroccio ("Nord-Ovest")
O	1962	Bologna, Carroccio ("Nord-Ovest", 74)

---

[6] Nelle fonti CBP l'edizione del 1894 viene descritta come seconda, ma pare che, presso la casa editrice dei Fratelli Treves, esistesse l'abitudine di considerare la pubblicazione a puntate su un periodico, o a dispense, come prima edizione.

vt O	1962	Torino, Viglongo (ristampa)
⋆	1964	Bologna, Carroccio ("Collana Nord-O-vest", 74)
O	c1968	Milano, Fabbri ("Tigri e corsari", 3) (pp. 158)
C O	1976	Roma, Edizioni Paoline ("Tutto Salgari", 16) (pp. 184) [Lit. 1300]
O	c2002	Milano, Fabbri ("I capolavori di E. S.")
C O	2004	Milano, Fabbri
O	2011	Roma, BAE ("Classici sommersi", 5)

Alcune traduzioni:

U	1948	*Los pescadores de balenas*: MESSICO Mexico City
U	1948	*Los pescadores de ballenas*: SPAGNA Madrid, Calleja
U	1955	*Los pescadores de ballenas*: SPAGNA Barcelona, Molino
U	1959	*Los pescadores de ballenas*: SPAGNA Barcelona, Molino

I pescatori di trepang

CBP M bm Bit G Poz Sar O	1896	Milano, Cogliati. Illustrato da C. Linzaghi (pp. 280) [Lit. 5.50]
CBP M Sar O	1905	Milano, Cogliati (pp. 260) [Lit. 4.50]
⋆ C	[1909]	Milano, Società Editoriale Milanese (27 dispense)
CB O	1909	Milano, Società Editoriale Milanese (pp. 224) [Lit. 3]
CBP M Poz Sar O	1909	Milano, Casa Editrice Italiana (segue: *Un viaggio di circumnavigazione con S.A.R. il duca degli Abruzzi, 1894-96*, di Antonio Quattrini G.) [Lit. 3.50]
CBP Sar O	1910	Milano, S.E.M. [Lit. 3]
Sar	1920	Milano, Sonzogno
Sar O	1920	Milano, Celli (pp. 186)
P Sar	1921	Milano, Celli
⋆ CP Sar O Bia	1922	Firenze, Casa Editrice Italiana A. Quattrini (pp. 208) [capitoli 24] [Lit. 9]
CP M Sar O	1923	Milano, Sonzogno (pp. 68) [Lit. 2.50]
Sar	[s.d.]	Milano, Sonzogno
CP M O	1925	Milano, Bietti [Lit. 5.50]
Sar	1925	Milano, Sonzogno
O	1926	Milano, Celli

Sar O	1926	Milano, Sonzogno ("Biblioteca romantica illustrata")
Sar	1927	Milano, Sonzogno
CP M O Sar	1941	Milano, Sonzogno ("Il romanziere illustrato", 97) (con altri 9 racconti di autori stranieri) (pp. 62) [Lit. 2.70]
O	1945	Milano, Carroccio
*C M O	1947	Milano, Carroccio ("Collana pop. S.", 6) (Testo completo) (pp. 64) [capitoli 24]
C T vt tb O	[1954]	Torino, Viglongo ("Il romanzo di avventure") (pp. 184) [Lit. 500]
CB O	1959	Modena, Carroccio-Aldebaran ("Nord-Ovest", 74) (pp. 160)
vt	1961	Torino, Viglongo (ristampa)
O ch	1964	Bologna, Carroccio ("Nord-Ovest", 69) (pp. 162)
O	1966	Roma, Le Edizioni del Gabbiano (settimanale) ("Avventure di terra e di mare", 27)
O	c1968	Milano, Fabbri ("Tigri e corsari", 6) (pp. 156)
C O	1975	Alba, Edizioni Paoline ("Tutto Salgari", 43) (pp. 177) [Lit. 1300]
O	2003	Milano, Fabbri
O	2006	Milano, Fabbri (Nuova ed.)

Alcune traduzioni (che sembrano dover identificarsi col romanzo *I pescatori di trepang*):

F	1904	*Chez les anthropophages* [?]: FRANCIA Paris, Delagrave
Nie	1928	*Lovcy trepanga*: RUSSIA Moskva – Leningrad, Molodaja gvardija
U	1949	*Los pescadores de 'Trepang'*: SPAGNA Madrid, Calleja
U	1949	*El Estrecho de Torres* [?] [2ª parte?]: SPAGNA Madrid, Calleja
U	1950	*El Estrecho de Torres* [?] (in *Los solitarios*): SPAGNA Madrid, Novelas y Cuentos
U	1956	*Los pescadores de 'trepang'*: SPAGNA Barcelona, Molino
U	1956	*El Estrecho de Torres* [?] [2ª parte?]: SPAGNA Barcelona, Molino
Nie	1993	*Lovcy trepanga* (in *Sobranie sočinenij* [Raccolta di opere], voll. 6: ogni vol. comprende 4 o 5 romanzi di E.S.): RUSSIA Moskva, Izdatel'skij centr «Terra»

I pirati della Malesia

Romanzo derivato da più versioni embrioniche, scritte in gioventù.

La vergine della Pagoda d'Oriente

Spa Poz Fio	1891-92	Treviso, in appendice a «La Gazzetta di Treviso», 6-7 ottobre 1891 – 28-29 gennaio 1892
* C ch O	2005	Torino, Nino Aragno: *La Vergine della pagoda d'Oriente* (versione originale de *I pirati della Malesia*, a cura di R. Fioraso, con introduzione e nota al testo) ("Passages", 22) (pp. 284)

Gli amori di un selvaggio

Spa	1893-94	Vicenza, in appendice a «La Provincia di Vicenza», 21 agosto 1893 – 13 novembre 1894 [Collega le trame de *Gli strangolatori del Gange*, versione primitiva de *I misteri della Jungla Nera* e de *La vergine della Pagoda d'Oriente*]

I pirati della Malesia

Romanzo strutturato da Salgari in due Parti, con i titoli *La Tigre della Malesia* (capitoli I- IX) e *Il rajah di Sarawak* (capitoli I-XVIII). Dal 1968 talvolta dimezzato e pubblicato con un titolo inventato per il secondo volume: *Il trionfo di Sandokan*.

CBP Spa Bit Poz Sar Boe O	1896	Genova, Donath. Illustrato da G. Gamba (pp. 241) [Lit. 3.50]
Spa Sar Boe O	1897	Genova, Donath (2ª ed.)
* CP Spa Poz Sar Boe O	1902	Genova, Donath (3ª ed.) [accresciuta di 6 capitoli nuovi] [Lit. 2]
Sar	1902	Genova, Donath (a dispense)
Sar Boe	1904	Genova, Donath (4ª ed.)
Spa	1906	Genova, Donath (4ª ed.)
Sar Boe	1911	Genova, Donath (a dispense)
Sar Boe O	1912	Genova, Donath (5ª ed. Nuova copertina di G. Gamba)
Sar O	1919	Milano, Vallardi
Sar	1922	Milano, Vallardi
Sar	1924	Milano, Vallardi
Sar O	1927	Milano, Vallardi
Sar	1929	Milano, Vallardi
Sar O	1932	Milano, Vallardi

⋆ CP Sar O	1936	Milano, Sonzogno (pp. 288) [a due vesti editoriali: Lit. 7 e Lit. 8,50]
ch Sar O	1938	Milano, Vallardi
Sar	1940	Milano, Vallardi
Sar O	1941	Milano, Sonzogno
Sar	1943	Milano, Vallardi
vt tb	1946	Torino, Viglongo [Lit. 250]
M	1947	Milano, Carroccio ("Collana pop. S.", 16)
Sar O	1947	Milano, Vallardi
C O	1947	Torino, Viglongo
O	1948	Milano, Carroccio
vt	1948	Torino, Viglongo (ristampa)
vt	1950	Torino, Viglongo (ristampa)
C cm O	1951	Milano, Vallardi ("Biblioteca dell'Orso. Orso bruno")
vt	1952	Torino, Viglongo (ristampa)
vt	1953	Torino, Viglongo (ristampa)
O	1954	Milano, Vallardi ("Collana dell'Orso")
vt	1954	Torino, Viglongo (ristampa)
vt	1956	Torino, Viglongo (ristampa)
O	1958	Milano, Vallardi ("Collana dell'Orso")
CB T O	1959	Torino, Viglongo ("Il romanzo di avventure") [Lit. 1350]
O	1961	Milano, Vallardi
O	[1961]	S. Lazzaro di Savena, Carroccio ("Nord-Ovest") (pp. 164)
O	1962	Milano, Vallardi ("Collana dell'Orso")
O	[1964]	S. Lazzaro di Savena, Carroccio ("Collana salgariana") (pp. 176)
C	1964	Roma, Tip. Terenzi (soggetto cinematografico di U. Liberatore)
O	1964	Torino, Viglongo
L O	1966	Milano, Vallardi ("Collana dell'Orso")
O	1966	Roma, Le Edizioni del Gabbiano (settimanale) ("Avventure di terra e di mare") (pp. 190)
C O	1967	Milano, Boschi ("Capolavori", 25) [Lit. 300]
O	1967	Milano, Vallardi ("Collana dell'Orso")
C O	1967	Milano, Vallardi (Nell'occhio: "Ciclo dei pirati") [Lit. 1800]
C O	1968	Bologna, Malipiero ("Classici Malipiero", 17) ('Ed. integrale') (pp. 167) [solo la 1ª metà de I pirati] [Lit. 1500]
C O	1968	Bologna, Malipiero: Il trionfo di Sandokan (a c. di C. Galli) ("Classici Malipiero", 18) ('Ed. integrale') (pp. 168) [solo la 2ª metà del romanzo] [Lit. 1500]

C O	1968	Bologna, Malipiero (a c. di C. Galli) ("Racconti e avventure", 17) ('Ed. integrale') (pp. 167) [solo la 1ª metà de *I pirati*]
C O	1968	Bologna, Malipiero: *Il trionfo di Sandokan* (a c. di C. Galli) ("Racconti e avventure", 18) ('Ed. integrale') (pp. 168) [solo la 2ª metà del romanzo]
★ O	1968	Milano, Boschi ("Capolavori", 25) (pp. 155)
O	c1968	Milano, Fabbri ("Tigri e corsari", 25) (pp. 157)
C O	1968	Milano, Lucchi (pp. 158 o 172)
O	1968	Milano, La Sorgente ("Quadrifoglio", 30) (pp. 159)
C O	1969	Milano, Mondadori: *Edizione Annotata: Il Primo Ciclo della Jungla* (voll. 2, con altri 3 romanzi, a cura di M. Spagnol)
C O	1969	Milano, Mursia ("I libri d'avventure di E. S.", 6) (pp. 275) [Lit. 2000]
O	1969	Milano, Vallardi ("Collana dell'Orso") (pp. 221)
O	1969	Ozzano Emilia, Malipiero: *Il trionfo di Sandokan* ('Ed. integrale' a c. di C. Galli) ("Gli aristolibri. Avventure", 10) (pp. 153) [solo la 2ª metà del romanzo]
O	c1969	Ozzano Emilia, Malipiero (a c. di C. Galli) ("Racconti e Avventure", 17) ('Ed. integrale') (pp. 152) [solo la 1ª metà de *I pirati*]
O	1969	Ozzano Emilia, Malipiero: *Il trionfo di Sandokan* (a c. di C. Galli) ("Racconti e avventure", 18) (pp. 153) [solo la 2ª metà del romanzo]
O	1970	Milano, Lucchi
O	1970	Milano, Mursia (2ª ed.) ("I libri d'avventure di E. S.", 6)
O	1971	Milano, AMZ ("Avventura") (Ed. non integrale) (pp. 188)
O	1971	Milano, Vallardi (pp. 349)
C O	1972	Milano, Garzanti ("I Garzanti", 389) (Ed. integrale) (pp. 284) [Tascabili settimanali, Lit. 600]
O	1972	Milano, Mondadori: *Edizione Annotata: Il Primo Ciclo della Jungla* (voll. 2, con altri 3 romanzi, a cura di M. Spagnol) (2ª ed.)
O	[1972]	Milano, Mursia ("I libri d'avventure di E. S.", 6) (pp. 275)

O	[1972]	Milano, Vallardi
O	1972	Ozzano Emilia, Malipiero ("I giovani", 51) (pp. 122) [solo la 1ª parte de *I pirati* ?]
O	1972	Ozzano Emilia, Malipiero ("Racconti e avventure") ('Ed. integrale', a cura di C. Galli) (pp. 152) [solo la 1ª parte de *I pirati* ?]
O	c1972	Ozzano Emilia, Malipiero ("Salgari", 3) ('Ed. integrale') (pp. 122) [solo la 1ª parte de *I pirati* ?]
C O	1972	Ozzano Emilia, Malipiero ("I talenti", 51) ('Ed. integrale') (pp. 122) [solo la 1ª parte de *I pirati* ?]
C O	1972	Ozzano Emilia, Malipiero: *Il trionfo di Sandokan* ('Ed. integrale', a c. di C. Galli) ("Giovani capolavori", 51/52) (pp. 122) (Titolo originale: *I pirati della Malesia*) [solo la 2ª metà del romanzo]
O	1972	Ozzano Emilia, Malipiero: *Il trionfo di Sandokan* (a c. di C. Galli) ("Racconti e Avventure", 18) (pp. 153) [solo la 2ª metà del romanzo]
C O	1972	Ozzano Emilia, Malipiero: *Il trionfo di Sandokan* (a c. di C. Galli) ("I talenti", 52) ('Ed. integrale') (pp. 122) [solo la 2ª metà de: *I pirati della Malesia*]
C O	1972	Roma, Edizioni Paoline ("Tutto Salgari", 2) [Lit. 600]
C O	1973	Bergamo, Janus ("I libri di Emilio Salgari") [Lit. 2400]
O	1973	Milano, Vallardi (pp. 349)
O	1973	Torino, Caula ("Romanzi d'avventure") (pp. 242)
O	1974	Milano, Accademia ("I grandi classici per la gioventù", 19)
O	1974	Milano, Mondadori: *Edizione Annotata: Il Primo Ciclo della Jungla* (voll. 2, con altri 3 romanzi, a cura di M. Spagnol) (3ª ed.)
C O	1974	Milano, Vallardi (pp. 221) [Lit. 900]
O	1974	Milano, Vallardi (pp. 349)
O	c1974	Roma, Edizioni Paoline ("Tutto Salgari", 2) (2ª ed.)
C O	1975	Cologno Monzese, Campironi (Ed. integrale) [Lit. 3500]
O	[1975]	Milano, Rizzoli Mailing
C O	1975	Milano, Le Stelle ("I libri d'oro") [Lit. 4500]
O	1976	[Bergamo], Euroclub

O	1976	Milano, AMZ ("Avventura") (pp. 188)
C O	1976	Milano, Fabbri (appendice di E. de Boccard e R. Jotti) (Il ciclo della Malesia) [Lit. 2000]
O	1976	Milano, Lucchi (pp. 158)
O	c1976	Milano, Mursia ("I libri d'avventure di E. S.", 6)
O	1976	Milano, Vallardi (pp. 349)
O	1976	Milano, Vallardi: *Sandokan* (pp. 47) [riduzione a fumetti de *I pirati della Malesia*]
O	1976	Roma, Edizioni Paoline ("Tutto Salgari", 2) (3ª ed.)
O	1976	Roma, Newton Compton Ragazzi: *Sandokan: I pirati della Malesia* ("L'avventura", 3) (pp. 189)
O	1976	Torino, Aprile ("Grandi avventure")
O	c1977	Ginevra, Edizioni Ferni
C O	[1977]	Milano, Arcobaleno: *Il trionfo di Sandokan* (pp. 122) [solo la 2ª metà del romanzo]
C O	1977	Milano, Boschi ("Capolavori", 25) (pp. 155)
O	1977	Milano, Le Stelle ("I libri d'oro") [Lit. 4500]
O	1977	Milano, Le Stelle ("Piccoli classici") (pp. 29)
O	1978	Novara, Madras editrice (Ed. integrale) (pp. 300)
O	1979	Napoli, SO.GRA.ME ("I giovanissimi", 5)
O	c1981	Milano, Mursia ("I libri d'avventure di E. S.", 6)
C O	c1983	Milano, Mursia ("Corticelli-Salgariana")
★ C O	1984	Ozzano Emilia, Malipiero ("Bestseller i classici per ragazzi", 547) (Adattamento di A. Filiberti) (pp. 140) [con 17 capitoli, solo la 1ª metà de *I pirati*] [Lit. 8500]
O	1985	Bologna, Malipiero (pp. 136) [solo la 1ª metà de *I pirati*?] [«Età di lettura: 11-14 anni»]
C O	1985	Enna, Papiro ("Narrativa", 4) (Ristampa in anastatica)
C O	1985	Milano, Mondadori (adattamento di G. Padoan)
O	1986	Milano, Mursia ("I libri d'avventure di E. S.", 6)
O	1986	Milano, Vallardi (stampato dalla Garzanti Ed.)
C O	[c1986]	Sesto San Giovanni, Peruzzo: *Sandokan: I pirati della Malesia* ("Biblioteca Peruzzo. I giovani bibliofili") (pp. 204)
C O	1988	Cinisello Balsamo, Edizioni Paoline ("I grandi narratori", 40)

C O	1988	Milano, Mursia ("I grandi libri d'oro", 5)
O	1988	Milano, Piccoli ("Sempre verdi", 36) (pp. 126)
O	c1988	Ozzano Emilia, Malipiero: *Il trionfo di Sandokan* (pp. 152) [solo la 2ª metà del romanzo]
O	c1989	Milano, Accademia
O	1989	Sesto San Giovanni, Peruzzo: *Sandokan: I pirati della Malesia* ("Biblioteca Peruzzo. I giovani bibliofili") (pp. 204)
C O	1990	Milano, De Agostini ragazzi ("Biblioteca verde")
C T O	1991	Bologna, Papiro; Verona, Papiro; Bologna, Thema ("Salgari") ('Ed. integrale') (riscritto da G. Padoan)
O	c1991	Milano, Editoriale Del Drago ("Forever")
C O	1991	Novara, De Agostini ragazzi ('Ed. integrale') ("I birilli") (pp. 184)
O	1992	Milano, Mursia ("Salgariana")
C T O	1992	Torino, SEI ("I classici") ('Ed. integrale') (pp. 298)
C O	1994	Milano, Mursia ("Tascabili Corticelli")
O	c1994	Novara, Istituto Geografico De Agostini ("Classici")
C O	1994	Roma, Newton Compton ("BEN ragazzi", 12) (a c. di S. Campailla)
O	c1994	Vimercate, La Spiga ("Piccoli lettori") (pp. 47)
O	1995	Milano, Mursia ("Salgariana")
O	1995	Torino, SEI ("I classici")
O	1996	Milano, Mursia ("Salgariana") (8ª ed.)
C O	1997	Novara, De Agostini ("I birilli") ('Ed. integrale') (pp. 188)
O	1998	Colognola ai Colli, Demetra ("L'isola che non c'è")
O	c2000	Milano, RCS (1 videocassetta del film del 1964 di U. Lenzi)
C O	2000	Roma, Elleu Multimedia (voll. 3) (pp. 77, 77, 79)
C T O	2001	Torino, Marco Valerio ("Liberi") (in corpo 18 per ipovedenti)
O	[2002]	Milano, Fabbri
O	[2003]	[Bologna], Euromeeting Italiana/Mediasat Group ("Biblioteca dei ragazzi", 36)
* C O ch	2003	Firenze-Milano, Giunti Kids ("Classici per ragazzi") (2ª ed., su licenza Demetra) [Parte prima: *La Tigre della Malesia*; Parte seconda: *Il Rajah di Sarawak*]

O	2003	Milano, Fabbri (postfazione: A. Faeti) ("I Delfini", 241)
O	2003	Milano, Mondolibri (a c. di S. Campailla)
O	2003	Novara, De Agostini ("I birilli") ('Ed. integrale') (pp. 189)
O	2004	[?], Euromeeting Italiana/Mediasat Group (Ed. speciale) ("Biblioteca dei ragazzi", 24) (Suppl. de «Il Tempo»)
O	2004	[?], Euromeeting Italiana ("Capolavori per ragazzi", 2) (Suppl. ai quotidiani locali del gruppo «L'Espresso»)
O	[post 2005]	Feltre, Centro internazionale del Libro parlato (1 cd)
O	2006	Milano, Fabbri ("I Delfini", 241) (2ª ed.)
O	2006	Roma, 01 distribution (1 DVD video del film del 1964 di U. Lenzi)
O	[2007]	Novara, De Agostini ("I birilli") (pp. 236)
C O	2007	Novara, De Agostini ("Classici") (pp. 282)
★	2008	Milano, Edimarketing ("Classici di ogni tempo e paese", settimanale, "Opere di E. S.": Vol. I, *I pirati della Malesia* più altri 2 voll.)
O	2008	Milano, «Il Giornale» ("Biblioteca dei ragazzi", 22)
O	c2008	Novara, De Agostini ("I grandi classici della letteratura per ragazzi", 9) (Ed. speciale, abbinata a «La Stampa»)
O	[2009]	Santarcangelo di Romagna, Joybook ("Classici junior")
O	2010	Marina di Massa, Edizioni Clandestine ("Highlander")
O	[2010]	Milano, Fabbri ("E. S.: la grande biblioteca dell'avv.")
O	2010	Milano, Mondadori (Ed. annotata a c. di M. Spagnol) ("Fantasia e avventura. I grandi romanzi di E. S.", 5)
C O	2010	Roma, Newton Compton: *Tutte le avventure di Sandokan* ("I mammut", 88) (Ed. del centenario)
O	2011	Milano, RBA Italia ("La grande biblioteca di E. S.")
O	2011	Milano, RCS Quotidiani (postfazione: A. Faeti) ("Classici dell'avventura", 20) (Ed. speciale per «Corriere della Sera»)
O	2011	Milano, Rizzoli: *I romanzi dei pirati malesi* ("Radici BUR Rizzoli") (introduzione: E. Ferrero) (8 romanzi dei pirati malesi) (pp. 1754)

ch O	2011	Milano, Rizzoli ("BUR ragazzi", 42) (postfazione: A. Faeti) ('Edizione integrale') (pp. 452) [€9.90]
O	2011	Novara, De Agostini (Nuova ed.) (pp. 249)
O	2011	Novara, De Agostini (Nuova ed. con testi riveduti) ("Classici tascabili") (pp. 281)
O	2011	[Perugia], Recitar Leggendo audiolibri (1 CD audio)
O	2011	Roma, Newton Compton: *Tutte le avventure di Sandokan* (a cura di S. Campailla) ("Grandi tascabili economici. I mammut", 88) (2ª ed.) (pp. 2207)
O	2011	[?], RBA Italia
O	2012	Milano, BCDe ("Classici tascabili", 70)
O	2012	Roma, Newton Compton: *Sandokan: I pirati della Malesia* (a c. di S. Campailla) (pp. 219)

Un esempio di pubblicità:

*	1905	«Per Terra e per Mare», fine 1905, il volume in due vesti editoriali annunciato a due prezzi diversi.

Alcune traduzioni:

F	1902	*Les Pirates de la Malaisie*: FRANCIA Paris, Delagrave
lc	1903	*Les Pirates de la Malaisie*: FRANCIA Paris, Delagrave
tb	[1918-22?]	*Los piratas de la Malasia*: SPAGNA Barcelona, Meucci [s.d.]: cioè Maucci?
F	1933	*Les Flibustiers de la Malaisie*: FRANCIA Paris, Tallandier
U	1952[?]	*Oi koursaroi tēs Malaisias*: GRECIA Atene, Dēmētrakos
U	1952	*A vingança de Sandokan*: PORTOGALLO Lisboa, Torres (3ª ed.)
U	1955	*La venganza* [?]:SPAGNA Barcelona, Molino
U	1957	*Sandokan*: ARGENTINA Buenos Aires, Acme
tr U	1958	*A vingança de Sandokan*: PORTOGALLO Lisboa, Torres (4ª ed.)
G	[s.d.]	*Malaj Kalozok*: UNGHERIA Budapest, Palladis Kiadas
Nie	1996	*Piraty Malajzii* (in *Sočinenija v trech tomach* [Opere in tre volumi]): RUSSIA Moskva, Izdatel'skij centr «Terra»

am	2007	*Sandokan: The Pirates of Malaysia*: CANADA London, ROH Press e Kindle Direct Publishing

I predoni del Sahara

Bit Mof Sar	1902	Genova, Donath (a dispense)
* CB cm G	1903 [1902]	Genova, Donath. Illustrato da A. Della Valle
Poz Sar L Boe O		("Biblioteca illustrata per la gioventù") (pp. 359)
P tb Sar Boe O	1909	Genova, Donath (2ª ed.)
CP M Sar O	1918	Milano, Vallardi ("Letture amene illustrate per la gioventù") (pp. 266)
Sar	1919	Milano, Vallardi
cm	1920	Milano, Vallardi
Sar	1922	Milano, Vallardi
cm Sar O	1926	Milano, Vallardi
Sar O	1929	Milano, Vallardi
Sar O	1935	Milano, Vallardi
Sar	1940	Milano, Vallardi
Sar	1943	Milano, Vallardi
Sar	1944	Milano, Vallardi
* M O	1946	Milano, Vallardi (ristampa stereotipa dell'edizione di Donath, con le illustrazioni originali di A. Della Valle)[7]
vt	1947	Torino, Viglongo
tb	1948	Torino, Viglongo
C O	1949	Torino, Viglongo [Lit. 500]
Sar	1950	Milano, Vallardi
C O	1951	Milano, Vallardi ("Biblioteca dell'Orso. Orso bruno") (pp. 232) [Capitoli XXXVII + Conclusione]
O	1955	Milano, Vallardi ("Collana dell'Orso")
vt	1956	Torino, Viglongo (ristampa)
L O	1958	ilano, Vallardi ("Collana dell'Orso")
O	1961	Milano, Vallardi ("Collana dell'Orso")
vt L O	1961	Torino, Viglongo ("Collana Capolavori di E.S.") (ristampa)
O	1964	Milano, Vallardi ("Collana dell'Orso")
O	1966	Milano, Vallardi ("Collana dell'Orso")

---

[7] Questo volume faceva parte di una serie di ristampe stereotipe delle vecchie edizioni Donath, con le copertine sfolgoranti Stile Liberty, rilanciata dalla Vallardi negli Anni Quaranta per continuare la presentazione di prima della guerra.

O	1966	Roma, Le Edizioni del Gabbiano (settimanale) ("Avventure di terra e di mare", 18)
O	c1969	Milano, Fabbri ("Tigri e corsari", 44)
C O	1972	Milano, Vallardi [Lit. 2200]
C Tra O	1973	Milano, Mondadori: *Edizione Annotata: Romanzi d'Africa* (con altri 2 romanzi, a cura di M. Spagnol)
C O	1973	Milano, Vallardi (Ed. integrale) [Lit. 900]
O	1974	Milano, Mondadori: *Edizione Annotata: Romanzi d'Africa* (a c. di M. Spagnol) (2ª ed.)
O	1974	Milano, Vallardi ("Avventure in Africa e in Oriente")
C O	1975	Milano, Mursia ("I libri d'avventure di E. Salgari", 26) (Edizione integrale) [Lit. 4500]
C O	1976	Vicenza, Edizioni Paoline ("Tutto Salgari", 33)
C O	1992	Milano, Mursia ("Salgariana") ('Ed. integrale')
T O	1992	Pordenone, Studio Tesi ("Biblioteca", 132)
O	1993	Segrate, Mondadori video (1 videocassetta del film del 1966, con regia di James Reed)
C O	[2002]	Milano, Fabbri ("Emilio Salgari")
O	2005	Milano, Fabbri ("Emilio Salgari") (Nuova ed.)
O	2011	Milano, Mondadori (ed. annotata a cura di M. Spagnol) ("Fantasia e avventura. I grandi romanzi di E. S.", 15) (Distribuito con periodici del Gruppo Mondadori)
O	2011	Milano, RBA Italia ("La grande biblioteca di E. S.")

Un esempio di pubblicità:

★	1905	«Per Terra e per Mare», fine 1905, il volume in due vesti editoriali annunciato a due prezzi diversi.

Alcune traduzioni:

F	1911	*Les brigands du Sahara*: FRANCIA Paris, Tallandier
ab	1934	*Wüstenräuber*: GERMANIA Berlin, Phönix
tr U	1957	*Os piratas do deserto*: PORTOGALLO Lisboa, Torres (3ª ed.)
G	[s.d.]	*Saharsti Briganti*: CECOSLOVACCHIA Praze, A. Hynka

Il Re del Mar

Romanzo strutturato da Salgari in due Parti: Parte prima, *La Malesia in fiamme*; Parte seconda, *Il figlio di Suyodhana*.

* Poz Sar	1904-05	Genova, Donath, a puntate in «Per Terra e per Mare», Anno II, n. 1 – n. 32
P Bit Poz Sar L Boe O	1906	Genova, Donath. Illustrato da A. Della Valle "Biblioteca illustrata per la gioventù") (pp. 318)
Sar Boe O	1913	Genova, Donath (2ª ed.)
CP M Sar O	1920	Milano, Vallardi
Sar O	1923	Milano, Vallardi
Sar	1925	Milano, Vallardi
Sar	1928	Milano, Vallardi
Sar O	1931	Milano, Vallardi
Sar	1936	Milano, Vallardi
Sar	1936	Milano, Sonzogno
* P Sar O	1937	Milano, Sonzogno (pp. 352) [a due vesti editoriali: Lit. 7 e Lit. 8,50]
Sar O	1939	Milano, Vallardi
Sar O ch	1941	Milano, Vallardi (pp. 264)
Sar	1942	Milano, Vallardi
Sar	1944	Milano, Vallardi
O	1945	Milano, Vallardi
vt	1945	Torino, Viglongo
O	1946	Torino, Viglongo
M cm Sar O	1947	Milano, Vallardi
C O	1947	Milano, Carroccio ("Collana popolare Salgari", 30) (testo completo) (pp. 111)
vt	1947	Torino, Viglongo (ristampa)
C O	1949	Torino, Viglongo [Lit. 500]
C M O	1951	Milano, Carroccio (Salgari, 30)
C M O	1951	Milano, Vallardi ("Biblioteca dell'Orso. Orso bruno")
vt	1951	Torino, Viglongo (ristampa)
vt	1953	Torino, Viglongo (ristampa)
O	1954	Milano, Vallardi
vt	1955	Torino, Viglongo (ristampa)
O	1956	[?], Carroccio Aldebaran ("Nord-Ovest", 42)
O	1957	Milano, Vallardi ("Collana dell'Orso")
vt	1957	Torino, Viglongo (ristampa)
O	1958	Milano, Vallardi ("Collana dell'Orso")
vt	1960	Torino, Viglongo (ristampa)
T vt O	1962	Torino, Viglongo (ristampa) ("Il romanzo d'avventure")

O	1963	Milano, Vallardi ("Collana dell'Orso")
*	1964	Milano, Carroccio
O	1964	S. Lazzaro di Savena, Carroccio ("Nord-Ovest", 42) (pp. 179)
O	1965	Milano, Vallardi ("Collana dell'Orso")
O	1966	Milano, Vallardi ("Collana dell'Orso")
O	[1966]	Roma, Le Edizioni del Gabbiano (settimanale) ("Avventure di terra e di mare")
C O	1967	Milano, Vallardi (Nell'occhio: "Ciclo dei pirati") [Lit. 1800]
vt O	1967	Torino, Viglongo (ristampa)
O	1968	Milano, Fabbri ("Tigri e corsari", 35)
C O	1968	Milano, Lucchi
Tra O	1971	Milano, Mondadori: *Edizione Annotata: Il Secondo Ciclo della Jungla* (con altri 2 romanzi, a cura di M. Spagnol)
C O	1971	Milano, Mursia ("I libri d'avventure di E. S.", 10) [Lit. 2500]
O	[1971]	Milano, Vallardi
O	1972	Milano, Mursia ("I libri d'avventure di E. S.", 10)
C	1973	Milano, Garzanti ("I Garzanti", 414) [Lit. 600]
O	1973	Milano, Vallardi
O	1974	Milano, Mondadori: *Edizione Annotata: Il Secondo Ciclo della Jungla* (a cura di M. Spagnol) (2ª ed.)
C O	1974	Milano, Vallardi [Lit. 900]
C O	1975	Milano, Campironi [Lit. 3500]
O	[1975]	Milano, Rizzoli Mailing
C O	1975	Vicenza, Edizioni Paoline ("Tutto Salgari", 21)
O	c1976	Ginevra, Ferni
C O	1976	Milano, Fabbri (appendice di E. de Boccard) (Il ciclo della Malesia) [Lit. 2000]
O	1976	Milano, Lucchi
O	1976	Milano, Vallardi
O	1977	Milano, Mursia ("Collana Corticelli")
O	1977	Milano, Mursia ("I libri d'avventure di E. S.", 10)
O	c1977	Roma, Edizioni Paoline ("Tutto Salgari", 21)
O	1977	Vicenza, Edizioni Paoline ("Tutto Salgari", 21) (2ª ed.)
O	[1980]	Roma, Comic Art ("Autori", 13) (Vol. 1)
O	[1980]	Roma, Comic Art: *Il figlio di Suyodhana* ("Autori", 14) (Vol. 2) [2ª parte del romanzo orig.]

O	c1988	Milano, Mursia ("I libri d'avventure di E. S.", 10)
O	1991	Milano, Mursia ("Salgariana")
C O	1994	Milano, Rothmans, Portoria ("Il mare e l'avventura") (In copertina: «Il ritorno di Sandokan. Tutte le avventure della serie televisiva»)
★ C O	1994	Roma, Newton Compton ("BEN Ragazzi", 14) (a cura di S. Campailla, con una premessa, *Il caso Salgari*, e una nota bio-bibliografica) (pp. 288) [Lit. 2000]
O	1998	Milano, Mursia ("Corticelli-Salgariana")
O	[2002]	Milano, Fabbri
C O	2003	Milano, Fabbri (postfazione: A. Faeti) ("I Delfini", 242)
C O	[2005]	Milano, Fabbri (nuova ed.)
O	2010	Milano, Mondadori (Ed. annotata a c. di M. Spagnol) ("Fantasia e avventura. I grandi romanzi di E. S.", 8)
O	2010	Milano, Rizzoli ("BUR ragazzi", 41) (postfazione: A. Faeti)
O	2011	Milano, RBA Italia ("La grande biblioteca di E. S.")
O	2012	Milano, «Corriere della Sera» ("Classici dell'avventura", 29) (postfazione: A. Faeti) (pp. 509)

Alcune traduzioni:

Nie	1910	*Vladyka morej* (in *Sobranie sočinenij* [Raccolta di opere], supplemento alla rivista «Vokrug sveta» [Intorno al mondo], voll. 1-12): Russia Moskva, [Tipografia] I.D. Sytina
lc	1946	*El Rey del Mar*: Messico Mexico City, Pirámide
U	1954	*Nikmat ha-hodi*: Israele Tel-Aviv, Tevel
U	1954	*El Rey del Mar*: Argentina Buenos Aires, Sopena
U	1954	*El Rey del Mar*: Argentina Buenos Aires, Acme
U	1956	*El Rey del Mar*: Spagna Barcelona, Molino
Nie	1992	*Vladyka morej* (in *Sobranie sočinenij* [Raccolta di opere], voll. 6: ogni vol. comprende 4 o 5 romanzi di E.S.): Russia Moskva, Izdatel'skij centr «Terra»

Il Re dell'Aria

* CBP cm gr Bit G Poz Sar Cap O	1907	Firenze, Bemporad. Illustrato da A. Della Valle e G. D'Amato ("Romanzi e avventure per la gioventù", splendidamente illustrati) (pp. 363)
*	1911	Firenze, Bemporad [dda 1911]
* cm Sar Cap O	1921	Firenze, Bemporad [5.000 copie]
C Cap O	1922	Firenze, Bemporad [Lit. 9]
* Sar Cap	1923	Firenze, Bemporad [3.300 copie]
CP Sar Cap O	1924	Firenze, Bemporad (Nuova ed. dei romanzi di avventure di Emilio Salgari) [Lit. 9.90]
* CP cm Sar O	1930	Milano, Sonzogno ("Opere di E. S.") (pp. 352) [a due vesti editoriali: Lit. 7.50 e Lit. 9]
M O	1947	Milano, Carroccio ("Collana pop. S.", 39)
C vt O	1954	Torino, Viglongo ("Il romanzo di avventure") [Lit. 500]
*	196-	Milano, Vallardi
O	c1963	S. Lazzaro di Savena, Carroccio ("Nord-Ovest", 13) (pp. 163)
O	1966	Bologna, Carroccio
O	1969	Milano, Fabbri ("Tigri e corsari", 54)
O	2003	Milano, Fabbri
O	2011	Milano, RBA Italia ("La grande biblioteca di E. S.")

Qualche esempio di pubblicità:

*	1906	«Il Giornalino della Domenica», Anno I, n. 3, 8 luglio, annuncio della «prossima pubblicazione».
*	1907	«Il Giornalino della Domenica», Anno II, n. 32, 11 agosto, réclame di piena pagina: *Novità!*.
*	1907-08	Supplemento a «Il Giornalino della Domenica» (Catalogo Illustrato), *Novità!*, volume in vendita a due prezzi, Lit. 3.50 e Lit. 5.

Alcune traduzioni:

po	[s.d.]	*Władca ognia*: POLONIA Poznań, Księgarnia św. Wojciecha
tr	1947	*Con el misterioso capitan* [?]:CILE Santiago, Zig-Zag
U	1954	*El Rey del Aire*: SPAGNA Barcelona, Toray
po	1988	*Władca ognia*: POLONIA Gdańsk, Wydawnictwo Morskie

Il Re della Montagna: romanzo persiano

P Bit Poz Sar	1895	Torino, Speirani. Illustrato da L. Berlia
Sar O	1895	Torino, Speirani (2ª ed.) (pp. 239)
Sar O	1896	Torino, Speirani (3ª ed.)
Sar	1898	Torino, Speirani
O	1899	Torino, Speirani ("Il giro del mondo")
P Sar O	1900	Torino, Speirani ("In giro pel mondo", 3)
Sar O	1901	Torino, Speirani ("In giro pel mondo")
Sar	1904	Torino, Speirani (10ª ed.) ("In giro pel mondo: Biblioteca illustrata di Viaggi ed Avventure per la Gioventù") (Lit. 1)
Sar O	1905	Torino, Speirani (11ª ed.) ("In giro pel mondo") (pp. 239)
* Sar	1906	Como, Casa Editrice Roma (a dispense)
Sar O	[s.d.]	Como, Casa Ed. Roma (pp. 148)
*	1906	Milano, Società Editoriale Milanese (a dispense)
CB M O	1907	Milano, Soc. Ed. Milanese (14ª ed.) (pp. 215) [Lit. 2.50]
R	1908	Milano, Soc. Ed. Milanese
L	1908	Como, Società [*sic*] Editrice Roma
CB O	1909	Milano, Soc. Ed. Milanese (14ª ed., ristampa)
CBP Sar O	1910	Milano, Soc. Ed. Milanese (15ª ed.) [Lit. 2.50]
CB M O	1911	Milano, Soc. Ed. Milanese (15ª ed., ristampa)
CBP Sar O	1914	Milano, Soc. Ed. Milanese (15ª ed., ristampa)
O	[?]	Milano, Soc. Ed. Milanese (16ª ed.) (pp. 211)
Sar	[s.d.]	Milano, Celli
P Sar	1921	Milano, Celli
CP Sar O	1921	Piacenza, Ghelfi [Lit. 10]
Sar	1921	Milano, Gloriosa (dispense)
C	1921	Milano, Casa Editrice Italiana
CP Sar Bia O	1922	Firenze, Casa Ed. Italiana A. Quattrini [Lit. 9]
Sar	[s.d.]	Milano, Bietti
CP M Sar O	1922	Milano, Bietti (pp. 159) [Lit. 6]
Sar	1922	Piacenza, Ghelfi
R Sar	1923	Firenze, Quattrini
M O	1923	Milano, Sonzogno (pp. 66)
Sar	1925	Milano, Sonzogno
* O	1926	Milano, Sonzogno (9 dispense, "Biblioteca romantica Illustrata") (pp. 66) [2012: €10]
Sar	1927	Milano, Sonzogno
O	1928	Milano, Bietti (pp. 159)

Sar	1929	Milano, Celli
Sar O	1940	Milano, Sonzogno
Sar	1945	Milano, Corbaccio
M O	1947	Milano, Carroccio ("Collana pop. S.", 2)
O	1957	Milano, Carroccio-Aldebaran ("Nord-O-vest") (pp. 161)
O	1958	[?], Carroccio-Aldebaran ("Nord-Ovest", 18)
O	c1961	S. Lazzaro di Savena, Carroccio ("Nord-O-vest", 18) (pp. 161)
O	c1963	[?], Carroccio ("Nord-Ovest", 18)
★	1966	Bologna, Carroccio ("Collana Nord-Ovest", 18)
R O	1970	Milano, Fabbri ("Tigri e corsari", 88) (pp. 158)
C R O	1974	Milano, Bietti ("Fantasia", 70) (pp. 174) [Lit. 1800]
C R O ch	1976	Milano, Mursia ("I libri d'avventure di E. S.", 29) (Ed. integrale) [Lit. 4500]
C O	2003	Milano, Fabbri ("Emilio Salgari") (pp. 126)
C O	2006	Milano, Fabbri ("Emilio Salgari") (pp. 126)

Un esempio di pubblicità:

★	1906	«L'Oceano», novembre e dicembre 1906, annunci delle prime dispense.

Un adattamento:

★ C O	1912	Venezia, Tip. Operai (Poema drammatico in 4 atti di C. Galeno Costi, tratto dal romanzo omonimo di E. S.) [Prima edizione straordinaria «a beneficio degli orfani Salgari»: vedi il frontespizio]

Alcune traduzioni:

Nie	1912	*Talisman* (in «Na suše i na more», n. 6): Russia Moskva, [Tipografia] I.D. Sytina
D lc	1930	*Der Bergkönig*: Germania Berlin, Phönix
U	1949	*Melek ha-har. M'nahem Hartom*: Israele Tel-Aviv, Yizreel
tr U	1958	*O rei da montanha*: Portogallo Lisboa, Torres (2ª ed.)
Nie	1992	*Talisman* (in *Sobranie sočinenij* [Raccolta di opere], voll. 6: ogni vol. comprende 4 o 5 romanzi di E.S.): Russia Moskva, Izdatel'skij centr «Terra»

Il Re della Prateria

Romanzo strutturato da Salgari in due parti: Parte Prima, capitolo I-XIII, *L'Albatros*; Parte Seconda, capitoli I-XIII, *La Grande Prateria degli Apaches*.

⋆ CBP R ch Bit Poz Sar Cap O	1896 [1895]	Firenze, Bemporad. Illustrato da G. G. Bruno (pp. 240) [Lit. 3]
cm G Sar O	1901	Firenze, Bemporad (2ª ed.)
Sar Cap O	1901	Firenze, Bemporad (3ª ed.)
CBP Sar Cap O	1909	Firenze, Bemporad ("Nuova collezione economica di racconti, romanzi, e avventure per la gioventù") (pp. 132) [Cent. 95]
⋆ C Sar Cap O	1918	Firenze, Bemporad ("Collez. econ. da 95 cent.") (pp. 114) [5.500 copie] [Lit. 1.90]
P Sar Cap	1920	Firenze, Bemporad
⋆ C Sar Cap O	1921	Firenze, Bemporad (6ª ed.) ("Nuova collez. econ. Bemporad di racc., rom., e avv. per la gioventù") (pp. 99) [Lit. 3.50] [5.000 copie]
Sar Cap	1925	Firenze, Bemporad
CP Sar Cap O	1929	Firenze, Bemporad ("Nuova collana di avventure per la Gioventù") [Lit. 6]
C R Sar Cap O	1931	Firenze, Bemporad [Lit. 6]
C R Sar Cap O	1935	Firenze, Bemporad (3ª ed.) ("Nuova collana di avventure per la gioventù") (pp. 196)
C R Sar O	1939	Firenze, Marzocco (4ª ed.) (pp. 197) (Lit. 5)[8]
Sar O	1944	Firenze, Marzocco (6ª ed.) ("I libri dell'ardimento") (pp. 196)
C O	1947	Firenze, Marzocco (7ª ed.)
C O	1950	Firenze, Marzocco (8ª ed.)
C O	1954	Firenze, Marzocco ("Adolescenza")
R O	1970	Milano, Fabbri ("Tigri e corsari", 85) (pp. 158)
C O	2003	Milano, Fabbri ("Emilio Salgari") (pp. 169)
C O	2004	Milano, Mondadori ("Oscar classici", 608) (Introduzione: S. Gonzato)

Un esempio di pubblicità:

⋆	1907-08	Supplemento a «Il Giornalino della Domenica» (Catalogo Illustrato): «Terza edizione», due vesti editoriali in vendita a Lit. 3 e Lit. 4.50.

---

[8] Unicamente fra i molti volumi avventurosi salgariani pubblicati dalla Bemporad, questo romanzo non venne ceduto alla Casa Editrice Sonzogno dopo il 'caso Salgari' dell'epoca fascista. Per un'anomalia amministrativa, rimase proprietà della ditta originale, anche quando, a causa delle leggi razziali, la Bemporad dovette cambiare nome in Marzocco. Solo *La Bohème italiana*, racconto non avventuroso, ebbe una storia simile.

Alcune traduzioni:

po	[s.d.] [1931?]	*Król prerii*: Polonia Poznań, Księgarnia św. Wojciecha
U	1948	*El Rey de la Pradera*: Spagna Madrid, Calleja
U	1955	*El Rey de la Pradera*: Spagna Barcelona, Molino
U	1959	*El Rey de la Pradera*: Spagna Barcelona, Molino
po	1991	*Król prerii*: Polonia Gdańsk, Oficyna Wydawnicza Graf

La Regina dei Caraibi

CB cm G Poz Sar L Boe O	1901	Genova, Donath. Illustrato da G. Gamba (pp. 318) [Lit. 3.50]
CBP Sar Boe O	1904	Genova, Donath (2ª ed.)
*	1904	Genova, Donath (a dispense)
Sar Boe	1915	Genova, Donath (3ª ed.)
Sar	1917	Milano, Vallardi
CP M Sar O	1920	Milano, Vallardi
Sar	1922	Milano, Vallardi
Sar O	1925	Milano, Vallardi
Sar	1928	Milano, Vallardi
* Sar O	1931	Milano, Vallardi (2012: €100)
Sar	1934	Milano, Vallardi
Sar	1937	Milano, Vallardi
Sar	1939	Milano, Vallardi
Sar	1943	Milano, Vallardi
Sar	1944	Milano, Vallardi
O	1946	Milano, Vallardi
C vt O	1946	Torino, Viglongo [Lit. 250]
vt	1947	Torino, Viglongo
cm O	1948	Milano, Vallardi
vt	1949	Torino, Viglongo
O	1950	Torino, Viglongo
C M cm O	1952	Milano, Vallardi ("Biblioteca dell'Orso. Orso bruno")
O	1955	Milano, Vallardi ("Collana dell'Orso")
O	1956	Torino, Viglongo
O	1959	Milano, Vallardi ("Collana dell'Orso")
C	1960	Torino, Viglongo ("I capolavori di E. S.") (ristampa) [Lit. 1350]
T O	1961	Torino, Viglongo ("I capolavori di E. S.")
* O	1963	Milano, Vallardi ("Collana dell'Orso")

O	1964	Torino, Viglongo ("I capolavori di E. S.")
C cm O	1965	Milano, Vallardi
O	1966	Milano, Vallardi ("Collana dell'Orso")
R O	1966	Roma, Le Edizioni del Gabbiano (settimanale) ("Avventure di terra e di mare", 8)
* O	1968	Milano, Boschi ("Collana Capolavori", 39)
O	c1968	Milano, Fabbri ("Tigri e corsari", 28) (pp. 159)
C O	1968	Milano, Lucchi (pp. 172)
C O	1968	Milano, Mursia ("I libri di avventure di E. S.", 2) [Lit. 2000]
O	1969	Bergamo, [?] ("Capolavori e romanzi", 25)
O	1969	Milano, Vallardi ("Collana dell'Orso")
O	1970	Milano, Boschi ("Capolavori", 39)
C Tra O	1970	Milano, Mondadori: *Edizione Annotata: Il ciclo dei corsair* (con altri 2 romanzi a cura di M. Spagnol)
O	1970	Milano, Mursia ("I libri d'avventure di E. S.", 2) (2ª ed.)
C O	1970	Roma, Lupa Press (Nell'occhio: "Ciclo dei corsari")
C O	1971	Catania, Edizioni Paoline ("Primavera", 62) [Lit. 500]
O	1971	Milano, Lucchi (pp. 172)
O	1971	Milano, Mondadori (Ed. annotata a c. di M. Spagnol) ("Varia. Grandi opere") (2ª ed.)
O	[1971]	Milano, Vallardi ("Collana dell'Orso")
O	1972	Milano, Mursia ("I libri d'avventure di E. S.", 2)
O	1972	Milano, Vallardi
O	1973	Milano, AMZ (Ed. non integrale) ("Avventura")
C O	1973	Milano, Garzanti ("I Garzanti", 435) [Lit. 700]
O	1973	Milano, Mondadori ("Avventura") (Ed. non integrale) (pp. 189)
O	1973	Milano, Vallardi ("Collana dell'Orso")
O	1974	Milano, Accademia: Grandi Classici ("I grandi classici per la Gioventù", 15)
O	1974	Milano, Lucchi (pp. 172)
O	1974	Milano, Mondadori: *Edizione Annotata: Il ciclo dei corsari* (a cura di M. Spagnol) (3ª ed.)
O	1974	Milano, Vallardi
O	1976	Milano, Garzanti ("I Garzanti", 435) (2ª ed.)
C O	1976	Milano, Mursia ("Capolavori a fumetti", 1, disegni di F. Chiletto) (*Il Corsaro Nero* più il seguito *La Regina dei Caraibi*) (pp. 188)
C O	1976	Milano, Le Stelle ("I libri d'oro") [Lit. 4500]

C O	1976	Modena, Edizioni Paoline ("Tutto Salgari", 48) [Lit. 1800]
O	1976	Torino, Aprile
O	1976	Roma, Newton ragazzi ("L'avventura", 15)
C O	1977	Firenze, L. Pugliese ("Libri per la gioventù")
C O	1977	Milano, Fabbri [Lit. 3000]
O	[1977]	Milano, Le Stelle ("Piccoli classici") (pp. 29)
C O	1977	Milano, Vallardi
O	c1979	Milano, Epipress: Famiglia cristiana ("I sempreverdi", 28) ("Gli albi del Giornalino", 28) (pp. 60)
O	[1979]	Milano, Libreria della famiglia ("I sempreverdi", 28) (pp. 60)
O	1979	Roma, Edizioni Paoline ("I sempreverdi") (pp. 60)
O	1980	Milano, Dami (Ragazzi 2000)
O	1980	Napoli, SO.GRA.ME ("I giovanissimi", 8)
O	c1981	Milano, Mursia ("I libri d'avventure di E. S.", 2)
O	1983	Bergamo, Euroclub
O	1988	Milano, Mursia
O	1988	Verona, Papiro ("I pony") (pp. 174)
C O	1993	Milano, Mursia ("Salgariana")
O	1994	Milano, Mursia ("Salgariana") (2ª ed.)
C O	1994	Milano, Rothmans, Portoria ("Il mare e l'avventura")
C O	1996	Roma, Newton Compton ("BEN ragazzi", 38) (Ed. integrale, a cura di S. Campailla)
C O	1999	Milano, Nord: *Edizione del centenario delle avventure del Corsaro Nero (1899-1999)* ("Narrativa Nord", 123)
C O	2000	Milano, Mondadori ("Oscar varia", 1749) (a c. di R. Leonardi)
C O	[2002]	Milano, Fabbri ("Emilio Salgari")
O	2003	Milano, Rizzoli ("BUR Superbur. Classici", 211)
C O	2005	Milano, Fabbri (postfazione: A. Faeti) ("I Delfini", 298)
O	2008	Milano, Master: *Il corsaro nero*, un film di S. Sollima, tratto dal romanzo omonimo e da *La Regina dei Caraibi* ("I classici del cinema d'avventura", 5) (1 DVD video)
O	2010	Milano, Mondadori (Ed. annotata a cura di M. Spagnol)("Fantasia e avventura. I grandi romanzi di E. S.", 4) (Distribuito con periodici del Gruppo Mondadori)

O	2011	Milano, RBA Italia ("La grande biblioteca di E. S.")
C O	2011	Torino, Einaudi: *Il ciclo del Corsaro Nero* (Introduzione: L. Curreri) ("ET, Biblioteca", 56) (pp. 1136)
O	2012	Milano, RCS (postfazione: A. Faeti) ("Classici dell'avventura", 43)
O	2012	Roma, Newton Compton: *Tutte le avventure dei corsari: il ciclo completo*, a cura di S. Campailla ("Grandi tascabili economici. I mammut", 122) (pp. 1232)

Qualche esempio di pubblicità:

⋆	1904	«Per Terra e per Mare», Anno I, n. 37, annuncio delle prime dispense, in vendita a 10 centesimi.
⋆	1905	«Per Terra e per Mare», fine 1905, réclame per i volumi a due prezzi.

Alcune traduzioni:

F	1903	*La Reine des Caraïbes*: FRANCIA Paris, Tallandier
F	1925	*La Reine des Caraïbes*: FRANCIA Paris, Tallandier
D lc	1929	*Die Karibenkönigin*: GERMANIA Berlin, Phönix
F	1938	*La Reine des Caraïbes*: FRANCIA Paris, Tallandier
U	1948	*La Reina del Caribe* [1ª parte?]: ARGENTINA Buenos Aires, Difusión
U	1948	*Honorata de Wan Guld* [2ª parte?]: ARGENTINA Buenos Aires, Difusión
U	1954	*La Reina de los Caribes*: ARGENTINA Buenos Aires, Acme
tr U	1955	*A Rainha dos Caraíbas* [1ª parte?]: PORTOGALLO Lisboa, Torres (2ª ed.)
tr U	1955	*A noiva do Corsario Negro* [2ª parte?]: PORTOGALLO Lisboa, Torres (2ª ed.)
U	1955	*La Reina de los Caribes*: ARGENTINA Buenos Aires, Acme
U	1955	*La Reina de los Caribes* [1ª parte?]: SPAGNA Barcelona, Molino
U	1955	*Honorata de Wan-Guld* [2ª parte?]: SPAGNA Barcelona, Molino

U	1957	*La Reina de los Caribes*: ARGENTINA Buenos Aires, Acme
U	1959	*La Reina de los Caribes* [1ª parte?]: SPAGNA Barcelona, Molino (2ª ed.)
U	1959	*Honorata de Wan-Guld* [2ª parte?]: SPAGNA Barcelona, Molino (2ª ed.)
Nie	1996	*Koroleva Karibov* (in *Sočinenija v trech tomach* [Opere in tre volumi]): RUSSIA Moskva, Iz- datel'skij centr «Terra»

La riconquista del Mompracem

Quasi definitivamente dal 1930 pubblicato col titolo *La riconquista di Mompracem*.

* Sar	1908	Firenze, Bemporad, inserti in «Il Giornalino della Domenica», 29 dicembre 1907 – 27 di- cembre 1908
* P gr Bit Poz Sar Cap O	1908	Firenze, Bemporad: *La riconquista del Mom- pracem*. Illustrato da A. Della Valle (pp. 298) [dda 1908]
Sar	1908	Firenze, Bemporad (a dispense) [pp. 258?]
Sar Cap	1910	Firenze, Bemporad
* Sar Cap	1918	Firenze, Bemporad: *... di Mompracem* [3.300 copie]
* P Sar Cap O	1920	Firenze, Bemporad [5.500 copie]
Sar Cap O	1921	Firenze, Bemporad (pp. 256)
* P Sar Cap	1922	Firenze, Bemporad [5.500 copie]
Sar Cap	1925	Firenze, Bemporad
CP Sar O	1930	Milano, Sonzogno: *... di Mompracem* (pp. 280) [Lit. 6.50]
Sar O	1933	Milano, Sonzogno: *... di Mompracem*
P Sar O	1940	Milano, Sonzogno: *... di Mompracem*
C O tb	1947	Milano, Carroccio: *... di Mompracem* ("Col- lana pop. S.", 31) ('Testo completo') (pp. 88)
O	1958	Bologna, Aldebaran [*sic*]: *... di Mompracem* ("Nord-Ovest") (pp. 162)
O	1961	Bologna, Carroccio: *... di Mompracem* ("Nord- Ovest")
O	c1964	Bologna, Carroccio: *... di Mompracem* ("Nord- Ovest", 44) (pp. 178)
C O	1967	Milano, Boschi: *... di Mompracem* ("Capola- vori", 29) (pp. 154) [Lit. 300]
* O	1968	Milano, Boschi: *... di Mompracem* ("Capola- vori", 29)

C O	1968	Milano, Lucchi: ... *di Mompracem* (pp. 143)
O	1969	Milano, Fabbri: ... *di Mompracem* ("Tigri e corsari", 57)
O	1972	Milano, Lucchi: ... *di Mompracem* (pp. 143)
C O	1972	Milano, Mursia ("I libri d'avventure di E. S.", 13) [Lit. 2500]
O	c1972	Milano, Mursia ("Salgariana") (pp. 255)
C O	1973	Lucca, Pacini Fazzi: ... *di Mompracem* ("Comics d'essai", ill. G. Moroni Celsi) [750 esemplari]
C O	1973	Lucca, Pacini Fazzi: ... *di Mompracem* (2° episodio) ("Comics d'essai", ill. G. Moroni Celsi) [750 esemplari]
O	1973	Milano, Lucchi: ... *di Mompracem* (pp. 143)
O	1974	Milano, Mursia ("I libri d'avventure di E. S.", 13)
C O	1974	Milano, Vallardi: ... *di Mompracem* (pp. 259) [Lit. 3000]
C O	1975	Cologno Monzese, Campironi: ... *di Mompracem* (Ed. integrale) [Lit. 3500]
O	1975	Milano, Lucchi: ... *di Mompracem* (pp. 143)
O	c1976	Ginevra, Ferni: ... *di Mompracem* (pp. 349)
C O	1976	Milano, Fabbri: ... *di Mompracem* (appendice: E. de Boccard e R. Jotti) (Il ciclo della Malesia) (pp. 185) [Lit. 2000]
O	1976	Milano, Lucchi: ... *di Mompracem* (pp. 143)
O	1976	Milano, Vallardi: ... *di Mompracem*
O	1976	Roma, Comic Art: ... *di Mompracem* ("Autori", 6) [riduzione a fumetti]
O	[1976]	Roma, Comic Art: ... *di Mompracem* ("Autori", 7) («2° episodio» della riduzione a fumetti)
O	[?]	Milano, A.P.I. (Anonima Periodici Italiani) ("Albi di Salgari", 7)
O	1977	Milano, Vallardi
O	c1984	Milano, Mursia ("I libri d'avventure di E. S.", 13)
O	1991	Milano, Mursia ("Salgariana") (4ª ed.)
O	1992	Milano, Del Drago Ragazzi: ... *di Mompracem* (pp. 191)
O	1994	[?], Barion [riproduzione dell'ed. Bemporad]
C O	1995	Roma, Newton Compton: ... *di Mompracem* ("BEN ragazzi", 27) (Ed. integrale) (pp. 252)
O	[1999]	Genova, Club Anni Trenta: ... *di Mompracem* (riduzione a fumetti di G. Moroni Celsi)

C O	[2002]	Milano, Fabbri: ... *di Mompracem* ("Emilio Salgari")
C O	2002	Milano, Mursia ("Corticelli-Salgariana") ('Ed. integrale')
C O	2004	Milano, Fabbri: ... *di Mompracem* (postfazione: A. Faeti) ("I Delfini Fabbri", 269) (pp. 397)
O	2011	Milano, RBA Italia ("La grande biblioteca di E. S.")
O	2012	Milano, «Corriere della Sera»: ... *di Mompracem* (postfazione: A. Faeti) ("Classici dell'avv.", 59) (pp. 396)

Alcune traduzioni:

D lc	1930	*Der Kampf um Mompracem*: GERMANIA Berlin, Phönix
tr	1949	*Sandokan reconquista Mompracem*: PORTOGALLO Porto, Imp. Port.

I Robinson italiani

CB Poz Sar Boe O	1896	Genova, Donath. Illustrato da G. Gamba (pp. 254) [Lit. 3.50]
P Bit Sar L Boe O	1897	Genova, Donath (ristampa)
* L Sar Boe O	1905	Genova, Donath (2ª ed. Nuova copertina di Della Valle) (pp. 286)
* CBP O	1905-06	Genova, Donath, in [11?] dispense (pp. 176) [Cent. 10]
CP Sar O	1927	Milano, Vallardi (pp. 227)
Sar O tb	1930	Milano, Vallardi
Sar	1944	Milano, Vallardi
vt	1948	Torino, Viglongo
C O	1949	Torino, Viglongo (pp. 193) [Lit. 500]
C M cm O	1953	Milano, Vallardi ("Biblioteca dell'Orso. Orso bruno") [pp. 185]
vt	1954	Torino, Viglongo (ristampa)
C O	1956	Milano, Vallardi ("Collana dell'Orso") [Lit. 380]
O	1957	Milano, Vallardi (pp. 184) ("Collana dell'Orso")
O	[196?]	Torino, Viglongo ("I capolavori di E. S.")
O	1961	Milano, Vallardi ("Collana dell'Orso") (pp. 180)

O	1965	Milano, Vallardi ("Collana dell'Orso") (pp. 184)
O	1967	Milano, Vallardi ("Collana dell'Orso") (pp. 184)
O	[1970]	Milano, Fabbri ("I grandi dell'avventura", 26) (pp. 159)
O	[1974]	Roma, Edizioni Paoline ("Tutto Salgari", 17) (pp. 190)
O	1991	Taranto, Mandese (pp. 251)
O	c2002	Milano, Fabbri
C O	2003	Milano, Fabbri ("Emilio Salgari")
O	2006	Milano, Fabbri ("Emilio Salgari")
O	2011	Milano, RBA Italia ("La grande biblioteca di E. S.")

Qualche esempio di pubblicità:

*	1905	«Per Terra e per Mare», Anno III, n. 2, fine 1905, le prime dispense a 10 cent. annunciate.
*	1905	«Per Terra e per Mare», fine 1905, i volumi in vendita a due prezzi diversi.

Alcune traduzioni:

F	1899	*Les Robinsons italiens*: FRANCIA Paris, Montgrédien
F	1925	*Les Robinsons italiens*: FRANCIA Paris, Tallandier
F	1936	*Les Robinsons italiens*: FRANCIA Paris, Tallandier
tr	1947	*Los naufragos del Liguria*: CILE Santiago, Zig-Zag
U	1948	*Los náufragos del 'Liguria'*: SPAGNA Madrid, Calleja
U	1951	*Les Robinsons italiens*: FRANCIA Paris, Tallandier
U	1955	*Los náufragos del Liguria*: SPAGNA Barcelona, Molino
tb	1962	*Los Robinsones italianos*: ARGENTINA Buenos Aires

Sandokan alla riscossa

CBP Bit Poz Sar Cap O	1907	Firenze, Bemporad. Illustrato da A. Della Valle e G. D'Amato (pp. 349)
Sar Cap L O	1908	Firenze, Bemporad (ristampa) (pp. 309)

★	1911	Firenze, Bemporad [dda 1911]
★ P Sar Cap O	1920	Firenze, Bemporad [5.130 copie]
★ CP cm G	1922	Firenze, Bemporad (16ª ed.) (Ed. riveduta e
Sar Cap O		corretta) (pp. 305) [Lit. 9] [5.000 copie]
Sar Cap	1925	Firenze, Bemporad
★ Sar Cap O pt	1928	Firenze, Bemporad (ristampa) (pp. 308)
		[capitoli I-XXVII e Conclusione]
Sar	1928	Milano, Sonzogno
CP Sar O	1929	Milano, Sonzogno [Lit. 7.50]
★ P Sar	1936	Milano, Sonzogno (pp. 352) [a due vesti edi-
		toriali: Lit. 7,50 e Lit. 9]
C M O	1947	Milano, Carroccio ("Collana pop. S., 29")
		(Testo completo) (pp. 122)
O	c1961	S. Lazzaro di Savena, Carroccio ("Nord-O-
		vest", 43)
O	c1963	S. Lazzaro di Savena, Carroccio (pp. 164)
★	1964	Bologna, Carroccio
O	1965	S. Lazzaro di Savena, Carroccio ("Collana
		salgariana", 58)
O	1967	Bologna, Carroccio ("Collana Nord-Ovest",
		43)
C O	1967	Milano, Boschi (Capolavori, 28) [Lit. 300]
★	1968	Milano, Boschi (Capolavori 28)
C O	1968	Milano, Lucchi (adattamento di L. Tenconi)
		(pp. 156)
O	[1968]	Milano, La Sorgente ("Quadrifoglio", 28)
		(pp. 151)
O	1969	Milano, Fabbri (voll. 2) ("Tigri e corsari", 45
		e 46) (pp. 315)
C Tra O	1971	Milano, Mondadori: *Edizione Annotata: Il Se-*
		condo Ciclo della Jungla (con altri 2 romanzi a
		cura di M. Spagnol)
O	1971	Milano, Mondadori (*Ed. Annotata*, a cura di
		M. Spagnol) ("Varia. Grandi opere") (pp. 255)
O	c1971	Milano, Mursia ("Corticelli-Salgariana")
C O ch	1971	Milano, Mursia ("I libri di avventure di E. S.",
		12) [Lit. 2500]
O	1972	Milano, Mursia ("I libri d'avventure di E. S.",
		12)
O	1973	Milano, Fabbri (2ª ed.)
C O	1973	Milano, Garzanti ("I Garzanti", 453) [Lit.
		700]
O	1973	Milano, Lucchi (pp. 156)
C O	1973	Milano, Vallardi (Ciclo dei pirati) [Lit. 2800]
		(pp. 328)

C O	1974	Milano, Fabbri (Ed. integrale) (Ristampa)
O	1974	Milano, Mondadori (*Ed. Annotata*, a cura di M. Spagnol) ("Varia. Grandi opere") (2ª ed.)
O	1974	Milano, La Sorgente ("Quadrifoglio", 28)
C O	1975	Milano, Campironi (Ed. integrale) [Lit. 3500]
O	c1976	Ginevra, Ferni
C O	1976	Milano, Fabbri (appendice: E. de Boccard e R. Jotti (Il ciclo della Malesia) [Lit. 2500]
O	1976	Milano, Lucchi (pp. 156)
O	1976	Milano, Mursia ("I libri d'avventure di E. S.", 12)
O	1976	Milano, Vallardi
O	1977	Milano, Vallardi ("L'avventura", 17)
C O	1977	Roma, Edierre: *La tigre è ancora viva: Sandokan alla riscossa!* (Libera riduzione dalla sceneggiatura e dalle immagini del film: M. Leocata) [Lit. 6000]
O	1977	Roma, Newton ragazzi ("L'avventura", 17)
O	1979	Roma, Comic Art ("Autori", 12) (pp. 20)
O	1980	Novara, Madis
O	1982	Milano, Mursia ("I libri d'avventure di E. S.", 12)
O	1986	Milano, Vallardi, stampato dalla Garzanti
C O	1986	Sesto San Giovanni, Peruzzo ("I giovani bibliofili")
C O	1990	Milano, Mursia ("Salgariana")
O	c1991	Sesto San Giovanni, Peruzzo ("La biblioteca dei ragazzi")
C O	1991	Palermo, Palumbo (a c. di F. Quasimodo) ("La tartaruga", 10) (pp. 282)
O	1992	Milano, Del Drago ragazzi
O	c1993	Milano, Del Drago ragazzi ("Top green", 17)
O	1994	Milano, Mursia ("Salgariana", 58)
C O	1994	Roma, Newton Compton (a c. di S. Campailla) ("BEN Ragazzi", 16)
O	2001	Milano, Fabbri ("I Delfini", 156)
C O	[2002]	Milano, Fabbri ("Emilio Salgari")
C O	[2005]	Milano, Fabbri ("Emilio Salgari") (Nuova ed.)
C O	[2006]	Milano, Mursia
O	2010	Milano, Mondadori (ed. annotata a c. di M. Spagnol) ("Fantasia e avventura. I grandi romanzi di E. S.")

C	2011	Milano, Mondadori: *Sandokan* (tre romanzi, premessa: A. Franchini) ("Oscar varia", 1979)
O	2011	Milano, RBA Italia ("La grande biblioteca di E. S.") (pp. 342)
O ch	2011	Milano, Rizzoli ("BUR ragazzi", 53) (pp. 474) [€9.90]
O	2012	Milano, «Corriere della Sera» (postfazione: A. Faeti) ("Classici dell'avventura", 50) (pp. 474)

Qualche esempio di pubblicità:

| * | 1907-08 | Supplemento a «Il Giornalino della Domenica» (Catalogo Illustrato): *Novità!*, in vendita a due prezzi, Lit. 3.50 e Lit. 5. |
| * | 1928 | «Il Raduno», 3 marzo 1928, commento sulla serie di ristampe progettata da Bemporad; questo volume doveva uscire il 28 febbraio, seguito ogni due settimane da tutti gli altri romanzi. |

Alcune traduzioni:

| tr | 1946 | *La Venganza de Sandokan*: CILE Santiago, Pacífico |
| U | 1956 | *Sandokan* [?]: SPAGNA Barcelona, Molino |

La Scimitarra di Budda

All'origine, romanzo strutturato in due parti: Parte Prima, *La Scimitarra di Budda*; Parte Seconda, *La Piramide della Scioè-Madù*. La divisione e il secondo sottotitolo furono però presto abbandonati. [Vedi anche il 'falso' – ossia i due 'falsi' – col titolo *La Scimitarra di Khien-Lung/ Kien-Lung*.]

| * Poz Sar | 1891 | Verona, Treves, a puntate ne «Il Giornale dei Fanciulli», 1° gennaio – 23 aprile, e 2 luglio – 26 novembre 1891. Disegni di G. Colantoni, più alcuni altri didattici. |
| * tb | 1891 | Milano, Fratelli Treves, «racconto di viaggio» a puntate nell'antologia *Il Libro delle Avventure*, «Letture illustrate per i fanciulli raccolte da Cordelia e A. Tedeschi». [Prima parte del romanzo] Ill. G. Colantoni |

* tb	1892	Milano, Fratelli Treves: *La Piramide della Scioè-Madù*, «seguito alla *Scimitarra di Budda*» [ossia la seconda Parte del romanzo] a puntate nell'antologia *Sulla Terra e sul Mare*, «Letture illustrate per i fanciulli raccolte da Cordelia e A. Tedeschi». Ill. G. Colantoni
P M cm Bit G L Poz Sar O	1892	Milano, Fratelli Treves. Ill. G. Colantoni (pp. 366) [la cosiddetta 2ª ed.]
Sar O	1901	Milano, Treves, (4ª ed.)
* Sar	1902	Milano, Treves, a puntate in «Mondo Piccino: Letture illustrate per i Bambini», Vol. 17 («Il Giornale dei Fanciulli»), Anno XVII dal n. 1, p. 5, al n. 49, p. 388 (2 Gennaio 1902 – 4 Dicembre 1902) [Cent. 5; Lit. 3 l'anno].
* Sar O	1905	Milano, Treves (pp. 249)
Sar O	1909	Milano, Treves
Sar O	1921	Milano, Barion (pp. 223)
* CP Sar O	[1922]	Milano, Sonzogno ("Biblioteca Romantica Illustrata") [volume in grande formato creato da 7 dispense] (pp. 104) [Lit. 3.50]
* M O	1923	Milano, Sonzogno ("Biblioteca Romantica Illustrata") (pp. 105) [Lit. 3.50]
* CP L Sar Bia O	1923	Firenze, Casa Editrice Italiana di Attilio Quattrini (pp. 240) [Lit. 9]
Sar	1924	Firenze, Quattrini
Sar	1925	Milano, Sonzogno
Sar	1927	Milano, Sonzogno
CP M Sar O	1941	Milano, Sonzogno [Lit. 10]
O	1945	Milano, Carroccio ("Collana pop. S.", 1)
M O	1947	Milano, Carroccio ("Collana pop. S.", 1)
O	1957	Milano, Carroccio Aldebaran ("Nord-Ovest", 16)
O	1958	Milano, Carroccio Aldebaran ("Nord-Ovest", 16)
O	c1961	[?], Carroccio ("Nord-Ovest", 16)
*	1962	Milano, Carroccio
O	c1962	[S. Lazzaro di Savena], Carroccio Aldebaran ("Nord-Ovest", 16)
*	1964	Bologna, Carroccio ("Nord-Ovest", 16)
O	c1970	Milano, Fabbri ("Tigri e corsari", 89)
C O	1970	Milano, Mursia ("I libri d'avventure di E. S.", 8) [Lit. 2000]
O	1972	Milano, Mursia ("I libri d'avventure di E. S.", 8)
O	1973	Torino, Caula

O	1976	Milano, Lucchi
O	1976	Milano, Mursia ("I libri d'avventure di E. S.", 8)
C O	1983	Novara, De Agostini (Ed. scolastica a c. di A. Pampaloni) ("Narrativa De A. per la scuola")
O	2003	Milano, Fabbri
C O	2006	Milano, Fabbri ("Emilio Salgari") (Nuova ed.)
C O	[2006]	Milano, Greco & Greco ("Specchio oscuro", 27) (a c. di S. Tomasi)

Alcune traduzioni:

U	1949	*La cimitarra de Buda*: SPAGNA Madrid, Calleja
U	1957	*La cimitarra de Buda*: SPAGNA Barcelona, G.P.
cm O	[s.d.]	*A cimitarra de Buddah*: PORTOGALLO Lisboa, Torres (Coleção Salgari)
Nie	1993	*Svjaščennyj meč Buddy* (in *Sobranie sočinenij* [Raccolta di opere], voll. 6: ogni vol. comprende 4 o 5 romanzi di E.S.): RUSSIA Moskva, Izdatel'skij centr «Terra»

Gli scorridori del mare

Romanzo pseudonimo, forse plagiato.

P M cm G Poz Sar Boe O	1900	Genova, Donath (pseudonimo: Romero [*sic*]). Illustrato da G. G. Bruno (pp. 258)
Sar Boe	1904	Genova, Donath (firmato S. Romero)
Sar	1922	Milano, Vallardi (firmato S. Romero)
Sar O	1929	Milano, Vallardi (pp. 214)
Sar O	1939	Milano, Vallardi
M	1947	Milano, Carroccio ("Collana pop. S.", 43)
vt	1948	Torino, Viglongo
M cm Sar O	1949	Milano, Vallardi
C O	1949	Torino, Viglongo [Lit. 500]
O	1953	Torino, Viglongo ("I capolavori di E. S.")
CB O	1958	Bologna/Modena [?], Carroccio-Aldebaran ("Nord- Ovest", 58)
C O	1959	Modena, Carroccio-Aldebaran ("Nord-O-vest", 58)
O	1961	Milano, Vallardi ("Collana dell'Orso")
O	c1962	S. Lazzaro di Savena, Carroccio ("Nord-O-vest", 58)
⋆ O	1964	Milano, Vallardi ("Collana dell'Orso")

O	1966	Roma, Le Edizioni del Gabbiano (settimanale) ("Avventure di terra e di mare", 17)
O	1967	Milano, Vallardi ("Collana dell'Orso")
O	1969	Milano, Fabbri ("Tigri e corsari", 63)
C O	1972	Milano, Vallardi ("Avventure in Africa e in Oriente") (pp. 177) [Lit. 1800]
C O	1973	Milano, Vallardi (Ed. integrale, pp. 207) [Lit. 900]
C T O	1973	Torino, G. Caula ("Romanzi d'avventure di E. S.") (Ed. integrale) (pp. 191)
O	1974	Milano, Vallardi
C O	1976	Vicenza, Edizioni Paoline ("Tutto Salgari", 34)
C O	[2004]	Milano, Fabbri ("Emilio Salgari")

Qualche esempio di pubblicità:

*	1905	«Per Terra e per Mare», Anno III, n. 2, fine 1905, réclame per i volumi pubblicati da Donath, inclusi questo romanzo e altri due pseudonimi firmati E. Bertolini.
*	1967-68	*Messaggerie italiane*, elencata l'edizione Vallardi del 1964.

Alcune traduzioni:

tr U	1957	*O capitão fantasma*: PORTOGALLO Lisboa, Torres (2ª ed.)
U	1957	*Los aventureros del mar*: ARGENTINA Buenos Aires, Acme

La scotennatrice

Dal 1947 romanzo talvolta dimezzato e pubblicato in due volumi, il secondo col titolo inventato *La vendetta di Minnehaha*.

CBP G Bit Poz Sar Cap O	1909	Firenze, Bemporad. Illustrato da A. Della Valle (pp. 326)
* Sar	1909	Firenze, Bemporad (in 23 dispense) (pp. 368) [Capitoli I-XXIV] [Cent. 10]
*	1911	Firenze, Bemporad [dda 1911]
*	1919	Firenze, Bemporad [3.300 copie]
P Sar Cap O	1920	Firenze, Bemporad (15ª ed.) [«Nuova ed. dei Romanzi Straordinari di Emilio Salgari. Ciclo delle Pellirosse»] (pp. 366)

* CP Sar Cap O	1921	Firenze, Bemporad (pp. 185) [6.000 copie] [Lit. 10]
Sar Cap	1925	Firenze, Bemporad
CP Sar O	1930	Milano, Sonzogno (pp. 256) [Lit. 6]
CP Sar O	1938	Milano, Sonzogno [Lit. 6]
* C O	1946	Milano, Carroccio Edizioni (pp. 256) [capitoli 24]
* M	1946	Milano, Carroccio ("Collana pop. S.", 13)
O	1947	Milano, Carroccio ('Ed. integrale') (pp. 60)
* L	1947	Milano, Carroccio: *La vendetta di Minnehaha* [sul frontespizio: «seguito del volume *La scotennatrice*», cioè solo la 2ª metà del romanzo originale]
C T O	1954	Milano, Carroccio ("Nord-Ovest", 8)
O	1957	Milano, Carroccio Aldebaran: *La vendetta di Minnehaha* ("Nord-Ovest", 25) (pp. 163) [è solo la 2ª metà del romanzo originale]
O	1957	S. Lazzaro di Savena, Carroccio Aldebaran ("Nord-Ovest")
O	1959	[Bologna], Carroccio Aldebaran ("Nord-Ovest", 8)
O	[1961]	S. Lazzaro di Savena, Carroccio ("Nord-Ovest", 8)
O	[1961]	Bologna, Carroccio: *La vendetta di Minnehaha* ("Nord-Ovest", 25) (pp. 161) [solo la 2ª metà del romanzo originale]
* ch O	1964	[Bologna], Carroccio: *La vendetta di Minnehaha* ("Nord-Ovest", 25) (pp. 164) [benché firmato O. Salgari sulla copertina e sul frontespizio, è la 2ª metà del romanzo autentico *La scotennatrice*, cioè i capitoli XIII-XXIV dell'edizione del 1909, col titolo del capitolo XIII cambiato da *Cucinati vivi* in *La prigione ardente*]
O	1964	S. Lazzaro di Savena, Carroccio ("Salgariana")
O	c1968	Milano, Fabbri ("Tigri e corsari", 56) (pp. 157)
O	c1969	Milano, Fabbri ("Tigri e corsari", 56) (pp. 157)
C O	1971	Milano, Bietti (Riduzione e adattamento di C. Redi) ("Fantasia", 55) (pp. 168)
O	1972	Milano, Bietti ("Fantasia", 55) (pp. 168)
O	1972	Milano, Cartoon Museum: *Alle frontiere del Far West* (insieme a *La scotennatrice*: cioè due racconti di Salgari a fumetti) (pp. 80)

C Tra O	1972	Milano, Mondadori: *Edizione Annotata*: *Il Ciclo del West* (con altri 2 romanzi, a cura di M. Spagnol)
O	1972	Milano, Sonzogno (con altri 2 romanzi del Far West)
O	c1973	Milano, Bietti ("Fantasia", 55)
C O	1973	Milano, Mursia ("I libri d'avventure di E. S.", 20) [Lit. 3500]
O	1974	Milano, Bietti ("Fantasia", 55)
C O	1974	Milano, Bietti (Riduzione e adattamento di C. Redi) ("Zaffiri", 41) [Lit. 1500]
O	1974	Milano, Mursia ("I libri d'avventure di E. S.")
C O	1975	Milano, Vallardi [Lit. 3500]
O	[1981]	Roma, Comic Art ("Autori", 26)
O	1993	Milano, Mursia ("Salgariana")
C O	[2001]	Milano, Mursia ("Corticelli-Salgariana") (Ed. integrale)
C O	[2002]	Milano, Fabbri ("Emilio Salgari")
O	2008	Milano, Rizzoli (postfazione: A. Faeti) ("I Delfini Rizzoli", 321)
O	2011	Milano, Mondadori (ed. annotata a c. di M. Spagnol) ("Fantasia e avventura. I grandi romanzi di E. S.", 17) [Distribuito con periodici del Gruppo Mondadori]
O	2011	Milano, RBA Italia

Alcune traduzioni:

Nie	1910	*Ochotnica za skal'pami* (in *Sobranie sočinenij* [Raccolta di opere], supplemento alla rivista «Vokrug sveta» [Intorno al mondo], voll. 1-12): RUSSIA Moskva, [Tipografia] I.D. Sytina
ab	1931	*Die Skalpjägerin*: GERMANIA Berlin, Phönix
U	1948	*Ha-indianit ha-noqemet*: ISRAELE, Tel-Aviv, J. Šreberk
U	1948	*La cazadora de cabelleras*: SPAGNA Madrid, Novelas y Cuentos (in *En las fronteras del Far-West*)
U	1949	*La cazadora de cabelleras*: SPAGNA Madrid, Calleja
U	1955	*La cazadora de caballeras*: SPAGNA Barcelona, Molino
Nie	1992	*Ochotnica za skal'pami* (in *Sobranie sočinenij* [Raccolta di opere], voll. 6: ogni vol. comprende 4 o 5 romanzi di E.S.): RUSSIA Moskva, Izdatel'skij centr «Terra»

Nie	1998	*Ochotnica za skal'pami*: Russia Moskva, Itza-del'ski centr «Terra»

Le Selve Ardenti

* CBP cm gr G Bit Poz Sar Cap O	1910	Firenze, Bemporad. Copertina di A. Della Valle, 20 disegni di G. D'Amato (pp. 288) [dda 1910]
* tb	1910	Firenze, Bemporad (Copertina: «"Opere di Emilio Salgari". Nuova edizione illustrata») (pp. 332)
* Sar O	1910	Firenze, Bemporad (in 20 dispense) (pp. 332) [Capitoli I-XXIII + Conclusione] [Cent. 10]
* cm Sar Cap O	1920	Firenze, Bemporad [3.300 copie]
* P Sar Cap O	1922	Firenze, Bemporad [5.355 copie]
Sar Cap	1925	Firenze, Bemporad
CP Sar O	1930	Milano, Sonzogno [Lit. 6]
Sar	1936	Milano, Sonzogno
* CP Sar O ch	1937	Milano, Sonzogno (pp. 256) [a due vesti editoriali: Lit. 6 e Lit. 7,50]
Sar	1940	Milano, Sonzogno
C O	1945	Milano, Carroccio ("Salgari", 14) (ristampa stereotipa)
M	1947	Milano, Carroccio ("Collana pop. S.", 14)
O	1954	[Bologna], Carroccio ("Nord-Ovest")
C	1954	Milano, Carroccio ("Nord-Ovest", 9)
O	1958	Bologna, Carroccio Aldebaran ("Nord-Ovest", 9)
O	1959	[?], Carroccio-Aldebaran ("Nord-Ovest", 9)
O	1964	S. Lazzaro di Savena, Carroccio ("Salgariana")
O	1964	S. Lazzaro di Savena, Carroccio ("Nord-Ovest", 9) (pp. 176)
O	1970	Milano, Fabbri ("Tigri e corsari", 83) (pp. 158)
C Tra O	1972	Milano, Mondadori: *Edizione Annotata: Il Ciclo del West* (con altri 2 romanzi, a cura di M. Spagnol)
O	[1974]	Milano, Mursia ("Collana Corticelli", 21)
C O	1974	Milano, Mursia ("I libri d'avventure di E. S.", 21) [Lit. 3500]
C O	1975	Milano, Vallardi [Lit. 3500]
O	1992	Milano, Mursia ("Salgariana")
O	2003	Milano, Fabbri
C O	[2006]	Milano, Fabbri ("Emilio Salgari") (Nuova ed.)

O	2011	Milano, Mondadori (Ed. annotata a cura M. Spagnol.) ("Fantasia e avventura. I grandi romanzi di E. S.", 18) [Distribuito con periodici del Gruppo Mondadori]
O	2011	Milano, RBA Italia

Alcune traduzioni:

Nie	1912	*Smertel'nye vragi*: Russia Moskva, [Tipografia] I.D. Sytina
ab	1931	*Minnehaha's Ende*: Germania Berlin, Phönix
U	1958	*El extermino de una tribu* [?]: Spagna Barcelona, G.P.
Nie	1992	*Smertel'nye vragi* (in *Sobranie sočinenij* [Raccolta di opere], voll. 6: ogni vol. comprende 4 o 5 romanzi di E.S.): Russia Moskva, Izdatel'skij centr «Terra»

Una sfida al Polo

* CBP gr L Bit Poz Sar Cap O	1909	Firenze, Bemporad. Illustrato da A. Della Valle e G. D'Amato (pp. 355) [dda 1909]
* Sar	1909	Firenze, Bemporad (a dispense)
Sar	1909	Firenze, Bemporad (nuova ed.)
* CP cm G Sar Cap O	1921	Firenze, Bemporad [5.500 copie] [Lit. 9] [2012: €90]
Sar Cap	1925	Firenze, Bemporad
* CP Sar O	1930	Milano, Sonzogno (pp. 304) [Lit. 7 e Lit. 8,50]
O	1945	Milano, Carroccio ("Salgari", 8)
M O	1947	Milano, Carroccio ("Collana pop. S.", 8)
CB O	1959	Modena, Carroccio-Aldebaran ("Nord-Ovest", 26)
O	c1962	S. Lazzaro di Savena, Carroccio ("Nord-Ovest", 26)
* O	1964	Bologna, Carroccio ("Nord-Ovest", 26)
O	1969	Milano, Fabbri ("Tigri e corsari", 71)
C O	2002	Milano, Mondadori ("Oscar": *Avventure al Polo*, a cura di V. Sarti)
O	2004	Milano, Fabbri (pp. 199)
C O	2007	Milano, Fabbri (Emilio Salgari)

Alcune traduzioni:

F	1912	*Un défi au Pôle nord*: Francia Paris, Delagrave

F	1913	*Un desafío en el Polo*: ARGENTINA Buenos Aires, Nación

I solitari dell'oceano

⋆ CB Bit	1903	Genova, Donath. Illustrato da C. Linzaghi (in 18 dispense) (pp. 282) [nella copia rilegata della BNCF mancano il frontespizio e l'indice]
Poz Sar L Boe	1904	Genova, Donath [a dispense?]
C Boe O tb	1904	Genova, Donath (2ª ed.) ("Biblioteca illustrata per la Gioventù") (pp. 282)
P Sar O tb	1909	Genova, Donath (2ª ed.)
Sar	1909	Genova, Donath (a dispense)
CP M Sar O	1921	Milano, Vallardi
Sar	1924	Milano, Vallardi
Sar O	1928	Milano, Vallardi
O	1934	Milano, Vallardi
Sar	1941	Milano, Vallardi
cm Sar O	1946	Milano, Vallardi
Sar	1947	Milano, Vallardi
vt	1947	Torino, Viglongo
C O	1948	Torino, Viglongo ("Opere di E. S.")
C	1949	Torino, Viglongo [Lit. 500]
vt	1952	Torino, Viglongo (ristampa)
C O	1955	Milano, Vallardi ("Collana dell'Orso") [Lit. 380]
vt	1956	Torino, Viglongo (ristampa)
O	1958	Milano, Vallardi ("Collana dell'Orso")
O	1961	Milano, Vallardi ("Collana dell'Orso")
O	1965	Milano, Vallardi ("Collana dell'Orso")
O	1967	Milano, Vallardi ("Collana dell'Orso")
C O	1968	Milano, Vallardi (Nell'occhio: "Avventure in Africa e in Oriente") [Lit. 1800]
O	1969	Milano, Fabbri ("Tigri e corsari", 53)
C O	1970	Roma, Lupa Press (Nell'occhio: "Avventure in Africa e in Oriente")
O	1971	Milano, Vallardi
L O	1972	Milano, Vallardi ("Avventure in Africa e Oriente")
O	1974	Milano, Vallardi ("Avventure in Africa e in Oriente")
C O	1976	Alba, Edizioni Paoline ("Tutto Salgari", 47) [Lit. 1300]
O	[2004]	Milano, Fabbri

O	2005	Milano, Fabbri (Nuova ed.)
O	2011	Milano, RBA Italia ("La grande biblioteca di E. S.")
O	2012	Roma, Robin ("Avventurosa")

Un esempio di pubblicità:

*	1905	«Per Terra e per Mare», fine 1905, réclame per due tipi di volume a due prezzi.

Alcune traduzioni:

F	1918	*Les Solitaires de l'Océan*: FRANCIA Paris, Tallandier
U	1949	*Los solitarios del Océano*: SPAGNA Madrid, Calleja
U	1950	*Los solitarios del Océano* (segue *El Estrecho de Torres*): SPAGNA Madrid, Novelas y Cuentos

La Sovrana del Campo d'Oro

* Poz Sar	1904	Genova, Donath, a puntate sul settimanale «Per Terra e per Mare», Anno I, n. 22 – n. 41
P Bit Poz Sar L Boe O	1905	Genova, Donath. Illustrato da A. Della Valle (pp. 306)
Sar Boe	1914	Genova, Donath (a dispense)
Sar Boe O	1915	Genova, Donath (2ª ed.) (Boe: «priva della conclusione») (pp. 318)
* CP M Sar O	1919	Milano, Vallardi [2012: €110]
Sar O	1922	Milano, Vallardi
cm Sar O	1925	Milano, Vallardi ("Letture amene illustrate per la gioventù")
Sar O	1930	Milano, Vallardi
* L Sar	1942	Milano, Vallardi [2010: € 120] [2012: €100]
Sar	1943	Milano, Vallardi
Sar	1944	Milano, Vallardi
Sar	1945	Milano, Vallardi
M cm Sar O	1946	Milano, Vallardi ("Romanzi d'avventura per la gioventù")
C T vt tb O	1947	Torino, Viglongo [Lit. 250]
vt	1949	Torino, Viglongo (ristampa)
C M O	1951	Milano, Vallardi ("Biblioteca dell'Orso. Orso bruno")
vt	1954	Torino, Viglongo (ristampa)
O	1957	Millano, Vallardi ("Collana dell'orso")

vt O	1960	Torino, Viglongo (ristampa) ("I capolavori di E. S.")
O	1961	Milano, Vallardi ("Collana dell'orso")
O	1963	Milano, Vallardi ("Collana dell'orso")
C O	1966	Roma, Le Edizioni del Gabbiano (settimanale) ("Avventure di terra e di mare", 20)
* O	1967	Milano, Vallardi
O	c1968	Milano, Fabbri ("Tigri e corsari", 22)
O	c1969	Milano, Fabbri ("Tigri e corsari", 22)
C O	1974	Milano, Vallardi (Ed. integrale) [Lit. 1000]
O	2003	Milano, Fabbri
C O	2004	Milano, Mondadori ("Oscar classici", 608)
C O	2006	Milano, Fabbri ("Emilio Salgari") (Nuova ed.)

Un esempio di pubblicità:

*	1905	«Per Terra e per Mare», Anno III, n. 2, fine 1905, réclame per il volume in due vesti editoriali e a due prezzi, Lit. 5 e Lit. 3.50.

Alcune traduzioni:

D lc	1930	*Die Herrin der Goldfelder*: GERMANIA Berlin, Phönix
U	1955	*La soberana del Campo de Oro*: SPAGNA Barcelona, Molino
U	1956	*La soberana del Campo d'Oro*: ARGENTINA Buenos Aires, Acme

La Stella dell'Araucania

* CBP Bit Poz Sar Cap O	1906	Firenze, Bemporad. Illustrato da A. Della Valle e C. Chiostri (pp. 299) [dda 1906]
*	1906	Firenze, Bemporad (a dispense)
L Sar Cap O	1907	Firenze, Bemporad (1ª ristampa)
* P Sar Cap O	1921	Firenze, Bemporad [5.500 copie]
* Sar	1924	Firenze, Bemporad [3.300 copie]
CP M Sar O	1930	Milano, Sonzogno (pp. 181) [Lit. 5]
Sar O	1942	Milano, Sonzogno
M O	1947	Milano, Carroccio ("Collana pop. S.", 41)
vt	1950	Torino, Viglongo [Lit. 500]
C O	1951	Torino, Viglongo ("Il romanzo di avventure")
CB O	1959	Modena, Carroccio-Aldebaran ("Nord-Ovest", 30)

O	[1961]	S. Lazzaro di Savena, Carroccio ("Nord-O-vest", 30)
⋆ O	1964	Bologna, Carroccio ("Collana Nord-Ovest", 30)
O	1964	S. Lazzaro di Savena, Carroccio ("Collana salgariana", 29)
O	c1968	Milano, Fabbri ("Tigri e corsari", 7)
O	2003	Marsala, La Medusa ("Biblioteca scolastica")
O	2004	Milano, Fabbri

Qualche esempio di pubblicità:

⋆	1906	«Il Giornalino della Domenica», Anno I, n. 3, annuncio della «prossima pubblicazione».
⋆	1906	«Il Giornalino della Domenica», Anno I, n. 24, 2 dicembre, «Recentissime pubblicazioni», Lit. 2.
⋆	1906	«Il Giornalino della Domenica», Anno I, n. 25, 9 dicembre, «Questa settimana sono poste in vendita le dispense 15 e 16».
⋆	1907-08	Supplemento a «Il Giornalino della Domenica» (Catalogo Illustrato): annuncia il volume in due vesti editoriali, vendute a Lit. 2 e Lit. 3.50.

Alcune traduzioni:

F	1935	*L'étoile de la Patagonie*: FRANCIA Paris, Tallandier
U lc	1958	*La estrella de la Araucanía*: CILE Santiago, Zig-Zag
U	1958	*La estrella de la Araucania*: SPAGNA Barcelona, G.P.

Le stragi della China

Romanzo pseudonimo, dalla seconda edizione più spesso pubblicato col titolo: *Il sotterraneo della morte*.

CP Poz Sar L O	1901	Palermo, Biondo (pseudonimo: Guido Altieri). Illustrato da C. Sarri (pp. 295)
Sar O	1902	Palermo, Biondo: *Il sotterraneo della morte* (a dispense) (firmato G. Altieri) (pp. 303)
Sar	[s.d.]	Palermo, IRES (firmato G. Altieri)

Sar	[s.d.]	Palermo, IRES
M	1924	Milano, Sonzogno: *Il sotterraneo della morte*
P Bit Sar O	1926	Milano, Sonzogno: *Il sotterraneo della morte* ("Biblioteca romantica illustrata") [Lit. 8]
⋆ C	1926	Milano, Sonzogno: *Il sotterraneo della morte* [in grande formato: 18 dispense in 9 fascicoli] [Cent. 60 il fascicolo]
Sar	1941	Milano, Sonzogno
vt	1946	Torino, Viglongo: *Il sotterraneo della morte*
C O	1947	Torino, Viglongo: *Il sotterraneo della morte* ("Opere di E. S.") (pp. 229) [Lit. 250]
O	1949	Torino, Viglongo: *Il sotterraneo della morte* ("I capolavori di E. S.") (pp. 193)
vt	1953	Torino, Viglongo (ristampa)
vt O	1961	Torino, Viglongo: *Il sotterraneo della morte* (ristampa) ("I capolavori di E. S.")
⋆ O	1966	Roma, Le Edizioni del Gabbiano: *Il sotterraneo della morte* ("Avventure di terra e di mare", Anno I, n. 22) (settimanale) (pp. 159)
O	c1969	Milano, Fabbri: *Il sotterraneo della morte* ("Tigri e corsari", 81)
O	c1971	Vicenza, Edizioni Paoline: *Il sotterraneo della morte* ("Il melograno", 63) (pp. 315)
C	1995	Roma, Newton Compton: *Il sotterraneo della morte* (Introduzione: B. Traversetti) ("BEN ragazzi", 26) (Ed. integrale) (pp. 216)
O	2004	Milano, Fabbri (pp. 177)
O	2007	Milano, Fabbri

Un esempio di pubblicità:

⋆	1926	«Giornale Illustrato dei Viaggi», Milano, Sonzogno, Anno 42, n. 4, 24 gennaio 1926, p. 13: «fascicoli settimanali di due dispense ciascuno. Prezzo di ogni fascicolo Cent. 60. Abbonamento all'opera completa: Italia e Colonie L. 5.»

Alcune traduzioni:

D lc	1930	*Unter chinesischen Rebellen*: GERMANIA Berlin, Phönix
U	1959	*Os horrores da China* [1ª parte?]: PORTOGALLO Lisboa, Torres (2ª ed.)
U	1959	*O subterrâneo da morte* [2ª parte?]: PORTOGALLO Lisboa, Torres (2ª ed.)

Le stragi delle Filippine

C Sar O	1897	Genova, Donath. Illustrato da G. Gamba (con una carta geografica fuori testo) (pp. 254)
CBP bm Bit Poz Sar Boe O	1898	Genova, Donath [Lit. 3.50]
Boe	1898	Genova, Donath (ristampa)
CB O	1902	Genova, Donath
Sar Boe O	1903	Genova, Donath (2ª ed.)
Sar Boe O	1903	Genova, Donath (3ª ed.) ("Biblioteca illustrata per la gioventù")
Sar Boe	1904	Genova, Donath (4ª ed.)
Sar Boe	1908	Genova, Donath (a dispense)
P L Sar Boe O	1909	Genova, Donath (4ª ed.)
CP M Sar O	1921	Milano, Vallardi
Sar	1923	Milano, Vallardi
Sar O	1927	Milano, Vallardi
Sar O	1932	Milano, Vallardi
Sar	1942	Milano, Vallardi
vt	1945	Torino, Viglongo
C O	1946	Torino, Viglongo [Lit. 250]
M cm G Sar O	1947	Milano, Vallardi
vt	1947	Torino, Viglongo (ristampa)
O	1948	Torino, Viglongo
vt	1950	Torino, Viglongo (ristampa)
C M O	1953	Milano, Vallardi ("Biblioteca dell'Orso. Orso bruno", Collana di avventure per ragazzi) (pp. 203)
vt	1956	Torino, Viglongo (ristampa)
O	1957	Milano, Vallardi ("Collana dell'Orso")
O	1961	Torino, Viglongo ("I capolavori di E. S.")
★ O	1963	Milano, Vallardi ("Collana dell'Orso")
O	1966	Milano, Vallardi ("Collana dell'Orso")
O	1966	Roma, Le Edizioni del Gabbiano (settimanale) ("Avventure di terra e di mare", 10)
C O	1972	Roma, Edizioni Paoline ("Tutto Salgari", 3) [Lit. 700]
C Tra O	1974	Milano, Mondadori: Edizione Annotata: Romanzi di guerriglia (con altri 2 romanzi, a cura di M. Spagnol)
C O	1974	Milano, Vallardi ("Avventure in Africa e in Oriente") (Ed. integrale) (pp. 251) [Lit. 3000]
O	c1974	Roma, Edizioni Paoline (2ª ed.) ("Tutto S.", 3)
C O	1977	Milano, Mursia ("I libri d'avventure di E. S.", 30) (Ed. integrale) [Lit. 4500]

O	1992	Milano, Mursia ("Salgariana")
O	2002	Milano, Fabbri
O	2003	Milano, Fabbri
O	2010	Torino, Marco Valerio ("Liberi") (Edizioni speciali per ipovedenti. Corpo 18)
O	2010	Milano, Mondadori (Ed. annotata a c. di M. Spagnol) ("Fantasia e avventura. I grandi romanzi di E. S.", 11)
O	2011	Milano, RBA Italia

Un esempio di pubblicità:

★	1905	«Per Terra e per Mare», fine 1905, annuncio del volume in due vesti editoriali a due prezzi diversi.

Alcune traduzioni:

U	1959	*Los horrores de Filipinas*: SPAGNA Barcelona, G.P.
am	2012	*The Slaughters of the Philippines*: STATI UNITI Kindle Direct Publishing (KDP)

Sul Mare delle Perle (Il marajah di Jafnapatam)

Romanzo pseudonimo.

★ CP Poz Sar L O tb	1903 [1902]	Livorno, Belforte (pseudonimo: G. Landucci sul frontespizio) Illustrato da G. G. Bruno (pp. 360) [capitoli XXIII + Conclusione] [stampato nel 1902] [anche in edizione di lusso in formato grande]
★ C G Sar	[s.d.]	Livorno, Belforte (sul verso del frontespizio: «Questo romanzo di Emilio Salgari fu pubblicato nelle prime edizioni sotto lo pseudonimo di Guido Landucci») (pp. 216) [«Lire NOVE» sulla quarta copertina] [Edizione postuma, forse degli Anni Venti]
P Sar	1922	Livorno, Belforte
Sar	1928	Milano, Sonzogno
Sar O	1929	Milano, Sonzogno (pp. 234)
Sar	1941	Milano, Sonzogno
C O	1947	Milano, Carroccio ("Collana pop. S.", 24)

C vt tb O	1954	Torino, Viglongo ("Il rom. d'avventure") [Lit. 500]
O	1957	[?], Carroccio-Aldebaran ("Collana Nord-Ovest")
CB O	[1959?]	Modena, Carroccio-Aldebaran ("Nord-O-vest", 27)
T vt O	1960	Torino, Viglongo (ristampa) ("I capolavori di E. S.")
O	1962	Bologna, Carroccio ("Nord-Ovest", 27)
O	c1963	Bologna, Carroccio ("Nord-Ovest", 27) (pp. 164)
⋆ O	1966	Roma, Le Edizioni del Gabbiano (settimanale) ("Avventure di terra e di mare", 19) (pp. 159)
O	1975	Alba, Edizioni Paoline ("Tutto Salgari", 42)
C T O	1994	Torino, SEI ("I classici") (Ed. integrale) (pp. 217)
C O	2004	Milano, Fabbri ("Emilio Salgari") (pp. 190)

Alcune traduzioni:

tb	1910	*En el mar de las perlas*: SPAGNA Barcelona, Maucci
F	1932	*Le Roi des Pêcheurs de Perles*: FRANCIA Paris, Tallandier
U	1954	*En el mar de las perlas*: SPAGNA Barcelona, Toray

Sull'Atlante

Dal 1947 in poi, talvolta dimezzato e pubblicato in due volumi con due nuovi titoli inventati: vol. 1, *Il Raggio dell'Atlante*; vol. 2, *Il tradimento del beduino*.

[Mof Sar	[1907?]	Firenze, Bemporad [dicembre 1907?] Illustrato da A. Della Valle e G. D'Amato
Sar	[1907?]	Firenze, Bemporad (a dispense)
Poz Sar	1907-08	Milano, Treves, a puntate nel mensile «Il Secolo XX», luglio 1907 – giugno 1908
⋆ P cm Bit Poz Sar Cap O	1908	Firenze, Bemporad. Ill. A. Della Valle e G. D'Amato (pp. 304) [dda 1908]
O	1908	Firenze, Bemporad ("Voll. ill. per la gioventù") (pp. 283)
L Sar Cap O	1911	Firenze, Bemporad (nuova ediz.) (pp. 304)
⋆	1920	Firenze, Bemporad [4.400 copie]

* CP Sar Cap O	1922	Firenze, Bemporad ("Nuova Edizione dei Romanzi Straordinari di Emilio Salgari") (pp. 272) [capitoli I-XXV] [5.000 copie] [Lit. 9]
Sar	[s.d.]	Firenze, Bemporad
Sar Cap	1925	Firenze, Bemporad
* CP M Sar O	1930	Milano, Sonzogno (pp. 320) [Lit. 7]
C O	1945	Milano, Carroccio ("Salgari", 12) (pp. 314)
O	1947	Milano, Carroccio ("Salgari", 12) (pp. 68)
O	1947	Milano, Carroccio: *Il tradimento del beduino* (pp. 59) [solo la 2ª metà del romanzo originale]
O	1950	Milano, Carroccio: *Il tradimento del beduino* ("Collana pop. S.", 56) (pp. 63) [solo la 2ª metà del romanzo originale]
* CB O	1959	Modena, Carroccio-Aldebaran: *Il Raggio dell'Atlante* ("Nord-Ovest", 5) (pp. 160) [solo la 1ª metà del romanzo originale: i primi 13 capitoli]
CB	1959	Modena, Carroccio-Aldebaran: *Il tradimento del beduino* ("Nord-Ovest", 6) [solo la 2ª metà del romanzo originale]
* CO	1959	Bologna, Carroccio-Aldebaran: *Il tradimento del beduino* ("Nord-Ovest", 65) (brossura e cartonata) (pp. 164) [solo la 2ª metà del romanzo originale: gli ultimi 12 capitoli]
O	1959	Milano, Carroccio-Aldebaran: *Il tradimento del beduino* ("Nord-Ovest", 6) (pp. 162) [solo la 2ª metà del romanzo originale]
O	1961	Bologna, Carroccio: *Il Raggio dell'Atlante* ("Nord-Ovest", 5) (pp. 160) [solo la 1ª metà del romanzo originale]
O	[1961]	Bologna, Carroccio: *Il tradimento del beduino* ("Nord-Ovest", 6) [solo la 2ª metà del romanzo originale]
O	[1963]	S. Lazzaro di Savena, Carroccio: *Il tradimento del beduino* ("Nord-Ovest", 6) (pp. 162) [solo la 2ª metà del romanzo originale]
* O ch	1964	Bologna, Carroccio: *Il Raggio dell'Atlante* ("Nord-Ovest", 5) (pp. 164) [il volume ha 13 capitoli che corrispondono ai primi 13 del romanzo *Sull'Atlante*: solo la 1ª metà del romanzo originale] [Lit. 1000]
O	1968	Milano, Fabbri ("Tigri e corsari", 40)
C Tra O	1973	Milano, Mondadori: *Edizione Annotata: Romanzi d'Africa* (con altri 2 romanzi, a c. di M. Spagnol)

O	1974	Milano, Mondadori: *Edizione Annotata: Romanzi d'Africa* (con altri 2 romanzi, a c. di M. Spagnol) (2ª ed.)
* C O ch	1975	Milano, Mursia ("I libri d'avventure di E. S.", 27) ('Ed. integrale') (Presentazione non firmata, pp. 5-6) (pp. 252)
O	1993	Milano, Mursia ("Salgariana")
O	2003	Milano, Fabbri
C O	2005	Milano, Fabbri ("Emilio Salgari")
O	2011	Milano, Mondadori (ed. annotata a c. di M. Spagnol) ("Fantasia e avventura. I grandi romanzi di E. S.") (Distribuito con periodici del Gruppo Mondadori)
O	2011	Milano, RBA Italia ("La grande biblioteca di E. S.")

Alcune traduzioni:

Nie	1910	*V debrjach Atlasa* (in *Sobranie sočinenij* [Raccolta di opere], supplemento alla rivista «Vokrug sveta» [Intorno al mondo], voll. 1-12): RUSSIA Moskva, [Tipografia] I.D. Sytina
F	1931	*Le Rayon de l'Atlas*: FRANCIA Paris, Tallandier
ab	1932	*Die Flucht aus der Fremdenlegion*: GERMANIA Berlin, Phönix
Nie	1993	*V debrjach Atlasa* (in *Sobranie sočinenij* [Raccolta di opere], voll. 6: ogni vol. comprende 4 o 5 romanzi di E.S.): RUSSIA Moskva, Izdatel'skij centr «Terra»

Sulle frontiere del Far-West

* CBP Bit Poz Sar Cap O	1908	Firenze, Bemporad. Illustrato da A. Della Valle e G. D'Amato (pp. 288) [dda 1908] [reclamizzato dalla Bemporad come «Novità» ne «Il Giornalino della Domenica», 27 Dicembre 1908]
Sar	1908	Firenze, Bemporad (a dispense)
cm gr G L Poz Sar Cap O	1909	Firenze, Bemporad
Sar Cap	1910	Firenze, Bemporad
* CP Sar Cap O	1920	Firenze, Bemporad [5.000 copie] [Lit. 6]
* P Sar Cap O	1921	Firenze, Bemporad (pp. 287) [5.000 copie]
Sar Cap	1925	Firenze, Bemporad

Sar Cap O	1928	Firenze, Bemporad ("Nuova collana di avventure per la gioventù. Opere di Emilio Salgari") (pp. 210)
CP Sar O	1930	Milano, Sonzogno [Lit. 6]
* O ch	1945	Milano, Carroccio ("Collana Salgari", 10) [copertina cartonata] (pp. 256)
M O	1947	Milano, Carroccio ("Collana pop. S.", 10)
C O	1948	Milano, Carroccio ("Collana pop. S.", 10)
C M O	1954	Milano, Carroccio ("Nord-Ovest", 7)
O	1957	[Milano], Carroccio Aldebaran
O	1961	S. Lazzaro di Savena, Carroccio ("Nord-Ovest", 7)
O	[1963]	Bologna, Carroccio ("Nord-Ovest")
O	[1965]	S. Lazzaro di Savena, Carroccio ("Salgariana")
* O	1968	Milano, Boschi ("Capolavori", 40)
O	c1968	Milano, Fabbri ("Tigri e corsari", 41)
O	1970	Milano, Boschi ("Capolavori", 40)
C Tra O	1972	Milano, Mondadori: *Edizione Annotata: Il Ciclo del West* (con altri 2 romanzi a cura di M. Spagnol)
O	1972	Milano, Sonzogno [?] (con altri due romanzi)
C O ch	1973	Milano, Mursia ("I libri d'avventure di E. S.", 18) [Lit. 3000]
C O	1975	Milano, Vallardi [Lit. 3500]
O	1976	Milano, Mursia ("I libri d'avventure di E. S.", 18)
C O	1993	Milano, Mursia ("Salgariana")
O	2002	Milano, Fabbri
O	2005	Milano, Fabbri
O	2008	Milano, Rizzoli (postfazione: A. Faeti) ("I Delfini Rizzoli", 320) (pp. 382)
O	2011	Milano, Mondadori (ed. annotata a c. di M. Spagnol) ("Fantasia e avventura. I grandi romanzi di E. S.", 16) (Distribuito con periodici del Gruppo Mondadori)
O	2011	Milano, RBA Italia (pp. 256)

Alcune traduzioni:

Nie	1910	*Na dal'nem zapade* (in *Sobranie sočinenij* [Raccolta di opere], supplemento alla rivista «Vokrug sveta» [Intorno al mondo], voll. 1-12): Russia Moskva, [Tipografia] I.D. Sytina

F	1930	*Aux frontières du Far-West*: Francia Paris, Tallandier
ab	1931	*Indianerrache*: Germania Berlin, Phönix
U	1948	*En las fronteras del Far-West*: Spagna Madrid, Novelas y Cuentos (segue *La cazadora de cabelleras*, cioè *La scotennatrice*)
U	1950	*En la frontera del Far-West*: Spagna Madrid, Calleja
U	1953	*Divlji klanac*: Jugoslavia Sarajevo, Omladinska riječ
Nie	1991	*Na Dal'nem Zapade*: Russia Krasnojarsk, LIA «Inform»
Nie	1992	*Na Dal'nem Zapade* (in *Sobranie sočinenij* [Raccolta di opere], voll. 6: ogni vol. comprende 4 o 5 romanzi di E.S.): Russia Moskva, Izdatel'skij centr «Terra»

Il tesoro del Presidente del Paraguay

* Poz Sar tb	1894	Torino, Speirani, a puntate su «Il Novelliere Illustrato», (ogni domenica), Anno V, n. 1 – n. 28, 7 gennaio – 15 luglio 1894
gr Poz Sar O	1894	Torino, Speirani. Ill. G. B. Carpanetto (pp. 469)
Sar	1894	Torino, Speirani (2ª ed.)
Sar	1896	Torino, Speirani
CBP Sar O	1898	Torino, Speirani ("Biblioteca romantica Speirani", 44) (3ª ed.) (pp. 273) [Lit. 1]
O	1898	Torino, Speirani (4ª ed.)
Sar L	1899	Torino, Speirani (5ª ed.)
* O tb	1904	Torino, Speirani (sul frontespizio: Cap. Cav. Emilio Salgari)
Sar	1904	Torino, Speirani (a dispense)
Sar	[s.d.]	Torino, Speirani (7ª ed.)
CBP M G Sar L O	1909	Milano, Casa Editrice Italiana [di A. Quattrini G.] (pp. 372) [Lit. 3.50]
Sar	1914	Firenze, Casa Ed. Italiana Quattrini
M	1922	Milano, Società Editoriale L'Italica (Pref.: L. Motta)
CP Sar Bia O	1923	Firenze, Casa Editrice Italiana A. Quattrini (pp. 243) [nessun timbro SIAE] [Lit. 9]
* CP Sar O	1923	Milano, Società Editoriale L'Italica (Pref.: L. Motta) (pp. 237) [timbrato SIAE] [Lit. 9]
CP M Sar O	1927	Milano, Sonzogno (Pref.: L. Motta) (pp. 16) [cent. 60]

CP M Sar O	1938	Milano, Sonzogno [Lit. 6]
C vt O	1947	Torino, Viglongo ("I capolavori di E. S.") [Lit. 450]
O	1962	Torino, Viglongo ("I capolavori di E. S.")
⋆ C O	1966	Roma, Le Edizioni del Gabbiano (settimanale) ("Avventure di terra e di mare", Anno I, n. 14)
O	1969	Milano, Fabbri ("Tigri e corsari", 66)
C O	1972	Roma, Edizioni Paoline ("Tutto Salgari", 4) (pp. 183) [Lit. 600]
O	1974	Roma, Edizioni Paoline ("Tutto Salgari", 4) (2ª ed.)
O	2003	Milano, Fabbri
C O	2006	Milano, Fabbri ("Emilio Salgari")
O	2011	Milano, RBA Italia (pp. 242)

Alcune traduzioni:

lc	1898	*Der Schatz des Präsidenten von Paraguay*: GERMANIA Münster i. Westf., Alphonsus
F	1929	*Le Trésor du Président de Paraguay*: FRANCIA Paris, Tallandier
lc	1954	*El tesoro del presidente de Paraguay*: MESSICO Mexico City, Pirámide
U	1958	*El tesoro del Presidente del Paraguay*: SPAGNA Barcelona, G.P.
Nie	1993	*Sokrovišče prezidenta Paragvaja* (in *Sobranie sočinenij* [Raccolta di opere], voll. 6: ogni vol. comprende 4 o 5 romanzi di E.S.): RUSSIA Moskva, Izdatel'skij centr «Terra»

Il tesoro della Montagna Azzurra

⋆	1906-07	Firenze, Bemporad (a dispense)
⋆ CBP cm L gr Bit G Poz Sar Cap O	1907	Firenze, Bemporad. Illustrato da A. Della Valle (pp. 400) [dda 1907]
O	1907	Firenze, Bemporad ("Voll. ill. per la gioventù") (pp. 365)
Sar	1907	Firenze, Bemporad (a dispense)
Sar Cap	1908	Firenze, Bemporad
⋆ cm Sar Cap O	1922	Firenze, Bemporad (pp. 287) [4.965 copie]
⋆ CP M Sar O	1930	Milano, Sonzogno (pp. 320) (a due vesti editoriali: in *broch* Lit. 7 e legatura alla Bodoniana Lit. 8,50)
vt	1946	Torino, Viglongo (pp. 319)

C O	1947	Torino, Viglongo
vt	1949	Torino, Viglongo
O	1961	Torino, Viglongo ("I capolavori di E. S.")
*	1965	Milano, Albi Salgari ("Collana di albi periodici S.", n. 30)
C O	1966	Roma, Le Edizioni del Gabbiano (settimanale) ("Avventure di terra e di mare", 30)
O	c1969	Milano, Fabbri (voll. 2) ("Tigri e corsari", 58 e 59)
O	1974	Milano, Fabbri (2ª ed.)
O	[1974]	Roma, Edizioni Paoline ("Tutto Salgari", 14)
O	1976	Roma, Edizioni Paoline ("Tutto Salgari", 14)
C O	2004	Milano, Fabbri ("Emilio Salgari")
O	2007	Milano, Fabbri

Qualche esempio di pubblicità:

*	1906	«Il Giornalino della Domenica», Anno I, n. 28, 30 dicembre, «Questa settimana sono poste in vendita le due prime dispense» (Cent. 10).
*	1907-08	Supplemento a «Il Giornalino della Domenica» (Catalogo Illustrato), volume in due vesti editoriali, in vendita a Lit. 3.50 e Lit. 5.

Alcune traduzioni:

F	1908	*Le trésor de la Montagne d'Azur*: FRANCIA Paris, Delagrave
Nie	1910	*Sokrovišče golubich gor* (in *Sobranie sočinenij* [Raccolta di opere], supplemento alla rivista «Vokrug sveta» [Intorno al mondo], voll. 1-12): RUSSIA Moskva, [Tipografia] I.D. Sytina
tr	1948	[titolo tradotto non citato]: BULGARIA Sofia
U	1954	*El tesoro de la Montaña azul*: SPAGNA Barcelona, Toray
tr U	1960	*O tesouro da Montanha azul*: PORTOGALLO Lisboa, Torres (2ª ed.)
Nie	1993	*Sokrovišče Golubich gor* (in *Sobranie sočinenij* [Raccolta di opere], voll. 6: ogni vol. comprende 4 o 5 romanzi di E.S.): RUSSIA Moskva, Izdatel'skij centr «Terra»

Le Tigri di Mompracem

Romanzo sviluppato da versioni embrioniche scritte in gioventù.

(*La Tigre della Malesia*)

* Spa Poz Sar	1883-84	Verona, in appendice a «La Nuova Arena», 16 ottobre 1883 – 13 marzo 1884
Gal	1884-85	Piacenza, in appendice a «La Libertà», 20 dicembre 1884 – 29 settembre 1885
Spa Sar Fio	1886	Livorno, in appendice a «Il Telefono», 21 marzo – 22 [31?] agosto 1886
Spa Sar Fio	1890-91	Treviso, in appendice a «La Gazzetta di Treviso», 15-16 dicembre 1890 – 21-22 settembre 1891
C T gr vt O	1991	Torino, Viglongo: *La Tigre della Malesia* (versione originale de *Le Tigri di Mompracem*) (prefazione: R. Fioraso) ("Salgari & Co.", 2)

Le Tigri di Mompracem

Romanzo dal 1969 talvolta dimezzato e pubblicato in due volumi, con il titolo inventato *L'addio a Mompracem* per il secondo.

CB Poz Sar Boe O	1900	Genova, Donath. Illustrato da G. Gamba e C. Linzaghi ("Biblioteca illustrata per la gioventù") (pp. 335)
CB O	1900	Genova, Donath (a 17 dispense)
Spa Sar L Boe O	1901	Genova, Donath (1ª ristampa) ("Biblioteca illustrata per la gioventù")
Bit Sar Boe	1902	Genova, Donath
CB Spa Sar Boe O	1906	Genova, Donath (2ª ed.)
* P Spa Sar O	1911	Genova, Donath (3ª ed.)
Sar	1922	Milano, Vallardi
Sar O	[1924?]	Milano, Vallardi
Sar O	1927	Milano, Vallardi
Sar	1929	Milano, Vallardi
O	1933	Milano, Vallardi
* CP M Sar O	1936	Milano, Sonzogno (pp. 288) [a due vesti editoriali: Lit. 7 e Lit. 8,50]
Sar	1939	Milano, Vallardi
Sar	1941	Milano, Vallardi
Sar O	1942	Milano, Vallardi
Sar O	1942	Milano, Sonzogno ("Bibliotechina della G.I.L." Ed. fuori commercio)
Sar O	1943	Milano, Vallardi

vt	1946	Torino, Viglongo
C	1947	Milano, Carroccio ("Collana pop. S.", 26)
cm G O	1947	Milano, Vallardi
C O	1947	Torino, Viglongo [Lit. 250]
C O	1947	Milano, Carroccio ("Collana pop. S.", 26)
vt	1948	Torino, Viglongo (ristampa)
vt	1950	Torino, Viglongo (ristampa)
C M O	1951	Milano, Vallardi ("Biblioteca dell'Orso. Orso bruno")
O	1952	Milano, Pagani ("Grandi avventure", 17) (pp. 96)
vt	1952	Torino, Viglongo (ristampa)
vt	1953	Torino, Viglongo (ristampa)
vt	1954	Torino, Viglongo (ristampa)
vt	1956	Torino, Viglongo (ristampa)
O	1957	Bologna, Carroccio Aldebaran ("Nord-Ovest", 55)
O	1958	Bologna, Carroccio Aldebaran ("Nord-Ovest")
O	1959	Bologna, Carroccio Aldebaran ("Nord-Ovest", 38)
vt	1959	Torino, Viglongo (edizione di lusso)
O	[1961]	Bologna, Carroccio ("Nord-Ovest")
O	1961	Milano, Vallardi ("Collana dell'Orso")
O	1963	Milano, Vallardi ("Collana dell'Orso")
O	1963	S. Lazzaro di Savena, Carroccio ("Nord-Ovest", 38)
O	c1964	S. Lazzaro di Savena, Carroccio ("Salgariana", 53)
O	c1964	S. Lazzaro di Savena, Carroccio ("Nord-Ovest", 38)
O	1965	Torino, Viglongo ("I capolavori di E. S.")
C O	1966	Milano, Vallardi (Ciclo dei pirati, 2)
L O	1966	Roma, Le Edizioni del Gabbiano (settimanale) ("Avventure di terra e di mare", 2)
C O	1967	Milano, Boschi ("Capolavori", 26) [Lit. 300]
L O	1967	Milano, Vallardi ("Collana dell'Orso")
★ O	1968	Milano, Boschi ("Collana Capolavori", 26)
L O	1968	Milano, Fabbri ("Tigri e corsari", 1)
O	c1968	Milano, Fabbri ("Gli avventurosi", 23)
C O	1968	Milano, Lucchi
O	c1968	Milano, La Sorgente ("Quadrifoglio", 26)
C O	1969	Milano, Mondadori: *Edizione Annotata: Il Primo Ciclo della Jungla* (voll. 2, con altri 3 romanzi, a cura di M. Spagnol)
C O	1969	Milano, Mursia ("I libri d'avventure di E. S.", 7) [Lit. 2000]

C O	1969	Ozzano Emilia, Malipiero (a cura di C. Galli) ("Classici Malipiero", 31) ('Ed. integrale') (pp. 151) [Lit.1600] [solo la 1ª parte del romanzo originale]
C O	1969	Ozzano Emilia, Malipiero: *L'addio a Mompracem* (a c. di C. Galli) ("Classici Malipiero", 32) (pp. 151) ('Ed. integrale') [solo la 2ª parte del romanzo originale]
O	c1969	Ozzano Emilia, Malipiero ("I giganti", 23) (pp. 151) [solo la 1ª parte del romanzo originale]
O	c1969	Ozzano Emilia, Malipiero: *L'addio a Mompraccem* ("I giganti", 24) (pp. 151) [solo la 2ª parte del romanzo originale]
C O	1969	Ozzano Emilia, Malipiero (a c. di C. Galli) ("Racconti e Avventure", 23) ('Ed. integrale') [solo la 1ª parte del romanzo originale]
C O	1969	Ozzano Emilia, Malipiero: *L'addio a Mompraccem* (a c. di C. Galli) ("Racconti e avventure", 24) (pp. 151) ('Ed. integrale') [solo la 2ª parte del romanzo originale]
O	1970	Milano, AMZ ("Avventura") (pp. 190)
O	[1970]	Ozzano Emilia, Malipiero (pp. 106)
O	1970	[Milano], Vallardi
O	1971	Milano, Mursia ("Corticelli-Salgariana")
O	1971	Milano, Mursia ("I libri d'avventure di E. S.", 7) (2ª ed.)
O	1971	Milano, Vallardi
O	1971	Ozzano Emilia, Malipiero ("Racconti e avventure", 23) (pp. 151) [solo la 1ª parte del romanzo originale]
O	1972	Lucca, Maria Pacini Fazzi ("Comics d'essai") (Fumetti, pp. 66) [500 esemplari]
O	[1972?]	Milano, Cartoon Museum ("Salgari") (Fumetti, pp. 48)
C O	1972	Milano, Garzanti ("I Garzanti", 381) (Ed. integrale) [Tascabili settimanali] [Lit. 600]
O	1972	Milano, Mondadori: *Edizione Annotata: Il primo ciclo della jungla* (a cura di M. Spagnol) (2ª ed.)
O	1972	Milano, Vallardi Garzanti
O	1972	Milano, La Sorgente ("Quadrifoglio") (pp. 147)
C O	1973	Bergamo, Janus ("I libri di E. S.") [Lit. 2900]
O	1973	Milano, Mursia ("I libri d'avventure di E. S.", 7)

O	[1973]	Milano, Vallardi
O	1973	Ozzano Emilia, Malipiero ("Aristolibri") (pp.151)
O	1973	Ozzano Emilia, Malipiero ("Racconti e avventure") (pp. 151) [solo la 1ª parte del romanzo originale]
O	1973	Roma, Edizioni Paoline ("Tutto Salgari", 8)
O	1974	Milano, Accademia ("I grandi classici per la gioventù")
O	1974	Milano, AMZ ("Avventura") (pp. 190) (2ª ed.)
O	1974	Milano, Lucchi (pp. 158)
O	1974	Milano, Mondadori: *Edizione Annotata: Il primo ciclo della jungla* (a cura di M. Spagnol) (3ª ed.)
O	1974	Milano, La Sorgente ("Quadrifoglio", 26) (pp. 147)
C O	1974	Milano, Vallardi [Lit. 900]
O	1974	Ozzano Emilia, Malipiero ("I giovani") (pp. 120) [solo la 1ª parte del romanzo originale]
C O	1974	Ozzano Emilia, Malipiero: *L'addio a Mompracem* ("I giovani", 65) (pp. 120) ('Ed. integrale') [solo la 2ª parte del romanzo originale]
C O	1974	Ozzano Emilia, Malipiero ('Edizione integrale') ("Giovani Capolavori", 64) [solo la 1ª parte del romanzo originale?]
O	1974	Ozzano Emilia, Malipiero ("Salgari", 7) (pp. 120)
C O	1974	Ozzano Emilia, Malipiero ("I talenti", 64) ('Ed. integrale') (pp. 120) [solo la 1ª parte del romanzo originale]
C O	1974	Ozzano Emilia, Malipiero: *L'addio a Mompracem* ("I talenti") ('Edizione integrale') (pp. 119) [solo la 2ª metà del romanzo originale]
O	1975	Bologna, Malipiero: *L'addio a Mompracem* (Bibliotic) («Parte ed. integrale di: *Le tigri di Mompracem*») (pp. 120) [solo la 2ª metà del romanzo originale]
C	1975	Firenze, Giunti Marzocco: *Sandokan* (libera riduzione di R. Caporali dello sceneggiato televisivo) ("Le avventure di Salgari") [Lit. 4500]

O	[1975]	Firenze, Giunti Marzocco: *Sandokan, la tigre della Malesia* (libera riduzione di S. Rosso dallo sceneggiato televisivo) ("Il primo S.") (pp. 37)
C O	1975	Milano, Campironi (Ed. integrale) [Lit. 3500]
C O	1975	Milano, Fabbri (appendice: E. de Boccard e R. Jotti (Il ciclo della Malesia) (pp. 169)
O	c1975	Milano, Rizzoli Mailing
C O	1975	Milano, Le Stelle ("I libri d'oro") (pp. 231) [Lit. 4500]
O	1975	Roma, Comic Art (2 fasc.) ("Autori", 4 e 5) (pp. 31)
O	1976	Ginevra, Ferni
O	c1976	Ginevra, Ferni (Ed. riservata agli Amici della Storia)
C O	1976	Milano, Mursia ("I libri d'avventure di E. S.", 7)
O	1976	Milano, Le Stelle
O	1976	Milano, Vallardi
O	1976	[Napoli], Mario Rubino ("Gli avventurosi")
C O	1976	Roma, Edizioni Paoline ("Tutto Salgari", 8) [Lit. 1800]
O	1976	Roma, Newton ragazzi: *Sandokan: Le Tigri di Mompracem* ("L'avventura", 1)
O	1976	Torino, Aprile ("Grandi avventure")
C O	1976	Torino, Caula ("Biblioteca di E.S.", 2) (Ed. integrale con le illustrazioni dell'epoca) (pp. 227)
C O	[1977]	Milano, Arcobaleno (pp. 117)
O	[1977]	Milano, Le Stelle ("Piccoli classici") (pp. 29)
O	1977	Roma, Edizioni Paoline ("Tutto S.", 8)
O	c1978	Novara, Madras
O	1979	Napoli, SO.GRA.ME ("I giovanissimi")
C O	1980	Milano, P. Dami ("Ragazzi 2000")
O	1981	Milano, Garzanti
O	1981	Milano, Mursia ("I libri d'avventure di E. S.", 7)
C O	1981	Milano, Rizzoli ("BUR ragazzi", 406) [Lit. 3200]
O	1981	Milano, Vallardi (stampato dalla Garzanti)
O	1985	Milano, Mondadori (riduzione G. Padoan)
C O	[1986]	Milano, C.D.C. ("I grandi geni della letteratura Universale", 31)
O	c1986	Milano, Mursia ("I libri d'avventure di E. S.", 7)

C O	[1986]	Sesto San Giovanni, Peruzzo ("I giovani bibliofili")
O	1988	Milano, Accademia ("I romanzi classici")
O	1988	Milano, Piccoli ("Sempre verdi", 33) (pp. 116)
O	[1989]	Milano, Edizioni scolastiche Bruno Mondadori ("I classici della narrativa. La bottega del romanzo")
O	c1989	Palermo, Palumbo ("La tartaruga", 3)
O	c1990	Milano, Mursia: versione per bambini di Rossana Guarnieri ("Beccogiallo") ("Libri profumati") (pp. 92)
O	1990	Milano, Mursia ("Salgariana")
C O	1991	Milano, Editoriale Del Drago ("Forever") (pp. 180)
C T O	1991	Torino, SEI (Edizione integrale)
C T O	1991	Verona, Papiro/ Bologna, Thema ("Salgari") ('Ed. integrale'; racconto riscritto da G. Padoan)
O	1992	Roma, Comic Art: secondo episodio ("Letteratura illustrata", 5) (pp. 24)
C O	1993	Gorle, Velar ("Grandi racconti")
O	c1993	Milano, Piccoli ("Biblioteca economica Piccoli")
* C O ch	1994	Milano, Rothmans, Portoria ("Il mare e l'avventura") [sul controfrontespizio: «Questa ristampa è copia integrale della prima edizione in volume»]
T O	1994	Torino, Piccoli ("Topo di biblioteca", 11)
O	1994	Roma, Newton Compton ("BEN ragazzi", 10) (a cura di S. Campailla)
O	[1996]	Milano, Bompiani ("Conchiglie") (pp. 124)
O	1998	Colognola ai Colli, Demetra ("L'isola che non c'è")
C O	[1998]	Firenze, Giunti; Roma, RAI: *Sandokan: la tigre della Malesia* (liberamente tratto dai romanzi di E. S., adattamento: P. Pieroni) (Tratto dal film a cartoni animati) (pp. 156)
O	1998	Milano, Bompiani ("Conchiglie") (2ª ed.) (pp. 124)
O	1999	[Genova], Club Anni Trenta (fumetti) (pp. 58)
C O	1999	Milano, Bompiani ("Conchiglie") (Nuova ed. + audiocassetta)
O	2000	Milano, Fabbri ("I Delfini", 118)
C O	2001	Milano, Rizzoli BUR ("Superbur. Classici", 168)

C O	2001	Napoli, Pironti ("Le finestre") (con schede didattiche, a cura di F. Serra)
C	2001	Torino, Einaudi: *Romanzi di giungla e di mare* ("I millenni") (con altri 2 romanzi, a cura di A. Lawson Lucas, più uno scritto di M. Mari)
O	2002	Milano, Fabbri ("I Delfini", 118) (2ª ed.)
O	2002	Milano, Fabbri (Nell'occhio: "E. S., l'opera completa")
C O	2002	Milano, Rizzoli BUR ("Superbur. Classici", 168) (2ª ed.)
O	[2003]	[Bologna], Euromeeting/Mediasat ("Biblioteca dei ragazzi", 21) (Allegato a quotidiani)
C T O	2003	Torino, Einaudi ("Einaudi tascabili", 1096) (a cura di A. Lawson Lucas, con uno scritto di M. Mari)
C O	2004	Firenze, Giunti Kids ("Classici per ragazzi") (2ª ed.)
* O ch	2004	Milano, Fabbri ("Classici da ascoltare": riduzione e adattamento per bambini di B. Masini) (pp. 127 + 2 CD)
O	2004	Milano, Mondo Home Entertainment: *Sandokan, la Tigre della Malesia* (regia M. Pagot, «liberamente ispirato ai romanzi di E. S.») (Serie TV 1998) (1 DVD video)
O	2004	Milano, Rizzoli ("BUR. I classici blu", 168)
O	2005	Milano, Fabbri (Nuova ed.)
C O	[2006]	Firenze/Milano, Giunti; Roma, N.I.E. ("I classici dei Ragazzi", 5) (Ed.f.c. riservata ai lettori de «L'Unità»)
O	2006	Milano, Fabbri ("I Delfini", 118) (3ª ed.)
C O	2006	Milano, Mursia ("Corticelli-Salgariana") (Ed. integrale, 2ª ristampa)
C O	2007	Genova, Cideb: *Sandokan e le tigri di Mompracem* (Imparare leggendo) (libro + CD, adattamento e attività di J. Foscato)
O	2007	[Leumann, Rivoli], Elledici ("I classici")
O	2007	Milano, Rizzoli ("I grandi romanzi BUR")
O	[2007]	Torino, Einaudi (a cura di A. Lawson Lucas) ("ET Classici", 1096) (2ª ed.)
T	2007	Torino, Il Capitello («adattamento per ragazzi»)
C O	2008	Brescia, Editrice La Scuola (a c. di D. Meloni) ("Oasi della lettura") (pp. 207)
O	2008	Milano, «Il Giornale» ("Biblioteca dei ragazzi", 5)

O	2008	Roma, Newton Compton ("BEN Classici", 204)
O	2008	Rubano, Turato (pp. 316)
C O	[2008]	Zovencedo, Il narratore audiolibri ("Letteratura ad alta voce", 1 CD, lettura di L. Marangoni)
O	2009	Milano, Rizzoli Lizard: *Sandokan*, adattato H. Pratt, M. Milani (pp. 79)
O	[2010]	Milano, Fabbri ("E. S.: La grande biblioteca dell'avventura")
O	2010	Milano, Mondadori (ed. annotata a c. di M. Spagnol) ("Fantasia e avventura. I grandi romanzi di E. S.", 3) (Distribuito con periodici del Gruppo Mondadori)
O	2010	Milano, Nord-Sud
O	2010	Milano, Rizzoli ("BUR ragazzi", 40)
O	2010	Milano, Salani ("Ape junior")
O	2010	Roma, Biancoenero (1 CD)
O	[2010?]	Roma, Newton Compton: *Sandokan: le Tigri di Mompracem* ("La biblioteca ideale")
O	2010	Roma, Newton Compton ("Grandi tascabili economici", 640)
O	2010	Torino, M. Valerio ("Liberi") (Ed. speciale in corpo 18 per ipovedenti) (pp. 396)
C O	2011	Firenze, Giunti junior ("Classici tascabili")
C O	2011	Firenze, Milano, Giunti Demetra ("Acquarelli") (a cura di R. Fioraso e C. Gallo)
O	2011	Milano, Mondadori ("I classici", 22)
C O	2011	Milano, Mondadori: *Sandokan* ("Oscar varia", 1979) (3 romanzi con premessa di A. Franchini)
O	2011	Milano, Mondolibri
C O	2011	Milano, Piemme junior ("Grandi storie") (liberamente adattato da Geronimo Stilton)
O	2011	Milano, RCS Quotidiani ("Classici dell'avventura", 15) (Ed. speciale per «Corriere della Sera»)
O	2011	Milano, RBA Italia ("La grande biblioteca di E. S.")
C O	2011	Milano, Rizzoli BUR: *Sandokan* (il romanzo di E. S. e lo sceneggiato di S. Sollima)
O	2011	Perugia, Guerra: *Sandokan e le Tigri di Mompracem* ("Invito alla lettura") (Livello linguistico A1 / A2) (pp. 47)

Un esempio di pubblicità:

*	1969	Catalogo della Mondadori, novembre 1969, annuncio dell'edizione.

Tre adattamenti fantastici:

C T	1974	Torino, Einaudi ("Nuovi coralli", 93) (*Una serata con E. S.*, di Ugo Gregoretti; sceneggiatura televisiva)
C	1988	Verona, Papiro: *Le tigri di Moonpracer* ("I pony") (adattamento fantascientifico di G. Padoan) (pp. 159)
O	2008	Milano, Nuages: *Cartoline da Mompracem* (un libro di G. Galanti e G. Guerrieri, liberamente tratto da *Le Tigri di Mompracem*)

Alcune traduzioni:

F	1905	*Les Tigres de Mompracem*: FRANCIA Paris, Tallandier
F	1925	*Le Tigre de Mompracem*: FRANCIA Paris, Tallandier
D lc	1930	*Die Tiger von Mompracem*: GERMANIA Berlin, Phönix
cm	1948	*A mulher de Sandokan*: PORTOGALLO Lisboa, Torres (2ª ed.)
U	1950	*Sandokan. La mujer del pirata*: SPAGNA Madrid, Aguilar
U	1950	*O tigrēs tēs Malaisias*: GRECIA Atene, Ellēnopoulos
U	1952	*O tigrēs tēs Malaisias*: GRECIA Atene, Ellēnopoulos
U	1956	*Sandokan, o corsário* [1ª parte?]: PORTOGALLO Lisboa, Torres
tr U	1956	*A mulher de Sandokan* (2ª parte): PORTOGALLO Lisboa, Torres (3ª ed.)
U	1956	*Los tigres de Malasia* [1ª parte?]: SPAGNA Barcelona, Molino
U	1956	*La mujer del pirata* [2ª parte?]: SPAGNA Barcelona, Molino
U	1958	*Sandokan. La mujer del pirata*: SPAGNA Madrid, Aguilar (2ª ed.)
po	1990	*Tygrysy z Mompracem*: POLONIA Katowice, Śląsk

Nie	1994	*Žemčužina Labuana* (in *Sobranie sočinenij* [Raccolta di opere], voll. 6: ogni vol. comprende 4 o 5 romanzi di E.S.): Russia Moskva, Izdatel'skij centr «Terra»
Nie	1996	*Žemčužina Labuana* (in *Sočinenija v trech tomach* [Opere in tre volumi]): Russia Moskva, Izdatel'skij centr «Terra»
O	2004	*Los tigres de Mompracem*: Spagna Madrid, Alianza
am	2007	*The Tigers of Mompracem*: Stati Uniti Kindle Direct Publishing (KDP)

Gli ultimi filibustieri

* CBP Bit Poz Sar Cap O	1908	Firenze, Bemporad. Illustrato da A. Della Valle (pp. 320) [dda 1908]
O	1908	Firenze, Bemporad ("Voll. ill. per la gioventù") (pp. 281)
Sar L	1908	Firenze, Bemporad (a 20 dispense)
Sar Cap	1909	Firenze, Bemporad
* CP Sar Cap O	1918	Firenze, Bemporad (pp. 242) [3.000 copie] [Lit. 5]
* C cm Sar Cap O	1921	Firenze, Bemporad ("Nuova ed. dei rom. straordinari di E. S.": Ciclo dei Corsari) (pp. 241) [5.000 copie] [Lit. 9]
* Sar Cap	1922	Firenze, Bemporad [5.000 copie]
Sar Cap	1925	Firenze, Bemporad
* CP Sar Cap O	1928	Firenze, Bemporad (ristampa) ("Nuova collana di avv. per la gioventù. Opere di E. S.") [Lit. 6]
cm Sar O	1929	Milano, Sonzogno (pp. 221)
* P ch Sar	[1938]	Milano, Sonzogno
Sar	1942	Milano, Sonzogno
C O	1947	Milano, Carroccio ("Collana pop. S.", 19) (pp. 81)
M O	1951	Milano, Carroccio ("Collana Salgari", 19)
C O	1955	Milano, Carroccio ("Nord-Ovest", 24) (pp. 133)
O	1958	Bologna, Carroccio Aldebaran ("Nord-Ovest", 24) (pp. 158)
O	1964	S. Lazzaro di Savena, Carroccio ("Collana Salgariana", 8) (pp. 176)
O	[1964]	S. Lazzaro di Savena, Carroccio ("Nord-Ovest") (pp. 176)
C	1966	S. Lazzaro di Savena, Carroccio ("Nord-Ovest", 24) (pp. 176)

C O	1967	Bologna, Carroccio (voll. 2, più *I corsari delle Bermude*)
C O	1967	Milano, Boschi ("Capolavori", 31) [Lit. 300]
*	1968	Milano, Boschi ("Collana Capolavori", 31)
O	c1968	Milano, Fabbri ("Tigri e corsari", 18)
C O ch	1973	Milano, Mursia ("I libri d'avv. di E. S.", 17) [Lit. 3000]
C O	1975	Milano, Vallardi (pp. 291) [Lit. 3500]
C O	1977	Milano, Fabbri (appendice: E. de Boccard e R. Jotti) [Lit. 3000]
O	c1977	Milano, Mursia
C O	1977	Milano, Le Stelle ("I libri d'oro") [Lit. 5500]
O	1983	Bergamo, Euroclub
O	1991	Milano, Mursia ("Salgariana")
C O	1996	Roma, Newton Compton ("BEN ragazzi", 41) (a cura di S. Campailla)
C O	[2002]	Milano, Fabbri ("Emilio Salgari")
C O	2005	Milano, Fabbri ("Emilio Salgari") (Nuova ed.)
C O	2007	Milano, Fabbri (postfazione: A. Faeti) ("I Delfini", 317)
O	2011	Milano, RBA Italia
O	2012	Roma, Newton Compton: *Tutte le avventure dei corsari: il ciclo completo*, 4 romanzi a c. di S. Campailla ("Grandi tascabili economici Newton") ("I mammut", 122) (pp. 1232)

Qualche esempio di pubblicità:

*	1907-08	Supplemento a «Il Giornalino della Domenica» (Catalogo Illustrato): «In corso di stampa», il volume in due vesti editoriali a due prezzi, Lit. 3.50 e Lit. 5.
*	1928	«Il Raduno», commento su una nuova serie di tutti i romanzi pubblicati dalla Bemporad: questo volume doveva uscire il 1° marzo 1928, con gli altri ogni quindici giorni.

Alcune traduzioni:

F gr	1910	*Les derniers flibustiers*: FRANCIA Paris, Delagrave
lc	1930	*Die letzten Freibeuter*: GERMANIA Berlin, Phönix
tr	1950	*Los Filibusteros* [?]: CILE Santiago, Zig-Zag
tr U	1957	*Os últimos corsários*: PORTOGALLO Lisboa, Torres (2ª ed.)

L'Uomo di Fuoco

* C Sar	1904	Genova, Donath (in 20 dispense) (sul frontespizio: «Avventure illustrate da 20 disegni di A. Della Valle E CON RITRATTO DELL'AUTORE», ma il ritratto manca dalla copia rilegata della BNCF) (pp. 336)
CBP Bit Poz Sar L Boe O	1904	Genova, Donath. Illustrato da A. Della Valle (pp. 336)
O tb	1904	Genova, Donath ("Biblioteca illustrata per la gioventù") (col ritratto di Salgari di A. Della Valle) (pp. 300)
cm G Sar O	1916	Milano, Vallardi (pp. 287)
* Sar O	1918	Milano, Vallardi [2012: €120]
Sar	1922	Milano, Vallardi
Sar O	1925	Milano, Vallardi
Sar	1929	Milano, Vallardi
Sar O	1937	Milano, Vallardi
O	1941	Milano, Vallardi
Sar	1942	Milano, Vallardi
cm Sar O	1947	Milano, Vallardi
vt tb	1948	Torino, Viglongo
C O	1949	Torino, Viglongo [Lit. 500]
vt	1951	Torino, Viglongo (ristampa)
C M cm O	1952	Milano, Vallardi ("Biblioteca dell'Orso. Orso bruno")
vt	1954	Torino, Viglongo (ristampa)
M O	1955	Milano, Vallardi ("Collana dell'Orso") (ristampa)
O	1956	Milano, Vallardi ("Collana dell'Orso")
O	1963	Milano, Vallardi ("Collana dell'Orso")
* O	1966	Milano, Vallardi ("Collana dell'Orso")
O	1969	Milano, Fabbri ("Tigri e corsari", 61)
C O	1974	Milano, Vallardi (Ed. integrale) [Lit. 1000]
C O	2003	Milano, Fabbri ("Emilio Salgari")
T vt O	2003	Torino, Viglongo (pref.: C. Daglio) ("Salgari & Co.", 12)
O	2006	Milano, Fabbri ("E. S.: l'opera completa")

Un esempio di pubblicità:

*	1905	«Per Terra e per Mare», Anno III, n. 2, fine 1905, réclame per il volume in due vesti editoriali, vendute a due prezzi, Lit. 5 e Lit. 3.50.

Alcune traduzioni:

Nie	1910	*Čelovek ognja* (in *Sobranie sočinenij* [Raccolta di opere], supplemento alla rivista «Vokrug sveta» [Intorno al mondo], voll. 1-12): Russia Moskva, [Tipografia] I.D. Sytina
Nie	1928	*Čelovek ognja*: Russia Moskva – Leningrad, Molodaja gvardija
F	1930	*L'homme de feu*: Francia Paris, Tallandier
U	1949	*El hombre de fuego*: Spagna Madrid, Calleja
U	1950	*Ish ha-esh* (I-II) (2 vols.): Israele Tel-Aviv, Yisr'el
tr U lc	1957	*El hombre de fuego*: Spagna Barcelona, Molino
tr U	1959	*Na costa do Brasil* (1ª parte): Portogallo Lisboa, Torres (2ª ed.)
U	1959	*O homem de fogo* [2ª parte?]: Portogallo Lisboa, Torres (2ª ed.)
Nie	1991	*Čelovek ognja*: Russia Moskva, SP «Buk čember internešnl»
Nie	1993	*Čelovek ognja* (in *Sobranie sočinenij* [Raccolta di opere], voll. 6: ogni vol. comprende 4 o 5 romanzi di E.S.): Russia Moskva, Izdatel'skij centr «Terra»

La vendetta d'uno schiavo

Romanzo pseudonimo, forse plagiato. Vedi anche il romanzo apocrifo *La montagna di fuoco*.

Poz O	1900	Genova, Donath (pseudonimo: E. Giordano) Illustrato da G.G. Bruno ("Biblioteca economica illustrata per la gioventù") (pp. 229)
Poz O	2011	Torino, Viglongo (prefazione: F. Pozzo) ("Salgari & Co.", 14)

ANTOLOGIA DI CAPITOLI SCELTI DAI ROMANZI

Storie rosse

* CBP Sar Cap O	1910	Firenze, Bemporad (raccolte e ordinate da Achille Lanzi, con ritratto e biografia di E. S.) Illustrato da A. Della Valle, G. G. Bruno, C. Chiostri e G. D'Amato (pp. 232) [dda 1910]
O	2003	Milano, Fabbri ("E. S.: l'opera completa") (con le illustrazioni originali di Amato, Bruno, Chiostri, Della Valle) (pp. 153)
O	2006	Milano, Fabbri ("E. S.: l'opera completa") (con le illustrazioni originali di Amato, Bruno, Chiostri, Della Valle) (pp. 153)

ROMANZI POSTUMI

Tutti e tre i romanzi pubblicati nel 1911 uscirono dopo la morte dello scrittore avvenuta nel mese di aprile. La parola 'postumo' può essere applicata a questi volumi nel senso normale, anche se l'editore aveva dovuto ricorrere a revisioni considerevoli, eseguite dai soliti revisori legati alla casa editrice, possibilmente anche padre Pistelli. Si tratta tuttavia di materiale già fornito da Salgari e pagato dall'editore nel corso del 1910.

Il bramino dell'Assam

Uscito con soli 12 capitoli, e senza Conclusione, è in realtà la prima parte del romanzo come presentato nel manoscritto originale, e *La caduta di un impero* – titolo che non era stato elencato nel documento dei pagamenti fatti dalla Bemporad all'autore – ne è la seconda metà. Normalmente i romanzi salgariani avevano più di 20 capitoli e alcuni più di 30; sebbene fossero lunghi, in questo caso – con oltre 500 pagine stampate – il racconto originale davvero eccedeva il limite normale.

* gr Mof Poz Sar Cap O	1911	Firenze, Bemporad. Illustrato da G. Amato (pp. 255) [uscito postumo 1° ottobre 1911, dda 26 ottobre 1911] [2012: €60]
L Sar	1911	Firenze, Bemporad (a 16 dispense)
Sar	1911	Firenze, Bemporad (nuova ed.)
* Sar Cap O	1919	Firenze, Bemporad (pp. 205) [3.300 copie]

P G Sar Cap	1920	Firenze, Bemporad
★	1921	Firenze, Bemporad [5.500 copie]
★ Sar Cap O	1923	Firenze, Bemporad (pp. 205) [3.300 copie]
P Sar Cap	1924	Firenze, Bemporad
★ CP Sar Cap O pt	1928	Firenze, Bemporad ("Nuova collana di avventure per la gioventù. Opere di Emilio Salgari") (pp. 208) [l'esemplare esaminato era stato rilegato insieme a *Sandokan alla riscossa*, pp. 308, che forma la 2ª parte del volume – sebbene del 1907 e quindi precedente nell'ordine logico del 'ciclo'.]
cm Sar	[s.d.]	Firenze, Bemporad
CP R L Sar O	1930	Milano, Sonzogno ("Collana Opere di E.S.")
★ C O	1947	Milano, Carroccio (Testo completo. "Collana pop. S.", 32) (pp. 71)
O	1958	Bologna, Carroccio Aldebaran ("Nord-Ovest", 46)
O	c1961	Bologna, Carroccio ("Nord-Ovest") (pp. 162)
O	c1964	S. Lazzaro di Savena, Carroccio ("Nord-Ovest", 46) (pp. 162)
O	1966	S. Lazzaro di Savena, Carroccio ("Coll. Salgariana", 16)
R O	c1969	Milano, Fabbri ("Tigri e corsari", 62) (pp. 158)
C R O	1972	Milano, Mursia ("I libri d'avvventure di E. S.", 14)
C R O	1973	Milano, Vallardi (pp. 179)
C O	1975	Milano, Campironi (Ed. integrale)
O	1975	Milano, Mursia ("I libri d'avventure di E. S.", 14) (pp. 195)
O tb	1976	Milano, Vallardi (pp. 182) (Ed. integrale) [Lit. 4.500]
O	c1977	Roma, Comic Art ("Autori", 8) (pp. 28)
C O	1977	Torino, Caula ("Biblioteca di Emilio Salgari", 3) (Ed. integrale con illustrazioni d'epoca)
O	1990	Milano, Mursia ("Salgariana") (pp. 193)
O	1995	Roma, Newton Compton ("BEN ragazzi", 28) (pp. 190)
C O	[2002]	Milano, Fabbri ("Emilio Salgari") (pp. 152)
C O	2004	Milano, Fabbri (postfazione: A. Faeti) ("I Delfini", 278)
C O	[2005]	Milano, Fabbri ("Emilio Salgari")
C O	2006	Milano, Mursia ("Corticelli-Salgariana") (Ed. integrale) (pp. 165)
O	2011	Milano, RBA Italia (pp. 186)
O	2012	Milano, RCS Mediagroup ("Classici dell'avv.", 62) (Ed. speciale per «Corriere della Sera»)

I briganti del Riff

* Mof Poz Sar Cap O	1911	Firenze, Bemporad. Ill. A. Della Valle (pp. 376) [uscito postumo 1° ottobre 1911, dda 26 ottobre 1911] [Il nome dell'autore manca dalla copertina, caso inaudito.]
L Sar	1911	Firenze, Bemporad (a 26 dispense)
*	1920	Firenze, Bemporad [5.500 copie]
* C R Sar Cap O	1921	Firenze, Bemporad ("Nuova Edizione dei Romanzi Straordinari di Emilio Salgari" (pp. 218) [Lit. 9]
Sar Cap	1925	Firenze, Bemporad
CP Sar Cap O	1928	Firenze, Bemporad ("Nuova collana di avventure per la gioventù. Opere di E. S.") (pp. 216)
* CP Sar O	1930	Milano, Sonzogno (pp. 256) [a due vesti editoriali: Lit.6 e Lit. 7,50]
C M O	1946	Milano, Carroccio ("Collana Salgari", 17) (pp. 256)
C O	1947	Milano, Carroccio (Testo completo. "Collana pop. S.", 17) (pp. 86)
CB R	1959	Modena, Carroccio-Aldebaran ("Nord-Ovest", 14)
O	c1962	S. Lazzaro di Savena, Carroccio ("Nord-Ovest")
R O	1969	Milano, Fabbri ("Tigri e corsari", 73)
C R O	1976	Milano, Mursia ("I libri d'avventure di E. S.", 28) ('Ed. integrale') (pp. 229)
C O	1992	Milano, Mursia ("Salgariana") (pp. 229)
O	2003	Milano, Fabbri (pp. 237)
ch O	2003	Milano, Mondadori: *Avventure in Africa*, a c. di V. Sarti ("Oscar Mondadori", con altri 2 romanzi) (pp. 338)
O	2006	Milano, Fabbri (pp. 237)

La caduta di un impero

Uscito postumo con solo 12 capitoli: in realtà si trattava della seconda parte del romanzo di Salgari *Il bramino dell'Assam*, nel manoscritto originale troppo lungo, più del normale per E.S.: nei primi anni mai pubblicato nella stesura originale.

* Poz Sar Cap O	1911	Firenze, Bemporad. Illustrato da G. D'Amato (pp. 252) [uscito postumo nel dicembre 1911]

Sar	1911	Firenze, Bemporad (a dispense)
★	1912	Firenze, Bemporad [dda 1912]
★	1919	Firenze, Bemporad [3.300 copie]
★ Sar Cap	1921	Firenze, Bemporad («seguito del romanzo: *Il bramino dell'Assam*») [5.500 copie]
Sar Cap	1925	Firenze, Bemporad
★ C O	1928	Firenze, Bemporad (sul frontespizio: «Sèguito al romanzo: IL BRAMINO DELL'ASSAM») ("Opere di E. S.": Ciclo della jungla indiana) (pp. 192) [solo 12 capitoli] [Lit. 6]
CP Sar Cap	1928	Firenze, Bemporad (nel volume: *Il bramino dell'Assam*) ("Opere di E. S.": Ciclo della jungla indiana)
Sar	1928	Milano, Sonzogno
C O	1929	Firenze, Bemporad (frontespizio: «seguito al romanzo *Il bramino dell'Assam*») (pp. 189)
CP Sar O	1929	Milano, Sonzogno (pp. 213)
Sar O	1938	Milano, Sonzogno (pp. 213)
C O tb	1947	Milano, Carroccio ("Collana popolare S.", 33) ('Testo integrale') (Capitoli I-XII, pp. 78)
★ C	1954	[Modena?], Aldebaran [*sic*] (Nord-Ovest, 47) (Sul verso del frontespizio: «Traduzione [*sic*] a cura di PRA», cioè Roberto A. Pozzi) (pp. 136) ['Traduzione' in questo caso significa testo semplificato e ridotto.]
O	1957	S. Lazzaro di Savena, Carroccio Aldebaran ("Nord-Ovest") (pp. 161)
O	1958	S. Lazzaro di Savena, Carroccio Aldebaran ("Nord-Ovest", 47) (pp. 161)
O	c1961	Bologna, Carroccio ("Nord-Ovest", 47) (pp. 163)
O	[1964]	S. Lazzaro di Savena, Carroccio ("Collana salgariana", 17) (pp. 163)
★	1968	Milano, Boschi ("Capolavori", 33)
O	c1969	Milano, Fabbri ("Tigri e corsari", 67)
O	1970	Milano, Boschi ("Capolavori", 33) (pp. 154)
C O	[1972]	Milano, Mursia ("I libri d'avventure di E. S.", 16) (pp. 198)
C O	1973	Milano, Vallardi (pp. 185)
O	1973	Torino, Caula ("Romanzi d'avventure", 16) (pp. 198)
O	1974	Milano, Mursia ("I libri d'avventure di E. S.")
C O	1975	Milano, Campironi (Ed. integrale)
O	1976	Milano, Vallardi (pp. 185)
O	[1978]	Roma, Comic Art ("Autori", 9)

O	c1987	Milano, Mursia ("I libri d'avventure di E. S.", 16) (pp. 198)
C O	1990	Milano, Mursia ("Salgariana") (Ed. integrale)
O	1991	Milano, Mursia ("Salgariana") (pp. 198)
O	1995	Roma, Newton Compton (a c. di S. Campailla) ("BEN Ragazzi", 29) (pp. 191)
O	2003	Milano, Fabbri (pp. 152)
* ch O	2006	Milano, Fabbri (postfazione: A. Faeti) ("I Delfini", 302: Classici, da 10 anni) (pp. 296) [€ 8,50]
C O	2006	Milano, Fabbri ("Emilio Salgari") (Nuova ed.) (pp. 152)
C O	2006	Milano, Mursia ("Corticelli-Salgariana")
O	2009	Milano, Mursia ("Corticelli-Salgariana") (pp. 167) (4ª ristampa)
O	2011	Milano, RBA Italia ("La grande biblioteca di E. S.") (pp. 186)
O	2012	Milano, RCS MediaGroup ("Classici dell'avventura", 65) (pp. 287) (Ed. speciale per «Corriere della Sera»)

Alcune traduzioni:

| U | 1949 | *La caída de un imperio*: Spagna Madrid, Calleja |
| tr U | 1957 | *La caída de un imperio*: Spagna Barcelona, G.P. |

I PRIMI ROMANZI ANORMALI

Firmati Emilio Salgari e sostanzialmente, o in parte, scritti da lui, i due primi romanzi anormali non sono 'falsi' nello stesso senso di quelli del Primo Dopoguerra. Tuttavia in entrambi i casi uno scrittore fantasma vi contribuì in una maniera notevole, non quantificabile, tanto che i due volumi non possono considerarsi semplicemente racconti autentici. Per il primo, completato da Salgari e pagatogli dall'editore ma del quale l'autore non aveva riveduto le bozze, Lorenzo (Renzo) Chiosso di Torino, insegnante e conoscente della famiglia Salgari, poi scrittore e soggettista, ebbe il compito di rivedere il testo intero; per il secondo, lasciato compiuto solo a metà, l'editore chiese ad Aristide Marino Gianella, epigono ed ex collega di Salgari, di scrivere i capitoli finali, controllando il testo intero. In questi primi casi di attribuzione non ortodossa al momento della prima edizione, l'autore stesso non aveva terminato il suo lavoro sul testo, cambiato o ampliato poi in una misura non accertabile. Poiché nei due casi l'opera di Salgari subì – a sua insaputa – modifiche anche considerevoli non sue, e poiché i libri non furono firmati anche con il nome del secondo autore, questi volumi, sebbene non fasulli, devono considerarsi i primi non completamente genuini: cioè dalla prima pubblicazione in poi ne traspariva un'impressione ingannevole della loro origine. Inoltre aprirono così la via all'industria falsificatoria susseguente. Per evitare ogni malinteso, e possibilmente ogni cattiva abitudine futura, insieme alla firma corretta in copertina, sarebbe bastata solo una breve spiegazione chiara e precisa sul frontespizio del tipo: «Romanzo postumo di Emilio Salgari, riveduto da Renzo Chiosso» o «Romanzo di A.M. Gianella, completato sulla base di manoscritti incompiuti lasciati da Emilio Salgari» oppure «Romanzo incompiuto di Emilio Salgari, portato a termine da A.M. Gianella». Così anche il movente commerciale sarebbe stato soddisfatto.

La rivincita di Yanez

Romanzo veramente scritto da Salgari, ma «corretto e ridotto», probabilmente sulle bozze, da Lorenzo Chiosso dopo le sue sollecitazioni all'editore Bemporad. Continua e conclude la storia di Yanez e del trono dell'Assam, lanciata negli ultimi due racconti indiani, ma la continuazione riesce sgradevole con scelte ripugnanti di episodi non consoni alla consueta morale di Salgari: probabilmente non si tratta di un 'effetto Chiosso', ma piuttosto dello squilibrio mentale e sentimentale dell'autore principale.

* L Poz Sar Cap O	1913	Firenze, Bemporad. Illustrato da A. Della Valle (pp. 331) [2010: € 250]
Sar	1913	Firenze, Bemporad (nuova ed.)
*	1916	Firenze, Bemporad (nuova ed.) [dda 1921]
* L Sar Cap O	1919	Firenze, Bemporad (pp. 275) [3.300 copie]
P Sar Cap	1920	Firenze, Bemporad
* P Sar Cap O	1921	Firenze, Bemporad [5.500 copie]
* Sar Cap	1924	Firenze, Bemporad [2.700 copie]
CP cm Sar O	1930	Milano, Sonzogno (pp. 315) [Lit. 7]
Sar	1934	Milano, Sonzogno
CP M Sar O	1938	Milano, Sonzogno [Lit. 7]
* C L O	1947	Milano, Carroccio ("Collana popolare S.", 34) ('testo completo') (pp. 86) [come nell'edizione del 1913, i capitoli sono numerati I-XX, ma con due cambiamenti di titolo.]
O	1956	[Milano?], Aldebaran ("Araldo", 22)

O	1958	Bologna, Carroccio Aldebaran ("Nord-Ovest", 48)
O	1961	S. Lazzaro di Savena, Carroccio ("Nord-Ovest", 48)
O	[1964]	S. Lazaro di Savena, Carroccio ("Nord-Ovest", 48)
O	1966	S. Lazzaro di Savena, Carroccio ("Salgariana", 18)
O	1967	Milano, Boschi ("Capolavori", 30)
★	1968	Milano, Boschi ("Capolavori", 30)
C O	1968	Milano, Lucchi
O	1969	Milano, Fabbri ("Tigri e corsari", 70)
O	1970	Milano, Lucchi
O	1973	Milano, Lucchi
C O	1973	Milano, Mursia ("I libri d'avventure di E. S.", 19) [Lit. 3500]
C O	1974	Milano, Vallardi [Lit. 3000]
C O	1975	Milano, Campironi [Lit. 3500]
O	1976	Milano, Boschi ("Capolavori", 30)
O	1976	Milano, Mursia ("I libri d'avventure di E. S.", 19)
O	1976	Milano, Vallardi
O	1977	Milano, Vallardi
O	1984	Milano, Mursia ("I libri d'avventure di E. S.", 19)
C O	1991	Milano, Editoriale Del Drago ("Forever")
O	1994	Milano, Mursia ("Salgariana")
C O	1995	Roma, Newton Compton ("BEN, Sezione ragazzi", 30) (Ed. integrale, a c. di S. Campailla) (pp. 280)
O	2003	Milano, Fabbri
O	2005	Torino, Marco Valerio ("Liberi") (Ed. speciale in corpo 18 per ipovedenti)
C O	[2006]	Milano, Fabbri ("Emilio Salgari")
O	2009	Milano, Mursia ("Corticelli-Salgariana") (pp. 244)
O	2011	Milano, RBA Italia ("La grande biblioteca di E. S.")
O	2012	Milano, «Corriere della Sera» (postfazione: A. Faeti) (Ed. speciale) ("Classici dell'avventura", 69) (pp. 423)

Alcune traduzioni:

tr	1939	*El desquite de Yañez*: CILE Santiago, Zig-Zag
U	1949	*El desquite de Yañez*: SPAGNA Madrid Calleja

U	1954	*Be-mamlekhet Assam* [?]:Israele Tel-Aviv, Niv
tr U	1957	*El desquite de Yañez*: Spagna Barcelona, G.P.

Straordinarie avventure di Testa di Pietra

I primi capitoli di questo romanzo, già inviati all'editore Bemporad prima della morte dell'autore, con alcuni altri rimasti fra le sue carte, un totale di 242 cartelle, sono gli ultimi scritti di Salgari: il racconto fu terminato su richiesta dell'editore da Aristide Marino Gianella, ex collega di Salgari presso «Per Terra e per Mare».

* Poz Sar Cap O	1915	Firenze, Bemporad. Illustrato da A. Della Valle (pp. 322)
Sar	1915	Firenze, Bemporad (nuova ed.)
*	1916	Firenze, Bemporad [dda 1916]
Sar Cap	1918	Firenze, Bemporad
* L Sar Cap O	1921	Firenze, Bemporad ("Romanzi Straordinari di E. S.". Ciclo dei Corsari) (pp. 293) [4.000 copie]
Cap	1922	Firenze, Bemporad
Sar	1925	Firenze, Bemporad
Sar	[s.d.]	Milano, Sonzogno
CP cm Bit G Sar O	1929	Milano, Sonzogno (pp. 256) [Lit. 6]
Sar	1934	Milano, Sonzogno
P Sar	1940	Milano, Sonzogno
* C O	1947	Milano, Carroccio (pp. 110) ("Collana pop. S.", 23)
C O	1954	Milano, Carroccio ("Nord-Ovest", 23)
O	c1969	Milano, Fabbri ("Tigri e corsari", 76)
C O	1974	Milano, Mursia ("I libri d'avventure di E. S.", 24) [Lit. 4000]
C O	1976	Milano, Vallardi (pp. 268) [Lit. 3500]
O	c2002	Milano, Fabbri (pp. 222)
C O	[2002]	Milano, Greco & Greco ("Le Melusine", 52) (pp. 424)
O	2011	Milano, RBA Italia ("La grande biblioteca di E. S.")

Alcune traduzioni:

U	1949	*Cabeza de Piedra*: SPAGNA Madrid, Calleja
U tr	1957	*Cabeza de Piedra*: SPAGNA Barcelona, G.P.

COMPENDI DI ROMANZI SALGARIANI

Una scelta in svariati formati e svariate vesti editoriali, in ordine cronologico.

Quattro romanzi della prateria

cm O	1961	Milano, Tipolitografia Corbella: *Sulle frontiere del Far-West, La scotennatrice, Le Selve Ardenti, Lo squatter del rio Pecan* (racconto breve) [fumetti con prefazione di Emilio Firpo e descrizione della mostra salgariana di Milano] («Albi Salgari», Serie d'Oro, 11: 4 fascicoli di 'Romanzi sceneggiati' in 192 tavole)

Edizione Annotata

Grandi volumi in custodia.

Il primo ciclo della Jungla

* C O	1969	Milano, Mondadori (a cura di Mario Spagnol, con la collaborazione di Giuseppe Turcato, e con prefazione di Pietro Citati): 4 romanzi in voll. 2, con 200 illustrazioni dell'epoca. [2013: su una bancarella di Torino, €45] Vol. I – *Le Tigri di Mompracem; I misteri della Jungla Nera.* Vol. II – *I pirati della Malesia; Le due Tigri.*
O	1972	Milano, Mondadori (2ª ed.)
O	1974	Milano, Mondadori (3ª ed.)

Nella stessa collana (con tre romanzi alla volta):

C Tra O	1970	*Il ciclo dei corsari* (voll. 3: *Il Corsaro Nero; La Regina dei Caraibi; Jolanda la figlia del Corsaro Nero*)
O	1974	*Il ciclo dei corsari* (2ª ed., "Varia. Grandi opere")
C Tra O	1971	*Il secondo ciclo della Jungla* (voll. 3: *Il Re del Mare; Alla conquista di un impero; Sandokan alla riscossa*)

C Tra O	1972	*Il ciclo del Far West* (voll. 3: *Sulle frontiere del Far West; La scotennatrice; Le Selve Ardenti*)
C Tra O	1973	*Romanzi d'Africa* (voll. 3: *La favorita del Mahdi; Sull'Atlante; I predoni del Sahara*)
O	1974	*Romanzi d'Africa* (2ª ed.)
C Tra O	1974	*Romanzi di guerriglia* (voll. 3: *La capitana dell'Yucatan; Le stragi delle Filippine; Il fiore delle perle*)

Romanzi di giungla e di mare

★ C O	2001	Torino, Einaudi ("I millenni") (a cura di A. Lawson Lucas, con uno scritto di M. Mari); il volume in custodia contiene 3 romanzi: *Le Tigri di Mompracem, I misteri della Jungla Nera, Un dramma nell'Oceano Pacifico* (pp. LXXVI, 772)

Avventure al Polo

O	2002	Milano, Mondadori ("Oscar Classici", 575) (voll. 3 in custodia) (a cura di V. Sarti); contiene 3 romanzi: *Al Polo australe in velocipede, Al Polo Nord, Una sfida al Polo.*

Avventure in Africa

O	2003	Milano, Mondadori ("Oscar Classici", 597) (voll. 3 in custodia) (a cura di V. Sarti); contiene 3 romanzi: *La Costa d'Avorio, Le pantere di Algeri, I briganti del Riff*

Avventure in India

O	2005	Milano, Mondadori ("Oscar Classici", 621) (voll. 3 in custodia) (a cura di V. Sarti); contiene 3 romanzi: *Il capitano della Djumna, La montagna di luce, La perla sanginosa*

Il ciclo del Corsaro Nero

C O	2011	Torino, Einaudi ("ET Biblioteca", 56) (Introduzione: L. Curreri); contiene 3 romanzi: *Il Corsaro Nero; La Regina dei Caraibi; Jolanda, la figlia del Corsaro Nero* (pp. XXVIII, 1136)

TRADUZIONI ESEGUITE DA EMILIO SALGARI

Henry [Enrico] de Brisay, *Spada al vento*. Traduzione di E. Salgari

CBP Poz Sar O	1895	Torino, Paravia (pp. 269)
Sar	1916	Torino, Paravia
C vt O	2007	Torino, Viglongo (prefazione: F. Pozzo) ("Salgari & Co", 13)

Fernand [Ferdinando] Calmettes, *Valor di fanciulla*. Traduzione di Enrico [*sic*] Salgari

CBP Poz Sar O	1895	Torino, Paravia (Edizione premiata dall'Accademia Francese) (pp. 248)
P Sar	1899	Torino, Paravia
C P Sar O	1900	Torino, Paravia (Lit. 2)
Sar O	1904	Torino, Paravia (traduzione di «Emilio Salgari»)
Sar	1916	Torino, Paravia
P	1919	Torino, Paravia (nuova ristampa)
Sar	1920	Torino, Paravia
P	1921	Torino, Paravia (ristampa)

SINGOLE NOVELLE PUBBLICATE
IN VOLUME DURANTE LA VITA DI EMILIO SALGARI
(in ordine cronologico)

In passato spesso considerate ed elencate fra i romanzi salgariani, con più di 100 pagine ma molto meno di 200, queste lunghe novelle non hanno la consistenza di un suo romanzo tipico; per chiarezza riguardo alle categorie delle opere, è meglio ometterle dalla bibliografia dei romanzi veri e propri e raggrupparle in una sezione creata appositamente per il loro particolare genere letterario.

La Rosa del Dong-Giang («Novella cocincinese»)

Racconto sviluppato ad opera di Salgari, da una versione embrionica scritta in gioventù.

Tay-See

* Poz Sar	1883	Verona, in appendice a «La Nuova Arena», 15 settembre – 12 ottobre 1883

O	1994	[vedi nell'elenco seguente: più *La Rosa del Dong-Giang*]
T O	1997	Verona, Bonato (più l'inedito *La guerra nel Tonchino*) (a c. di C. Gallo) ("La biblioteca di Verona", 5) (pp. 154)
O	2002	Verona, Della Scala (a c. di C. Gallo) ("La biblioteca tascabile", 2) (pp. 173)

La Rosa del Dong-Giang

CBP cm bm Bit G Poz Sar O	1897	Livorno, Belforte. Illustrato da G. G. Bruno («novella cocincinese») (con finale cambiato) (pp. 161) [Lit. 2.80][9]
Mof Sar	1898	Livorno, Belforte (ristampa)
* tb	[s.d.]	Livorno, Belforte [1902/3?]
CBP Sar O	1907	Livorno, Belforte (2ª ed.) (pp. 167) [Lit. 1.50]
Sar	[s.d.]	Livorno, Belforte (3ª ed.)
P Sar	1922	Livorno, Belforte
Sar	[s.d.]	Livorno, Belforte
CP M Sar O	1925	Milano, Sonzogno («rom. d'avventure») (pp. 43) [Lit. 2]
Sar O	1927	Milano, Sonzogno ("Biblioteca romantica illustrata")
Sar	[s.d.]	Milano, Sonzogno
Agn	1938	Milano, Sonzogno («Il romanzo d'avventure», n. 9, settembre 1938)
C M O	1947	Milano, Carroccio ("Collana pop. S.", 46) («rom. d'avventure») (Testo completo) (pp. 53)
CB O	1958	Bologna/Modena, Carroccio-Aldebaran ("Nord- Ovest", 11) (pp. 163)
O	1960	Bologna, Carroccio ("Nord-Ovest", 11)
O	c1962	S. Lazzaro di Savena, Carroccio ("Nord-Ovest", 11)
O	c1968	Milano, Fabbri ("Tigri e corsari", 10) (pp. 142)
O	1994	Padova, Antenore: *Tay-See; La rosa del Dong-Giang* (introduzione e testo critico a c. di G.P. Marchi) ("Miscellanea erudita", 55) (pp. 320)

---

[9] Già nel 1891 *Tay-See* era stato rielaborato e ampliato, con il nuovo titolo *La Rosa del Dong-Giang*, per essere sottoposto allo scrutinio della giuria convocata da «La Cronaca d'Arte» per valutare i manoscritti del concorso per romanzi debuttanti. Presso l'editore Belforte di Livorno dal 1897 in poi, avendo solo 161-167 pagine in-16, il volume veniva sempre descritto come «novella cocincinese».

C O	2001	Arrone, Thyrus (a c. di F. Peroni) 'testo integrale' ("Classici dell'avventura", 1) (pp. 91)
O	2003	Milano, Fabbri (pp. 117)

Una traduzione:

F	1915	*La Rosa del Dong-Kiang*: ARGENTINA Buenos Aires, Nación

I predoni del gran deserto

[Vedi il titolo anche nella sezione dei 'falsi', 1947.]

Sar L	1896	Torino, Speirani (a 5 puntate su «Il Novelliere Illustrato», 29 novembre – 27 dicembre)
* Sar L O ch	[1911?]	Napoli, Soc. Tip. Ed. Urania, Fratelli Ciolfi & C. Illustrato da Renato Ciolfi, e con 5 foto. [A dispense: comprende 7 capitoli e Conclusione, con ritratto del «Capitano Cav. Emilio Salgari»] (pp. 124)
CP Bit O Sar	1929	Milano, Sonzogno ("Il romanzo d'avventure", 59) (segue il racconto *La nave misteriosa*) (pp. 64) [Lit. 1]
Sar	1937	Milano, Sonzogno ("I Racconti di Avventure", 88)
O	1941	Milano, Sonzogno (ristampa stereotipa) (pp. 41)
O	2004	Milano, Fabbri (pp. 86)
O	2007	Milano, Fabbri (pp. 86)
* ch	2010	S. Cesario di Lecce, Piero Manni: *I predoni del deserto* (rifacimento di Ermanno Detti, ill. A. Gennari) ("Collana «Remake»")

La Bohème italiana

Benché pubblicato solo nel 1909, il racconto era stato ceduto alla Bemporad nel 1907 e certamente scritto qualche anno prima.

CBP gr Bit Poz Sar Cap O	1909	Firenze, Bemporad. Illustrato da G. D'Amato e A. Tanghetti ("Nuova collezione economica di racconti, romanzi, e avventure per la gioventù") (In appendice il racconto: *Una vendetta malese*) (pp. 125) [Cent. 95]
*	1910	Firenze, Bemporad [dda 1910]
* R Sar Cap O	1919	Firenze, Bemporad (nuova ed.) (pp. 106) [5.000 copie]

allegramente: alla luce delle candele distinsi il felino a capotavola.

Era un gatto nero, dalla pelliccia scura come l'ala di un corvo.

I lunghi baffi arricciati erano incipriati di polverina dorata. Indossava un mantello di seta **nera** e una giacca di velluto, stretta in vita da un'alta cintura di cuoio con una fibbia a forma di testa di gatto. I bottoni erano preziosi rubini, COLOR ROSSO SANGUE. In testa, un cappello nero

Pirata Nero

XIX

XX

 1° GIORNO: LUNEDÌ

UN VERO TOPO NON PORTA LA CANOTTIERA, STILTON!

57

Iniziai a rotearlo per aria...

XXI

XXII

Tav. XIX. Salgari redivivo per i bambini: Geronimo Stilton, *Il Galeone dei Gatti Pirati*.   Tav. XX. Il gatto-Pirata Nero, in *Il Galeone dei Gatti Pirati* (© 2000 Edizioni Piemme Spa, Milano).   Tav. XXI. Geronimo Stilton, *Quattro topi nella Giungla Nera*, una satira sapientemente salgariana.   Tav. XXII. *Quattro topi nella Giungla Nera*: 'Geronimo Stilton' parodia Salgari e tutto il genere dell'avventura © 2018 Mondadori Libri Spa per il marchio Piemme. (Per gentile concessione di Mondadori Libri Spa).

*Il praho, vero guscio di noce che
sfidava la natura irritata, affogato
dai marosi che lo assalivano d'ogni
parte, barcollava disordinatamente
ora sulle creste spumeggianti delle
onde e ora nel fondo di mobili abissi,
rovesciando gli uomini, facendo
scricchiolare gli alberi, sbattere
i boscelli e crepitare le vele con tanta
forza che pareva fossero sempre
lì lì per scoppiare. Ma Sandokan,
malgrado quel furioso
rimescolamento d'acqua, non
cedeva e guidava il legno verso
Labuan, sfidando impavido
la tempesta.*

Tav. XXIII. Un progetto femminista: *Sangue corsaro nelle vene: Avventurose riscritture dalla Jolanda di Emilio Salgari* (© 2006, Bacchilega, Imola).   Tav. XXIV. *Sandokan amore e sangue* (© 2004, Perosini, Zevio) di Roberto Fioraso, sulle opere del giovane scrittore: in copertina un'immagine romantica della Tigre.   Tav. XXV. Fabian Negrin, *Chiamatemi Sandokan!* (© 2011, Salani, Milano) – un incantevole «Omaggio a Salgari» che ricorda nel titolo il *Moby-Dick* di Melville.

Cinque minuti dopo un essere umano, avvolto in un ampio
mantello grondante d'acqua, si presentava dinanzi alla capanna.
'Yanez!' esclamò l'uomo dal turbante, gettandogli le braccia al collo.
'Sandokan!' rispose il nuovo venuto, con un accento straniero
marcatissimo. 'Brr! Che notte d'inferno, fratellino mio'.

XXVI

«Bambini! Dove siete? Aldo!» ha chiamato la nonna.

XXVII

Tav. XXVI. Sandokan e Yanez – notte, nella visione poetica di Fabian Negrin in *Chiamatemi Sandokan!*   Tav. XXVII. Sandokan e Yanez – giorno, con i colori sfumati di Fabian Negrin in *Chiamatemi Sandokan!* (© 2011, Adriano Salani, Milano).

Tav. XXVIII. *Emilio Salgari navigatore di sogni*, Rizzoli, 2011 (ora © Mondadori Libri Spa), Milano: dal testo di Serena Piazza e dalle illustrazioni di Paolo d'Altan trapelano le immagini sognanti del passato e dell'avventura.

Tav. XXIX. Salgari giovinetto naviga a Venezia, nella straordinaria biografia grafica di Paolo Bacilieri, *Sweet Salgari* (© 2012, Coconino Press, Bologna).

Tav. XXX. Lo scrittore giovane, Paolo Bacilieri, *Sweet Salgari* (© 2012, Coconino Press, Bologna).

Tav. XXXI. Lo scrittore verso la fine, Paolo Bacilieri, *Sweet Salgari* (© 2012, Coconino Press, Bologna).

Tav. XXXII. La copertina del *Festschrift* per Mario Tropea, *Dalla Sicilia a Mompracem e altro*, 2015.

P Sar Cap	1920	Firenze, Bemporad
★ CP R Sar Cap O	1922	Firenze, Bemporad (4ª ed.) ("Nuova colle- zione economica Bemporad di racconti, ro- manzi e avventure per la gioventù", 47) [Lit. 3.50] [5.000 copie]
Sar	1925	Firenze, Bemporad
C R vt O	1956	Torino, Viglongo ("I capolavori di E.S.") (pp. 176)
O	c1974	Roma, Edizioni Paoline (pp. 131)
C T O	1990	Bergamo, Lubrina (a. c. di F. Pozzo) ("Le vite", 4)
O	1993	Roma, E/O ("Tascabili E/O", 41)
C O	2004	Milano, Fabbri ("Emilio Salgari") (pp. 122)

RACCOLTE DI NOVELLE E DI RACCONTI BREVI PUBBLICATE IN VOLUME DURANTE LA VITA DI EMILIO SALGARI
(in ordine cronologico)

Le novelle marinaresche di Mastro Catrame (vedi *Il vascello maledetto*)

La storia introduttiva *Un lupo di mare* e 12 racconti brevi.

P T Bit Poz Sar L O	1894	Torino, Speirani. Illustrato da G. B. Carpa- netto (Presentazione G. Lanza) (pp. VI, 143)
Sar	1894	Torino, Speirani (2ª ed.)
L	[1909?]	Milano, Celli
Sar am	1921	Milano, Celli (più il romanzo d'avventure: *Gli evasi di Cayenna* di F. Margaritis)
Sar	[s.d.]	Milano, Celli
★	1959	Napoli-Roma, V. Bianco (in Emilio Salgari, *100 avventure sugli oceani*, vol. 1, con il titolo *Storie di Mastro Catrame*)
C T O ch	1973	Torino, Einaudi ("Libri per ragazzi", 33) (2ª ed.) (pp. 117)
O	1981	Torino, Einaudi ("Libri per ragazzi", 33) (2ª ed.)
O	1994	Torino, Caula (Ristampa anastatica dell'ed. Celli)
C O	[2002]	Roma, Robin ("I libri colorati", 22) (con sag- gio introduttivo di G. Viglongo)
O	2004	Milano, Fabbri
O	c2006	Bari, Mario Adda

O	2010	Roma, Robin ("La biblioteca dei figli") (postfazione: G. Viglongo)
O	2010	Torino, Marco Valerio ("Liberi") (Ed. speciale in corpo 18 per ipovedenti) (pp. 157)
O	2011	Milano, Mondadori (pp. 193)

Alcune traduzioni:

D lc	1929	*Obermatrose Teer*: GERMANIA Berlino, Phönix
Nie	1996	*Morskie istorii Bocmana Katrama* (in *Sočinenija v trech tomach* [Opere in tre volumi]): RUSSIA Moskva, Izdatel'skij centr «Terra»

Nel paese dei ghiacci (2 novelle)

L'opera contiene: *I naufraghi dello Spitzberg* e *I cacciatori di foche alla Baia di Baffin*)

★ T Poz Tra Sar tb O	1896	Torino, Paravia. Illustrato da G. G. Bruno e altri Con una cartina geografica fuori testo (pp. 265)
★ L Sar	1898	Torino, Paravia (1ª ristampa)
Sar	1898	Torino, Paravia (2ª edizione)
P Bit Sar	1899	Torino, Paravia
Sar O	1900	Torino, Paravia
tb Sar	1903	Torino, Paravia (tb: 2ª ed.)
O	1907	Torino, Paravia
Sar	1909	Torino, Paravia
CBP Sar O	1910	Torino, Paravia: ... *della baia di Baffin* (nuova ed.) (pp. 253) (Lit. 4)
cm G Sar O	1918	Torino, Paravia: ... *della baia di Baffin* (nuova ed., 1ª ristampa)
Sar	1919	Torino, Paravia
P Sar O	1920	Torino, Paravia: ... *della baia di Baffin* (nuova ed., 2ª ristampa)
Sar	1920	Torino, Paravia (nuova ed., 3ª ristampa)
P	1921	Torino, Paravia (3ª ristampa)
Sar	1926	Torino, Paravia (nuova ed., 4ª ristampa)
CP Sar	1929	Milano, Sonzogno (in 2 voll., ciascuno con un racconto aggiunto, uno dei quali fasullo: *A bordo dell'«Italia Una»*, in realtà di R. Chiosso, vedi la sezione sui «Romanzi apocrifi»): 1. *I naufraghi dello Spitzberg* e *Il padre Crespel nel Labrador*; 2. *I cacciatori di foche* e *A bordo dell'«Italia Una»*: *Primo viaggio marittimo dell'Autore*)

P Sar	1940	Milano, Sonzogno (i due racconti originali in due volumi separati: *I naufraghi dello Spitzberg* e *I cacciatori di foche*) Vedi anche (a due volumi separati):
* tb	1947	Milano, Carroccio: *I cacciatori di foche* ("Collana pop. S.", 44) («Romanzo d'avventure», 'Testo completo') (Capitoli I-XVI, pp. 62)
*	1947	Milano, Carroccio: *I naufraghi dello Spitzberg* (Collana pop. S., 51)
O	2003	Milano, Fabbri

Alcune traduzioni:

tb	[s.d.]	*Im Lande des ewigen Eises*: GERMANIA Stuttgart, Weiser (prefazione datata Torino, 1912)
D tb	1929	*Die Schiffbrüchigen von Spitzbergen*: GERMANIA Stuttgart, Weise
U	1949	*Los náufragos del Spitzberg*: SPAGNA Madrid, Calleja

Le grandi pesche nei Mari Australi (4 racconti)

CBP Bit Sar O	1904	Torino, Speirani (firmato Cap. Cav. Emilio Salgari) ("In giro pel mondo: Biblioteca illustrata di Viaggi ed Avventure per la Gioventù", 27. «Una lira al volume») Illustrato da E. Canova e L. Berlia
Sar	1904	Torino, Speirani (2ª ed.)
CBP Sar O	1909	Lanciano, Carabba (pp. 155) (Lit. 1)
Sar	1931	Lanciano, Carabba
O	2003	Milano, Fabbri
O	2006	Milano, Fabbri (nuova ed.)

Il vascello maledetto (17 racconti)

Volume all'origine composto de *Le novelle marinaresche di Mastro Catrame* più quattro racconti brevi o novelle: *Le grandi pesche nei mari australi*, *Un'avventura nelle Pampas*, *Una caccia sulle Montagne Rocciose*, e *Le avventure del Padre Crespel nel Labrador*.

* CBP M Bit Poz Sar O tb	1909	Milano, Casa Editrice Italiana (con prefazione di Antonio Quattrini G., datata Como, 20 Maggio 1909) (pp. 244) [Lit. 3.50]
* G	1910	Milano, Casa Editrice Italiana [esemplare con la dedica al cognato di Salgari, Ugo Peruzzi]

* CP Sar Bia O	1922	Firenze, Casa Editrice Italiana A. Quattrini (con prefazione di Antonio Quattrini G., datata Como, 20 Maggio 1909) [Lit. 9]
Sar	1925	Firenze, Quattrini
*	1925	Milano, Sonzogno [solo *Padre Crespel nel Labrador*] («Il romanzo d'avventure», n. 13, mensile diretto da G. Stocco)
O	1931	Milano, Barion
* C M Sar O ch	1932	Milano, Barion (con prefazione di Antonio Quattrini G., datata Como, 20 Maggio 1909) (contiene le 13 storie di *Mastro Catrame*, pp. 13-240; segue: *L'aquila nera*, racconto di P. Maël, pp. 241-331)
C M Sar O	1934	Milano, Barion (Casa per edizioni popolari) (segue: *L'aquila nera*, racc. di P. Maël) [Lit. 4]
Sar	1935	Milano, Barion
C M O	1954	Milano, E.U.B. ("Biblioteca del ragazzo", 5) [Lit. 250]

Un esempio di pubblicità:

*	1909	ne *Il Tesoro del Presidente del Paraguay*, Milano, Casa Editrice Italiana (di A. Quattrini G.), p. 368: «Il popolare scrittore per la gioventù ha raccolto sotto questo titolo le leggende da lui sentite narrare nei diversi viaggi compiuti nell'una e nell'altra parte del mondo» (informazioni che contengono almeno due errori, probabilmente consapevoli).

Alcune traduzioni:

lc	1916	*El buque maldito* (con prefazione di A. Quattrini): SPAGNA Madrid, Calleja
U	1949	*El buque maldito*: SPAGNA Madrid, Calleja
U	1955	*El buque maldito*: SPAGNA Barcelona, Molino

SETTIMANALE DIRETTO DA EMILIO SALGARI

«Per Terra e per Mare»

Oltre ai romanzi a puntate, il settimanale conteneva moltissimi scritti – racconti e articoli divulgativi – di Salgari, alcuni firmati, altri anonimi, e molti attribuiti a un grande gamma di pseudonimi. Il periodico contava anche numerosi collaboratori. [Vedi la bibliografia dettagliata di «Per Terra e per Mare».]

⋆ C L O	1904-6	Genova, Donath (Anno 1, n. 1: «giornale di avventure e di viaggi, diretto dal capitano Emilio Salgari») (Anno 1, n. 19: «avventure e viaggi illustrati, scienza popolare e letture amene, giornale per tutti») [Cent. 10] [2010: in vendita a Torino in tre volumi legati: € 2150]

UNA LUNGA NOVELLA AD EPISODI INTERCONNESSI

Apparsa a puntate sotto pseudonimo su «Per Terra e per Mare» e in seguito pubblicata anche in raccolte e su periodici nella forma di una serie di racconti brevi: talvolta attribuita – a ragione – a Salgari.

Meravigliose avventure di caccia (novella a puntate più tardi intitolata: *L'ultima tigre: le grandi cacce nell'India*)

Una lunga novella ad episodi, narrata in prima persona, nel 1923 inclusa nella raccolta di altri 12 racconti tratti da «Per Terra e per Mare» *Il brick del diavolo* (vedi sotto) dove era attribuita a Salgari, evidentemente ad opera di Luigi Motta. Apparve più volte, firmata Salgari, nelle pubblicazioni popolari, anche periodiche, divisa in 14 racconti separati, sempre con lo stesso filo conduttore dell'io narrante chiamato John.

⋆	1904	Genova, Donath: *Meravigliose avventure di caccia*, firmato «John Staar», a puntate su «Per Terra e per Mare», cominciando dal n. 28 dell'Anno I (p. 268)
⋆ O tb	1923	Milano, Società Editrice L'Italica: *Le cacce nell'India* in *Il brick del diavolo*, raccolta di racconti brevi di Salgari a cura di L. Motta (pp. 217) [Vedi sotto]
⋆	1925-26	Milano, Sonzogno: *Le grandi cacce*, 14 racconti firmati Emilio Salgari, a puntate sul «Giornale Illustrato dei Viaggi», 12 luglio 1925 – 24 gennaio 1926 (Anno 41, n.28, pp. 13-14 – Anno 42, n. 4, pp. 13-14); l'ultimo racconto è *L'ultima tigre* [Centesimi 45 al fascicolo]

* CP M Sar O	1928	Milano, Sonzogno: *L'ultima tigre (Le grandi cacce nell'India)* ("Il romanzo d'avventure", 135) (pp. 95) [14 episodi, già apparsi nel 1925-26 sul «Giornale Illustrato dei Viaggi» della Sonzogno) [Lit. 2] [2019: £75]
* P O	1935	Milano, Sonzogno: *L'ultima tigre (Le grandi cacce nell'India* ("Il romanzo d'avventure", pubblicazione mensile, Anno XII, n. 135, Agosto 1935) (pp. 100) [14 episodi] [Lit. 1]
O	1947	Milano, Carroccio: *L'ultima tigre: avventure indiane* ("Collana pop. S.", 58) (pp. 62)
O	1969	Milano, Fabbri: *L'ultima tigre* ("Tigri e corsari", 80) (pp. 154)
O	[1972?]	Rho (Milano), Cartoon Museum: *L'ultima tigre. Lotta di giganti* («romanzo [*sic*] di E. S.», cioè un episodio della novella originale) («Salgari», Albo n. 11) (fumetti, pp. 8)
O	[1972?]	Rho (Milano), Cartoon Museum: *L'ultima tigre. Due nemici mortali* («romanzo [*sic*] di E. S.», cioè un episodio della novella originale) («Salgari», Albo n. 12) (fumetti, pp. 8)
O	[1972?]	Rho (Milano), Cartoon Museum: *L'ultima tigre. La pagoda delle pantere* («romanzo [*sic*] di E. S.», cioè un episodio della novella originale) («Salgari», Albo n. 13) (fumetti, pp. 8)
O	[1972?]	Rho (Milano), Cartoon Museum: *L'ultima tigre. Il tomril della morte* («romanzo [*sic*] di E. S.», cioè un episodio della novella originale) («Salgari», Albo n. 14) (fumetti, pp. 8)
O	[1972?]	Rho (Milano), Cartoon Museum: *L'ultima tigre. La trappola* («romanzo [*sic*] di E. S.», cioè un episodio della novella originale) («Salgari», Albo n. 15) (fumetti, pp. 8)

NUOVE RACCOLTE DI NOVELLE E BREVI RACCONTI, PUBBLICATE IN VOLUME DOPO LA MORTE DI EMILIO SALGARI
in ordine cronologico
[Il livello di attendibilità varia molto con le edizioni.]

Il brick del diavolo

12 racconti e un articolo, con il titolo del primo. Gli scritti erano stati pubblicati su «Per Terra e per Mare», 1904-06, quindi in origine proprietà di Donath e dopo della Vallardi.

⋆ [Sar] O tb	1923	Milano, Società Editrice L'Italica. Disegni di F. Fabbi [erroneamente attribuiti sul frontespizio a G. D'Amato]. [Definita «opera postuma» di Salgari «completata da Luigi Motta»: due errori] (pp. 217) [Contiene *Le cacce nell'India* di «John Staar» (vedi sopra), serie di racconti pubblicata a puntate su «Per Terra e per Mare», 1904, cominciando dal fascicolo n. 28 dell'Anno I]
⋆ O	[19?]	[prima del 1938] Milano, Sonzogno (pp. 222) [in due vesti editoriali, Lit. 5,50 e Lit. 7]
ch O	1970	Milano, Fratelli Fabbri ("Tigri e corsari", 90) (pp. 160) [Inclusi sono 11 racconti e un articolo, però senza *Le cacce nell'India*, racconto pubblicato al n. 80 della stessa collana] [Vedi *L'ultima tigre*, 1969, sopra]
O	1994	Cavallermaggiore, Gribaudo ("Collezionismo", 3) (riproduzione facsimile dell'ed. della Società Editrice L'Italica)

L'ultimo corsaro

16 racconti con il titolo del primo lungo, che è in sei capitoli.

1934: sul verso del frontespizio, in una cornice: «N.B. – Questi racconti originali di Emilio Salgari, fra i più avvincenti e suggestivi del celebre autore, già pubblicati su riviste e giornali, sono stati ora raccolti per la prima volta in volume». Alcuni erano stati stampati su «Il Giornalino della Domenica», 1906-8. Nelle edizioni del Secondo Dopoguerra i contenuti possono essere talvolta meno attendibili.

⋆ C Bit [Sar] Cap O	1934	Firenze, Bemporad. Ill. F. Fabbi ("Nuova Collana di avventure per la Gioventù") (pp. 158) [Lit. 6.]
CP O	1939	Firenze, Marzocco (2ª ed.) (pp. 155) [Lit. 5]
⋆ O ch Agn	1943	Milano, Impero. Ill. N. Lubatti ("I Romanzi dell'Ardimento", 2: Collana di capolavori della Letteratura mondiale di Avventure) (pp. 184) [«Finito di stampare nella Tipografia PAGANI il 31-7-1943»]
Agn	1945	Milano, Impero ("I Romanzi dell'Ardimento", 2) (pp. 182)
Agn	[sd ante 1950]	Milano, Pagani [già Impero] ("I Romanzi dell'Ardimento", 2) (pp. 182)
⋆ L	1951	Milano, Pagani (Collana "Le grandi avventure", n. 12) (in copertina: E. Salgari; sul frontespizio: Salgari)

Agn	1952	Milano, Pagani ("Le grandi avventure", n. 12/15) (pp. 96) (datata 10 settembre 1952)
CB O Agn	1960	Bologna, Carroccio ("Nord-Ovest", 61) (in copertina: E. Salgari; sul frontespizio: Emilio Salgari) (pp. 160)
O Agn	c1963	S. Lazzaro di Savena, Carroccio ("Nord-Ovest", 61) (pp. 160)

I racconti di avventure di Emilio Salgari

| * M | 1935-36 | Milano, Sonzogno [6 volumi, composti di 32 degli 88 fascioletti in-16 di uno o due racconti ciascuno, pubblicati nello stesso periodo dalla Sonzogno: alcuni titoli cambiati dall'originale, con anche qualche variazione nei testi] |
| Vig | 1945 | Milano, Carroccio: *Novelle Salgari* [ristampa incompleta dei fascicoli Sonzogno con nuove copertine e nuovi frontespizi] |

Le tigri del Borneo

1951: in copertina, Salgari; 1960: in copertina, O. Salgari; 1962: in copertina, E. Salgari, e sul frontespizio Emilio Salgari. Sono 5 racconti, narrati in prima persona, con qualche variazione di titoli e testi da edizione a edizione; in alcuni casi qualche base autentica esiste, ma i racconti sono stati tanto rimaneggiati da renderli 'falsi'. Erano stati scelti o per la narrazione in prima persona o perché si prestavano ad essere adattati a tale metodo narrativo, il tutto essendo una tappa nella lunga campagna di Omar Salgari per convincere i lettori della realtà dei viaggi del padre. Il primo racconto, *Le tigri del Borneo*, è una versione modificata dell'autentico contributo di Salgari al suo settimanale «Per Terra e per Mare» intitolato *Un'avventura del capitano Salgari al Borneo: Novella*. Seguono dei brani «memorialistici» attribuiti a Omar Salgari, ma sono basati su una versione abbreviata di pagine preparata da Renzo Chiosso nel 1920 come elementi della cosiddetta autobiografia salgariana *Le mie memorie*; anche la loro presentazione cambia molto nelle diverse edizioni.

Sar [vt]	1943	Milano, Impero [vt Pagani]
O Agn	[19..?]	Milano, Pagani ("I romanzi dell'ardimento", 7 o 9) (pp. 174) (Emilio Salgari in copertina)
Agn	[1950?]	[Milano, Pagani], ("Le grandi avventure", 11) (pp. 78) (in copertina solo Salgari)

⋆ L tb	1951	Milano, Pagani ("Le grandi avventure", 11) [con 4 brevi sezioni «biografiche» firmate Omar Salgari, pp. 57-75]
Agn	[195?]	[Milano, Pagani], ("Le grandi avventure", 11) (pp. 78) (solo Salgari in copertina)
C O Agn	1960	Bologna, Carroccio ("Nord-Ovest", 62) (pp. 156) (in copertina O. Salgari)
O Agn	[1961]	S. Lazzaro di Savena, Carroccio ("Nord-Ovest", 62) (pp. 156) (in copertina E. Salgari)
Agn	1962	S. Lazzaro di Savena, Carroccio ("Nord-Ovest", 62) (pp. 156) (in copertina E. Salgari)
Agn	[1964]	S. Lazzaro di Savena, Carroccio ("Nord-Ovest", 62) (pp. 156) (in copertina E. Salgari)
⋆	1964	Milano, Carroccio ("Nord-Ovest", 62) (pp. 168) [con 2 capitoli «memorialistici» firmati Omar Salgari, Parte Sesta, pp. 121-56]
O	1965	S. Lazzaro di Savena, Carroccio ("Collana salgariana", 34) (pp. 158) (firmato O. Salgari)
Agn	c1965	S. Lazzaro di Savena, Carroccio ("Nord-Ovest", 62) (pp. 156) (in copertina E. Salgari)

I pirati del Mar Giallo

12 racconti brevi – il volume assume il titolo del primo – in cui figurano notevoli allusioni all'Africa: fra i titoli sono *I drammi dell'Abissinia* e *La strega bianca dei Gorongosa*. Sulla copertina: Salgari; sul frontespizio: Omar Salgari.

C	1945	Milano, Impero ("I romanzi dell'ardimento": Collana di capolavori della Letteratura mondiale di Avventure, n. 6) (pp. 206)
Agn	[1945-50?]	Milano, Pagani ("I romanzi dell'ardimento", n. 6) (pp. 204)
Agn	[s.d.]	Milano, Pagani ("Le Grandi avventure", n. 13) (pp. 93)
Agn	1960	Bologna, Carroccio (firmato O. Salgari) ("Nord-Ovest", 70) (pp. 160)
Agn	1961	San Lazzaro di Savena, Carroccio (firmato O. Salgari) ("Nord-Ovest", 70) (pp. 160)
Agn	c1962 [stampa 1964]	Bologna, Carroccio (firmato O. Salgari) ("Collana Nord-Ovest", 70) (pp. 160)

Storie rosse

C M cm O	1954	Milano, Marvimo (a c. di Mario Morini, di cui è l'Introduzione) (pp. 232) [Contiene 23 racconti usciti, con lo pseudonimo Guido Altieri, presso S. Biondo, Palermo, 1899-1902, con qualche titolo variato. Non è la compilazione di capitoli scelti, eseguita dalla Bemporad nel 1910 con lo stesso titolo.]
O ch	1969	Milano, Fratelli Fabbri ("Tigri e corsari", 52) (pp. 159) [Comprende 23 racconti brevi, senza introduzione]

100 avventure sugli oceani

In realtà 89 racconti di avventure raccolti da diverse fonti, con alcuni titoli e testi cambiati.

* CB cm O	1959	Napoli-Roma, V. Bianco (voll. 2, pp. 500 + 468) (Prefazione: Giovanni Calendoli) ("I libri per ragazzi", 1)

Avventure di prateria, di giungla e di mare

★ T O	1971	Torino, Einaudi ("Letture per la scuola media", 18) (a c. di D. Ponchiroli) (pp. 366)
O	1972	Torino, Einaudi ("Letture per la scuola media", 18) (a c. di D. Ponchiroli) (2ª ed.) (pp. 366)
O	1973	Torino, Einaudi ("Letture per la scuola media", 18) (a c. di D. Ponchiroli) (3ª ed.) (pp. 366)
O	1973	Torino, Einaudi ("Letture per la scuola media", 18) (a c. di D. Ponchiroli) (4ª ed.) (pp. 366)
O	1977	Torino, Einaudi ("Letture per la scuola media", 18) (a c. di D. Ponchiroli) (5ª ed.) (pp. 366)
O	1980	Torino, Einaudi ("Letture per la scuola media", 18) (a c. di D. Ponchiroli) (7ª ed.) (pp. 366)
O	1981	Torino, Einaudi ("Letture per la scuola media", 18) (a c. di D. Ponchiroli) (8ª ed.) (pp. 366)
O	1982	Torino, Einaudi ("Letture per la scuola media", 18) (a c. di D. Ponchiroli) (9ª ed.) (pp. 366)

O	1984	Torino, Einaudi ("Letture per la scuola media", 18) (a c. di D. Ponchiroli) (pp. 366)
O	1989	Torino, Einaudi ("Letture per la scuola media", 18) (a c. di D. Ponchiroli) (13ª ristampa) (pp. 366)
O	c1990	Torino, Einaudi ("Letture per la scuola media", 18) (a c. di D. Ponchiroli) (pp. 366)
* T O	2002	Torino, Einaudi: *Il mistero della foresta e altri racconti* [gli stessi racconti del volume *Avventure di prateria, di giungla e di mare* con il titolo nuovo] (Introduzione di E. Trevi; con un saggio di L. Tamburini) ("ET", 942) (pp. XXII, 272)

Racconti avventurosi

| C O | 1974 | Milano, SugarCo (pp. 254) [Lit. 2500] |

Tutti i racconti e le novelle di avventure

Nonostante il titolo, non è la raccolta completa.

| * C O | 1977 | Milano, Mursia ("Le Pleiadi", 9) (con Presentazione firmata G. C. [Giovanni Calendoli?], pp. 5-8; Nota biografica, p. 463; Nota bibliografica, pp. 463-66) (pp. 470) [Lit. 10.000] |

Racconti di avventure: antologia di racconti: viaggi e avventure

| O | c1991 | Borgo San Dalmazzo [Cuneo], Bertello ("Sapore di libri. Prime letture") (pp. 159) |

La tigre misteriosa e altri racconti di avventure

| O | 1994 | Roma, Nuova Cultura ("Lapis", 3) (con altri 5 racconti) (pp. 139) |

Gli antropofaghi del Mare del Corallo: Racconti ritrovati

| Poz O | 1995 | Milano, Mondadori ("Oscar narrativa", 1524) (a c. di F. Pozzo) (pp. 328) |

I racconti della Bibliotechina Aurea Illustrata

Raccolta tratta dai volumetti singoli usciti sotto lo pseudonimo Cap. Guido Altieri, pubblicati da Salvatore Biondo, Palermo, 1899-1906, con i disegni originali di C. Sarri.

C O	1999-02	Torino, Viglongo, vol. I-III, ("Salgari & Co." 8, 10, 11) (a cura di M. Tropea, con prefazione, e saggi introduttivi e finali, più saggi di C. Gallo, C. Lombardo, e F. Pozzo)
C O	c2002-03	Milano, Fabbri ("Emilio Salgari"): v. 1, *Racconti di mare*; v. 2, *Racconti d'aria e di terra*; v. 3, *Racconti ai poli e all'Equatore*
O	2006	Milano, Fabbri: v. 3, *Racconti ai poli e all'Equatore* (Nuova ed.)

Storie con la maschera

Poz O	2003	Atripalda (AV), Mephite (a c. di F. Pozzo) ("I cacciaguida", 5) (pp. 113)

La nave fantasma

* O ch	2006	Roma, Editori Riuniti. Ill. S. Talman (firmato E. S., contiene 7 racconti brevi) ("Avventura ragazzi", 3) (pp. 154) [€ 10]

I racconti del capitano

Poz O	2006	Milano, Magenes (a c. di F. Pozzo) ("Maree") (pp. 246)

Schiavi e schiavisti

O	2007	Roma, Editori Riuniti.

I misteri dell'India

O	2008	Macerata, Edizioni Simple (antologia di racconti)

Avventure di montagna

* Poz O	2011	Torino, Vivalda (a c. di F. Pozzo) ("I licheni", 100) (pp. 152)

I ROMANZI APOCRIFI – OVVERO FASULLI –
ELENCO ALFABETICO

Qui elencati sono i cosiddetti 'falsi', firmati unicamente Emilio Salgari oppure con il nome di Salgari abbinato a quello di un secondo autore, ma creati – imitando i contenuti e lo stile del Nostro – da altri; certe edizioni firmate O. Salgari, ma non scritte né da Emilio né dal figlio, sono qui incluse essendo esempi anch'esse delle pratiche falsificatorie dell'epoca. Sono rappresentate soprattutto tre imprese diverse, protrattesi attraverso molti decenni: le prime edizioni delle opere apocrife uscirono nel corso degli anni 1921-1959, mentre la storia delle ristampe durò più a lungo; tramite le numerose ristampe infatti molti 'falsi' si mantennero in vita fino agli Anni Sessanta e alcuni arrivarono perfino agli Anni Settanta. Una prima impresa in questa parte della fortuna fu quella architettata dagli eredi Salgari e, dopo un intervallo provocato dai suoi dubbi, realizzata a sue spese dall'editore Bemporad che impiegò alcuni scrittori fantasma (vedi il Volume II della presente opera); un secondo progetto dipendeva direttamente dal patrocinio degli eredi Salgari, che cercarono loro gli scrittori fantasma, e delle altre case editrici interessate, mentre la terza iniziativa fu sviluppata dallo scrittore Luigi Motta che abbinava il suo nome a quello di Salgari e pagava gli eredi per il permesso di sfruttare alcune «trame lasciate dall'autore»; anch'egli si serviva dell'aiuto di almeno due scrittori fantasma, Emilio Moretto e Calogero Ciancimino. Molto evidente fin dall'inizio, l'influenza di Motta su questa storia penosa si è mostrata presto (1921) e dominò il mercato dei 'falsi' nei primi anni, per poi rimanere considerevole e durevole, anche dopo la Seconda Guerra Mondiale.

Per gli eredi, l'amico di famiglia Renzo Chiosso, dopo i primi sforzi degli anni 1911-15, si mise di nuovo al lavoro alla fine della Prima Guerra Mondiale. Cominciando qualche anno più tardi, Giovanni Bertinetti avrebbe scritto (secondo la sua stessa testimonianza, citata dall'editore torinese Andrea Viglongo e più tardi da Felice Pozzo) non meno di 17 'falsi', più la finta biografia firmata dal figlio più giovane: Omar Salgari, *Mio padre Emilio Salgari*. Tuttavia questa fu un'esagerazione, senz'altro involontaria, visto che uno dei titoli da lui elencato era stato opera di Paolo Lorenzini (Collodi Nipote); così la giusta cifra era di 16 romanzi. Il Secondo Dopoguerra fu un periodo sempre più sgradevole per i 'falsi' ormai estremamente scadenti. Anche quando Omar Salgari fece stampare sulla copertina di qualche nuovo romanzo il solo cognome Salgari, senza iniziale, o anche «O. Salgari», mentre sul frontespizio si leggeva «Omar Salgari», il metodo era stato concepito per ingannare: né copertina né frontespizio erano in questi casi esatti, ma l'intenzione era di attirare il lettore entusiasta di Emilio Salgari (mentre è da escludere che Omar avesse scritto una qualsiasi opera di suo pugno); tali esempi sono stati dunque inclusi fra i 'falsi', essendo una parte intrinseca della fortuna salgariana.

Durante tutta la storia delle opere fasulle, l'uso del nome di Nadir Salgari (figlio maschio primogenito) o di Omar Salgari (il più giovane dei quattro figli) significava una specie di doppia truffa perché nascondeva sempre il nome di uno scrittore fantasma e insieme promuoveva fiducia in una presunta autenticità salgariana. Fra gli scrittori fantasma, Giovanni Bertinetti era il più proficuo, ma siccome l'elenco compreso nella sua confessione del Secondo Dopoguerra includeva almeno un libro altrui, l'origine di tutti i volumi andrebbe controllata. Secondo la vivida memoria di Giovanna Spagarino Viglongo, fra gli altri scrittori fantasma salgariani sarebbero stati il veronese Renzo Chiarelli (figlio di Riccardo), Sandro Cassone, e – soprattutto – Americo Greco, osservazione convalidata da un recente volume di saggistica sull'argomento: *Salgari, Salgariani e falsi Salgari* della Fondazione Rosellini (2011). Accettò il ruolo anche Paolo Lorenzini, Collodi Nipote, scrivendo un romanzo apocrifo basato su una cosiddetta 'trama' del maestro (episodio documentato nel carteggio Bemporad-Lorenzini). È probabile che avesse fatto lo stesso anche Mario Casalino (giornalista e traduttore), creando due 'falsi' abbastanza noti. Invece, secondo Maurizio Sartor, la Bemporad avrebbe rivolto un invito consimile a Italo Palmarini (scrittore proficuo e versatile, anch'egli già pubblicato da Bemporad e da Quattrini) e a Emilio Fancelli (energico epigono fiorentino edito prima della guerra dalla Nerbini e illustrato da Fabio Fabbi, e sempre attivo anche presso la Viglongo nel Secondo Dopoguerra); a quanto pare, questi inviti non ebbero esito, almeno all'inizio e almeno per quanto riguarda la Casa Editrice Bemporad. Come anche nel tardo fascismo, nei primi anni dopo la Seconda Guerra Mondiale, con una seconda proliferazione di nuovi 'falsi', è ormai accertato, grazie al collezionista Tiziano Agnelli [Agn] e agli studiosi veronesi Claudio Gallo e Giuseppe Bonomi [Gal/Bon], che Riccardo Chiarelli – professore fiorentino e amico di Omar – scrisse una manciata di nuovi racconti apocrifi, anche se negava sempre di averlo mai fatto. Nonostante il lungo catalogo di nomi, ancora oggi possiamo ipotizzare l'esistenza in passato di alcuni scrittori fantasma salgariani non finora identificati.

Una divertente dimostrazione dell'esistenza dei molti scrittori fantasma e della confusione causata dal loro ruolo e da quello degli eredi si trova nel moderno catalogo online della Biblioteca Nazionale Centrale di Firenze. La scheda di informazioni su molti volumi 'falsi' spesso reca una nota supplementare; per esempio, la scheda per l'edizione de *Il Corsaro Rosso* del 1945 (Milano, Impero) attribuisce il testo a Omar Salgari (il nome sul frontespizio), e sotto gli altri particolari si legge (in un'inversione degna del Paese delle Meraviglie):

> Salgari, Omar è *la forma preferita per:*
> Bertinetti, Giovanni
> Chiosso, Renzo
> Greco, Americo
> Cassone, Sandro
> Motta, Luigi
> Chiarelli, Renzo

Mentre Americo Greco è il probabile autore del romanzo *Il Corsaro Rosso*, la sola cosa sicura in questo caso e in tanti altri e il fatto che Omar non ne fu autore. Tutti i 'fantasmi' erano davvero scrittori, Omar no.

Nell'elenco che segue si cita il nome dello scrittore fantasma nei casi in cui è stato – pare – accertato; ci sono lacune: non è possibile specificare il nome del vero autore se, per un'opera pubblicata dopo la morte del Nostro, dalle fonti viene fornito solo il nome di Emilio Salgari e non sono state riscontrate prove documentarie contrarie né nel carteggio né negli studi affidabili altrui. Per i 'falsi' usciti prima del 1936 ad opera di Nadir Salgari, il vero autore in alcuni casi non è ancora stato identificato: in questi casi, fino ad oggi, non risulta che il carteggio della Casa Editrice Bemporad ci possa aiutare. Durante la gestione di Omar Salgari, dal 1937 agli Anni Sessanta, la vicenda si dimostra sempre più confusa.

Per l'origine dell'industria famigliare dei 'falsi' bisogna tornare al 1911, anno della morte dello scrittore, quando Salgari lasciò presso il suo editore Enrico Bemporad un romanzo non ancora pubblicato e un altro non ancora terminato: il primo, troppo lungo, venne diviso in due per l'edizione ma chi avesse eseguito la divisione non si sa; tuttavia l'amico di Salgari e insegnante della figlia Fatima, Renzo Chiosso, si fece avanti e gli fu dato il compito di controllare il testo di un volume uscito postumo nel 1911; per il manoscritto incompiuto, l'editore invitò un vecchio collaboratore di Salgari, Aristide Marino Gianella, a completare il testo. Nello stesso tempo, il figlio adolescente Nadir Salgari trovò in casa il carteggio del padre e tra i documenti un mucchio di cartelle autografe: erano appunti per possibili racconti futuri, abbozzati probabilmente nel corso di molti anni, la grande maggioranza – si può supporre – abbandonata definitivamente dall'autore, non essendo di prima qualità. Dopo la Prima Guerra Mondiale l'ex ufficiale Salgari Nadir si trovò senza lavoro, impoverito e con tutta la famiglia in circostanze difficili, e pensò di nuovo alle cartelle come fonte di reddito. Fece un primo tentativo di farle fruttare con l'aiuto dell'ultimo editore del padre, che però aveva dei grossi dubbi al riguardo; alla fine, dopo un intervallo di quasi un decennio, l'editore rimase intrappolato da un complotto e ebbe inizio la lunga storia penosa dei romanzi apocrifi, i cosiddetti 'falsi', sviluppati da scrittori fantasma in base agli appunti salgariani.

Oggi, un secolo dopo, bisogna riconoscere l'utilità o meno degli appunti (le «trame lasciate dallo scrittore») che costituivano la sola scusa per i nuovi racconti firmati Emilio Salgari. Al massimo quelli più consistenti erano di alcune pagine, su cui erano elencati i titoli dei capitoli, con l'argomento in breve, l'ambientazione e i nomi dei personaggi; tuttavia non è credibile che Salgari avesse lasciato appunti così abbondanti per più di – mettiamo – dieci romanzi, tanto meno per decenni. Molte delle tanto vantate 'trame' sarebbero consistite piuttosto in una pagina di poche indicazioni. Inoltre non è credibile che delle nuove 'trame' o appunti venissero a galla dopo i primi Anni Trenta. Ci sono invece dei volumi apocrifi sviluppati da alcuni brevi racconti autentici di Salgari, scritti spesso poco conosciuti e talvolta pubblicati pseudonimi. Tutto sommato dobbiamo concludere che molti dei 'falsi' non erano nemmeno derivati da nessuna fonte autentica.

Mentre la contraffazione di opere di Salgari fu progetto soprattutto degli eredi e di Motta, la divisione in due metà di romanzi autentici, pubblicati con un titolo inventato per almeno il secondo volume, fu iniziativa delle case editrici. In questi casi nessuna delle due metà era autentica essendo incompleta e spesso inoltre adattata, nonostante il fatto che era abituale stampare sulla copertina o sul frontespizio le parole «Edizione integrale». La prassi rientrava nella strategia commerciale della ditta Carroccio, poi Carroccio-Aldebaran, negli Anni Quaranta e Cinquanta; fu ripresa in modo veramente aggressivo dalla Malipiero negli Anni Sessanta e Settanta quando i romanzi dimezzati uscirono simultaneamente in una mezza-dozzina di collane diverse della ditta, in vesti editoriali leggermente diverse: un'industria davvero di massa.

Quindi i romanzi dimezzati sono anch'essi una specie di 'falso', un danno inflitto sull'opera autentica e un inganno perpetrato sul pubblico. Per fortuna tali abusi non sono più di moda e negli ultimi decenni l'indirizzo più approfondito degli studi salgariani ha incoraggiato una nuova cura editoriale vista prima nella pionieristica *Edizione Annotata* della Mondadori (1969-74).

Oltre alla bibliografia alfabetica (sotto), in cui tutta la storia bibliografica di ogni titolo è esposta, nelle pagine seguenti si leggono gli elenchi cronologici delle pubblicazioni apocrife e delle edizioni dimezzate. È necessario notare che, oltre ai romanzi falsi elencati qui, sono stati pubblicati anche racconti brevi falsi; probabilmente in questa categoria sono, per esempio, *Gli uomini leopardo* (Milano, Pagani, 1941, pp. 15) e *L'isola del Mar dei Sargassi* (Milano, Carroccio, 1945, pp. 31) [vedi Gallo/Bonomi nel volume su *Renzo Chiarelli*].

Nell'elenco di 56 titoli che segue, oltre alle informazioni bibliografiche normali, quelle supplementari sono fra parentesi tonde; dati ulteriori, esito di ricerche, sono fra parentesi quadre. I prezzi (forniti in pochi casi esemplari) sono in Lire italiane – Lit.; dda significa la data del diritto d'autore. Per una locuzione citata si usano le virgolette a sergente – «...», e per le collane quelle tonde – "...", mentre '...' significa un luogo comune poco affidabile o espressione a riflessi sottintesi (come in 'falsi': cioè le virgolette singole spesso hanno il senso della parola 'cosiddetto').

La bibliografia dei 'falsi' salgariani è quella più difficile e meno certa. Per essere sicuri della data di prima edizione di ogni volume è ovviamente preferibile che ci sia più di una fonte per quelle informazioni, salvo nel caso di O (OPAC) che è una sintesi di dati forniti da centinaia di biblioteche e salvo nel caso di una prova oculare (come in alcuni casi di edizioni che recano solo la sigla *). La bibliografia salgariana di Vittorio Sarti è da anni uno strumento molto utile; tuttavia Sarti non cita le sue fonti per le singole edizioni e, nell'elenco che segue, molte volte lui è la sola fonte della data di prima edizione che viene qui esposta (cioè senza nessuna conferma da OPAC, senza la quale ci devono esistere dei forti dubbi): in questi casi l'edizione ipotetica non viene omessa ma è fra parentesi quadre per suggerire l'incertezza e la necessità di una conferma.

Elenco alfabetico

A bordo dell'«Italia Una»: primo viaggio marittimo dell'autore (novella)
In realtà una novella sviluppata nel 1920 da Renzo Chiosso, quasi certamente sulla base di un abbozzo giovanile scritto da Salgari in prima persona; il nuovo scritto fu preparato in seguito a un accordo fatto con gli eredi Salgari e con l'editore Bemporad il 3 novembre 1919; l'editore respinse il manoscritto nel 1920 perché fingeva di essere autobiografico.

* C Vig	1925	Milano, Sonzogno, novella a puntate in «Giornale Illustrato dei Viaggi e delle Avventure di Terra e di Mare», 26 luglio-20 settembre, Anno 41, n. 30 (pp. 10-11) – n. 38 (pp. 9-11), illustrata da fotografie topografiche.
* CP O	1929	Milano, Sonzogno: in *I cacciatori di foche*: un cosiddetto «romanzo d'avventure» (ma in realtà due lunghe novelle, la prima autentica; più *A bordo*, pp. 131-221, in tutto pp. 224). [Vedi anche: *Nel paese dei ghiacci*, Torino, Paravia, 1896, nella sezione della Bibliografia intitolata «Raccolte di novelle e racconti brevi pubblicate in volume durante la vita di Emilio Salgari»; il volume contiene, con un'altra novella, il racconto autentico *I cacciatori di foche alla Baia di Baffin*, pp. 265.]

Addio Mompracem!

Firmato L. Motta – E. Salgari.

[Sar	1924	Milano, Sonzogno]
C Sar O	1929	Milano, Sonzogno. Ill. F. Fabbi ("Opere di E. S.") (pp. 287) [copyright: L. Motta 1929]
Sar O	1931	Milano, La Lanterna: firmato Emilio Moretto, con prefazione (pp. 262)
vt	1948	Torino, Viglongo
C vt Sar O	1949	Torino, Viglongo ("Il romanzo d'avventure") (pp. 307)
vt	1951	Torino, Viglongo (ristampa)
vt	1953	Torino, Viglongo (ristampa)
vt	1954	Torino, Viglongo (ristampa)
vt	1956	Torino, Viglongo (ristampa)
vt	1959	Torino, Viglongo (ristampa)
vt	1961	Torino, Viglongo (ristampa)
O	1962	Torino, Viglongo ("I capolavori di E. S.") (pp. 307)
vt	1964	Torino, Viglongo (ristampa)

Una traduzione:

U	1957	*¡Adios Mompracem!*: ARGENTINA Buenos Aires, Peuser

L'Aquila Bianca

Opera, pare, di Americo Greco che sviluppò il 'falso', uscito nel 1947, sulla base di un racconto breve autentico firmato Guido Altieri e pubblicato nell'opuscoletto n. 104 della «Bibliotechina Aurea Illustrata» di Salvatore Biondo, Palermo: il raccontino originale venne ristampato nel 1940, nel 1945 e, a quanto pare, nel 1960.

C Sar O	1947	Milano, Carroccio (firmato Emilio Salgari: «Romanzo d'avventure»; «Da una novella di Emilio Salgari a cura di Omar Salgari» ('Ed. integrale') ("Collana pop. S.", 64) (pp. 58)
[Sar	1947	Milano, Corbaccio [?] («Romanzo di Avventure», «Da una novella di E. Salgari a cura di O. Salgari»)
O	1959	Bologna, Carroccio-Aldebaran (firmato Emilio Salgari) ("Nord-Ovest", 2)
O	1961	Bologna, Carroccio (copertina: O. Salgari; O: attribuito a Emilio Salgari) ("Nord-Ovest", 2) (pp. 160)
O	[1963]	[?], Carroccio (firmato Emilio Salgari) ("Nord- Ovest") (pp. 160)
O	1964	S. Lazzaro di Savena, Carroccio (firmato O. Salgari: «da una trama inedita di Emilio Salgari») ("Collana Salgariana", 28) (pp. 159)
O	[1964]	S. Lazzaro di Savena, Carroccio (firmato Emilio Salgari) ("Nord-Ovest") (pp. 159)

[*Nota*: Intanto anche il raccontino autentico intitolato *L'Aquila Bianca* era stato ristampato:

C O	1960	Palermo, Organizzazione editoriale (firmato Emilio Salgari) ("Infanzia", 6) (pp. 42)] [il breve racconto originale]

Ariucka: la figlia del Cacico

Sul frontespizio: «Romanzo postumo di avventure tratto dalla trama lasciata dall'Autore e pubblicato a cura di Omar Salgari». Possibilmente opera di Americo Greco.

[Sar	1943	Milano, Impero (Sar: *La figlia...*)]
O Agn	[?]	Milano, Pagani [già Impero]: *Ariucka...* ("I romanzi dell'ardimento", 7 o 8) (pp. 171)

C O Agn	[1945]	Milano, Pagani: *Ariucka...* ("I romanzi dell'ardimento", 3) (pp. 147) [Lit. 150]
* L	1951	Milano, Pagani: *La figlia del Cacico* (copertina: Emilio Salgari) ("Le grandi avventure", Anno I, n. 1, 22 marzo 1951) (pp. 88) [Lit. 180] [2010: € 20]
Agn	[?]	Milano, Pagani: *La figlia del Cacico* (firmato Emilio S.,) ("Le grandi avventure", 9) (pp. 88)
C Mil O Agn	1954	Milano, E.U.B.: *La figlia del Cacico* ("Biblioteca del Ragazzo", 8) (firmato Emilio Salgari) (pp. 175)
CB	1959	Bologna, Carroccio-Aldebaran: *La figlia del Cacicco* [sic] (firmato E. Salgari) ("Nord-Ovest", 81) (pp. 164)
O	1959	S. Lazzaro di Savena, Carroccio-Aldebaran: *La figlia del Cacicco* [sic] ("Nord-Ovest", 64)
O	[1961]	S. Lazzaro di Savena, Carroccio: *La figlia del Cacicco* [sic] (firmato E. Salgari) ("Nord-Ovest", 64) (pp. 162)
O	1964	S. Lazzaro di Savena, Carroccio: *La figlia del Cacicco* [sic] (firmato E. Salgari) ("Nord-Ovest", 64) (pp. 162)

Le avventure del Gigante Bardana

1928: sulla copertina e sul frontespizio della 1ª edizione: «Emilio e Nadir Salgari». In realtà scritto da Giovanni Bertinetti [Poz].

* C Bit Sar O	1928	Milano, Barion (pp. 222) [Lit. 2]
L	1929	Milano, Barion
C Mil O	1933	Milano, Barion
C. Mil O	1935	Milano, Barion
C Mil O	1937	Milano, Barion
O	1947	Milano, Carroccio: *Il Budda di giada* (firmato E. Salgari) ("Collana pop. S.", 63) (pp. 69)
* C O	1960	Bologna, Carroccio: *Il Budda di giada* ("Nord-Ovest", 80) (E. Salgari in copertina; sul frontespizio: Nadir Salgari) (pp. 160) [I titoli dei 27 capitoli sono identici a quelli della 1ª edizione del 1928]
O	[1961]	Bologna, Carroccio ("Nord-Ovest", 80)
* O ch	1964	Bologna, Carroccio ("Nord-Ovest", 80) (pp. 160) (firmato Nadir Salgari)

Avventure di Simon Wander, Le,

In realtà scritto da Lorenzo [Renzo] Chiosso, in accordo con gli eredi e in seguito a un contratto firmato con l'editore Bemporad il 3 novembre 1919. La base fu un manoscritto giovanile di Salgari, «Le avventure di Simone van der Stell [nella Nuova Guinea]».

* C cm G Cap O	1921	Firenze, Bemporad ("Romanzi straordinari di E.S.") (pp. 169) [finito di stampare 11-1921; dda 1921] [5.500 copie]
CP Bit Cap O	1928	Firenze, Bemporad ("Nuova collana di avventure per la gioventù")
* G cm	1929	Milano, Sonzogno
CP Mil O	1931	Milano, Sonzogno (con *L'isola dei cannibali*) [Lit. 5]
vt	1946	Torino, Viglongo
C O	1947	Torino, Viglongo
O	1955	Torino, Viglongo (con *L'isola dei cannibali*) ("I capolavori dei E. S.")
vt	1956	Torino, Viglongo
O	1969	Milano, Fabbri ("Tigri e corsari", 72)
O	1975	Vicenza, Edizioni Paoline ("Tutto Salgari", 26)

Alcune traduzioni:

F	1929	*Les aventures de Simon Wander*: Francia Paris, Tallandier
tr U	1960	*As aventuras de Simão Wander*: Portogallo Lisboa, Torres (2ª ed.)

I cacciatori del Far West

Firmato: E. Salgari – L. Motta.

C Sar O	1925	Milano, Bottega di Poesia (pp. 338)
O	1931	Milano, Barion (pp. 445)
cm O	1932	Sesto S. Giovanni, Barion
O	1933	Milano, L'Italica (pp. 318)
C M O	1933	Sesto S. Giovanni, Barion (Lit. 4)
C M O	1934	Milano, Barion
C	1935	Milano, Barion (Casa per edizioni popolari)
cm O	1945	Milano, C.E.M. (più *La zattera del naufragio*)
C vt O	1949	Torino, Viglongo ("Il romanzo di avventure") (pp. 307)
T	1950	Torino, Viglongo

vt	1953	Torino, Viglongo (ristampa)
vt	1961	Torino, Viglongo (ristampa)

Alcune traduzioni:

U	1957	*Lovci sa Dalekog zapada*: JUGOSLAVIA Sarajevo, Džepna knjiga
U	1958	*Los cazadores del Far-West* : SPAGNA Barcelona, G.P.

I cannibali dell'Oceano Pacifico

Sul frontespizio: «Romanzo postumo tratto da trama lasciata dall'Autore e pubblicato sotto la direzione di Nadir Salgari». Il titolo originale della 'trama' era stato «I naufraghi d'Ika-na-mawi». Un articolo di Maurizio Sartor, nonostante certe inesattezze, ha reso nota la probabilità che il vero autore sia stato il giornalista e traduttore Mario Casalino, ma mancano alcuni particolari utili. La copia dattiloscritta della 'trama' fornita dall'editore a Casalino era «di fogli undici» e la data del contratto fu il 3 dicembre 1929. (Il carteggio Casalino-Bemporad apparteneva agli anni 1929-1932 e riguardava anche altri lavori non salgariani.)

CP Sar Cap O	1930	Firenze, Bemporad ("Nuova collana di avventure per la gioventù") (pp. 214)
CP Cap O	1933	Firenze, Bemporad (2ª ed.) ("Nuova collana di avventure per la gioventù") [Lit. 6]
C cm O	1947	Firenze, Marzocco (5ª ed.) («Rom. post. […] pubblicato sotto la direzione di Nadir Salgari»)
C O	1950	Firenze, Marzocco (6ª ed.) («Rom. post. […] pubblicato a cura di N. S.»)
C	1954	Firenze, Marzocco (6ª ristampa) («Rom. post. […] pubblicato a cura di N. S.»)

Il Corsaro Rosso (Conte di Ventimiglia)

Sulla copertina: Salgari; sul frontespizio: Omar Salgari. Con due parti e 40 capitoli, questo 'falso' non fu messo insieme frettolosamente; ha inoltre un carattere insolito: è la storia dell'antefatto de *Il Corsaro Nero* e termina con la conversazione tra Carmaux, Wan Stiller e il Corsaro Nero con cui il famoso romanzo autentico inizia. Il vero autore può essere stato Americo Greco.

* ch O	[1940/41?]	[Milano], [Casa Editrice Impero]. Ill. N. Lubatti (pp. 206) [L'esemplare visto manca di qualche pagina: i dettagli editoriali sono stati dedotti da altre prove.]

Sar	1941	Milano, Impero
Vig	1942	Milano, Impero (firmato Omar Salgari)
O Agn	1944	Milano, Impero ("I romanzi dell'ardimento", 1) (pp. 202) (solo Salgari in copertina; O. Salgari sul frontespizio)
C O Agn	[1945]	Milano, Impero ("I romanzi dell'ardimento") (pp. 190) (Salgari in copertina; sul frontespizio Omar S.) [stampato 27 marzo]
Agn	[sd, 1950?]	Milano, Pagani ("Le grandi avventure", 1) (pp. 94) (Salgari in copertina; sul frontespizio Omar S.)
⋆ O Agn	1951	Milano, Pagani [già Impero] ("Le grandi avventure") (pp. 102) (solo Salgari in copertina) [O attribuisce il testo ad Americo Greco]
C T O Agn	1954	Milano, Carroccio ("Nord-Ovest", 31) (pp. 132) (firmato Omar Salgari)
Agn	1958	Bologna, Carroccio-Aldebaran ("Nord-Ovest", 31) (pp. 163) (firmato solo Salgari) [stampa 1958]
Agn	1961	Bologna, Carroccio ("Nord-Ovest", 31) (pp. 163) (solo Salgari in copertina)
Agn	[1963?]	Bologna, Carroccio ("Nord-Ovest", 31) (pp. 163) (in copertina O. Salgari)
Agn	[1964]	Bologna, Carroccio ("Nord-Ovest", 31) (pp. 175) (in copertina O. Salgari) [stampa 1964]
Agn	[1964]	S. Lazzaro di Savena, Carroccio ("Collana salgariana", 4) (pp. 175) (in copertina O. Salgari)

Il Corsaro Verde

1945 in copertina: Salgari. In realtà scritto da Sandro Cassone [Ros, VigG, Agn].

[Sar	1942	Milano, Impero]
Agn	1945	Milano, Impero ("I Romanzi dell'Ardimento", 5) (firmato solo Salgari) (pp. 197) [finito di stampare il 24 marzo 1945]
C O	[1945]	Milano, Pagani [già Impero] (in copertina firmato solo Salgari; sul frontespizio Omar S.) (pp. 198)
Agn	[1950?]	Milano, Pagani ("Le grandi avventure", 5) (pp. 96) (firmato solo Salgari)

⋆ O	1951	Milano, Pagani ("Le grandi avventure") (pp. 96) (firmato Omar Salgari)
Agn	[1951?]	Milano, Pagani ("Le grandi avventure", 2) (pp. 96) (firmato solo Salgari)
Agn	1952	Milano, Pagani ("Le grandi avventure", 9) (pp. 96) (firmato solo Salgari) [datato 15 Febbraio 1952] [anche nella collana "Viaggi e Avventure"]
Agn	1953	Milano, Pagani ("Le grandi avventure", 1) (pp. 96) (firmato solo Salgari in copertina) [uscito il 25 aprile 1953]
C T O Agn	1954	Milano, Carroccio (pp. 136) (firmato Omar Salgari)
O Agn	[1964]	S. Lazzaro di Savena, Carroccio ("Nord-O-vest", 32) (pp. 171) (firmato O. Salgari in copertina)
O	c1964	S. Lazzaro di Savena, Carroccio ("Collana Salgariana", 32) (pp. 171) (firmato Omar Salgari)
Agn	1966	S. Lazzaro di Savena, Carroccio ("Collana Salgariana", 32) (pp. 171) (firmato O. Salgari) (datato 1° Gennaio 1966)
O Agn	[1967]	S. Lazzaro di Savena, Carroccio ("Nord-O-vest", 32) (pp. 171) (firmato O. Salgari in copertina)

Il deserto di ghiaccio

Un esempio fra molti del modo in cui un racconto breve autentico, in questo caso uscito pseudonimo presso Biondo di Palermo nel 1902 e nel 1913, e firmato Emilio Salgari presso la Sonzogno nel 1935, poteva poi trovarsi sviluppato in un cosiddetto «testo completo», ossia romanzo falso, «a cura di Omar Salgari», in questo caso nel 1947. Secondo il sito web di Corinne D'Angelo ('La Perla di Labuan'), il romanzo sarebbe opera di Carlo De Mattia [Lab].

⋆ Sar O	1947	Milano, Carroccio («Romanzo d'avventure: testo completo», «da una novella di Emilio Salgari; a cura di Omar Salgari») ("Collana popolare Salgari") (pp. 62) [Capitoli I-XLII, più Conclusione] [Copertina a colori; senza illustrazioni]
⋆ C O	1960	Bologna, Carroccio ("Nord-Ovest", 73) (firmato E. Salgari sulla copertina ed Emilio Salgari sul frontespizio) (pp. 164)

O	[1961]	S. Lazzaro di Savena, Carroccio (firmato Emilio Salgari) ("Nord-Ovest", 73) (pp. 161)
O	1965	S. Lazzaro di Savena, Carroccio (firmato Emilio Salgari) ("Nord-Ovest", 73) (pp. 161)

Emilio Salgari racconta ai bambini: La storia di Mago Magon

Si asserì che ogni sera per 11 anni Salgari aveva narrato questa storia e il suo seguito ai suoi bambini, improvisando ad alta voce, cioè per tutta la vita di Omar dalla nascita in poi; questi da bambino doveva aver avuto una memoria davvero precoce. Bitelli attribuì il libro ad Omar Salgari. In realtà scritto da G. Bertinetti [Poz].

CP Bit Sar O	1938	Torino, Paravia. Illustrato da Piero Bernardini (Edizione curata da Lucio Venna; prefazione: Omar Salgari) (pp. 180) [Lit. 20.]
* O Col	1944	Torino, Paravia (2ª ed.) (Edizione curata da Lucio Venna; prefazione *Come è nato questo libro* firmata Omar Salgari, pp. VII-XVI) (pp. 150) [capitoli 31]
O	1995	Roma, Nuove edizioni romane: *Le avventure di Mago Magon* (firmato Omar Salgari) ("Nuova biblioteca dei ragazzi", 11) (pp. 177)

L'eredità del Capitano Gildiaz

Sul frontespizio: «Romanzo postumo tratto da trama lasciata dall'Autore e pubblicato a cura di Nadir Salgari». In realtà scritto da Giovanni Bertinetti [Poz]. A parte il romanzo per metà autentico su Simon Wander, Bemporad pubblicò questo suo primo 'falso' solo dopo l'uscita di 9 altri presso case editrici diverse, una concorrenza senza dubbio scomoda.

CP Sar Cap O	1928	Firenze, Bemporad. Ill. F. Fabbi ("Nuova collana di avventure per la gioventù") (pp. 184) [Lit. 6]
Cap O	1929	Firenze, Bemporad
L	1931	Firenze, Bemporad (pp. 186) [«pubblicato sotto la direzione di Nadir Salgari»]
Cap O	1937	Firenze, Bemporad (2ª ed.)
O	1941	Firenze, Marzocco (3ª ed.)
C cm O	1947	Firenze, Marzocco (4ª ed.)
C O	1950	Firenze, Marzocco (5ª ed.)
C O	1954	Firenze, Marzocco (pp. 184)

Una traduzione:

F	1931	*L'Héritage du capitaine Gildiaz*: FRANCIA Paris, Michel

Il fantasma di Sandokan

Romanzo a due parti, *Il mistero delle "Scogliere del diavolo"* di 14 capitoli, e *La Signora del Gondwana* di 10 capitoli. Sul frontespizio: «Romanzo postumo tratto da una trama lasciata dall'Autore e pubblicato a cura di Nadir Salgari». In realtà scritto da G. Bertinetti [Poz/VigA].

Sar	1928	Torino, Eredi Botta
L O	1931	Firenze, Bemporad (L pp. 166, O pp. 198) [«pubblicato sotto la direzione di Nadir Salgari»]
* C Cap O	1932	Firenze, Bemporad ("Nuova Collana di Avventure per la Gioventù") (Nuovissima ed. riveduta e corretta) (pp. 166) [Lit. 6]
C Cap O	1935	Firenze, Bemporad (3ª ed. riveduta e corretta) [Lit. 5]
CP O	1939	Firenze, Marzocco (4ª ed.) [Lit. 5]
C T vt O	1947	Torino, Viglongo («Rom. post. […] pubblicato a c. di Nadir S.»)
vt	1948	Torino, Viglongo (ristampa)
vt	1950	Torino, Viglongo (ristampa)
* C O	1951	Torino, Viglongo: firmato E. Salgari – G. Bertinetti. ("Il Romanzo di avventure") («Rom. post. […] pubblicato a cura di Nadir Salgari») (pp. 160) [Lit. 500]
vt	1953	Torino, Viglongo (ristampa)
vt	1954	Torino, Viglongo (ristampa)
vt	1956	Torino, Viglongo (ristampa)
vt	1959	Torino, Viglongo (ristampa)
vt	1961	Torino, Viglongo (ristampa)
Sar	1967 [?]	Torino, Viglongo: firmato E. Salgari – G. Bertinetti
T vt	1970	Torino, Viglongo (ristampa) (T: «Rom. post. … pubblicato sotto la cura di Nadir Salgari»)

Una traduzione:

U	1957	*El fantasma de Sandokan*: ARGENTINA Buenos Aires, Peuser

La figlia del Corsaro Verde

All'origine firmato sulla copertina: E. Salgari; sul frontespizio: «Da una trama inedita di Emilio Salgari sviluppata a cura del figlio Omar Salgari». Più tardi, con altrettanta inesattezza, il nome apparso in copertina fu quello di Omar. In realtà scritto dal veronese Renzo Chiarelli. Vig attribuisce *La figlia del Corsaro Verde* a Renzo Chiosso e la pubblicazione ad una data anticipata, non reperibile su OPAC. Il titolo era già stato concepito e pubblicizzato dalla Sonzogno un decennio prima nel 1928: vedi l'elenco delle *Opere di Emilio Salgari* ne *La giraffa bianca*, Milano, Sonzogno, 1928. Influenzato dall'epoca fascista, l'eroe anti-salgariano lotta per le autorità contro i pirati. Il film, sceneggiato da Alessandro De Stefani, uscì già nel 1940.

[Vig	1938	Milano, Sonzogno]
* O	[sd]	Milano, Sonzogno (sul frontespizio: «Da una trama inedita di E.S., sviluppata a cura del figlio Omar S.») (pp. 200)
Sar O	1941	Milano, Sonzogno/ Stabilimento Grafico Matarelli (pp. 196)
* C L O	1947	Milano, Carroccio ("Collana popolare S.", 21) (Copertina e frontespizio: Omar Salgari) [pp. 62]
O	c1963	S. Lazzaro di Savena, Carroccio (attribuito a Omar Salgari) ("Nord-Ovest", 34) (pp. 163)
O	1964	S. Lazzaro di Savena, Carroccio (firmato O. Salgari) ("Collana Salgariana", 40) (pp. 163)

I filibustieri della Tartaruga [… Tortue]

Sulla copertina e sul frontespizio: Salgari. Possibilmente opera di Americo Greco [Ros]. Il sorprendente titolo con Tartaruga (invece di Tortue) come nome dell'isola dei filibustieri figurava anche nella collana di «Albi Salgari», apparsa nel Secondo Dopoguerra.

[Sar	1944	Milano, Impero]
O tb Agn	[sd 1950?]	Milano, Tip. Pagani: … *della Tartaruga* (firmato solo Salgari) ("Le grandi avventure", 10) (pp. 78)
* L	1951	Milano, Pagani [già Impero] (copertina e frontespizio: solo Salgari) ("Le grandi avventure") [comprende anche 2 racconti di altri autori]
Agn	[sd – 1951?]	Milano, Pagani: … *della Tartaruga* (sulla copertina solo Salgari) ("Viaggi e avventure")

* Agn	1951	Milano, Pagani: … *della Tartaruga* (in copertina solo Salgari) ("Le grandi avventure", Anno 1, n. 3, 20 Maggio 1951)
* CB O Agn	1958	Modena, Carroccio-Aldebaran: *I filibustieri della Tortue* (firmato solo Salgari) ("Nord-Ovest", 37) (pp. 164) [alla p. 164: nell'elenco della Collana "Nord Ovest" il titolo al n. 37 è «*I Filibustieri della Tartaruga* di Salgari», mentre sulla copertina di questa edizione era stato cambiato nel più verosimile *Tortue*]
Agn	1960	Modena, Carroccio: *I filibustieri della Tortue* ("Nord-Ovest", 37) (pp. 161)
O	[1961]	S. Lazzaro di Savena, Carroccio: *I filibustieri della 'Tortue'* (firmato Omar Salgari) ("Nord-Ovest", 37) (pp. 161)
O	[1964]	S. Lazzaro di Savena, Carroccio: *I filibustieri della 'Tortue'* (firmato Omar Salgari) ("Nord-Ovest", 37)
O	1964	S. Lazzaro di Savena, Carroccio: *I filibustieri della Tortue* (firmato Omar Salgari) ("Collana Salgariana", 26) (pp. 161)

Il giaguaro bianco

Firmato: L. Motta – E. Salgari

O	1935	Milano, S.A.D.E.L. (pp. 188)
O	1939	Milano, S.A.D.E.L.

La gloria di Yanez

Firmato: E. Salgari – L. Motta. L 1929: in realtà opera dello scrittore fantasma Emilio Moretto.

[Sar	1927	Milano, Sonzogno]
C Bit Sar L O	1929	Milano, Sonzogno. Ill. F. Fabbi (pp. 288) [copyright: L. Motta 1929] [Lit. 6.50] [L: 1ª ed.]
O	1944	Milano, S.A.D.E.L ("Romanzi d'avventure") (vol. 1, *Nelle foreste del Borneo*, pp. 213, vol. 2, *Sui mari della Malesia*, pp. 254)
C vt O	1949	Torino, Viglongo ("Il romanzo di avventure") (pp. 378)
T	1950	Torino, Viglongo
vt	1952	Torino, Viglongo (ristampa)
vt	1953	Torino, Viglongo (ristampa)

vt	1954	Torino, Viglongo (ristampa)
vt	1956	Torino, Viglongo (ristampa)
vt	1959	Torino, Viglongo (ristampa)
vt	1961	Torino, Viglongo (ristampa)
vt O	1964	Torino, Viglongo (ristampa) (pp. 276)

Una traduzione:

U	1957	*La gloria de Yañez*: ARGENTINA Buenos Aires, Peuser

L'indiana dei Monti Neri (Minnehaha, la figlia della scotennatrice)

Sul frontespizio: «Romanzo postumo tratto dalla trama lasciata dall'autore e pubblicato a cura di Omar Salgari». Il vero autore non è stato identificato, ma a un anno da *I ribelli della montagna* e con lo stesso editore e lo stesso – nuovo – illustratore, anche questo volume dovrebbe essere di G. Bertinetti.

CP Bit Sar O	1941	Torino, Paravia (ill. B. Porcheddu) (pp. 251) [«Copyright 1941 by O. Salgari»] [Lit. 14]
★	1943	Torino, Paravia (1ª ristampa) («Copyright 1941 by O. Salgari») [Lit. 25] [copia sciupata 2012: €70]
O ch	1945	Torino, Paravia ("Racconti d'avventure")
C M O	1954	Milano, E.U.B. ("Biblioteca del ragazzo", 2)
O	[1962]	Bologna, Carroccio ("Nord-Ovest") (pp. 159)
O	1965	Bologna, Carroccio ("Nord-Ovest", 81)

Josè il Peruviano

Sul frontespizio: «Romanzo postumo tratto da trama lasciata dall'Autore e pubblicato a cura di Nadir Salgari». In realtà scritto da G. Bertinetti [Poz].

CP Bit Sar Cap O	1929	Firenze, Bemporad. Ill. F. Fabbi ("Nuova collana di avventure per la gioventù") (pp. 174) [Lit. 6]
CP Cap O	1931	Firenze, Bemporad («Romanzo postumo […] a cura di Nadir Salgari»)
O	1940	Firenze, Marzocco (3ª ed.) («Romanzo postumo […] a cura di Nadir Salgari»)
C cm O	1947	Firenze, Marzocco (6ª ed.) («Rom. post. […] pubblicato a cura di Nadir S.»)

| O | 1950 | Firenze, Marzocco (7ª ed.) («Rom. post. […] pubblicato a cura di Nadir S.») |
| O | 1955 | Firenze, Marzocco (Avventure) («Rom. post. […] pubblicato a cura di Nadir S.») |

Alcune traduzioni:

| lc | 1930 | *José el peruano*: SPAGNA Barcelona, Araluce |
| F | 1934 | *José le Péruvien*: FRANCIA Paris, Michel |

Mago Magon batte Belgiglio

Si tratta presumibilmente di un episodio estratto dai volumi su Mago Magon, quindi forse curato (e sviluppato?) da G. Bertinetti [Lab]; Belgiglio è un personaggio 'cattivo' del racconto originale di cui Bertinetti era stato lo scrittore fantasma.

| Sar | 1946 | Milano, Il Mare |

Mago Magon e la strega del mare

Si tratta presumibilmente di un episodio estratto dai volumi su Mago Magon, quindi forse curato (e sviluppato?) da G. Bertinetti [Lab], scrittore fantasma di quei racconti.

| Sar O | 1946 | Milano, Il Mare (copertina: E. Salgari) (pp. 149) |

Manoel de la Barrancas

Sul frontespizio: «Romanzo postumo tratto da trama lasciata dall'Autore e pubblicato a cura di Nadir Salgari». In realtà scritto da G. Bertinetti [Poz]. Secondo Maurizio Sartor, questo volume e anche *Lo scotennatore* erano stati commissionati a Paolo Lorenzini e completati da Bertinetti. Però è inverosimile l'idea che Lorenzini potesse scrivere 3 'falsi' salgariani in un anno. Vedi il brano su *Song-Kay il pescatore* nel Vol. II della presente opera per un chiarimento del tempo e dell'impegno necessari per il contributo di Collodi Nipote.

C Bit Sar Cap O	1931	Firenze, Bemporad ("Nuova collana di avventure per la gioventù") (pp. 174)
CP Cap O	1936	Firenze, Bemporad (2ª ed.) ("Nuova collana di avventure per la gioventù") [Lit. 5]
CP O	1941	Firenze, Marzocco (3ª ed.) ("Nuova collana di avventure per la gioventù")

cm O	1947	Firenze, Marzocco (5ª ed.)
C O	1950	Firenze, Marzocco (6ª ed.) («Rom. post. [...] pubblicato a cura di Nadir S.»)

Le mie memorie

In realtà scritto da Lorenzo Chiosso nel 1920 su richiesta degli eredi e in seguito a un accordo fatto il 3 novembre 1919 con l'editore Bemporad; il manoscritto fu respinto dall'editore nel 1920 perché fingeva di essere autobiografico. Il Catalogo Generale della Sonzogno (Aprile 1937 – XV) descrive la seconda edizione con astuzia e tatto: «vorrebbe essere una autobiografia ed è invece un magnifico romanzo d'avventure».

* cm gr Sar ct O	1928	Milano, Mondadori. Copertina di G. Amato (pp. 234) [Con introduzione di Yambo e appendice firmata «I figli» di E. S. ma attribuita a Nadir Salgari; il testo però è chiaramente non suo.]
[P Bit	1929 [?]	Milano, Mondadori. (In realtà è l'edizione del 1928)]
* ct O	1937	Milano, Sonzogno: *Le mie avventure* (pp. 224) [con introduzione firmata Nadir Salgari – ma di un altro: l'appendice del 1928 aveva preso il posto della prefazione di Yambo, tolta da questa 2ª ed. come anche alcune illustrazioni] [a due vesti editoriali: Lit. 5 e Lit. 6,50]
CB vt O	1960	Torino, Viglongo: *Le mie avventure* (racconto) (pp. 206) [edizione stereotipa di quella del 1937, con l'introduzione abbreviata]
O	[1975]	Roma, Edizioni Paoline: *Le mie avventure* ("Tutto Salgari", 15) (pp. 129)

Una traduzione:

tr	1929	*Mis Memorias*: CILE Santiago, Nascimento

La montagna di fuoco

Sul frontespizio: «Romanzo postumo lasciato dall'Autore e compilato a cura del figlio Omar Salgari» – dicitura non del tutto logica. La trama è analoga a quella de *La vendetta d'uno schiavo*, riconosciuto nel 2011 come racconto pseudonimo ma autentico di Salgari [Poz]. Si tratterebbe quindi di un rifacimento di un racconto genuino, negli Anni Quaranta ignoto? Anche questo titolo viene citato da Omar Salgari nel carteggio con Riccardo Chiarelli, conservato nel Fondo Chiarelli a Verona [vedi Gal/Bon]: il testo era stato passato alla dattilografa prima del 2 luglio 1945 dallo stesso Chiarelli.

[Sar	1942	Milano, Il Mare (Ind. Graf. N. Moneta)]
C O	1960	Bologna, Carroccio ("Nord-Ovest", 71) (firmato Omar Salgari) («da una trama lasciata da Emilio Salgari») (pp. 162)
O	[1961]	S. Lazzaro di Savena, Carroccio ("Nord-Ovest", 71) (firmato Omar Salgari)
O	1964	S. Lazzaro di Savena, Carroccio ("Nord-Ovest", 71) (firmato Omar Salgari)

Morgan il conquistatore di Panama

Già nel novembre 1945, con la firma Salgari, pubblicizzato – «di prossima pubblicazione» – dalla Casa Editrice E.L.A.S. di Torino in calce al volume *Sandokan nel cerchio di fuoco*. Se non uscito prima del 1959, è l'ultimo esempio della produzione pseudo-salgariana ma, essendo firmato Omar, come altri simili non si può dire precisamente un 'falso' nel senso ordinario, ma piuttosto un'imitazione pedissequa da parte di uno scrittore fantasma ignoto e certamente non di Omar Salgari; ciò nonostante fa parte della perenne mistificazione pseudo-salgariana.

C T Sar vt O	1959	Torino, Viglongo (firmato Omar Salgari sulla copertina e sul frontespizio) (pp. 216)

I naufraghi dell'Hansa (frontespizio), Il naufragio dell'Hansa (copertina)

Firmato E. Salgari – L. Motta. Già nel 1905 presso Biondo di Palermo, Salgari – con lo pseudonimo G. Altieri – aveva pubblicato il raccontino completamente diverso *Il naufragio dell'«Hansa»*, poi ripubblicato dalla Sonzogno nel 1936 e nel 1941 [tb]: fu questa presumibilmente la ragione per un cambiamento di titolo da parte di Motta.

Sar O	1921	Milano, Mondadori: *I naufraghi dell'Hansa: avventure di due esiliati russi nelle regioni artiche* (frontespizio), *Il naufragio dell'Hansa* (copertina), («Il Romanzo Illustrato per i Ragazzi», periodico quindicinale, Vol. 7, 4 aprile 1921) (pp. 44) (prefazione: L. Motta, datata marzo 1921)
Sar tb O	1924	Milano, Mondadori: *L'aeroplano nero* (più *La linea di fiamma* e *I naufraghi dell'Hansa*) (pp. 265) (firmato unicamente L. Motta)

Sar	1929	Milano, Sonzogno: *I naufraghi dell'Hansa* (firmato L. Motta e E. Salgari)
vt	1948	Torino, Viglongo: *I naufraghi dell'Hansa* (firmato L. Motta e E. Salgari)
C T vt O	1949	Torino, Viglongo: *I naufraghi dell'Hansa: romanzo d'avventure* (firmato L. Motta e E. Salgari) (pp. 175)
* O	1950	Torino, Viglongo: *I naufraghi dell'«Hansa»: romanzo d'avventure* (firmato L. Motta e E. Salgari) ("I capolavori di E. S.") (pp. 174) [capitoli I-XXI, pp. 5-166; più un breve racconto di Motta, pp. 167-74]

Alcune traduzioni:

U	1952	*Os náufragos do Hansa*: PORTOGALLO Lisboa, Torres
U tr	1960	*Os náufragos do Hansa*: PORTOGALLO Lisboa, Torres (2ª ed.)

Il naufragio della Medusa

Firmato L. Motta – E. S.

*	1923	Milano, L'Italica («altra opera completata da L. Motta»)
C Bit O	1926	Milano, L'Italica: L. Motta – E. Salgari (pp. 175)
Sar	1928	Milano, Sonzogno: L. Motta – E. Salgari
O	1929	Milano, Sonzogno: L. Motta – E. Salgari (pp. 190)
vt	1948	Torino, Viglongo
C vt O	1949	Torino, Viglongo: L. Motta – E. Salgari ("Il romanzo di Avventure") (pp. 179)
T O	1950	Torino, Viglongo: L. Motta – E. Salgari ("Il romanzo di avventure: I capolavori di E. S.")

Una traduzione:

O	1926	*Le naufrage de la Méduse*: L. Motta – E. Salgari: FRANCIA Paris, J. Ferenczi (Les romans d'aventures)

Le nuove mirabolanti avventure di Mago Magon più forte del Leon

1939: in copertina solo il cognome Salgari. Bitelli attribuì il volume ad Omar Salgari. In realtà scritto da G. Bertinetti [Poz].

* CP Bit Sar O	1939	Torino, Paravia. Sul frontespizio: *Emilio Salgari racconta ai bambini: Le nuove mirabolanti avventure...* Ill. Piero Bernardini. Edizione curata da Lucio Venna. (pp. 192) [Sul verso del frontespizio: «Copyright by O. Salgari – 1940»] [capitoli 30]
C O	1945	Torino, Paravia (2ª ed.)

I predoni del gran deserto

In origine una novella autentica di E. S. pubblicata a solo 5 puntate su «Il Novelliere Illustrato», periodico della Speirani di Torino (29 nov. – 27 dic. 1896); nel Secondo Dopoguerra sviluppata in romanzo apocrifo, a cura di Omar S., con edizioni uscite dal 1947 in poi. (Vedi il titolo anche nella sezione su «Singole novelle pubblicate in volume durante la vita di Emilio Salgari» nella bibliografia principale alfabetica.)

O	1947	Milano, Carroccio (romanzo d'avventure: testo 'completo', a cura di Omar Salgari da una novella di E. S.) ("Collana popolare Salgari", 59) (pp. 61)
CB O	1959	Modena, Carroccio-Aldebaran ("Nord-Ovest", 60) (pp. 155)
O	[1961]	S. Lazzaro di Savena, Carroccio ("Nord-Ovest", 60) (pp. 155)

I prigionieri delle Pampas

Sul frontespizio: «Romanzo postumo tratto da trama lasciata dall'Autore e pubblicato sotto la direzione di Nadir Salgari». Un articolo di Maurizio Sartor, nonostante alcune inesattezze, ha reso nota la probabilità che il vero autore sia stato il giornalista e traduttore Mario Casalino, ma mancano alcuni particolari utili. Il carteggio Casalino-Bemporad apparteneva agli anni 1929-1932 e riguardava anche altri lavori non salgariani. Il contratto per questo libro fu del 14 maggio 1930.

C Bit Cap O	1931	Firenze, Bemporad («Romanzo postumo […] pubblicato sotto la direzione di Nadir

		Salgari») ("Nuova collana di avventure per la gioventù") [Lit. 6][1]
C Cap O	1934	Firenze, Bemporad (2ª ed.) («Rom. post. [...] pubblicato sotto la direzione di Nadir S.»)
CP Cap O	1936	Firenze, Bemporad (3ª ed.) («Rom. post. [...] pubblicato sotto la direzione di Nadir S.») [Lit. 5]
O Agn	1941	Firenze, Marzocco (4ª ed.) («Rom. post. [...] pubblicato sotto la direzione di Nadir S.») (pp. 207) [su OPAC la data 1926, citata in passato, è stata un errore – la Marzocco non esisteva nel 1926 – oggi corretta in 1941]
C cm O	1947	Firenze, Marzocco (5ª ed.) («Rom. post. [...] pubblicato sotto la direzione di Nadir S.»)
C O	1950	Firenze, Marzocco (6ª ed.) («Rom. Post. [...] pubblicato a cura di Nadir S.»)
C O	1953	Firenze, Marzocco (6ª ristampa) (romanzo postumo, «tratto da trama lasciata dall'autore e pubblicato a cura di Nadir S.») (pp. 208)

I ribelli della montagna

Sul frontespizio: «Romanzo postumo tratto dalla trama lasciata dall'Autore e pubblicato a cura di Omar Salgari»; nelle prime pagine: «Copyright 1941 by O. Salgari». In realtà scritto da G. Bertinetti [Poz].

CP Bit Sar O	1940	Torino, Paravia. Ill. Beppe Porcheddu (pp. 218) [Lit. 12]
O	1941	Torino, Paravia (pp. 215)
T	1943	Torino, Paravia
cm	1944	Torino, Paravia («Rom. post. [...] pubblicato a c. di O. S.»)
T	1945	Torino, Paravia
C M O	1954	Milano, E.U.B. («Rom. post. [...] pubblicato a cura di O. Salgari») ("Biblioteca del ragazzo", 1) (pp. 200)
O	1963	Bologna, Carroccio ("Nord-Ovest", 82) (pp. 159)

---

[1] La prima edizione di questo romanzo è quella del 1931, non del 1926 (data inverosimile) come affermato nelle bibliografie di Sarti e Cappelli. L'errore scaturisce, pare, da una vecchia scheda (ora corretta) di OPAC (il catalogo online delle biblioteche italiane): una svista per la data 1941 (vedi sopra).

Il ritorno delle Tigri di Mompracem

1943 Copertina: Salgari; sul frontespizio: O. Salgari. Su altre edizioni: Emilio Salgari o Omar Salgari. Lo scrittore fantasma sembra essere stato Riccardo Chiarelli [Gal/Bon].

[Sar	1943	Milano, Impero]
Agn	[sd] [ante 1950?]	Milano, Pagani [già Impero]: ... *Tigri di Mompracem* [*sic*] ("I Romanzi dell'Ardimento, 9) (in copertina solo Salgari; sul frontespizio O. Salgari) (pp. 96)
Agn	[sd 1951?]	Milano, Pagani [già Impero] ("Le grandi avventure", 16 o 17) (in copertina solo Salgari; sul frontespizio O. Salgari) (pp. 96)
O Agn	1952	Milano, Pagani ("Le grandi avventure", 14) (pp. 96) (in copertina solo Salgari; sul frontespizio O. Salgari) (datato 10 Luglio)
O Agn	1957	Bologna, Carroccio Aldebaran ("Nord-Ovest", 38) (pp. 161) (solo Salgari in copertina; sul frontespizio Emilio Salgari) (datato 30 Agosto)
O Agn	1958	Bologna, Carroccio Aldebaran ("Nord-Ovest", 55) (pp. 161) (firmato Emilio Salgari) (datato 15 Giugno)
O Agn	1964	S. Lazzaro di Savena, Carroccio ("Collana Salgariana", 22) (firmato O. Salgari) (pp. 168)
O	c1964	S. Lazzaro di Savena, Carroccio ("Nord-Ovest", 55) (pp. 168)
O Agn	1966	S. Lazzaro di Savena, Carroccio ("Coll. Salgariana", 22) (Omar Salgari: «da una trama inedita di E. S.») (pp. 168)
C O Agn	1974	Milano, SugarCo: *I Thug alla riscossa;* più *Il ritorno delle tigri di Mompracem* (pp. 386) (firmato Omar Salgari)

Sandokan contro il Leopardo di Sarawak

In copertina solo Salgari; sul frontespizio: Omar Salgari; *Sandokan nella Jungla Nera* dello stesso anno ne è il «seguito».

* M L Sar O tb	1947	Milano, Carroccio («da una trama inedita di E. S.») ("Collana popolare S.", 37) (pp. 60)
O	1955	Bologna, Carroccio (firmato Omar Salgari) ("Nord-Ovest", 51) (pp. 117)

O	1958	[?], Carroccio-Aldebaran (firmato Omar Salgari) ("Nord-Ovest", 51) (pp. 159)
O	1964	S. Lazzaro di Savena, Carroccio ("Coll. Salgariana", 13) (pp. 161)

Sandokan il rajah della Jungla Nera

In copertina: L. Motta – E. Salgari; 1953 sul frontespizio: *Sandokan rajah...*

vt	1951	Torino, Viglongo
C O	1952	Torino, Viglongo (pp. 232)
★ T vt	1953	Torino, Viglongo: *Sandokan rajah...*
vt	1954	Torino, Viglongo (ristampa)
vt	1956	Torino, Viglongo (ristampa)
vt	1959	Torino, Viglongo (ristampa)
C T vt O	1960	Torino, Viglongo: *Sandokan, rajah...* ("Il romanzo d'avventure") (edizione di lusso)
vt O	1961	Torino, Viglongo (ristampa) (pp. 231)
vt	1962	Torino, Viglongo (ristampa)
vt O	1972	Torino, Viglongo ("I capolavori di E. S.") (ristampa)

Qualche traduzione:

U	1955	*O filho de Sandokan*: PORTOGALLO Lisboa, Torres
U	1955	*Sandokan e a pantera dos Sunderbunds*[2]: PORTOGALLO Lisboa, Torres

Sandokan nel cerchio di fuoco

1945: sulla copertina e sul frontespizio: Salgari; sul frontespizio: «Tratto da trame di Emilio Salgari e sviluppato dal figlio Omar», dicitura stampata su un'etichetta attaccata in un secondo tempo. Testo in realtà scritto da G. Bertinetti [Poz, Ros]. La locuzione «nel cerchio di fuoco» era già apparsa come titolo del capitolo XIX ne *Le mie memorie/avventure*, volume in realtà scritto da Lorenzo Chiosso nel 1920 e uscito nel 1928.

★ O tb Col	[O:193-?] [★:194-?]	Milano, Pagani (firmato Omar Salgari) ("Le grandi avventure") (pp. 104) [Lit. 180] [Inverosimile la data suggerita su OPAC]

---

[2] La traduzione di un racconto di 'Motta-Salgari' non identificabile se non con *Sandokan il rajah della jungla nera*: i due titoli delle traduzioni in portoghese rappresenterebbero le due metà del testo di Motta?

⋆ C T Sar O ch Agn	1945	Torino, E.L.A.S. (copertina/frontespizio: Salgari) («Tratto da trame di Emilio Salgari e sviluppato dal figlio Omar») ("Collana di libri per ragazzi: I romanzi d'avventure", 1) (pp. 192) [datato 30 Novembre]
Agn	[1950?]	Milano, Pagani (copertina: solo Salgari) (pp. 103) (Collana "Le grandi avventure", 8)
⋆ Agn	1951	Milano, Pagani (copertina: solo Salgari) (pp. 103) (Collana "Le grandi avventure", 8)
Agn	1957	Bologna, Carroccio-Aldebaran (copertina: solo Salgari) ("Nord-Ovest", 56) (pp.162) [datato 10 Settembre]
O Agn	1958	Bologna, Carroccio-Aldebaran (copertina: solo Salgari) ("Nord-Ovest", 56) (pp.162)
Agn	1958	S. Lazzaro di Savena, Carroccio-Aldebaran (copertina: solo Salgari) ("Collana Salgariana", 23) (pp. 170) [datato 1 Gennaio]
O	1964	S. Lazzaro di Savena, Carroccio (copertina: O. Salgari) ("Collana Salgariana", 23) (pp. 170)
O	c1964	S. Lazzaro di Savena, Carroccio (firmato Omar Salgari) ("Nord-Ovest", 56) (pp. 170)

Sandokan nel labirinto infernale

1929: la 1ª ed. è attribuita a Emilio Salgari e Nadir Salgari. In realtà scritto da G. Bertinetti [Poz]. Catalogo Generale della Sonzogno, Aprile 1937 – XV: «Costituisce [...] la seconda parte delle *Ultime avventure di Sandokan*».

lc cm Bit Sar L O	1929	Milano, Mondadori. Ill. G. Rivolo (pp. 211) (L tela pp. 216)
⋆ CP M O	1934	Milano, Sonzogno (in copertina e sul frontespizio: Emilio Salgari) (pp. 160) [capitoli 25] [a due vesti editoriali: Lit. 5 e Lit. 6,50]
⋆ C L O	1947	Milano, Carroccio ("Collana popolare S.", 35) (pp. 61) [copertina: Salgari; frontespizio: O. Salgari, ma con la 'O.' quasi cancellata]
O	1947	Milano, Carroccio (attribuito a Nadir S.) ('Testo completo') (pp. 61/63)
O	[195?]	[Bologna], Carroccio Aldebaran (attribuito a Nadir Salgari) ("Nord-Ovest", 49) (pp. 131)
O	1958	Bologna, Carroccio (firmato Emilio S.) ("Nord-Ovest") (pp. 163)
O	1964	S. Lazzaro di Savena, Carroccio (attribuito a Nadir S.) ("Collana Salgariana", 19) (pp. 163)

Sandokan nella Jungla Nera

Su alcune schede dell'OPAC attribuito a Emilio Salgari ma, firmato Omar Salgari, è il seguito del 'falso' *Sandokan contro il Leopardo di Sarawak* dello stesso anno 1947.

[Sar	1947	Milano, Carroccio]
O	1950	Milano, Carroccio (pp. 189)
O	1951	Milano, Carroccio-Aldebaran ("Nord-O-vest", 51) (pp. 163)
O	1958	Bologna, Carroccio ("Nord-Ovest", 57)
O	1964	S. Lazzaro di Savena, Carroccio ("Collana Salgariana", 24) (pp. 160)

Lo scettro di Sandokan

Firmato: L. Motta – E. Salgari

[Sar	1927	Milano, Sonzogno]
* C Bit O	1928	Milano, Sonzogno (pp. 136) [volume di 17 dispense] [Lit. 5]
C O	[1934]	Milano, O.L.M. Ill. F. Fabbi ("Collezione delle opere di Luigi Motta") (Ciclo «I Pirati della Malesia») (pp. 319) [Lit. 8]
C O	1935	Milano, O.L.M. (pp. 237)
O	1946	Milano, C.E.M. (vol. 1, *Il tesoro dei pirati*) (pp. 161)
C vt O	1949	Torino, Viglongo ("Il romanzo di avventure") (pp. 232)
T	1950	Torino, Viglongo
vt	1952	Torino, Viglongo (ristampa)
vt	1953	Torino, Viglongo (ristampa)
vt	1954	Torino, Viglongo (ristampa)
vt	1956	Torino, Viglongo (ristampa)
C T O	1959	Torino, Viglongo ("Il romanzo d'avventure") (pp. 232)

Una traduzione:

O	1950	*O ceptro de Sandokan*: PORTOGALLO Lisboa, Torres (Colecção Salgari) (pp. 159)

Lo schiavo del Madagascar

Sul frontespizio: «Romanzo postumo tratto da trama lasciata dall'Autore e pubblicato sotto la direzione di Nadir Salgari». In realtà scritto da G. Bertinetti [Poz].

CP Bit Sar O L	1929	Firenze, Bemporad. Ill. F. Fabbi ("Nuova collana di avventure per la gioventù") (pp. 193) (L pp. 196)
Cap O	1930	Firenze, Bemporad
Cap	1932	Firenze, Bemporad
CP Cap O	1936	Firenze, Bemporad ("Adolescenza") (Lit. 5)
C O	1947	Firenze, Marzocco (5ª ed.) («Rom. post. […] pubblicato sotto la direzione di Nadir Salgari»)
C O	1950	Firenze, Marzocco (6ª ed.) («Rom. post. […] pubblicato a cura di Nadir S.»)
O	1954	Firenze, Marzocco (6ª ristampa) («Rom. post. […] pubblicato a cura di Nadir S.») (pp. 193)

Alcune traduzioni:

lc	1929	*El esclavo de Madagascar*: SPAGNA Barcelona, Araluce
F	1933	*L'esclave de Madagascar*: FRANCIA Paris, Michel

La scimitarra di Khien Lung [*o Kien-Lung*]

Il titolo è quello originale dell'abbozzo della prima versione giovanile de *La Scimitarra di Budda* (vedi Vol. I, p. 29), di cui il volume 'postumo' è una riscrittura eseguita da Americo Greco [VigG, Ros]. Il racconto ha due parti come quello definitivo di Salgari e la struttura delle avventure è analoga ma, almeno nell'edizione del 1964, ci sono solo 12 capitoli con titoli del tutto differenti da quelli della versione autentica. La prima comparsa di questo romanzo in volume è probabilmente del secondo Dopoguerra, mentre l'edizione A.P.I. del 1939 [Agn] è un racconto diverso a fumetti; qui lo sceneggiatore cambia le avventure autentiche, facendo parteciparvi anche Sandokan e Yanez, un gesto sapiente che predisponeva al successo popolare.

Agn	1939	Milano, A.P.I.- Anonima Periodici Italiani … *di Kien-Lung* (Strenna estiva dell'«Audace») [Lit. 3] [versione a fumetti di un «Romanzo inedito di Emilio Salgari», sceneggiata da Federico Pedrocchi, con i disegni di Guido Moroni Celsi]

[Sar	1939	Milano, Impero: ... *di Kien Lung* [?]
Agn	[sd 1950?]	Milano, Pagani ("Le grandi avventure", 4) (pp. 77)
* O	1951	Milano, Pagani [già Impero] ("Le grandi avventure", 4) (pp. 77)
CB O Agn	1959	Modena, Carroccio-Aldebaran ("Nord-Ovest", 10) (pp. 161) [firmato solo Salgari in copertina; sul frontespizio Emilio Salgari]
Agn	1959	Modena, Carroccio-Aldebaran ("Salgariana") (pp. 162) [nuova copertina]
O Agn	1961	S. Lazzaro di Savena, Carroccio ("Nord-Ovest", 10) (pp. 161) [firmato E. Salgari in copertina, sul frontespizio Emilio Salgari]
* ch O Agn	1964	Bologna, Carroccio (In copertina: O. Salgari) ("Nord-Ovest", 10) (pp. 164) [capitoli 12]
O	1973	Milano, Editrice Persona: ... *di Kien-Lung* ("Sorry album", 2: fumetti) («dal grande romanzo inedito di E. S.»: 32 tavole a colori di Guido Moroni Celsi, sceneggiatura di Federico Pedrocchi) («Strenna estiva dell'«Audace»»)
O	[1981]	Roma, Comic Art: ... *di Kien-Lung* ("Autori", 17: fumetti) («dal grande romanzo inedito di E. S.»: 32 tavole a colori di Guido Moroni Celsi, sceneggiatura di Federico Pedrocchi) («Strenna estiva dell'«Audace»»)

Lo scotennatore

Sul frontespizio: «Romanzo postumo tratto da trama lasciata dall'Autore e pubblicato sotto la direzione di Nadir Salgari». In realtà scritto da G. Bertinetti [Poz]. Secondo Maurizio Sartor, questo volume e anche *Manoel de la Barrancas* erano stati commissionati a Paolo Lorenzini e completati da Bertinetti. Però è inverosimile l'idea che Lorenzini potesse scrivere 3 'falsi' salgariani in un anno. Vedi il brano su *Song-Kay il pescatore* nel Vol. II della presente opera per un chiarimento del tempo e dell'impegno necessari per il contributo di Collodi Nipote.

C Bit Sar Cap O	1931	Firenze, Bemporad ("Nuova collana di avventure per la gioventù") (pp. 156) [Lit. 6]
C Cap O	1934	Firenze, Bemporad
CP Cap O	1938	Firenze, Bemporad (3ª ed.)
C cm O	1947	Firenze, Marzocco (4ª ed.) («Rom. post. [...] pubblicato sotto la direzione di Nadir S.»)

| C O | 1950 | Firenze, Marzocco (5ª ed.) («Rom. post. [...] pubblicato a cura di N. S.») ("Opere di E. S.") |
| C O | 1954 | Firenze, Marzocco (5ª ristampa) («Rom. post. [...] pubblicato a cura di Nadir S.») |

Il segreto del fakiro [o fachiro]

Il racconto è opera di Riccardo Chiarelli, fatto notato in un appunto autografo dell'amico fiorentino di Omar Salgari, il quale, pare, negava sempre di essere fra gli scrittori fantasma salgariani; l'appunto autografo, datato «Firenze 11.9.950», è presente su una copia de *Il tesoro della jungla* nella raccolta di Tiziano Agnelli, ricercatore e collaboratore della Fondazione Rosellini, nel cui volume l'attribuzione fu pubblicata. Nella dichiarazione, scritta sulla quarta copertina del fascicoletto de *Il tesoro della jungla* [vd], Chiarelli menziona inoltre *La colonna dei deportati* (a quanto sembra un racconto breve forse ribattezzato *La colonna della morte*, ma entrambi i titoli sono inesistenti su OPAC). Nello stesso suo appunto, il professore dichiarava di aver scritto questi tre racconti e altri nel 1945, almeno *Il tesoro della jungla* su commissione di Omar Salgari; anche il carteggio di Omar Salgari con Riccardo Chiarelli del 1945, conservato nel Fondo Chiarelli presso l'Accademia di Agricoltura Scienze e Lettere di Verona, allude spesso a questi titoli marginali della produzione salgariana apocrifa di non notevole qualità o importanza [Gal/Bon].

[Sar	1943?	Milano, Impero]
Agn	[1950?]	Milano, Pagani [già Impero] (in copertina firmato solo Salgari) ("Le grandi avventure Pagani", 5) (pp. 87)
* O tb Agn	1951	Milano, Pagani [già Impero] (in copertina firmato solo Salgari) ("Le grandi avventure Pagani", 4) (Anno 1, N. 4; 20 Giugno 1951) (pp. 87/ pp. 102)
* C M O Agn	1954	Milano, E.U.B. ("Biblioteca del Ragazzo", 7) (pp. 196) (firmato solo Salgari) [Lit. 250]
CB O Agn	1959	Modena, Carroccio-Aldebaran ("Nord-Ovest", 67) (pp. 160) (in copertina firmato O. Salgari; sul frontespizio Emilio Salgari)
O Agn	[1961]	S. Lazzaro di Savena, Carroccio ("Nord-Ovest", 67) (pp. 160) (firmato Emilio Salgari)
O Agn	1962	Bologna, Carroccio ("Nord-Ovest", 67) (pp. 160) (firmato O. Salgari in copertina; sul frontespizio Emilio Salgari)
* ch	1964	Bologna, Carroccio ("Nord-Ovest", 67) (firmato O. Salgari)

Lo smeraldo di Ceylan

Sul frontespizio: «Romanzo postumo tratto da trama lasciata dall'Autore e pubblicato a cura di Nadir Salgari». In realtà scritto da G. Bertinetti [Poz]. In una réclame della Casa Editrice Bemporad stampata nel 1928, questo romanzo era identificato come il primo «inedito» da essa pubblicato, cioè senza contare *Le avventure di Simon Wander* del 1921, testo basato su un abbozzo giovanile mentre *Lo smeraldo di Ceylan* era stato sviluppato da una mera 'trama'.

* CP Bit Sar Cap O	1928	Firenze, Bemporad («Rom. post. […] pubblicato a cura di Nadir S.») ("Nuova collana di avventure per la gioventù") (pp. 180)
Cap O	1929	Firenze, Bemporad («Rom. post. […] pubblicato a cura di Nadir S.») (pp. 180)
C Cap O	1931	Firenze, Bemporad («Rom. post. […] pubblicato a cura di Nadir S.») (pp. 180)
CP Cap O	1937	Firenze, Bemporad (3ª ed.) («Rom. post. […] pubblicato a cura di N. S.»)
O	1944	Firenze, Marzocco («Rom. post. […] pubblicato a cura di N. S.»)
C cm O	1947	Firenze, Marzocco (4ª ed.) («Rom. post. […] pubblicato a cura di N. S.»)
C O	1950	Firenze, Marzocco (5ª ed.) («Rom. post. […] pubblicato a cura di N. S.») (pp. 180)
C O	1953	Firenze, Marzocco (5ª ristampa) («Rom. post. […] pubblicato a cura di N. S.»)

Una traduzione:

F	1934	*L'Émeraude de Ceylan*: FRANCIA Paris, Michel

Song-Kay il pescatore

Sul frontespizio: «Romanzo postumo tratto da trama lasciata dall'Autore e pubblicato a cura di Nadir Salgari». In realtà scritto da Paolo Lorenzini (Collodi Nipote), come dimostrato dal carteggio della Bemporad; non è esatta l'ipotesi che, non essendo il testo di Lorenzini piaciuto all'editore, fu respinto e sostituito con un rifacimento dovuto a Giovanni Bertinetti, il quale al massimo rivide il testo di Lorenzini negli interessi della coerenza stilistica voluta dalla Bemporad.

* C Bit Sar Cap O	1931	Firenze, Bemporad ("Nuova collana di avventure per la gioventù") (pp. 200)

C Cap O	1934	Firenze, Bemporad (2ª ed.) («Rom. post. […] pubblicato sotto la direzione di Nadir Salgari»)
CP O	1939	Firenze, Marzocco (3ª ed.) («Rom. post. […] pubblicato sotto la direzione di N. S.»)
C O	1949	Firenze, Marzocco (4ª ed.) («Rom. post. […] pubblicato sotto la direzione di N. S.»)
C O	1950	Firenze, Marzocco (5ª ed.) («Rom. post. […] pubblicato a cura di N. S.»)
O	1954	Firenze, Marzocco («Rom. post. […] pubblicato a cura di N. S.») (pp. 200)

Una traduzione:

U	1948	*Song-Kay el pescador*: ARGENTINA Buenos Aires, Molino

La Stella del Sud

Già titolo di un romanzo di Verne, è anche quello di un racconto breve di Salgari pubblicato pseudonimo presso Biondo quasi mezzo secolo prima del 'falso' del 1947 e del 1959; avendo la Carroccio pubblicato la novella autentica in opuscoletto nel 1946, il nuovo volume sembrerebbe essere un rifacimento.

O Sar	1947	Milano, Carroccio (firmato Emilio Salgari e Omar Salgari) («testo completo; da una novella di E.S. a cura di Omar Salgari») ("Collana popolare Salgari") (pp. 62)
C O	1959	Bologna, Carroccio-Aldebaran (firmato Emilio Salgari) ("Nord-Ovest", 66) (pp. 155)
O	[1961]	S. Lazzaro di Savena, Carroccio (firmato Emilio Salgari) ("Nord-Ovest", 56) (pp. 155)
O	1962	S. Lazzaro di Savena, Carroccio (firmato Emilio Salgari) ("Nord-Ovest", 66) (pp. 155)

Il tesoro del Bengala

Secondo OPAC, ogni edizione di questo testo è firmata Omar Salgari.

* C Sar O	1954	Milano, Carroccio (firmato Omar Salgari sulla copertina e sul frontespizio) (pp. 136)
O	[1961]	S. Lazzaro di Savena, Carroccio ("Nord-Ovest", 29) (pp. 162)

| O | c1962 | S. Lazzaro di Savena, Carroccio ("Nord-O-vest") (pp. 162) |
| O | [196?] | [?], Carroccio Aldebaran ("Araldo") (pp. 137) |

Il tesoro della jungla

Il racconto è opera di Riccardo Chiarelli, fatto notato in un appunto autografo dell'amico fiorentino di Omar Salgari, il quale, pare, negava sempre di essere fra gli scrittori fantasma salgariani; l'appunto autografo, datato «Firenze 11.9.950», è presente su una copia nella raccolta di Tiziano Agnelli, ricercatore e collaboratore della Fondazione Rosellini, nel cui volume l'attribuzione fu pubblicata. Nella dichiarazione, scritta sulla quarta copertina del fascicoletto de *Il tesoro della jungla*, Chiarelli menziona inoltre *Il segreto del fakiro* [vd] e *La colonna dei deportati* (a quanto sembra un racconto breve forse ribattezzato *La colonna della morte*, ma entrambi i titoli sono inesistenti su OPAC). Nello stesso suo appunto, il professore dichiarava di aver scritto questi tre racconti e altri nel 1945, almeno *Il tesoro della jungla* su commissione di Omar Salgari; anche il carteggio di Omar Salgari con Riccardo Chiarelli del 1945, conservato nel Fondo Chiarelli presso l'Accademia di Agricoltura Scienze e Lettere di Verona, allude spesso a questi titoli marginali della produzione salgariana apocrifa di non notevole qualità [Gal/Bon].

[Sar	1943?	Milano, Impero?]
Agn Ros	[1950?]	Milano, Pagani [già Impero] In copertina: Salgari ("Le grandi avventure", N. 7) (pp. 94) [con data di ed. dedotta da Tiziano Agnelli dal suo esemplare con un appunto firmato Riccardo Chiarelli e datato 11.9.950]
O	1950	Milano, Pagani (in copertina: Salgari) (pp. 94)
* [O] Agn	1951	Milano, Pagani [già Impero] In copertina: Salgari ("Collana Le grandi avventure", 5) (pp. 94) [23 Luglio 1951, Anno 1, N. 5]
* CB O	1959	Bologna, Carroccio-Aldebaran (in copertina: O. Salgari; sul frontespizio: E. Salgari) ("Nord-Ovest", 65) (pp. 162)
O	[196?]	Bologna, Carroccio Aldebaran ("Nord-O-vest", 65) (pp. 160)
Agn	1963	Bologna, Carroccio: ...*della Giungla* ("Nord-Ovest", 65) (pp. 160)
O	1964	Bologna, Carroccio ("Nord-Ovest", 65) (pp. 160)

La Tigre della Malesia

Firmato: L. Motta – E. Salgari. Motta – o lo scrittore fantasma, Emilio Moretto – scelse come titolo per questo libro quello che Salgari aveva creato per la prima versione de *Le Tigri di Mompracem*.

O	1926	Milano, Sonzogno ("Biblioteca romantica illustrata") (pp. 164)
Sar	1927	Milano, Sonzogno [dedicato «A E. Moretto infaticabile, amico leale Luigi Motta»]
* C	1935	Milano, Sonzogno ("Biblioteca romantica illustrata")
O	1935	Milano, La Diffusione della Stampa (pp. 254)
vt	1948	Torino, Viglongo
C O	1949	Torino, Viglongo ("Il romanzo di avventure") (pp. 244)
T O	1950	Torino, Viglongo ("Il romanzo di avventure")
C T O	1959	Torino, Viglongo ("Il romanzo d'avventure") (pp. 276)

I Tughs alla riscossa [sic]

Sulla copertina: Salgari; sul frontespizio: O. Salgari, e altre forme nelle diverse edizioni; nel titolo l'ortografia del nome della setta dei Thug è normalmente cambiata in «Tugh» – una prova della 'falsità' del racconto, scritto forse da Americo Greco [Ros].

[Sar	1942	Milano, Impero]
* C L O ch Agn	1945	Milano, Impero: *I Tughs...* ("I Romanzi dell'Ardimento", 4) (sulla copertina firmato solo Salgari; sul frontespizio O. Salgari) (pp. 182) [solo 18 capitoli]
O Agn	[s.d.] [ante 1950]	Milano, Pagani [già Impero]: *I Tughs...* (sulla copertina solo Salgari; sul frontespizio O. Salgari) ("I romanzi dell'ardimento", 4) (pp. 180)
Agn	1952	Milano, Pagani: *I Tughs...* (in copertina solo Salgari) (Le grandi avventure, Anno II, n. 13, oppure 16 o 17) (pp. 94) [datato 10 Giugno]
* tb	[s.d.]	Bologna, Carroccio-Aldebaran ("Collana Nord-Ovest", 54) (E. Salgari sulla copertina; solo Salgari sul frontespizio) [18 capitoli]
Agn	1958	S. Lazzaro di Savena, Carroccio-Aldebaran ("Nord-Ovest", 54) (in copertina E. Salgari; solo Salgari sul frontespizio) (pp. 163)

O	1961	S. Lazzaro di Savena, Carroccio: *I Tughs...* (firmato O. Salgari in copertina) ("Nord-Ovest", 54) (pp. 163)
O Agn	1964	S. Lazzaro di Savena, Carroccio: *I Tughs...* (firmato O. Salgari) ("Nord-Ovest", 54) (pp. 163)
O Agn	[1964]	S. Lazzaro di Savena, Carroccio: *I Tughs...* (firmato O. Salgari in copertina) ("Collana Salgariana", 30) (pp. 163)
C O Agn	1974	Milano, SugarCo Edizioni: *I Thug alla riscossa;* più *Il ritorno delle tigri di Mompracem* (firmato Omar Salgari sulla copertina e sul frontespizio) (pp. 386)

Le ultime avventure di Sandokan

1928: Sulla copertina: «E. Salgari»; sul frontespizio: «Emilio Salgari». In realtà scritto da G. Bertinetti [Vig, Poz].

* CP cm Bit Sar Vig O	1928	Milano, Mondadori. Ill. di G. D'Amato (pp. 222) [«Copyright by "Casa Editrice A. Mondadori" 1928»] [26 capitoli] [Lit. 10]
* CP M O	1934	Milano, Sonzogno (pp. 160) [a due vesti editoriali: Lit. 5 e Lit. 6,50]
C O	1947	Milano, Carroccio ("Collana pop. S.", 36) (pp. 59)
O	[195?]	Milano, Carroccio Aldebaran (attribuito a Omar S.) ("Nord-Ovest", 50) (pp. 126)
O	1959	S. Lazzaro di Savena, Carroccio ("Nord-Ovest", 50) (pp. 162)
O	1964	S. Lazzaro di Savena, Carroccio (In copertina: Nadir Salgari) ("Collana Salgariana", 20) (pp. 163)
O	c1964	S. Lazzaro di Savena, Carroccio (In copertina: N. Salgari) ("Nord-Ovest", 50) (pp. 163)
O	c1969	Milano, Fabbri (attribuito a Emilio Salgari) ("Tigri e corsari", 75)

Le ultime imprese del Corsaro Nero

In copertina: O. Salgari; sul frontespizio: Omar Salgari. Lo scrittore fantasma è sconosciuto ma all'epoca sarebbe verosimile la penna di Americo Greco se non quella di Giovanni Bertinetti.

| * C M Bit Sar O | 1941 | Milano, Sonzogno. Illustrato da G. Montini (pp. 192) |

⋆ C M O	1946	Milano, Carroccio ("Collana Salgari", 18) (copertina: Emilio Salgari; frontespizio: Omar Salgari)
⋆ C M L O	1947	Milano, Carroccio ("Collana pop. S.", 18) (pp. 56) [Copertina e frontespizio: Omar Salgari]
⋆ tb	1954	Milano, «Albi Salgari», n. 25 (marzo-aprile)
T	1954	Milano, Carroccio
C O	1955	Milano, Carroccio ("Nord-Ovest", 33) (firmato Omar S.)
O	[1961]	S. Lazzaro di Savena, Carroccio ("Nord-Ovest", 33) (pp. 162)
O	c1964	S. Lazzaro di Savena, Carroccio ("Nord-Ovest", 33) (firmato O. Salgari)
O	[1964]	S. Lazzaro di Savena, Carroccio ("Collana Salgariana", 6)

La vendetta dei Tughs [sic]

1947 in copertina: Emilio e Omar Salgari. Sul frontespizio dell'edizione del 1947: EMILIO SALGARI/ OMAR SALGARI: «da una trama inedita di Emilio Salgari: testo completo». Tuttavia il dattiloscritto originale esiste a Verona (Accademia di Agricoltura Scienze e Lettere) ed è di Riccardo Chiarelli [Gal/Bon].

[Sar	1941	Milano, Impero] [inesatto]
⋆ C O	1947	Milano, Carroccio ("Collana pop. S.", 28) («testo completo») (pp. 72) [22 capitoli] [«Finito di stampare il 10 marzo 1947»]
O	1951	Milano, Carroccio (pp. 236)
O	1957	[?], Carroccio Aldebaran ("Nord-Ovest", 52)
⋆ O tb	1958	Bologna, Carroccio Aldebaran ("Nord-Ovest", 52) (pp. 162) [22 capitoli] [firmato solo Salgari sulla copertina e sul frontespizio]
O	c1961	Bologna, Carroccio (firmato solo Salgari) ("Nord- Ovest", 52) (pp. 162)
O	c1964	S. Lazzaro di Savena, Carroccio (firmato Omar Salgari, «da una trama inedita di E. S.») ("Collana Salgariana", 21) (pp. 178)
O	c1964	S. Lazzaro di Savena, [Carroccio] (firmato O. Salgari) ("Nord-Ovest", 52) (pp. 78)

Il vulcano di Sandokan

1945 sulla copertina: Salgari; sul frontespizio: E. Salgari con la dicitura: «Romanzo postumo lasciato dall'Autore e compilato dal figlio Omar Salgari» [Sar], non un'affermazione logicamente possibile. In realtà scritto da G. Bertinetti [Poz].

[Sar	1945	Milano, Il Mare [Ind. Graf. N. Moneta]
* CB O tb	1959	Bologna, Carroccio-Aldebaran (sulla copertina firmato O. Salgari, sul frontespizio Emilio Salgari) ("Nord-Ovest", 63) (pp. 161)
O	[1961]	S. Lazzaro di Savena, Carroccio (firmato Emilio Salgari) ("Nord-Ovest", 63) (pp. 161)
O	c1962	S. Lazzaro di Savena, Carroccio (firmato Omar Salgari) ("Nord-Ovest", 63) (pp. 161)

La zattera del naufragio

Firmato: L. Motta – E. Salgari

O	1935	Milano, S.A.D.E.L. (pp. 183)
cm O	1945	Milano, C.E.M. (fa parte de *I cacciatori del Far West*)

I ROMANZI APOCRIFI – ELENCO CRONOLOGICO
La storia cronologica,
dal primo dopoguerra in poi, dei romanzi 'falsi'

I diversi tipi di romanzi apocrifi – ossia 'falsi' – che rappresentano diverse origini e diversi scrittori fantasma, sono tipicamente firmati o «Emilio Salgari», o «Emilio Salgari e Luigi Motta», o «Omar Salgari». Quest'ultima firma, esempio di una specie di mistificazione secondaria (siccome il compratore notava spesso solo il cognome), deve considerarsi doppiamente inattendibile perché è quasi certo che né Nadir né Omar Salgari avessero mai scritto nessun romanzo di loro pugno.

Nell'elenco di 56 titoli che segue, oltre alle normali informazioni bibliografiche di base, quelle supplementari sono fra parentesi tonde; i dati ulteriori, esito di ricerche, sono fra parentesi quadre. I prezzi (forniti in pochi casi esemplari) sono in Lire italiane – Lit.; dda significa la data del diritto d'autore. Per una locuzione citata si usano le virgolette a sergente – «...», e per le collane quelle tonde – "...", mentre '...' significa un luogo comune poco affidabile o espressione a riflessi sottintesi (come in 'falsi': cioè le virgolette singole spesso hanno il senso della parola 'cosiddetto').

La bibliografia dei 'falsi' salgariani è quella più difficile e meno certa. Per essere sicuri della data di prima edizione di ogni volume è ovviamente preferibile che ci sia più di una fonte per quelle informazioni, salvo nel caso di O (OPAC) che è una sintesi di dati forniti da centinaia di biblioteche e salvo nel caso di una prova oculare (come in alcuni casi di edizioni che recano solo la sigla *). La bibliografia salgariana di Vittorio Sarti è da anni uno strumento molto utile per lo studioso; tuttavia Sarti – come d'altronde gli altri bibliografi salgariani – non cita le sue fonti per le singole edizioni e, nell'elenco che segue, molte volte lui sembra essere la sola fonte della data di prima edizione che viene qui citata (cioè senza nessuna conferma da OPAC): in questi casi l'edizione in questione non viene omessa ma è fra parentesi quadre per suggerire la necessità di una conferma.

Il movente essenziale di quest'elenco è la cronologia dello sviluppo della prassi di creare opere salgariane apocrife, quindi sono incluse solo le prime edizioni, con qualche altra seguente se aggiunge informazioni cronologiche-editoriali importanti, per esempio un cambiamento di casa editrice soprattutto nell'epoca fascista. La storia completa di ogni titolo si trova nell'elenco alfabetico.

1. Le avventure di Simon Wander

In realtà scritto da Lorenzo [Renzo] Chiosso, in accordo con gli eredi e in seguito a un contratto firmato con l'editore Bemporad il 3 novembre 1919. La base fu un manoscritto giovanile di Salgari, «Le avventure di Simone van der Stell [nella Nuova Guinea]».

* C cm G Cap O	1921	Firenze, Bemporad ("Romanzi straordinari di E.S.") (pp. 169) [finito di stampare 11-1921; dda 1921] [5.500 copie]
CP Bit Cap O	1928	Firenze, Bemporad ("Nuova collana di avventure per la gioventù")
* G cm	1929	Milano, Sonzogno

2. I naufraghi dell'Hansa (frontespizio), Il naufragio dell'Hansa (copertina)

Firmato: E. S. – L. Motta. Già nel 1905 presso Biondo di Palermo, Salgari – con lo pseudonimo G. Altieri – aveva pubblicato il raccontino completamente diverso Il naufragio dell'«Hansa», poi ripubblicato dalla Sonzogno nel 1936 e nel 1941 [tb]: fu questa presumibilmente la ragione per un cambiamento di titolo da parte di Motta.

Sar O	1921	Milano, Mondadori: I naufraghi dell'Hansa: avventure di due esiliati russi nelle regioni artiche (frontespizio), Il naufragio dell'Hansa (copertina), («Il Romanzo Illustrato per i Ragazzi», periodico quindicinale, Vol. 7, 4 aprile 1921) (pp. 44) [prefazione: L. Motta, datata marzo 1921]
Sar tb O	1924	Milano, Mondadori: L'aeroplano nero (più La linea di fiamma e I naufraghi dell'Hansa) firmato unicamente L. Motta (pp. 265)
Sar	1929	Milano, Sonzogno: I naufraghi dell'Hansa firmato L. Motta e E. Salgari

3. Il naufragio della Medusa

Firmato: L. Motta – E. S.

*	1923	Milano, L'Italica («altra opera completata da L. Motta»)

C Bit O	1926	Milano, L'Italica: L. Motta – E. Salgari (pp. 175)
Sar	1928	Milano, Sonzogno: L. Motta – E. Salgari
O	1929	Milano, Sonzogno: L. Motta – E. Salgari (pp. 190)

4. *Addio Mompracem!*

Firmato: L. Motta – E. Salgari

[Sar	1924	Milano, Sonzogno]
C Sar O	1929	Milano, Sonzogno. Ill. F. Fabbi ("Opere di E. S.") (pp. 287) [copyright: L. Motta 1929]
Sar O	1931	Milano, La Lanterna: firmato Emilio Moretto, con prefazione (pp. 262)

5. *A bordo dell'«Italia Una»: primo viaggio marittimo dell'autore* (novella)

In realtà una novella sviluppata nel 1920 da Renzo Chiosso, quasi certamente sulla base di un abbozzo giovanile scritto da Salgari in prima persona; il nuovo scritto fu preparato in seguito a un accordo fatto con gli eredi Salgari e con l'editore Bemporad il 3 novembre 1919; l'editore respinse il manoscritto nel 1920 perché fingeva di essere autobiografico.

* C Vig	1925	Milano, Sonzogno, novella a puntate in «Giornale Illustrato dei Viaggi e delle Avventure di Terra e di Mare», 26 luglio-20 settembre, Anno 41, n. 30 (pp. 10-11) – n. 38 (pp. 9-11), illustrata da fotografie topografiche.
* CP O	1929	Milano, Sonzogno: in *I cacciatori di foche*: un cosiddetto «romanzo d'avventure» (ma in realtà due lunghe novelle, la prima autentica; più *A bordo*, pp. 131-221, in tutto pp. 224)

6. *I cacciatori del Far West*. Firmato: E. Salgari – L. Motta

C Sar O	1925	Milano, Bottega di Poesia (pp. 338)
O	1931	Milano, Barion (pp. 445)
cm O	1932	Sesto S. Giovanni, Barion
O	1933	Milano, L'Italica (pp. 318)
C M O	1933	Sesto S. Giovanni, Barion [Lit. 4]

7. *La Tigre della Malesia*

Firmato: L. Motta – E. Salgari. Motta – o lo scrittore fantasma, Emilio Moretto – scelse come titolo per questo libro quello che Salgari aveva creato per la prima versione de *Le Tigri di Mompracem*.

O	1926	Milano, Sonzogno ("Biblioteca romantica illustrata") (pp. 164)
Sar	1927	Milano, Sonzogno (dedicato «A E. Moretto infaticabile, amico leale Luigi Motta»)
* C	1935	Milano, Sonzogno ("Biblioteca romantica illustrata")

8. *La gloria di Yanez*

Firmato: E. Salgari – L. Motta. L 1929: in realtà opera dello scrittore fantasma Emilio Moretto.

[Sar	1927	Milano, Sonzogno]
C Bit Sar L O	1929	Milano, Sonzogno. Ill. F. Fabbi (pp. 288) [copyright: L. Motta 1929] [Lit. 6.50] [L: 1ª ed.]

9. *Lo scettro di Sandokan*

Firmato: L. Motta – E. Salgari

[Sar	1927	Milano, Sonzogno]
* C Bit O	1928	Milano, Sonzogno (pp. 136) [volume di 17 dispense] [Lit. 5]
C O	[1934]	Milano, O.L.M. Ill. F. Fabbi ("Collezione delle opere di Luigi Motta") (Ciclo «I Pirati della Malesia») (pp. 319) [Lit. 8]
C O	1935	Milano, O.L.M. (pp. 237)

10. *Le avventure del Gigante Bardana*

1928: sulla copertina e sul frontespizio della 1ª edizione: «Emilio e Nadir Salgari». In realtà scritto da Giovanni Bertinetti [Poz]. Notiamo che la parola 'gigante' non è tipica del normale lessico salgariano.

* C Bit Sar O	1928	Milano, Barion (pp. 222) [Lit. 2]
L	1929	Milano, Barion
C Mil O	1933	Milano, Barion

11. *L'eredità del Capitano Gildiaz*

Sul frontespizio: «Romanzo postumo tratto da trama lasciata dall'Autore e pubblicato a cura di Nadir Salgari». In realtà scritto da Giovanni Bertinetti [Poz]. A parte il romanzo per metà autentico su Simon Wander, Bemporad pubblicò questo 'falso' e gli altri del 1928 solo dopo l'uscita di 9 apocrifi presso case editrici diverse, una concorrenza senza dubbio scomoda.

CP Sar Cap O	1928	Firenze, Bemporad. Ill. F. Fabbi ("Nuova collana di avventure per la gioventù") (pp. 184) [Lit. 6]
Cap O	1929	Firenze, Bemporad
L	1931	Firenze, Bemporad (pp. 186) [«pubblicato sotto la direzione di Nadir S.»]
Cap O	1937	Firenze, Bemporad (2ª ed.)

12. *Il fantasma di Sandokan*

Romanzo a due parti, *Il mistero delle "Scogliere del diavolo"* di 14 capitoli, e *La Signora del Gondwana* di 10 capitoli. Sul frontespizio: «Romanzo postumo tratto da una trama lasciata dall'Autore e pubblicato a cura di Nadir Salgari». In realtà scritto da G. Bertinetti [Poz, VigA].

Sar	1928	Torino, Eredi Botta
L O	1931	Firenze, Bemporad (L pp. 166, O pp. 198) [«pubblicato sotto la direzione di Nadir S.»]
* C Cap O	1932	Firenze, Bemporad ("Nuova Collana di Avventure per la Gioventù") (Nuovissima ed. riveduta e corretta) (pp. 166) [Lit. 6]

13. *Le mie memorie*

In realtà scritto da Lorenzo Chiosso nel 1920 su richiesta degli eredi e in seguito a un accordo fatto il 3 novembre 1919 con l'editore Bemporad; il manoscritto fu respinto dall'editore nel 1920 perché fingeva di essere autobiografico. Il Catalogo Generale della Sonzogno (Aprile 1937 – XV) descrive la seconda edizione con astuzia e tatto: «vorrebbe essere una autobiografia ed è invece un magnifico romanzo d'avventure».

* cm gr Sar ct O	1928	Milano, Mondadori. Copertina di G. Amato (pp. 234) [Con introduzione di Yambo e appendice firmata «I figli» di E. S. ma attribuita a Nadir Salgari; il testo però è chiaramente non suo.]

[P Bit	1929 [?]	Milano, Mondadori. (In realtà è l'edizione del 1928)]
⋆ ct O	1937	Milano, Sonzogno: *Le mie avventure* (pp. 224) [con introduzione firmata Nadir Salgari – ma di un altro: l'appendice del 1928 aveva preso il posto della prefazione di Yambo, tolta da questa 2ª ed. come anche alcune illustrazioni] [a due vesti editoriali: Lit. 5 e Lit. 6,50]

14. *Lo smeraldo di Ceylan*

Sul frontespizio: «Romanzo postumo tratto da trama lasciata dall'Autore e pubblicato a cura di Nadir Salgari». In realtà scritto da G. Bertinetti [Poz]. In una réclame della Casa Editrice Bemporad stampata nel 1928, questo romanzo era identificato come il primo «inedito» da essa pubblicato, cioè senza contare *Le avventure di Simon Wander* del 1921, testo basato su un abbozzo giovanile mentre *Lo smeraldo di Ceylan* era stato sviluppato da una mera 'trama'.

⋆ CP Bit Sar Cap O	1928	Firenze, Bemporad («Rom. post. […] pubblicato a cura di Nadir Salgari») ("Nuova collana di avventure per la gioventù") (pp. 180)
Cap O	1929	Firenze, Bemporad («Rom. post. […] pubblicato a cura di Nadir S.») (pp. 180)

15. *Le ultime avventure di Sandokan*

1928: Sulla copertina: «E. Salgari»; sul frontespizio: «Emilio Salgari». In realtà scritto da G. Bertinetti [Vig, Poz].

⋆ CP cm Bit Sar Vig O	1928	Milano, Mondadori. Ill. di G. D'Amato (pp. 222) [«Copyright by "Casa Editrice A. Mondadori" 1928»] [26 capitoli] [Lit. 10]
⋆ CP M O	1934	Milano, Sonzogno (pp. 160) [a due vesti editoriali: Lit. 5 e Lit. 6,50]

16. *Josè il Peruviano*

Sul frontespizio: «Romanzo postumo tratto da trama lasciata dall'Autore e pubblicato a cura di Nadir Salgari». In realtà scritto da G. Bertinetti [Poz].

CP Bit Sar Cap O	1929	Firenze, Bemporad. Ill. F. Fabbi ("Nuova collana di avventure per la gioventù") (pp. 174) [Lit. 6]

| CP Cap O | 1931 | Firenze, Bemporad («Romanzo postumo […] a cura di Nadir Salgari») |
| O | 1940 | Firenze, Marzocco (3ª ed.) («Romanzo postumo […] a cura di Nadir Salgari») |

17. Sandokan nel labirinto infernale

1929: la 1ª ed. è attribuita a Emilio Salgari e Nadir Salgari. In realtà scritto da G. Bertinetti [Poz]. Catalogo Generale della Sonzogno, Aprile 1937 – XV: «Costituisce […] la seconda parte delle *Ultime avventure di Sandokan*».

| lc cm Bit Sar L O | 1929 | Milano, Mondadori. Ill. G. Rivolo (pp. 211) (L tela pp. 216) |
| * CP M O | 1934 | Milano, Sonzogno (in copertina e sul frontespizio: Emilio Salgari) (pp. 160) [capitoli 25] [a due vesti editoriali: Lit. 5 e Lit. 6,50] |

18. Lo schiavo del Madagascar

Sul frontespizio: «Romanzo postumo tratto da trama lasciata dall'Autore e pubblicato sotto la direzione di Nadir Salgari». In realtà scritto da G. Bertinetti [Poz].

| CP Bit Sar O L | 1929 | Firenze, Bemporad. Ill. F. Fabbi ("Nuova collana di avventure per la gioventù") (pp. 193) (L pp. 196) |
| Cap O | 1930 | Firenze, Bemporad |

19. I cannibali dell'Oceano Pacifico

Sul frontespizio: «Romanzo postumo tratto da trama lasciata dall'Autore e pubblicato sotto la direzione di Nadir Salgari» ma Salgari preferiva la parola 'antropofaghi'. Un articolo di Maurizio Sartor ha reso nota la probabilità che il vero autore sia stato il giornalista e traduttore Mario Casalino, ma mancano i particolari completi. La data del contratto fu il 3 dicembre 1929. (Il carteggio Casalino-Bemporad apparteneva agli anni 1929-1932 e riguardava anche altri lavori.)

| CP Sar Cap O | 1930 | Firenze, Bemporad ("Nuova collana di avventure per la gioventù") (pp. 214) |
| CP Cap O | 1933 | Firenze, Bemporad (2ª ed.) ("Nuova collana di avventure per la gioventù") [Lit. 6] |

20. Manoel de la Barrancas

Sul frontespizio: «Romanzo postumo tratto da trama lasciata dall'Autore e pubblicato a cura di Nadir Salgari». In realtà scritto da G. Bertinetti [Poz]. (Secondo Maurizio Sartor, questo volume e anche *Lo scotennatore* erano stati commissionati a Paolo Lorenzini e completati da Bertinetti. Non ne rimane traccia nel carteggio Lorenzini-Bemporad, ed è inverosimile l'idea che Lorenzini potesse scrivere 3 'falsi' salgariani in un anno. Vedi il brano su *Song-Kay il pescatore* nel Vol. II della presente opera per un chiarimento del tempo e dell'impegno necessari per il contributo di Collodi Nipote.)

C Bit Sar Cap O	1931	Firenze, Bemporad ("Nuova collana di avventure per la gioventù") (pp. 174)
CP Cap O	1936	Firenze, Bemporad (2ª ed.) ("Nuova collana di avventure per la gioventù") [Lit. 5]

21. I prigionieri delle Pampas

Sul frontespizio: «Romanzo postumo tratto da trama lasciata dall'Autore e pubblicato sotto la direzione di Nadir Salgari». Un articolo di Maurizio Sartor, nonostante certe inesattezze, ha reso nota la probabilità che il vero autore sia stato il giornalista e traduttore Mario Casalino, ma mancano alcuni particolari utili. Il contratto con Bemporad fu del 14 maggio 1930. (Il carteggio Casalino-Bemporad apparteneva agli anni 1929-1932 e riguardava anche altri lavori non salgariani.)

C Bit Cap O	1931	Firenze, Bemporad («Romanzo postumo […] pubblicato sotto la direzione di Nadir S.») ("Nuova collana di avventure per la gioventù") [Lit. 6][11]
C Cap O	1934	Firenze, Bemporad (2ª ed.) («Rom. post. […] pubblicato sotto la direzione di Nadir S.»)

22. Lo scotennatore

Sul frontespizio: «Romanzo postumo tratto da trama lasciata dall'Autore e pubblicato sotto la direzione di Nadir Salgari». In realtà scritto da

---

[1] La prima edizione di questo romanzo è quella del 1931, non del 1926 (data inverosimile) come affermato nelle bibliografie di Sarti e Cappelli. L'errore scaturisce, pare, da una vecchia scheda (ora corretta) di OPAC (il catalogo online delle biblioteche italiane): una svista per la data 1941 (Marzocco, 4ª ed.).

G. Bertinetti [Poz]. (Secondo Maurizio Sartor, questo volume e anche *Manoel de la Barrancas* erano stati commissionati a Paolo Lorenzini e completati da Bertinetti. Non ne rimane traccia nel carteggio Lorenzini-Bemporad, ed è inverosimile l'idea che Lorenzini potesse scrivere 3 'falsi' salgariani in un anno. Vedi il brano su *Song-Kay il pescatore* nel Vol. II della presente opera per un chiarimento del tempo e dell'impegno necessari per il contributo di Collodi Nipote.)

| C Bit Sar Cap O | 1931 | Firenze, Bemporad ("Nuova collana di avventure per la gioventù") (pp. 156) [Lit. 6] |
| C Cap O | 1934 | Firenze, Bemporad |

23. *Song-Kay il pescatore*

Sul frontespizio: «Romanzo postumo tratto da trama lasciata dall'Autore e pubblicato a cura di Nadir Salgari». In realtà scritto da Paolo Lorenzini (Collodi Nipote), come dimostrato dal carteggio della Bemporad; non è esatta l'ipotesi che, non essendo il testo di Lorenzini piaciuto all'editore, fu respinto e sostituito con un rifacimento dovuto a Giovanni Bertinetti, il quale al massimo rivide il testo di Lorenzini negli interessi della coerenza stilistica voluta dalla Bemporad. (Vedi il Vol. II della presente opera per maggiori informazioni al riguardo.)

* C Bit Sar Cap O	1931	Firenze, Bemporad ("Nuova collana di avventure per la gioventù") (pp. 200)
C Cap O	1934	Firenze, Bemporad (2ª ed.) («Rom. post. […] pubblicato sotto la direzione di N. S.»)
CP O	1939	Firenze, Marzocco (3ª ed.) («Rom. post. […] pubblicato sotto la direzione di N. S.»)

24. *Il giaguaro bianco*

Firmato: L. Motta – E. Salgari

| O | 1935 | Milano, S.A.D.E.L. (pp. 188) |

25. *La zattera del naufragio*

Firmato: L. Motta – E. Salgari

| O | 1935 | Milano, S.A.D.E.L. (pp. 183) |

Nota: Dopo la morte di Nadir Salgari nel 1936 ci fu un peggioramento nel carattere della falsificazione salgariana. Ogni susseguente volume nuovo dovette essere l'esito di un'iniziativa o di Luigi Motta o, nella famiglia

Salgari, del figlio minore Omar Salgari, i quali sopravvissero fino rispettivamente al 1955 e al 1963. Dopo quella data, *mirabile dictu*, non si vide più una valanga di nuovi volumi postumi, prima 'dimenticati', di Emilio Salgari. Rimase solo la tendenza, anch'essa deplorevole ma oggi quasi del tutto superata, da parte di certe case editrici popolari di dimezzare, di snellire, e di rimaneggiare i testi originali del Nostro.

26. *Emilio Salgari racconta ai bambini: La storia di Mago Magon*

Si asserì che ogni sera per 11 anni Salgari aveva narrato questa storia e il suo seguito ai suoi bambini, improvisando ad alta voce, cioè per tutta la vita di Omar dalla nascita in poi; questi da bambino doveva aver avuto una memoria davvero precoce. Bitelli attribuì il libro ad Omar Salgari. In realtà scritto da G. Bertinetti [Poz].

CP Bit Sar O	1938	Torino, Paravia. Illustrato da Piero Bernardini (Edizione curata da Lucio Venna; prefazione: Omar Salgari.) (pp. 180) [Lit. 20.]

27. *La figlia del Corsaro Verde*

All'origine firmato sulla copertina: E. Salgari; sul frontespizio: «Da una trama inedita di Emilio Salgari sviluppata a cura del figlio Omar Salgari». Più tardi, con altrettanta inesattezza, il nome apparso in copertina fu quello di Omar. In realtà scritto dal veronese Renzo Chiarelli. Vig attribuisce *La figlia del Corsaro Verde* a Renzo Chiosso e la pubblicazione ad una data anticipata, non reperibile su OPAC. Il titolo era già stato concepito e pubblicizzato dalla Sonzogno un decennio prima nel 1928: vedi l'elenco delle *Opere di Emilio Salgari* ne *La giraffa bianca*, Milano, Sonzogno, 1928. Influenzato dall'epoca fascista, l'eroe anti-salgariano lotta per le autorità contro i pirati. Il film, sceneggiato da Alessandro De Stefani, uscì già nel 1940.

[Vig	1938	Milano, Sonzogno]
* O	[sd]	Milano, Sonzogno (sul frontespizio: «Da una trama inedita di E.S., sviluppata a cura del figlio Omar S.») (pp. 200)
Sar O	1941	Milano, Sonzogno/ Stabilimento Grafico Matarelli (pp. 196)

28. *Le nuove mirabolanti avventure di Mago Magon più forte del Leon*

1939: in copertina solo il cognome Salgari. Bitelli attribuì il volume ad Omar Salgari. In realtà scritto da G. Bertinetti [Poz].

⋆ CP Bit Sar O	1939	Torino, Paravia. Sul frontespizio: *Emilio Salgari racconta ai bambini: Le nuove mirabolanti avventure...* Ill. Piero Bernardini. Edizione curata da Lucio Venna (pp. 192) [Sul verso del frontespizio: «Copyright by O. Salgari – 1940»] [capitoli 30]

29. *La scimitarra di Khien-Lung* [*o Kien-Lung*]

Il titolo è quello originale dell'abbozzo della prima versione giovanile de *La Scimitarra di Budda* (vedi Vol. I, p. 29), di cui il romanzo 'postumo' è una riscrittura eseguita da Americo Greco [VigG, Ros]. Il racconto ha due parti come quello definitivo di Salgari e la struttura delle avventure è analoga ma, almeno nell'edizione del 1964, ci sono solo 12 capitoli con titoli del tutto differenti da quelli della versione autentica. La prima comparsa di questo romanzo in volume è probabilmente del secondo Dopoguerra, mentre l'edizione A.P.I. del 1939 [Agn] è un racconto diverso a fumetti; qui lo sceneggiatore cambia le avventure autentiche, facendo parteciparvi anche Sandokan e Yanez, un gesto sapiente che predisponeva al successo popolare.

Agn	1939	Milano, A.P.I.- Anonima Periodici Italiani ... *di Kien-Lung* (Strenna estiva dell'«Audace») [Lit. 3] [versione a fumetti di un «Romanzo inedito di Emilio Salgari», sceneggiata da Federico Pedrocchi, con i disegni di Guido Moroni Celsi]
[Sar	1939	Milano, Impero: ... *di Kien-Lung* [?]
Agn	[sd 1950?]	Milano, Pagani ("Le grandi avventure", 4) (pp. 77)
⋆ O	1951	Milano, Pagani [già Impero] ("Le grandi avventure", 4) (pp. 77)[2]
CB O Agn	1959	Modena, Carroccio-Aldebaran ("Nord-Ovest", 10) (pp. 161) [firmato solo Salgari in copertina; sul frontespizio Emilio Salgari]

30. *Il Corsaro Rosso (Conte di Ventimiglia)*

Sulla copertina: Salgari; sul frontespizio: Omar Salgari. Con due parti e 40 capitoli, questo 'falso' non fu messo insieme frettolosamente; ha inoltre un carattere insolito: è la storia dell'antefatto de *Il Corsaro Nero* e termina con

---

[2] In quanto elemento della retorica fascista, la parola 'Impero' sparisce nel Dopoguerra e la ditta del direttore Pagani cambia nome per ragioni politiche.

la conversazione tra Carmaux, Wan Stiller e il Corsaro Nero con cui il famoso romanzo autentico inizia. Il vero autore può essere stato Americo Greco.

* ch O	[1940/41?]	[Milano], [Casa Editrice Impero]. Ill. N. Lubatti (pp. 206) [L'esemplare visto manca di qualche pagina: i dettagli editoriali sono stati dedotti da altre prove.]
Sar	1941	Milano, Impero
Vig	1942	Milano, Impero (firmato Omar Salgari)
O Agn	1944	Milano, Impero ("I romanzi dell'ardimento", 1)[3] (pp. 202) (solo Salgari in copertina; O. Salgari sul frontespizio)

31. I ribelli della montagna

Sul frontespizio: «Romanzo postumo tratto dalla trama lasciata dall'Autore e pubblicato a cura di Omar Salgari»; nelle prime pagine: «Copyright 1941 by O. Salgari». In realtà scritto da G. Bertinetti [Poz].

CP Bit Sar O	1940	Torino, Paravia. Ill. Beppe Porcheddu (pp. 218) [Lit. 12]
O	1941	Torino, Paravia (pp. 215)

32. L'indiana dei Monti Neri (Minnehaha, la figlia della scotennatrice)

Sul frontespizio: «Romanzo postumo tratto dalla trama lasciata dall'autore e pubblicato a cura di Omar Salgari». Il vero autore non è stato identificato, ma a un anno da I ribelli della montagna e con lo stesso editore e lo stesso – nuovo – illustratore, anche questo volume dovrebbe essere di G. Bertinetti.

CP Bit Sar O	1941	Torino, Paravia (ill. B. Porcheddu) (pp. 251) [«Copyright 1941 by O. Salgari»] [Lit. 14]
*	1943	Torino, Paravia (1ª ristampa) [«Copyright 1941 by O. Salgari»] [Lit. 25] [copia sciupata 2012: €70]

33. Le ultime imprese del Corsaro Nero

In copertina: O. Salgari; sul frontespizio: Omar Salgari. Lo scrittore fantasma è sconosciuto ma all'epoca sarebbe verosimile la penna di Americo Greco se non quella di Giovanni Bertinetti.

---

[3] Questa collana sparisce dopo la Seconda Guerra Mondiale, insieme alla parola 'ardimento' così tipica della retorica fascista.

* C M Bit Sar O	1941	Milano, Sonzogno. Illustrato da G. Montini (pp. 192)
* C M O	1946	Milano, Carroccio ("Collana Salgari", 18) (copertina: Emilio Salgari; frontespizio: Omar Salgari)

34. La vendetta dei Tughs [sic]

1947 in copertina: Emilio e Omar Salgari. Sul frontespizio dell'edizione del 1947: EMILIO SALGARI/ OMAR SALGARI: «da una trama inedita di Emilio Salgari: testo completo». Verosimilmente attribuibile ad Americo Greco, ma il dattiloscritto esiste a Verona (Accademia di Agricoltura Scienze e Lettere) ed è di Riccardo Chiarelli [Gal/Bon].

[Sar	1941	Milano, Impero]
* C O	1947	Milano, Carroccio ("Collana pop. S.", 28) («testo completo») (pp. 72) [22 capitoli] [«Finito di stampare il 10 marzo 1947»]
O	1951	Milano, Carroccio (pp. 236)

35. Il Corsaro Verde

1945 in copertina: Salgari. In realtà scritto da Sandro Cassone [Ros, VigG, Agn].

[Sar	1942	Milano, Impero]
Agn	1945	Milano, Impero ("I Romanzi dell'Ardimento", 5) (firmato solo Salgari) (pp. 197) [finito di stampare il 24 marzo 1945]
C O	[1945]	Milano, Pagani [già Impero] (in copertina firmato solo Salgari; sul frontespizio Omar S.) (pp. 198)

36. La montagna di fuoco

Sul frontespizio: «Romanzo postumo lasciato dall'Autore e compilato a cura del figlio Omar Salgari» – dicitura non del tutto logica. La trama è analoga a quella de La vendetta d'uno schiavo, riconosciuto nel 2011 come racconto pseudonimo ma autentico di Salgari [Poz]. Si tratterebbe quindi di un rifacimento di un racconto genuino, negli Anni Quaranta ignoto? Anche questo titolo viene citato da Omar Salgari nel carteggio con Riccardo Chiarelli, conservato nel Fondo Chiarelli a Verona [vedi Gal/Bon]: il testo era stato passato da Chiarelli alla dattilografa prima del 2 luglio 1945.

Sar	1942	Milano, Il Mare [Ind. Graf. N. Moneta

C O	1960	Bologna, Carroccio ("Nord-Ovest", 71) (firmato Omar Salgari) («da una trama lasciata da Emilio Salgari») (pp. 162)

37. I Tughs alla riscossa [sic]

Sulla copertina: Salgari; sul frontespizio: O. Salgari, e altre forme nelle diverse edizioni; nel titolo l'ortografia del nome della setta dei Thug è normalmente cambiata in «Tugh» – una prova della 'falsità' del racconto, scritto forse da Americo Greco [Ros].

[Sar	1942	Milano, Impero]
* C L O ch Agn	1945	Milano, Impero: *I Tughs...* ("I Romanzi dell'Ardimento", 4) (sulla copertina firmato solo Salgari; sul frontespizio O. Salgari) (pp. 182) [solo 18 capitoli]
O Agn	[s.d.] [ante 1950]	Milano, Pagani [già Impero]: *I Tughs...* (sulla copertina solo Salgari; sul frontespizio O. Salgari) ("I romanzi dell'ardimento", 4) (pp. 180)

38. Ariucka: la figlia del Cacico

Sul frontespizio: «Romanzo postumo di avventure tratto dalla trama lasciata dall'Autore e pubblicato a cura di Omar Salgari». Possibilmente opera di Americo Greco.

[Sar	1943	Milano, Impero (Sar: *La figlia...*)]
O Agn	[?]	Milano, Pagani [già Impero]: *Ariucka...* ("I romanzi dell'ardimento", 7 o 8) (pp. 171)
C O Agn	[1945]	Milano, Pagani: *Ariucka...* ("I romanzi dell'ardimento", 3) (pp. 147) [Lit. 150]

39. Il ritorno delle Tigri di Mompracem

1943 Copertina: Salgari; sul frontespizio: O. Salgari. Su altre edizioni: Emilio Salgari o Omar Salgari. Lo scrittore fantasma sembra essere stato Riccardo Chiarelli [Gal/Bon].

[Sar	1943	Milano, Impero]
Agn	[sd] [ante 1950?]	Milano, Pagani [già Impero]: ... *Tigri di Mompracem* [sic] ("I Romanzi dell'Ardimento, 9) (in copertina solo Salgari; sul frontespizio O. Salgari) (pp. 96)
Agn	[sd 1951?]	Milano, Pagani [già Impero] ("Le grandi avventure", 16 o 17) (in copertina solo Salgari; sul frontespizio O. Salgari) (pp. 96)

40. *Il segreto del fakiro* [o *fachiro*]

Il racconto è opera di Riccardo Chiarelli, fatto notato in un appunto autografo dell'amico fiorentino di Omar Salgari, il quale, pare, negava sempre di essere fra gli scrittori fantasma salgariani; l'appunto autografo, datato «Firenze 11.9.950», è presente su una copia de *Il tesoro della jungla* nella raccolta di Tiziano Agnelli, ricercatore e collaboratore della Fondazione Rosellini, nel cui volume l'attribuzione fu pubblicata. Nella dichiarazione, scritta sulla quarta copertina del fascicoletto de *Il tesoro della jungla* [vd], Chiarelli menziona inoltre *La colonna dei deportati* (a quanto sembra un racconto breve forse ribattezzato *La colonna della morte*, ma entrambi i titoli sono inesistenti su OPAC). Nello stesso suo appunto, il professore dichiarava di aver scritto questi tre racconti e altri nel 1945, almeno *Il tesoro della jungla* su commissione di Omar Salgari; anche il carteggio di Omar Salgari con Riccardo Chiarelli del 1945, conservato nel Fondo Chiarelli presso l'Accademia di Agricoltura Scienze e Lettere di Verona, allude spesso a questi titoli marginali della produzione salgariana apocrifa di non notevole qualità o importanza [Gal/Bon].

[Sar	1943?	Milano, Impero]
Agn	[1950?]	Milano, Pagani [già Impero] (in copertina firmato solo Salgari) ("Le grandi avventure Pagani", 5) (pp. 87)
* O tb Agn	1951	Milano, Pagani [già Impero] (in copertina firmato solo Salgari) ("Le grandi avventure Pagani", 4) (Anno 1, N. 4; 20 Giugno 1951) (pp. 87/ 102)

41. *Il tesoro della jungla*

Il racconto è opera di Riccardo Chiarelli, fatto notato in un appunto autografo dell'amico fiorentino di Omar Salgari, il quale, pare, negava sempre di essere fra gli scrittori fantasma salgariani; l'appunto autografo, datato «Firenze 11.9.950», è presente su una copia nella raccolta di Tiziano Agnelli, ricercatore e collaboratore della Fondazione Rosellini, nel cui volume l'attribuzione fu pubblicata. Nella dichiarazione, scritta sulla quarta copertina del fascicoletto de *Il tesoro della jungla*, Chiarelli menziona inoltre *Il segreto del fakiro* [vd] e *La colonna dei deportati* (a quanto sembra un racconto breve forse ribattezzato *La colonna della morte*, ma entrambi i titoli sono inesistenti su OPAC). Nello stesso suo appunto, il professore dichiarava di aver scritto questi tre racconti e altri nel 1945, almeno *Il tesoro della jungla* su commissione di Omar Salgari; anche il carteggio di Omar Salgari con Riccardo Chiarelli del 1945, conservato nel Fondo Chiarelli presso l'Accademia di Agricoltura Scienze e Lettere di Verona, allude spesso a questi titoli marginali della produzione salgariana apocrifa di non notevole qualità [Gal/Bon].

[Sar	1943?	Milano, Impero?]
Agn Ros	[1950?]	Milano, Pagani [già Impero] In copertina: Salgari ("Le grandi avventure", N. 7) (pp. 94) [con data di ed. dedotta da Tiziano Agnelli dal suo esemplare con un appunto firmato Riccardo Chiarelli e datato 11.9.950]
O	1950	Milano, Pagani. In copertina: Salgari (pp. 94)

42. I filibustieri della Tartaruga [... Tortue]

Sulla copertina e sul frontespizio: Salgari. Possibilmente opera di Americo Greco [Ros]. Il sorprendente titolo con Tartaruga (invece di Tortue) come nome dell'isola dei filibustieri figurava anche nella collana di «Albi Salgari», apparsa nel Secondo Dopoguerra,

[Sar	1944	Milano, Impero]
O tb Agn	[sd 1950?]	Milano, Tip. Pagani: ... della Tartaruga (firmato solo Salgari) ("Le grandi avventure", 10) (pp. 78)
* L	1951	Milano, Pagani [già Impero] (copertina e frontespizio: solo Salgari) ("Le grandi avventure") [comprende anche 2 racconti di altri autori]

43. Sandokan nel cerchio di fuoco

1945: sulla copertina e sul frontespizio: Salgari; sul frontespizio: «Tratto da trame di Emilio Salgari e sviluppato dal figlio Omar», dicitura stampata su un'etichetta attaccata in un secondo tempo. La locuzione «nel cerchio di fuoco» era già apparsa come titolo del capitolo XIX ne *Le mie memorie/ avventure*, volume in realtà scritto da Lorenzo Chiosso nel 1920 e uscito nel 1928. Testo in realtà scritto da G. Bertinetti [Poz, Ros].

* O tb Col	[O: 193-?] [*: 194-?]	Milano, Pagani (firmato Omar Salgari) ("Le grandi avventure") (pp. 104) [Lit. 180] [Inverosimile la data suggerita su OPAC]
* C T Sar O ch Agn	1945	Torino, E.L.A.S. (copertina/frontespizio: Salgari) («Tratto da trame di Emilio Salgari e sviluppato dal figlio Omar») ("Collana di libri per ragazzi: I romanzi d'avventure", 1) (pp. 192) [datato 30 Novembre]

44. *Il vulcano di Sandokan*

1945 sulla copertina: Salgari; sul frontespizio: E. Salgari con la dicitura: «Romanzo postumo lasciato dall'Autore e compilato dal figlio Omar Salgari» [Sar], non un'affermazione logicamente possibile. In realtà scritto da G. Bertinetti [Poz].

Sar	1945	Milano, Il Mare [Ind. Graf. N. Moneta]
* CB O tb	1959	Bologna, Carroccio-Aldebaran (sulla copertina firmato O. Salgari; sul frontespizio Emilio Salgari] ("Nord- Ovest", 63) (pp. 161)

45. *Mago Magon batte Belgiglio*

Si tratta presumibilmente di un episodio estratto dai volumi su Mago Magon, quindi forse curato (e sviluppato?) da G. Bertinetti [Lab]; Belgiglio è un personaggio 'cattivo' del racconto originale di cui Bertinetti era stato lo scrittore fantasma.

Sar	1946	Milano, Il Mare

46. *Mago Magon e la strega del mare*

Si tratta presumibilmente di un episodio estratto dai volumi su Mago Magon, quindi forse curato (e sviluppato?) da G. Bertinetti [Lab], scrittore fantasma di quei racconti.

Sar O	1946	Milano, Il Mare (copertina: E. Salgari) (pp. 149)

47. *L'Aquila Bianca*

Opera, pare, di Americo Greco che sviluppò il 'falso', uscito nel 1947, sulla base di un racconto breve autentico firmato Guido Altieri e pubblicato nell'opuscoletto n. 104 della «Bibliotechina Aurea Illustrata» di Salvatore Biondo, Palermo: il raccontino originale venne ristampato nel 1940, nel 1945 e, a quanto pare, nel 1960.

C Sar O	1947	Milano, Carroccio (firmato Emilio Salgari: "Romanzo d'avventure", «Da una novella di Emilio Salgari a cura di Omar Salgari» («Ed. integrale») ("Collana pop. S.", 64) (pp. 58)
O	1959	Bologna, Carroccio-Aldebaran. Firmato Emilio Salgari ("Nord-Ovest", 2)

48. *Il deserto di ghiaccio*

Un esempio fra molti del modo in cui un racconto breve autentico, in questo caso uscito pseudonimo presso Biondo di Palermo nel 1902 e nel 1913, e firmato Emilio Salgari presso la Sonzogno nel 1935, poteva poi trovarsi sviluppato in un cosiddetto «testo completo», ossia romanzo falso, «a cura di Omar Salgari», in questo caso nel 1947. Secondo il sito web di Corinne D'Angelo ('La Perla di Labuan'), il romanzo sarebbe opera di Carlo De Mattia [Lab].

* Sar O	1947	Milano, Carroccio («Romanzo d'avventure: testo completo» «da una novella di Emilio Salgari; a cura di Omar Salgari») ("Collana popolare Salgari") (pp. 62) [Capitoli I-XLII, più Conclusione] [Copertina a colori; senza illustrazioni]
* C O	1960	Bologna, Carroccio ("Nord-Ovest", 73) (sulla copertina: firmato E. Salgari; sul frontespizio: Emilio Salgari) (pp. 164)

49. *I predoni del gran deserto*

In origine una novella autentica di E. S. pubblicata a solo 5 puntate su «Il Novelliere Illustrato», periodico della Speirani di Torino (29 nov. – 27 dic. 1896); nel Secondo Dopoguerra sviluppata in romanzo apocrifo, a cura di Omar S., con edizioni uscite dal 1947 in poi. (Vedi il titolo anche nella sezione su «Singole novelle pubblicate in volume durante la vita di Emilio Salgari».)

O	1947	Milano, Carroccio (romanzo d'avventure: testo 'completo', a cura di Omar Salgari da una novella di E. S.) ("Collana popolare Salgari", 59) (pp. 61)
CB O	1959	Modena, Carroccio-Aldebaran ("Nord-Ovest", 60) (pp. 155)

50. *Sandokan contro il Leopardo di Sarawak*

In copertina solo Salgari, e sul frontespizio: Omar Salgari; *Sandokan nella Jungla Nera* dello stesso anno ne è il «seguito».

* M L Sar O tb	1947	Milano, Carroccio («da una trama inedita di E. S.») ("Collana popolare S.", 37) (pp. 60)
O	1955	Bologna, Carroccio. Firmato Omar Salgari ("Nord-Ovest", 51) (pp. 117)

51. *Sandokan nella Jungla Nera*

Su alcune schede dell'OPAC attribuito a Emilio Salgari ma, firmato Omar Salgari, è il seguito del 'falso' *Sandokan contro il Leopardo di Sarawak* dello stesso anno 1947.

[Sar	1947	Milano, Carroccio]
O	1950	Milano, Carroccio (pp. 189)
O	1951	Milano, Carroccio-Aldebaran ("Nord-O-vest", 51) (pp. 163)

52. *La Stella del Sud*

Già titolo di un romanzo di Verne, è anche quello di un racconto breve di Salgari pubblicato pseudonimo presso Biondo mezzo secolo prima del 'falso' del 1947 o del 1959; avendo la Carroccio pubblicato la novella autentica in opuscoletto nel 1946, il nuovo volume sembrerebbe essere un rifacimento.

O Sar	1947	Milano, Carroccio, (firmato Emilio Salgari e Omar S.) («testo completo; da una novella di E.S. a cura di Omar Salgari») ("Collana popolare Salgari") (pp. 62)
C O	1959	Bologna, Carroccio-Aldebaran (firmato Emilio Salgari) ("Nord-Ovest", 66) (pp. 155)

53. *Sandokan il rajah della Jungla Nera*

In copertina: L. Motta – E. Salgari; 1953 sul frontespizio: *Sandokan rajah….*

vt	1951	Torino, Viglongo
C O	1952	Torino, Viglongo (pp. 232)
⋆ T vt	1953	Torino, Viglongo: *Sandokan rajah…*

54. *Il tesoro del Bengala*

Secondo OPAC, ogni edizione di questo testo è firmata Omar Salgari.

⋆ C Sar O	1954	Milano, Carroccio (firmato Omar Salgari sulla copertina e sul frontespizio) (pp. 136)
O	[1961]	S. Lazzaro di Savena, Carroccio ("Nord-O-vest", 29) (pp. 162)

55. *Morgan il conquistatore di Panama*

Già nel novembre 1945, con la firma Salgari, pubblicizzato – «di prossima pubblicazione» – dalla Casa Editrice E.L.A.S. di Torino in calce al volume *Sandokan nel cerchio di fuoco*. Se non uscito prima del 1959, è l'ultimo esempio della produzione pseudo-salgariana ma, essendo firmato Omar, come altri simili non si può dire precisamente un 'falso' nel senso ordinario, ma piuttosto imitazione pedissequa – e cattiva – da parte di uno scrittore fantasma ignoto e certamente non di Omar.

C T Sar vt O   1959   Torino, Viglongo (firmato Omar Salgari sulla copertina e sul frontespizio) (pp. 216)

GLI SCRITTORI FANTASMA DEI ROMANZI APOCRIFI:
LE ATTRIBUZIONI
Elenco cronologico secondo la data di edizione
del primo 'falso' di ciascun scrittore fantasma

Oltre alle informazioni bibliografiche normali, talvolta se ne aggiungono altre, frutto di ricerche sul materiale originale, per incrementare le conoscenze socio-storiche; per esempio, ove conosciuti si includono il prezzo, di solito in Lire italiane [Lit.], e la data della registrazione del diritto d'autore [dda]. È forse utile osservare che il figlio maggiore dello scrittore, Nadir Salgari, quando faceva stampare sul frontespizio di un romanzo apocrifo «pubblicato sotto la direzione di Nadir Salgari», non scriveva una bugia; tuttavia questo espediente serviva a sottolineare la presunta autenticità di un testo nuovamente inventato da altri. Le diciture convenzionali adoperate dal figlio minore Omar invece mostravano sempre meno attenzione all'esattezza.

LORENZO (RENZO) CHIOSSO

Le avventure di Simon Wander

In realtà scritto da Lorenzo (Renzo) Chiosso, in accordo con gli eredi e in seguito a un contratto firmato con l'editore Bemporad il 3 novembre 1919. La base fu uno scritto giovanile di Salgari, «Le avventure di Simone van der Stell [nella Nuova Guinea]».

  * C cm G Cap O   1921   Firenze, Bemporad ("Romanzi straordinari di E.S.") (pp. 169) [finito di stampare 11-1921; dda 1921] [5.500 copie]

A bordo dell'«Italia Una»: primo viaggio marittimo dell'autore

In realtà una novella sviluppata nel 1920 da Renzo Chiosso, quasi certamente sulla base di un abbozzo giovanile scritto da Salgari in prima persona; il nuovo scritto fu preparato in seguito a un accordo fatto con gli eredi Salgari e con l'editore Bemporad il 3 novembre 1919; tuttavia Bemporad respinse il manoscritto nel 1920 perché fingeva di essere autobiografico.

* C Vig	1925	Milano, Sonzogno, novella a puntate nel «Giornale Illustrato dei Viaggi e delle Avventure di Terra e di Mare», 26 luglio-20 settembre, Anno 41, n. 30 (pp. 10-11) – n. 38 (pp. 9-11), illustrata da fotografie topografiche.

Le mie memorie

In realtà scritto da Lorenzo Chiosso nel 1920 su richiesta degli eredi e in seguito a un accordo fatto il 3 novembre 1919 con l'editore Bemporad; tuttavia il manoscritto fu respinto da Bemporad nel 1920 perché fingeva di essere autobiografico.

* cm gr Sar ct O	1928	Milano, Mondadori. Copertina di G. Amato (pp. 234). [Con introduzione di Yambo e appendice firmata «I figli» di E. S. ma attribuita a Nadir Salgari; il testo dell'appendice è però chiaramente non suo.]

LUIGI MOTTA

Sono volumi firmati con i nomi di Emilio Salgari e Luigi Motta abbinati; siccome Motta si serviva spesso di un suo scrittore fantasma, tali volumi rappresentano un doppio inganno. I titoli con la doppia firma Salgari-Motta sono dieci.

I naufraghi dell'Hansa (frontespizio), Il naufragio dell'Hansa (copertina). «E. S. – L. Motta»

Già nel 1905 presso l'editore Biondo di Palermo, Salgari – con lo pseudonimo G. Altieri – aveva pubblicato il raccontino completamente diverso *Il naufragio dell'«Hansa»*, poi ripubblicato dalla Sonzogno nel 1936 e nel 1941 [tb]: fu questa presumibilmente la ragione per un cambiamento di titolo da parte di Motta.

Sar O	1921	Milano, Mondadori: *I naufraghi dell'Hansa: avventure di due esiliati russi nelle regioni artiche* (frontespizio), *Il naufragio dell'Hansa* (copertina), («Il Romanzo Illustrato per i

Ragazzi», periodico quindicinale, Vol. 7, 4 aprile 1921) (pp. 44) (prefazione: L. Motta datata marzo 1921)

Il naufragio della Medusa. «L. Motta – E. Salgari»

*	1923	Milano, L'Italica («altra opera completata da L. Motta»)
C Bit O	1926	Milano, L'Italica: «L.M. – E. S.» (pp. 175)

Addio Mompracem!. «L. Motta – E. Salgari»

Sar	1924	Milano, Sonzogno
C Sar O	1929	Milano, Sonzogno. Ill. F. Fabbi ("Opere di E. S.") (pp. 287) [copyright: L. Motta 1929]

I cacciatori del Far West. «E. Salgari – L. Motta»

C Sar O	1925	Milano, Bottega di Poesia (pp. 338)

La Tigre della Malesia. «L. Motta – E. Salgari»

Motta – oppure lo scrittore fantasma, Emilio Moretto – scelse come titolo per questo libro quello che Salgari aveva creato per la prima versione de *Le Tigri di Mompracem*.

O	1926	Milano, Sonzogno ("Biblioteca romantica illustrata") (pp. 164)
Sar	1927	Milano, Sonzogno [dedicato «A E. Moretto infaticabile, amico leale Luigi Motta»]

La gloria di Yanez. «E. Salgari – L. Motta»

L: 1929 in realtà opera dello scrittore fantasma Emilio Moretto.

[Sar	1927	Milano, Sonzogno]
C Bit Sar L O	1929	Milano, Sonzogno. Ill. F. Fabbi (copyright: L. Motta 1929) (pp. 288) [Lit. 6.50] [L: 1ª ed.]

Lo scettro di Sandokan. «L. Motta – E. Salgari»

[Sar	1927	Milano, Sonzogno]
* C Bit O	1928	Milano, Sonzogno (volume di 17 dispense) (pp. 136) [Lit. 5]

Il giaguaro bianco. «L. Motta – E. Salgari»

O	1935	Milano, S.A.D.E.L. (pp. 188)
O	1939	Milano, S.A.D.E.L.

La zattera del naufragio. «L. Motta – E. Salgari»

O	1935	Milano, S.A.D.E.L. (pp. 183) (incluso nel volume *I cacciatori del Far West*)
cm O	1945	Milano, C.E.M. (incluso nel volume *I cacciatori del Far West*)

Sandokan il rajah della Jungla Nera. «L. Motta – E. Salgari» [frontespizio: *Sandokan rajah…*)

vt	1951	Torino, Viglongo
C O	1952	Torino, Viglongo (pp. 232)

Giovanni Bertinetti

Nel Secondo Dopoguerra, in Tribunale, Bertinetti dovette ammettere di essere stato il vero autore di un gran numero di romanzi 'salgariani' apocrifi: giurò di aver scritto 17 titoli, sbagliando su uno di essi, per cui il totale esatto è 16. Alla fine dell'elenco (sotto) sono aggiunti altri due volumetti derivati dai suoi racconti su 'Mago Magon', quindi non veramente nuovi. Bertinetti aveva un talento autentico e alcuni dei suoi 'falsi' sono di buona qualità; in questi casi è solo la firma che attrae una condanna. Stimolata dal 'caso Salgari' del 1928, la sua produzione cominciò con 4 o 5 volumi apocrifi nel 1928 e 3 nel 1929 [vedi il Vol. II della presente opera]. È una mole di lavoro grande quanto quella del maestro all'apice della sua carriera. Tuttavia gli eredi Salgari avevano iniziato la loro campagna commerciale un decennio prima, presentando le prime cosiddette 'trame' all'editore Bemporad nel 1919, a quei tempi con il coinvolgimento di Renzo Chiosso. Nella lunga pausa in cui Bemporad cercava di archiviare i fascicoli di materiali inadeguati e inopportuni ad essere sviluppati (soprattutto se tramite attività nascoste), non è impossibile che il torinese Bertinetti fosse già entrato in un accordo con i figli e avesse cominciato a scrivere, prima del 1928, qualche nuovo romanzo alla maniera di Salgari, possibilmente quelli pubblicati non a Firenze, ma dalla Barion, dalla Botta, e dalla Mondadori a Milano e a Torino.

Le avventure del Gigante Bardana

1928: sulla copertina e sul frontespizio della 1ª edizione: «Emilio e Nadir Salgari». In realtà scritto da Giovanni Bertinetti [Poz]

* C Bit Sar O	1928	Milano, Barion (pp. 222) [Lit. 2]

L'eredità del Capitano Gildiaz

Sul frontespizio: «Romanzo postumo tratto da trama lasciata dall'Autore e pubblicato a cura di Nadir Salgari». In realtà scritto da Giovanni Bertinetti [Poz].

CP Sar Cap O	1928	Firenze, Bemporad. Ill. F. Fabbi ("Nuova collana di avventure per la gioventù") (pp. 184) (Lit. 6)

Il fantasma di Sandokan

Romanzo a due parti, *Il mistero delle "Scogliere del diavolo"* di 14 capitoli, e *La Signora del Gondwana* di 10 capitoli. Sul frontespizio: «Romanzo postumo tratto da una trama lasciata dall'Autore e pubblicato a cura di Nadir Salgari». In realtà scritto da G. Bertinetti [Poz/VigA].

[Sar	1928?	Torino, Eredi Botta]
L O	1931	Firenze, Bemporad (L pp. 166, O pp. 198) [«…pubblicato sotto la direzione di Nadir S.»]

Lo smeraldo di Ceylan

Sul frontespizio: «Romanzo postumo tratto da trama lasciata dall'Autore e pubblicato a cura di Nadir Salgari». In realtà scritto da G. Bertinetti [Poz]. In una réclame della Casa Editrice Bemporad stampata nel 1928, questo romanzo era identificato come il primo 'inedito' da essa pubblicato, cioè senza contare *Le avventure di Simon Wander* del 1921, testo basato su un abbozzo giovanile mentre *Lo smeraldo di Ceylan* era stato sviluppato da una mera 'trama'.

CP Bit Sar Cap O	1928	Firenze, Bemporad («Rom. post. […] pubblicato a cura di Nadir S.») ("Nuova collana di avventure per la gioventù") (pp. 180)

Le ultime avventure di Sandokan

1928: Sulla copertina: «E. Salgari»; sul frontespizio: «Emilio Salgari». In realtà scritto da G. Bertinetti [Vig Poz].

* CP cm Bit Sar Vig O	1928	Milano, Mondadori. Ill. di G. D'Amato [«Copyright by "Casa Editrice A. Mondadori" 1928»] (pp. 222) [26 capitoli] [Lit. 10]

Josè il Peruviano

Sul frontespizio: «Romanzo postumo tratto da trama lasciata dall'Autore e pubblicato a cura di Nadir Salgari». In realtà scritto da G. Bertinetti [Poz].

CP Bit Sar Cap O	1929	Firenze, Bemporad. Ill. F. Fabbi ("Nuova collana di avventure per la gioventù") (pp. 174) [Lit. 6]

Sandokan nel labirinto infernale

1929: la 1ª ed. è attribuita a Emilio Salgari e Nadir Salgari. Volume in realtà scritto da G. Bertinetti [Poz].

lc cm Bit Sar L O	1929	Milano, Mondadori. Ill. G. Rivolo (pp. 211) (L tela pp. 216)

Lo schiavo del Madagascar

Sul frontespizio: «Romanzo postumo tratto da trama lasciata dall'Autore e pubblicato sotto la direzione di Nadir Salgari». In realtà scritto da G. Bertinetti [Poz].

CP Bit Sar O L	1929	Firenze, Bemporad. Ill. F. Fabbi ("Nuova collana di avventure per la gioventù") (pp. 193) (L pp. 196)

Manoel de la Barrancas

Sul frontespizio: «Romanzo postumo tratto da trama lasciata dall'Autore e pubblicato a cura di Nadir Salgari». In realtà scritto da G. Bertinetti [Poz].

C Bit Sar Cap O	1931	Firenze, Bemporad ("Nuova collana di avventure per la gioventù") (pp. 174)

Lo scotennatore

Sul frontespizio: «Romanzo postumo tratto da trama lasciata dall'Autore e pubblicato sotto la direzione di Nadir Salgari». In realtà scritto da G. Bertinetti [Poz].

C Bit Sar Cap O	1931	Firenze, Bemporad ("Nuova collana di avventure per la gioventù") (pp. 156) (Lit. 6)

Emilio Salgari racconta ai bambini: La storia di Mago Magon

Si asserì che ogni sera per 11 anni Salgari aveva narrato questa storia e il suo seguito ai suoi bambini, cioè per tutta la vita di Omar dalla nascita in poi, un'asserzione che presumeva una memoria davvero straordinaria da parte del figlio minore. Non è impossibile però che lo scrittore avesse narrato raccontini serali ai bambini ma se, in quel contesto famigliare, lui avesse creato la figura del mago con la sua magia, fu uno sviluppo del tutto diverso dai suoi racconti pubblicati. Bitelli attribuì il libro ad Omar Salgari. In realtà scritto da G. Bertinetti [Poz].

CP Bit Sar O	1938	Torino, Paravia. Illustrato da Piero Bernardini (Edizione curata da Lucio Venna; prefazione: Omar S.) (pp. 180) [Lit. 20.]

Le nuove mirabolanti avventure di Mago Magon più forte del Leon

1939: sulla copertina solo il cognome «Salgari». Bitelli attribuì il volume ad Omar Salgari. In realtà scritto da G. Bertinetti [Poz].

* CP Bit Sar O	1939	Torino, Paravia. Sul frontespizio: *Emilio Salgari racconta ai bambini: Le nuove mirabolanti avventure...* Sul verso del frontespizio: «Copyright by O. Salgari – 1940». Illustrato da Piero Bernardini. Edizione curata da Lucio Venna. (capitoli 30; pp. 192).

I ribelli della montagna

Sul frontespizio: «Romanzo postumo tratto dalla trama lasciata dall'Autore e pubblicato a cura di Omar Salgari»: «Copyright 1941 by O. Salgari». In realtà scritto da G. Bertinetti [Poz].

CP Bit Sar O	1940	Torino, Paravia. Illustrato da Beppe Porcheddu. (pp. 218) [Lit. 12]

L'indiana dei Monti Neri (Minnehaha, la figlia della scotennatrice)

Sul frontespizio: «Romanzo postumo tratto dalla trama lasciata dall'autore e pubblicato a cura di Omar Salgari». Il vero autore non è stato identificato, ma a un anno da *I ribelli della montagna* e con lo stesso editore e lo stesso – nuovo – illustratore, anche questo volume dovrebbe essere di G. Bertinetti.

CP Bit Sar O	1941	Torino, Paravia (ill. B. Porcheddu) [«Copyright 1941 by O. Salgari»] (pp. 251) [Lit. 14]

Sandokan nel cerchio di fuoco

1945: sulla copertina e sul frontespizio: «Salgari»; sul frontespizio: «Tratto da trame di Emilio Salgari e sviluppato dal figlio Omar», dicitura stampata su un'etichetta attaccata in un secondo tempo. Romanzo in realtà scritto da G. Bertinetti [Poz/Ros]. La locuzione «nel cerchio di fuoco» era già apparsa come titolo del capitolo XIX ne *Le mie memorie/avventure*, volume in realtà scritto da Lorenzo Chiosso nel 1920 e uscito nel 1928.

* O tb Col	[O:193-??] [*:194-?]	Milano, Pagani (firmato Omar Salgari) ("Le grandi avventure") (pp. 104) [Lit. 180]
* C T Sar O ch	1945	Torino, E.L.A.S. (copertina/frontespizio: «Salgari») (Collana di libri per ragazzi: "I romanzi d'avventure", 1) (pp. 192)

Il vulcano di Sandokan

1945: sulla copertina «Salgari»; sul frontespizio «E. Salgari» con la dicitura: «Romanzo postumo lasciato dall'Autore e compilato dal figlio Omar Salgari» [Sar], non un'affermazione logicamente possibile. In realtà scritto da G. Bertinetti [Poz].

[Sar	1945	Milano, Il Mare (Ind. Graf. N. Moneta)]
* CB O tb	1959	Bologna, Carroccio-Aldebaran (sulla copertina firmato «O. Salgari», sul frontespizio «Emilio Salgari») ("Nord-Ovest", 63) (pp. 161)

Mago Magon batte Belgiglio

Se basato su un episodio estratto dai racconti esistenti su Mago Magon, il volume doveva presumibilmente essere curato da G. Bertinetti [Lab]; Belgiglio è un personaggio 'cattivo' del racconto originale di cui Bertinetti era stato lo scrittore fantasma.

Sar	1946	Milano, Il Mare

Mago Magon e la strega del mare

Se basato su un episodio estratto dai volumi su Mago Magon, il volume doveva presumibilmente essere curato da G. Bertinetti [Lab], scrittore fantasma di quei racconti.

| Sar O | 1946 | Milano, Il Mare (copertina: E. Salgari) (pp. 149) |

MARIO CASALINO

I cannibali dell'Oceano Pacifico

Sul frontespizio: «Romanzo postumo tratto da trama lasciata dall'Autore e pubblicato sotto la direzione di Nadir Salgari». Un articolo di Maurizio Sartor ha reso nota la probabilità che il vero autore sia stato il giornalista e traduttore Mario Casalino, ma mancano alcuni particolari utili. Il contratto con Bemporad fu del 3 dicembre 1929.

| CP Sar Cap O | 1930 | Firenze, Bemporad, Ill. F. Fabbi ("Nuova collana di avvenure per la gioventù") (pp. 214) |

I prigionieri delle Pampas

Sul frontespizio: «Romanzo postumo tratto da trama lasciata dall'Autore e pubblicato sotto la direzione di Nadir Salgari». Un articolo di Maurizio Sartor ha reso nota la probabilità che il vero autore sia stato il giornalista e traduttore Mario Casalino, ma mancano alcuni particolari utili. Il contratto con Bemporad fu del 14 maggio 1930.

| C Bit Cap O | 1931 | Firenze, Bemporad («Romanzo postumo […] pubblicato sotto la direzione di Nadir S.») ("Nuova collana di avvenutre per la gioventù") (pp. 207) [Lit. 6] |

PAOLO LORENZINI [COLLODI NIPOTE]

Song-Kay il pescatore

Sul frontespizio: «Romanzo postumo tratto da trama lasciata dall'Autore e pubblicato a cura di Nadir Salgari». In realtà scritto da Paolo Lorenzini (Collodi Nipote), come dimostrato da parecchie lettere nel carteggio Bemporad-Lorenzini; non è esatta l'ipotesi che, non essendo il testo di Lorenzini piaciuto all'editore, fu respinto e sostituito con un rifacimento dovuto a Giovanni Bertinetti, il quale al massimo rivide il testo di Lorenzini negli interessi della coerenza stilistica voluta dalla Bemporad.

⋆ C Bit Sar Cap O	1931	Firenze, Bemporad ("Nuova collana di avventure per la gioventù") (pp. 200)

Renzo Chiarelli

La figlia del Corsaro Verde

All'origine firmato sulla copertina: «E. Salgari»; sul frontespizio: «Da una trama inedita di Emilio Salgari sviluppata a cura del figlio Omar Salgari». Più tardi, con altrettanta inesattezza, il nome apparso in copertina fu quello di Omar. In realtà scritto dal veronese Renzo Chiarelli. Vig invece attribuisce La figlia del Corsaro Verde a Renzo Chiosso e la pubblicazione ad una data anticipata, non reperibile su OPAC. Il titolo era già stato concepito e pubblicizzato dalla Sonzogno nel 1928: vedi l'elenco delle «Opere di Emilio Salgari» ne La giraffa bianca, Milano, Sonzogno, 1928.

[Vig	1938	Milano, Sonzogno]
⋆ O	[sd]	Milano, Sonzogno (frontespizio: «Da una trama inedita di E.S., sviluppata a cura del figlio Omar S.») (pp. 200)
Sar O	1941	Milano, Sonzogno/Stabilimento Grafico Matarelli

Sandro Cassone

Il Corsaro Verde

In copertina: «Salgari». In realtà scritto da Sandro Cassone [Ros/VigG])

[Sar	1942?	Milano, Impero]
C O	[1945]	Milano, Pagani (già Impero) (firmato Omar S.) (pp. 198)

AMERICO GRECO

L'Aquila Bianca

Opera, pare, di Americo Greco che sviluppò il 'falso', uscito nel 1947, sulla base di un racconto breve autentico firmato Guido Altieri e pubblicato nell'opuscoletto n. 104 della «Bibliotechina Aurea Illustrata» di Salvatore Biondo, Palermo: il raccontino originale venne ristampato nel 1940, nel 1945, e – pare – nel 1960.

C Sar O	1947	Milano, Carroccio (firmato Emilio Salgari: «Romanzo d'avventure» «Da una novella di Emilio Salgari a cura di Omar Salgari» («Ed. integrale») ("Collana pop. S.", 64) (pp. 58)

La scimitarra di Khien-Lung

Il titolo è quello originale dell'abbozzo manoscritto della prima versione giovanile de *La Scimitarra di Budda*, di cui il volume 'postumo' è una riscrittura eseguita da Americo Greco [VigG/Ros]. Il racconto ha due parti come quello definitivo di Salgari e la struttura delle avventure è analoga ma, almeno nell'edizione del 1964, ci sono solo 12 capitoli con titoli del tutto differenti da quelli della versione autentica.

[Sar	1939?	Milano, Impero: ... *di Kien-Lung* ?]
Agn	[sd 1950?]	Milano, Pagani ("Le grandi avventure", 4) (pp. 77)
* O	1951	Milano, Pagani (già Impero) ("Le grandi avventure", 4) (pp. 77)

RICCARDO CHIARELLI

Il segreto del fakiro

Il racconto è opera di Riccardo Chiarelli, fatto notato in un appunto autografo dell'amico fiorentino di Omar Salgari, il quale, pare, negava sempre di essere fra gli scrittori fantasma salgariani. Secondo l'appunto autografo, che è nella raccolta del ricercatore salgariano Tiziano Agnelli, il testo fu scritto nel 1945.

[Sar	1943?	Milano, Impero]
Agn	[1950?]	Milano, Pagani (già Impero) (in copertina firmato solo Salgari) ("Le grandi avventure Pagani", 5) (pp. 87)

| * O tb Agn | 1951 | Milano, Pagani (già Impero) (firmato Emilio Salgari) ("Le grandi avventure Pagani", 4) (pp. 87) |

Il tesoro della jungla

Sulla copertina: Salgari. Il racconto è opera di Riccardo Chiarelli, fatto notato in un appunto autografo dell'amico fiorentino di Omar Salgari, il quale, pare, negava sempre di essere fra gli scrittori fantasma salgariani. Secondo l'appunto autografo, che è nella raccolta del ricercatore salgariano Tiziano Agnelli, il testo fu scritto nel 1945 su commissione di Omar Salgari.

[Sar	1943?	Milano, Impero]
Agn Ros	[1950?]	Milano, Pagani (già Impero) In copertina: Salgari ("Le grandi avventure", N. 7) (pp. 94) [con data di ed. dedotta da Tiziano Agnelli dal suo esemplare con un appunto firmato Riccardo Chiarelli e datato 11.9.950]
O	1950	Milano, Pagani (in copertina: Salgari) (pp. 94)
* [O] Agn	1951	Milano, Pagani (già Impero) In copertina: Salgari ("Collana Le grandi avventure", 5) (pp. 94) [23 Luglio 1951, Anno 1, N. 5]

ATTRIBUZIONI MENO SICURE:

AMERICO GRECO [?]

Pare che alla fine Greco si fosse pentito dell'oneroso accordo fatto con Omar Salgari, sempre troppo esigente; si può quindi supporre che alcuni fra i titoli non ancora attribuiti ad uno specifico autore dovrebbero figurare qui nell'elenco di Greco.

Il Corsaro Rosso (Conte di Ventimiglia)

Sulla copertina: «Salgari»; sul frontespizio: «Omar Salgari». Con due parti e 40 capitoli, questo 'falso' non fu messo insieme frettolosamente; ha inoltre un carattere insolito: è la storia dell'antefatto de Il Corsaro Nero e termina con la conversazione tra Carmaux, Wan Stiller e il Corsaro Nero con cui il famoso romanzo autentico inizia. Il vero autore può essere stato Americo Greco.

* ch O	[1940?]	[Milano], [Casa Editrice Impero]. Ill. N. Lubatti (pp. 206) [L'esemplare visto manca di qualche pagina: i dettagli editoriali sono stati dedotti da altre prove.]
Sar	1941	Milano, Impero

Le ultime imprese del Corsaro Nero

In copertina: «O. Salgari»; sul frontespizio: «Omar Salgari». Lo scrittore fantasma è sconosciuto ma all'epoca sarebbe verosimile la penna di Americo Greco (se non quella di Giovanni Bertinetti).

* C M Bit Sar O	1941	Milano, Sonzogno. Illustrato da G. Montini (pp. 192)

La vendetta dei Tughs [sic]

1947: In copertina: «Emilio e Omar Salgari». Sul frontespizio dell'edizione del 1947: «EMILIO SALGARI/ OMAR SALGARI»: «da una trama inedita di Emilio Salgari: testo completo». Verosimilmente attribuibile ad Americo Greco: esiste qualche somiglianza nella tecnica della costruzione del racconto con altre sue opere.

[Sar	1941	Milano, Impero]
* C O	1947	Milano, Carroccio («testo completo») ("Collana pop. S.", 28) («Finito di stampare il 10 marzo 1947») (pp. 72) [22 capitoli]

Carlo De Mattia [?]

Il deserto di ghiaccio

Un esempio fra molti del modo in cui un racconto breve autentico, in questo caso uscito pseudonimo presso Biondo di Palermo nel 1902 e nel 1913, e firmato Emilio Salgari presso la Sonzogno nel 1935, poteva poi trovarsi sviluppato in «testo completo», ossia romanzo falso, «a cura di Omar Salgari», in questo caso nel 1947. Secondo il sito web di Corinne D'Angelo («La Perla di Labuan»), il romanzo sarebbe opera di Carlo De Mattia [Lab].

* Sar O	1947	Milano, Carroccio («Romanzo d'avventure: testo completo», «da una novella di Emilio Salgari; a cura di Omar Salgari») ("Collana popolare Salgari") [Capitoli I-XLII, più Conclusione] [Copertina a colori; senza illustrazioni] (pp. 62)

VOLUMI DI SCRITTORI FANTASMA NON IDENTIFICATI

A causa di incertezze bibliografiche, l'ordine cronologico qui è approssimativo

La montagna di fuoco

Sul frontespizio: «Romanzo postumo lasciato dall'Autore e compilato a cura del figlio Omar Salgari» – dicitura non del tutto logica. La trama è analoga a quella de *La vendetta d'uno schiavo*, riconosciuto nel 2011 come racconto pseudonimo ma autentico di Salgari [Poz]. Si tratterebbe quindi di un rifacimento di un racconto genuino, negli Anni Quaranta ignoto?

Sar	1942	Milano, Il Mare (Ind. Graf. N. Moneta)
C O	1960	Bologna, Carroccio ("Nord-Ovest", 71) (pp. 162) («da una trama lasciata da Emilio Salgari») (firmato Omar Salgari)

I Tughs alla riscossa [sic]

Sulla copertina: «Salgari»; sul frontespizio: «O. Salgari», e altre forme nelle diverse edizioni; nel titolo l'ortografia del nome della setta dei Thug è cambiata in «Tugh» – una prova della 'falsità' del racconto, scritto forse da AMERICO GRECO [Ros].

[Sar	1942	Milano, Impero]
* C L O ch Agn	1945	Milano, Impero: *I Tughs...* (sulla copertina firmato solo «Salgari»; sul frontespizio «O. Salgari» ("I Romanzi dell'Ardimento", 4) (pp. 182) [solo 18 capitoli]

Ariucka: la figlia del Cacico

Sul frontespizio: «Romanzo postumo di avventure tratto dalla trama lasciata dall'Autore e pubblicato a cura di Omar Salgari». Possibilmente opera di AMERICO GRECO.

[Sar	1943	Milano, Impero [Sar: *La figlia...*]
O Agn	[?]	Milano, Pagani (già Impero): *Ariucka...* ("I romanzi dell'ardimento") (pp. 171)
C O Agn	[1945]	Milano, Pagani: *Ariucka...* ("I romanzi dell'ardimento") (pp. 147) [Lit. 150]
		Milano, Pagani: *La figlia del Cacico* ("Le grandi avventure") [22 Marzo 1951, Anno 1,

⋆ L	1951	N. 1] [in copertina: Emilio Salgari; all'interno: «Romanzo postumo […] a cura di Omar Salgari»]

Il ritorno delle Tigri di Mompracem

1943: in copertina: «Salgari»; sul frontespizio: «O. Salgari». Su altre edizioni «Emilio S.» o «Omar S.». Lo scrittore fantasma potrebbe forse essere EMILIO FANCELLI.

[Sar	1943	Milano, Impero]
Agn	[sd]	Milano, Pagani (già Impero): … Tigri di Mompracem [sic]
	[ante 1950?]	("I Romanzi dell'Ardimento, 9) (in copertina solo Salgari; sul frontespizio O. Salgari) (pp. 96)
Agn	[sd 1951?]	Milano, Pagani (già Impero) ("Le grandi avventure", 16 o 17) (in copertina solo Salgari; sul frontespizio O. Salgari) (pp. 96)
O Agn	1952	Milano, Pagani (già Impero) ("Le grandi avventure", 14) (firmato Omar Salgari) (pp. 96)

I filibustieri della Tartaruga [… Tortue]

Sulla copertina e sul frontespizio: Salgari. Possibilmente opera di AMERICO GRECO (Ros); il sorprendente titolo con Tartaruga (invece di Tortue) come nome dell'isola dei filibustieri figurava anche nella collana di «Albi Salgari», apparsa nel Secondo Dopoguerra.

[Sar	1944	Milano, Impero]
O tb Agn	[sd 1950?]	Milano, Tip. Pagani: … della Tartaruga ("Le grandi avventure", 10) (pp. 78)
⋆ L	1951	Milano, Pagani (già Impero) (copertina e frontespizio: solo Salgari) ("Le grandi avventure")

I predoni del gran deserto

In origine una novella autentica di E. S. pubblicata a solo 5 puntate su «Il Novelliere Illustrato», periodico della Speirani di Torino (29 nov. – 27 dic. 1896); nel Secondo Dopoguerra sviluppata in romanzo apocrifo, a cura di Omar S., con edizioni uscite dal 1947 in poi. (Vedi il titolo anche nella sezione su «Singole novelle pubblicate in volume durante la vita di Emilio Salgari» nella bibliografia principale alfabetica.)

| O | 1947 | Milano, Carroccio (romanzo d'avventure: testo «completo» a cura di Omar Salgari, da una novella di E. S.) ("Collana popolare S.", 59) (pp. 61) |
| CB O | 1959 | Modena, Carroccio-Aldebaran ("Nord-Ovest", 60) (pp. 155) |

Sandokan contro il Leopardo di Sarawak

In copertina solo Salgari e sul frontespizio Omar Salgari; *Sandokan nella Jungla Nera* dello stesso anno ne è il «seguito».

| * M L Sar O | 1947 | Milano, Carroccio («da una trama inedita di E. S.») |
| tb | | ("Collana popolare S.", 37) (pp. 60) |

Sandokan nella Jungla Nera

Su alcune schede dell'OPAC attribuito a Emilio Salgari ma, firmato Omar Salgari, è il seguito di *Sandokan contro il Leopardo di Sarawak* dello stesso anno 1947

| Sar | 1947 | Milano, Carroccio |
| O | 1950 | Milano, Carroccio (pp. 189) |

La Stella del Sud

Già titolo di un romanzo di Verne, è anche quello di un racconto breve di Salgari pubblicato pseudonimo presso Biondo (1916) quasi mezzo secolo prima del 'falso' del 1947 e del 1959; avendo la Carroccio pubblicato la novella autentica in opuscoletto nel 1946, il genere letterario del nuovo volume è incerto: sembrerebbe essere un rifacimento.

| O Sar | 1947 | Milano, Carroccio (firmato Emilio Salgari e Omar Salgari) («testo completo; da una novella di E.S. a cura di Omar Salgari») ("Collana popolare Salgari") (pp. 62) |
| C O | 1959 | Bologna, Carroccio-Aldebaran (firmato Emilio Salgari) ("Nord-Ovest", 66) (pp. 155) |

Il tesoro del Bengala

Secondo OPAC, ogni edizione di questo testo è firmata Omar Salgari.

| * C Sar O | 1954 | Milano, Carroccio (firmato Omar Salgari sulla copertina e sul frontespizio) (pp. 136) |

Morgan il conquistatore di Panama

Già nel novembre 1945, con la firma Salgari, pubblicizzato – «di prossima pubblicazione» – dalla Casa Editrice E.L.A.S. di Torino in calce al volume *Sandokan nel cerchio di fuoco*. Se non uscito prima del 1959, è l'ultimo esempio della produzione pseudo-salgariana ma, essendo firmato Omar, come altri simili non si può dire precisamente un 'falso' nel senso ordinario, ma piuttosto un'imitazione pedissequa da parte di uno scrittore fantasma ignoto e certamente non di Omar Salgari; ciò nonostante fa parte della perenne mistificazione pseudo-salgariana.

C T Sar vt O   1959   Torino, Viglongo (firmato Omar Salgari sulla copertina e sul frontespizio) (pp. 216)

I ROMANZI AUTENTICI DIMEZZATI
Elenco alfabetico ed elenco cronologico delle prime edizioni

I romanzi autentici dimezzati di Salgari sono quelli pubblicati in due volumi separati come se fossero due romanzi a se stanti, almeno una metà avendo un titolo nuovo, non riconoscibile come salgariano, salvo nel caso in cui fosse già stato un sottotitolo (o titolo di capitolo) nell'opera originale. Nella maggioranza dei casi la prima metà di un romanzo diviso porta il titolo originale; perciò non si riconosce subito come testo incompleto. La metà che porta un titolo inventato rischia di essere considerata un 'falso'. I volumi rappresentano, soprattutto nel Secondo Dopoguerra, uno dei metodi ingannevoli di incrementare lo smercio dell'opera salgariana e pseudo-salgariana. Nell'elenco vi sono 11 romanzi originali, ma sicuramente non tutti i mezzi-romanzi sono stati rintracciati. Prima si stende una lista alfabetica dei romanzi autentici sottoposti al dimezzamento, più i titoli inventati se per la prima o per la seconda parte. Sotto, gli elementi bibliografici, con tutti i particolari di edizione, sono elencati nell'ordine cronologico della prima uscita rintracciata, mostrando l'inizio del fenomeno negli anni Trenta. Per le ristampe dei romanzi dimezzati, vedi la bibliografia principale, alfabetica.

Alla conquista di un impero, 1 (e *Il Rajah dell'Assam*, 2) – n. 3 nell'elenco cronologico.
Il Corsaro Nero, 1 (e *Il giuramento del Corsaro Nero*, 2) – n. 9.
Le due Tigri, 1 (e *Sandokan contro la Tigre dell'India*, 2) – n. 7.
La favorita del Mahdi: *La vendetta del Mahdi*, 1, più *Lo sceicco del Kordofan*, 2 (due titoli nuovi per le due parti del romanzo originale) – n. 4.
Il figlio del Corsaro Rosso, 1 (e *La marchesa di Montelimar*, 2) – n. 1.
Jolanda, la figlia del Corsaro Nero, 1 (e *Il rapimento di Jolanda*, 2) – n. 11.
I misteri della Jungla Nera, 1 (e *La rivincita di Tremal-Naik*, 2) – n. 6.
I pirati della Malesia, 1 (e *Il trionfo di Sandokan*, 2) – n. 8.
La scotennatrice, 1 (e *La vendetta di Minnehaha*, 2) – n. 2.
Sull'Atlante: (*Il Raggio dell'Atlante*, 1, e *Il tradimento del beduino*, 2, due titoli nuovi per le due parti dell'originale) – n. 5.
Le Tigri di Mompracem, 1 (e *L'addio a Mompracem*, 2) – n. 10.

BIBLIOGRAFIA CRONOLOGICA DELLE PRIME EDIZIONI DIMEZZATE

[Per le ulteriori ristampe dei romanzi dimezzati, vedi la bibliografia principale, alfabetica.]

1. Il figlio del Corsaro Rosso (e La marchesa di Montelimar)

Il primo titolo è autentico, ma negli esempi citati il contenuto non lo è: il romanzo originale, costituito da due Parti (i capitoli I-XII più I-XIV e Conclusione), è stato dimezzato e pubblicato in due volumi. Nel corso degli anni il titolo originale migra tra prima e seconda parte. Il figlio del Corsaro Rosso del 1934 comprende solo la seconda parte, mentre si può presumere che un altro volume dello stesso periodo avesse presentato unicamente la prima parte. In apparenza un 'falso' del 1947, La marchesa di Montelimar è in realtà la Parte Seconda de Il figlio del Corsaro Rosso, ma paradossalmente col titolo imitato da quello del primo capitolo dell'originale Parte Prima. Siccome niente annuncia o spiega la situazione, i volumi illustrano questo metodo secondario di falsificare Salgari – e di fare confusioni bibliografiche. [Vedi la bibliografia del romanzo autentico per le ristampe.]

* Sar O tb	1934	Milano, Sonzogno: Il figlio del Corsaro Rosso (ma solo Capitoli I-IV, più Conclusione) [È la Parte Seconda del romanzo originale] (pp. 320) [Lit. 7]
* L L O	1945	Milano, Carroccio: Il figlio del Corsaro Rosso (Collana Salgari, 9) Ill. Della Valle. [Con solo i capitoli I-XII, è la Parte Prima del romanzo originale]
* O Col	[1947]	Milano, Carroccio: La marchesa di Montelimar ("Collana popolare Salgari") (pp. 64) [2ª parte de Il figlio del Corsaro Rosso]

2. La scotennatrice (e La vendetta di Minnehaha)

Il racconto La vendetta di Minnehaha è solo la seconda metà del romanzo autentico ma dimezzato La scotennatrice.

[* M	1946	Milano, Carroccio ("Collana pop. S.", 13) [forse solo la 1ª metà del romanzo originale?]
* L	1947	Milano, Carroccio: La vendetta di Minnehaha (sul frontespizio: «seguito del volume La scotennatrice», cioè solo la 2ª metà.)

3. *Alla conquista di un impero* (e *Il Rajah dell'Assam*)

Il primo titolo è autentico, ma il contenuto è stato diviso in due volumi in apparenza distinti: *Il Rajah dell'Assam* è la seconda metà del romanzo autentico. Altre edizioni di questo volume uscirono negli anni 1951, 1959, [1960], 1961, e 1964 [vedi la bibliografia del romanzo originale]. Una stranezza è il fatto che in quegli anni, dopo il 1947, la Carroccio pare quasi non aver pubblicato la prima metà, presumibilmente proprietà di un altro editore.

* M	1947	Milano, Carroccio: *Alla conquista di un impero* (1° episodio), [cioè solo la prima metà del romanzo] ("Collana pop. S.", 15)
* O	1949	Milano, Carroccio: *Il Rajah dell'Assam* [2ª metà del romanzo originale]

4. *La favorita del Mahdi* (e *La vendetta del Mahdi* più *Lo sceicco del Kordofan*)

L'origine di questi volumi è autentica, ma il contenuto non lo è, essendo stato diviso in due libri in apparenza distinti. *La favorita del Mahdi*, in queste edizioni, è titolo riservato, al massimo, alla prima parte del romanzo autentico, però col sottotitolo – ma titolo sul frontespizio – *La vendetta del Mahdi*; al nuovo sottotitolo è data preminenza e effettivamente sostituisce il titolo originale, menzionato ma senza spiegazioni. *Lo sceicco del Kordofan* è definito 'seguito' de *La vendetta del Mahdi*; *Lo sceicco* è tratto appunto dalla seconda metà del racconto salgariano, avendo 21 capitoli che cominciano dall'originale Capitolo VII della Parte II. Nelle ristampe de *Lo sceicco* (titolo apparso negli anni 1947, 1959 e 1964) il testo non rimane necessariamente stabile da un'edizione all'altra: il punto della divisione alle volte si sposta.

[*	1947	Milano, Carroccio ("Collana popolare S.", 11) [forse solo la 1ª parte del romanzo originale?]
* O tb	1947	Milano, Carroccio: *Lo sceicco del Kordofan* ("Collana popolare S.", 55) (21 capitoli, pp. 72) ('Testo completo') [solo la 2ª parte de *La favorita del Mahdi*, sebbene col testo ridotto]
* CB	1959	Modena, Carroccio-Aldebaran (il sottotitolo *La vendetta del Mahdi* sostituisce il titolo originale) ("Nord-Ovest", 67 o 15) (pp. 164) [solo la 1ª parte del romanzo originale]

5. Sull'Atlante (Il Raggio dell'Atlante e Il tradimento del beduino, cioè le due metà dell'originale)

Il tradimento del beduino è la seconda metà di Sull'Atlante, uscito dimezzato fino al 1963. Nello stesso periodo la Carroccio pubblicava la prima metà con il nuovo titolo Il Raggio dell'Atlante; in questo caso anche al primo volume è stato dato un nuovo titolo inventato.

[O	1947	Milano, Carroccio ("Salgari", 12) (pp. 68) [forse solo la 1ª metà del romanzo originale?]
O	1947	Milano, Carroccio: Il tradimento del beduino (firmato Emilio Salgari) (pp. 59) [solo la 2ª metà del romanzo originale Sull'Atlante]
* CB O	1959	Modena, Carroccio-Aldebaran: Il Raggio dell'Atlante ("Nord-Ovest", 5) (pp. 160) [solo i primi 13 capitoli del romanzo originale]

6. I misteri della Jungla Nera (e La rivincita di Tremal-Naik)

Quella del 1958 [?] è forse la prima edizione della prima metà del romanzo autentico dimezzato. Il titolo La rivincita di Tremal-Naik è quello nuovo dato alla seconda parte del romanzo originale; le edizioni Malipiero identificano il testo come quello de I misteri della Jungla Nera, ma senza precisare il fatto che si tratta solo della metà.

O	[1958?]	[Bologna], Carroccio Aldebaran: I misteri della Jungla Nera ("Nord-Ovest") [forse solo la 1ª parte del romanzo originale?]
CB O	1959	Modena, Carroccio-Aldebaran: La rivincita di Tremal-Naik (firmato Emilio Salgari) ("Nord-Ovest", 72) (pp. 162) [solo la 2ª parte de I misteri della Jungla Nera]

7. Le due Tigri (e Sandokan contro la Tigre dell'India)

Il titolo Le due Tigri è autentico, ma il contenuto è stato diviso in due volumi in apparenza distinti con un nuovo titolo per il secondo, Sandokan contro la Tigre dell'India.

C O	1968	Bologna, Malipiero: Le due Tigri (a c. di C. Galli) (Classici Malipiero, 19) [Lire 1500] [solo la 1ª parte del romanzo originale]
C O	1968	Bologna, Malipiero: Sandokan contro la Tigre dell'India (a c. di C. Galli) ('Ed. integrale') ("Classici Malipiero", 20) (pp. 167) [Lit. 1500] [solo la 2ª metà de Le due Tigri]

8. *I pirati della Malesia* (e *Il trionfo di Sandokan*)

Il primo titolo è autentico, ma il contenuto non lo è, essendo questa solo la prima parte del romanzo; il secondo volume ha il titolo inventato *Il trionfo di Sandokan*, uscito nello stesso anno. In effetti il testo de *Il trionfo di Sandokan* sembra approssimarsi a una parte de *I pirati della Malesia*, identificazione confermata sulle edizioni del 1972.

C O	1968	Bologna, Malipiero: *I pirati della Malesia* ("Classici Malipiero", 17) ('Ed. integrale') (pp. 167) [Lire 1500] [solo la 1ª metà de *I pirati*]
* C O	1968	Bologna, Malipiero: *Il trionfo di Sandokan* ("Classici Malipiero", 18) (a cura di C. Galli) (pp. 168) [solo la 2ª parte de *I pirati*]

9. *Il Corsaro Nero* (e *Il giuramento del Corsaro Nero*)

Il famoso titolo è autentico, ma il contenuto non lo è, essendo stato diviso in due volumi in apparenza distinti. Il nuovo titolo, *Il giuramento del Corsaro Nero*, viene imposto alla seconda parte del romanzo: in realtà è il titolo salgariano del capitolo finale del libro intero.

O	c1969[?]	Bologna, Malipiero: *Il giuramento del Corsaro Nero* [2ª parte del romanzo *Il Corsaro Nero*]
C O	1972	Ozzano Emilia, Malipiero: *Il Corsaro Nero* (Giovani capolavori, 49) (pp. 122) [solo la 1ª parte del romanzo]
* C O	1972	Ozzano Emilia: Malipiero: *Il giuramento del Corsaro Nero* (Giovani capolavori, 50) (pp. 124) [solo la 2ª parte del romanzo: sono 19 capitoli, cominciando dall'originale Capitolo XVIII]

10. *Le Tigri di Mompracem* (e *L'addio a Mompracem*)

Qui nell'edizione in due volumi diversi, il famoso titolo rappresenta solo la prima metà del romanzo originale; *L'addio a Mompracem* è il titolo inventato della seconda metà del romanzo.

C O	1969	Ozzano Emilia, Malipiero: *Le Tigri di Mompracem* (a cura di C. Galli) (Classici Malipiero, 31) ('Ed. integrale') (pp. 151) [Lit.1600] [solo la 1ª parte del testo originale]

| C O | 1969 | Ozzano Emilia, Malipiero: *L'addio a Mompracem* (a c. di C. Galli) ("Classici Malipiero", 32) (pp. 151) ('Ed. integrale') [solo la 2ª parte del romanzo originale] |

11. *Jolanda la figlia del Corsaro Nero* (e *Il rapimento di Jolanda*)

Questo romanzo autentico è stato dimezzato e pubblicato in due volumi in apparenza distinti, con il titolo inventato *Il rapimento di Jolanda* per la seconda metà.

| C O | 1974 | Ozzano Emilia, Malipiero: *Jolanda la figlia del Corsaro Nero* ("Racconti e Avventure", 35) ('Ed. integrale') (pp. 156) [solo la 1ª parte del romanzo originale] |
| C O | c1974 | Ozzano Emilia, Malipiero: *Il rapimento di Jolanda* ("I giganti", 36) ('Ed. integrale') (pp. 154) [solo la 2ª parte di *Jolanda la figlia del Corsaro Nero*] |

Nota: Per tutti i romanzi dimezzati, è necessaria una certa cautela, siccome nella maggioranza dei casi il dimezzamento non è stato il solo danno fatto al testo autentico; tipicamente si usava inserire elementi nuovi all'inizio e / o alla fine, e anche ridurre il testo, talvolta omettendo alcuni capitoli.

LA CULTURA POPOLARE DELLE AVVENTURE E DEI VIAGGI
Bibliografia scelta del genere letterario (e delle sue case editrici) – maestri, contemporanei ed epigoni di Emilio Salgari

Per quanto riguarda gli scrittori stranieri, per evidenziare lo sviluppo della tradizione in Italia, la bibliografia si concentra su edizioni tradotte in italiano ma ne cita anche altre nella lingua originale nei casi in cui ci potrebbe essere un legame con l'opera salgariana.

AIMARD, Gustave (1818-1883)

Marinaio e viaggiatore nelle Americhe, anche fra gli amero-indiani; prolifico romanziere popolare francese.

1878	*Il leone del deserto: scene della vita indiana nelle praterie*, Milano, Muggiani
1879	*Gli scorridori dell'Arkansas* (1858), [parte 1ª], Milano, Muggiani
1879	*I pirati delle praterie* (1858), [parte 2ª], Milano, Muggiani
1882	*La schiava bianca*, Milano, Garbini
1886	*Il bisonte bianco*, Milano, Guigoni
1891	*Rayon de soleil*, Paris, Ducher
1893	*I drammi della Pampa*, Milano, Guigoni
[?]	*Les Bois-Brulés*, Paris, Dentu
1897	*Lo scorticatore bianco*, Milano, Guigoni
1908	*Il carico d'oro*, Milano, Bietti
[19--?]	*Ourson Tête-de-Fer*, Paris, Fayard
1935	*Urson testa di ferro*, Milano, Mondadori

AMÉRO, Constant, Mme. (1832-1908)

Scrittrice francese, spesso co-autrice con Victor Tissot.

1910	*Un Robinson a sei anni: romanzo per giovinetti*, Firenze, Casa Editrice Italiana A. Quattrini

ASSOLLANT, Alfred (1827-1886)

Scrittore francese di romanzi per la gioventù.

1866	*1812: Campagne de Russie*, Paris, Armand Le Chevalier
1876, 1886	*Avventure meravigliose ma autentiche del capitano Corcoran*, Milano, Treves
1880	*Chiaramonte il rosso*, Milano, Treves
1926	*Il Maharajah bianco*, Milano, Sonzogno
19--	*La figlia del Rajah: romanzo d'avventure*, Milano, Sonzogno

BANTI, Athos Gastone (1881-1959)

Livornese, noto come «giornalista spadaccino», ebbe uno scontro con Dino Campana; da giovane contribuì al settimanale di Salgari «Per Terra e per Mare», diventando poi redattore e direttore di alcune testate incluso «Il Telegrafo» di Livorno: nel 1924 la sede fiorentina del suo «Nuovo Giornale» fu incendiata dai fascisti.

1904	*Nella terra del sole: avventure indiane*, Torino, Speirani
1907	*La banda nera: Il ladro. Dalle memorie di un delegato di pubblica sicurezza*, Genova, Spiotti [basato sui racconti scritti per il periodico di Salgari, «Per Terra e per Mare», Genova, Donath].
1913	*L'eroe di quella notte*, Palermo, Biondo
1914	*L'ultima scoperta: racconto fantastico*, Palermo, Biondo
1944	*Capitan Panfilo allegro filibustiere*, di A. Dumas *père*. Riduzione [dal testo francese] di A. G. Banti, Roma, Demetra

BARRILI, Anton Giulio (1836-1908)

Patriota e scrittore.

[s.d.]	*I misteri di Genova*, Genova, tip. Moretti [ispirato ai «misteri» di Eugène Sue]
1867	*Capitan Dodero* (novella), Genova, tip. Moretti
1869	*Capitan Dodero* (novella), Milano, E. Treves
1879	*Il tesoro di Golconda*, (racconto), Milano, Treves
1887	*Il merlo bianco: avventure di terra e di mare, narrate da capitan Dodèro*, Milano, Fratelli Treves
1913	*Capitan Dodero*, Firenze, Casa Editrice Italiana di A. Quattrini

Tav. XXXIII. Ada e Tremal-Naik concepiti da Pipein Gamba nel 1895 per *I misteri della Jungla Nera*, in illustrazioni riproposte da Fabbri Editore nel 2002.

Tav. XXXIV. La fuga della tigre Darma con Tremal-Naik e Ada, nell'immagine del 1895 di Gamba ristampata nell'edizione moderna de *I misteri della Jungla Nera* della Fabbri, 2002.

PER TERRA E PER MARE

GIORNALE DI AVVENTURE E DI VIAGGI
DIRETTO DAL
CAPITANO CAVALIERE EMILIO SALGARI

CONTO CORRENTE COLLA POSTA

1904. Anno I. - N.° 15.   Esce ogni Settimana   Centesimi **10**.

Jolanda, la Figlia del Corsaro Nero [*]

ROMANZO D'AVVENTURE
DI
E. SALGARI
(Proprietà letteraria ed artistica riservata)

D'altronde non poteva correre pericolo alcuno, non avendo quell'abitante delle acque, nè un aspetto feroce, nè armi di difesa d'alcuna specie.

Giunta sulla riva la brava fanciulla scostò lentamente le erbe, che erano assai alte e si spinse dolcemente innanzi, impugnando con mano ferma la spada del filibustiere.

Il mammifero era lì sotto, occupato a mangiare le radici delle erbe e pareva che non si fosse ancora accorto del pericolo che lo minacciava.

Si agitava appena e continuava a grugnire come un maialetto.

Jolanda si rizzò di colpo sulle ginocchia e affondò il ferro nel dorso dell'animale, cacciandovelo dentro quasi fino alla guardia.

Udì un rapido fischio, poi uno spruzzo di spuma l'avvolse, facendola cadere indietro e costringendola ad abbandonare la spada che era rimasta nella ferita.

Quando potè rialzarsi vide il mammifero a dibattersi furiosamente, a quindici passi dalla riva. Aveva la spada ancora infitta nel dorso e dalla ferita colava un rivoletto di sangue che arrossava l'acqua.

(*) Seguito al *Corsaro Nero* e *Regina dei Caraibi*.

Tav. XXXV. Gli stravaganti caratteri stile Liberty su «Per Terra e per Mare», il settimanale diretto da Salgari, 1904-06: una prima pagina con la puntata del nuovo romanzo dello scrittore e il disegno di Alberto Della Valle, 1904.

SALGARI

Il Tesoro della Jungla

ROMANZO D'AVVENTURE

PAGANI

Tav. XXXVI. *Il Tesoro della Jungla*, un romanzo salgariano apocrifo (un 'falso') uscito nel 1950: «Scritto su commissione di O. Salgari» da Riccardo Chiarelli per l'opuscoletto della Pagani, Milano. L'esemplare nella raccolta di Tiziano Agnelli è la prova del coinvolgimento del professore fiorentino nei progetti impropri di Omar.

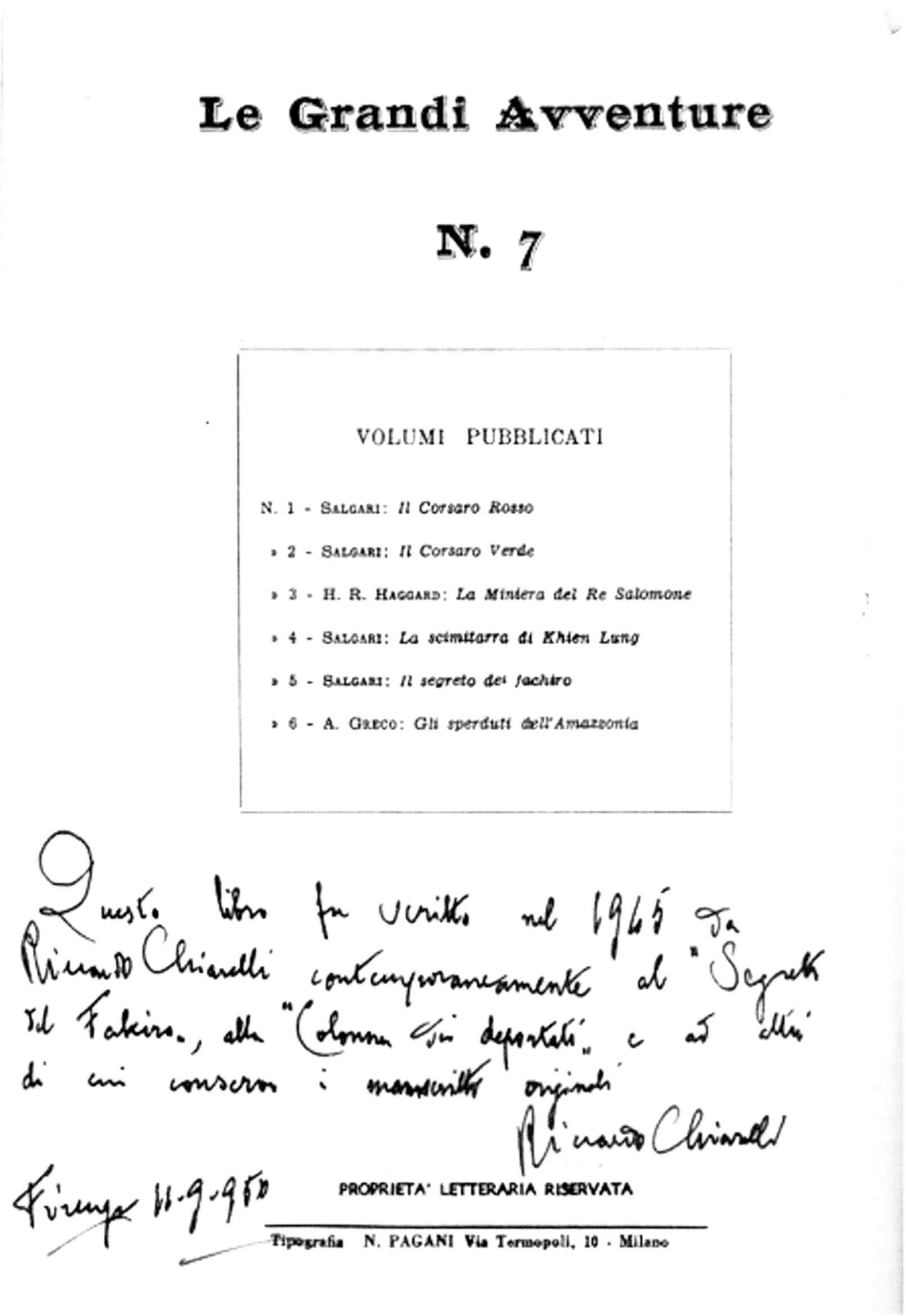

Le Grandi Avventure

N. 7

VOLUMI PUBBLICATI

N. 1 - SALGARI: *Il Corsaro Rosso*

» 2 - SALGARI: *Il Corsaro Verde*

» 3 - H. R. HAGGARD: *La Miniera del Re Salomone*

» 4 - SALGARI: *La scimitarra di Khien Lung*

» 5 - SALGARI: *Il segreto dei fachiro*

» 6 - A. GRECO: *Gli sperduti dell'Amazzonia*

Questo libro fu scritto nel 1945 da Riccardo Chiarelli contemporaneamente al "Segreto del Fakiro", alla "Colonna dei deportati" e ad altri di cui conservo i manoscritti originali

Riccardo Chiarelli

Firenze 11-9-950

Tipografia N. PAGANI Via Termopoli, 10 - Milano

Tav. XXXVII. Sul retro de *Il Tesoro della Jungla* si legge l'appunto autografo dello scrittore fantasma datato 11.9.950: «Questo libro fu scritto nel 1945 da Riccardo Chiarelli contemporaneamente al "Segreto del Fakiro", alla "Colonna dei deportati" e ad altri di cui conservo i manoscritti originali». (Raccolta di Tiziano Agnelli.)

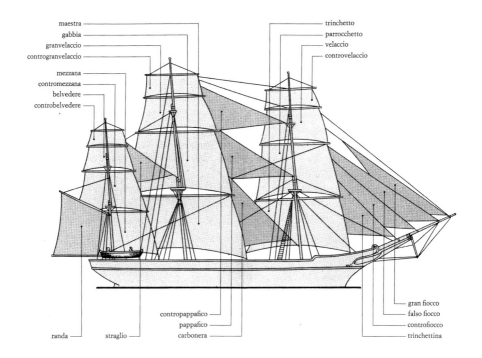

maestra
gabbia
granvelaccio
controgranvelaccio
mezzana
contromezzana
belvedere
controbelvedere

trinchetto
parrocchetto
velaccio
controvelaccio

gran fiocco
falso fiocco
controfiocco
trinchettina

randa · straglio · contropappafico · pappafico · carbonera

Velatura di un trealberi

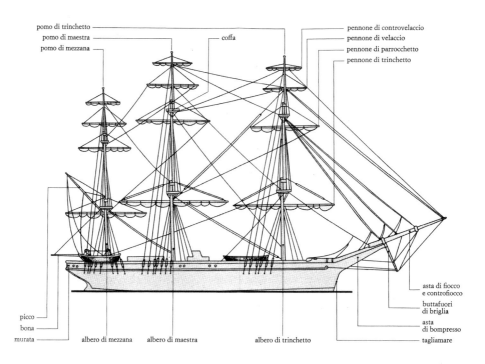

pomo di trinchetto
pomo di maestra
pomo di mezzana

coffa

pennone di controvelaccio
pennone di velaccio
pennone di parrocchetto
pennone di trinchetto

asta di fiocco
e controfiocco
buttafuori
di briglia
asta
di bompresso
tagliamare

picco
bona
murata · albero di mezzana · albero di maestra · albero di trinchetto

Alberatura di un trealberi

I pennoni degli alberi portano lo stesso nome delle vele che sostengono.
Le coffe portano, in genere, il nome dei pennoni sottostanti.

Tav. XXXVIII. La velatura e l'alberatura di un trealberi: bei disegni tecnici prima stampati dalla Einaudi nel 1971 nella raccolta salgariana *Avventure di prateria, di giungla e di mare*, poi riproposti nella ristampa *Il mistero della foresta e altri racconti* del 2002.

Tav. XXXIX. *L'Innocenza: Gli articoli di Emilio Salgari per il settimanale per bambini «L'Innocenza»* [1893-97], copertina del volume illustrato pubblicato a cura di Roberto Fioraso (© 2007, Biblioteca Civica di Verona).

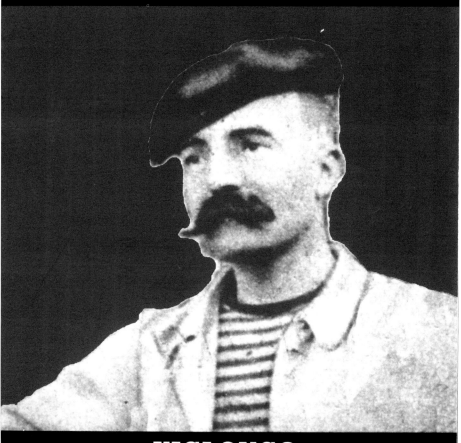

G. ARPINO   R. ANTONETTO

E M I L I O

SALGARI

IL PADRE DEGLI EROI

VIGLONGO

Tav. XL. Ritratto fotografico del giovane Salgari, visto sulla copertina della biografia dello scrittore di Giovanni Arpino e Roberto Antonetto, uscita nella nuova edizione Viglongo del 2010.

BARZINI, Luigi, senior (1874-1947)

Giornalista e scrittore.

1904   *Nell'estremo oriente*, Milano, Libreria Editrice Nazionale
1906   *Il Giappone in armi*, Milano, Libreria Editrice Lombarda
1915   *Sotto la tenda*, (in «Letteratura amena: giornale settimanale», n. 210-211), Firenze, Casa Editrice Italiana

BERTINETTI, Giovanni (1872-1950)

Torinese, pubblicava opere svariate in italiano e in piemontese: saggi, commedie, sceneggiature; autore di un capolavoro per i giovani, come versatile scrittore fantasma nel corso di 17 anni creò oltre una quindicina di 'falsi' salgariani: lui stesso però ne esagerò il numero.

1908   *Le orecchie di Meo*, Torino, Lattes (Eredi Botta)
1925   *Ipergenio il disinventore*, Milano, Lattes
1930   *Il gigante dell'apocalisse*, Milano, Lattes
1934   *I pugni di Meo*, Milano, Lattes

I 'falsi' salgariani di Bertinetti scrittore fantasma, vero autore di molti romanzi firmati Emilio Salgari:

1928   *Le avventure del Gigante Bardana*, [firmato Emilio e Nadir Salgari], Milano, Barion
1928   *L'eredità del Capitano Gildiaz*, [firmato E. Salgari], Firenze, Bemporad
1928   *Il fantasma di Sandokan*, [firmato E. Salgari], Torino, Botta
1928   *Lo smeraldo di Ceylan*, [firmato E. Salgari], Firenze, Bemporad
1928   *Le ultime avventure di Sandokan*, [firmato E. Salgari], Milano, Mondadori
1929   *Josè il Peruviano*, [firmato E. Salgari], Firenze, Bemporad
1929   *Sandokan nel labirinto infernale*, [firmato Emilio e Nadir Salgari], Milano, Mondadori
1929   *Lo schiavo del Madagascar*, [firmato E. Salgari], Firenze, Bemporad
1931   *Manoel de la Barrancas*, [firmato E. Salgari], Firenze, Bemporad
1931   *Lo scotennatore*, [firmato E. Salgari], Firenze, Bemporad
1938   *Emilio Salgari racconta ai bambini la storia di Mago Magon*, [firmato E. Salgari], Torino, Paravia

1939	*Le nuove mirabolanti avventure di Mago Magon più forte del Leon*, [firmato E. Salgari], Torino, Paravia
1940	*I ribelli della montagna*, [firmato E. Salgari], Torino, Paravia
1941	*L'indiana dei Monti Neri*, [firmato E. Salgari], Torino, Paravia
1945	*Sandokan nel cerchio di fuoco*, (2ª ed.), [firmato Salgari], Torino, ELAS
1945	*Il vulcano di Sandokan*, [firmato E. Salgari], Milano, Il Mare; 1959, Bologna, Carroccio-Aldebaran

BOUSSENARD, Louis (1847-1910)

Medico e scrittore francese; viaggiò nelle colonie francesi e pubblicò molti romanzi di avventure che ebbero un grande successo di pubblico.

1882	*Le tigre blanc*, Paris, M. Dreyfous
1883	*Aventures d'un gamin de Paris à travers l'Océanie: Le sultan de Borneo*, Paris, Dentu
1884	*Avventure di un biricchino di Parigi attraverso l'Oceania*, Milano, Sonzogno
[1885]	*De Paris au Brésil par terre: aventures d'un héritier à travers le monde*, Paris, Marpon et Flammarion
1885	*2000 lieues à travers l'Amérique du Sud*, Paris, Dentu
1906	*I cannibali del Mar di Corallo*, Como, Casa Editrice Roma
1908	*Capitan Rompicollo: romanzo di avventure*, Como, Roma
1909	*I misteri della jungla: romanzo d'avventure indiane*, Milano, Casa Editrice Italiana
1912	*I Robinson della Guiana*, Milano, Sonzogno
1922	*Il figlio del birichino di Parigi*, Firenze, Casa Editrice Italiana A. Quattrini
1922	*I misteri della jungla: Romanzo di avventure indiane*, Casa Editrice Italiana A. Quattrini
1923	*L'inferno di ghiaccio*, Milano, Sonzogno
1923	*Il re del cielo*, Milano, Sonzogno
1923	*Il segreto dell'oro*, Firenze, Casa Editrice Italiana A. Quattrini
1923	*Il tigre bianco:Romanzo di avventure*, Firenze, Casa Editrice Italiana A. Quattrini
1924	*L'uomo turchino*, Milano, Sonzogno
[1926]	*Gli strangolatori del Bengala*, Milano, Sonzogno
1928	*L'isola in fuoco*, Milano, Sonzogno, con illustrazioni di A. Della Valle

CASALINO, Mario (1895-1971)

Giornalista e prolifico traduttore dall'inglese e dal francese; probabile scrittore fantasma di due 'falsi' salgariani: *I cannibali dell'Oceano Pacifico* (1930) e *I prigionieri delle Pampas* (1931).

1923   *I fiori dell'istinto*, Genova, Lattes
[1931]   *Romanzo d'amore*, Lanciano, Carabba

Traduzioni:

1931   *Il figlio di Kazan*, di James O. Curwood, Milano, Sonzogno
1932   *Un dramma nel Sahara: Romanzo di avventure*, di P.C. Wren, Firenze, Bemporad
1933   *Il lago*, di George Moore, Milano, Rizzoli
1945   *Emma*, di Jane Austen, Milano, Ultra
1945   *Relazione del viaggio di capitan Tempesta in Paradiso*, di Mark Twain, Milano, Denti
1947   *Il capitano Hatteras*, di Jules Verne, Milano, Principato

CASSONE, Sandro (1890-1984?)

Insegnante piemontese, fu commediografo prolifico, poeta, romanziere, traduttore dal latino, dal francese e dall'inglese, e scrittore fantasma di almeno un racconto 'salgariano', *Il Corsaro Verde*.

1928   *I leoni del Sud: romanzo di avventure*, Genova, Casa Editrice Nazionale
1928   *I ribelli della steppa nevosa: romanzo siberiano*, Alba, Pia Società San Paolo Editrice
1942   *Il Corsaro Verde*, [firmato Salgari], Milano, Impero
1947   *L'isola del vulcano: romanzo d'avventure*, Roma, Ed. Sinite Parvulos
1962   *Storia dell'India*, Milano, CETIM

CHIARELLI, Renzo (Lorenzo)

Figlio di Riccardo, Soprintendente ai beni artistici e storici, prolifico scrittore sulla storia dell'arte anche della sua Verona; pubblicò molti volumi su Pisanello, Tiepolo, Tintoretto, Giotto, e così via. In gioventù scrittore fantasma salgariano.

1941   *La figlia del Corsaro Verde*, Milano, Sonzogno [firmato E. Salgari]: [il manoscritto del 1940 è conservato nel Fondo Chiarelli, Verona]

1941	*Le ultime imprese del Corsaro Nero*, [firmato Emilio Salgari, forse di Renzo Chiarelli] Milano, Sonzogno
1956	*Verona: guida artistica*, Firenze, Arnaud
1958	*La regina delle cento montagne d'oro e altre fiabe*, Bergamo, Minerva

CHIARELLI, Riccardo

Professore fiorentino, amico e intermediario di Omar Salgari, scrittore sulla cultura fascista, giornalista, commediografo, sceneggiatore e romanziere; scrittore fantasma di racconti 'salgariani', sebbene, pare, lo abbia sempre negato, e autore di altri libri per ragazzi.

1939	*Sandro il mozzo livornese: novella avventurosa*, Firenze, Nerbini
1940	*I nipoti del Minuzzolo*, Firenze, Marzocco
1940	*L'Occidente d'oro*, con L. Motta, ill. F. Vichi, racconto a fumetti in «L'Avventuroso»
1940	*Ophir la Città dell'oro: Avventure di un giovane italiano in Abissinia*, Torino, Paravia
1941	*Argentovivo e le sue incredibili avventure*, Firenze, Nerbini
1941	*La vendetta dei tughs* [sic], Milano, Impero [firmato E. e O. Salgari]
1943	*Due oasi nel deserto: avventure di Dino e Sandro*, Firenze, Nerbini
1949	*Il Corsaro Nero*, con E. Maurri, riduzione radiofonica per Radio Italiana, Rete Rossa
1949	*L'oro delle sette montagne*, Torino, Paravia
[1950?]	*Il tesoro della jungla*, [firmato Salgari], Milano, Pagani
[1950/51]	*Il segreto del fakiro*, [firmato Salgari], Milano, Pagani
1952	*La città proibita: Avventure fra i Tuaregh*, Milano, Vallardi
1952	*I figli dei moschettieri* (tratto dal omonimo film), Firenze, Marzocco
[1956?]	*Hulugh-Ali il pirata: romanzo di avventure*, Bergamo-Milano, Minerva Italica
1966	*Novelle arabe da Le Mille e una notte*, narrate da R. Chiarelli, Firenze, Giunti: Bemporad Marzocco
[197-?]	*L'occidente d'oro*, di L. Motta, riduzione di R. Chiarelli [storia delle praterie e degli amerindiani «Serpenti neri»]

CHIOSSO, Lorenzo [Renzo] (1877-1949)

Insegnante torinese e conoscente di Emilio Salgari, scrittore e soggettista; primo scrittore fantasma di opere apocrife 'salgariane'.

1921	*Le avventure di Simon Wander*, [firmato E. Salgari: il primo 'falso' inequivocabile, sviluppato dallo scritto giovanile di Salgari «Le avventure di Simone van der Stell»], Firenze, Bemporad
1924	*La vergine dormente: Romanzo d'avventure indiane*, Milano, Casa Editrice Italiana Gloriosa
1925	*I navigatori del cielo: Avventure straordinarie in terra, in mare, in cielo e sottoterra*, Milano, Casa Editrice Italiana Gloriosa
1928	*Le mie memorie*, [autobiografia fasulla firmata E. Salgari, ma scritta da Chiosso nel 1920 su richiesta degli eredi], Milano, Mondadori
1929	*A bordo dell'«Italia Una»: primo viaggio marittimo dell'autore*, [novella firmata E. Salgari, ma scritta da Chiosso, nel 1920, sulla base di un abbozzo probabilmente giovanile dell'autore e già pubblicata a puntate nel 1925], Milano, Sonzogno
1930	*Il solitario del Nilo*, Alba, Pia Società San Paolo
1930	*La sposa del Sole: Grande romanzo di cappa e spada, d'avventure e di viaggi*, Torino, L. Riccio
[1931]	*I figli della luce: Romanzo*, Alba, Pia Società San Paolo
1938	*Crisantemi insanguinati: Romanzo […] dell'estremo Oriente*, Alba, Pia Società San Paolo
1940	*La città sottomarina: romanzo d'avventure*, Roma, AVE
1950	*Città dei ragazzi*, Torino, Viglongo
1951	*La leonessa di Serendib: romanzo d'avventure*, Torino, Viglongo

CIANCIMINO, Calogero (1899-1936)

Siciliano, ufficiale della marina mercantile, scrittore su argomenti navali e di avventure; scrittore fantasma e collaboratore di Luigi Motta.

[1932]	*La nave senza nome: Grande romanzo d'avventure*, [firmato L. Motta e C. Ciancimino], Milano, Le Grandi Avventure
1935	*Incrociatori corsari*, Milano, Le Grandi Avventure
1935	*Il figlio di Buffalo Bill*, [firmato L. Motta e C. Ciancimino], Milano, Le Grandi Avventure
1935	*Fra gli scotennatori col figlio di Buffalo Bill*, Milano, Le Grandi Avventure
1935	*Nelle praterie col figlio di Buffalo Bill*, Milano, Le Grandi Avventure
1936	*Come si fermò la terra*, Milano, Le Grandi Avventure
1937	*Il re della giungla*, [firmato L. Motta e C. Ciancimino], Milano, Le Grandi Avventure

CONTARINI, Mario (1887-1907)

Giovanissimo giornalista ed epigono salgariano; collaboratore di Antonio Quattrini.

1906	*Il Gran Sole*, Como, Roma
1906	*La Tigre del Ju-nan*, Como, Roma
1907	*I corsari di terra*, Como, Roma
1907	*La miniera misteriosa*, Firenze, Nerbini
1907	*Lo sterminatore dell'Atlantico: Grandioso romanzo di avventure di terra e di mare*, Firenze, Nerbini
1908	*Il Dente di Budda*, Bovisio (Milano), Roma
1928	*Il prigioniero della foresta*, Firenze, Nerbini

DADONE, Carlo (1864-1931)

Scrittore umoristico e per ragazzi: collaborò al settimanale «Corriere dei Piccoli»; amico dell'illustratore Attilio Mussino e di Giovanni Bertinetti.

[19--?]	*Le avventure di Capperina*, Firenze, Bemporad
1911	*Il tesoro del re negro*, Milano, Treves
1915	*Ninetto Bardi l'avventuriero: romanzo per ragazzi*, Palermo, Sandron
1922	*Un eroe: romanzo*, Torino, SEI
1923	*Una piccola Robinson: romanzo d'avventure*, Torino, SEI
1931	*Il viaggio di un balilla intorno al mondo*, Torino, SEI

D'ANNUNZIO, Gabriele (1863-1938)

Grande poeta, giornalista e scrittore di romanzi, tragedie e altro; attivista militare e politico, creò la sua versione del superuomo nietzschiano, e contribuì a creare l'atmosfera e la cultura del Fascismo, benché indipendente dal Regime.

1884	*Terra vergine*, e in «Letteratura amena: giornale settimanale», n. 45, 1911, Firenze, Casa Editrice Italiana
1889	*Il piacere*, Milano, Treves
1893	*Le odi navali*
1902	*Novelle della Pescara*, Milano, Treves
1900	*Il fuoco*, Milano, Treves

D'AZEGLIO, Massimo (1798-1866)

Pittore, politico e scrittore risorgimentale di romanzi storici e patriottici: noto anche per *I miei ricordi* (1867).

1833 *Ettore Fieramosca*, Torino, Pomba, e in «Letteratura amena: giornale settimanale», n. 19, 1911, Firenze, Casa Editrice Italiana

DE AMICIS, Edmondo (1846-1908)

Scrittore e socialista, autore di *Cuore*, il capolavoro per ragazzi che simboleggia la società di Fine Ottocento; visitò diversi paesi e in Italia creò il genere moderno del diario di viaggio.

1868 *La vita militare*, Milano, Treves
1876 *Marocco*, Milano, Treves
1878 *Costantinopoli*, Milano, Treves
1886 *Cuore*, Milano, Treves
1889 *Sull'oceano*, Milano, Treves
1909 *La vita militare*, Como, Casa Editrice Italiana
1910 *Il figlio del reggimento*, Firenze, Casa Editrice Italiana di A. Quattrini

DE MATTIA, Carlo

Romanziere popolare e possibile 'fantasma' salgariano: vedi *Il deserto di ghiaccio*, 1947.

1929 *Il principe della notte: romanzo d'avventure*, Milano, Sonzogno
1935 *I fiocinieri delle Isole del sole*, Firenze, Bemporad
1935 *Il tesoro degli Zulù: romanzo d'avventure*, Milano, Mondadori
1938 *I predoni dell'isola fantasma: romanzo di avventure*, Firenze, Marzocco
1940 *Ulah dei coccodrilli: avventure africane*, Firenze, Marzocco
1941 *Lo sparviero di Lhassa: romanzo d'avventure*, Firenze, Marzocco
1950 *Il segreto del pirata: avventure coloniali*, Milano, La Prora
1951 *I contrabbandieri delle Antille: romanzo per giovanetti*, Milano, Carroccio
1954 *Racconti di animali*, Milano, Boschi
1955 *Un birichino in collegio*, Milano, Boschi

I DIECI (A. Beltramelli, M. Bontempelli, L. d'Ambra, A. de Stefani, F.T. Marinetti, F.M. Martini, G. Milanesi, A. Varaldo, C.G. Viola, L. Zuccoli)

Scrittori, fra di loro molto diversi, del Ventennio fascista, alcuni dei quali sostenitori del 'caso Salgari' o di campagne per onoranze salgariane. Nel periodo del 'caso' scrissero insieme un romanzo di avventure.

1929   *Lo zar non è morto*, Roma, Edizioni dei Dieci – Sapientia

ERPIANIS, Giulio (pseudonimo di Giulio Speirani junior, 1874-1932)

Scrittore, membro della famiglia di editori torinesi, amico di Salgari.

1898   *Gli stivali meravigliosi: Novella illustrata pei ragazzi*, Torino, Speirani
1900-01   *Un angelo bianco fra le pelli-rosse*, Roma, Pontificia di F. Pustet (voll. 2)
1902   *Gli eroi della 'Folgore': Avventure di tre norvegesi allo Spitzberg*, Milano, Celli
1903   *I banditi di Kailas: Avventure nell'India settentrionale*, Torino, Speirani
1905   *Avventure tra i Piedi-neri*, Rocca S. Casciano, Cappelli

ESCURIAL, Cap. Ph. (pseudonimo di Attilio Frescura, 1881-1943)

Scrittore e giornalista: direttore de «Il Resto del Carlino», lanciò a Bologna «Il Corriere del pomeriggio», fondando anche il Teatro Sperimentale Italiano; era noto per il libro sulle esperienze nella Prima Guerra Mondiale *Diario di un imboscato*, 1919. Per i molti titoli sulla filibusteria, evidente epigono salgariano già nei primi anni del Ventennio.

1922   *L'occhio di Visnù: romanzo di avventure indo-russe*, Rocca S. Casciano, Cappelli
1922   *Il rogo del rayah: grande romanzo di avventure indo-russe*, Bologna, Cappelli
1923   *Il Corsaro Verde: grande romanzo di avventure di terra e di mare*, Bologna, Cappelli [per il titolo replicato, vedi S. Cassone]
1924   *La Corsara Bianca*, Bologna, Cappelli
1928   *I filibustieri delle Antille*, Bologna, Cappelli
1931   *Il selvaggio bianco*, Bologna, Cappelli
1933   *Il pirata di Algeri*, Bologna, Cappelli
1934   *Il corsaro dell'Yucatan: romanzo di grandi avventure di terra e di mare*, Bologna, Cappelli

1935   *I mastini del mare: grande romanzo della filibusteria*, Bologna, Cappelli

FANCELLI, Emilio (1892-1971)

Scrittore fiorentino di romanzi storici e di avventure; grande ammiratore e, in alcuni suoi romanzi, imitatore di Salgari. Nel Ventennio ricevette un invito dalla Bemporad di compilare un 'falso' salgariano, proposta in quell'epoca senza esito.

1925   *I vagabondi delle frontiere*, Firenze, Salani
1928   *Il figlio di Yanez*, Firenze, Nerbini
1929   *I demoni del West*, Firenze, Nerbini
1929   *I filibustieri del Gran Golfo, o Alessandro, braccio di ferro*, Firenze, Nerbini
1929   *Le Pantere di Timor: La confraternita degli affondatori*, Firenze, Nerbini
[1931]   *Un'avventura nella miniera*, Firenze, Nerbini
[1931]   *Cervo grigio, il Sackem apache*, Firenze, Nerbini
[1932]   *La bionda amazzone del West*, Firenze, Nerbini
[1932]   *Il vulcano di fuoco*, Firenze, Nerbini
1940   *All'ombra dei Faraoni*, Firenze, Nerbini
1944   *Il principe corsaro*, Firenze, Nerbini
1961   *Yanez, la tigre bianca*, Torino, Viglongo
1962   *Mompracem contro i Dacoiti: Le pantere di Timor*, Torino, Viglongo
1963   *I fuorilegge dell'oceano*, Milano, Gastaldi

FENIMORE COOPER, James (1789-1851)

Ufficiale di marina americano e prolifico scrittore di romanzi storici fortunatissimi anche in Europa; famoso soprattutto per i racconti sui pellirosse.

1828   *L'ultimo dei Moicani* (1826), Livorno, Vignozzi
1829-30   *Il pilota*, Livorno, Vignozzi
1833   *Il corsaro rosso* (*The Red Rover*), Milano, Truffi
1834   *La prateria*, Napoli, Tramater
1839   *Il Pirato, o La fattucchiera delle acque*, Napoli, La Fenice
1879   *I pionieri*, Milano, Muggiani
[1903]   *Il corsaro rosso*, Milano, Sonzogno
1904   *La Rosa della Prateria*, a puntate in «Per Terra e per Mare», Anno I, n. 1-15 (c. febbraio-maggio), dir. E. Salgari, Genova, Donath

GIANELLA, Aristide Marino (1878-1961)

Scrittore e collaboratore del settimanale salgariano «Per Terra e per Mare»; scelto dall'editore Bemporad per il completamento dell'ultimo romanzo di Salgari, lasciato sospeso a metà, *Straordinarie avventure di Testa di Pietra*.

1907	*Il giaguaro: romanzo di avventure*, Genova, Donath
1909	*L'ammiraglio naufragatore: avventure*, Firenze, Bemporad
1910	*Gli apaches, o I selvaggi di Parigi*, Firenze, Nerbini
1915	*Straordinarie avventure di Testa di Pietra*, [firmato E. Salgari, autore genuino della prima metà], Firenze, Bemporad_
1921	*Il bandito cavaliere: l'avventurosa vita di Luigi Domenico Cartouche*, Milano, Aliprandi
1922	*I drammi del mare*, Milano, Ravagnati
1922	*I drammi dell'aria*, Milano, Ravagnati

GRECO, Americo (1888-1948)

Scrittore e giornalista, aveva conosciuto Salgari da ragazzo e presto contribuì a «Per Terra e per Mare». Dal tardo Ventennio in poi, fu legato a Omar Salgari da un accordo per la produzione di molti 'falsi'.

1923	*I cinque moschettieri: Avventure allegre con Gigi Bombone*, Firenze, La Nuova Italia
1928	*Giulio Verne: La sua vita, le sue opere*, Milano, Vanelli
1929	*Le straordinarie avventure di Gigi Bombone*, Milano, Hoepli
1934	*Pirati sull'oceano*, Milano, Carroccio
1936	*Nella giungla*, Milano, Bietti
1939	*La danza delle tigri: avventure allegre*, Milano, Hoepli
1940	*L'Aquila Bianca*, Milano, Sonzogno, [firmato E. Salgari, ma un 'falso', forse di Greco, creato sulla base di un racconto breve di Salgari]
1940/41	*Il Corsaro Rosso (Conte di Ventimiglia)*, Milano, Impero, [sulla copertina firmato Salgari, e sul frontespizio «Omar Salgari»], è un raro 'falso' di buona qualità, del quale il vero autore può essere stato Americo Greco
1943/45	[*Ariucka*]: *La figlia del Cacico*, Milano, Impero, [firmato Salgari, ma un 'falso' possibilmente di Greco]
1946	*Gualior: romanzo*, Milano, Ventura
1946	*Gli sperduti dell'Amazzonia*, Milano, Pagani
1951	*La scimitarra di Khien-Lung*, Milano, Pagani [firmato E. Salgari: una libera riscrittura del romanzo autentico *La Scimitarra di Budda*]

KIPLING, Rudyard (1865-1936)

Grande scrittore inglese, nato in India, ambiente del suo romanzo più noto e di altre opere; prolifico autore di romanzi e brevi racconti innovatori, giornalista e poeta, Premio Nobel, scrisse per lettori adulti e giovani.

1894	*The Jungle Book*, London, Macmillan
1895	*The Second Jungle Book*, London, Macmillan
1901	*Kim*, London, Macmillan
1902	*Just So Stories*, London, Macmillan

LONDON, Jack (1876-1916)

Scrittore americano di avventure in regioni selvagge e della corsa all'oro.

19- -	*Zanna bianca*, Milano, Bietti
1904	*The call of the wild*, London, Heinemann
1911	*South Sea Tales*, New York, Macmillan
1924	*Il richiamo della foresta*, Milano, Modernissima

LORENZINI, Paolo (Collodi Nipote) (1876-1958)

Come lo zio autore di *Pinocchio*, Paolo Lorenzini fu scrittore prolifico per i lettori giovani e primo direttore del settimanale fumettistico «Topolino»; almeno una volta ebbe il ruolo di scrittore fantasma di un romanzo apocrifo 'salgariano'.

1902	*Sussi e Biribissi: storia di un viaggio al centro della terra*, Firenze, Salani
1926	*Piccoli vagabondi: romanzo per i ragazzi*, Firenze, Bemporad
1929	*L'antro della vendetta*, Firenze, Nerbini
1931	*Song-Kay il pescatore*, Firenze, Bemporad [firmato E. Salgari]
1938	*Dai campi dell'Amazzonia alle Pampas: storia avventurosa di due ragazzi italiani*, Firenze, Nerbini
1957	*Nel regno degli Incas*, Firenze, Salani

LOTI, Pierre (pseudonimo di Julien Viaud) (1850-1923)

Ufficiale di marina e scrittore esotista francese.

1886	*Pescatori d'Islanda*, Milano, Sonzogno
1908	*La signora dei crisantemi*, Milano, Società Milanese
1910	*Fantasma d'Oriente*, Palermo, Sandron

| 1911 | *I pescatori d'Islanda*, (in «Letteratura amena: giornale settimanale», n. 39), Firenze, Casa Editrice Italiana; 1928, Firenze, Attilio Quattrini Editore |
| 1920 | *Le tre dame della kasbah*, Milano, Facchi |

MARGARITIS, Francesco (pseudonimo di Francesco Cazzamini Mussi, 1888-1952)

Debuttò giovanissimo quale scrittore di avventure, all'inizio prolifico, e contribuì a diversi periodici di viaggi e avventure, incontrando l'aspra critica di Antonio Quattrini; poeta, tentò anche volumi di critica nuova e particolare.

1904	*Il cacciatore di pantere*, Milano, Celli
1904	*I corsari: avventure*, Milano, Celli
1904	*Gli evasi di Cayenna: avventure*, Milano, Celli
1905	*L'anello della morte: avventure*, Torino, Speirani
1905	*Occhi di sole*, Milano, Celli

MARTINI, Ferdinando (1841-1928)

Scrittore prolifico, commediografo, giornalista, deputato, senatore, e fondatore del pionieristico «Giornale per i bambini» su cui comparvero le puntate della *Storia di un burattino*, prima versione del *Pinocchio* di Collodi.

1877	*La marchesa*, Livorno, Giusti
1881-	*Il Giornale per i bambini*, Roma, tip. Perino, diretto da F. Martini (e poi da Carlo Collodi)
1891	*Nell'Affrica italiana: impressioni e ricordi*, Milano, Treves
1892	*Peccato e penitenza e altri racconti*, Milano, Treves
1915	*La marchesa*, Firenze, Casa Editrice Italiana Quattrini

MARRYAT, Frederick, Captain (1792-1848)

Ufficiale di marina britannico, viaggiò anche nel Nordamerica, abitando poi a Londra; in pensione scrisse molti romanzi popolari, alcuni storici, altri di avventure marittime; tra l'altro scrisse sul filibustiere Henry Morgan.

1836	*The pirate, and the three cutters*, London, Longman
1836	*Mr Midshipman Easy*, London, Saunders and Otley
1839	*Caino il pirata*, Milano, Bravetta
1839	*The phantom ship*, Paris, Baudry
1841	*Masterman Ready, or The Wreck of the Pacific*, London, Longman; Paris, Baudry

MAY, Karl (1842-1912)

Prolifico scrittore tedesco di romanzi di avventure esotiche; anche tradotti in molte altre lingue, avevano una popolarità eccezionale; visse una vita scapigliata, spesso incurante della legge e viaggiò in Egitto, a Sumatra, e nel Nordamerica diventando famoso soprattutto per i racconti sui 'pellirosse' Apache (I dati bibliografici originali spesso mancano).

1878	*Winnetou*
1893	*Winnetou der Rote Gentleman*, I, II e III, Freiburg, Fehsenfeld
1894-96	*Old Surehand* I, II e III
1890-91	*Der Schatz im Silbersee*
1896	*Im Lande des Mahdi*
1934	*Nelle terre del profeta*, Milano, Vecchi
1939	*Il tesoro del lago d'argento*, Milano, Sonzogno
1953	*Il re degli Apaches*, Milano, Caroccio
1972	*Da Baghdad a Istambul*, Catania, Edizioni Paoline

MAYNE REID, Thomas (1818-1883)

Prolifico scrittore irlandese di romanzi di viaggi e avventure, abitò per molti anni nel Nordamerica; brevemente ufficiale nell'esercito americano, fu ferito nella guerra messicana, tornando ad abitare in Inghilterra nel 1870.

1858	*Le foreste vergini*, Torino, Gazzetta del Popolo
1859	*I cacciatori di bissonti*, Torino, Gazzetta del Popolo
1874	*I giovani schiavi*, Milano, Tip. lombarda
1874	*I naufraghi dell'isola Borneo*, Milano, Tip. lombarda
1876	*I cacciatori di giraffe*, Milano, Tip. lombarda
1877	*I cacciatori d'orsi*, Milano, Tip. lombarda
1877	*In mare*, Milano, Tip. lombarda
1878	*Il capo bianco*, Milano, Muggiani
1879	*Il cacciatore di tigri*, Milano, Muggiani
1879	*Séguin, o La caccia alle pelli-rosse*, Milano, Muggiani
1882	*La montagna perduta*, Milano, Sonzogno
1887	*Il capitano della Pandora*, Milano, Guigoni
1887	*La terra di fuoco*, Milano, Guigoni

MIONI, Ugo (1870-1935)

Sacerdote triestino e scrittore popolare di numerosi romanzi di avventure, che offrono tutti un'interpretazione e una morale ispirate alla religione Cattolica.

1896	*Nelle terre dei faraoni*, Genova, Tipografia della gioventù
1896	*Sotto la mezzaluna: viaggi ed avventure nei paesi del sultano*, Genova, Fassicomo e Scotti
1897	*Matiru, il re delle pelli rosse*, Genova, Donath
1897	*Il prigioniero dei pirati del mezzo: viaggi ed avventure nella Cina*, Monza, Artigianelli-Orfani
1898	*L'avorio nero: viaggi ed avventure presso i cacciatori di schiavi*, Torino, S. Giuseppe degli Artigianelli
1898	*La figlia del pascià*, Torino, Speirani
1899	*Nei mari delle perle*, Monza, Artigianelli-Orfani
1900	*Una battaglia nel deserto*, Genova, Donath
1900	*Nelle montagne rocciose*, Torino, Salesiana
1900	*I pirati della Sonda*, Torino, Artigianelli
1902	*Alla conquista del Polo*, Torino, Salesiana
1902	*Nel regno dell'elefante bianco*, Torino, Speirani
1903	*Il principe dell'Himalaja ossia i figli dell'odio*, Torino, S. Giuseppe degli Artigianelli
1904	*La donna bianca degli apachi*, Torino, Speirani
1905	*I cacciatori di teste*, Torino, Speirani
1905	*I naufraghi del Madagascar*, Trento, Artigianelli
1906	*Il figlio del Mahdi*, Trento, Artigianelli
1909	*L'eredità di Matiru*, Trento, Artigianelli
1910	*Alla conquista dell'aria*, Trento, Artigianelli
1912	*I deportati della Siberia*, Torino, S. Giuseppe degli Artigianelli

MOTTA, Luigi (1881-1955)

Giornalista, commediografo e scrittore veronese, fin dall'inizio fortemente ispirato alle opere di Salgari; la firma di Motta spesso nasconde il lavoro dei suoi scrittori fantasma, tra cui Emilio Moretto e Calogero Ciancimino, mentre lui stesso creò molti altri romanzi apocrifi 'salgariani'.

1901	*I flagellatori dell'Oceano*, Genova, Donath
1903	*I misteri del Mare Indiano*, Torino, Speirani
1909	*Il deserto di ghiaccio*, Firenze, Bemporad
1909	*Il dominatore della Malesia*, Milano, Treves
1921	*I naufraghi dell'Hansa: avventure di due esiliati russi nelle regioni artiche/ Il naufragio dell'Hansa*, Milano, Mondadori [firmato E. Salgari – L. Motta: il primo 'falso' scritto da Motta]
1926	*La Tigre della Malesia*, Milano, Sonzogno [firmato E. Salgari e L.M.]

1927	*La gloria di Yanez*, Milano, Sonzogno [firmato E. Salgari e L.M.]
1927	*Lo scettro di Sandokan*, Milano, Sonzogno [firmato E. Salgari e L.M.]
1929	*Addio Mompracem!*, Milano, Sonzogno [firmato E. Salgari e L.M.]
1934	*Il Re della Jungla*, Milano, La Recentissima [«con» C. Ciancimino]
1934	*Il diadema di Nana Sahib*, Milano, O.L.M. [Opere di Luigi Motta, sua stessa casa editrice]
1935	*La Malesia in fiamme*, Milano, O.L.M.
1935	*La Pantera di Tipperah*, Milano, O.L.M.
1937	*L'Impero dei Ramavala*, Milano, S.A.D.E.L.
1945	*La Regina di Syda Darmay*, Milano, C.E.M.
1951	*Sandokan il rajah della Jungla Nera*, Torino, Viglongo [firmato L. Motta – E. Salgari]
1954	*I due Leoni*, Torino, Viglongo

NEGRIN, Fabian

Noto illustratore di eleganti libri per lettori giovani, lavora anche per campagne pubblicitarie.

| 2011 | *Chiamatemi Sandokan!: un omaggio a Emilio Salgari*, Firenze, Salani |

PALMARINI, Italo Mario (1865-1943)

Studioso classicista e romanziere, scrisse alcuni libri per i giovani fascisti. Nel 1930 ricevette un invito dalla Bemporad di compilare un 'falso' salgariano, proposta senza esito.

1903	*Ricciolino: Romanzo fiabesco per fanciulli*, Firenze, Bemporad
1913	*La coda della cometa*, Firenze, Quattrini
1917	*La nostra flotta e la guerra*, Roma, Ministro della Marina
1919	*Gli strani casi di Collericcio*, Bologna, Cappelli
1938	*L'isola delle rose: Romanzo eroico dedicato alle giovani italiane e agli avanguardisti*, Lanciano, Carabba

POE, Edgar Allen (1809-1849)

Scrittore americano del mistero e del macabro; critico e direttore del periodico letterario «Southern Literary Messenger».

1900   *Le avventure di Gordon Pym*, Roma, Voghera, illustrazioni di Yambo.

1915   *Un viaggio in pallone*, in «Letteratura amena: giornale settimanale», n. 220, Firenze, Casa Editrice Italiana

PONSON DU TERRAIL, Pierre Alexis, Vicomte (1829-1871)

Prolifico scrittore francese di misteri e di avventure; creatore del protagonista Rocambole.

[185-]   *Les exploits de Rocambole*, [Paris], Schiller ainé
[185-]   *Les drames de Paris*, [Paris], Schiller ainé
1863   *I drammi di Parigi*, Trieste, Tip. Coen
1874   *Gli strangolatori*, Milano, Sonzogno
1875   *Un dramma nell'India*, Milano, Sonzogno
1875   *Le miserie di Londra: seguito al romanzo Un dramma nell'India*, Milano, Sonzogno
1888   *La spagnuola: le gesta di Rocambole*, seguito del romanzo *Il club dei fanti di cuori*, Milano, Sonzogno
1895   *Le gesta di Rocambole*, Milano, Sonzogno
1912   *La bella Argentiera*, in «Letteratura amena: giornale settimanale», n. 72, Firenze, Casa Editrice Italiana
1912   *La favorita del Re di Navarra*, in «Letteratura amena: giornale settimanale», n. 73, Firenze, Casa Editrice Italiana
1912   *La zingara avvelenatrice*, in «Letteratura amena: giornale settimanale», n. 91, Firenze, Casa Editrice Italiana

PRATT, Hugo (Ugo Prat, 1927-1995)

Conosciuto per i suoi racconti a fumetti originali e influenti e soprattutto per la creazione del personaggio complesso e anti-eroico Corto Maltese. Nei primi anni collaborò al «Corriere dei Piccoli», adattando per il giornalino alcuni classici dell'avventura come *L'isola del tesoro* di R.L. Stevenson. Si ispirò anche ai romanzi di Fenimore Cooper, Melville, Conrad e Jack London.

1967   *Una ballata del mare salato*
1977   *L'uomo dei Caraibi*
1980   *La casa dorata di Samarcanda*
1995   *Morgan*
2009   *Sandokan*, Milano, Rizzoli Lizard (fumetti: scritto/disegnato nel 1969, su testi di Mino Milani)

PREVOST, Marcel/Marcello (1862-1941)

Scrittore e drammaturgo francese.

1913   *Nimba. Il romanzo della conquista italiana in Africa*, in «Letteratura amena: giornale settimanale», n. 120, Firenze, Casa Editrice Italiana

QUATTRINI G. [Garibaldo], Antonio, (o anche Antonio G. Quattrini) (1880-1937)

Marinaio, scrittore, giornalista e, con il fratello Attilio, editore.

1903   *La figlia del Corsaro*, Milano, Celli
1903   *La Tigre del Bengala*, Milano, Celli
1904   *Il Re dell'Oceano*, Milano, Gussoni
1904   *Il vascello fantasma*, Milano, Gussoni
1905   *I misteri del Gange*, Milano, Gussoni
1907   *Il Leone di Giava*, Como, Roma
1909   *Montbars, il Sovrano della Filibusta*, Milano, Casa Editrice Italiana
1909   *La setta del Crisantemo: racconto giapponese*, Como, Casa Editrice Italiana; [1909], Firenze, Attilio Quattrini
1911   *John Siloch*, in «Letteratura amena: giornale settimanale», n. 34, Firenze, Casa Editrice Italiana
[1915]   *La vita a bordo*, Firenze, Editore Quattrini, Casa Editrice Italiana [dedicato: «A Umberto Cagni mio maestro d'energia»]
1922   *La figlia del corsaro*, Firenze, Casa Editrice Italiana A. Quattrini
1922   *Il Leone di Giava*, Firenze, Casa Editrice Italiana A. Quattrini
1922   *Il Re dell'Oceano: Avventure di mare*, Firenze, Casa Editrice Italiana A. Quattrini
1922   *Il vascello fantasma*, Firenze, Casa Editrice Italiana A. Quattrini
1923   *I pirati neri*, Firenze, Casa Editrice Italiana A. Quattrini,
1923   *Il solitario del deserto*, Firenze, Casa Editrice Italiana A. Quattrini
1923   *Il sovrano della filibusta*, Firenze, Casa Editrice Italiana A. Quattrini
1923   *Il terrore della Sonda*, Firenze, Casa Editrice Italiana A. Quattrini
[1926]   *Col "Norge" sulla via del Polo*, Firenze, Attilio Quattrini Editore

RIDER HAGGARD, Henry (1856-1925)

Impiegato coloniale nel Sudafrica e famoso scrittore inglese di romanzi di avventure, spesso ambientati in Africa.

1886	*King Solomon's Mines*, Leipzig, Tauchnitz
1887	*She*, Leipzig, Tauchnitz
1893	*Jess*, Milano, Treves
1893	*Montezuma's daughter*, Leipzig, Tauchnitz
1896	*Le miniere di Re Salomone*, Roma, Tip. provincia
1898	*Allan Quatermain*, Londra, Longmans, Green
1899	*Il popolo della nebbia*, Milano, Treves
1928	*La donna eterna*, Milano, Sonzogno
1929	*La vendetta di Maiwa*, Milano, Sonzogno
1932	*Il ritorno di Ayesha*, Milano, Sonzogno

SIENKIEWICZ, Henryk/ Enrico (1846-1916)

Grande romanziere e giornalista polacco, premio Nobel.

1900	*Col ferro e col fuoco: romanzo storico*, Milano, Cogliati
1900	*Nel paese delle pelli rosse*, Napoli, Società Editrice Partenopea
1900	*Quo vadis? Narrazione del tempo di Nerone*, Milano, Sonzogno
1911	*Quo vadis?* In «Letteratura amena: giornale settimanale», n. 7-8, Firenze, Casa Editrice Italiana
1918	*Per deserti e per foreste*, Milano, Treves

SIMONI, Gastone (1899-1966)

Versatile scrittore popolare, si esercitò in molti generi dallo scientifico al fantastico e dall'avventuroso al poliziesco.

1928	*La casa nel cielo: romanzo d'avventure*, Milano, Sonzogno
1930	*I contrabbandieri: romanzo d'avventure*, Milano, Sonzogno
1930	*L'ultimo pirata: Straordinarie avventure di un piccolo italiano intorno al mondo*, Milano, Sonzogno
1932	*L'idolo rosso*, Milano, Sonzogno
1932	*La prigioniera dell'abisso*, Milano, Sonzogno
1932	*L'ultimo degli atlantidi: romanzo d'avventure*, Milano, Sonzogno
1934	*L'isola sommersa*, Milano, Sonzogno
1936	*Alla conquista di un Regno: romanzo d'avventure*, Milano, SACSE
1936	*L'idolo di giada: romanzo d'avventure*, Milano, SACSE

1936	*L'ultimo corsaro: romanzo d'avventure*, Milano, SACSE
1941	*Giornale di bordo: romanzo*, Milano, ALPE
1941	*La grande avventura: romanzo*, Milano, Edital

STEVENSON, Robert Louis (1850-1894)

Romanziere, saggista e poeta scozzese; viaggiò nel Nordamerica e abitò a lungo su un'isola dell'Oceano Pacifico: molti suoi racconti sono ambientati all'estero e in luoghi esotici, e scrisse uno fra i romanzi più famosi della pirateria, l'iconico *Isola del tesoro*, racconto che suggerisce un'ambientazione caraibica.

1883	*Treasure Island*, London, Cassell
1885	*L'ile au trésor*, Paris, Hetzel
1886	*L'isola del tesoro*, Milano, Treves
1886	*Kidnapped*, London, Cassell
1889	*The Master of Ballantrae*, London, Cassell; Leipzig, Tauchnitz
1906	*Rapito*, Milano, Treves
[194-?]	*Nei mari del sud*, Perugia, Novissima

STILTON, GERONIMO [ELISABETTA DAMI, 1958-]

L'autore è un topo simpatico che narra avventure parodiche: è lo pseudonimo (e *alter ego*) della scrittrice di centinaia di volumetti, per lettori di 6-12 anni: con 140 milioni di copie sono fra i libri per bambini più popolari del mondo, essendo tradotti in 38 lingue. L'influenza salgariana è chiara e divertente.

c. 2008	*Il galeone dei gatti pirati*, Milano, RBA Italia
c. 2008	*L'isola del tesoro fantasma*, Milano, RBA Italia
c. 2008	*Il mistero del tesoro scomparso*, Milano, RBA Italia
c. 2008	*Il mistero dell'occhio di smeraldo*, Milano, RBA Italia
2008	*Quattro topi nel far west*, Milano, RBA Italia
c. 2008	*Quattro topi nella giungla nera*, Milano, RBA Italia
c. 2008	*Il tempio del rubino di fuoco*, Milano, RBA Italia

STOCCO, Guglielmo (1886-1932)

Trevisano, debuttò giovanissimo su «Il Giovedì», settimanale dei fratelli Speirani, nel Primo Dopoguerra assumendo il ruolo di direttore del famoso periodico «Il Giornale Illustrato dei Viaggi» pubblicato dalla Sonzogno.

| [19--?] | *Gli scorridori della Jungla: romanzo di avventure indiane*, Como, Società Editrice Roma |
| 1903 | *Gli avventurieri delle Pampas*, Torino, Speirani |

1904	*Il flagello della prateria*, Torino, Speirani
1905	*I banditi del mare: avventure illustrate*, Torino, Speirani
1905	*Lo stregone del Fiume Rosso*, Torino, Speirani
1907-08	«Cristoforo Colombo: Giornale di avventure e viaggi di terra e di mare», Milano, Lombardi, Muletti e C.
1908	*La figlia del Sole: romanzo d'avventure peruviane*, Milano, Lombardi, Muletti
1909	*I filibustieri dell'Artico*, Como, Soc. Ed. Roma
1909	*Lo strangolatore del Bengala*, Milano, Soc. Ed. Milanese
1910	*Il vascello del diavolo: romanzo d'avventure*, Milano, Pliniana, Lombardi
1923	*La montagna d'oro: romanzo peruviano*, Milano, Sonzogno
[1924]	*Il giro del mondo di Testa di Legno: Avventure di un burattino*, Milano, Sonzogno
1925	*La colonia infernale: romanzo d'avventure*, Milano, Sonzogno
1927	*I misteri della jungla: romanzo d'avventure indiane: secondo ed ultima parte de: Lo Strangolatore bianco*, Milano, Sonzogno
1927	*Lo Strangolatore bianco*, Milano, Sonzogno
1928	*Il pirata giallo*, Milano, Sonzogno
1929	*Il corsaro dalla maschera nera*, Milano, Sonzogno
1929	*L'isola senza nome*, Milano, Sonzogno
1930	*L'aeronave fantasma*, Milano, Sonzogno
1930	*Il nemico dello zar*, Milano, Sonzogno
1931	*La sirena di Krakatoa*, Milano, Sonzogno

Taibo II, Paco Ignacio (1949-)

Scrittore e attivista politico ispano-messicano.

2011	*Ritornano le Tigri della Malesia (più antimperialiste che mai)*, Milano, Mario Tropea

Tissot, Victor (1844-1917)

Scrittore e giornalista svizzero.

1875	*Voyage au pays des milliards*, Paris, Dentu
1879	*Les mystères de Berlin*, Paris, Dentu (romanzo scritto insieme a Madame Constant Améro)
1880	*La Russie rouge*, Paris, Dentu (romanzo scritto insieme a Mme Constant Améro)
1890	*Aux antipodes: terres et peuplades peu connues de l'Océanie*, Paris, Firmin-Didot (scritto insieme a Mme Constant Améro)

1891	*Aux pays des nègres: peuplades et paysages d'Afrique*, Paris, Firmin-Didot (scritto insieme a Mme Constant Améro)
1891	*Le Pôle Nord et le Pôle Sud*, Paris, Firmin-Didot (scritto insieme a Mme Constant Améro)
1900	*Fra gli zingari*, Milano, Sonzogno

VERNE, Jules/Giulio (1828-1905)

Scrittore francese di romanzi di avventure, alcuni divenuti classici e popolari in quasi tutto il mondo; anche commediografo e poeta [Spesso la data di edizione in Italia manca].

1870	*20000 leghe sotto i mari*, Milano, Lito; *Ventimila leghe sotto i mari*, Milano, Tip. lombarda; Guigoni; Bietti; Treves [tutte senza data]
1872	*Dalla Terra alla Luna*, Milano, Treves
1873	*Cinque settimane in pallone*, Milano, Treves; *Un viaggio aereo, ossia Cinque settimane in pallone*, Milano, Guigoni; Bietti [entrambe le edizioni senza data]
1873	*Il deserto di ghiaccio*, Milano, Treves; Milano, Editrice lombarda [senza data]
1873	*I figli del capitano Grant*, Milano, tip. ed. lombarda; 1875, Milano, Treves; Firenze, Bemporad; Milano, Muggiani; Bietti [tutte edizioni senza data]
1873	*Il giro del mondo in ottanta giorni*, Milano, Treves; Milano, Muggiani; Guigoni; Bietti; Barion [tutte senza data]
1974	*Viaggio al centro della Terra*, Milano, Treves; anche Milano, Muggiani; Guigoni; Bietti [tutte senza data]
1875	*Intorno alla luna*, Milano, Muggiani
1876	*Michele Strogoff*, Milano, Galli e Omodei (tip. ed. Lombarda); Bietti [senza data]
1883	*La scuola dei Robinson*, Milano, Brigola
1886	*Il raggio verde*, Milano, Guigoni; Milano, Brigola
1887	*La stella del sud: il paese dei diamanti*, Milano, Guigoni
1888	*Mattia Sandorf*, Milano, Guigoni; Bietti; Sonzogno [tutte senza data]

VITALI, Leone

Scrittore, paroliere, traduttore dal francese.

| [1926] | *Il Corsaro Tricolore: Grande romanzo d'avventure inverosimili di terra e di mare*, Firenze, Nerbini |

Wren, P.C.

Autore inglese di romanzi sulla Legione Straniera e creatore dell'eroe Beau Geste.

1932   *Un dramma nel Sahara*, tradotto da M. Casalino dal romanzo *Beau Geste*, Firenze, Bemporad

Yambo (Enrico Novelli, 1876-1943)

Scrittore – spesso umoristico – e illustratore prolifico per i giovani.

1896	*Il teatro dei burattini*, Roma, Scotti
1899	*Due anni in velocipede: avventure straordinarie di due ciclisti intorno al mondo*, Genova, Donath
[1900?]	*Il mio primo viaggio intorno al mondo alla ricerca della pipa del sultano: cap. Bombax*, Roma, Calzone & Villa
1902	*Ciuffettino*, Roma, Calzone-Villa
1902	*I fratelli della Mano rossa: viaggi e avventure attraverso la Cina*, Roma, Calzone-Villa
[1902?]	*I pirati del mare: novella*, Roma, Calzone-Villa
1904	*Alla conquista di un trono: avventure eroicomiche di Raolo Florimondo di Castelnegrotto*, Roma, Scotti
1904	*Capitan Fanfara: il giro del mondo in automobile*, con 300 disegni di Yambo, Roma, Calzone-Villa
1907	*Le avventure del capitano Bombax*, testo e disegni di Yambo, Roma, Scotti
1909	*La regina dei crisantemi*, Roma, Scotti
1909	*La rivincita di Lissa: fantasia*, Roma, Scotti
1910	*I filibustieri della Lumaca, ovvero Le avventure del Corsaro Giallo*, testo e disegni di Yambo, Roma, Scotti; titolo emendato nel 1931 in: *Il Corsaro Giallo, ovvero I filibustieri della Lumaca*, Milano, Vallardi
1911	*L'anello dei faraoni*, Roma, Scotti
1920	*I figli dell'abisso: racconto fantastico*, Firenze, Vallecchi
1928	*Il talismano delle centomila disgrazie: Avventure straordinarie intorno al mondo di un ragazzo bianco e di un ragazzo nero*, Firenze, Attilio Quattrini Editore

BIBLIOGRAFIA GENERALE
Opere bibliografiche, biografiche, storiche, critiche; articoli giornalistici

La maggioranza dei libri e degli articoli qui elencati è stata consultata e i particolari verificati; alcuni provenienti da fonti secondarie non sono stati reperibili, ma sono inclusi per completezza, dato soprattutto che la storia della fortuna salgariana equivale anche ad un modo di misurare la presenza culturale.

Nelle sezioni dedicate ai singoli capitoli di quest'opera, sono elencate prima le fonti contemporanee all'argomento del capitolo in questione e in seguito le fonti moderne, con in testa i volumi. Per gli anni dal 2000 in poi vedi anche gli elenchi di «Pubblicazioni» nel Catalogo ragionato all'inizio del Vol. IV.

EMILIO SALGARI (1862-1911)

Per cominciare – voci su Salgari

ASOR ROSA, A. (diretto da), *Dizionario delle Opere della Letteratura italiana*, "Piccole Grandi Opere", Torino, Einaudi, 2000.

— *Letteratura italiana: Gli autori*, Torino, Einaudi, 1991.

BALDUINO, A. (a cura di), *Storia letteraria d'Italia: L'Ottocento*, Milano, Francesco Vallardi, 1997.

BÀRBERI SQUAROTTI, G. (diretto da), *Storia della Civiltà Letteraria italiana: Il secondo Ottocento e il Novecento*, Torino, UTET, 1993.

BONDANELLA, P. e J.C. BONDANELLA, con J.R. SHIFFMAN, (a cura di), *Cassell Dictionary of Italian Literature*, London, Cassell, (1979), 1996.

BRANCA, V. (diretto da), *Dizionario critico della letteratura italiana*, Torino, UTET, 1973; 1986 (ristampa 1999).

Dizionario biografico degli italiani, Roma, Istituto Treccani, 2012.

Dizionario della letteratura italiana contemporanea, Firenze, Vallecchi, 1973.

Dizionario universale della letteratura contemporanea, Milano, Mondadori, 1964.

GALLETTI, A., *La storia letteraria d'Italia: Il Novecento*, Milano, Francesco Vallardi, 1935, 3ª ed. 1951, 2ª ristampa 1957.

GHIDETTI, E. e G. LUTI (a cura di), *Dizionario critico della letteratura italiana del Novecento*, Roma, Editori Riuniti, 1997.

HAINSWORTH, P. and D. ROBEY (eds.), *The Oxford Companion to Italian Literature*, Oxford, Oxford University Press, 2002.

Indice biografico italiano, 4ª ed., München, Saur, 2007.

Letteratura, "Le Garzantine", Milano, Garzanti, 2007.

MAZZONI, G., «Salgari, Emilio», in *Enciclopedia Italiana*, Milano, Istituto Treccani, 1936.

— *La storia letteraria d'Italia: L'Ottocento*, Milano, Francesco Vallardi, 1934, 1953, 7ª ristampa riveduta e corretta 1960.

PADOAN, G. e G. TURCATO, «Emilio Salgari», nel *Dizionario critico della letteratura italiana*, Torino, UTET, 1973, 1986.

PETRONIO, G. (a cura di), *Dizionario enciclopedico della letteratura italiana*, vol. V, Bari, Laterza, 1968.

STRATTA, S., [S. STRA], «Salgari, Emilio», nel *Grande dizionario enciclopedico UTET*, 3ª ed., vol. XVI, Torino, UTET, 1971.

RAYA, G., *La storia dei generi letterari italiani: Il Romanzo*, Milano, Francesco Vallardi, 1950. (La prima edizione del 1904 era stata curata da Adolfo Albertazzi.)

RUSSO, L., *I narratori (1860-1922)*, Roma, Fondazione Leonardo, 1923.

— *I narratori (1850-1957)*, Milano-Messina, Principato, 1951, 3ª ed. integrata e ampliata 1958.

ZIPES, J., ed., *The Oxford Encyclopedia of Children's Literature*, Vol. 3, New York, Oxford University Press, 2006.

Fonti di base

Bollettino delle pubblicazioni ricevute per diritto di stampa, Firenze, Biblioteca Nazionale Centrale di Firenze.

CAPPELLI, L., *Le edizioni Bemporad: Catalogo 1889-1938*, Milano, FrancoAngeli, 2008.

Catalogue général des livres imprimés de la Bibliothèque Nationale, Paris, Bibliothèque Nationale.

Enciclopedia italiana, Milano, Istituto Treccani, 1936.

General Catalogue of Printed Books, London, British Museum / British Library.

Index translationum, Paris, UNESCO.

Library of Congress Catalog, Washington.

PAGLIAINI, A., *Catalogo Generale della Libreria Italiana* (1847-1899), Milano, 1901; *Primo Supplemento* (1900-1910), Milano, 1912; *Secondo Supplemento* (1911-1920), Milano, 1925; *Terzo Supplemento* (1921-1930), Milano, 1932.

Repertorio bibliografico delle traduzioni, Roma, Presidenza del Consiglio dei Ministri, 1960.

SARTI, V., *Nuova bibliografia salgariana*, Torino, Pignatone, 1994.

Guide, cataloghi (in ordine cronologico)

BAEDEKER, K., *Italy: a Handbook for Travellers*, Vol. I *Northern Italy*, 12ª ed., 1903; Vol. II *Central Italy*, Leipsic, Baedeker e London, Dulau, 1890.

Emilio Salgari, 1862-1911, Guida alla mostra, 8-29 aprile 1961, Biblioteca Comunale di Milano, Milano, 1961.

La vita e l'opera di Emilio Salgari, Guida alla mostra, Biblioteca Civica di Torino, Torino, 1963.

Scrivere l'avventura: Emilio Salgari, Guida al Convegno nazionale di studi, alla Rassegna cinematografica, e alla Mostra bio-bibliografica, Assessorato per la Cultura della Città di Torino e Istituto di Italianistica, Facoltà di Lettere e Filosofia dell'Università di Torino, marzo 1980.

I pirati in Biblioteca. Fonti salgariane, Catalogo della mostra, a cura di S. Gonzato e P. Azzolini, Biblioteca Civica, Verona, dicembre 1991-febbraio 1992.

Illustratori salgariani, Catalogo della mostra a cura di C. Gallo, testi di M. Rama, Biblioteca Civica, Verona, 22 maggio-19 giugno 1999.

Salgari, avventura nell'avventura. Illustratori d'epoca salgariani, opuscolo illustrativo della mostra, 23 marzo-1º maggio 2002, con testi di V. Sarti e C. Bonfanti, Comune di Montechiarugolo (Parma).

I miei volumi corrono trionfanti…, Mostra bibliografica sulle traduzioni storiche dei romanzi salgariani, Torino, Palazzo Barolo, 11-23 novembre 2003, ideata e coordinata da P. Vagliani, catalogo nell'omonimo volume, Alessandria, Edizioni dell'Orso, 2005, pp. 163-94.

Il mare di Salgari, Mostra, 23 ottobre-9 novembre 2007, in *Autumn Events 07*, Italian Cultural Institute/Istituto Italiano di Cultura, Edimburgo, Scozia.

Le immagini dell'avventura: Gli illustratori salgariani delle edizioni Viglongo, Mostra a cura di P. Vagliani, Fondazione Tancredi di Barolo, Torino, 13 maggio-12 giugno 2011.

Storia politica, sociale, culturale, della pedagogia

ABBAGNANO, N. e A. VISALBERGHI, *Linee di storia della pedagogia*, Vol. 3, Torino, Paravia, 1958.

BALLINI, P.L., *La vita politica*, in Pier Luigi Ballini *et al.*, *La cultura a Firenze tra le due guerre*, Firenze, Bonechi, 1991.

BASSO, A., a cura di, *Storia dell'Opera*, Torino, UTET, 1977.

BONSAVER, G., *Censorship and Literature in Fascist Italy*, Toronto, University of Toronto Press, 2007.

CALÒ, G., *Momenti di storia dell'educazione*, Firenze, Sansoni, 1955.

CANNADINE, D., *Ornamentalism: How the British Saw Their Empire*, London, Allen Lane, The Penguin Press, 2001.

CASALEGNO, C., *La regina Margherita*, Torino, Einaudi, 1956; Bologna, Il Mulino, 2001.

— *Risorgimento familiare*, Firenze, Le Monnier, 1978.

CLARK, M., *Modern Italy 1871-1982*, London, Longman, 1984.

CORTELLAZZO, S. e D. TOMASI, *Letteratura e cinema*, Roma-Bari, Laterza, 2005.

DE FELICE, R., *Il fascismo e l'oriente. Arabi, Ebrei e Indiani nella politica di Mussolini*, Bologna, il Mulino, 1988.

DELLA COLETTA, C., *World's Fairs Italian Style: The Great Expositions in Turin and their Narratives*, 1860-1915, University of Toronto Press, 2016.

DE GUBERNATIS, A., *Italia illustre: galleria di ritratti biografici di contemporanei italiani*, (opuscoletti scelti), 1908.

DI GIAMMATTEO, F. e C. BRAGAGLIA, *Dizionario dei capolavori del cinema*, Milano, Bruno Mondadori, 2004.

DIVANO, D., *Alle origini della «Fiera letteraria» (1925-1926): Un progetto editoriale tra cultura e politica*, Firenze, Società Editrice Fiorentina, 2009.

FORGACS, D., *Italian culture in the industrial era 1880-1980: cultural industries, politics and the public*, Manchester University Press, 1990.

FORGACS, D. e S. GUNDLE, *Cultura di massa e società italiana, 1936-1954*, Bologna, Il Mulino, 2007.

GARIN, E., *La cultura italiana tra '800 e '900*, Bari, Laterza, 1962.

GENTILE, G., *Sommario di pedagogia come scienza filosofica*, Bari, Laterza, 1913-14.

— *Pedagogia generale*, 5ª ed. rivedùta, Firenze, Sansoni, 1942.

GINSBORG, P., *Storia d'Italia dal dopoguerra a oggi*, Torino, Einaudi, 1989, 1996.

GOFFI, G., *Gentile, Croce e i due "Manifesti" del 1925*, in *La Scuola Classica di Cremona. Annuario 2006*, Cremona, 2006.

GRAMSCI, A., *Quaderni del carcere*, Volumi I e III, a cura di V. Gerratana, Torino, Einaudi, 1975, 2001-07.

HAREWOOD, The Earl of, ed., *Kobbé's Complete Opera Book*, London, Putnam, 1954.

«L'Indice d'oro: Rivista mensile per gli educatori», Roma, Anno I, n. 1, Gennaio 1950, *passim*.

LAWSON LUCAS, A., *Fascism and literature: "Il caso Salgari"* in «Italian Studies», Vol. XLV, 1990.

— *Le avventure postbelliche di Emilio Salgari, 'Prefascista' e Agent provocateur*, in *Dalla Sicilia a Mompracem e altro, Studi per Mario Tropea*, a cura di G. Sorbello e G. Traina, Caltanissetta, Edizioni Lussografica, 2015.

LOTTI, L., *La vita politica*, in Pier Luigi Ballini *et al.*, *La cultura a Firenze tra le due guerre*, Firenze, Bonechi, 1991.

LYTTELTON, A., *La conquista del potere: Il fascismo dal 1919 al 1929*, Roma-Bari, Laterza, 1982. (Ed. originale: *The Seizure of Power: Fascism in Italy 1919-1929*, London, Weidenfeld and Nicolson, 1973.)

MACK SMITH, D., *Italy: A modern history*, nuova edizione riveduta, Ann Arbor, The University of Michigan Press, 1969.

MANZOLI, G., *Cinema e letteratura*, Roma, Carrocci, 2003.

MAZUMDAR, S., a cura di, *Insurgent Sepoys: Europe Views the Revolt of 1857* (saggi), Kindle Ed., 2016.

ORIGO, I., *War in Val d'Orcia. An Italian War Diary, 1943-1944*, London, Jonathan Cape, 1947; introduction by Denis Mack Smith (1984), London, Allison & Busby, 1999.

ORREY, L., *A Concise History of Opera*, London, Thames and Hudson, 1972.

PASTRONE, G., *Cabiria: Visione storica del III secolo a.C.*, con le didascalie di G. D'Annunzio; Introduzione di Maria Adriana Prolo; Sceneggiatura desunta dalla copia originale a cura di R. Radicati e R. Rossi, Torino, Museo Nazionale del Cinema, 1977.

ROSENTHAL, H. and J. WARRACK, *The Concise Oxford Dictionary of Opera*, London, Oxford University Press, 1964, 1980.

«LO Schedario: Periodico quadrimestrale di letteratura giovanile», Firenze, Istituto Nazionale di Documentazione per l'Innovazione e la Ricerca Educativa, *passim.*

SCOTTO DI LUZIO, A., *L'Appropriazione imperfetta: Editori, biblioteche e libri per ragazzi durante il fascismo*, Bologna, il Mulino, 1996.

SERIANNI, L., *Storia della lingua italiana. Il secondo Ottocento*, Bologna, il Mulino, 1990.

SPADOLINI, G., *Autunno del Risorgimento: miti e contraddizioni dell'unità*, Firenze, Edizioni Cassa del Risparmio, 1986.

— *Gli uomini che fecero l'Italia*, Milano, Longanesi, 1972, ristampato 1990. [Contiene un brano su Salgari]

SUMMERSCALE, K., *The Suspicions of Mr Whicher, or The Murder at Road Hill House*, London, Bloomsbury, 2008.

THOMPSON, D., *State control in Fascist Italy: Culture and conformity, 1925-43*, Manchester, Manchester University Press, 1991.

TURI, G., *Il Fascismo e il consenso degli intellettuali*, Bologna, il Mulino, 1980.

VISENTINI, O., *Le donne del Risorgimento*, Milano, Carroccio, 1960;

— *Accanto a te combatterò: da Le donne del Risorgimento*, Milano, La Sorgente, 1974.

Storia editoriale, giornalistica, iconografica

ALLIGO, S., *Pittori di carta: libri illustrati tra Otto e Novecento*, vol. III, Torino, Little Nemo, 2007.

«Almanacco Italiano»: *Emilio Salgari. Opere. Editori*, Firenze, Bemporad-Marzocco, 1960.

BOERO, P., *Scuola Educazione Immaginario*, (Capitolo terzo), 2ª ed., Genova, Brigati, 1999.

BRUNETTI, D. (a cura di), *Gli archivi storici delle case editrici*, Torino, Centro Studi Piemontesi, 2011.

CACCIA, P. (a cura di), *Editori a Milano (1900-1945): Repertorio*, "Storia dell'editoria", Milano, FrancoAngeli, 2013.

CAMPISANO, C., articolo sulla Fiera Internazionale del Libro di Firenze, in «La Fabbrica del Libro: Bollettino di storia dell'editoria in Italia», Anno XIII, 1/2007.

CASTRONOVO, V., *La stampa italiana dall'unità al fascismo*, Roma-Bari, Laterza, 1970.

Catalogo generale della Casa Editrice Sonzogno, Milano, Supplemento n. 4, *Nuova Grande Edizione Italiana delle Opere di Emilio Salgari*, con la prefazione di G.L. Dinamo, *Emilio Salgari: La sua vita e le sue opere*, Milano, Sonzogno, Aprile 1937-XV.

DETTI, E., *Senza parole: Dieci lezioni di storia dell'illustrazione*, Roma, Valore Scuola, 2002.

DE WAAL, E., *The Hare with Amber Eyes*, London, Chatto and Windus, 2010; *Un'eredità di avorio e ambra*, Torino, Bollati Boringhieri, 2011.

DIVANO, D., *Alle origini della «Fiera letteraria» (1925-1926): Un progetto editoriale tra cultura e politica*, Firenze, Società Editrice Fiorentina, 2009.

Dizionario degli illustratori simbolisti e Art Nouveau, a cura di G. Fanelli e E. Godoli, 2 voll., Firenze, Cantini, 1990.

FAETI, A., *Guardare le figure: Gli illustratori italiani dei libri per l'infanzia*, Torino, Einaudi, 1972, 2001.

FERRETTI, G.C., *Storia dell'editoria letteraria in Italia, 1945-2003*, Torino, Einaudi, 2004.

FIORASO, R., Introduzione in E. SALGARI, *L'Innocenza: Gli articoli di Emilio Salgari per il settimanale per bambini «L'Innocenza»*, Verona, Biblioteca Civica - «Ilcorsaronero», 2007.

— Prefazione in E. SALGARI, *Gli strangolatori del Gange*, Versione originale de *I misteri della Jungla Nera*, Torino, Viglongo, 1994.

— Prefazione in E. SALGARI, *La Tigre della Malesia*, Versione originale de *Le Tigri di Mompracem*, Torino, Viglongo, 1991.

— *Sandokan amore e sangue: Stesure, temi, metafore e ossessioni nell'opera del Salgari "veronese"*, Zevio (Verona), Perosini, 2004.

GADDUCCI, F. e M. STEFANELLI (a cura di), *Il secolo del Corriere dei Piccoli: Un'antologia del più amato settimanale illustrato*, Milano, Rizzoli, 2008.

GALLO, C., Introduzione in E. SALGARI, *Per Terra e per Mare*, Torino, Nino Aragno, 2004.

— *La penna e la spada: Il furioso Giannelli e la libera brigata de «La Nuova Arena» (1882-1886)*, Verona, Gemma Editco, 2000.

GALLO, C. e G. BONOMI, *Renzo e Riccardo Chiarelli tra romanzi, sceneggiature, riduzioni radiofoniche, commemorazioni ispirate all'opera di Emilio Salgari*, in *Renzo Chiarelli, una vita per l'arte tra Toscana e Veneto*, Atti del convegno a cura di V. Senatore Gondola e M. Bolla, Verona, La Grafica Editrice, 2017.

GALLO, C. e C. LOMBARDO, a cura di, *Emilio Salgari e Enrico Bemporad*, in «Bollettino della Biblioteca Civica di Verona», n. 5, Primavera 2000-Autunno 2001, Verona, 2003.

«Il Giornale della Libreria»: *Il cinquantesimo anno di attività editoriale di Enrico Bemporad*, Anno XLIX, n. 26, 27 giugno 1936.

GIUSTI, S., *Una casa editrice negli anni del fascismo: 'La Nuova Italia' (1926-1943)*, Firenze, Olschki, 1983.

GONZATO, S., Introduzione, in Emilio Salgari, *Una tigre in redazione*, Venezia, Marsilio, 1994.

GRIPSHI, O., *Emilio Salgari e i suoi romanzi illustrati da Alberto Della Valle*, Verona, aemme edizioni, 2011.

LAWSON LUCAS, A., «Emilio Salgari (1862-1911): his life, works and "fortuna"», tesi della laurea di ricerca con bibliografie delle opere autentiche (incluse quelle pseudonime) e apocrife, University of Edinburgh (Scozia), 1971.

— *Le copertine di Salgari: dal realismo al Liberty. Lo scrittore e i suoi illustratori*, «la Biblioteca di via Senato», Milano, Anno XII, n. 2, Febbraio 2020.

LISTRI, P.F. e M. NALDINI (a cura di), *La Nazione 1860-1900, giornale di cento anni fa*, Firenze, Bonechi Editore, 1984.

LUGARO, E., *Fantasia d'Oriente. Note sugli illustratori*, in *Salgari: l'ombra lunga dei paletuvieri*, Atti del Convegno Nazionale (Udine, 2-4 maggio 1997), a cura di S. Sarti *et al.*, Udine, Marioni, 1998.

MARCHI, G.P. (a cura di), Introduzione in E. SALGARI, *Tay-See – La Rosa del Dong-Giang*, Padova, Editrice Antenore, 1994.

MORANDOTTI, L., *Quelle storie di Salgari stampate a Como […] I retroscena della Società "Roma" spiegati dall'esperta inglese*, in «Corriere di Como», 15 maggio 2020.

MORINI, M., *Viaggiavano con matite e pennelli gli illustratori di Salgari e Motta*, in «La Martinella», novembre-dicembre 1970 e gennaio-febbraio 1971.

NIERO, A., *Materiali per una storia della "fortuna" salgariana in Russia*, in *Salgari: L'ombra lunga dei paletuvieri*, a cura di S. Sarti *et al.*, Udine, Tip. Marioni, 1998.

OSTERWALDER, M., *Dictionnaire des illustrateurs, 1800-1914*, Neuchatel, Ides et Calendes, 1989.

PALLOTTINO, P. (a cura di), *L'irripetibile stagione de «Il Giornalino della Domenica»*, Bologna, Bononia University Press, 2008.

— *L'occhio della tigre*, su A. Della Valle, Palermo, Sellerio, 1994, 2000.

— *Storia dell'illustrazione italiana*, Bologna, Zanichelli, 1988.

POZZO, F., *Editori e Autori: Donath, sostenitore e sfruttatore di Salgari*, in «WUZ: Storie di editori, autori e libri rari», 1, gennaio-febbraio 2006, pp. 10-17.

— *Giovanni Bertinetti: Autore di Meo e di tante altre cose...*, in «Almanacco Piemontese 1988», Torino, Viglongo, 1987.

ROVITO, T., *Dizionario dei Letterati e Giornalisti Italiani Contemporanei*, Napoli, Tip. Melfi e Joele, 1908 [1907].

SALVIATI, C.I. (a cura di), *Paggi e Bemporad editori per la scuola: Libri per leggere, scrivere e far di conto*, Firenze, Giunti, 2007.

SPADOLINI, G., Prefazione in *Libreria Marzocco: Una antica libreria fiorentina*, e.f.c., Firenze, Società GPL, 1989.

STEVENS, M.A. (ed.), *The Orientalists: Delacroix to Matisse. European painters in North Africa and the Near East* (catalogo della mostra della Royal Academy of Arts, Londra, 1984), London, Weidenfeld and Nicolson, 1984.

TRANFAGLIA, N. e A. VITTORIA, *Storia degli editori italiani. Dall'Unità alla fine degli anni Sessanta*, Bari, Laterza, 2000.

TROPEA, M. (a cura di), Saggi introduttivi e finali in E. SALGARI, *I racconti della Bibliotechina Aurea Illustrata*, Vol. I-III, Torino, Viglongo, 2000-2002.

TURCATO, G., *Salgari ed i suoi illustratori*, in *Salgari, le immagini dell'avventura*, a cura di P. Zanotto, Trento, Editrice Alcione, 1980.

TURI, G., Introduzione in L. CAPPELLI, *Le edizioni Bemporad: Catalogo 1889-1938*, Milano, FrancoAngeli, 2008.

VAGLIERI, G., R. RIZZO e L.F. BONA, *Salgari a fumetti*, con disegni di R. Albertarelli, G. Moroni Celsi, e F. Chiletto, e.f.c., Banca Popolare dell'Etruria, 1975.

VIGLONGO, A., *Amare verità sul "caso letterario" Salgari. Settant'anni dopo*, in «Almanacco Piemontese», Torino, Viglongo, 1981.

— *Chi ha veramente scritto* Le mie memorie. *L'origine dei falsi salgariani*, in «Almanacco Piemontese», Torino, Viglongo, 1982.

— *Prefazione dell'Editore*, in E. SALGARI, *Verso l'Artide colla "Stella Polare"*, Torino, Viglongo, 1951.

VIGLONGO, G., *Testimonianza di un editore su fatti e misfatti editoriali*, in C. Di Biase *et al.*, *Il 'caso' Salgari*, Napoli, CUEN, 1997.

VITALI, G., *Catalogo delle opere di Emilio Salgari*, Milano, Sonzogno, 1935.

ZANOTTO, P., *I films* (filmografia), in PIERO ZANOTTO (a cura di), *Salgari: Le immagini dell'avventura*, Trento, Editrice Alcione, 1980. (Pubblicato in occasione della Mostra-Convegno tenuta a Trento nel 1980.)

Letteratura dell'Ottocento e del Novecento – studi critici, antologie

Un cinquantennio di studi sulla letteratura italiana 1886-1936, saggi raccolti a cura della Società filologica romana e dedicati a Vittorio Rossi, Firenze, Sansoni, 1937.

L'isola non-trovata. Il libro d'avventure nel grande e nel piccolo Ottocento, a cura di G. Cusatelli et al., "L'Asino d'Oro" n. 11, Milano, Emme Edizioni, 1982.

ADAMS, P.G., *Travel Literature and the Evolution of the Novel*, Lexington, University of Kentucky Press, 1983.

APPEL, F., *Yambo e il romanzo d'avventura: la parodia, il fantastico e la società* [tesi di dottorato, sotto la tutela di Tullio De Mauro], Roma, 2007

ARZENI, F., *L'immagine e il segno. Il giapponismo nella cultura europea fra Ottocento e Novecento*, Bologna, il Mulino, 1987.

ASOR ROSA, A., *Scrittori e popolo: Il populismo nella letteratura italiana contemporanea*, Roma, Samonà e Savelli, 1965.

BERSANI, M. a cura di, *La critica letteraria e il «Corriere della Sera»*, Vol. II 1945-1992, Milano, Fondazione Corriere della Sera, Rizzoli, 2013.

BERTACCHINI, R., *La narrativa italiana dell'Ottocento*, Torino, S.E.I., 1974.

BIANCHINI, A., *Il romanzo d'appendice*, Torino, ERI, 1969.

BO, C., *La letteratura tra gli anni '20 e gli anni '30*, in PIER LUIGI BALLINI et al., *La cultura a Firenze tra le due guerre*, Firenze, Bonechi, 1991.

BURDETT, C., *Journeys through Fascism: Italian Travel Writing between the Wars*, New York, Berghahn Books, 2007.

CALVINO, I., Prefazione (1964) in *Il sentiero dei nidi di ragno*, Torino, Einaudi, 1947, Milano, Garzanti, 1987, 1991; Preface (1964) to *The Path to the Spiders' Nests* (tr. A. Colquhoun, M. McLaughlin), London, Jonathan Cape, 1998.

CARDONA, G.R., *Indian loanwords in Italian*, in *India and Italy*, Roma, Is. M.E.O., 1974.

— *I viaggi e le scoperte*, in *Letteratura Italiana*, a cura di A. Asor Rosa, V, *Le questioni*, Torino, Einaudi, 1986.

CAVALLINI, G., *Nuovi saggi letterari: da Dante a Salgari [...] e altri autori del Novecento e degli anni duemila: nuova serie*, Genova, Accademia Ligure di Scienze e Lettere, Genova, Brigati, 2011.

CONTINI, G., *La letteratura dell'Italia unita, 1861-1968*, Firenze, Sansoni, 1968.

D'AGOSTINI, M.E. (a cura di), *Letteratura di viaggio. Storia e prospettive di un genere letterario*, Milano, Guerini, 1987.

DE GUBERNATIS, A., *Dictionnaire international des écrivains du monde latin*, Roma-Firenze, Società tipografica fiorentina, 1905-06.

— *Piccolo Dizionario dei contemporanei italiani*, Torino-Roma, Roux e Viarengo, s.d. (ma 1895).

DE LUCA, C. e A. PARISI, a cura di, *Racconti dell'Ottocento e del Novecento*, Milano, Archimede, 1995.

ECO, U., *Apocalittici e integrati: Comunicazioni di massa e teorie della cultura di massa*, Milano, Gruppo Editoriale Fabbri, 1964, "Tascabili Bompiani", 1985.

— *La misteriosa fiamma della Regina Loana*, Milano, RCS Libri, 2004; *The Mysterious Flame of Queen Loana*, London, Secker & Warburg, 2005, London, Vintage, 2006. [Romanzo, con una sezione notevole su Salgari.]

— *Il superuomo di massa*, Milano, Fabbri, 1978; Milano, Bompiani, 1986.

FORTICHIARI, V., *Invito a conoscere il Decadentismo*, Milano, Mursia, 1987.

GIOANOLA, E., *La letteratura italiana, Ottocento e Novecento*, Milano, Librex, 1985.

GIOCONDI, M., *I best seller italiani, 1861-1946*, Firenze, Mauro Pagliai, 2011.

GOVI, F., *I classici che hanno fatto l'Italia*, Modena, Regnani, 2010.

JOURDA, P., *L'Exotisme dans la littérature française*, I, Paris, Boivin, 1938; Paris, Puf, 1956.

MACRY, P. e A. PALERMO (a cura di), *Società e cultura dell'Italia unita*, Napoli, Guida, 1978.

MARIANI, G., *Storia della Scapigliatura*, Roma, Sciascia, 1967.

PAGLIANO, G., *Il romanzo storico del Risorgimento italiano*, in *Il mondo narrato*, Napoli, Liguori, 1985.

PALERMO, A., *Da Mastriani a Viviani: per una storia della letteratura a Napoli fra Otto e Novecento*, Napoli, Liguori, 1972.

PETRONIO, G., *Letteratura di massa. Letteratura di consumo: Guida storica e critica*, Roma-Bari, Laterza, 1979.

PETRONIO, G. e U. SCHULZ-BUSCHHAUS (a cura di), *"Trivialliteratur?" Letterature di massa e di consumo*, Trieste, Edizioni LINT, 1979.

PRAZ, M., *La carne, la morte e il diavolo nella letteratura romantica*, Milano/Roma, La Cultura, 1930; Torino, Einaudi, 1942; Firenze, Sansoni, 1948, 1966; *The Romantic Agony*, London, Oxford University Press, 1970.

— *Il decadentismo italiano*, in «Cultura e scuola», I, 1, ottobre 1961.

PROPP, V., *Morfologia della fiaba* [in russo 1928], Torino, Einaudi, 1966, 1988, 2000; *Morphology of the Folktale*, Austin, University of Texas Press, 1968.

SAID, E., *Culture and Imperialism*, London, Chatto and Windus, 1993.

— *Orientalism. Western Conceptions of the Orient*, London, Routledge and Kegan Paul, 1978; Harmondsworth, Penguin Books, 1991; *Orientalismo*, Torino, Bollati Boringhieri, 1991.

SAVATER, F., *Pirati e altri avventurieri. L'arte di raccontare e altre storie*, Firenze, Passigli, 2012. [Qui tra altri pirati si trovano anche Sandokan e il Corsaro Nero.]

SCHWAMENTHAL, R. e M.L. STRANIERO (a cura di), *Il Corsaro Nero piange: 365 modi per finire un romanzo*, "I Nani. Vita letteraria", Milano, Baldini & Castoldi, 1997. [Antologia con una *Giustificazione*.]

SEGALEN, V., *Saggio sull'esotismo. Un'estetica del diverso. Saggio sul misterioso* [scritto 1908], Bologna, Il Cavaliere Azzurro, 1983.

SORBELLO, G. e G. TRAINA (a cura di), *Dalla Sicilia a Mompracem e altro: Studi per Mario Tropea*, Caltanissetta, Edizioni Lussografica, 2015.

TARCHETTI, C., *La letteratura romanzesca giovanile e l'educazione (Studio critico – Verne, Quattrini, Salgari, Contarini – L'opinione del Barth)*, Biella-Vernato, Scuola tipografica Ospizio di Carità, 1912.

TOSCANI, I., *Letteratura avventurosa in Italia*, in «Il Giornale dei Viaggi», Anno II, n. 44, 2 agosto 1906.

ZACCARIA, G. (a cura di), *Il romanzo d'appendice: Aspetti della narrativa 'popolare' nei secoli XIX e XX*, Torino, Paravia, 1979.

Opere di saggistica letteraria su Salgari in volume; introduzioni a edizioni di romanzi salgariani

Il 'caso Salgari', a cura di CARMINE DI BIASE *et al.*, Napoli, CUEN, 1997.

«Io sono la Tigre»: Omaggio a Salgari, a cura di S. Gonzato, Verona, Banca Popolare di Verona, 1991.

Salgari: L'ombra lunga dei paletuvieri, a cura di S. Sarti *et al.*, Udine, Tip. Marioni, 1998.

Scrivere l'avventura: Emilio Salgari, Atti del Convegno nazionale del 1980, con un saggio introduttivo di G. Bàrberi Squarotti, Torino, Quaderni dell'Assessorato per la Cultura, 1982.

ALLASIA, C. e L. NAY (a cura di), *«La penna che non si spezza»: Emilio Salgari a cent'anni dalla morte*, Alessandria, Edizioni dell'Orso, 2012.

AMOSU, T., *The Land of Adventure: The representation of Africa in Emilio Salgari/Il paese dell'avventura: La rappresentazione dell'Africa in Emilio Salgari*, Milano, Guado, 1986.

BESEGHI, E. (a cura di), *La valle della luna: Avventura, esotismo, orientalismo nell'opera di Emilio Salgari*, Firenze, La Nuova Italia, 1992.

BOERO, P., W. FOCHESATO e F. POZZO, *Il Corsaro Nero: Nel mondo di Emilio Salgari*, Milano, FrancoAngeli, 2011.

BRAMBILLA, A., *Il mammut in automobile: corpi macchine sfide nella vita e nella scrittura di Emilio Salgari*, con prefazione di Vittorio Frigerio, Verona, Delmiglio, 2013.

CAMPAILLA, S., Introduzione, in E. SALGARI, *Il ciclo di Sandokan*, Roma, Newton Compton, 1995.

CARLONI, M., *vedi* SPIRITELLI, F.

CITATI, P., *Il profumo dei nagatampo*, in E. SALGARI, *Edizione Annotata: Il primo ciclo della jungla*, vol. I, Milano, Mondadori, 1969.

CRESTI, C., *Architetture raccontate da Emilio Salgari e Sem Benelli*, "Architettura e Arte" 3-4, Firenze, Pontecorboli, 2008.

CURRERI, L., *Il peplum di Emilio: Storie e fonti antiche e moderne dell'immaginario salgariano (1862-2012)*, Piombino, Edizioni Il Foglio, 2012.

CURRERI, L. e F. FONI (a cura di), *Un po' prima della fine? Ultimi romanzi di Salgari tra novità e ripetizione (1908-1915)*, Milano, luca sossella, 2009.

DE CADAVAL, R., *Sogni e realtà di E.S.*, Milano, Istituto Editoriale Moderno, 1992.

DI BENEDETTO, A. (a cura di), *La geografia immaginaria di Salgari*, Bologna, il Mulino, 2012.

LAWSON LUCAS, A., Introduzione in E. SALGARI, *Romanzi di giungla e di mare*, "I millenni", Torino, Einaudi, 2001.

— *La ricerca dell'ignoto: I romanzi d'avventura di Emilio Salgari*, Firenze, Olschki, 2000.

LOMBELLO, D. (a cura di), *La Tigre è arrivata: Emilio Salgari a cento anni dalla sua scomparsa*, Lecce, Pensa Multimedia, 2011.

MARCHI, G.P., Introduzione, in E. SALGARI, *Tay-See/ La Rosa del Dong-Giang*, Padova, Antenore, 1994.

— *La spada di sambuco: Cinque percorsi salgariani*, Verona, Edizioni Fiorini, 2000.

MASTRODONATO, P.I. GALLI, a cura di, *I testoro di Emilio: Omaggio a Salgari*, Imola, Bacchilega, 2008.

PALERMO, A., *La critica e l'avventura*, Napoli, Guida, 1981.

POLLONE, E., S. RE FIORENTIN e P. VAGLIANI (a cura di), *I miei volumi corrono trionfanti...*, Alessandria, Edizioni dell'Orso, 2005.

POZZO, F., *Avventure ai Poli*, Fermo, Istituto Geografico Polare 'S. Zavatti', 1998.

— *Emilio Salgari e dintorni*, Napoli, Liguori, 2000.

— *Il mare a Torino*, in E. SALGARI, *La Bohème italiana*, Bergamo, Lubrina, 1990.

— *Nella giungla di carta: Itinerari toscani di Emilio Salgari*, Pontedera, Bibliografia e Informazione, 2010.

— *L'officina segreta di Emilio Salgari*, Vercelli, Mercurio, 2006.

RONDINI, A. (a cura di), *Emilio Salgari: un'avventura lunga cent'anni*, in «Rivista di Letteratura italiana», XXIX, 2-3, Pisa-Roma, Fabrizio Serra, 2011 [fascicolo di saggi dedicato a Salgari].

SPAGNOL, M., Introduzione e Nota al testo, in E. SALGARI, *Edizione Annotata: Il primo ciclo della jungla*, vol. I, Milano, Mondadori, 1969.

SPIRITELLI, F. (a cura di), *Salgari, salgariani e falsi Salgari: Pirati, corsari e uomini del West*, con il saggio principale di Massimo Carloni, Collana "Grandi cataloghi e saggi", n. 4, Fondazione Rosellini per la Letteratura Popolare, 2011.

TENTORI, A., *Sandokan: La Tigre della Malesia*, Verona, Delmiglio, 2015.

TRAVERSETTI, B., *Introduzione a Salgari*, "Gli scrittori" 13, Roma-Bari, Laterza, 1989.

TREVI, E., Introduzione in E. SALGARI, *Il Corsaro Nero*, con scritti di Claudio Magris e Goffredo Parise, "Einaudi Tascabili", Torino, Einaudi, 2000.

TROPEA, M., *Emilio Salgari*, "le bandiere" 2, Cuneo, Nerosubianco Edizioni, 2011.

VILLA, L. (a cura di), *Emilio Salgari e la grande tradizione del romanzo d'avventura*, Genova, ECIG, 2007.

Articoli, saggi, prefazioni, lettere, opere brevi su Salgari

Antonetto, R., *Salgari e Torino*, in C. Di Biase *et al.*, *Il 'caso' Salgari*, Napoli, CUEN, 1997.

Bàrberi Squarotti, G., *L'avventura in appendice: Emilio Salgari*, in *Storia illustrata di Torino*, a cura di V. Castronovo, Milano, Sellino Periodici, 1993.

Bernard, L., *Troppi addii a Mompracem!*, in «Almanacco Piemontese», Torino, Viglongo, 1993.

Bitelli, G., *Emilio Salgari*, in «L'Indice d'oro», Roma, Anno I, n. 11-12, novembre-dicembre 1950.

Bo, C., *Un poco di giustizia per il padre del Corsaro Nero*, in «L'Europeo», 30 aprile 1961.

«Bollettino della Biblioteca Civica di Verona», Verona, Direttore Ennio Sandal, 1996-, *passim*.

Buzzati, D., *Salgari in Olimpo*, in «Corriere della sera: Corriere letterario», Milano, 4 dicembre 1969.

Caliari, P., Prefazione, in *Angiolina*, Verona-Padova, Drucker e Tedeschi, 1884.

Cavallini, G., *Noterelle salgariane*, in «Rivista di Letteratura italiana», XXIX, 2-3, Pisa – Roma, 2011.

Carloni, M., *Nazionalismo, eurocentrismo, razzismo e misoginia nel "Ciclo del Far-West" di E. Salgari*, in «Problemi», 1993.

Casalegno, C., *Salgari come maestro*, in «Il racconto» (mensile, dir. G. Arpino), Anno I, n. 7, dicembre 1975.

— *Contemporaneo di Kipling, rifiuta il nazionalismo*, in «Almanacco Piemontese», Torino, Viglongo, 1981.

Cordié, C., *Dino Garrone tra Salgari e Verne*, in «La rassegna della letteratura italiana», Anno 76, n. 2-3, maggio-dicembre, Firenze, Sansoni, 1972.

D'Ambra, L., Prefazione in 'O. Salgari' [ma in realtà G. Bertinetti], *Mio padre Emilio Salgari*, Milano, Garzanti, 1940.

D'Ambra, L., Prefazione in O. Salgari e L. De Nardis, *Emilio Salgari: Documenti e testimonianze*, Predappio, Edizioni Faro, 1939.

D'Amico, S., *Verne e Salgari* in *Certezze*, Milano, Treves, 1932.

Dossier: Emilio Salgari et Luigi Motta, in «Le Rocambole», Bulletin des amis du roman populaire, Maurepas, (Francia), Nouvelle série, n. 21, Hiver 2002.

DE ANNA, L., *Gli articismi nelle opere di ambiente polare scritte da Emilio Salgari*, in «Studi di lessicografia italiana», 12, 1994.

DE BOCCARD, E., e R. JOTTI, Saggi contenuti nelle edizioni salgariane dei Fratelli Fabbri, Milano, 1976.

ERCOLANI, E., *Tracce dell'India salgariana nella letteratura italiana contemporanea*, in A. RONDINI (a cura di), *Emilio Salgari: un'avventura lunga cent'anni*, in «Rivista di Letteratura italiana», XXIX, 2-3, Pisa-Roma, Fabrizio Serra, 2011.

FAETI, A., *Dire No all'avventura?*, in «Schedario», Firenze, n. 1, 1992.

FERRERO, E., Prefazione, in E. SALGARI, *I misteri della Jungla Nera*, a cura di A. Lawson Lucas, "ET Classici", Torino, Einaudi, 2004.

FIORASO, R., Prefazione, in E. SALGARI, *La Tigre della Malesia*, Torino, Viglongo, 1991.

GALENO COSTI, C., Prefazione nella versione teatrale de *Il Re della Montagna*, Venezia, 1912.

GALLI MASTRODONATO, P.I., *Le due Indie: E. Salgari e E.M. Forster*, in *Ai confini dell'impero: Le letterature emergenti*, a cura di P.I. Galli Mastrodonato, Manziana, Vecchiarelli Editore, 1996.

— *Lo spazio caraibico: conflitti, schiavitù, avventura*, in T. AGOSTINI (a cura di), *Lo spazio della scrittura: Letterature comparate al femminile*, Padova, Il Poligrafo, 2004.

GALLO, C., *I compagni segreti di Emilio Salgari*, in «Yorick Fantasy Magazine», Reggio Emilia, n. 32/33, Dicembre 2001-Gennaio 2002.

— Introduzione in E. SALGARI, *La battaglia nel Tonkino*, Verona, Della Scala, 2002.

— Introduzione in *Viva Salgari! Testimonianze e memorie raccolte da Giuseppe Turcato* (gli scritti sono degli Anni Sessanta), Reggio Emilia, Aliberti editore, 2005.

GÉNOT, G., *L'Inde intérieure*, in «Critique», luglio 1971.

GUARNIERI, R., *Salgari* in L. TUMIATI BARBIERI, U. BOVERO, M. BARTOLOZZI, R. GUARNIERI, *Collodi Verne Capuana Salgari: Scrittori per l'Infanzia (Saggi) I*, Bologna, ODCU Studio Editoriale, 1953, pp. 119-48 e 155-58.

«ilcorsaronero: Rivista salgariana di letteratura popolare», Reggio Emilia, Direttore responsabile Massimo Tassi; poi Claudio Gallo, Verona, 2006-, *passim*.

LANZI, A., *Emilio Salgari – introduzione*, in E. SALGARI, *Storie rosse*, Firenze, Bemporad, 1910.

Lawson Lucas, A., *The Archetypal Adventures of Emilio Salgari: a Panorama of his Universe and Cultural Connections*, in «New Comparison», 20, Autumn 1995.

— *Decadence for kids: Salgari's* Corsaro Nero *in context*, in *Children's Literature and the 'Fin de Siècle'*, ed. R. McGillis, Westport, USA: Praeger, 2003, pp. 81-90.

— *Donne e avventura: lo spirito ribelle di Emilio Salgari*, in *Italia ribelle: narratori, poeti e personaggi della rivolta (1860-1920)*, a cura di C. Brancaleoni, S. Gentili, C. Piola Caselli, Perugia, Morlacchi U. P., 2018.

— *"Il fratellino bianco": Salgari, Colonialism and Race Relations*, in *Other Worlds, Other Lives: Children's Literature Experiences*, eds. M. Machet, S. Olën, e T. van der Walt, Vol. III, Pretoria, UNISA Press, 1996.

— *The Pirate Chief in Salgari, Stevenson, and Calvino*, in R. Ambrosini and R. Dury (eds.), *Robert Louis Stevenson: Writer of Boundaries*, Madison, The University of Wisconsin Press, 2006.

— *The Purposes of Pirates: Historical and Mythical, Tragical and Comical, Ancient and (Post)Modern*, in «New Comparison», n. 27-28: *"Legenda": Reading and Writing Myth*, Spring-Autumn 1999.

— *Re e regine dei Caraibi: "la sindrome di Honorata"*, in «Yorick Fantasy Magazine», Reggio Emilia, n. 32/33, Dicembre 2001-Gennaio 2002.

— *Salgari, the Atlas and the Microscope*, in *Literature and Travel*, ed. M. Hanne, Amsterdam-Atlanta, Editions Rodopi, 1993.

— *Salgari's Women*, in *Voices from Far Away: Current trends in international children's literature research*, ed. M. Nikolajeva, Stockholm, Stockholm University, 1994.

— *Il viaggio di Emilio Salgari*, in «Nuova informazione bibliografica: il sapere nei libri», Bologna, il Mulino, n. 4, Ottobre-Dicembre 2013.

Lombardo, C., *Da* Duemila leghe sotto l'America *a* Il tesoro misterioso, *Salgariana*, in «Bollettino della Biblioteca Civica di Verona», n. 4, Inverno 1998-Primavera 1999, Verona, 2000.

Lonardi, G., *Un "addio" di Emilio Salgari*, in «L'Arena», Verona, 28 giugno 1983.

Luraghi, R., *Salgari e l'Oriente*, in «Almanacco Piemontese», Torino, Viglongo, 1993.

Magris, C., *L'acquisto del comareah*, in *Dietro le parole*, Milano, Garzanti, 1978.

— *L'avventura di carta ci segna per la vita*, in «Corriere della sera», 17 giugno 1980, e in *L'isola non-trovata. Il libro d'avventure nel grande e nel piccolo Ottocento*, Milano, Emme, 1982.

— *L'avventura senza nome*, in *Dietro le parole*, Milano, Garzanti, 1978.

— *Salgari a scuola*, in «Libri nuovi», n. 9, Torino, Einaudi, luglio 1971.

— *Salgari o il piccolo grande stile*, in *Itaca e oltre*, Milano, Garzanti, 1982.

MANCINI, M., *Esotismi di Emilio Salgari*, in *Ethnos, lingua e cultura*, Roma, Dipartimento di Studi Glottoantropologici, Università di Roma La Sapienza: Il Calamo, 1993.

— *L'esotismo in Salgari*, in *L'esotismo nel lessico italiano*, Viterbo, Istituto di Studi Romanzi, 1992.

— *Voci orientali ed esotiche nella lingua italiana*, in *Storia della lingua italiana*, dir. da L. Serianni e P. Trifone, v. III, Torino, Einaudi, 1994.

MARCHI, G.P., *Salgari e il melodramma*, in C. DI BIASE et al., *Il 'caso' Salgari*, Napoli, CUEN, 1997.

MARI, M., *Un mondo dove tutto è fiero*, in E. SALGARI, *Romanzi di giungla e di mare*, a cura di A. Lawson Lucas, "I millenni", Torino, Einaudi, 2001, e in E. SALGARI, *Le Tigri di Mompracem*, "ET Classici", Torino, Einaudi, 2003.

MERLO, F., *Anche Dio sa ridere*, intervista Umberto Eco, in «La Repubblica», 11 gennaio 2015.

MORINI, M., *Una contesa letteraria intorno al Polo Nord*, in «Corriere Lombardo», Milano, 18-19 settembre 1953.

— *Il Corsaro Nero sul palcoscenico*, in «Albi Salgari», n. 13, marzo-aprile 1952.

— *Emilio Salgari e il cinema*, in «Retroscena», Milano, 10 settembre 1946.

— *Emilio Salgari e il teatro*, in «Retroscena», Milano, 20 agosto 1946.

— *Il viaggio della "Stella Polare" scritto su ritagli di giornale*, in «La Notte», Milano, 2-3 dicembre 1958.

— *La vita di Emilio Salgari*, in «Scena Illustrata», Firenze, aprile 1954.

MOTTA, L., Prefazione *Emilio Salgari (Il Romanzo d'avventure: il suo carattere e la sua influenza)*, in E. SALGARI, *Il tesoro del Presidente del Paraguay*, Milano, Casa Editrice L'Italica, 1923.

— *Salgari e la sua avventura*, in «Scena Illustrata», Firenze, novembre 1951.

MÜLLER, E., *A pranzo con Salgari: Cibo e banchetti nei romanzi salgariani*, Zevio (Verona), Perosini, 2000.

— *Omaggio a Salgari*, Verona, Delmiglio, 2016.

NOVELLI, M., *Salgari e il giallo del romanzo mai ritrovato*, in «La Repubblica», 14 gennaio 2015.

PALERMO, A., *La cucina di Salgari*, in *Letteratura e contemporaneità*, Napoli, Liguori, 1985.

— *La giungla e il mare*, in *La critica e l'avventura: Serra, Salgari, il primo Novecento*, Napoli, Guida, 1981.

PAOLINI, C., *Salgari e la distopia*, in A. RONDINI (a cura di), *Emilio Salgari: un'avventura lunga cent'anni*, in «Rivista di Letteratura italiana», XXIX, 2-3, Pisa – Roma, Fabrizio Serra, 2011.

PICHETTI, E., *Perché non possiamo non dirci salgariani. Emilio Salgari negli scrittori contemporanei*, in A. RONDINI (a cura di), *Emilio Salgari: un'avventura lunga cent'anni*, in «Rivista di Letteratura italiana», XXIX, 2-3, Pisa – Roma, Fabrizio Serra, 2011.

PIROMALLI, A., *Motivi di narrativa popolare nel ciclo dei "Pirati della Malesia"*, in «Problemi», Roma-Palermo, n. 60, gennaio-aprile 1981.

PONCHIROLI, D. (a cura di), Introduzione in E. SALGARI, *Avventure di prateria, di giungla e di mare*, Torino, Einaudi, 1971.

POZZO, F., *I cento volti di Renzo Chiosso*, in «Studi Piemontesi», Torino, XVII, novembre 1988.

— *Emilio Salgari e l'editore Paravia*, in «Studi Piemontesi», semestre II, Torino, 1981.

— *Emilio Salgari, la geografia e le esplorazioni*, in «Bollettino della Società Geografica Italiana», Roma, n. 1-2, gennaio-giugno 2000.

— *Fra le carte salgariane*, in «Almanacco Piemontese», Torino, Viglongo, 1993.

— *Piemonte e piemontesi nelle opere di Salgari*, in «Almanacco Piemontese», Torino, Viglongo, 1981.

— *Un romanzo "inedito" di Emilio Salgari*, in E. SALGARI («E. GIORDANO»), *La vendetta d'uno schiavo*, Torino, Viglongo, 2011.

PROSPERI, C., *Destino dei Salgari*, in «La Stampa», 7 novembre 1963.

QUATTRINI, A., Premessa in E. SALGARI, *Il vascello maledetto*, Firenze, Casa Editrice Italiana, 1909, 1922.

RABBONI, R., *Salgari e Pietro Savorgnan di Brazzà*, in *Pietro Savorgnan di Brazzà dal Friuli al Congo Brazzaville*, a cura di Fabiana Savorgnan di Brazzà, Firenze, Olschki, 2006.

RICCOBONO, M.G., *Lo spettacolo livido delle giornate di riposo. Una nota di Quasimodo su Emilio Salgari*, in A. RONDINI (a cura di), *Emilio Salgari: un'avventura lunga cent'anni*, in «Rivista di Letteratura italiana», XXIX, 2-3, Pisa-Roma, Fabrizio Serra, 2011.

RONDINI, A., *Salgari nostro contemporaneo: Mari, Cacucci, Quilici, Wu Ming*, in A. RONDINI (a cura di), *Emilio Salgari: un'avventura lunga cent'anni*, in

«Rivista di Letteratura italiana», XXIX, 2-3, Pisa-Roma, Fabrizio Serra, 2011.

SALVI, I., *Filmografia salgariana*, in «Ilcorsaronero» 15, Autunno-Inverno 2011.

SARTOR, M., *Emilio Salgari e i "Casalesi"*, in «Ilcorsaronero», 17, settembre 2012.

— *Mario Casalino da Vercelli: L'uomo che fu Emilio Salgari*, articolo online: www.cartesio-episteme.net > casalino3, gennaio 2014.

SERONI, A., *Emilio Salgari*, in «Libri per la Scuola dell'Ordine Elementare» (Bollettino del Centro didattico nazionale), Firenze, n. 2, 5 febbraio 1942.

SHARMA, S., *The World Famous Author Emilio Salgari*, Kindle, 2018.

SPADOLINI, G., *Un padre della patria*, in «La Stampa», Torino, 26 gennaio 1991.

— Prefazione in E. SALGARI, *I misteri della Jungla Nera*, Milano, Editoriale del Drago, 1990.

— *Salgari*, in *Autunno del Risorgimento* (Parte prima, 19), Firenze, Le Monnier, 1971, 3ª ed., 1974.

SPAGNOL, M., *Filologie salgariane*, in *L'isola non trovata. Il libro d'avventure nel grande e nel piccolo Ottocento*, Milano, Emme, 1982.

TAMBURINI, L., *Una "tigre" in casa*, in E. SALGARI, *Il mistero della foresta e altri racconti*, Torino, Einaudi, 2002.

— *Salgari torinese: il quadriennio 1894-97*, in «Studi piemontesi», Torino, IX, fasc. 2, novembre 1980.

TRAVERSETTI, B., *Quel mitomane di genio*, in «Millelibri», Milano, aprile 1991.

TREVI, E., Introduzione in E. SALGARI, *Il mistero della foresta e altri racconti*, con un saggio di L. Tamburini, Torino, Einaudi, 2002.

TRISCIUZZI, L., *Salgari o dell'avventura*, in *Cultura e mito del Robinson Crusoè*, Firenze, La Nuova Italia, 1970.

VALENTINI, G., S.J., *Del salgarismo*, in «Letture», Milano, n. 6, giugno 1947.

VILLA, L., *La Tigre della Malesia. Emilio Salgari, 1883-1884*, in F. MORETTI (a cura di), *Storia del romanzo*, vol. IV, Torino, Einaudi, 2003.

VIVIANI, A., *Emilio Salgari – Un beniamino della gioventù*, in «Il Libro italiano», Roma, IV, fasc. XI, novembre 1940.

YAMBO [ENRICO NOVELLI], *Un poeta dell'avventura: Emilio Salgari*, introduzione in E. SALGARI [ma in realtà L. CHIOSSO], *Le mie memorie*, Milano, Mondadori, 1928.

ZAVATTI, S., *Emilio Salgari, il poeta dell'avventura*, Forlì, Valbonesi, 1937.

Retroscena delle opere di Salgari – geografia, storia, cultura, i viaggi degli altri

ABRUZZI, Duca degli, (S.A.R. Luigi Amedeo di Savoia), U. CAGNI e A. CAVALLI MOLINELLI, *La «Stella Polare» nel Mare Artico, 1899-1900*, Milano, Hoepli, 1903.

BECCARI, O., *Nelle foreste di Borneo. Viaggi e ricerche di un naturalista*, Firenze, S. Landi, 1902.

CIAMPI, P., *I due viaggiatori. Alla scoperta del mondo con Odoardo Beccari ed Emilio Salgari*, Firenze, Mauro Pagliai Editore, 2010.

CIPOLLA, A., *Nella fiamma dell'India*, Milano, Casa Editrice Alpes, 1922.

— *Sul Nilo dal delta alle sorgenti*, Torino, Paravia, 1930.

— *Sulle orme di Alessandro Magno*, Milano, Mondadori, 1933.

DE RIENZI, L.-G.D., *Océanie*, Paris, Didot, 1836.

DI GREGORIO, L., *Wilderness et Western: L'Ouest fictionnel chez Gustave Aimard et Emilio Salgari*, Liège, Presses Universitaires, 2014.

FERRARIO, G., *Il costume antico e moderno*, 21 voll., 1817-34.

FRACCAROLI, A., *Ceylon perla dei tropici*, Milano, Treves, 1929.

— *India*, 1931, Milano, Mondadori, 1945.

GOZZANO, G., *Verso la cuna del mondo*, Milano, Treves, 1917.

MANZI, E., *Geografie salgariane*, Torino, Viglongo, 2013.

NALESINI, O., *L'Asia Sud-orientale nella cultura italiana. Bibliografia analitica ragionata, 1475-2005*, Roma, Istituto Italiano per l'Africa e L'Oriente, 2009.

RAIOLA, G., *Sandokan mito e realtà*, Roma, Edizioni Mediterranee, 1975.

ROUSSELET, L., [*L'Inde des Rajahs*], *L'India: viaggio nell'India centrale e nel Bengala*, Milano, Treves, 1877.

RUSHBY, K., *Chasing the Mountain of Light: Across India on the trail of the Koh-i-Noor Diamond*, London, Constable and Robinson, 1999.

— *Children of Kali: Through India in search of bandits, the thug cult and the British Raj*, London, Constable, 2002.

SATRAGNI PETRUZZI, S., *Salgari e il melodramma: Gli echi dell'Opera nell'opera di Salgari*, Roma, Il Cubo, 2011.

WOOD, M., *The Story of India*, London, BBC Books, 2007.

WYCHERLEY, G., *Buccaneers of the Pacific*, London, Rich & Cowan, 1929, 1935.

Letteratura per l'infanzia e per la gioventù – storia e critica

BARGELLINI, P., *Canto alle rondini*, Firenze, Vallecchi, 1953.

— Articoli sulla letteratura dell'avventura e dell'ardimento, Roma, in «L'Indice d'oro», Anno I, n. 4 e n. 10, aprile e ottobre 1950.

BATTISTELLI, V., *La letteratura infantile moderna*, Firenze, Vallecchi, 1923.

— *Il libro del fanciullo*, Firenze, La Nuova Italia, 1947, 2ª ed. interamente rifatta 1959, ristampa 1962.

— *La moderna letteratura per l'infanzia*, Firenze, Vallecchi, 1923, 2ª ed. 1925.

BERSANI, M., *Libri per fanciulli e per giovinetti*, Torino, Paravia, 1930.

BITELLI, G., (NONNO PAZIENZA), *Piccola guida alla conoscenza della letteratura infantile*, Torino, Paravia, 1946, 1947.

— *Scrittori e libri per i nostri ragazzi. Esposizione e critica*, (Collana "Il Maestro"), Torino, Paravia, 1952, 1954, 1965.

BOERO, P., e C. DE LUCA, *La letteratura per l'infanzia*, Roma-Bari, Laterza, 1995.

BONAFIN, C., *Letteratura per l'infanzia*, Brescia, La Scuola, 1937, nuova ed. 1964.

BRAUNER, A., *Nos livres d'enfants ont menti: une base de discussion*, Paris, S.A.B.R.I., 1951.

CALÒ, G., *Letteratura infantile*, in «Vita scolastica», novembre 1932.

CARPENTER, H., and M. PRICHARD, *The Oxford Companion to Children's Literature*, Oxford-New York, Oxford University Press, 1984, 1995.

COLIN, M., *L'âge d'or de la littérature d'enfance et de jeunesse italienne: Des origines au fascisme*, Caen (Francia), Presses universitaires de Caen, 2005.

DRAGHI, L., *Questioni di letteratura infantile*, in «il Mulino», Bologna, n. 34-35, agosto-settembre 1954.

FAETI, A., *I diamanti in cantina: Come leggere la letteratura per ragazzi*, Milano, Bompiani, 1995.

— *Due isole in capo al mondo. Verne e Salgari: viaggio nell'avventura dalla parola all'immagine*, Montepulciano, Grifo, 1984.

— *Letteratura per l'infanzia*, Firenze, La Nuova Italia, 1977.

— *I tesori e le isole. Infanzia, immaginario, libri e altri media*, Firenze, La Nuova Italia, 1986.

FANCIULLI, G., *Bilancio d'un cinquantenario*, in «S.I.M.», 1950.

— *Il fascino dell'infanzia*, Torino, SEI, 1926.

— *La letteratura per l'infanzia in Italia*, in «Nuova Antologia: rivista di lettere, scienze ed arti», Roma, 1° agosto 1931.

— *Scrittori e libri per l'infanzia*, Torino, S.E.I., 1949, 1952, edizione aggiornata e ampliata 1960.

FANCIULLI, G., e E. MONACI GUIDOTTI, *La letteratura per l'infanzia*, Torino, S.E.I., 1926, 1933, 1934.

GANZAROLI, W., *Breve storia della letteratura per l'infanzia*, Rovigo, I.P.A.G., 1947.

GIACOBBE, O., *Note di letteratura infantile*, Roma, Berlutti, 1923.

— *Letteratura infantile*, Torino, Paravia, 1925, 1934.

— *La letteratura infantile*, Milano, Viola, 1949.

HAZARD, P., e G. VALLE, *Letteratura infantile*, Milano, A.V.E., 1954.

LEONE, G., e L. VECCHIONE, *La letteratura per l'infanzia. Premesse teoriche e note critiche*, Salerno, Edizioni Hermes, 1954.

LUGLI, A., *Storia della letteratura per l'infanzia*, Firenze, Sansoni, 1961, ristampa 1963.

MARCHETTI, I., e E. PETRINI, *Buonincontro. Antologia e disegno critico-storico della letteratura per ragazzi*, Firenze, Le Monnier, 1960.

MASTROPAOLO, M., *Panorama della letteratura infantile*, Milano, Vallardi, 1947, nuova ed. 1955.

MAZZETTI, R., *Problemi della letteratura per la gioventù*, Milano, S.I.M.-S.P., 1941.

MICHIELI, A., *Breve storia della letteratura per l'infanzia e la fanciullezza*, Padova, C.E.D.A.M., 1938.

— *Ragazzi e libri*, Rovigo, I.P.A.G., 1952.

MONCHIERI, L., *Emilio Salgari*, Brescia, Editrice La Scuola, 1955.

PETRINI, E., e V. MELEGARI (a cura di), *Guida di letture giovanili per le biblioteche scolastiche e popolari* (Parte prima), Firenze, Centro Didattico Nazionale di studi e documentazione, 1956.

PETRONI, M., *Effetto infanzia*, Roma, Armando, 1978.

RAYA, G., *Letteratura pedologica*, Catania, Studio Editoriale Moderno, 1932.

SACCHETTI, L., *La letteratura per ragazzi*, Firenze, Le Monnier, 1954.

SARFATTI, M., *Libri per ragazzi*, in «Il Popolo d'Italia», Milano, 16 marzo 1928.

SANTUCCI, L., *La letteratura infantile*, [*Limiti e ragioni della letteratura infantile*, 1942], Firenze, Barbera, 1950; nuova ed. con Premessa, Milano, Fratelli Fabbri, 1958.

TARCHETTI, C., *La letteratura romanzesca giovanile e l'educazione*, Biella, Vernato, 1912.

TIBALDI CHIESA, M., *La letteratura infantile*, Milano, Garzanti, 1944.

VALERI, M., e E. MONACI, *Storia della letteratura per i fanciulli*, Bologna, Malipiero, 1961.

VERDINA, R., *I libri della verde età*, Milano, Vallardi, 1953.

VISENTINI, O., *Bibliografia critica della moderna letteratura infantile*, 1933.

— *Letteratura infantile dell'Italia Nuova*, Milano, Ceschina, 1934.

— *Libri e ragazzi: Storia della letteratura infantile e giovanile*, Milano, Mondadori, 1933, 4ª ed. 1942.

— *Scrittori per l'infanzia*, Milano, Mondadori, 1943, nuova ed. 1953.

VOLPICELLI, L., *Dall'infanzia all'adolescenza*, Brescia, Casa Editrice La Scuola, 1952, 2ª ed. accresciuta 1957.

— *La verità su Pinocchio, con saggio sul* Cuore *e altri scritti sulla letteratura infantile*, 1954, 2ª ed. 1959, 3ª ed. corretta e accresciuta, Roma, Armando Armando Editore, 1963.

ZANNONI, U., *La letteratura per l'infanzia e la giovinezza*, Bologna, Cappelli, 1931, 1938, nuova ed. 1946.

Biografie e fonti biografiche (per lo studio della 'fortuna', l'elenco non si limita a quelle attendibili)

ARPINO, G., e R. ANTONETTO, *Vita, tempeste, sciagure di Salgari, il padre degli eroi*, Milano, Rizzoli, 1982; *Emilio Salgari, il padre degli eroi*, Milano, Mondadori, 1991; nuova ed. con una nota introduttiva di R. Antonetto, e con una cronologia/bibliografia di F. Pozzo e F. Viglongo, Torino, Viglongo, 2010.

BACILIERI, P., *Sweet Salgari*, Bologna, Coconino Press-Fandango, 2012. [Biografia grafica]

BERTÙ, B., *Salgàri*, "I prefascisti" XII, Roma-Milano, Edizioni «Augustea», 1928; ristampato con una Nota bio-bibliografica su Umberto Bertuccioli di G.P. Marchi, Verona, QuiEdit, 2006.

BRESAOLA, F., *La giovinezza di Emilio Salgari*, Verona, I.C.A., 1963.

CASULLI, A., *In casa di Emilio Salgari* (intervista allo scrittore), in «don Marzio», Napoli, 10-11 gennaio 1910.

CAVAZZOCCA MAZZANTI, V., lettera a U. Bertuccioli del 14 agosto 1924, in «Bollettino della Biblioteca Civica di Verona», Inverno 1998-Primavera 1999.

DINAMO, G.L., *Emilio Salgari. La sua vita e le sue opere*, prefazione in *Catalogo Generale della Casa Editrice Sonzogno*, Supplemento n. 4, Milano, Sonzogno, Aprile 1937-XV.

GALLO, C. e G. BONOMI, *Emilio Salgari, la macchina dei sogni*, Milano, Rizzoli BUR, 2011.

GIANNELLI, R., *Ricordi di un vecchio giornalista. Dove Emilio Salgari cominciò a farsi conoscere dal pubblico*, in «Il Raduno», Anno II, n. 3, 21 gennaio 1928.

GONZATO, S., *Emilio Salgari: Demoni, amori e tragedie di un 'capitano' che navigò solo con la fantasia*, Vicenza, Neri Pozza, 1995.

LANZI, A., Introduzione biografica, in E. SALGARI, *Storie rosse*, Firenze, Bemporad, 1910.

MARCHI, G.P. (a cura di), *La regina e il capitano: Messaggi di Sua Maestà la Regina Margherita relativi a Emilio Salgari (1896-1900)*, Verona, Università degli Studi, 2006.

MORINI, M., Introduzione biografica in E. SALGARI, *Storie rosse*, a cura di M. Morini, Milano, Marvimo, 1954.

MORINI, M., e E. FIRPO, *Con Emilio Salgari tra pirati e corsari*, con prefazione di Omar Salgari, Milano, S.A.D.E.L., 1946.

'SALGARI, E.' [ma in realtà L. CHIOSSO, a cura di Yambo], *Le mie memorie*, con Introduzione di Yambo (Enrico Novelli), Milano, Mondadori, 1928; 2ª ed., *Le mie avventure*, Milano, Sonzogno, 1937; 3ª ed., Torino, Viglongo, 1960.

'SALGARI, E.' [e/o L. CHIOSSO], *A bordo dell'«Italia Una»*, in *I cacciatori di foche*, Milano, Sonzogno, 1929.

'SALGARI, N.', Appendice (attribuita a Nadir Salgari, ma firmata «I figli» dello scrittore, e scritta da un altro [Yambo?]) in 'E. SALGARI', *Le mie memorie*, Milano, Mondadori, 1928; Introduzione (firmata «I figli») in 'E. SALGARI', *Le mie avventure*, Milano, Sonzogno, 1937.

'SALGARI, O.' [ma in realtà G. BERTINETTI], *Mio padre Emilio Salgari*, con prefazione di L. D'Ambra, Milano, Garzanti, 1940; 2ª ed. modificata *Mio padre, il cavaliere dell'avventura*, Milano, Carroccio, 1963.

SALGARI, O., Prefazione, in M. MORINI e E. FIRPO, *Con Emilio Salgari tra pirati e corsari*, Milano, S.A.D.E.L., 1946.

SALGARI, O., e L. DE NARDIS, *Emilio Salgari: Documenti e testimonianze*, con prefazione di L. D'Ambra, Predappio, Edizioni Faro, 1939.

Romanzi sulla vita di Salgari

FARINA, C., *Giallo antico: Delitto nella Torino cinematografica del primo Novecento*, Torino, Fògola, 1999, 2ª ed. 2002.

— *Vita segreta di Emilio Salgari: autobiografia immaginaria*, Torino, Daniela Piazza, 2015.

FERRERO, E., *Disegnare il vento: L'ultimo viaggio del capitano Salgari*, Torino, Einaudi, 2011.

Racconti ispirati all'opera salgariana

CROVI, L. e C. GALLO (a cura di), *Cuore di Tigre: Quattordici tigrotti sulle tracce di Emilio Salgari*, Milano, Piemme, 2013.

LEJUNE, E., *Surama e Fathma: Racconti erotici d'Oriente*, Kindle Ed., 2012.

PAROLI, E., *La collana di Honorata*, Verona, Delmiglio, 2018.

TAIBO II, P.I., *El Retorno de Los Tigres de la Malasia*, 2010; *Ritornano le Tigri della Malesia (più antimperialiste che mai)*, Milano, Marco Tropea, 2011.

BIBLIOGRAFIA SUPPLEMENTARE
PER I SINGOLI CAPITOLI

L'elenco è sistemato in due gruppi di fonti: materie prime, seguite dalle fonti secondarie (sono raggruppati i volumi e in seguito le fonti giornalistiche); le date citate per i giornali e i periodici segnalano numeri utili ma non sono necessariamente i soli. Sono elencate anche alcune potenziali fonti non rintracciate e in questi casi i dati citati possono essere incompleti o inesatti.

Volume I, Capitolo 1 – 1883-1898

CALIARI, P., Prefazione, in *Angiolina*, Verona-Padova, Drucker e Tedeschi, 1884.

CORDELIA e A. TEDESCHI (a cura di), *Le Gaje Giornate*, antologia de «Il Giornale dei Fanciulli», Milano, Treves, 1897.

— *Il Libro delle Avventure*, antologia de «Il Giornale dei Fanciulli», Milano, Treves, 1891.

— *Sulla Terra e sul Mare*, antologia de «Il Giornale dei Fanciulli», Milano, Treves, 1892.

[MESSEDAGLIA, L., S. CAPERLE e F.N. VIGNOLA, «La Tigre della Magnesia», parodia creata da giovani veronesi sulla base de *La Tigre della Malesia* (prima versione de *Le Tigri di Mompracem*), romanzo d'appendice stampato su «La Nuova Arena», Verona, 1883-84. Non risulta pubblicata.]

«L'Adige», Verona, cronaca, 4 gennaio 1884; 20, 22, 23, 24, 26 settembre 1885; 8 novembre 1885.

«L'Arena», Verona, cronaca, 7-8 novembre 1885; *Lutto in famiglia*, 18-19 marzo 1887; *Suicidio*, 27-28 novembre 1889 e *passim*.

«Biblioteca per l'infanzia e per l'adolescenza» (mensile), Torino, Speirani, 1894-95, *passim*.

«La Cronaca d'Arte», Milano, recensione de *La Rosa del Dong-Giang*, 11 dicembre 1891.

«Il Giornale dei Fanciulli», diretto da Cordelia e da Achille Tedeschi, Milano, Treves, 1884-1901.

«La Nuova Arena», Verona, 1882 – 1885, *passim*.

«Roma Letteraria», recensione firmata Grazia Deledda nel n. 16, 25 agosto 1896.

«La Valigia», Milano, Garbini, luglio-agosto 1883 e *passim*.

★★★

Fioraso, R., *Sandokan amore e sangue*, Zevio, Perosini, 2004.

— (a cura di), *L'Innocenza: Gli articoli di Emilio Salgari per il settimanale per bambini L'Innocenza*, Verona, Biblioteca Civica di Verona, «Ilcorsaronero», 2007.

Gallo, C. (a cura di), Introduzione in E. Salgari (Ammiragliador), *A Tripoli!! Il Mahdi, Gordon e gli Italiani di Assab nelle 'corrispondenze' per la Nuova Arena (1883-1885)*, Zevio, Perosini Editore, 1994.

— *La penna e la spada*, Verona, Gemma Editco, 2000.

Gonzato, S. (a cura di), Introduzione in E. Salgari, *Una tigre in redazione*, Venezia, Marsilio Editori, 1994.

Lonardi, G., *Un "addio" di Emilio Salgari*, in «L'Arena», Verona, 28 giugno 1983.

Volume I, Capitolo 2 – 1898-1906

Savoia, S.A.R. Luigi Amedeo di, Duca degli Abruzzi, U. Cagni e P.A. Cavalli-Molinelli, *La 'Stella Polare' nel Mare Artico, 1899-1900*, 2ª ed., Milano, Hoepli, 1903.

★

Greco, A., *Emilio Salgari*, in «L'Oceano», Milano, Anno I, 1906.

Margaritis, F., *I grandi autori – Mayne Reid*, in «L'Oceano», Anno I, n. 20, Milano, S.E.M., 23 settembre 1906.

Motta, L., commenti *passim*, in «L'Oceano», Milano, diretto da Luigi Motta, 1906.

«Per Terra e per Mare», Genova, Donath, 1904-06, *passim*.

Quattrini, A.G., commenti *passim*, in «Il Giornale dei Viaggi», diretto da Antonio Quattrini G., Como, 1905-.

Toscani, I., *Letteratura avventurosa in Italia*, in «Il Giornale dei Viaggi», Anno II, n. 44, Como, 2 agosto 1906.

MOTTA, L., *Ricordi della mia vita*, in *A Luigi Motta*, Supplemento di «Vita Veronese», n. 12, Verona, 1956.

PONCHIROLI, D. (a cura di), Introduzione in E. SALGARI, *Avventure di prateria, di giungla e di mare*, Torino, Einaudi, 1971.

POZZO, F., *Il primo periodo torinese di Emilio Salgari*, in «Studi piemontesi», novembre 1986, vol. XV, fasc. 2, pp. 393-97.

— saggio introduttivo in E. SALGARI, *La «Stella Polare» ed il suo viaggio avventuroso*, Torino, Viglongo, 2001.

SPAGNOL, M. (a cura di), Introduzione in E. SALGARI, *Il primo ciclo della giungla*, Milano, Mondadori, 1969.

TREVI, E., Introduzione in E. SALGARI, *Il mistero della foresta e altri racconti*, con un saggio di L. Tamburini, Torino, Einaudi, 2002.

TROPEA, M., a cura di, Introduzione e altri scritti in E. SALGARI, *I racconti della «Bibliotechina aurea illustrata»*, voll. 3, Torino, Viglongo, 2000-2002.

VIGLONGO, G., *L'Editore ai Lettori*, prefazione in E. SALGARI, *La «Stella Polare» ed il suo viaggio avventuroso*, Torino, Viglongo, 2001.

Volume I, Capitolo 3 – 1906-1915

COSTI, C. G., Prefazione, in *Il Re della Montagna*, versione teatrale del romanzo di E. S., Venezia, 1912.

LANZI, A., Introduzione biografica, in E. SALGARI, *Storie rosse*, a cura di A. Lanzi, Firenze, Bemporad, 1910.

MARGARITIS, F., *Bricciche e Curiosità letterarie*, Milano, G. Celli, 1906.

QUATTRINI, A., Prefazione, in EMILIO SALGARI, *Il vascello maledetto*, Firenze, C.E.I., 1909.

ROVITO, T., *Dizionario dei Letterati e Giornalisti Italiani Contemporanei*, Napoli, Tip. Melfi e Joele, 1907/08.

TARCHETTI, C., *La letteratura romanzesca giovanile e l'educazione* («Studio critico – Verne, Quattrini, Salgari, Contarini – L'opinione del Barth»), Biella, Vernato, 1912.

YAMBO (ENRICO NOVELLI), *I filibustieri della Lumaca, ovvero Le avventure del Corsaro Giallo*, Roma, Scotti, 1910.

*

«L'Arena», Verona, cronaca, 12-13 febbraio 1912.

CASULLI, A., *In casa di Emilio Salgari*, in «don Marzio», 10-11 gennaio 1910.

«Corriere della Sera», Milano: *Il decesso di Emilio Salgari*, 26 aprile 1911.

«Il Corriere d'Italia», Roma: *L'orribile suicidio di Emilio Salgari*, 27 aprile 1911.

D'AMBRA, L., *E chi vive si dà pace*, articolo su un giornale romano [non identificato], maggio 1911.

«Il Giornalino della Domenica», Firenze, Bemporad, 1906-11, *passim*.

«L'illustrazione Italiana», Milano, Treves: necrologia firmata Spectator, 30 aprile 1911.

«Momento», Torino: *La triste fine di Emilio Salgari*, 26 aprile 1911.

«La Nazione», Firenze: necrologia firmata N. di R., 26 aprile 1911.

— *Ancora del suicidio di Emilio Salgari*, 2-3 maggio 1911.

«Il Secolo», Milano: *La morte di Emilio Salgari*, 27 aprile 1911.

«La Settimana Illustrata», Milano: *Il celebre scrittore Emilio Salgari si toglie barbaramente la vita in un bosco*, Anno II, n. 19, 7-14 maggio 1911.

«La Stampa», Torino: cronaca sulla morte di Salgari, 26 aprile 1911.

«La Tribuna», Roma: *Il romanziere dei fanciulli. Emilio Salgari tragicamente suicida*, 27 aprile 1911.

— *I ragazzi d'Italia per Emilio Salgari*, 28 aprile 1911.

★★★

LAWSON LUCAS, A., *Cent'anni fa: i primi giorni paradossali della «fortuna» postuma di Emilio Salgari* (sulle necrologie), in C. ALLASIA e L. NAY (a cura di), *«La penna che non si spezza»: Emilio Salgari a cent'anni dalla morte*, Alessandria, Edizioni dell'Orso, 2012.

NISSIM ROSSI, L. (a cura di), *Le grandi firme del Giornalino della Domenica*, Firenze, Bemporad Marzocco, 1959, Giunti, 1969.

Volume II, Capitolo 1 – 1916-1927

APPELIUS, M., *Asia tragica ed immensa: India, Giava, Indocina*, Verona, Mondadori, 1940.

— *India*, Milano, 1925.

CIPOLLA, A., *Nella fiamma dell'India*, Milano, Alpes, 1922; 2ª ed., con aggiunte su Ceylon, la Malesia e il Siam, Milano, Alpes, 1925.

FRACCAROLI, A., *Il Budda di smeraldo: Viaggio al Siam*, Milano-Verona, Mondadori, 1935.

— *Ceylon, la Perla dei tropici*, Milano, Treves, 1929.

— *India*, 1931, Milano, Mondadori, 1945.

★

ARCOLEO, P.M., *Scrittori marinari: 1. Emilio Salgari*, in «Augustea», Anno II, n. 22-24, Roma, 15 dicembre 1926.

«Augustea», Roma, 1926-28, *passim*.

BALDINI, A., *Salgari insostituibile*, in «Corriere della sera», Milano, 13 gennaio 1927.

BELTRAMELLI, A., fondo di prima pagina, in «Il Raduno», Roma, Anno I, n. 1, 31 dicembre 1927.

CROCE, B., *Manifesto degli intellettuali antifascisti*, 1925.

CUESTA, U., *Elogio del Salgari*, in «Augustea», Anno III, n. 16, 31 agosto 1927.

D'AMICO, S., *Verne e Salgari*, in «Corriere della sera», 2 dicembre 1927, ristampato in *Certezze*, Milano, Treves, 1932.

DE STEFANI, A., *Emilio Salgari*, in «Il Raduno», Roma, Anno I, n. 1, 31 dicembre 1927, p. 1.

«Il Domani del Piemonte»: *Per Emilio Salgari*, Torino, 19 marzo 1927.

«La Gazzetta del Popolo»: *Emilio Salgari*, Torino, 21 maggio 1927.

GENTILE, G., *Manifesto degli intellettuali italiani fascisti agli intellettuali di tutte le nazioni*, 1925.

«Giornale Illustrato dei Viaggi», Milano, Sonzogno, 1925-26, *passim*.

MOTTA, L., Prefazione: *Emilio Salgari (Il romanzo d'avventure: il suo carattere e la sua influenza)*, in EMILIO SALGARI, *Il tesoro del Presidente del Paraguay*, Milano, Casa editrice L'Italica, 1923.

QUATTRINI, A., Prefazione (datata il 20 maggio 1909), in EMILIO SALGARI, *Il vascello maledetto*, Milano, C.E.I., 1909, 2a ed. Firenze, C.E.I. A. Quattrini, 1922.

BALLINI, P.L., *La vita politica* in PIER LUIGI BALLINI et al., *La cultura a Firenze tra le due guerre*, Firenze, Bonechi, 1991.

BO, C., *La letteratura tra gli anni '20 e gli anni '30*, in PIER LUIGI BALLINI et al., *La cultura a Firenze tra le due guerre*, Firenze, Bonechi, 1991.

BURDETT, C., *Journeys through Fascism: Italian Travel Writing between the Wars*, New York, Berghahn Books, 2007.

TURI, G., *Il Fascismo e il consenso degli intellettuali*, Bologna, il Mulino, 1980.

Volume II, Capitolo 2 – 1928

Almanacco Italiano 1928, Firenze Bemporad, 1927, *passim*.

BERTÙ, Berto (Comandante Umberto Bertuccioli), *Salgàri, "I prefascisti"*, Roma-Milano, Edizioni «Augustea», 1928-VI.

'SALGARI, EMILIO' (in realtà Lorenzo Chiosso), *Le mie memorie*, con Introduzione di Yambo (Enrico Novelli), *Un poeta dell'avventura: Emilio Salgari*, e Appendice attribuita a Nadir Salgari (ma firmata «I figli» dello scrittore [e scritto da un altro, forse Yambo]), Milano, Mondadori, 1928.

SARFATTI, M., *Dux*, Milano, Mondadori, 1926.

★

«Augustea», Roma, 1926-28, *passim*.

BALDINI, A. (a.b.), recensione de *Le mie memorie*, in «Corriere della sera», Milano, 12 febbraio 1928.

BELTRAMELLI, A., articoli su «Il Raduno», Roma, Anno II, 1928 (vedi anche A. De Stefani e «Il Raduno»):

— *Temi scottanti*, Anno II, n. 1, 7 gennaio 1928.

— *Il "Caso Salgari". Conclusioni in materia di diritto. (Lettera aperta a S.E. Pietro Fedele, Ministro della Pubblica Istruzione)*, firmato A. Beltramelli e A. De Stefani (vd), Anno II, n. 4, 28 gennaio 1928.

— *Lettera aperta ad A. Mussolini*, Anno II, n. 6, 11 febbraio 1928.

(Non si esclude che Beltramelli possa aver contribuito anche con articoli anonimi nel periodo gennaio-luglio 1928.)

BEMPORAD, E., lettera indirizzata a numerosi giornali, datata il 18 gennaio 1928, vedi per esempio «La Nazione», Firenze, 21 gennaio 1928.

BERTÙ, Berto (Comandante Umberto Bertuccioli), *Profilo del Salgari*, serie di tre articoli, in «Augustea», Roma, Anno IV, n. 1-3: 1. *L'isola del tesoro*, 15 gennaio 1928; *La vita*, 31 gennaio 1928; *La morte*, 15 febbraio 1928. (Ristampati su «L'Impero», Roma.)

BIZZARRI, A., *Avventure, avventure, avventure*, in «Il Raduno», Roma, Anno II, n. 9, 3 marzo 1928.

«Camicia Rossa»: commenti sulla campagna de «Il Raduno», dal 14 gennaio 1928.

CECCHINI, prof. C., *Il valore artistico di Salgari*, in «Il Raduno», Roma, Anno II, n. 5, 4 febbraio 1928.

«Il Cittadino di Genova», articoli sulla campagna de «Il Raduno», 28 gennaio – 4 febbraio 1928.

«Corriere della Sera»: *I figli di Emilio Salgari e una lettera del ministro Fedele* (sulla campagna de «Il Raduno»), 20 gennaio 1928.

«Il Corriere Padano», Ferrara: articolo sulla campagna de «Il Raduno», gennaio 1928.

CUESTA, U., *Salgari e "caso Salgari"*, in «Augustea», Roma, Anno IV, n. 4, 29 febbraio 1928.

DE STEFANI, A., articoli su «Il Raduno», Roma, Anno II, 1928 (vedi anche A. Beltramelli e «Il Raduno»):

— *Il caso Salgari. Per la rivendicazione di un martire degli editori*, Anno II, n. 1, 7 gennaio 1928.

— *La invendicata tragedia di Emilio Salgari: Perchè morì il martoriato educatore della nostra gioventù* [non firmato, ma certamente di A. De S.], Anno II, n. 2, 14 gennaio 1928.

— *La perentoria eloquenza delle cifre*, Anno II, n. 3, 21 gennaio 1928.

— *Modifiche necessarie alla nostra legge sul diritto d'autore*, Anno II, n. 4, 28 gennaio 1928.

— *Dinamite sotto la torre d'avorio*, Anno II, n. 7, 18 febbraio 1928.

— *Lo spirito eroico nel Salgari e altri opportuni chiarimenti*, Anno II, n. 8, 25 febbraio 1928.

(De Stefani contribuì certamente con altri brani anonimi nel periodo gennaio-luglio 1928.)

DI GIACOMO, G., *Errori di valutazione*, in «Il Raduno», Roma, Anno II, n. 24, 16 giugno 1928.

FEDELE, on. P., Ministro della Pubblica Istruzione, lettera sulla campagna pro-Salgari, in «La Tribuna», Roma, 19 gennaio 1928.

GARRONE, D., *Acqua passata... "Salgariana"*, in «Il Corriere Adriatico», 8 febbraio 1928.

«La Gazzetta di Parma», Parma: commenti sulla campagna pro-Salgari, gennaio 1928.

GIANNELLI, R., *Ricordi di un vecchio giornalista. Dove Emilio Salgari cominciò a farsi conoscere dal pubblico*, in «Il Raduno», Roma, Anno II, n. 3, 21 gennaio 1928.

GOTTA, S., *Salgari sulla tavola della Morgue*, lettera a A. Beltramelli e A. De Stefani, in «Il Raduno», Roma, Anno II, n. 5, 4 febbraio 1928; ristampata in O. Salgari e L. De Nardis, *Emilio Salgari, documenti e testimonianze*, Predappio, Edizioni Faro, 1939.

GRAY, E.M., *I limiti del caso Salgari*, in «Economia nazionale», [primavera] 1928.

GRECO, A., lettera al direttore de «Il Torchio», febbraio 1928; ristampata su «Il Raduno», Roma, 25 febbraio 1928.

«L'Impero», Roma: commento sulla campagna pro-Salgari de «Il Raduno», gennaio 1928; citato su «La Nazione», Firenze, 21 gennaio 1928.

«Il Mezzogiorno»: commenti sulla campagna pro-Salgari de «Il Raduno», gennaio 1928.

MONTEFIORE, V., lettera al direttore de «La Tribuna», Roma, 3 gennaio 1928; citata anche in «Il Raduno».

MUSSOLINI, A., *La elevata parola di A. Mussolini*, lettera sul 'caso Salgari' ad Antonio Beltramelli, Segretario Nazionale del Sindacato «Il Raduno», in «Il Raduno», Roma, Anno II, n. 5, 4 febbraio 1928; citata anche su «Il Popolo d'Italia», Milano, diretto da Arnaldo Mussolini, 3 febbraio 1928.

— *Il pensiero di Arnaldo Mussolini sulla letteratura per i giovani*, in «Il Popolo d'Italia», Milano, 18 marzo 1928.

NAPOLITANO, G.G., *Il romanzo d'avventure*, in «Il Raduno», Roma, Anno II, n. 12, 24 marzo 1928.

«Il Nazionale»: *Il caso Salgari*, 24 marzo 1928.

«La Nazione», Firenze: cronaca sulla campagna pro-Salgari, 20 gennaio 1928.

— *Salgari e Yambo*, 21 gennaio 1928.

— Lettera dell'editore Enrico Bemporad, 21 gennaio 1928.

— *Ancora il "caso" Salgari*, 28 gennaio 1928.

— Annuncio dell'Istituto Nazionale per Salgari, 11 febbraio 1928.

— Resoconto del dibattito su Salgari in parlamento, p. 1, 1° marzo 1928.

— Conclusioni della Commissione d'Inchiesta, 17 marzo 1928.

PACINI, R., *Il Libro Scolastico: L'inizio di un referendum di capitale importanza: Letteratura fascista per la gioventù*, in «Il Raduno», Roma, Anno II, n. 10, 10 marzo 1928.

«Il Popolo d'Italia», Milano (fondato da B. Mussolini, diretto da A. Mussolini): *Una lettera dell'editore Bemporad sul caso Salgari*, 22 gennaio 1928.

— *Ancora del caso Salgari. Una lettera dell'editore Vallardi*, 24 gennaio 1928.

— *Una lettera di Arnaldo Mussolini al Segretario Nazionale del "Raduno"*, 3 febbraio 1928.

«Il Popolo toscano», Lucca: *Un precursore*, [?] gennaio 1928.

«Il Raduno», Roma: articoli e altri contributi anonimi, Anno II, 1928:

— *La invendicata tragedia di Emilio Salgari. Come visse e perché morì il martoriato educatore della nostra gioventù*, Anno II, n. 2, 14 gennaio 1928.

— Recensione de *Le mie memorie*, Anno II, n. 2, 14 gennaio 1928.

— *Diritti dei contratti, doveri della giustizia*, Anno II, n. 2, 14 gennaio 1928.

— *I documenti*, Anno II, n. 2, 14 gennaio 1928.

— *Una prima grande vittoria de «Il Raduno». Il Ministro della Pubblica Istruzione denuncia la frode editoriale e viene in aiuto dei figli di Emilio Salgari*, Anno II, n. 3, 21 gennaio 1928.

— *Il comm. Bemporad scrive*, Anno II, n. 4, 28 gennaio 1928.

— *La munificenza del Comm. Bemporad*, Anno II, n. 4, 28 gennaio 1928.

— *L'hai voluto, Antonio Vallardi!*, Anno II, n. 4, 28 gennaio 1928.

— *Il caso e i critici*, Anno II, n. 5, 4 febbraio 1928.

— *L'Istituto Nazionale per le opere di Emilio Salgari*, Anno II, n. 6, 11 febbraio 1928.

— *La vera vita di Emilio Salgari* (articolo con inclusi estratti dagli articoli biografici di Berto Bertù su «Augustea»), Anno II, n. 6, 11 febbraio 1928.

— *L'Istituto Nazionale per le opere di Emilio Salgari*, Anno II, n. 7, 18 febbraio 1928.

— *Salgari al Parlamento*, Anno II, n. 8, 25 febbraio 1928.

— *La vita nautica di Emilio Salgari* (citate anche lettere di A. Greco e R. Chiosso), Anno II, n. 8, 25 febbraio 1928.

— *Interrogazione sul Salgari alla Camera* (vengono citati on. Morelli, on. Bodrero e on. Benito Mussolini), Anno II, n. 9, 3 marzo 1928.

— *Il bel gesto della Casa Vallardi*, Anno II, n. 10, 10 marzo 1928.

— *Le conclusioni dell'inchiesta Salgari-Bemporad*, Anno II, n. 11, 17 marzo 1928.

— *Si domanda*, Anno II, n. 16, 21 aprile 1928.

— *Un uomo e una tessera*, Anno II, n. 18, 5 maggio 1928.

— *Gli affamatori degli artisti. La revisione dei contratti editoriali*, articolo in quattro puntate, Anno II, n. 25, 23 giugno 1928, più n. 26-28, 30 giugno - 7 luglio 1928 (ultimo fascicolo de «Il Raduno»).

RUDEL, *Come si continua ad affamare gli artisti: La revisione dei contratti editoriali*, in «Il Raduno», Roma, Anno II, n. 24, 16 giugno 1928.

— *Gli affamatori degli artisti: La revisione dei contratti editoriali*, in «Il Raduno», Roma, Anno II, n. 25, 23 giugno 1928.

— *Spezzare la catena dello sfruttamento: La revisione dei contratti editoriali*, in «Il Raduno», Roma, Anno II, n. 26, 30 giugno 1928.

— *Per la tutela economica degli artisti: La revisione dei contratti editoriali*, in «Il Raduno», Roma, Anno II, n. 27, 7 luglio 1928.

SALGARI, Nadir, Romero, e Omar, *Le opere postume del Salgari*, lettera, in «Il Raduno», Roma, Anno II, n. 15, 14 aprile 1928.

SARFATTI, M., *Libri per ragazzi*, in «Il Popolo d'Italia», Milano, 16 marzo 1928.

SARTI, A., articolo sul suicidio di Salgari, in «Regime fascista», gennaio 1928.

SIMONI, G., *Lo sfruttamento del morto*, in «Il Raduno», Roma, Anno II, n. 13, 31 marzo 1928.

SORGENTI, N., *Per Salgari educatore. Documentazioni positive*, lettera, in «Il Raduno», Roma, Anno II, n. 10, 10 marzo 1928.

«Il Secolo», Milano: articolo di Margutte, gennaio 1928.

«La Stampa», Torino: cronaca sul 'caso Salgari', 18 gennaio 1928.

«Il Torchio: giornale dei giornalisti italiani: settimanale di battaglie e di critica», Milano [maggio 1926-]: commenti sul 'caso Salgari', primavera 1928.

VIVIANI, A., *Un grande amico dei giovani, Emilio Salgari*, in «Fra armi e macchine a bordo», Ministero della Marina, Roma, Anno III, n. 1-2, febbraio 1928.

★★★

CORDIÉ, C., *Dino Garrone tra Salgari e Verne*, in «La rassegna della letteratura italiana», Anno 76, n. 2-3, maggio-dicembre, Firenze, Sansoni, 1972.

GUERRI, G.B., *Giuseppe Bottai, un fascista critico. Ideologia e azione del gerarca che avrebbe voluto portare l'intelligenza nel fascismo e il fascismo alla liberalizzazione*, Milano, Feltrinelli, 1976; *Giuseppe Bottai fascista*, Milano, Mondadori, 1996.

RAGGHIANTI, C. L. (a cura di), *Il Selvaggio di Mino Maccari*, Vicenza, Neri Pozza ed., 1959, 2ª ed. 1994.

SCARANTINO, A., *«L'Impero»: Un quotidiano «reazionario-futurista» degli anni venti*, ("I fatti della storia", collana diretta da Renzo De Felice, Saggi 7), Roma, Bonacci, 1981.

Volume II, Capitolo 3 – 1928-1943

Catalogo Generale della Casa Editrice Sonzogno, Milano, Supplemento n. 4, *Nuova Grande Edizione Italiana delle Opere di Emilio Salgari*, con la prefazione di G.L. Dinamo, *Emilio Salgari: La sua vita e le sue opere*, Milano, Sonzogno, Aprile 1937-XV.

Convegno Nazionale per la letteratura per l'infanzia e la giovinezza (Atti), Roma, Ente Nazionale per le biblioteche popolari e scolastiche e Sindacato Nazionale Fascista Autori e Scrittori, 1939.

CUESTA, U., *Cultura fascista: per le scuole di avviamento professionale e del lavoro*, Bologna, Cappelli, 1940.

— *Il fascismo: la rivoluzione e la dottrina fascista*, Milano, A. Vallardi, 1934.

— *Garibaldi sul mare*, Milano, Istituto editoriale avio navale, [1931-32].

— *Il giornalismo*, Milano, A. Vallardi, 1937.

CUESTA, U. (a cura di), *Problemi attuali della letteratura infantile*, Atti del Congresso del Sindacato Nazionale Fascista Autori e Scrittori, 1940.

QUATTRINI, A.G. e N. VERESTIN, *Come l'Inghilterra s'impadronì del mondo*, Roma, Aequa, 1936.

'SALGARI, OMAR', [in realtà Giovanni Bertinetti], *Mio padre Emilio Salgari*, con prefazione di Lucio d'Ambra, Milano, Garzanti, 1940.

SALGARI, OMAR e LUCIANO DE NARDIS, *Emilio Salgari, documenti e testimonianze*, con prefazione di Lucio d'Ambra, Predappio, Edizioni Faro, 1939.

ZAVATTI, S., *Emilio Salgari, il poeta dell'avventura*, Forlì, Valbonesi, 1937.

★

L'ANNALISTA [CARLO MORANDI?], *L'avventura del "capitano"*, in «Oggi», Milano, 1° luglio 1939.

«L'Arena», Verona: *Per un monumento a Salgari*, articolo firmato ENSEN, 14 maggio 1929.

— *Per il monumento a Salgari; Una lettera dei figli dello scrittore al nostro giornale; Il monumento si farà*, 2 giugno 1929.

— *Salgari e Motta*, 1936.

— *Un poeta del mare e del coraggio*, 13 giugno 1937.

— *Il mago veronese dell'avventura*, 9 settembre 1937.

BOTTO, P., *Salgari e l'aeronautica*, in «L'Ala d'Italia», aprile 1936.

BRESAOLA, F., *Infanzia e puerizia di Emilio Salgari*, in «La Campania», 1942, ripubblicato in F. BRESAOLA, *Scritti e discorsi*, vol. I, Bologna, Edizioni S.I.A., 1942.

CARBONE, C., *Emilio Salgari scrittore*, in «L'Italia Marinara», n. 6, giugno 1941.

«Il Carlino della Sera», Bologna: *Nostalgia di Emilio Salgari*, 7 gennaio 1941.

CESARINI, P., *Viva Salgari!*, in «Almanacco dei Visacci», Firenze, Vallecchi, 1939.

CHIARELLI, R., *Il poeta della nostra giovinezza avventurosa*, in «Il Giornale della domenica», 27 aprile 1941.

«Civiltà Fascista», mensile (continuazione di «Educazione fascista»), Quaderni di divulgazione dell'Istituto nazionale di cultura fascista, Anno I, n. 1 (gennaio 1934), Firenze, Le Monnier, *passim*.

CONTI, G., *Emilio Salgari scrittore*, in «Domus», n. 199, novembre 1940.

«Il Corriere dei Piccoli», Milano: *Salgari racconta la sua vita*, 20 novembre 1938.

«Il Corriere Istriano», Pola: *Nel 30° annuale di Emilio Salgari*, 24 aprile 1941.

«Il Corriere Mercantile», Genova: *Emilio Salgari ritorna*, 23 novembre 1940.

«Il Corriere Padano», Ferrara: *Emilio Salgari*, 5 agosto 1939.

— *Il destino di Emilio Salgari (Omaggio a E. S.)*, 1° ottobre 1939.

«Critica Fascista»: articolo su Gondar e sulla perdita dell'Abissinia, Anno XX, n. 4, 15 dicembre 1941.

CROCE, B., recensione di L. Santucci, *La letteratura infantile*, in «La Critica», 20 novembre 1942.

«La Cronaca Prealpina», Varese: *Parliamo di Emilio Salgari*, 6 giugno 1938.

D'AMICO, S., *Verne e Salgari*, in «Certezze», Milano, Treves, 1932.

DE ZUANI, E., *Sandokan alla riscossa*, in «Quadrivio», Milano, 13 marzo 1938.

«La Domenica del Lavoro»: *Emilio Salgari*, 22 dicembre 1941.

DONZELLI, A., *Il fanciullo nella letteratura*, in «L'Impero», 19 aprile 1932.

«Fiamma Italica», Milano: *A 30 anni dalla morte di Emilio Salgari*, 1941.

[GARRONE, D.?], *Salgariana*, in «Il Corriere Adriatico», Ancona, 14 gennaio 1937 [presumibilmente la ristampa dell'articolo del 1928 di Garrone, morto nel 1931].

«La Gazzetta dello Sport», Milano: *Emilio Salgari e lo sport*, 2 febbraio 1939.

«Il Giornale della Domenica»: *Il poeta della nostra giovinezza avventurosa*, 27 aprile 1941.

«Il Giornale di Genova», Genova: *Quel povero Salgari*, 22 gennaio 1941.

— *A 30 anni dalla morte di Emilio Salgari*, 1941.

— *Quando Emilio Salgari abitava a San Pier d'Arena*, 1941.

«Il Giornale d'Oriente», Alessandria d'Egitto: *Emilio Salgari*, 24 marzo 1939.

«Il Giornale di Sicilia», Palermo: *Per le onoranze a Emilio Salgari*, 24 novembre 1938.

«Giornale 'L'ambrosiano'»: *Altre verità su Emilio Salgari*, 12 dicembre 1938.

GRECO, A., *Salgari racconta la sua vita*, in «Il Corriere dei Piccoli», n. 47, Milano, 20 novembre 1938.

— *Vita fuori tempo di Emilio Salgari*, in «L'Illustrazione del medico», n. 76, marzo 1941.

GUERRASIO, G., *Furore salgariano*, in «Cinema», 10 dicembre 1941.

«L'Italia marinara»: *Emilio Salgari*, 3 dicembre 1932.

JERI, A., articolo, in «La Domenica del Corriere», Milano, 24 aprile 1930.

— *Dopo avere scritto cento romanzi* (firmato Alf), in «La Domenica del Corriere», Milano, n. 17, 16-22 aprile 1939.

JOVINE, F., *Letteratura per i ragazzi*, in «Quadrivio», 23 dicembre 1934.

LOVERSO, G., *Regìa di Salgari*, in «Scena Illustrata», n. 2, febbraio 1942.

«Il Lunedì dell'impero»: *La drammatica esistenza di Emilio Salgari*, [1939].

«Il Mare», Rapallo: *La tormentata vita di Emilio Salgari*, 1941.

— *Una lontana visita a Emilio Salgari*, 6 settembre 1941.

— *Emilio Salgari e il romanzo di avventure*, 30 settembre 1941.

«Il Messaggero del Mugello»: *Emilio Salgari*, 8 gennaio 1933.

«Minerva»: *Emilio Salgari romanziere* (firmato M.C.), n. 10, 1942.

«Il Mondo»: *Scienza e avventura in Emilio Salgari*, 4 dicembre 1932.

MUNARO, G., *Emilio Salgari autore dell'opera:* I ribelli della montagna (note critiche), in «Cremona», 1-2, 1941.

«L'Ora della Sera», Palermo: *Emilio Salgari visto da un giovane d'oggi*, 7 ottobre 1938.

PASQUINI, L., *Emilio Salgari e l'ebreo*, in «Il Popolo d'Italia», Addis Abeba, 1° maggio 1938.

— *Emilio Salgari e l'ebreo*, in «Il Popolo d'Italia», Milano, 27 novembre 1938.

— *Un necessario atto riparatorio. Il "caso Salgari"*, in «Il Popolo d'Italia», Milano, 5 marzo 1940.

«Il Popolo», Torino: *Il dramma di Emilio Salgari*, 26 maggio 1937.

«Il Popolo delle Alpi»: *È tornato Emilio Salgari*, 29 dicembre 1938.

PROFETA, O., *Salgari*, in «Il Popolo di Sicilia», 31 dicembre 1936.

«La Provincia di Vercelli»: *Emilio Salgari*, 28 novembre 1938.

«Rassegna Sindacale Corporativa», Padova: *Drammatiche vicende editoriali della produzione salgariana*, marzo 1935.

«Il Resto del Carlino», Bologna: *Emilio Salgari un nome indimenticabile*, [8 settembre 1937].

— *Emilio Salgari il mare e i critici*, [11 novembre 1937].

— *La vita del re dell'avventura*, 4 aprile 1939.

— *Vita casalinga di Emilio Salgari*, 26 dicembre 1940.

«La Rivista delle Forze Armate»: *Emilio Salgari*, 16 dicembre 1935.

«La Rivista Nautica»: *Emilio Salgari e un'ombra che torna*, 1° maggio 1939.

— *A proposito di Emilio Salgari*, 10 giugno 1939.

«Roma», Napoli: *Realtà di Emilio Salgari*, 8 giugno 1939.

'SALGARI, NADIR', Introduzione, in 'E. Salgari' [in realtà Lorenzo Chiosso, riveduto da Yambo], *Le mie avventure* (2ª ed. de *Le mie memorie*, 1928), Milano, Sonzogno, 1937.

SALGARI, OMAR, Prefazione in *Emilio Salgari racconta ai bambini La storia di Mago Magon*, Torino, Paravia, 1938.

«Salsomaggiore Illustrata»: *Emilio Salgari nel 30° annuale*, n. 6, 1940.

«La Scuola Italiana»: *Emilio Salgari*, 4 febbraio 1940.

«Il Secolo XIX», Genova: *Giannettino e Sandokan*, 30 dicembre 1940.

«La Sera», Milano: *Salgari e lo stendardo delle bravure*, 26 aprile 1939.

SERONI, A., *Emilio Salgari*, in «Libri per la Scuola dell'Ordine Elementare» (Bollettino del Centro didattico nazionale), n. 2, Firenze, 5 febbraio 1942.

«Il Sette Bello», Roma: *Emilio Salgari*, 8 dicembre 1938.

«La Stampa della Sera», Torino: *Il romanzo che durò undici anni e che la morte ha troncato*, articolo in 3 puntate, 1938.

— *Emilio Salgari*, 16 dicembre 1938.

«Il Telegrafo», Livorno: *Fatalità di Emilio Salgari*, 6 dicembre 1938.

— *Salgari e il mare*, 1° marzo 1939.

— *Vita eroica di Emilio Salgari*, 13 aprile 1940.

«Le Tre Venezie»: *Emilio Salgari a trent'anni dalla morte*, n. 5, maggio 1941.

«La Tribuna», Roma: *All'arrembaggio, uomini del mare*, 13 dicembre 1938.

«L'Unione», Tunisi: *Emilio Salgari galeotto della penna*, 26 aprile 1938.

VIVIANI, A., *Emilio Salgari. Un beniamino della gioventù*, in «Il Libro Italiano», Roma, fascicolo XI, novembre 1940.

«La Voce del Popolo», Taranto: *Il pensiero e l'arte di Emilio Salgari*, 5 gennaio 1941.

«La Voce di Mantova», Mantova: *È tornato Emilio Salgari*, 1938.

ZAMBONI, A., *Salgari scrittore*, in «Regime fascista», Cremona, 18 febbraio 1939.

ZANON, U., *Emilio Salgari mago dell'avventura di due generazioni*, in «L'Azione Coloniale», 3 novembre 1938.

ZAVATTI, S., *Emilio Salgari e il cinema*, in «Il Resto del Carlino», Bologna, [3 marzo 1938].

★★★

GATTERER, C., *Bel paese, brutta gente. Romanzo autobiografico*, Bolzano, Praxis3, 1989.

Volume III, Capitolo 1 – 1943-1949

MORINI, M., e E. FIRPO, *Con Emilio Salgari tra pirati e corsari* («Ricostruzione biografica»), con Prefazione di Omar Salgari, Milano, S.A.D.E.L., 1946.

★

BRESAOLA, F., *Gli ultimi anni*, in «L'Arena», Verona, 15 giugno 1947.

— *Salgari e Verne*, in «Pensiero ed Arte», Bari, n. 5, 1948.

«Il Codino Rosso»: *La colpa è di Emilio Salgari*, 30 marzo 1946.

«Il Corriere Lombardo», Milano: articolo sulla delinquenza e Salgari, [gennaio-marzo] 1946.

DE ZUANI, E., *Monumento a Salgari nei paesi della pirateria*, in «Corriere della Sera», 25-26 giugno 1949.

DIBELLA, F., *El cruel destino de Emilio Salgari*, in «Historium», 1949.

FORTINI, F. (Fr. F.), *Emilio Salgari: Profilo*, in «Il Politecnico», Milano, 16 marzo 1946.

GALATA, A., *La mesita magica de Emilio Salgari*, in «Historium», XII, n. 127, dicembre 1949.

GUERRASIO, G., *Furore salgariano*, in «Cinema», 10 dicembre 1941.

MORINI, M., *Emilio Salgari e il teatro*, in «Retroscena», Milano, 20 agosto 1946.

— *Emilio Salgari e il cinema*, in «Retroscena», Milano, 10 settembre 1946.

— *La folgore e l'uragano*, e *Vita tragica di Emilio Salgari* (riguardo al Comitato per le onoranze allo scrittore), in «Il Corriere degli Artisti», n. 15, 5 settembre 1947.

— *Emilio Salgari nel 38° anniversario della morte*, in «Viator», n. 3-4, marzo-aprile 1949.

SARTI, A., *La morte di Salgari*, in «Il Giornale della sera», 12 maggio 1948.

«La Settimana a Milano», Milano: *Emilio Salgari biografia* (in 3 puntate), 1946.

«El Tòr», Torino: *Emilio Salgari forzato della penna*, 1946.

UTILI, U. P., *Il giure della giungla*, in «Paese Libero», 18 febbraio 1946.

VALENTINI, G., S.J., *Del salgarismo*, in «Letture», Milano, n. 6, giugno 1947.

«La Voce del Popolo», Taranto: *Un marinaio parla di Emilio Salgari*, 19 marzo 1946.

★★★

[VIGLONGO, A.], *Personaggi e avventura nei romanzi di Salgari: Fatti e giudizi*, in «Almanacco piemontese», Torino, Viglongo, 1981.

Volume III, Capitolo 2 – 1950-59

FIUMI, L., *Li ho veduti così: Figure ed episodi nella Verona della mia adolescenza*, Verona, Edizioni di «Vita Veronese», 33, 1952.

GUARNIERI, R., *Salgari*, in L. Tumiati Barbieri, M. Bartolozzi, U. Bovero, R. Guarnieri, *Collodi Verne Capuana Salgari: Scrittori per l'Infanzia (Saggi) I*, Bologna, O.D.C.U., 1953.

MONCHIERI, L., *Emilio Salgari*, Brescia, La Scuola, 1955.

Problemi della letteratura per l'infanzia in Europa, Atti delle Giornate Europee, Firenze, 1955.

★

ALBERINI, M., *I pirati di Salgari aspettano un museo*, in «Epoca», Anno IV, n. 120, Milano, 24 gennaio 1953.

BARGELLINI, P., articolo sui romanzi d'avventura, in «Indice d'Oro», Anno I, n. 4, Roma, aprile 1950.

— *La letteratura dell'ardimento*, in «Indice d'Oro», Anno I, n. 10, Roma, ottobre 1950.

BERTONI JOVINE, D., *Quarant'anni dalla morte del popolare scrittore*, in «L'Unità», 24 agosto/ 30 agosto 1951.

BITELLI, G., *Emilio Salgari*, in «L'Indice d'Oro», Roma, Anno I, n. 11-12, novembre-dicembre 1950.

«Il Borghese»: *Emilio Salgari 1862-1911. Profilo*, n. 3, 1° febbraio 1954.

BRESAOLA, F., *Salgari. Lo scrittore*, in «Vita veronese», Verona, novembre 1951.

— *La fanciullezza di Salgari*, in «Vita veronese», Verona, gennaio 1952.

— *Salgari. Lo studente*, in «Vita veronese», Verona, novembre-dicembre 1952.

— *Salgari. Aneddoti*, in «Vita veronese», Verona, ottobre 1953.

— *Sulle origini della famiglia Salgari*, in «Vita veronese», Verona, giugno 1956.

— *Salgari. Il giornalista*, in «Vita veronese», Verona, gennaio-febbraio 1957.

— *Il duello Salgari-Biasioli*, in «Vita veronese», Verona, novembre-dicembre 1958.

CALENDOLI, G., Prefazione, in E. SALGARI, *100 avventure sugli oceani*, Napoli-Roma, V. Bianco, 1959.

CHIARELLI, R., *Onoranze a Emilio Salgari*, in «Schedario», Firenze, n. 41, giugno-settembre 1959.

CONFALONIERI, L., *Ai funerali di Morgan*, in «Oggi», Milano, 6 luglio 1950.

DIBELLA, F., *Vida de miseria y dolor fue la de Emilio Salgari*, in «Mundo Argentino», 17 settembre 1952.

DORIGO, F., *Salgari: occasione mancata*, in «Rivista del Cinematografo», agosto 1956.

FANCIULLI, G., *Bilancio d'un cinquantenario*, in «S.I.M.», 1950.

FIRPO, E., *Notarelle biografiche*, in *A Luigi Motta, nel primo anniversario della morte*, Supplemento di «Vita Veronese», n. 12, Verona, 1956.

GUALDONI, E., *Bentornati i tigrotti di Mompracem!*, in «Hollywood», 3 maggio 1952.

GUICCIARDI, E., *Emilio, sub astris*, in «La Martinella di Milano», volume IX, fascicolo III-IV, 1955.

GUICCIARDI, L., *Con la tigre nessuno ha paura*, in «La Martinella di Milano», volume IX, fascicolo III-IV, 1955.

MAMPRIN, L., *Bocciato all'Istituto Nautico, navigò nelle pagine dei romanzi*, in «L'Eco di Bergamo», Bergamo, 9 giugno 1958.

MASSAROTTO, A., *Salgari*, in «Oggi», Milano, [1950].

MATTEINI, N., *Solidarietà di due scrittori per i giovani. Salgari profetizzò i successi di Luigi Motta*, in «Il Messaggero», 25 marzo 1957.

MINARDI, W., *Conobbe successo e miseria l'inventore di Sandokan e Tremal-Naik*, in «Il Messaggero di Roma», 8 maggio 1959.

MORINI, M., *Il Corsaro Nero sul palcoscenico*, in «Albi Salgari», n. 13, marzo-aprile 1953.

— *A ventun anni Salgari scrisse il suo primo racconto*, in «La Nazione Sera», 5 settembre 1953.

— *Una contesa letteraria intorno al Polo Nord*, in «Il Corriere Lombardo», Milano, 18-19 settembre 1953.

— *Vita di Salgari. I suoi critici lo conoscono poco*, in «Albi Salgari», n. 25, marzo-aprile 1954.

— *La vita di Emilio Salgari*, in «La Scena illustrata», aprile 1954.

— *Don Emilio gli disse: "Dovrei abbracciarla, capitano!"*, in «La Patria», Milano, 2 novembre 1954.

— *Il "caso" Salgari*, in «La Martinella di Milano», Milano, volume IX, fascicolo III-IV, marzo-aprile 1955.

— *Emilio Salgari e il teatro*, in «Patria», 19 novembre 1955 [?].

— *Ha conosciuto Emilio Salgari*, in «Fenarete», [n. 6, novembre-dicembre 1956].

— *Vanno pian piano in soffitta le avventure del Corsaro Nero*, in «La Notte», 26, 28 novembre, 2, 9, 13 dicembre 1958.

— *Il viaggio della "Stella Polare", scritto su ritagli di giornale*, in «La Notte», Milano, 2-3 dicembre 1958.

MORINI, M., Introduzione biografica, in E. Salgari, *Storie rosse*, a cura di M. Morini, Milano, Marvimo, 1954.

MOTTA, L., *Salgari e la sua avventura*, in «La Scena illustrata», XI, novembre 1951.

— *Ricordi della mia vita*, in A Luigi Motta, nel primo anniversario della morte, Supplemento di «Vita Veronese», n. 12, Verona, 1956.

MUNARI, C., *In una povera casa di periferia una lapide per Emilio Salgari*, in «La Gazzetta del Veneto», 28 aprile 1959.

MUSSETTO, P., *Le vicende editoriali di Emilio Salgari*, in «La Scena illustrata», X, ottobre 1952.

ROBERTI, M., *Scriveva l'epopea di Sandokan impugnando la penna come un pugnale*, in «Quotidiano sardo», 23 giugno 1951.

SECCHI, C.C., *Salgari ... o dell'innocenza*, in «La Martinella di Milano», volume IX, fascicolo III-IV, 1955.

SEGRE, B., *Sandokan ha perso la battaglia con i registi*, in «Cinema», 15 giugno 1951.

SERRA, F., *Scandalo per Salgari*, in «La Settimana Incom», 14 gennaio 1950.

Volume III, Capitolo 3 – 1960-69

BRESAOLA, F., *La giovinezza di Emilio Salgari*, Verona, Casa ed. I.C.A., 1963.

GALLO, C., a cura di, *Viva Salgari! Testimonianze e memorie raccolte da Giuseppe Turcato*, Reggio Emilia, Aliberti editore, 2005. [Gli scritti dell'antologia sono degli Anni Sessanta.]

METZ, V., *Giovanna, la nonna del Corsaro Nero*, Milano, Rizzoli, 1962.

'SALGARI, OMAR' [ma in realtà G. BERTINETTI], *Mio padre, il cavaliere dell'avventura* (nuova ed. emendata di *Mio padre, Emilio Salgari*, 1940), Bologna, Carroccio, 1963.

★

ADELFI, N., *Gli eroi di Salgari*, in «La Stampa», Milano, 15 aprile 1961.

«Almanacco Italiano»: *E. S., Opere, Editori*, 1960.

BALDACCI, L., *Emilio Salgari: un geniale inventore di "libretti"*, in «Epoca», 28 dicembre 1969.

BERTOLDI, S., *E dopo la luna di miele?* (articolo sulle nozze Kennedy-Onassis), in «Oggi», XXIV, 45, Milano, 7 novembre 1968.

BERTÙ, B., poesia su S., in «Il Giornale Letterario», Milano, Luglio-Agosto 1961.

Biblioteca Civica di Torino: *La vita e l'opera di E. S.*, dépliant per la mostra a Torino, 1963.

Biblioteca Comunale di Milano: *E. S., 1862 – 1911*, guida alla mostra, 8-29 aprile 1961, probabilmente compilata da Emilio Firpo, con Introduzione di Luigi Guicciardi, *Umanità di E. S.*, 1961.

BO, C., *Un poco di giustizia per il padre del Corsaro Nero*, in «L'Europeo», 30 aprile 1961.

BUSCAGLIA, I., *Emilio Salgari e il cinema*, in «Primi piani», Anno XXXII, n. 5-6, maggio-giugno 1963.

BUZZATI, D., *Salgari in Olimpo*, in «Corriere della sera, (Corriere letterario)», Milano, 4 dicembre 1969.

CALENDOLI, G., *Il mito di Salgari*, in «L'Italia che scrive», Anno XLV, n. 7-8, Luglio-Agosto 1962.

CASALEGNO, C., *I cimeli di Salgari*, in «La Stampa», Torino, 25 ottobre 1963.

CITATI, P., *Il profumo dei nagatampo*, in E. SALGARI, *Edizione Annotata: Primo ciclo della jungla*, Vol. I, Milano, Mondadori, 1969.

CONTIN, A.M., *Emilio Salgari, la fantasia in mille avventure*, in «Il Giornale dei viaggi», 1° aprile 1961.

DRAGO, A., *Non bastarono cento libri a rendere ricco Salgari*, in «Tempo», 4 agosto 1962.

ETNA, G., *Emilio Salgari commemorato al Teatro Carignano di Torino*, in «Italia sul mare», Anno V, n. 5, Roma, maggio 1959.

FAGGELLA, M., *Delitto da riparare*, in «Il Giornale d'Italia», 20 gennaio 1960.

— *Avventure salgariane che precorsero i tempi*, in «Il Giornale d'Italia», 8-9 marzo 1960.

FIRPO, E., *A cinquant'anni dalla morte di Emilio Salgari*, in «Il Giornale dei viaggi», 1° aprile 1961.

FRANCESCHINI, L., *Inventò Sandokan per vendicarsi di una istitutrice*, in «Historia», giugno 1966.

GUICCIARDI, L., *Umanità di Emilio Salgari*, Introduzione in *Emilio Salgari, 1862-1911*, guida alla mostra (8-29 aprile 1961), Biblioteca Comunale di Milano, 1961.

HISTORICUS, *Il profeta Salgari*, in «Il Resto del Carlino», Bologna, 16 settembre 1962.

LORENZI, A., *Milano Salgariana*, in «Milano (Comune) Città di Milano», Milano, maggio 1961.

«Il Mattino»: *L'ultimo figlio di Salgari si è gettato dal balcone*, 6 novembre 1963.

MATURANZO, S., *Il mondo di Salgari*, in «L'Italia che scrive», Anno XLV, n. 7-8, Luglio-Agosto 1962.

MINARDI, W., *Salgari come un antico samurai*, in «Storia illustrata», dicembre 1962.

MORELLINI, A., *Regalò per pochi soldi l'evasione a due generazioni di ragazzi*, in «Il Corriere mercantile», [21 novembre 1963].

MORIGI, F., *A me fratelli della costa!*, in «Panorama Pozzi», novembre 1962.

MOSCA, O., *Salgari e D'Annunzio nella vita italiana*, in «Il Corriere mercantile», [29 marzo 1963].

«Nuovasinistra»: articolo anonimo, *Salgari e James Bond*, Anno I, fasc. 1, 15 giugno 1966.

PERAZZI, M., *Il padre di Sandokan ancora alla riscossa*, in «Oggi», 27 aprile 1961.

POSSENTI, E., *Ecco il pittore Emilio Salgari*, in «La Domenica del Corriere», Milano, 9 settembre 1962.

PROSPERI, C., *Destino dei Salgari*, in «La Stampa», 7 novembre 1963.

QUASIMODO, S., articolo in «Il Tempo», 13 gennaio 1965.

RIGOTTI, D., *Emilio Salgari e le scimitarre di latta*, in «La Fiera letteraria», 23 aprile 1961.

SALGARI, OMAR, «Leggenda e verità sulle tribolazioni di Emilio Salgari. I diritti d'autore e il suicidio del padre del Corsaro Nero e di Sandokan nei ricordi del figlio Omar», dattiloscritto inedito del 1963.

SALGARI, OMAR, e FRANCA RIGHI, «Profili e appunti salgariani: Emilio Salgari», dattiloscritto inedito, scritto da Omar [1963?], con aggiunte della figliastra.

SANTUCCI, L., *Scuse a Salgari*, in «Lo Smeraldo», 30 gennaio 1965.

SOLLAZZO, L., *Fu difficile per Omar essere figlio di suo padre*, in «Il Gazzettino», 7 novembre 1963.

SPAGNOL, M., Introduzione e Nota al testo, in E. Salgari, *Edizione Annotata: Il primo ciclo della jungla*, Vol. I, Milano, Mondadori, 1969.

TURRONI, G., *Salgari alla Biblioteca Comunale*, in «Milano (Comune) Città di Milano», [maggio 1961].

— *Emilio Salgari nel cinquantenario della morte*, in «Via!», maggio 1961.

[VIGLONGO, A.], *Personaggi e avventura nei romanzi di Salgari: Fatti e giudizi*, in «Almanacco piemontese», Torino, Viglongo, 1981.

ZANOTTO, P., *A proposito del Film per Ragazzi*, in «Primi piani», n. 1-2, Gennaio-Febbraio 1959.

ZAVATTI, S., articolo in «L'Universo», 3 novembre 1962.

Volume III, Capitolo 4 – 1970-2000

ANTONETTO, R., F. POZZO, e G. VIGLONGO, *Cento anni dopo: Saggi introduttivi alla rilettura de* Il Corsaro Nero, Torino, Viglongo, 1998.

BÀRBERI SQUAROTTI, G., e colleghi, a cura di, *Scrivere l'avventura: Emilio Salgari*, Atti del Convegno Nazionale (Torino, marzo 1980), Torino, Quaderni dell'Assessorato per la Cultura, 1982.

BÀRBERI SQUAROTTI, G., e colleghi, a cura di, *Scrivere l'avventura: Emilio Salgari*, Guida: Convegno nazionale di studi, Rassegna cinematografica, Mostra bio-bibliografica, Torino, marzo 1980.

CAPORALI, R., a cura di, *Le avventure di Sandokan: Sandokan*, libera riduzione dello sceneggiato televisivo, Firenze, Giunti-Marzocco, 1975.

ECO, U., *Postille a "Il nome della rosa"*, Milano, Bompiani, 1988.

FRAGALE, G., *Mompracem di Emilio Salgari. Pretesa ubicazione geografica*, Messina, tip. A. Giacobbe, ottobre 1972.

GREGORETTI, U., *Le Tigri di Mompracem: una serata con Emilio Salgari*, Torino, Einaudi, 1974.

LAWSON LUCAS, A., «Emilio Salgari, 1862-1911, his life, works and "fortuna"», tesi della laurea di ricerca, University of Edinburgh, 1971.

RAIOLA, G., *Sandokan mito e realtà*, Roma, Edizioni Mediterranee, 1975.

VIGLONGO, G. e F. (a cura di), *Quaderni salgariani*, 1, Torino, Viglongo, 1998.

ZANOTTO, P., a cura di, *Salgari. Le immagini dell'avventura*, Trento, Editrice Alcione, 1980.

*

BÀRBERI SQUAROTTI, G., *Scrivere l'avventura: Emilio Salgari*, Introduzione in *Scrivere l'avventura: Emilio Salgari*, Guida al Convegno Nazionale, Torino, marzo 1980.

BUZZOLAN, U., articolo in «La Stampa», Torino, 10 febbraio 1976.

BUZZOLAN, U., *Salgari, il cinema e la televisione*, in *Scrivere l'avventura: Emilio Salgari*, Guida al Convegno Nazionale, Torino, marzo 1980.

CARABBA, C., *Salgari e il suo mito in un convegno a Torino: Quei viaggi in salotto del principe Sandokan*, in «Paese Sera», 23 marzo 1980.

CESERANI, G.P., *Sandokan esiste*, in «La Repubblica», Roma, 22 aprile 1976.

DE CESCO, M., *È tornato Sandokan per divertire gli adulti*, in «Panorama», Torino, 9 aprile 1970.

DELLA CASA, S., *Filmografia salgariana*, in *Scrivere l'avventura: Emilio Salgari*, Guida al Convegno Nazionale, Torino, marzo 1980.

GETREVI, P., *1881-1923: romanzo e paradigma*, in «Cenobio», n. 3, luglio-settembre 1983.

Introduzione, in E. Salgari, *Le novelle marinaresche di Mastro Catrame*, Torino, Einaudi, 1973, 2ª ed. 1981.

Introduzione, in *Salgari a fumetti*, e.f.c., Banca Popolare dell'Etruria, novembre 1975.

MAGRIS, C., *Il piccolo grande stile di Emilio Salgari: L'avventura di carta ci segna per la vita*, in «Corriere della sera», Milano, 17 giugno 1980.

MARIOTTI, G., *Questa Malesia è troppo vera*, in «La Repubblica», Roma, 8 febbraio 1976.

«Panorama», Torino: recensione dello spettacolo *Sandokan* di Aldo Trionfo, presso il Teatro Stabile, Trieste, n. 206, 1970.

PAVESIO, G., *Emilio Salgari: il catalogo della mostra*, in *Scrivere l'avventura: Emilio Salgari*, Guida al Convegno Nazionale, Torino, marzo 1980.

PEREGO, F., *Sandokan risuscita ed è subito un divo*, in «Tempo», n. 35, 2 settembre 1973.

Pozzo, F., *Incontro con Emilio Salgari*, in «Schedario», Firenze, n. 1, 1992.

Raiola, G., *Omaggio a Salgari nell'isola di Sandokan* in «Domenica del Corriere», Milano, n. 41, 12 ottobre 1971.

— articolo in «Il Giornale di Sicilia», Palermo, n. 212, [25 agosto 1972].

Savater, F., *Il pirata di Mompracem*, in *L'infanzia recuperata*, Bari, Laterza, 1994.

Spagnol, M., *Il mio Sandokan*, in «Tuttolibri», supplemento de «La Stampa», Torino, 16 febbraio 1980.

Turcato, G., *Echi salgariani nella Torino del primo Novecento*, in «Almanacco piemontese», Torino, Viglongo, 1982.

Viglongo, A., *Amare verità sul "caso letterario" Salgari: Settant'anni dopo*, in «Almanacco Piemontese», Torino, Viglongo, 1981.

— *L'origine dei falsi salgariani: Chi ha veramente scritto Le mie memorie?*, in «Almanacco Piemontese», Torino, Viglongo, 1982.

Wilcock, R., *Il tremendo Sandokan*, in «Il Mondo», 21 giugno 1970.

APPENDICE BIBLIOGRAFICA DEL 'CASO SALGARI' PROMOSSO SU «IL RADUNO», 1927-28

1927

BELTRAMELLI, A., fondo di prima pagina, in «Il Raduno», Roma, Anno I, n. 1, 31 dicembre 1927.

DE STEFANI, A., *Emilio Salgari*, in «Il Raduno», Roma, Anno I, n. 1, 31 dicembre 1927.

1928

BELTRAMELLI, A., articoli in «Il Raduno», Roma, Anno II, 1928:

— *Il "Caso Salgari". Conclusioni in materia di diritto. (Lettera aperta a S.E. Pietro Fedele, Ministro della Pubblica Istruzione)*, firmato A. Beltramelli e A. De Stefani (vd), Anno II, n. 4, 28 gennaio 1928.

— *Lettera aperta ad A. Mussolini*, Anno II, n. 6, 11 febbraio 1928.

(Non si esclude che possa aver contribuito anche con altri articoli anonimi nel periodo gennaio-luglio 1928.)

BIZZARRI, A., *Avventure, avventure, avventure*, in «Il Raduno», Roma, Anno II, n. 9, 3 marzo 1928.

CECCHINI, prof. C., *Il valore artistico di Salgari*, in «Il Raduno», Roma, Anno II, n. 5, 4 febbraio 1928.

DE STEFANI, A., articoli in «Il Raduno», Roma, Anno II, 1928:

— *Il caso Salgari. Per la rivendicazione di un martire degli editori*, Anno II, n. 1, 7 gennaio 1928.

— *La perentoria eloquenza delle cifre*, Anno II, n. 3, 21 gennaio 1928.

— *Modifiche necessarie alla nostra legge sul diritto d'autore*, Anno II, n. 4, 28 gennaio 1928.

— *Dinamite sotto la torre d'avorio*, Anno II, n. 7, 18 febbraio 1928.

— *Lo spirito eroico nel Salgari e altri opportuni chiarimenti*, Anno II, n. 8, 25 febbraio 1928.
  (Contribuì certamente con altri brani anonimi nel periodo gennaio-luglio 1928.)

FEDELE, on. P., Ministro della Pubblica Istruzione, lettera sulla campagna pro-Salgari, in «La Tribuna», Roma, 19 gennaio 1928.

GIANNELLI, R., *Ricordi di un vecchio giornalista. Dove Emilio Salgari cominciò a farsi conoscere dal pubblico*, in «Il Raduno», Roma, Anno II, n. 3, 21 gennaio 1928.

GOTTA, S., *Salgari sulla tavola della Morgue*, lettera a A. Beltramelli e A. De Stefani, in «Il Raduno», Roma, Anno II, n. 5, 4 febbraio 1928. (Ristampata in *Emilio Salgari, documenti e testimonianze*, 1939.)

GRECO, A., lettera al direttore de «Il Torchio», febbraio 1928. (Ristampata su «Il Raduno», Roma, 25 febbraio 1928.)

MONTEFIORE, V., lettera al direttore de «La Tribuna», Roma, 3 gennaio 1928. (Citata anche ne «Il Raduno».)

MUSSOLINI, Arnaldo, *La elevata parola di A. Mussolini*, lettera sul 'caso Salgari' ad Antonio Beltramelli, Segretario Nazionale del Sindacato «Il Raduno», in «Il Raduno», Roma, Anno II, n. 5, 4 febbraio 1928. (Citata anche su «Il Popolo d'Italia», Milano, diretto da Arnaldo Mussolini, 3 febbraio 1928.)

— *Il pensiero di Arnaldo Mussolini sulla letteratura per i giovani*, in «Il Popolo d'Italia», Milano, 18 marzo 1928.

«Il Raduno», Roma, articoli e altri contributi anonimi, Anno II, 1928:

— *La invendicata tragedia di Emilio Salgari. Come visse e perché morì il martoriato educatore della nostra gioventù*, Anno II, n. 2, 14 gennaio 1928.

— Recensione de *Le mie memorie*, Anno II, n. 2, 14 gennaio 1928.

— *Diritti dei contratti, doveri della giustizia*, Anno II, n. 2, 14 gennaio 1928.

— *I documenti*, Anno II, n. 2, 14 gennaio 1928.

— *Una prima grande vittoria de «Il Raduno». Il Ministro della Pubblica Istruzione denuncia la frode editoriale e viene in aiuto dei figli di Emilio Salgari*, Anno II, n. 3, 21 gennaio 1928.

— *Il comm. Bemporad scrive*, Anno II, n. 4, 28 gennaio 1928.

— *La munificenza del Comm. Bemporad*, Anno II, n. 4, 28 gennaio 1928.

— *L'hai voluto, Antonio Vallardi!*, Anno II, n. 4, 28 gennaio 1928.

— *Il caso e i critici*, Anno II, n. 5, 4 febbraio 1928.

— *L'Istituto Nazionale per le opere di Emilio Salgari*, Anno II, n. 6, 11 febbraio 1928.

— *La vera vita di Emilio Salgari* (articolo con inclusi estratti dagli articoli biografici di Berto Bertù su «Augustea»), Anno II, n. 6, 11 febbraio 1928.

— *L'Istituto Nazionale per le opere di Emilio Salgari*, Anno II, n. 7, 18 febbraio 1928.

— *Salgari al Parlamento*, Anno II, n. 8, 25 febbraio 1928.

— *La vita nautica di Emilio Salgari* (citate anche lettere di A. Greco e R. Chiosso), Anno II, n. 8, 25 febbraio 1928.

— *Interrogazione sul Salgari alla Camera* (vengono citati on. Morelli, on. Bodrero, e on. Benito Mussolini), Anno II, n. 9, 3 marzo 1928.

— *Le conclusioni dell'inchiesta Salgari-Bemporad*, Anno II, n. 11, 17 marzo 1928.

— *Si domanda*, Anno II, n. 16, 21 aprile 1928.

— *Un uomo e una tessera*, Anno II, n. 18, 5 maggio 1928.

— *Gli affamatori degli artisti. La revisione dei contratti editoriali*, articolo in quattro puntate, Anno II, n. 25, 23 giugno 1928, più n. 26-28, 30 giugno - 7 luglio 1928 (ultimo fascicolo de «Il Raduno»).

SALGARI, Nadir, Romero, e Omar, *Le opere postume del Salgari*, lettera, in «Il Raduno», Roma, Anno II, n. 15, 14 aprile 1928.

SIMONI, G., *Lo sfruttamento del morto*, in «Il Raduno», Roma, Anno II, n. 13, 31 marzo 1928.

SORGENTI, N., *Per Salgari educatore. Documentazioni positive*, lettera, in «Il Raduno», Roma, Anno II, n. 10, 10 marzo 1928.

Una manciata di nuovi RINGRAZIAMENTI è dovuta alla fine del lavoro:

Parecchi colleghi e amici fedelissimi si sono prodigati per offrirmi ancora informazioni aiuti consigli negli ultimi tempi del lungo lavoro eseguito per finalizzare questi volumi. Senza le loro premure, la loro pazienza, la loro generosità, per non dire le loro conoscenze approfondite nell'universo salgariano, l'opera sarebbe rimasta tanto più povera. Non è possibile ringraziarli abbastanza, ma lo faccio sentitamente e con tutta sincerità. Hanno arricchito non solo l'opera, ma anche la mia vita, soprattutto la mia leale collaboratrice e cara amica Simona Rizzardi, insieme a Tiziano Agnelli, Clara Allasia, Mauro Bersani, Pino Boero, Antonio Carioti, Aldo Cecconi, Georgia Corbo, Arnaldo Di Benedetto, Ernesto Ferrero, Emanuela Ferro (della Biblioteca Berio di Genova), Claudio Gallo, Enrico Ghidetti, Peter Hainsworth, Nicola Locatelli (dell'Istituto Italiano di Cultura, Londra), Erika Marchetti, Serena Ruffilli, Adolfo Scotto di Luzio, lo staff della Biblioteca Comunale di Castelfranco Piandiscò [AR], Pompeo Vagliani (insieme al personale della sua eccellente e premiata Fondazione Tancredi di Barolo/MUSLI di Torino), con infine i bravi tipografi, e naturalmente il mio carissimo editore Daniele Olschki.

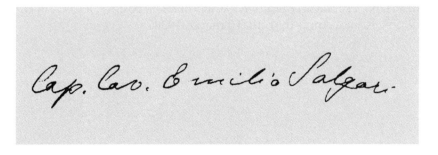

La calligrafia di Salgari – una delle sue firme.

Volume IV
ELENCO DELLE TAVOLE A COLORI

I. La copertina di F. Pozzo, *Emilio Salgari e dintorni*, Napoli, Liguori, 2000. L'immagine è basata sulla copertina disegnata da Alberto Della Valle per *La Perla sanguinosa* (Genova, Donath 1905). [RA]

II. E. Salgari, *Romanzi di giungla e di mare*, tre opere curate da A. Lawson Lucas, "I millenni", Torino, Einaudi, 2001: in copertina un particolare del disegno creato da Luigi Dalmonte per la 3ª edizione de *Le Tigri di Mompracem* (1911). [RA]

III. La nuova collana "Emilio Salgari, L'Opera Completa" uscita presso Fabbri Editori, Milano, 2002: copertina de *Il Corsaro Nero* con il disegno di Giuseppe Gamba creato per la 1ª edizione del 1898. [RA]

IV. *I Miei Volumi Corrono Trionfanti…*, gli Atti (2005) del 1° Convegno internazionale sulla fortuna di Salgari all'estero, tenutosi a Torino l'11 novembre 2003. Il disegno era stato preparato durante la vita di Salgari per le copertine editoriali della Donath di Genova. [RA]

V. La copertina Déco per *La Misteriosa Fiamma della Regina Loana* degli Anni Trenta, illustrazione apparsa nell'omonimo libro del 2004 di Umberto Eco, romanzo e opera di storia socio-culturale in cui Salgari figura notevolmente. [RA]

VI. *Viva Salgari!* – il volume raccoglie le opinioni di persone famose su Salgari raccolte da Giuseppe Turcato nel Secondo Dopoguerra e curate da Claudio Gallo per l'edizione del 2005. [RA]

VII. Quattro fra le prime copertine del periodico «Ilcorsaronero: Rivista salgariana di letteratura popolare», fondato nel 2006 da un gruppo di studiosi salgariani soprattutto veronesi. [RA]

VIII. Pubblicità per *Sandokan o la fine dell'avventura*, commedia rappresentata in diverse città nel 2011 dalla compagnia Sacchi di Sabbia, «nata a Pisa nel 1995». [VIGF]

IX. Copertina di *Ritornano le Tigri della Malesia*, romanzo dello scrittore messicano Paco Ignazio Taibo II, uscito nella traduzione italiana nel 2011. [RA]

X. Il simpatico e simbolico ritratto moderno di Salgari nella serie "I gatti dei famosi" di Franco Bruna, pittore e caricaturista de «La Stampa». Fra gli altri famosi, compagni di Salgari nella mostra a Torino (20 Ottobre – 19 Novembre 2011), furono Swift, Dumas *père*, Lewis Carroll, Robert Louis Stevenson, Jules Verne, Proust, Kafka, D'Annunzio, De Chirico, Pavese, James Joyce, Colette, Dino Buzzati, Umberto Eco. [RA]

XI. La copertina di *Disegnare il vento* (2011), elegante romanzo sugli ultimi giorni di Salgari, scritto da Ernesto Ferrero, per molti anni editore presso la Einaudi e Direttore del Salone del Libro di Torino. [RA]

XII. Per la stagione delle ricorrenze salgariane 2011-12, le Poste Italiane fecero uscire un francobollo commemorativo con cartolina e busta speciali. [RA]

Volume IV

ELENCO DELLE TAVOLE IN BIANCO E NERO

XIX. 'Geronimo Stilton' (Elisabetta Dami e colleghi), 'autore' della riuscitissima collana per bambini, parodia Salgari in parecchi volumetti, ancora una prova del successo moderno del classico dell'avventura: qui la copertina di Andrea Da Rold e Alessandro Muscillo per *Il Galeone dei Gatti Pirati* (Piemme, 2000, 2016). [RA] [EPM]

XX. Il Pirata Nero in una pagina de *Il Galeone dei Gatti Pirati* (Piemme, 2000, 2016) di Geronimo Stilton. In questi libri divertenti spesso si combinano testo e immagini sulla stessa pagina, vivacizzata anche da buffi cambiamenti di tipografia e di colore. [RA] [EPM]

XXI. «Un vero topo non porta la canottiera, Stilton!», una pagina di *Quattro Topi nella Giungla Nera* (2000) di Geronimo Stilton con «Illustrazioni di Larry Keys e Blasco Topasco» e «Grafica di Merenguita Gingermouse». Il topo Stilton è anche l'eroe (ossia anti-eroe) del racconto. [RA] [EPM]

XXII. Nella Giungla Nera si impara come maneggiare i serpenti, forse non alla maniera di Tremal-Naik: in *Quattro topi nella Giungla Nera* (Piemme Junior, 2000) di Geronimo Stilton nella collana "Storie da ridere". [RA] [EPM]

XXIII. La copertina non affatto salgariana di *Sangue corsaro nelle vene: Avventurose riscritture dalla Jolanda di Emilio Salgari* (Bacchilega Editore, 2006). La raccolta è l'esito di un concorso: sono 23 racconti di scrittori e scrittrici aderenti al progetto femminista, con Prefazione de «Le redattrici di Mompracem, radio-settimanale avventuroso di letteratura». [RA] [BE]

XXIV. Un'immagine neo-romantica dell'eroe salgariano sulla copertina di *Sandokan amore e sangue* di Roberto Fioraso (Perosini Editore, 2004), un saggio sul decennio veronese del giovane scrittore. [RA] [PE]

XXV. Veliero e tempesta: una doppia pagina nell'immaginoso volume per giovani lettori di Fabian Negrin *Chiamatemi Sandokan! – un omaggio a Emilio Salgari* (Salani Editore, 2011), titolo che ricorda l'inizio del *Moby-Dick* di Melville. [RA]

XXVI. Nel capolavoro di Fabian Negrin, *Chiamatemi Sandokan!* (2011), si ricordano gli eroi e le avventure de *Le Tigri di Mompracem*: «Brrr! Che notte d'inferno, fratellino mio». [RA]

XXVII. In *Chiamatemi Sandokan!* (2011) di Fabian Negrin, due bambini «giocano a Sandokan» e casa e giardino si riempiono di eroi e di bestie esotiche: nelle illustrazioni realtà e fantasia si tengono compagnia. [RA]

XXVIII. La copertina di *Emilio Salgari navigatore di sogni* (Rizzoli, 2011), racconto scritto da Serena Piazza e illustrato da Paolo d'Altan, ancora un capolavoro moderno che suggerisce con sfumature eleganti il rapporto fra la vita vissuta e il mondo dell'immaginario. [RA] [RM]

XXIX. Una brillante innovazione: la biografia grafica di Paolo Bacilieri, *Sweet Salgari* (Coconino Press, 2012). A Venezia il giovane Salgari viene portato verso il vascello per il suo primo e solo vero viaggio. [CP]

XXX. La vita del giovane scrittore che lavora al famoso e mitico tavolo scricchiolante, nell'interpretazione di Paolo Bacilieri in *Sweet Salgari* (2012). [CP]

XXXI. Verso la fine della vita Salgari lotta contro i problemi di famiglia e di salute per completare le ultime opere, in *Sweet Salgari* di Paolo Bacilieri (2012). [CP]

XXXII. La copertina del volume imponente *Dalla Sicilia a Mompracem e altro* (Caltanissetta, 2016), il *Festschrift* per Mario Tropea, noto studioso di letteratura dell'Otto-Novecento, incluso Salgari. [RA]

XXXIII. *I misteri della Jungla Nera*: Ada e Tremal-Naik nella pagoda della dea Kalì in un disegno del 1895 di Giuseppe Gamba per la 1ª edizione, riproposto nella nuova edizione dell'opera completa pubblicata dalla Fabbri Editore (2002). [RA]

XXXIV. La fuga di Tremal-Naik e Ada con Darma, la tigre addomesticata, rappresentata da Gamba nel 1895 e ristampata nell'edizione Fabbri del 2002. [RA]

XXXV. Una prima pagina del settimanale «Per Terra e per Mare» (Anno I, N. 15), periodico diretto da Salgari e pubblicato da Donath a Genova, 1904-06. Con lo stile Liberty della testata, il disegno di Alberto Della Valle e la puntata del nuovo romanzo salgariano *Jolanda, la Figlia del Corsaro Nero*, il successo del foglio era garantito. [BNCF]

XXXVI. Frontespizio de *Il Tesoro della Jungla*, uno fra i molti romanzi apocrifi ('falsi') pubblicati nell'era fascista e nel Secondo Dopoguerra, in questo caso dalla casa editrice Pagani (ex Impero). Questo esemplare porta un appunto autografo di Riccardo Chiarelli che dimostra la sua paternità, «su commissione di O. Salgari», cioè Omar, figlio minore dello scrittore. [TA]

XXXVII. Sul retro del volumetto de *Il Tesoro della Jungla* (n. 7 nella collana "Le Grandi Avventure"), Riccardo Chiarelli, professore fiorentino, amico e spesso intermediario di Omar, scrisse di aver creato questo e altri 'falsi' nel 1945, firmando l'appunto nel 1950. [TA]

XXXVIII. Affascinanti disegni tecnici della velatura e dell'alberatura di un trealberi, apparsi nella raccolta di racconti brevi di Salgari edita col titolo *Il mistero della foresta e altri racconti*, con l'Introduzione di Emanuele Trevi e con un saggio di Luciano Tamburini (Einaudi, 2002). Con inclusa la stessa illustrazione, la raccolta era già stata pubblicata dalla Einaudi nel 1971 curata da Daniele Ponchiroli. [RA]

XXXIX. La copertina di una raccolta insolita e informativa dei piccoli capolavori salgariani scritti nel primo periodo torinese: *«L'Innocenza»: Gli articoli di Emilio Salgari per il settimanale per bambini*, curata da Roberto Fioraso e uscita a Verona nel 2007. [RA] [BCV]

XL. La copertina della biografia di Giovanni Arpino e Roberto Antonetto, *Emilio Salgari il padre degli eroi*, nella nuova edizione Viglongo, 2010. Gli autori avevano già pubblicato una prima biografia nel 1982. [RA]

XLI. Una delle firme di Emilio Salgari, con la tipica calligrafia dello scrittore. [FTB]

Le fonti delle illustrazioni*

ASG	=	Archivio storico Giunti, Firenze
BCV	=	Biblioteca Civica di Verona
BE	=	Bacchilega Editore, Imola
BNCF	=	Biblioteca Nazionale Centrale di Firenze
CP	=	Coconino Press – Fandango, Bologna
EO	=	Edizioni dell'Orso, Alessandria
EPM	=	Edizioni Piemme / Mondadori, Milano
FTB	=	Fondazione Tancredi di Barolo, Torino
PE	=	Perosini Editore, Zevio
RA	=	Raccolta dell'autrice
RM	=	Rizzoli / Mondadori, Milano
TA	=	Raccolta di Tiziano Agnelli, Brescia
VIGF	=	Raccolta di Franca Viglongo, Torino
www	=	Internet

---

* L'autrice ringrazia molto cordialmente la Direzione e il personale degli enti elencati, insieme ai singoli individui generosi.

STRUTTURA DELL'OPERA

Volume I

FINE SECOLO

LE VERITÀ DI UNA VITA LETTERARIA
La vendita dei libri e il prezzo del successo popolare

Volume II

FASCISMO

LO SFRUTTAMENTO PERSONALE E POLITICO
La fantasia propagandistica e l'invenzione
di uno scrittore prefascista

Volume III

DOPOGUERRA

Il patrimonio del passato e le sorprese del presente

Conseguenze editoriali e critiche del patrocinio politico
e della popolarità di massa

CENT'ANNI

L'emergere di un classico

Volume IV

BIBLIOGRAFIA STORICA GENERALE

Bibliografie ragionate delle opere,
della critica e delle pubblicazioni contestuali
1883-2012

Catalogo ragionato della fortuna salgariana nel nuovo secolo.
CASI SPARSI, DALL'ANNO ZERO AL 2012
Preludio alla fortuna futura

BIBLIOGRAFIA cronologica delle Prime Edizioni

BIBLIOGRAFIA alfabetica delle Opere: tutte le Edizioni.
(Sono inclusi e identificati i 'Falsi')

BIBLIOGRAFIA del contesto letterario: maestri contemporanei epigoni

BIBLIOGRAFIA generale

Elenco delle tavole a colori

Elenco delle illustrazioni in bianco e nero

Indice dei nomi

FINITO DI STAMPARE
PER CONTO DI LEO S. OLSCHKI EDITORE
PRESSO ABC TIPOGRAFIA • CALENZANO (FI)
NEL MESE DI APRILE 2021

BIBLIOTECA DELL'«ARCHIVUM ROMANICUM»

Serie I: Storia - Letteratura - Paleografia

1. BERTONI, G. *Guarino da Verona fra letterati e cortigiani a Ferrara (1429-1460)*. 1921. (esaurito)

2. — — *Programma di filologia romanza come scienza idealistica*. 1922. (esaurito)

3. VERRUA, P. *Umanisti ed altri «studiosi viri» italiani e stranieri di qua e di là dalle Alpi e dal mare*. 1924, 234 pp., 2 tavv.

4. CINO DA PISTOIA, *Le rime*. 1925. (esaurito)

5. ZACCAGNINI, G. *La vita dei maestri e degli scolari nello Studio di Bologna nei secoli XIII e XIV*. 1926. (esaurito)

6. JORDAN, L. *Les idées, leurs rapports et le jugement de l'homme*. 1926, X-234 pp.

7. PELLEGRINI, C. *Il Sismondi e la storia della letteratura dell'Europa meridionale*. 1926, 168 pp.

8. RESTORI, A. *Saggi di bibliografia teatrale spagnola*. 1927, 122 pp., 3 cc.

9. SANTANGELO, S. *Le tenzoni poetiche nella letteratura italiana dalle origini*. 1928. (esaurito)

10. BERTONI, G. *Spunti, scorci e commenti*. 1928, VIII-198 pp.

11. ERMINI, F. *Il «dies irae»*. 1928, VIII-158 pp.

12. FILIPPINI, F. *Dante scolaro e maestro. (Bologna - Parigi - Ravenna)*. 1929, VIII-224 pp.

13. LAZZARINI, L. *Paolo de Bernardo e i primordi dell'Umanesimo in Venezia*. 1930. (esaurito)

14. ZACCAGNINI, G. *Storia dello Studio di Bologna durante il Rinascimento*. 1930, X-348 pp., 42 ill.

15. CATALANO, M. *Vita di Ludovico Ariosto*. 2 voll. 1931. (esaurito)

16. RUGGIERI, J. *Il canzoniere di Resende*. 1931, 238 pp.

17. DÖHNER, K. *Zeit und Ewigkeit bei Chateaubriand*. 1931. (esaurito)

18. TROILO, S. *Andrea Giuliano politico e letterato veneziano del Quattrocento*. 1932. (esaurito)

19. UGOLINI, F. A. *I Cantari d'argomento classico*. 1933. (esaurito)

20. BERNI, F. *Poesie e prose*. 1934. (esaurito)

21. BLASI, F. *Le poesie di Guilhem de la Tor*. 1934, XIV-78 pp.

22. CAVALIERE, A. *Le poesie di Peire Raimond de Tolosa*. 1935. (esaurito)

23. TOSCHI, P. *La poesia popolare religiosa in Italia*. 1935. (esaurito)

24. BLASI, F. *Le poesie del trovatore Arnaut Catalan*. 1937. (esaurito)

25. GUGENHEIM, S. *Madame d'Agoult et la pensée européenne de son époque*. 1937. (esaurito)

26. LEWENT, K. *Zum Text der Lieder des Giraut de Bornelh*. 1938. (esaurito)

27. KOLSEN, A. *Beiträge zur Altprovenzalischen Lyrik*. 1938. (esaurito)

28. NIEDERMANN, J. *Kultur. Werden und Wandlungen des Bregriffs und seiner Ersatzbegriffe von Cicero bis Herder*. 1941. (esaurito)

29. ALTAMURA, A. *L'Umanesimo nel mezzogiorno d'Italia*. 1941. (esaurito)

30. NORDMANN, P. *Gabriel Seigneux de Correvon, ein schweizerischer Kosmopolit. 1695-1775*. 1947. (esaurito)

31. ROSA, S. *Poesie e lettere inedite*. 1959. (esaurito)

32. PANVINI, B. *La leggenda di Tristano e Isotta*. 1952. (esaurito)

33. MESSINA, M. *Domenico di Giovanni detto il Burchiello. Sonetti inediti*. 1952. (esaurito)

34. PANVINI, B. *Le biografie provenzali. Valore e attendibilità*. 1952. (esaurito)

35. MONCALLERO, G. L. *Il Cardinale Bernardo Dovizi da Bibbiena umanista e diplomatico*. 1953. (esaurito)

36. D'ARONCO, G. *Indice delle fiabe toscane*. 1953, 236 pp.

37. BRANCIFORTI, F. *Il canzoniere di Lanfranco Cigala*. 1954. (esaurito)

38. MONCALLERO, G. L. *L'Arcadia*. Vol. I: *Teorica d'Arcadia*. 1953. (esaurito)

39. GALANTI, B. M. *Le villanelle alla napolitana*. 1954. (esaurito)

40. CROCIONI, G. *Folklore e letteratura*. 1954. (esaurito)

41. VECCHI, G. *Uffici drammatici padovani*. 1954, XII-258 pp., 73 tavv. esempi mus.

42. VALLONE, A. *Studi sulla Divina Commedia*. 1955. (esaurito)

43. PANVINI, B. *La scuola poetica siciliana*. 1955. (esaurito)

44. DOVIZI, B. *Epistolario di Bernardo Dovizi da Bibbiena*. Vol. I (1490-1513). 1955. (esaurito)

45. COLLINA, M. D. *Il carteggio letterario di uno scienziato del Settecento (Janus Plancus)*. 1957, VIII-174 pp., 5 tavv. f.t.

46. SPAZIANI, M. *Il canzoniere francese di Siena (Biblioteca Comunale HX 36)*. 1957. (esaurito)

47. VALLONE, A. *Linea della poesia foscoliana*. 1957. (esaurito)

48. CRINÒ, A. M. *Fatti e figure del Seicento anglo-toscano. (Documenti inediti sui rapporti letterari, diplomatici e culturali fra Toscana e Inghilterra)*. 1957. (esaurito)

49. PANVINI, B. *La scuola poetica siciliana. Le canzoni dei rimatori non siciliani*. Vol. I. 1957. (esaurito)

50. CRINÒ, A. M. *John Dryden*. 1957, 406 pp., 1 tav. f.t.

51. LO NIGRO, S. *Racconti popolari siciliani. (Classificazione e Bibliografia)*. 1958. (esaurito)

52. MUSUMARRA, C. *La sacra rappresentazione della Natività nella tradizione italiana*. 1957. (esaurito)

53. PANVINI, B. *La scuola poetica siciliana. Le canzoni dei rimatori non siciliani*. Vol. II. 1958. (esaurito)

54. VALLONE, A. *La critica dantesca nell'Ottocento*. 1958, 240 pp. Ristampa 1975.

55. CRINÒ, A. M. *Dryden, poeta satirico*. 1958. (esaurito)

56. COPPOLA, D. *Sacre rappresentazioni aversane del sec. XVI, la prima volta edite*. 1959, XII-270 pp., ill.

57. PIRAMUS ET TISBÈ. *Introduzione - Testo critico - Traduzione e note a cura di F. Branciforti*. 1959. (esaurito)

58. GALLINA, A. M. *Contributi alla storia della lessicografia italo-spagnola dei secoli XVI e XVII*. 1959, 336 pp.

59. PIROMALLI, A. *Aurelio Bertola nella letteratura del Settecento. Con testi e documenti inediti*. 1959. Ristampa 1998.

60. GAMBERINI, S. *Poeti metafisici e cavalieri in Inghilterra*. 1959, 270 pp.

61. BERSELLI AMBRI, P. *L'opera di Montesquieu nel Settecento italiano*. 1960. (esaurito)

62. *Studi secenteschi*, vol. I (1960). 1961, 220 pp.

63. VALLONE, A. *La critica dantesca del '700.* 1961.   (esaurito)

64. *Studi secenteschi*, vol. II (1961). 1962, 334 pp., 7 tavv. f.t.

65. PANVINI, B. *Le rime della scuola siciliana.* Vol. I: Introduzione - Edizione critica - Note. 1962, LII-676 pp. Rilegato.

66. BALMAS, E. *Un poeta francese del Rinascimento: Etienne Jodelle, la sua vita - il suo tempo.* 1962, XII-876 pp., 12 tavv. f.t.

67. *Studi secenteschi*, vol. III (1962). 1963, IV-238 pp. 4 tavv. f.t.

68. COPPOLA, D. *La poesia religiosa del sec. XV.* 1963, VIII-150 pp.

69. TETEL, M. *Étude sur le comique de Rabelais.* 1963.   (esaurito)

70. *Studi secenteschi*, vol. IV (1963). 1964, VI-238 pp., 5 tavv.

71. BIGONGIARI, D. *Essays on Dante and Medieval Culture.* 1964.
(esaurito)

72. PANVINI, B. *Le rime della scuola siciliana* - Vol. II: Glossario. 1964, XVI-180 pp. Rilegato.

73. BAX, G. *«Nniccu Furcedda», farsa pastorale del XVIII sec. in vernacolo salentino*, a cura di Rosario Jurlaro. 1964, VIII-108 pp., 12 tavv.

74. *Studi di letteratura, storia e filosofia in onore di Bruno Revel.* 1965, XXII-666 pp., 3 tavv.

75. BERSELLI AMBRI, P. *Poemi inediti di Arthur de Gobineau.* 1965, 232 pp., 3 tavv. f.t.

76. PIROMALLI, A. *Dal Quattrocento al Novecento. Saggi critici.* 1965, VI-190 pp.

77. BASCAPÈ, A. *Arte e religione nei poeti lombardi del Duecento.* 1964, 96 pp.

78. GUIDUBALDI, E. *Dante Europeo, I. Premesse metodologiche e cornice culturale.* 1965.   (esaurito)

79. *Studi secenteschi*, vol. V (1964). 1965, 192 pp., 2 tavv. f.t.

80. VALLONE, A. *Studi su Dante medioevale.* 1965, 276 pp.

81. DOVIZI, B. *Epistolario di Bernardo Dovizi da Bibbiena.* Vol. II (1513-1520). 1965.   (esaurito)

82. *La Mandragola di Niccolò Machiavelli per la prima volta restituita alla sua integrità.* 1965.   (esaurito)
Edizione di lusso numerata da 1 a 370, su carta grave, con 2 tavv. f.t.

83. GUIDUBALDI, E. *Dante Europeo, II. Il paradiso come universo di luce (la lezione platonico-bonaventuriana).* 1966, VIII-462 pp., 2 tavv. f.t.

84. LORENZO DE' MEDICI IL MAGNIFICO, *Simposio*, a cura di Mario Martelli. 1966, 176 pp., 2 riproduzioni.

85. *Studi secenteschi*, vol. VI (1965). 1966, IV-310 pp., 1 tav. f.t.

86. *Studi in onore di Italo Siciliano.* 1966, 2 voll. di XII-1240 pp. compless. e 6 tavv. f.t.

87. ROSSETTI, G. *Commento analitico al "Purgatorio" di Dante Alighieri.* Opera inedita a cura di Pompeo Giannantonio. 1966, CIV-524 pp.

88. PIROMALLI, A. *Saggi critici di storia letteraria.* 1967. (esaurito)

89. *Studi di letteratura francese*, vol. I. 1967, XVI-176 pp.

90. *Studi secenteschi*, vol. VII (1966). 1967, VI-166 pp., 6 tavv. f.t.

91. PERSONÈ, L. M. *Scrittori italiani moderni e contemporanei. Saggi critici.* 1968, IV-340 pp.

92. *Studi secenteschi*, vol. VIII (1967). 1968, VI-230 pp., 1 tav. f.t.

93. TOSO RODINIS, G. *Galeazzo Gualdo Priorato, un moralista veneto alla corte di Luigi XIV.* 1968, VI-226 pp., 9 tavv. f.t.

94. GUIDUBALDI, E. *Dante Europeo, III. Poema sacro come esperienza mistica.* 1968, VIII-736 pp., 24 tavv. f.t. di cui 1 a colori.

95. DISTANTE, C. *Giovanni Pascoli poeta inquieto tra '800 e '900.* 1968, 212 pp.

96. RENZI, L. *Canti narrativi tradizionali romeni. Studi e testi.* 1969, IV-170 pp.

97. VALLONE, A. *L'interpretazione di Dante nel Cinquecento. Studi e ricerche.* 1969, 306 pp.

98. PIROMALLI, A. *Studi sul Novecento.* 1969.   (esaurito)

99. CACCIA, E. *Tecniche e valori dal Manzoni al Verga*, 1969, X-286 pp.

100. GIANNANTONIO, P. *Dante e l'allegorismo.* 1969.   (esaurito)

101. *Studi secenteschi*, vol. IX (1968). 1969, IV-384 pp., 9 tavv. f.t.

102. TETEL, M. *Rabelais et l'Italie.* 1969, IV-314 pp.

103. REGGIO, G. *Le egloghe di Dante.* 1969, X-88 pp.

104. MOLONEY, B. *Florence and England. Essays on cultural relations in the second half of the eighteenth century.* 1969, VI-202 pp., 4 tavv. f.t.

105. *Studi di letteratura francese*, vol. II (1969). 1970, VI-360 pp., 11 tavv. f.t.

106. *Studi secenteschi*, vol. X (1969). 1970, VI-312 pp.

107. *Il Boiardo e la critica contemporanea* a cura di G. Anceschi. 1970, VIII-544 pp.

108. PERSONÈ, L. M. *Pensatori liberi nell'Italia contemporanea. Testimonianze critiche.* 1970, IV-290 pp.

109. GAZZOLA STACCHINI, V. *La narrativa di Vitaliano Brancati.* 1970, VIII-160 pp.

110. *Studi secenteschi*, vol. XI (1970). 1971, IV-292 pp. con 9 tavv. f.t.

111. BARGAGLI, G. (1537-1587), *La Pellegrina.* Edizione critica con introduzione e note di F. Cerreta. 1971, 228 pp. con 2 ill. f.t.

112. SAROLLI, G. R. *Prolegomena alla Divina Commedia*, 1971, LXXII-454 pp. con 9 tavv. f.t. Ristampa 2002.

113. MUSUMARRA, C. *La poesia tragica italiana nel Rinascimento.* 1972, IV-172 pp. Ristampa 1977.

114. PERSONÈ, L. M. *Il teatro italiano della «Belle Époque». Saggi e studi.* 1972, 410 pp.

115. *Studi secenteschi*, vol. XII (1971). 1972, IV-516 pp. con 2 tavv. f.t.

116. LOMAZZI, A. *Rainaldo e Lesengrino.* 1972, XIV-222 pp. con 2 tavv. f.t.

117. PERELLA, R. *The critical fortune of Battista Guarini's «Il Pastor Fido».* 1973, 248 pp.

118. *Studi secenteschi*, vol. XIII (1972). 1973, IV-372 pp. con 11 tavv. f.t.

119. DE GAETANO, A. *Giambattista Gelli and the Florentine Academy: the rebellion against Latin.* 1976, VIII-436 pp. e 1 ill.

120. *Studi secenteschi*, vol. XIV (1973). 1974, IV-300 pp. con 4 tavv. f.t.

121. DA POZZO, G. *La prosa di Luigi Russo.* 1975, 208 pp.

122. PAPARELLI, G. *Ideologia e poesia di Dante.* 1975, XII-332 pp.

123. *Studi di letteratura francese*, vol. III (1974). 1975, 220 pp.

124. COMES, S. *Scrittori in cattedra.* 1976, XXXII-212 pp. con un ritratto e 1 tav. f.t.

125. Tavani, G. *Dante nel Seicento. Saggi su A. Guarini, N. Villani, L. Magalotti.* 1976, 176 pp.

126. *Studi secenteschi*, vol. XV (1974). *Indice generale dei voll. I-X(1960-1969).* 1976, 188 pp.

127. Personè, L. M. *Grandi scrittori nuovamente interpretati: Petrarca, Boccaccio, Parini, Leopardi, Manzoni.* 1976, 256 pp.

128. *Innovazioni tematiche, espressive e linguistiche della letteratura italiana del novecento* - Atti dell'VIII Congresso dell'Associazione internazionale per gli studi di lingua e letteratura italiana. 1976, XII-300 pp.

129. *Studi di letteratura francese*, vol. IV (1975). 1976, 180 pp. con 2 ill.

130. *Studi secenteschi*, vol. XVI (1975). 1976, IV-244 pp.

131. Caserta, E. G. *Manzoni's Christian Realism.* 1977, 260 pp.

132. Toso Rodinis, S. *Dominique Vivant Denon. I fiordalisi, Il berretto frigio, La sfinge.* 1977, 232 pp. con 10 ill. f.t.

133. Vallone, A. *La critica dantesca nel '900.* 1976, 480 pp.

134. Fratangelo, A. e M. *Guy De Maupassant scrittore moderno.* 1976, 180 pp.

135. Cocco, M. *La tradizione cortese e il petrarchismo nella poesia di Clément Marot.* 1978, 320 pp.

136. Mastrobuono, A. C. *Essays on Dante's Philosophy of History.* 1979, 196 pp.

137. *Primo centenario della morte di Niccolò Tommaseo (1874-1974).* 1977, 224 pp.

138. Siciliano, I. *Saggi di letteratura francese.* 1977, 316 pp.

139. Schizzerotto, G. *Cultura e vita civile a Mantova fra '300 e '500.* 1977, 148 pp. con 9 ill. f.t.

140. *Studi secenteschi*, vol. XVII (1976). 1977, 184 pp., con 5 tavv. f.t.

141. Gazzola Stacchini, V. - Bianchini, G. *Le Accademie dell'Aretino nel XVII e XVIII secolo.* 1978, XVIII-598 pp. con 18 ill. n.t. e 24 f.t.

142. Friggieri, O. *La cultura italiana a Malta. Storia e influenza letteraria e stilistica attraverso l'opera di Dun Karm.* 1978, 172 pp. con 5 ill. f.t.

143. *Studi secenteschi*, vol. XVIII (1977). 1978, 276 pp.

144. Vanossi, L. *Dante e il «Roman de la Rose» Saggio sul «Fiore».* 1979, 380 pp.

145. Ridolfi, R. *Studi Guicciardiniani.* 1978, 344 pp.

146. Allegretto, M. *Il luogo dell'Amore. Studio su Jaufre Rudel.* 1979, 104 pp.

147. Misan, J. *L'Italie des doctrinaires (1817-1830). Une image en élaboration.* 1978, 204 pp.

148. Toaff, A. *The Jews in medieval Assisi 1305-1487. A social and economic history of a small Jewish community in Italy.* 1979, 240 pp. con 14 ill. f.t.

149. Trovato, P. *Dante in Petrarca. Per un inventario dei dantismi nei «Rerum vulgarium Fragmenta».* 1979, X-174 pp.

150. Fiorato, A. C. *Bandello entre l'histoire et l'écriture. La vie, l'expérience sociale, l'évolution culturelle d'un conteur de la Renaissance.* 1979, XXII-686 pp.

151. *Studi secenteschi*, vol. XIX (1978). 1979, 260 pp.

152. Bosisio, P. *Carlo Gozzi e Goldoni. Una polemica letteraria con versi inediti e rari.* 1979, 444 pp.

153. Zanato, T. *Saggio sul «Comento» di Lorenzo de' Medici.* 1979, 340 pp.

154. *Studi di letteratura francese*, vol. V. 1979, 204 pp.

155. Piromalli, A. *Società, cultura e letteratura in Emilia Romagna.* 1980, 180 pp.

156. Accademici Intronati di Siena, *La Commedia degli Ingannati.* 1980, 248 pp.

157. *Studi di letteratura francese*, vol. VI. 1980, 176 pp.

158. Harran, D. *«Maniera» e il Madrigale - Una raccolta di poesie musicali del Cinquecento.* 1980, 124 pp.

159. *Studi secenteschi*, vol. XX (1979). 1980, VI-214 pp.

160. Ussia, S. *Carteggio Magliabechi. Lettere di Borde, Arnaud e associati lionesi ad A. Magliabechi.* 1980, 244 pp.

161. Da Col, I. *Un romanzo del Seicento. La Stratonica di Luca Assarino.* 1981, 244 pp. con 24 tavv. f.t.

162. *Studi secenteschi*, vol. XXI (1980). 1981, 294 pp.

163. *Studi di letteratura francese*, vol. VII. 1981, 224 pp.

164. Castelletti, C. *Stravaganze d'amore. «Comedia».* 1981, 172 pp.

165. *Carteggio inedito fra N. Tommaseo e G. P. Vieusseux. I: (1835-1839).* A cura di V. Missori. 1981, 688 pp.

166. *Studi secenteschi*, vol. XXII (1981). *Indice generale dei voll. XI-XX (1970-1979).* 1981, 184 pp.

167. *Il Rinascimento. Aspetti e problemi attuali.* Atti del X Congresso dell'Associazione internazionale per gli studi della lingua e letteratura italiana. 1982, VI-700 pp.

168. *Stendhal e Milano.* Atti del XIV Congresso internazionale Stendhaliano. 1982, 2 tomi di complessive XXVI-972 pp. e 2 tavv. a colori.

169. *Studi secenteschi*, vol. XXIII (1982). 1982, 328 pp. con 1 tav. f.t.

170. *Studi di letteratura francese*, vol. VIII. 1982, 208 pp.

171. *Studi di letteratura francese*, vol. IX. 1983, 274 pp.

172. Aonio Paleario, *Dell'economia o vero del governo della casa.* 1983, 120 pp. con 4 tavv. f.t.

173. Dalla Palma, G. *Le strutture narrative dell'«Orlando Furioso».* 1984, 228 pp.

174. *Studi secenteschi*, vol. XXIV (1983). 1983, 324 pp.

175. Raugei, A. M. *Bestiario valdese.* 1984, 362 pp. con ill. n.t.

176. Da Pozzo, G. *L'ambigua armonia. Studio sull'«Aminta» del Tasso.* 1983, 336 pp.

177. *Studi di letteratura francese*, vol. X. 1983, 208 pp.

178. *Miscellanea di studi in onore di V. Branca.* Vol. I: *Dal Medioevo al Petrarca.* 1983, XII-492 pp. con 1 tav. f.t.

179. —— Vol. II: *Boccaccio e dintorni.* 1983, VI-450 pp.

180. —— Vol. III: *Umanesimo e Rinascimento a Firenze e Venezia.* 1983, 2 tomi di complessive XII-848 pp.

181. —— Vol. IV: *Tra Illuminismo e Romanticismo.* 1983, 2 tomi di complessive XII-900 pp.

182. ——Vol. V: *Indagini Otto-Novecentesche.* 1983, VI-390 pp.

183. Rizzo, G. *Tommaso Briganti. Inedito poeta romantico.* 1984, 274 pp.

184. Poliaghi, N. F. *Stendhal e Trieste.* 1984, VI-202 pp. con 22 ill.

185. Michelangelo Buonarroti il giovane, *La Fiera. Redazione originaria (1619).* 1984, 162 pp. con 4 tavv. f.t.

186. *I cantari. Struttura e tradizione.* 1984, 200 pp.

187. Bianchini, G. *Federico Nomi. Un letterato del '600. Profilo e fonti manoscritte.* 1984, XVI-338 pp. con 11 tavv. f.t.

188. *Studi secenteschi*, vol. XXV (1984). 1984, 304 pp.

189. ZAMBON, F. *Robert De Boron e i segreti del Graal.* 1984, 132 pp.

190. *Fenoglio a Lecce.* 1984, 248 pp.

191. SCHETTINI PIAZZA, E. *Giuseppe Chiarini. Saggio biobibliografico di un letterato dell'Ottocento.* 1984, X-158 pp. con 1 tav. f.t.

192. *Studi di letteratura francese*, vol. XI. 1985, 362 pp. con 9 tavv. f.t.

193. MISAN, J. *Les lettres italiennes dans la presse française (1815-1824).* 1985, 210 pp.

194. CAIRNS, C. *Pietro Aretino and the Republic of Venice. Researches on Aretino and his circle in Venice, 1527-1556.* 1985, 272 pp.

195. BERTELÀ , M. *Stendhal et l'Autre. L'homme et l'oeuvre à travers l'idée de féminité.* 1985, 352 pp.

196. PIGLIONICA, A. M. *Dalla realtà all'illusione:* The Tempest *o la parola preclusa.* 1985, 146 pp.

197. *Studi secenteschi*, vol. XXVI (1985), 1985, 352 pp.

198. CERVIGNI, D. S. *Dante's poetry of dreams.* 1986, 230 pp.

199. *Studi di letteratura francese*, vol. XII. 1986, II-282 pp. con 4 tavv. f.t.

200. MARCO POLO, *Il milione. Edizione del testo toscano («ottimo»).* 1986, XII-418 pp.

201. DELMAY, B. *I personaggi della «Divina Commedia». Classificazione e regesto.* 1986, LVI-414 pp.

202. *Patronage and Public in the Trecento.* 1986, 180 pp. con 36 ill. f.t.

203. MITCHELL, B. *The Majesty of the State. Triumphal Progresses of Foreign Sovereigns in Renaissance Italy, 1494-1600.* 1986, VIII-240 pp. con 8 ill. f.t.

204. *Ugo Angelo Canello e gli inizi della filologia romanza in Italia.* 1987, 276 pp. con 4 tavv. f.t.

205 *Studi secenteschi*, vol. XXVII (1986). 1986, IV-348 pp.

206. DÉ DÉ YAN, C. *Diderot et la pensée anglaise.* 1986, IV-366 pp.

207. *La letteratura e i giardini.* 1987, 436 pp. con 9 tavv. f.t.

208. *Letteratura italiana e arti figurative.* 1988, 3 voll. di complessive VIII-1438 pp. con 60 ill. f.t.

209. *Studi secenteschi*, vol. XXVIII (1987). 1987, IV-332 pp. con 2 ill. f.t.

210. *Dante e la Bibbia.* Atti del convegno internazionale. 1988, 372 pp.

211. *Veronica Gàmbara e la poesia del suo tempo nell'Italia Settentrionale.* Atti del convegno. 1989, 442 pp.

212. *Studi di letteratura francese*, vol. XIII. 1987, 194 pp.

213. COLOMBO, A. *I «Riposi di Pindo». Studi su Claudio Achillini (1574-1640),* 1988, 228 pp.

214. *Letteratura e storia meridionale. Studi offerti a Aldo Vallone.* 1989, 2 tomi di complessive XVI-960 pp. con 7 tavv. f.t.

215. SABBATINO, P. *La «Scienza» della scrittura. Dal progetto del Bembo al manuale.* 1988, 256 pp.

216. *Studi di letteratura francese*, vol. XIV. 1988, 144 pp.

217. PIRRO SCHETTINO, *Opere edite e inedite.* Edizione critica. 1989, 410 pp. con 4 tavv. f.t.

218. *Giorgio Pasquali e la filologia classica del '900.* Atti del convegno. 1988, VI-278 pp.

219. *Studi secenteschi*, vol. XXIX (1988). 1988, IV-328 pp.

220. LANDONI, E. *La teoria letteraria dei provenzali.* 1989, XXXIV-168 pp.

221. *Il meraviglioso, il verosimile tra antichità e medioevo.* 1989, 360 pp. con 5 tavv. f.t.

222. PROCACCIOLI, P. *Filologia ed esegesi dantesca nel Quattrocento. L'«Inferno» nel «Comento sopra la Comedia» di Cristoforo Landino.* 1989, 266 pp.

223. SANTARCANGELI, P. *Homo Ridens. Estetica, filologia, psicologia, storia del comico.* 1989, VI-452 pp.

224. *Filologia e critica dantesca. Studi offerti a Aldo Vallone.* 1989, XVI-660 pp. con 2 tavv. f.t.

225. *Dantismo russo e cornice europea.* 1989, 2 voll. indivisibili di XXXVI-880 pp. complessive.

226. *Studi di letteratura francese*, vol. XV. 1989, 284 pp. con 1 tav. f.t.

227. *Studi secenteschi*, vol. XXX (1989). 1989, IV-316 pp.

228. *Il tema della fortuna nella letteratura francese e italiana del Rinascimento. Studi in memoria di Enzo Giudici.* 1990, XX-550 pp. con 1 tav. f.t.

229. SEBASTIO, L. *Strutture narrative e dinamiche culturali in Dante e nel «Fiore».* 1990, 320 pp.

230. *Studi di letteratura francese*, vol. XVI. 1990, 248 pp. con 1 tav. f.t.

231. *Studi di letteratura francese*, vol. XVII. 1990, 156 pp.

232. *Studi di letteratura francese*, vol. XVIII. 1990, 332 pp. con 1 tav. f.t.

233. DOZON, M. *Mythe et symbol dans la «Divine Comédie».* 1991, XVI-634 pp.

234. VALLONE, A. *Strutture e modulazioni nei canti della «Divina Commedia».* 1990, 226 pp.

235. COMOLLO, A. *Il dissenso religioso in Dante.* 1990, 154 pp.

236. BENDINELLI PREDELLI, M. *Alle origini del «Bel Gherardino».* 1990, 362 pp.

237. GUERIN DALLE MESE, J. *Egypte: La mémoire et le rêve. Itineraires d'un voyage, 1320-1601.* 1990, 656 pp. con 7 tavv. f.t.

238. SORELLA, A. *Magia, lingua e commedia nel Machiavelli.* 1990, 264 pp.

239. *Studi secenteschi*, vol. XXXI (1990). 1990, XXVIII-296 pp. con 6 tavv. f.t.

240. *Miscellanea di studi in onore di Marco Pecoraro.* 1991. Vol. I: *Da Dante al Manzoni,* X-398 pp. con 7 tavv. f.t.; Vol. II: *Dal Tommaseo ai contemporanei,* IV-414 pp.

241. *Lingua e letteratura italiana nel mondo oggi.* 1991, 2 tomi di XVI-732 pp. complessive.

242. SABBATINO, P. *L'Eden della nuova poesia. Saggi sulla «Divina Commedia».* 1991, 232 pp.

243. *Alfonso M. De Liguori e la società civile del suo tempo.* 1990, 2 tomi di VIII-682 pp. complessive.

244. *Famiglia e società nell'opera di Giovanni Verga.* 1991, VI-494 pp.

245. *Studi secenteschi*, vol. XXXII (1991). 1991, IV-332 pp. con 4 tavv. f.t.

246. HEIN, J. *Enigmaticité et messianisme dans la «Divine Comédie».* 1992, II-654 pp.

247. SANGUINETI WHITE, L. *Dal detto alla figura. Le tragedie di Federico Della Valle.* 1992, 162 pp.

248. GROSSVOGEL, S. *Ambiguity and allusion in Boccaccio's Filocolo.* 1992, 254 pp.

249. *Studi di letteratura francese*, vol. XIX. 1992, 526 pp. con 4 ill. f.t. e figg. n.t.

250. PADOAN, G. *Il lungo cammino del «Poema sacro». Studi danteschi.* 1992, IV-310 pp.

251. *Studi secenteschi*, vol. XXXIII (1992). 1992, IV-210 pp. con 4 tavv. f.t.

252. ANKLI, R. *Morgante iperbolico. L'iperbole nel Morgante di Luigi Pulci.* 1993, 422 pp.

253. *Studi secenteschi*, vol. XXXIV (1993). 1993, IV-476 pp. con 1 tav. ripiegata f.t.

254. SABBATINO, P. *Giordano Bruno e la "mutazione" del Rinascimento.* 1993, 230 pp. con 6 figg. f.t. Ristampa 1998.

255. *Studi secenteschi*, vol. XXXV (1994). 1994, IV-286 pp. con 4 tavv. f.t.

256. *Studi di letteratura francese*, vol. XX. 1994, 294 pp. con 1 tav. f.t.

257. SABBATINO, P. - SCORRANO, L. - SEBASTIO, L. - STEFANELLI, R. *Dante e il Rinascimento. Rassegna bibliografica e studi in onore di Aldo Vallone.* 1994, 212 pp.

258. *Italo Svevo scrittore europeo.* A cura di N. Cacciaglia e L. Fava Guzzetta. 1994, VIII-574 pp.

259. SEBASTIO, L. *Il poeta e la storia. Una dinamica dantesca.* 1994, 264 pp.

260. *Le feste dei pastori del Rubicone per Napoleone I Re d'Italia.* Opera inedita a cura di A. Piromalli e T. Iermano. 1994, 152 pp.

261. *Studi secenteschi*. Vol. XXXVI (1995). 1995, IV-302 pp. con 6 tavv. f.t.

262. *Geografia, storia e poetiche del fantastico.* A cura di M. Farnetti. 1995, 244 pp. con 4 ill. f.t.

263. *Studi secenteschi*. Vol. XXXVII (1996). 1996, IV-406 pp.

264. IERMANO, T. *Il melanconico in dormiveglia. Salvatore Di Giacomo.* 1995, 270 pp.

265. ARDISSINO, E. *L'«aspra tragedia». Poesia e sacro in Torquato Tasso.* 1996, 236 pp.

266. ZANGHERI, L. *Feste e apparati nella Toscana dei Lorena (1737-1859).* 1996, 332 pp. con 115 ill. f.t.

267. *Letteratura e industria.* Atti del XV Congresso dell'Associazione internazionale per gli studi di lingua e letteratura italiana. 1997, 2 tomi di XVIII-1288 pp. complessive con 76 ill. f.t.

268. ANGIOLILLO, G. *La nuova frontiera della tanatologia. Le biografie della Commedia.* Vol. I: *Inferno*. 1996, 182 pp.

269. ANGIOLILLO, G. *La nuova frontiera della tanatologia. Le biografie della Commedia.* Vol. II: *Purgatorio*. 1996, 308 pp.

270. ANGIOLILLO, G. *La nuova frontiera della tanatologia. Le biografie della Commedia.* Vol. III: *Paradiso*. 1996, 270 pp.

271. *Studi secenteschi*. Vol. XXXVIII (1997). 1997, IV-444 pp.

272. BENPORAT, C. *Cucina italiana del Quattrocento.* 1996, 306 pp. con 4 figg. f.t. in b. e n. e 8 tavv. f.t. a colori. Ristampa 2001.

273. *Studi di letteratura francese*. Rivista europea, vol. XXI (1996). 1996, 238 pp. con 2 figg. n.t.

274. FRATNIK, M. *Enrico Pea et l'écriture du moi.* 1997, 402 pp.

275. MONTEVECCHI, F. *Il potere marittimo e le civiltà del Mediterraneo antico.* 1997, 596 pp. con 85 figg. n.t.

276. ROSSETTO, S. *Per la storia del giornalismo. Treviso dal XVII secolo all'unità.* 1996, 222 pp. con 10 tavv. f.t.

277. GIRARDI, R. *Incipitario della lirica meridionale e repertorio generale degli autori di lirica nati nel Mezzogiorno d'Italia (secolo XVI).* 1996, 458 pp.

278. SABBATINO, P. *La bellezza di Elena. L'imitazione nella letteratura e nelle arti figurative del Rinascimento.* 1997, 270 pp. con 1 grafico n.t. e 12 tavv. f.t. Ristampa 2001.

279. PANICARA, V. *La nuova poesia di Giacomo Leopardi. Una lettura critica della Ginestra.* 1997, 148 pp.

280. *Torquato Tasso e la cultura estense.* A cura di G. Venturi, indice dei nomi e bibliografia generale a cura di A. Ghinato e R. Ziosi. 1999, 3 tomi di VIII-1462 pp. complessive con 101 ill. f.t.

281. GAVIOLI, E. *Filologia e nazione: l'«Archivum romanicum» nel carteggio inedito di Giulio Bertoni.* 1997, 202 pp. con 4 ill. f.t.

282. *Studi di letteratura francese*. Rivista europea, vol. XXII (1997). 1997, 330 pp.

283. *Studi secenteschi*. Vol. XXXIX (1998). 1998, IV-368 pp. con 4 tavv. f.t.

284. *Studi secenteschi*. Vol. XL (1999). 1999, IV-390 pp.

285. *Studi di letteratura francese*. Rivista europea, vol. XXIII (1998). «Lire le roman». 1998, 270 pp.

286. *Alfonso M. de Liguori e la civiltà letteraria del Settecento.* Atti del Convegno internazionale per il tricentenario della nascita del Santo (1696-1996). Napoli 20-23 ottobre 1997. A cura di P. Giannantonio. 1999, XX-476 pp.

287. *Leopardi e Bologna.* Atti del Convegno di studi per il Secondo Centenario Leopardiano (Bologna 18-19 maggio 1998). A cura di M. A. Bazzocchi. 1999, XVI-316 pp. con 4 tavv. f.t.

288. *Studi secenteschi*. Vol. XLI (2000). 2000, IV-502 pp.

289. *Studi di letteratura francese*. Rivista europea, vol. XXIV (1999). «L'estranéité». 1999, 246 pp.

290. SMITH, G. *The Stone of Dante and later florentine celebrations of the Poet.* 2000, X-72 pp. con 16 ill. f.t.

291. *L'immaginario contemporaneo.* Atti del Convegno letterario internazionale, Ferrara, 21-23 maggio 1999. A cura di R. Pazzi. 2000, XII-198 pp.

292. *The Poetics of Place. Florence Imagined.* Edited by I. Marchegiani Jones and T. Haeussler. 2001, XIV-220 pp.

293. LAWSON LUCAS, A. *La ricerca dell'ignoto. I romanzi d'avventura di Emilio Salgari.* Traduzione di S. Rizzardi e F. Rusciadelli. 2000, XVI-208 pp. con 1 tav. f.t.

294. *Il castello, il convento, il palazzo e altri scenari dell'ambientazione letteraria.* A cura di M. Cantelmo. 2000, VI-326 pp.

295. *Studi secenteschi*. Vol. XLII (2001). 2001, IV-472 pp. con 20 ill. f.t.

296. *Studi di letteratura francese*. Rivista europea, vol. XXV (2000). 2001, 192 pp.

297. *La lingua e le lingue di Machiavelli.* Atti del Convegno internazionale di studi, Torino 2-4 dicembre 1999. 2001, 352 pp.

298. *Studi secenteschi*. Vol. XLIII (2002). 2002, IV-372 pp. con 9 ill. f.t.

299. *Umanisti bellunesi fra Quattro e Cinquecento.* Atti del Convegno di Belluno, 5 novembre 1999. A cura di P. Pellegrini. 2001, XIV-296 pp. con 24 tavv. f.t.

300. SODINI, C. *L'Ercole tirreno. Guerra e dinastia medicea nella prima metà del '600.* 2001, VI-326 pp. con 16 tavv. f.t. in b. e n. e 9 a colori.

301. *Il tragico e il sacro dal Cinquecento a Racine.* Atti del Convegno internazionale, Torino e Vercelli, 14-16 ottobre 1999. A cura di D. Cecchetti e D. Dalla Valle. 2001, X-330 pp.

302. BENPORAT, C. *Feste e banchetti. Convivialità italiana fra Tre e Quattrocento.* 2001, 290 pp. con 12 tavv. f.t. a colori.

303. *Studi di letteratura francese. Rivista europea*, vol. XXVI (2001). «Théâtre et société au XVIIe siècle». 2002, 254 pp.

304. *La «liquida vertigine»*. Atti delle giornate di studio su Tommaso Landolfi. Prato, Convitto Nazionale Cicognini, 5-6 febbraio 1999. A cura di I. Landolfi. 2002, XXVI-266 pp.

305. *Studi secenteschi*. Vol. XLIV (2003). 2002, IV-340 pp. con 3 tavv. f.t.

306. LEUSHUIS, R. *Le Mariage et l'"amitié courtoise' dans le dialogue et le récit bref de la Renaissance*. 2003, XIV-286 pp.

307. FRATNIK, M. *Paysages. Essai sur la description de Federico Tozzi*. 2002, XVI-182 pp.

308. *Alfieri e il suo tempo*. Atti del Convegno internazionale, Torino - Asti, 29 novembre - 1 dicembre 2001. A cura di M. Cerruti, M. Corsi, B. Danna. 2003, XII-488 pp. con 3 figg. n.t. e 5 tavv. f.t. di cui 4 a colori.

309. *Robert Davidsohn (1853-1937). Uno spirito libero tra cronaca e storia*. Tomo I: *Atti della giornata di studio*. Tomo II: *Gli scritti inediti*. Tomo III: *Catalogo della biblioteca*. A cura di W. Fastenrath Vinattieri e M. Ingendaay Rodio. 2003, XXX-812 pp. complessive con 1 fig. n.t. e 30 tavv. f.t.

310. *Studi di letteratura francese. Rivista europea*, vol. XXVII (2002). 2003, 286 pp.

311. *Il volto e gli affetti. Fisiognomica ed espressione nelle arti del Rinascimento*. Atti del Convegno di studi, Torino, 28-29 novembre 2001. A cura di A. Pontremoli. 2003, 314 pp. con 14 tavv. f.t.

312. SICA, P. *Modernist Forms of Rejuvenation. Eugenio Montale and T.S. Eliot*. 2003, X-156 pp.

313. *Studi secenteschi*. Vol. XLV (2004). 2004, IV-484 pp. con 6 tavv. f.t.

314. *Sabba da Castiglione (1480-1554). Dalle corti rinascimentali alla Commenda di Faenza*. Atti del Convegno, Faenza, 19-20 maggio 2000. A cura di A.R. Gentilini. 2004, X-496 pp. con 16 figg. n.t. e 54 tavv. f.t. di cui 6 a colori.

315. SABBATINO, P. *A l'infinito m'ergo. Giordano Bruno e il volo del moderno Ulisse*. 2003, XVI-212 pp. con 15 tavv. f.t.

316. MASTROIANNI, M. *Le Antigoni sofoclee del Cinquecento francese*. 2004, 264 pp.

317. *Francesco di Giorgio alla corte di Federico da Montefeltro*. Atti del Convegno internazionale di studi, Urbino, monastero di Santa Chiara, 11-13 ottobre 2001. A cura di F.P. Fiore. 2004, 2 tomi di complessive XXIV-710 pp. con 296 figg. n.t.

318. *Relazioni letterarie tra Italia e Penisola Iberica nell'epoca rinascimentale e barocca*. Atti del primo Colloquio Internazionale, Pisa, 4-5 ottobre 2002. A cura di S. Vuelta Garcí'a. 2004, X-178 pp. con 2 figg. n.t.

319. BOZZOLA, S. *Tra Cinque e Seicento. Tradizione e anticlassicismo nella sintassi della prosa letteraria*. 2004, VIII-168 pp.

320. BALMAS, E. *Studi sul Cinquecento*. 2004, XXX-666 pp. con 11 figg. n.t. e 11 tavv. f.t.

321. *Studi di letteratura francese. Rivista europea*, vol. XXVIII (2003). 2004, 138 pp.

322. FURLAN, F. *La donna, la famiglia, l'amore tra Medioevo e Rinascimento*. 2004, 122 pp.

323. ALFIERI, V. *Esquisse du Jugement Universel*. A cura di G. Santato. 2004, 128 pp. con 2 figg. n.t.

324. *Studi secenteschi*. Vol. XLVI (2005). 2005, IV-386 pp. con 13 tavv. f.t.

325. *Il Capitolo di San Lorenzo nel Quattrocento*. Convegno di studi, Firenze, 28-29 marzo 2003. A cura di P. Viti. 2006, XII-360 pp. con 8 tavv. f.t.

326. MARTELLOTTI, A. *I ricettari di Federico II. Dal «Meridionale» al «Liber de coquina»*. 2005, 284 pp. Ristampa 2011.

327. FOSCOLO, U. *Dell'origine e dell'ufficio della letteratura. Orazione*. 2005, 172 pp.

328. RUGGIERO, R. *«Il ricco edificio». Arte allusiva nella Gerusalemme Liberata*. 2005, XXII-194 pp.

329. *Studi secenteschi*. Vol. XLVII (2006). 2006, IV-368 pp.

330. POZZI, M. - MATTIODA, E. *Giorgio Vasari storico e critico*. 2006, XXII-438 pp.

331. *Leonis Baptistae Alberti Descriptio Vrbis Romae*. Edizione critica di Jean-Yves Boriaud e Francesco Furlan. 2005, 164 pp. con 10 tavv. f.t.

332. *Resultanze in merito alla vita e all'opera di Piero Jahier. Saggi e materiali inediti*. A cura di F. Giacone. 2007, XII-368 pp. con 4 tavv. f.t.

333. CEVOLINI, A. *De arte excerpendi. Imparare a dimenticare nella modernita`*. 2006, 460 pp. con 9 figg. n.t.

334. *Studi secenteschi*. Vol. XLVIII (2007). 2007, IV-432 pp.

335. MONTINARO, G. *L'epistolario di Ludovico Agostini. Riforma e utopia*. 2006, 294 pp.

336. *Il mito d'Arcadia. Pastori e amori nelle arti del Rinascimento*. Atti del Convegno internazionale di studi, Torino, 14-15 marzo 2005. A cura di D. Boillet e A. Pontremoli. 2007, XXII-266 pp. con 8 figg. n.t. e 14 tavv. f.t.

337. SEBASTIO, L. *Il Poeta tra Chiesa ed Impero. Una storia del pensiero dantesco*. 2007, 214 pp.

338. *Studi di letteratura francese. Rivista europea*, voll. XXIXXXX (2004-2005). «Il viaggio francese in Italia». 2007, 226 pp. con 1 fig. n.t.

339. *I linguaggi dell'Altro. Forme dell'alterità nel testo letterario*. Atti del Convegno I Linguaggi dell'Altro/altro, Università di Lecce, 21-22 aprile 2005. A cura di A.M. Piglionica, C. Bacile di Castiglione, M.S. Marchesi. 2007, XXIV-228 pp. con 2 figg. n.t.

340. BENPORAT, C. *Cucina e convivialita` italiana del Cinquecento*. 2007, 344 pp. con 16 tavv. f.t.

341. *Il cantare italiano fra folklore e letteratura*. Atti del Convegno internazionale di Zurigo, Landesmuseum, 23-25 giugno 2005. A cura di M. Picone e L. Rubini. 2007, XIV-528 pp. con 6 figg. n.t.

342. COVINO, S. *Giacomo e Monaldo Leopardi falsari trecenteschi. Contraffazione dell'antico, cultura e storia linguistica nell'Ottocento italiano*. 2009, I tomo XVI-328 pp. II tomo VI-392 pp. con 2 tavv. f.t.

343. *Studi secenteschi*. Vol. XLIX (2008). 2008, IV-434 pp. con 8 tavv. f.t.

344. *Traduzioni, imitazioni, scambi tra Italia e Portogallo nei secoli*. Atti del primo Colloquio internazionale, Pisa, 15-16 ottobre 2004. A cura di M. Lupetti. 2008, X-172 pp. con 2 figg. n.t. e 15 tavv. f.t. di cui 12 a colori.

345. *L'identità italiana ed europea tra Sette e Ottocento*. A cura di A. Ascenzi e L. Melosi. 2008, XIV-184 pp. con 5 figg. n.t.

346. WILSON, R. *Prophecies and prophecy in Dante's Commedia*. 2007, X-228 pp.

347. *Writing Relations: American Scholars in Italian Archives. Essays for Franca Petrucci Nardelli and Armando Petrucci*. Edited by D. Shemek and M. Wyatt. 2008, XII-242 pp. con 13 figg. n.t. e 2 tavv. f.t.

348. IOLY ZORATTINI, P. *I nomi degli altri. Conversioni a Venezia e nel Friuli Veneto in età moderna*. Con prefazione di M. Massenzio. 2008, XX-388 pp. con 4 tavv. f.t.

349. Urraro, R. *Giacomo Leopardi: le donne, gli amori*. 2008, VIII-378 pp.

350. Rabboni, R. *Speculare sodo, ragionar sostanzioso. Studi sull'abate Conti*. 2008, X-336 pp.

351. Tiozzo, E. *La letteratura italiana e il premio Nobel. Storia critica e documenti*. 2008, VIII-358 pp. con 29 tavv. f.t.

352. Capecchi, G. - Marzi, M. G. - Saladino, V. *I granduchi di Toscana e l'antico. Acquisti, restauri, allestimenti*. 2008, VIII-342 pp. con 78 tavv. f.t. di cui 16 a colori.

353. *Studi secenteschi*. Vol. L (2009). 2008, IV-346 pp. con 2 figg. n.t. e 13 tavv. f.t.

354. *In assenza del re. Le reggenti dal secolo XIV al secolo XVII (Piemonte ed Europa)*. A cura di F. Varallo. 2008, XXXII-610 pp. con es. mus. n.t. e 7 tavv. f.t.

355. Celli, C. *Il carnevale di Machiavelli*. 2009, IV-218 pp.

356. *Iacopo Sannazaro. La cultura napoletana nell'Europa del Rinascimento*. Convegno internazionale di studi, Napoli, 27-28 marzo 2006. A cura di P. Sabbatino. 2009, VIII-430 pp. con 5 figg. n.t. e 14 tavv. f.t.

357. *«La bourse des idées du monde». Malaparte e la Francia*. Atti del Convegno internazionale di studi su Curzio Malaparte, Prato-Firenze, 8-9 novembre 2007. A cura di M. Grassi. 2008, XII-234 pp.

358. *La metafora in Dante*. A cura di M. Ariani. 2009, VI-286 pp.

359. Coen, P. *Il mercato dei quadri a Roma nel diciottesimo secolo. La domanda, l'offerta e la circolazione delle opere in un grande centro artistico europeo*. I. Con una prefazione di E. Castelnuovo. II. Appendice documentaria. 2010, LX-816 pp. con 32 tavv. f.t. a colori.

360. *Saggi di letteratura architettonica, da Vitruvio a Winckelmann*. I. A cura di F.P. Di Teodoro. 2009, VI-372 pp. con 67 figg. n.t. e 21 tavv. f.t.

361. *Don Giovanni nelle riscritture francesi e francofone del Novecento*. Atti del Convegno internazionale di Vercelli, 16-17 ottobre 2008. A cura di M. Mastroianni. 2009, XIII-330 pp.

362. Marchesi, M.S. *Eliot's Perpetual Struggle. The Language of Evil in* Murder in the Cathedral. 2009, XXXVIII-144 pp.

363. *Studi di letteratura francese. Rivista europea*, voll. XXXIXXXII (2006-2007). «Dictionnaires et écrivains». 2009, 130 pp.

364. *Studi secenteschi*. Vol. LI (2010). 2010, IV-394 pp.

365. *Saggi di letteratura architettonica, da Vitruvio a Winckelmann*. II. A cura di L. Bertolini. 2009, VI-254 pp. con 66 figg. n.t. e 5 tavv. f.t. a colori.

366. Frenquellucci, C. *Dalla Mancha a Siena al Nuovo Mondo. Don Chisciotte nel teatro di Girolamo Gigli*. 2010, XVI-334 pp.

367. *Giuseppe Ungaretti - Jean Lescure. Carteggio (1951-1966)*. A cura di R. Gennaro. 2010, XXVI-252 pp.

368. Testa, F. *Winckelmann e l'architettura antica*. In preparazione.

369. *Saggi di letteratura architettonica, da Vitruvio a Winckelmann*. III. A cura di H. Burns, F.P. Di Teodoro e G. Bacci. 2010, VI-392 pp. con 126 figg. n.t.

370. Barsella, S. *In the Light of the Angels: Angelology and Cosmology in Dante's* Divina Commedia. 2010, XVI-214 pp.

371. Durante, E. - Martellotti, A. *«Giovinetta peregrina». La vera storia di Laura Peperara e Torquato Tasso*. 2010, VI-352 pp. con 2 tavv. f.t. a colori, con CD contenente "Madrigali per Laura Peperara".

372. Squillace, G. *Il profumo nel mondo antico. Con la prima traduzione italiana del «Sugli odori» di Teofrasto*. Prefazione di L. Villoresi. 2010, XX-282 pp. con 8 tavv. f.t. a colori. Esaurito.

373. Cerocchi, M. *Funzioni semantiche e metatestuali della musica in Dante, Petrarca e Boccaccio*. 2010, XII-160 pp. con 6 es. mus. n.t.

374. *La Ronde. Giostre, esercizi cavallereschi e* loisir *in Francia e Piemonte fra Medioevo e Ottocento*. Atti del Convegno internazionale di Studi, Museo storico dell'Arma di Cavalleria di Pinerolo, 15-17 giugno 2006. A cura di F. Varallo. 2010, XIV-276 pp. con 37 figg. n.t. e 19 tavv. f.t. a colori.

375. *La parola e l'immagine. Studi in onore di Gianni Venturi*. A cura di M. Ariani, A. Bruni, A. Dolfi, A. Gareffi. 2010, 2 tomi di complessive VIII-892 pp. con 42 figg. n.t. e 35 tav. f.t. di cui 10 a colori.

376. Bertelli, S. *La tradizione della «Commedia»: dai manoscritti al testo*. I. *I codici trecenteschi (entro l'antica vulgata) conservati a Firenze*. Presentazione di P. Trovato. 2011, XVI-446 pp. con 68 figg. n.t. e 32 tavv. f.t. a colori.

377. *Nascita della storiografia e organizzazione dei saperi*. Atti del Convegno internazionale di studi, Torino, 20-22 maggio 2009. A cura di E. Mattioda. 2010, XII-346 pp. con 1 tav. f.t. a colori.

378. *Studi secenteschi*. Vol. LII (2011). 2011, VI-446 pp. con 6 figg. n.t.

379. Ardizzone, M.L. *Dante: il paradigma intellettuale. Un'inventio degli anni fiorentini*. 2011, XXVI-264 pp.

380. Fenech Kroke, A. *Giorgio Vasari. La culture de l'allégorie*. Préface de P. Morel. 2011, XXII-556 pp. con 24 figg. n.t. e 16 tavv. f.t. a colori.

381. *Gabriele d'Annunzio. Inediti 1922-1936. Carteggio con Maria Lombardi e altri scritti*. A cura di F. Caburlotto, prefazione di P. Gibellini. 2011, XLVI-80 pp. con 3 figg. n.t. e 8 tavv. f.t.

382. Bertozzi, R. *L'immagine dell'Italia nei diari e nell'autobiografia di Paul Heyse*. 2011, XVI-822 pp. con 4 figg. n.t. e 1 tavv. f.t. a colori.

383. Leonardi, M. *L'Età del Vespro siciliano nella storiografia tedesca (dal XIX secolo ai nostri giorni)*. 2011, X-148 pp.

384. *Un trattato universale dei colori. Il ms. 2861 della Biblioteca Universitaria di Bologna*. Edizione del testo, traduzione e commento a cura di Francesca Muzio. 2012, XXIV-300 pp.

385. *Beniamino Dal Fabbro, scrittore*. Atti della giornata di studi, Belluno, 29 ottobre 2010. A cura di R. Zucco. 2011, X-164 pp. con 20 tavv. f.t. a colori.

386. Carnevale Schianca, E. *La cucina medievale. Lessico, storia, preparazioni*. 2011, XLVI-758 pp.

387. Remigi, G. *Cesare Pavese e la letteratura americana: «una splendida monotonia»*. 2012, XVIII-226 pp.

388. Segatori, S. *Forme, temi e motivi della narrativa di Ippolito Nievo*. 2011, VIII-188 pp.

389. *I Marmi di Anton Francesco Doni: la storia, i generi e le arti*. A cura di G. Rizzarelli. 2012, XVIII-430 pp. con 35 figg. n.t.

390. *Paesaggio ligure e paesaggi interiori nella poesia di Eugenio Montale*. Atti del Convegno internazionale, «Credo non esista nulla di simile al mondo», Parco Nazionale delle Cinque Terre, Riomaggiore-Monterosso, 11-13 dicembre 2009. A cura di P. Polito e A. Zollino. 2011, VIII-284 pp. con 7 figg. n.t.

391. Fumagalli, E. *Il giusto Enea e il pio Rifeo. Pagine dantesche*. 2012, VIII-266 pp.

392. *Dialogo & conversazione. I luoghi di una socialità ideale dal Rinascimento all'Illuminismo*. A cura di M. Høxbro Andersen e A. Toftgaard. 2012, IV, 264 pp.

393. Payne, A. *The Telescope and the Compass. Teofilo Gallaccini and the Dialogue between Architecture and Science in the Age of Galileo*. 2012, XX-242 pp. con 96 figg. n.t.

394. *Teofilo Gallaccini. Selected Writings and Library*. Edited by A. Payne, with the Contribution of G.M. Fara. 2012, X-414 pp. con 102 figg. n.t.

395. Buccini, S. *Francesco Pona. L'ozio lecito della scrittura*. 2013, XIV-228 pp. con 37 figg. n.t.

396. *Studi di letteratura francese. Rivista europea*, voll. XXXII-IXXXIV (2008-2009). «La poésie de langue française contemporaine». 2011, 154 pp.

397. D'Elia, A. *La peregrinatio poietica di David Maria Turoldo*. Prefazione di D. Della Terza. 2012, XIV-182 pp.

398. Battisti, E. *Michelangelo: fortuna di un mito. Cinquecento anni di critica letteraria e artistica*. A cura di G. Saccaro Del Buffa. 2012, XVIII-248 pp. con 19 tavv. f.t. di cui 15 a colori.

399. *Studi secenteschi*. Vol. LIII (2012). 2012, IV-404 pp. con 4 figg. n.t.

400. Addesso, C.A. *Teatro e festività nella Napoli aragonese*. 2012, X-172 pp.

401. Bellorini, G. *Il magnifico Signor Cavallier Luigi Cassola Piacentino. Edizione critica dei madrigali. Censimento e indice dei capoversi di tutte le rime*. 2012, XVI-222 pp.

402. Martellotti, A. *Linguistica e cucina*. 2012, XIV-172 pp.

403. Marselli, N. *L'architettura in relazione alla storia del mondo*. A cura di D. Iacobone. 2012, IV-90 pp.

404. *«Legato con amore in un volume». Essays in honour of John A. Scott*. Edited by John J. Kinder and Diana Glenn. 2013, XX-350 pp. con 6 figg. n.t. e 3 tavv. f.t.

405. Buckstone, J.B. *Robert Macaire, or, the Exploits of a Gentleman at Large*. Edited and with an introduction by M.S. Marchesi. 2012, LII-64 pp.

406. Capecchi, G. - Pegazzano, D. - Faralli, S. *Visitare Boboli all'epoca dei Lumi. Il giardino e le sue sculture nelle incisioni delle 'Statue di Firenze'*. 2013, VI-244 pp. con 228 ill. n.t. e 1 pieghevole.

407. *Studi di letteratura francese. Rivista europea*, voll. XXXVXXXVI (2010-2011). «Henri Meschonnic entre langue et poésie». 2012, 210 pp. con 12 figg. n.t. e 8 tavv. f.t.

408. Doni, A.F. *I Marmi*. A cura di G. Rizzarelli e C.A. Girotto. In preparazione.

409. Del Gatto, A. *Quel punto acerbo. Temporalità e conoscenza metaforica in Leopardi*. 2012, X-116 pp.

410. Giambonini, F. *Bernardino Lanino ritrattista e l'ambiente artistico politico del suo tempo*. 2013, VI-334 pp. con 9 tavv. f.t. a colori.

411. *Studi secenteschi*. Vol. LIV (2013). 2013, X-372 pp. con 5 figg. n.t.

412. Butti de Lima, P. *Il piacere delle immagini. Un tema aristotelico nella riflessione moderna sull'arte*. 2012, VIII-202 pp. con 3 tavv. f.t. a colori.

413. Mocca, C. *Discorsi Preservativi e curativi delle peste Col modo di purgare le Case, & Robbe Appestate*. A cura di R. Scarpa. 2012, XXX-54 pp.

414. Tordella, P.G. *Il disegno nell'Europa del Settecento. Regioni teoriche ragioni critiche*. 2012, XIV-284 pp. con 16 tavv. f.t.

415. *Regionis forma pvlcherrima. Percezioni, lessico, categorie del paesaggio nella letteratura latina*. Atti del Convegno di studio, Palazzo Bo, Università degli studi di Padova, 15-16 marzo

2011. A cura di G. Baldo e E. Cazzuffi. 2013, VIII-278 pp. con 6 figg. n.t.

416. *Lo «Zibaldone» di Leopardi come ipertesto*. Atti del Convegno internazionale, Barcellona, 26-27 ottobre 2012. A cura di M. de las Nieves Muñiz Muñiz. 2013, X-506 pp. con 5 figg. n.t. e 9 tavv. f.t. a colori.

417. Viglione, M. *Le insorgenze controrivoluzionarie nella storiografia italiana. Dibattito scientifico e scontro ideologico (1799-2012)*. 2013, XII-132 pp.

418. Burlamacchi, M. *Nobility, Honour and Glory. A brief Military History of the Order of Malta*. Translated from the Italian by M. Roberts. 2013, X-76 pp. con 13 tavv. f.t. di cui 9 a colori.

419. Petrioli Tofani, A. *L'inventario settecentesco dei disegni degli Uffizi di Giuseppe Pelli Bencivenni*. 2014, 4 tomi di complessive XXX-1826 pp.

420. Marzi, M.G. *Il Gabinetto delle Terre di Luigi Lanzi nella Galleria degli Uffizi. Vasi, terrecotte, lucerne e vetri dalle Collezioni medicee-lorenesi al Museo Archeologico Nazionale di Firenze*. In preparazione.

421. *L'Iconologia di Cesare Ripa. Fonti letterarie e figurative dall'antichità al Rinascimento*. Atti del Convegno internazionale di studi, Certosa di Pontignano, 3-4 maggio 2012. A cura di M. Gabriele, C. Galassi, R. Guerrini. 2013, XXVIII-236 pp. con 58 figg. n.t.

422. Aricò, N. *Architettura del tardo Rinascimento in Sicilia. Giovannangelo Montorsoli a Messina (1547-57)*. 2013, XIV-226 pp. con 60 figg. n.t. e 16 tavv. f.t. a colori.

423. Modesti, P. *Le delizie ritrovate. Poggioreale e la villa del Rinascimento nella Napoli aragonese*. 2014, X-272 pp. con 1 fig. n.t. e 64 tavv. f.t. di cui 15 a colori.

424. *Architettura e identità locali*. Vol. I. A cura di L. Corrain e F.P. Di Teodoro. 2013, X-586 pp. con 161 figg. n.t. e 3 tavv. f.t. a colori.

425. *Architettura e identità locali*. Vol. II. A cura di H. Burns e M. Mussolin. Con la collaborazione di Clara Altavista. 2015, X-718 pp. con 163 figg. n.t. e 4 tavv. f.t. a colori.

426. Fara, G.M. *Albrecht Dürer nelle fonti italiane antiche: 1508-1686*. 2014, XII-590 pp.

427. *Studi secenteschi*. Vol. LV (2014). 2014, IV-330 pp. con 4 figg. n.t.

428. Fara, A. *L'arte della scienza. Architettura e cultura militare a Torino e nello stato sabaudo 1673-1859*. 2014, XII-272 pp. con 1 fig. n.t. e 64 tavv. f.t.

429. *Studi di letteratura francese. Rivista europea*, voll. XXXVI-IXXXVIII (2012-2013). «La langue de la poésie française contemporaine». 2014, 168 pp.

430. Felici, A. *Michelangelo a San Lorenzo (1515-1534). Il linguaggio architettonico del Cinquecento fiorentino*. Premessa di G. Frosini. 2015, X-378 pp. con 64 figg. n.t.

431. Ceccherini, I. *Sozomeno da Pistoia (1387-1458). Scrittura e libri di un umanista*. Premessa di S. Zamponi, con un saggio di D. Speranzi. 2016, XX-468 pp. con 12 figg. n.t. e 120 tavv. f.t.

432. *Traiano Boccalini tra satira e politica*. Atti del Convegno, Macerata-Loreto, ottobre 2013. A cura di Laura Melosi, Paolo Procaccioli. 2015, XII-482 con 3 figg. n.t.

433. Durante E. - Martellotti, A. *"Amorosa fenice". La vita, le rime e la fortuna in musica di Girolamo Casone da Oderzo (c. 1528-1592)*. 2015, VI-482 pp. con 4 figg. n.t.

434. *Incontri di civiltà nel Mediterraneo. L'Impero Ottomano e l'Italia del Rinascimento. Storia, arte e architettura*. A cura di

Alireza Naser Eslami. 2014, 184 pp. con 75 figg. n.t. di cui 56 a colori.

435. Rossi, M., *Unione e diversità. L'Italia di Vasari nello specchio della Sistina.* 2014, 184 pp. con 48 figg. n.t. e 16 tavv. f.t. a colori.

436. *L'architettura militare di Venezia in terraferma e in Adriatico fra XVI e XVII secolo.* A cura di Francesco Paolo Fiore. 2014, XXVIII-462 pp. con 185 figg. n.t. e 16 tavv. f.t. di cui 8 a colori.

437. *Studi di Letteratura Francese. Rivista europea,* vol. XXXIX (2014). 2015, 172 pp.

438. *Studi secenteschi.* Vol. LVI (2015). 2015, 458 pp.

439. Urraro, R. *Questa maledetta vita. Il "romanzo autobiografico" di Giacomo Leopardi.* 2015, X-446 pp.

440. Platina, B. *De honesta voluptate et valitudine. Un trattato sui piaceri della tavola e la buona salute.* Nuova edizione commentata con testo latino a fronte a cura di Enrico Carnevale Schianca. 2015, VI-590 pp.

441. Morabito, R. *L'Evo e il tempo del* Canzoniere. 2015, IV-72 pp.

442. *Studi linguistici e letterari tra Italia e mondo iberico in età moderna.* A cura di M. Graziani e S. Vuelta García. 2015, VI-140 pp.

443. Lia, P. *Poetica dell'amore e conversione. Considerazioni teologiche sulla lingua della* Commedia di Dante. 2015, XIV-324 pp.

444. Gabriele, M. *La Porta Magica di Roma simbolo dell'alchimia occidentale.* 2015.   (esaurito)

445. Blanco, M. *Edipo non deve nascere. Lettura delle* Poésies *di* Mallarmé. 2016, XII-248 pp. con 4 tavv. f.t.

446. *Studi di letteratura francese. Rivista europea,* vol. XL (2015). 2016, 126 pp.

447. McLaughlin, M. *Leon Battista Alberti. La vita, l'umanesimo, le opere.* 2016, XXII-174 pp. con 9 tavv. f.t.

448. Bertelli, S. *La tradizione della «Commedia» dai manoscritti al testo.* II. *I codici trecenteschi (oltre l'antica vulgata) conservati a Firenze.* 2016, VIII-610 pp. con 89 figg. n.t. e 64 tavv. f.t. a colori.

449. Villani, G. *Il convitato di pietra. Apoteosi e tramonto della linea curva nel Settecento.* 2016, X-120 pp. con 8 tavv. f.t. a colori.

450. Valignano, A. *Dialogo sulla Missione degli ambasciatori giapponesi alla curia romana e sulle cose osservate in Europa e durante tutto il viaggio basato sul diario degli ambasciatori e tradotto in latino da Duarte de Sande, sacerdote della Compagnia di Gesù.* A cura di M. Di Russo, traduzione di P.A. Airoldi, presentazione di D. Maraini. 2016, XVI-670 pp. con 79 figg. n.t., 3 cartine e 32 tavv. f.t. a colori.

451. Tordella, P.G. *Hugo von Hofmannsthal e la poetica del disegno tra Otto e Novecento.* 2016, VIII-256 pp. con 8 tavv. f.t. a colori.

452. *Studi secenteschi.* Vol. LVII (2016). 2016, IV-362 pp. con 13 figg. n.t.

453. Aricò, N. *La fondazione di Carlentini nella Sicilia di Juan de Vega.* 2016, XII-280 pp. con 37 figg. n.t. e 16 tavv. f.t. a colori.

454. *Traduzioni, riscritture, ibridazioni: prosa e teatro fra Italia, Spagna e Portogallo.* A cura di M. Graziani e S. Vuelta García. 2016, VI-142 pp.

455. Caputo, G. *L'aurora del Giappone tra mito e storiografia. Nascita ed evoluzione dell'alterità nipponica nella cultura italiana, 1300-1600.* 2016, XX-352 pp. con 19 figg. n.t.

456. Lawson Lucas, A. *Emilio Salgari. Una mitologia moderna tra letteratura, politica, società.* Vol. I. 2017, XVI-444 pp. con 83 figg. b/n n.t. e 32 tavv. f.t. a colori.

457. Lawson Lucas, A. *Emilio Salgari. Una mitologia moderna tra letteratura, politica, società.* Vol. II. 2018, X-506 pp. con 72 figg. b/n n.t. e 25 tavv. f.t. a colori.

458. Lawson Lucas, A. *Emilio Salgari. Una mitologia moderna tra letteratura, politica, società.* Vol. III. 2019, X-514 pp. con 48 figg. b/n n.t. e 38 tavv. f.t. a colori.

459. Lawson Lucas, A. *Emilio Salgari. Una mitologia moderna tra letteratura, politica, società.* Vol. IV. 2021, VIII-480 pp. con XVI tavv. f.t. b/n e XVI tavv. f.t. a colori.

460. *Ius Leopardi. Legge, natura, civiltà.* A cura di L. Melosi. 2016, VI-114 pp.

461. *La Comedia Nueva e le scene italiane nel Seicento.* A cura di F. Antonucci e A. Tedesco. 2016, 340 pp.

462. Morabito, R. *Le virtù di Griselda. Storia di una storia.* 2017, IV-144 pp. con 8 tavv. f.t.

463. *Studi di letteratura francese. Rivista europea,* vol. XLI (2016). 2016, 302 pp. con 8 tavv. f.t.

464. Gazzola, G. *Montale, the modernist.* 2016, VIII-234 pp. con 4 figg. n.t.

465. Celio Secondo Curione, Pasquillus extaticus *e* Pasquino in estasi. Edizione storico-critica commentata. A cura di G. Cordibella e S. Prandi. 2018, IV-316 pp. con 7 figg. n.t.

466. Cappozzo, V. *Dizionario dei sogni nel Medioevo. Il* Somniale Danielis *in manoscritti letterari.* In preparazione.

467. Zamuner, I. – Ruzza, E. *I ricettari del codice 52 della Historical Medical Library di New Haven (XIII sec. u.q.).* 2017, XXVIII-72 pp. con 1 fig. n.t. a colori.

468. Fenu Barbera, R. *Dante's Tears. The Poetics of Weeping from Vita Nuova to the Commedia.* 2017, XVIII-206 pp.

469. Fabbri, L. *Il papavero da oppio nella cultura e nella religione romana.* 2017, XII-400 pp. con 16 tavv. f.t. a colori.

470. Pierguidi, S. *Pittura di marmo. Storia e fortuna delle pale d'altare a rilievo nella Roma di Bernini.* 2017, XX-294 pp. con 95 figg. n.t.

471. Ruggiero, R. *Baldassarre Castiglione diplomatico. La missione del cortegiano.* 2017, XVI-154 pp.

472. *A Portuguese Abbot in Renaissance Florence. The letter collection of Gomes Eanes (1415-1463).* A cura di R. Costa-Gomes. 2017, XLVIII-580 pp. con 1 fig. b/n n.t.

473. Coco, E. *Dal cosmo al mare. La naturalizzazione del mito e la funzione filosofica.* 2017, IV-132 pp. Prima ristampa 2021.

474. *Studi secenteschi.* Vol. LVIII (2017). 2017, IV-344 pp. con 4 tavv. b/n f.t.

475. «M'exalta el nou i m'enamora el vell». *J.V. Foix e Joan Miró tra arte e letteratura.* A cura di Ilaria Zamuner. Premessa di Enric Bou. 2017, XII-110 pp. con 2 figg. b/n n.t. e 24 tavv. f.t. a colori.

476. *Incontri poetici e teatrali fra Italia e penisola iberica.* A cura di Michela Graziani e Salomé Vuelta Garcìa. 2017, VI-138 pp.

477. Fara, A. *Buontalenti e Le Nôtre. Geometria del giardino da Pratolino a Versailles.* 2017, VIII-132 pp. con 48 tavv. a colori f.t. e 12 tavv. b/n f.t.

478. *Saperi per la Nazione. Storia e geografia nella costruzione dell'Italia unita.* A cura di Paola Pressenda e Paola Sereno. 2017, VIII-504 pp.

479. Bartoli, S. *La felicità di una donna. Émilie du Châtelet tra Voltaire e Newton.* 2017, 252 pp.

480. Bragagnolo, M., *Lodovico Antonio Muratori e l'eredità del Cinquecento nell'Europa del XVIII secolo*. 2018, XX-168 pp.

481. Minutelli, M. *L'arca di Saba: «i sereni animali / che avvicinano a Dio»*. 2018, XXIV-330 pp. con 3 figg. b/n n.t.

482. *Studi di letteratura francese. Rivista europea*, vol. XLII (2017). 2017, 120 pp.

483. Villani, G., *Un atlante della cultura europea. Vittorio Pica: il metodo e le fonti*. 2018, VIII-140 pp.

484. Waddington, R., *Titian's Aretino: a contextual study of all the portraits*. 2018, X-154 pp. con 32 tavv. f.t. a colori.

485. Fadda, E., *Come in un rebus. Correggio e la Camera di San Paolo*. 2018, IV-108 pp. con 56 tavv. f.t.

486. *Approcci interdisciplinari al petrarchismo. Prospettive di ricerca tra Italia e Germania*. A cura di Bernard Huss e Maiko Favaro. 2018, X-270 pp. con 6 figg. n.t. e 23 tavv. f.t. a colori.

487. *Studi secenteschi*. Vol. LIX (2018). 2018, IV-344 pp. con 4 figg. b/n n.t. e 16 tavv. f.t. a colori.

488. Mirabile, A., *Ezra Pound e l'arte italiana. Fra le Avanguardie e D'Annunzio*. 2018, VI-138 pp.

489. Mastrobuono, Antonio C. *Il viaggio dantesco della santificazione*. 2018, XVIII-280 pp. con 4 tavv. f.t. a colori.

490. *Incroci teatrali italo-iberici*. A cura di M. Graziani e S. Vuelta García. 2018, VIII-154 pp.

491. Reuter-Mayring, U., *Giuseppe Baretti: sugo, sostanza e qualità. La critica letteraria italiana moderna a metà del XVIII secolo*. 2019, VIII-164 pp. con 4 tavv. f.t. a colori.

492. Fabbri, L., *Mater florum. Flora e il suo culto a Roma*. 2019, XIV-280 pp. con 11 figg. f.t. a colori.

493. *Albrecht Dürer e Venezia*. A cura di G.M. Fara. 2018, VIII-196 pp. con 47 figg. n.t. e 8 tavv. f.t. a colori.

494. *Studi di letteratura francese. Rivista europea*, vol. XLIII (2018). 2018, 122 pp.

495. *Studi secenteschi*. Vol. LX (2019). 2019, IV-306 pp. con 3 figg. b/n n.t.

496. *Storiografia e teatro tra Italia e penisola iberica*. A cura di M. Graziani e S. Vuelta García. 2019, VIII-160 pp.

497. Parasiliti, Andrea G.G., *All'ombra del vulcano. Il Futurismo in Sicilia e l'Etna di Marinetti*. 2020, XX-288 pp. con 74 figg. b/n n.t. e 4 tavv. a colori f.t.

498. *Un trésor de textes. Images, présences et métaphores du trésor dans la langue et la littérature françaises*. Textes réunis par Anna Bettoni et Marika Piva. 2020, VIII-288 pp. con 11 figg. b/n n.t. e 4 tavv. f.t. a colori.

499. Squillace, G., *Il profumo nel mondo antico. Con la traduzione italiana del «Sugli odori» di Teofrasto*. Prefazione di L. Villoresi. 2020, XX-282 pp. con 8 tavv. f.t. a colori.

500. Signorini, M., *Sulle tracce di Petrarca. Storia e significato di una prassi scrittoria*. 2020, XII-224 pp. con 41 figg. b/n n.t.

501. *Luigi Lanzi a Udine (1796-1801). Storiografia artistica, cultura antiquaria e letteraria nel cuore d'Europa tra Sette e Ottocento*. A cura di Paolo Pastres. 2020, XII-280 pp. con 32 tavv. b/n f.t.

502. *Studi di letteratura francese. Rivista europea*. vol. XLIV (2019). 2019, 120 pp.

503. Di Teodoro, F.P., *Lettera a Leone X di Raffaello e Baldassarre Castiglione*. 2020, XII-72 pp. con 32 tavv. f.t. a colori.

504. Gandolfi, R., *Le Vite degli artisti di Gaspare Celio. Compendio delle Vite di Vasari con alcune altre aggiunte*. XII-392 pp. con 32 tavv. f.t. a colori.

505. *Studi secenteschi*. Vol. LXI (2020). 2020, VI-312 pp. con 34 figg. b/n n.t.

506. *Comunicare l'infinito: orizzonti leopardiani*. A cura di F. Berardi, A. Lombardinilo, P. Ortolano. 2020, X-186 pp.

507. Urraro, R., *Il romanzo familiare di Pierfrancesco Leopardi*. 2020, X-260 pp.

508. Guassardo, G., *The italian love poetry of ludovico ariosto: court culture and classicism*. Preface di L. Bolzoni. 2021, VIII-246 pp.

509. *Variazioni sull'autore in epoca moderna*. A cura di S. Vuelta García e M. Graziani. 2020, VIII-90 pp.

510. *Studi di letteratura francese*. Vol. XLV (2020). 2020, 152 pp.

511. Gabriele, M., *La* Porta Magica *di Roma simbolo dell'alchimia occidentale*. Nuova edizione ampliata e riveduta. In preparazione.

512. Blanco, M., *Il presente nella storia. Chateaubriand, Lamartine, Hugo*. 2021, X-290 pp.

513. *Studi secenteschi*. Vol. LXII (2021). In preparazione.

Serie II: Linguistica

1. SPITZER, L. *Lexikalisches aus dem Katalanischen und den übrigen ibero-romanischen Sprachen.* 1921. VIII-162 pp.

2. GAMILLSCHEG, E. und SPITZER, L. *Beiträge zur romanischen Wortbildungslehre.* 1921, 230 pp., 3 cc.

3. [SCHUCHARDT, U.]. *Miscellanea linguistica dedic. a Ugo Schuchardt per il suo 80° anniv.* 1922, 121 pp., 2 cc.

4. BERTOLDI, V. *Un ribelle nel regno dei fiori (I nomi romanzi del «colchicum autunnale L.» attraverso il tempo e lo spazio).* 1923, VIII-224 pp. con ill.

5. BOTTIGLIONI, G. *Leggende e tradizioni di Sardegna.* (Testi dialettali in grafia fonetica). 1922. (esaurito)

6. ONOMASTICA - I. PAUL AEBISCHER, *Sur la formation des noms de famille dans le canton de Fribourg (Suisse).* - II. DANTE OLIVIERI, *I cognomi della Venezia Euganea.* Saggio di uno studio storico-etimologico. 1924, 272 pp.

7. ROHLFS, G. *Grichen und Romanen in Unteritalien Ein Beitrag zur Geschichte der unteritalienischen Gräzität.* 1923. (esaurito)

8. *Studi di dialettologia alto italiana.* - I. GUALZATA, M. *Di alcuni nomi locali del Bellinzonese e Locarnese.* - II. BLÄUER-RINI, A. *Giunte al «vocabolario di Bormio».* 1924, 166 pp.

9. PASCU, G. *Romänische elemente in den Balkansprachen.* 1924, IV-112 pp.

10. FARINELLI, A. *Marrano (Storia di un vituperio).* 1925, X-80 pp.

11. BERTONI, G. *Profilo storico del dialetto di Modena. (Con appendice di «Giunte al Vocabolario Modenese»).* 1925, 88 pp.

12. BARTOLI, M. *Introduzione alla neolinguistica (Principi - Scopi - Metodi),* 1926. (esaurito)

13. MIGLIORINI, B. *Dal nome proprio al nome comune.* 1927, VI-358 pp. con LXXVIII pp. di supplemento. Seconda ristampa 1999.

14. KELLER, O. *La flexion du verbe dans le patois genevois.* 1928, XXVIII-216 pp., 1 c. ripiegata.

15. SPOTTI, L. *Vocabolarietto anconitano-italiano.* 1929. (esaurito)

16. WAGNER, M. L. *Studien über den sardischen Wortschatz. (I. Die Familie - II. Der menschliche Körper).* 1930, XVI-156 pp., 15 cc.

17. SOUKUP, R. *Les causes et l'évolution de l'abreviation des pronoms personnels régimes en ancien français.* 1932, 130 pp.

18. RHEINFELDER, H. *Kultsprache und Profansprache in den romanischen Ländern.* 1933. (esaurito)

19. FLAGGE, L. *Provenzalisches Alpenleben in den Hochtälern des Verdon und der Bléone. Ein Beitrag zur Volkskunde des Basses-Alpes.* 1935. (esaurito)

20. SAINÉAN, L. *Autour des sources indigènes.* Etudes d'étymologie française et romaine. 1935. (esaurito)

21. SEIFERT, E. *Tenere «Haben» im Romanischen.* 1935, 122 pp., 4 tavv.

22. TAGLIAVINI, C. *L'Albanese di Dalmazia.* 1937. (esaurito)

23. BOSSHARD, H. *Saggio di un glossario dell'antico Lombardo.* 1938. (esaurito)

24. VIDOS, B. E. *Storia delle parole marinaresche italiane passate in francese.* 1939. (esaurito)

25. ALESSIO, G. *Saggio di Toponomastica calabrese.* 1939. (esaurito)

26. FOLENA, G. *La crisi linguistica del 400 e l'«Arcadia» di I. Sannazaro.* 1952. (esaurito)

27. *Miscellanea di studi linguistici in ricordo di Ettore Tolomei.* 1953. (esaurito)

28. VIDOS, B. E. *Manuale di linguistica romanza.* Prima edizione italiana completamente aggiornata dall'Autore. 1959, XXIV-440 pp. Terza ristampa 1975.

29. RUGGIERI, R. *Saggi di linguistica italiana e italo-romanza.* 1962, 242 pp.

30. MENGALDO, P. V. *La lingua del Boiardo lirico.* 1963, VIII-380 pp.

31. VIDOS, B. E. *Prestito espansione e migrazione dei termini tecnici nelle lingue romanze e non romanze.* 1965, VIII-424 pp., 3 ill.

32. ALTIERI BIAGI, M. L. *Galileo e la terminologia tecnico-scientifica.* 1965. (esaurito)

33. POLLONI, A. *Toponomastica romagnola,* Prefazione di Carlo Tagliavini. 1966. Ristampa 2002.

34. GHIGLIERI, P. *La grafia del Machiavelli studiata negli autografi.* 1969, IV-364 pp.

35. *Linguistica matematica e calcolatori.* A cura di A. Zampolli. 1973, XX-670 pp.

36. *Computational and mathematical linguistics.* Vol. I. A cura di A. Zampolli e N. Calzolari. 1977, 2 voll. di XLVI-796 pp. complessive.

37. *Computational and mathematical linguistics.* Vol. II. A cura di A. Zampolli e N. Calzolari. 1980, 2 voll. di VIII-906 pp. complessive.

38. SEMERANO, G. *Le origini della cultura europea. Rivelazioni della linguistica storica.* 1984, 2 voll. di LXX-956 pp. complessive. Ristampa 2010.

39. *Fonologia etrusca, fonetica toscana. Il problema del sostrato.* 1983, 204 pp. con 1 tav. f.t.

40. LA STELLA, T. E. *Dizionario storico di deonomastica.* 1984, 236 pp.

41. RANDO, G. *Dizionario degli anglicismi nell'italiano contemporaneo.* 1987, XLII-256 pp.

42. *Lessicografia, filologia e critica.* 1986, 204 pp.

43. SEMERANO, G. *Le origini della cultura europea.* Vol. II. *Dizionari etimologici. Basi semitiche delle lingue Indeuropee.* I tomo: *Dizionario della lingua greca.* II tomo: *Dizionario della lingua latina.* 1994, 2 voll. di C-726 pp. complessive. III ristampa 2007.

44. SCAVUZZO, C. *Studi sulla lingua dei quotidiani messinesi di fine Ottocento.* 1988, 208 pp.

45. AGOSTINIANI, L. - HJORDT-VETLESEN, O. *Lessico etrusco cronologico e topografico dai materiali del «Thesaurus Linguae Etruscae».* 1988, XXXVI-224 pp.

46. O'CONNOR, D. *A history of Italian and English bilingual dictionaries.* 1990, 188 pp.

47. BOSELLI, P. *Dizionario di toponomastica bergamasca e cremonese.* 1990, 346 pp.

48. DELMAY, B. *Usi e difese della lingua.* 1990, 154 pp. con 1 tav. f.t.

49. CATENAZZI, F. *L'italiano di Svevo. Fra scrittura pubblica e scrittura privata.* 1994, 202 pp.

50. FACCHETTI, G. M. *Frammenti di diritto privato etrusco.* 2000, 116 pp.

51. *La scrittura professionale: ricerca, prassi, insegnamento.* Atti del I Convegno di studi, Perugia, Università per Stranieri, 23-25 ottobre 2000. A cura di S. Covino. 2001, XXIV-454 pp. con 29 figg. n.t. e 1 pieghevole.

52. Leone, A. *Conversazioni sulla lingua italiana.* 2002, 160 pp.

53. Natella, P. *La parola 'Mafia'.* 2002, 172 pp.

54. Facchetti, G. M. *Appunti di morfologia etrusca. Con un'appendice sulla questione delle identità genetiche dell'etrusco.* 2002, 160 pp.

55. Facchetti, G. M. - Negri, M. *Creta minoica. Sulle tracce delle più antiche scritture d'Europa.* 2003, 200 pp. con 21 figg. n.t. e 2 tavv. f.t.

56. Prandi, M. - Gross, G. - De Santis, C. *La finalità. Strutture concettuali e forme d'espressione in italiano.* 2005, 366 pp.

57. Ferguson, R. *A Linguistic History of Venice.* 2007, 322 pp. con 3 figg. n.t.

58. *L'italiano parlato di Firenze, Perugia e Roma.* A cura di L. Agostiniani e P. Bonucci. 2011, 206 pp. con 8 figg. n.t.

59. Medina Montero, J.F. *El verbo, el participio y las clases de palabras "invariables" en las gramáticas de español para extranjeros de los siglos XVI y XVII.* 2015, VIII-192 pp.

60. *Digital Texts, translations, lexicons in a multi-modular web application: methods and samples.* A cura di A. Bozzi. 2015, X-146 pp. con 38 figg. n.t.

61. Parenti, A. *Parole strane. Etimologie e altra linguistica.* 2015, VI-158 pp. con 2 figg. n.t.

62. Arcaini, E. *L'indeterminatezza del segno e il trasferimento delle culture.* 2018, X-254 pp. con 8 tavv. f.t. a colori.

63. Guida, A. *Lexicon Vindobonense,* 2018, LXIV-350 pp.